WÜRZBURGER DIÖZESANGESCHICHTSBLÄTTER

WÜRZBURGER DIÖZESAN-GESCHICHTSBLÄTTER

81. BAND

2018

echter verlag

WÜRZBURGER DIÖZESANGESCHICHTSBLÄTTER
81. BAND

Im Auftrag des Würzburger Diözesangeschichtsvereins
herausgegeben von
Wolfgang Weiß
in Verbindung mit Angelika Wendler

Beiträge sind nach vorheriger Absprache – unter Beachtung der redaktionellen Leitlinien – in digitalisierter Form an das Diözesanarchiv (Domerschulstraße 17, 97070 Würzburg) zu senden. Merkblätter mit den redaktionellen Leitlinien sind über das Diözesanarchiv zu beziehen. Redaktionsschluss für den jeweiligen Jahresband ist der 30. Juni.

Für alle Beiträge zeichnen die Verfasserinnen und Verfasser nach Inhalt selbst verantwortlich. Mitglieder des Würzburger Diözesangeschichtsvereins erhalten die Zeitschrift unberechnet. Anmeldungen zur Mitgliedschaft nimmt der Vorstand des Würzburger Diözesangeschichtsvereins (Würzburg, Domerschulstraße 17 – Homepage: www.wdgv.bistum-wuerzburg.de / E-Mail-Adresse: wdgv@bistum-wuerzburg.de) entgegen. Für Nichtmitglieder Bezug durch den Buchhandel.

Alle Geldsendungen werden erbeten auf das Konto:
Liga-Bank Würzburg,
IBAN: DE83 7509 0300 0003 0031 08, BIC: GENODEF1M05
Verwendungszweck: WDGV.

Bibliografische Information der Deutschen Bibliothek
Die Deutsche Nationalbibliothek verzeichnet diese Publikation in der Deutschen Nationalbibliografie; detaillierte bibliografische Daten sind im Internet über <http://dnb.d-nb.de> abrufbar.

Vertrieb: Echter Verlag GmbH
Lektorat und Satz: Angelika Wendler
Umschlag: atelier zudem stefan issig|dirk nitschke|arndt poser GbR
Druck und Bindung: Friedrich Pustet, Regensburg
ISSN: 0342-3093
ISBN: 978-3-429-04972-0

Inhaltsverzeichnis

Buchbesprechungen

Handschriften / Quellen

Allgemeine Geschichte / Kirchengeschichte

Fränkische Landes- und Kirchengeschichte

Mitarbeiter des Bandes

von Collani, Claudia, Dr. theol., Professorin, Würzburg

Emmert, Jürgen, Dr. theol., kommissarischer Leiter des Kunstreferats des Bistums Würzburg, Würzburg

Engelhart, Helmut. Dr. phil., Tauberbischofsheim

Feineis, Dieter Michael, Dr. theol., Professor, Pfarrer i. R., Waldbüttelbrunn

Flachenecker, Helmut, Dr. phil., Universitätsprofessor, Würzburg

Flurschütz da Cruz, Andreas, M. A., Dr. phil., Akademischer Rat a. Z., Bamberg

Greb, Daniel, Doktorand, Wissenschaftlicher Mitarbeiter, Würzburg

Haaf, Tobias, Dr. theol., Ministerialrat, Leiter des Büros des Staatsministers im Bayerischen Staatsministerium für Unterricht und Kultus, München

Herde, Peter, Dr. phil., Universitätsprofessor em., Würzburg / Alzenau

Hochholzer, Elmar, Dr. phil., Studiendirektor a. D., Sommerach

Krenz, Jochen, Dr. theol., Oberstudienrat, Aschaffenburg

Meier, Robert, Dr. phil., Dozent an der Archivschule Marburg, Würzburg

Mieskes, Kuno, Dr. phil., Kunsthistoriker, Würzburg

van Nimwegen, Jan, Dr. phil., Deutschlehrer i. R., Oosterhout NB, Niederlande

Raschzok, Klaus, Dr. theol., Professor an der Augustana-Hochschule, Neuendettelsau

Reusch, Bastian, M. A., Doktorand, Historiker, Journalist, Würzburg

Romberg, Winfried, Dr. theol., Wissenschaftlicher Mitarbeiter, Würzburg

Roth, Markus, Dr. theol., (evangelisch-lutherischer) Pfarrer, Dinkelsbühl-Segringen

Sander, Johannes, Dr. phil., Kunsthistoriker, Würzburg

Schnürle, Joachim, Dr. med., Oberarzt, Facharzt für innere Medizin, Gunzenhausen

Stuflesser, Martin, Dr. theol., Universitätsprofessor, Würzburg

Thurnwald, Andrea, Dr. phil., Leiterin Museum Kirche in Franken, Bad Windsheim

Tremer, Franz-Josef, Dipl.-Theol., Gemeindereferent, Fuchsstadt (Lk. Bad Kissingen)

Wagner, Heinrich, Dr. phil., Oberstudienrat a. D., Heustreu

Wagner, Ulrich, Dr. phil., Ltd. Archivdirektor a. D., Würzburg

Weiß, Wolfgang, M. A., Dr. theol., Universitätsprofessor, Würzburg

Witowski, Janis, Dr. phil., Historiker, stellv. Direktor am Naturhistorischen Museum Schloss Bertholdsburg, Schleusingen

Vorwort

Den 81. Band (2018) der Würzburger Diözesangeschichtsblätter eröffnet die Dokumentation des Diözesangeschichtlichen Kolloquiums am 24./25. November 2017 zum Thema *Vom Pluralismus zum Konformismus? Auf dem Weg zu Konfessionskulturen (1517–1617)*. Dieser Tagung lag die Beobachtung zugrunde, dass sich aus der vielschichtigen, oft unübersichtlichen, sogar widersprüchlichen und damit eher *pluralistischen* lateinchristlichen Religionskultur des Spätmittelalters im Jahrhundert nach Beginn der Reformation (1517–1617) konfessionelle Frömmigkeits- und Liturgiekulturen katholischer und evangelisch-lutherischer Prägung herausschälten. Diese bemühten sich jeweils um Definition und Darstellung des Eigenen und waren so an einem die Abgrenzung verdeutlichenden *Konformismus* interessiert. Daneben bestimmten eine erstaunlich lange Zeit Übergangs- und Mischformen das Bild. Es gab sogar eine wechselseitige Befruchtung der Konfessionskulturen, trotz oder gerade wegen der Konkurrenzsituation. Vor allem in der Kunst blieb ein über- und interkonfessionelles Miteinander kennzeichnend. Diese Sektion beginnt mit dem Beitrag von Klaus Raschzok, der auf die gottesdienstliche Praxis und die spirituellen Grundlagen Martin Luthers schaut. Markus Roth knüpft hier an und beleuchtet die „evangelische Gottesdienst-Theologie bei Martin Luther und heute". Den Weg und die Reaktion der katholischen Seite nimmt Martin Stuflesser mit seinem Beitrag „Die Liturgiereform des Konzils von Trient und der Anspruch auf Konformität" in den Blick. Unter Rückgriff auf das Wort von Johann Michael Fritz von der „bewahrende[n] Kraft des Luthertums" betrachtet Andrea Thurnwald die Situation im evangelischen Franken der Reformationszeit; hier seien Veränderungen im liturgischen und gottesdienstlichen Bereich zwar sehr behutsam vorgenommen worden, gleichwohl ist die reformatorische Grundausrichtung nicht zu übersehen. Jürgen Emmert beschreibt anhand einer neu entdeckten Quelle über „Evangelische Begräbnisse in einer katholischen Amtsstadt", und zwar in Karlstadt am Main im Jahr 1559, wie reformatorische Neuerungen eine Verbindung mit katholischen Traditionsresten besitzen konnten. Johannes Sander schließt diese Sektion mit dem Artikel „Religiöse Kunst zwischen den Konfessionen" ab, wobei er betont, dass konfessionell eindeutige Entwicklungslinien bis zu Beginn des 17. Jahrhunderts kaum erkennbar und auch dann trotz konfessioneller Profilierungen gegenseitige Impulse festzustellen sind.

Neben diesem Themenschwerpunkt bereichern dreizehn weitere Abhandlungen und Aufsätze verschiedene diözesan- und kirchengeschichtliche Aspekte. Dieter Michael Feineis gibt einen „Überblick über die Geschichte der Gemeinde Hettstadt (Landkreis Würzburg)" von den Anfängen bis zum Ende des Hochstifts Würzburg (1803). Besonders erfreulich ist, dass in diesem Band drei Autoren Themen der mittelalterlichen Diözesangeschichte behandeln: Jan van Nimwegen stellt ein Würzburger „benediktinisch-dominikanisches

Kalendar“ des 12. und 13. Jahrhunderts, Janis Witowski ein Urkundenfragment des Klosters St. Stephan in Würzburg, Ulrich Wagner „Aspekte des Konzils von Cividale“ und dabei in besonderer Weise einen Schutz- und Geleitbrief des Dogen Michael Steno für Bischof Johann von Egloffstein aus dem Jahre 1409 vor.

In die frühe Neuzeit führt dann Claudia von Collani mit ihrem Aufsatz zu dem Weg der Jesuiten Nicolas Trigault und Johannes Schreck durch Süddeutschland, wobei sie auch die Bezugspunkte zu Julius Echter anspricht. Eine Übersetzung und Kommentierung der lateinischen „Leichenrede des Würzburger Weihbischofs Eucharius Sang auf Kaiser Rudolf II. (1612)“ bietet Roland Sauer. Helmut Engelhart setzt sich mit einem „Huldigungsblatt für Johann Georg II. Fuchs von Dornheim, Bischof von Bamberg (1623–1633) und Dompropst in Würzburg (1629–1633)“ und der hier zu findenden „Darstellung der Kartause Engelgarten in Würzburg“ auseinander. Robert Maier bringt einen weiteren Forschungs- und Diskussionsbeitrag zu den Hexenprozessen im Bistum Würzburg, und zwar zu denen in der Amtszeit von Fürstbischof Philipp Adolph von Ehrenberg in den Jahren von 1626 bis 1629. Das Wirken zweier katholischer Priester beleuchten die beiden nächsten Artikel. Elmar Hochholzer berichtet vom in Sommerach geboren Geistlichen Georg Adam Büttner (1714–1779), der als Pfarrer und Generalvikar in der Diözese Sirmium (Srijem) im heutigen Serbien und Kroatien ein deutsch-türkisches Wörterbuch verfasste. Joachim Schnürle befasst sich mit Nikolaus Casseder (1767–1823) und seinem aszetischen Schrifttum. Casseder war ursprünglich Kapuziner; nach der Säkularisation war er als Pfarrer im Bistum Würzburg tätig.

Wiederum zwei Aufsätze beschäftigen sich mit dem Thema Katholische Kirche bzw. Katholiken und Nationalsozialismus. Tobias Haaf geht dabei auf das widerständige Verhalten katholischer Frauen im Bistum Würzburg während dieser Zeit ein. Jochen Krenz geht der Wissenschaftskarriere des Würzburger Privatdozenten für Dogmatik und späteren Bamberger Professors für Altes Testament Johann Baptist Walz (1894–1966) nach. Walz verdankte diese seiner Anbiederung an den Nationalsozialismus, was nach 1945 zur Folge hatte, dass er dauerhaft von seiner Stelle als Professor entfernt wurde. Ebenfalls der Wissenschaftsgeschichte des 20. Jahrhunderts widmet sich Peter Herde, wenn er den „Neubeginn der Geschichtswissenschaft an den Universitäten München und Würzburg 1945“ untersucht.

Dreizehn Buchbesprechungen runden den 81. Band der Würzburger Diözesangeschichtsblätter ab. Besonders hingewiesen sei hierbei auf die Sammelrezension von Heinrich Wagner zu den verschiedenen Veröffentlichungen des Gedenkjahres anlässlich des 400. Todestages von Bischof Julius Echter.

Den Autorinnen und den Autoren sei für ihre Beiträge und die gute Zusammenarbeit von ganzem Herzen gedankt. Ein Wort des Dankes sei auch an Herrn Thomas Häußner, den Geschäftsführer des Echter-Verlages, für die verlegerische Betreuung sowie an Frau Angelika Wendler für die gründlichen und präzisen Lektorats- und Satzarbeiten gerichtet.

Seit dem 10. Juni 2018 besitzt der Würzburger Diözesangeschichtsverein mit dem an diesem Tag zum Bischof von Würzburg geweihten früheren Speyrer Generalvikar Dr. Franz Jung einen neuen Protektor. Wir begrüßen mit diesem Jahresband Bischof Jung in dieser Aufgabe und wünschen ihm als Würzburger Diözesanbischof ein segensreiches Wirken. Wir freuen uns auf die Zusammenarbeit. Denn die diözesangeschichtliche Forschung ermöglicht ein vertiefteres Verstehen der Geschichte der Kirche von Würzburg. Sie ist daher unverzichtbar, um deren Gegenwart und Zukunft reflektiert und zielgerichtet zu gestalten.

Würzburg, im September 2018

Wolfgang Weiß
Erster Vorsitzender des Würzburger Diözesangeschichtsvereins und Schriftleiter der Würzburger Diözesangeschichtsblätter

Katholisch und reformatorisch: Gottesdienstliche Praxis und Spiritualität Martin Luthers

Klaus Raschzok

1. Zum Spannungsverhältnis von „katholisch“ und „reformatorisch“ in der gottesdienstlichen Praxis und Spiritualität Martin Luthers am Beispiel seiner Idealmesse von 1533

„Gottlob können wir in unseren Kirchen einem Christen eine rechte christliche Messe zeigen, nach Ordnung und Einsetzung Christi, auch nach der rechten Meinung Christi und der Kirche“, beginnt Martin Luther selbstbewusst 1533 in seiner Schrift *Von der Winkelmesse und Pfaffenweihe* das Bild einer evangelischen Idealmesse zu zeichnen.

Er stellt dabei dem Leser die durch Christi Wort gewandelte und in das himmlische Jerusalem entrückte, vor dem Thron des Lammes aus der Offenbarung des Johannes stehende, mit goldenen Kronen geschmückte Gemeinschaft der Versammelten vor Augen. Diese bringen mit Harfen und Rauchfässern in den Händen ihr Lobopfer für die Gabe des Leibes und Blutes Christi dar: „Da tritt unser Pfarrer, Bischof oder Diener im Pfarramt vor den Altar, recht und redlich und öffentlich berufen, zuvor aber in der Taufe geweiht, gesalbt und zum Priester Christi geboren [...] Der singt öffentlich und deutlich die im Abendmahl eingesetzte Ordnung Christi, nimmt das Brot und den Wein, dankt, teilt aus und gibt in Kraft der Worte Christi: ‚Das ist mein Leib‘, ‚das ist mein Blut. Solches tut‘ usw. uns anderen, die wir anwesend sind und empfangen wollen. Und wir, die insbesondere das Sakrament nehmen wollen, knien neben, hinter und um ihn herum, Mann, Weib, jung, alt, Herr, Knecht, Frau, Magd, Eltern, Kinder, wie uns Gott dort zusammenbringt, allesamt rechte heilige Mitpriester, durch Christi Blut geheiligt und durch den Heiligen Geist gesalbt und geweiht in der Taufe. Und in solcher unserer angeborenen erblichen priesterlichen Ehre wie Schmuck sind wir da, haben (wie die Apokalypse im 4. Kapitel schildert) unsere goldenen Kronen auf den Häuptern, Harfen in der Hand und goldene Rauchfässer. Und wir lassen unseren Pfarrherrn nicht für sich als für seine Person die Ordnung Christi sprechen, sondern er ist unser aller Mund, und wir alle sprechen sie mit ihm von Herzen und mit aufgerichtetem Glauben zu dem Lamm Gottes, das da für uns und bei uns ist und seiner Ordnung nach uns speist mit seinem Leib und Blut. Das ist unsere Messe, und die rechte Messe an der es uns nicht fehlt.“

Luther beschreibt seine evangelische Idealmesse im Selbstbewusstsein, bei der Feier der Messe keinen Bruch, sondern lediglich eine Reinigung und Rückführung zum biblischen Ursprung vollzogen zu haben: „Denn hier folgt zuerst einmal alles der Ordnung und dem Befehl Christi, damit es der Kirche auch in beiderlei Gestalt gereicht und gegeben wird durch die Worte Christi: ‚Nehmet hin und esset, das ist mein Leib usw.' Solches tut zu meinem Gedächtnis".

Eine entscheidende Abgrenzung nimmt Luther jedoch gegenüber einem einseitigen Verständnis der Messe als Opfer vor: „Der Pfarrherr empfängt's nicht allein für sich, wie bei den papistischen Greueln. Er opfert's auch nicht Gott für unsere Sünde und allerlei Not, wie bei den papistischen Greueln. Er teilt uns nicht mit, verkauft es uns auch nicht als ein gutes Werk, um Gott zu versöhnen wie bei den papistischen Greueln, die solchen lästerlichen Jahrmarkt daraus gemacht haben, sondern reicht es uns zu Trost und Stärke unseres Glaubens. Hier verkündigt und predigt man von Christus. Hier kann weder Geiz noch Abgötterei sein. Hier haben wir gewiss die Meinung Christi und der Kirchen vor uns."

Die Wandlung vollzieht Christus selbst. Sie hängt nicht an der Weihevollmacht des Priesters: „Hier dürfen wir uns nicht darum sorgen, ob der Pfarrherr die Worte heimlich spricht, oder ob er auch wandelt, oder ob er auch glaubt. Denn wir hören die Worte der Einsetzung öffentlich und sprechen sie von Herzen mit ihm. Und die Einsetzung Christ (und weder unser Tun noch das Chrisam) wandelt oder gibt uns den Leib und das Blut Christi. Glaubt der Pfarrherr nicht oder zweifelt, so glauben wir. Strauchelt er in den Worten oder wird irre und vergisst, ob er die Worte gesprochen habe, so sind wir da, hören zu, halten fest und sind gewiss, dass sie gesprochen sind. Darum können wir nicht betrogen werden. Und weil die Ordnung und der rechte Glaube da sind, muss es gewiss sein, dass wir den wahren Leib und das wahre Blut Christi empfangen."

Das Spannungsverhältnis von „katholisch" und „reformatorisch" im Titel dieses Beitrages steht für das Selbstbewusstsein Luthers, bei seiner evangelischen Idealmesse in der legitimen Tradition der einen heiligen apostolischen Kirche zu stehen und zugleich deren gottesdienstliche Praxis und Spiritualität von den biblischen Ursprüngen her gereinigt und neu justiert zu haben. Dies schließt auch Luthers persönlichen kritischen Rückblick auf seine langjährige Beheimatung in der Praxis der Privatmesse mit ein: „Und Gott sei Lob und Dank, dass ich die Zeit erlebt habe, die rechte christliche Messe zu sehen und den reinen christlichen Brauch des heiligen Sakraments. Ich sehe es mit Lust und Freude meines Herzens, nach dem greulichen schrecklichen Missbrauch, den ich leider unter den papistischen Greueln so viele Jahre habe treiben helfen."[1]

In seiner Idealmesse nennt Luther die Kennzeichen einer evangelischen, d. h. evangeliumsgemäßen christlichen Messe: Die Schrift- und Stiftungsgemäßheit, die Gemeinschaft der Feiernden, die eschatologische Dimension der Feier, das allgemeine Priestertum, das gemeinsame Lobopfer wie den Empfang beider Elemente. Die Messe selbst steht dabei nicht zur Disposition, sondern bildet die Kontinuität zur alten Kirche wie zur Praxis Christi und der Apostel.

[1] Martin Luther, Von der Winkelmese und Pfaffenweihe, 1533: WA (= Martin Luther, Werke. Kritische Gesamtausgabe [Weimarer Ausgabe]) 38, 195–256, 247–249 (in Anlehnung an den frühneuhochdeutschen Originaltext durch den Verf. in zeitgenössisches Deutsch übertragen).

Aber sie ist gereinigt und wird lediglich im öffentlichen Gottesdienst wie in Anwesenheit der feiernden Gemeinde und nicht mehr länger als Privat- oder Stillmesse gefeiert. Weitere Kennzeichen bestehen darin, dass der Priester die Einsetzungsworte laut und deutlich und in deutscher Sprache spricht, damit auch die anwesende Gemeinde sich überzeugen kann, dass er im Auftrag und nach der Stiftung Christi handelt. Die Versammelten sprechen im Herzen die Worte der Einsetzung mit. Die Messe ist kein Opfer Gott gegenüber für die menschliche Sünde und kein gutes Werk, um Gott zu versöhnen, sondern wird zum Trost und zur Stärkung des Glaubens der Versammelten gereicht. Sie kann damit anderen nicht zu Gute kommen, wie zum Beispiel Verstorbenen. Geweiht ist der Priester durch seine Taufe wie alle Feiernden. Er benötigt zu seiner Vollmacht beim öffentlichen Handeln lediglich den Auftrag der Kirche, d.h. er muss ordentlich berufen *(rite vocatus)* sein (vgl. Art. 14 der Confessio Augustana).[2] Alle Feiernden sind Mit-Priester und versammeln sich unter seiner Leitung in priesterlicher Ehre und Schmuck, um gemeinsam das Messopfer als Lobopfer vor dem Thron des Lammes darzubringen.

Im Gegensatz zu den Gottesdienstreformen Thomas Müntzers oder Huldrich Zwinglis nimmt Luther keine Abschaffung der überkommenen spätmittelalterlichen Messe, sondern eine reformatorische Transformation dieser grundlegenden gottesdienstlichen Feierform vor. So hebt er 1523 in seiner Schrift *Formula Missae et communionis pro Ecclesia Wittembergensi* hervor, „dass es niemals in unserem Sinn gewesen ist noch war, allen Gottesdienst abzuschaffen, sondern den, wie er jetzt gebräuchlich, aber durch schlechteste Zusätze verderbt ist, zu reinigen und einen gottesfürchtigen Gebrauch aufzuzeigen. Denn wir wollen doch nicht abstreiten, dass Messfeier, Kommunion von Brot und Wein, eine Ordnung ist, die Christus in göttlicher Weise eingesetzt hat. So ist es zuerst durch Christus selbst, dann unter den Aposteln, aber ohne jegliche Zusätze, am einfachsten und gottesfürchtigsten gehalten worden. Aber im Laufe der Zeit ist sie durch so viele menschliche Erfindungen vermehrt worden, dass außer dem Namen nichts von der Messfeier und der Kommunion auf unsere Zeit gekommen ist. [...] Unterdessen wollen wir alles prüfen und, was gut ist, behalten. Allerdings wollen wir in diesem Schreiben unerwähnt lassen, dass die Messfeier nämlich kein Opfer oder gutes Werk ist, weil wir das anderswo ausführlich gelehrt haben. Wir wollen die Messfeier auffassen als Sakrament oder Testament, lateinisch ‚Benedictio', griechisch ‚Eucharistia', als Tisch des Herrn oder als Mahl des Herrn, als Gedächtnis des Herrn, als Kommunion, oder welcher fromme Name auch immer gefällt, nur möge man sie nicht mit dem Begriff Opfer oder gutes Werk beflecken."[3]

Dieser Position entsprechen auch die selbstbewussten Äußerungen der Confessio Augustana wie der Apologie zur Confessio Augustana über die Messe:

---

2 Vgl. Martin Krarup, Ordination in Wittenberg. Die Einsetzung in das kirchliche Amt in Kursachsen zur Zeit der Reformation (Beiträge zur historischen Theologie 141), Tübingen 2007.

3 Martin Luther, Formula Missae et Communionis pro Ecclesia Wittembergensi / Ordnung der Messfeier und Kommunion für die Wittenberger Kirche, 1523: WA (wie Anm. 1) 12, 205–220, 206 und 208 (in der Übersetzung der Lateinisch-Deutschen Studienausgabe 3, S. 649–679, bes. S. 653 und 655).

„Man legt den Unsern mit Unrecht auf, dass sie die Messe sollen abgetan haben", heißt es in Artikel 24 der Confessio Augustana von 1530, dem zentralen Bekenntnis der lutherischen Reformation. Stattdessen aber „ist öffentlich, dass die Messe, ohne Ruhm zu reden, bei uns mit größerer Andacht und Ernst gehalten wird als bei den Widersachern. So werden auch die Leute mit höchstem Fleiß regelmäßig über das Heilige Sakrament unterrichtet, wozu es eingesetzt ist und wie es zu gebrauchen sei, um die erschrockenen Gewissen damit zu trösten und das Volk dadurch zur Kommunion und Messe gezogen wird. So ist auch in den öffentlichen Zeremonien der Messe keine merkliche Änderung geschehen, als dass an etlichen Orten deutscher Gesang, das Volk damit zu lehren und zu üben, neben lateinischem Gesang gesungen wird [...]."[4]

Nach Artikel VII der Apologie zur Confessio Augustana von 1531 gehört die Messe ausdrücklich ebenso wie der Sonntag und das Kirchenjahr zu den beibehaltenen und nicht antastbaren Universal-Zeremonien *(universales ritus)*.[5] In Artikel XXIV der Apologie wird hervorgehoben, „dass wir die Messe nicht abtun. Denn alle Sonntage und Feste werden in unseren Kirchen Messen gehalten, bei denen das Sakrament gereicht wird denjenigen, die es begehren, doch so, dass sie dazu erst verhört und absolviert werden. [...] Wir zeigen an, dass bei uns die Lateinische Messe, Lektion und Gebet auch gehalten werden. So aber die Zeremonien darum gehalten werden sollen, dass die Leute die Schrift und Gottes Wort lernen und dadurch zur Gottesfurcht kommen und Trost erlangen und also recht beten – denn darum sind Zeremonien eingesetzt – so behalten wir das Latein um derer willen, die Lateinisch können, und lassen daneben deutsche christliche Gesänge gehen, damit das gemeine Volk auch etwas lerne und zu Gottesfurcht und -erkenntnis unterrichtet werde. [...] Dass wir aber nicht Privatmessen, sondern alleine eine öffentliche Messe, wenn das Volk mit kommuniziert, halten, das ist nichts wider die gemeine christliche Kirche *(nihil fit contra catholicam Ecclesiam)*. Denn in der Griechischen Kirche werden bis auf diesen Tag keine Privatmessen gehalten, sondern allein eine Messe, und dasselbe auf die Sonntage und hohen Feste [...]."[6]

Luthers gottesdienstliche Reformen stellen keinen Neuanfang, sondern einen konsequenten Weiterbau am Überkommenen dar. Denn Martin Luthers Bindung an das mittelalterliche Erbe, so stellt der Jesuit Hans Bernhard Meyer bereits 1965 in seiner bahnbrechenden Studie „Luther und die Messe" aus römisch-katholischer Perspektive fest, war „viel tiefer und umfassender [...], als man zunächst vermuten könnte. Wir möchten daher eher von einer durch Luther vorangetriebenen Weiterentwicklung des spätmittelalterlichen Gottesdienstwesens sprechen als von einem eigentlichen Bruch mit der Tradition."[7]

---

4 Confessio Augustana Art. XXIV Von der Mess nach: Die Bekenntnisschriften der Evangelisch-Lutherischen Kirche. Vollständige Neuedition, Göttingen 2014, S. 141f. (sprachlich geglättet).

5 Vgl. Apologie der Confessio Augustana Art. VII nach: ebd., S. 414 (sprachlich geglättet).

6 Apologie der Confessio Augustana Art. XXIV nach: ebd., S. 616 (sprachlich geglättet).

7 Hans Bernhard Meyer SJ, Luther und die Messe. Eine liturgiewissenschaftliche Untersuchung über das Verhältnis Luthers zum Meßwesen des späten Mittelalters (Konfessionskundliche und kontroverstheologische Studien XI), Paderborn 1965, S. 388.

2. Martin Luthers prägende gottesdienstliche Praxis und Spiritualität bis 1523: Eine Bestandsaufnahme

Martin Luther steht zunächst so selbstverständlich in der überkommenen gottesdienstlichen Praxis und Spiritualität, dass er diese bis 1523 weiterführt[8] und große Zurückhaltung gegenüber radikalen gottesdienstlichen Reformversuchen übt, auch wenn er parallel dazu in seinen Schriften, die Teil des Diskurses der Wittenberger Fakultät zur Theologie des Messopfers sind, schon seit längerer Zeit schrittweise ein verändertes Gottesdienst- und insbesondere Messopferverständnis entwickelt hat. Durch seine Biographie ist Luther sowohl mit dem Chorschülerdienst, dem monastischen Stundengebet, der Messfeier wie der Predigt als gottesdienstlichen Handlungsfeldern vertraut.

Als Schüler der Lateinschulen in Mannsfeld (1491–1496), Eisenach (1497–1501) und Magdeburg (1496–1498) erfährt Luther eine grundlegende musikalische Ausbildung und wird mit den Aufgaben der Chorsänger in den Stundengebeten wie in der Messfeier vertraut gemacht.[9] Seit seinem Eintritt in den Augustiner-Eremiten-Orden in Erfurt verfügt er zudem über prägende Erfahrungen mit dem klösterlichen Chorgebet und seit seiner Priesterweihe am 3. April 1507 wie der Primiz am 2. Mai 1507 mit der eigenen täglichen Messpraxis, die sich als Wittenberger Augustiner-Eremit und Theologieprofessor seit 1512 fortsetzen und durch einen mit seiner Professur verbundenen Predigtauftrag an der Schlosskirche und später ab 1514 an der Stadtkirche ergänzt werden. Luther zeichnet dadurch eine Versiertheit sowohl in der lateinischen Gebetssprache wie in der deutschen Predigtsprache aus.

Auf Versuche, im Wittenberger gottesdienstlichen Leben radikale Reformen der Messfeier durchzuführen, reagiert Luther äußerst zurückhaltend. Als der Archidiakonus des Wittenberger Allerheiligenstiftes und Theologieprofessor Andreas Bodenstein, genannt Karlstadt, am Weihnachtsfest 1521 in der Schlosskirche erstmals die Messe im Laiengewand, mit deutschen Einsetzungsworten und unter Verzicht auf die Elevation der Hostie feiert und darüber hinaus auch noch den Kommunikanten Hostie und Kelch in die Hand gibt und berühren lässt, kritisiert Luther dieses Vorgehen als fleischliches Missverstehen der Messe. Für ihn stehen die äußeren Veränderungen wie etwa die beiderlei Gestalt des Abendmahls oder das Berühren der Elemente zu sehr im Mittelpunkt und nicht die Auslassung des Kanons und damit der Verzicht auf den Opfergedanken der Messe, wie ihn die akademische Diskussion an der Wittenberger Theologischen Fakultät nahegelegt hätte.[10]

---

8 Vgl. Christopher Spehr, Luthers Theologie des Gottesdienstes, in: Hans-Joachim Eckstein/Ulrich Heckel/Birgit Weyel (Hg.), Kompendium Gottesdienst. Der evangelische Gottesdienst in Geschichte und Gegenwart, Tübingen 2011, S. 84–103, bes. S. 84.

9 Vgl. Friedrich Gebhardt, Die musikalischen Grundlagen zu Luthers Deutscher Messe, in: Luther-Jahrbuch 10 (1928), S. 56–170.

10 Vgl. Natalie Krentz, Ritualwandel und Deutungshoheit. Die frühe Reformation in der Residenzstadt Wittenberg (1500–1533) (Spätmittelalter, Humanismus, Reformation 74), Tübingen 2014, S. 157.

Andreas Karlstadt fordert darüber hinaus in der Predigt dazu auf, das Sakrament entgegen spätmittelalterlicher Ordnung auch dann zu nehmen, wenn nicht zuvor gebeichtet oder gefastet wurde. Denn lediglich ein starker Glaube sei für den Sakramentsempfang erforderlich. Die Hostie als materieller Bedeutungsträger transportiert für ihn damit zwar das Heil, wird aber als solche bedeutungslos und erhält ihre Sakramentalität erst durch das glaubend angenommene Wort des in den Einsetzungsworten verkündeten Heilsversprechens.

Als während der Austeilung in der großen, zur Messfeier in der Schlosskirche erschienenen Menge Hostien auf den Boden fallen, fordert Karlstadt Laien demonstrativ dazu auf, diese mit bloßen Händen aufzuheben. Die Wittenberger reagieren jedoch entsetzt und überlassen schließlich einem der anwesenden Priester die Aufgabe. Deutlich wird daran, wie für die Laienwahrnehmung das dinglich-körperliche Moment zum zentralen Geschehen der neuen Messfeier wird und damit die für die spätmittelalterliche Frömmigkeit prägende sinnliche Schau durch das Berühren von Hostie und Kelch noch eine Verstärkung erfährt. Hier greift im Nachgang auch Kurfürst Friedrich der Weise ein und untersagt zukünftig die Handkommunion und damit das Berühren des Sakramentes durch die Laien in seinem Herrschaftsbereich.[11]

Nach Luthers Rückkehr von der Wartburg werden schließlich sämtliche gottesdienstlichen Reformen in der Stadt Wittenberg zurückgenommen. Luther lässt die Messe wieder in Latein feiern. Die Priester tragen die traditionelle liturgische Kleidung. Laien sollten das Sakrament nur unter einer Gestalt erhalten und die Hostie auch nicht berühren. Wiedereingeführt wird die Elevation von Kelch und Hostie. Vermieden werden jedoch die auf das Messopfer im Sinne eines verdienstlichen Handels vor Gott hinweisenden traditionellen Offertoriumsgebete. Allerdings werden die im Zusammenhang der Reformen 1521/22 in der Stadt Wittenberg abgeschafften Privatmessen ohne anwesende Gemeinde nicht wieder eingeführt und durch am Stundengebet orientierte werktägliche Gottesdienste ersetzt.[12]

Deutlich wird, wie Luther selbst den Weg einer Beibehaltung des Überkommenen wählt und die Radikalität der Reformen Karlstadts ablehnt. Luther setzt stattdessen auf eine schrittweise Vorbereitung der Wittenberger Gemeinde durch die Predigt auf das veränderte Verständnis der Messe. Deshalb werden auch die Einsetzungsworte erneut wieder leise gesprochen und zunächst lediglich in der Predigt erläutert. Erst ab dem Weihnachtsfest 1523 wird in Wittenberg dann im Gefolge von Luthers 1523 gedruckter *Formula Missae et Communionis* nach entsprechender Vorbereitungszeit die Kommunion in beiderlei Gestalt verbindlich eingeführt, die Messe aber bis auf die deutsche Predigt und die deutschen Einsetzungsworte weiterhin unverändert auf Latein gehalten.[13]

---

[11] Vgl. ebd., S. 161–168.
[12] Vgl. ebd., S. 191.
[13] Vgl. ebd., S. 192–207 und 225–232.

3. Zwischen Aufbruch und Kontinuität: Martin Luthers Gottesdienstverständnis und seine bestimmenden Elemente

Die Gottesdienstreform Luthers ist durch ihre liturgiepolitische Einbindung in den spezifischen Wittenberger Kontext und den diesen bestimmende Spannung zwischen Bürgerschaft, Universität und Kurfürst als doppelter Distinktionsprozess in Abgrenzung gegenüber den Altgläubigen wie den Radikalen zu verstehen und damit zwischen Aufbruch und Kontinuität angesiedelt.[14] Luther schlägt persönlich einen Mittelweg ein, der Ausdruck sowohl seiner biographischen Prägung wie seiner Beheimatung in den messopfertheologischen Diskursen der Wittenberger Theologischen Fakultät ist. Durch seine persönliche Entdeckung der grundlegenden Bedeutung der Heiligen Schrift für die Feier des Gottesdienstes kann er eine eigenständige Messopfertheologie entwickeln und diese weiterhin in den überlieferten Strukturen der tradierten Messe verankern.[15] Entscheidender Ort der Ausbildung von Luthers Gottesdienstverständnis und insbesondere seiner Kritik an der vorherrschenden Messtheologie und Messpraxis ist damit der Diskurs der Wittenberger Theologischen Fakultät. Luthers Gottesdienstverständnis formiert sich auf der Basis der spätmittelalterlichen Diskurse zu einer eigenständigen Messopfertheologie und beruht nicht, wie bisher stärker angenommen, auf einem Bruch mit dieser. Luthers Gottesdienstverständnis ist aber auch nicht das Produkt eines theologischen Einzelgängers, sondern Folge des Diskurses seiner Wittenberger Fakultät.

Ermöglicht wird dieser Weg durch das in Wittenberg Kurfürst Friedrich den Weisen prägende veränderte Selbstverständnis der neuen Universität als Ort der theologischen Wahrheitsfindung, welches die bisherige Autorität der Bischöfe ablöst.[16] An der Wittenberger Universität entwickelt sich, vorbereitet durch die Etablierung der Disputation als Element der Wahrheitsfindung in Glaubensfragen, ein neues Verständnis der Rolle des gelehrten Theologen und Juristen. Über Wahrheit und Unwahrheit theologischer Sachverhalte entscheiden nun nicht mehr Bischof oder Papst, sondern unabhängige Gelehrte.[17]

Der Landesherr mit seiner Universität tritt damit auch in Fragen gottesdienstlicher Ordnung an die Stelle der Autorität der Bischöfe. Auf diese Weise bereitet sich in Wittenberg auch die spätere Funktion des landesherrlichen Kirchenregimentes für den lutherischen Gottesdienst vor. Sie beginnt sich ab 1526 erstmals konsequent in der *Deutschen Messe* Martin Luthers abzuzeichnen, mit welcher dieser einer Bitte des Nachfolgers Friedrich des Weisen nachkommt, der eine verbindliche deutschsprachige Messe nicht nur für die Stadt Wittenberg, sondern für sein gesamtes Territorium einführen will.[18]

---

[14] Ebd., S. 243.
[15] Vgl. Reinhard Schwarz, Der hermeneutische Angelpunkt in Luthers Meßreform, in: Zeitschrift für Theologie und Kirche 89 (1992), S. 340–364.
[16] Vgl. Manfred Rudersdorf, Kurfürst Friedrich der Weise und die Anfänge der Leucorea in Wittenberg, in: Dirk Syndram/Yvonne Fritz/Doreen Zerbe (Hg.), Kurfürst Friedrich der Weise von Sachsen (1463–1525). Beiträge zur wissenschaftlichen Tagung vom 4. bis 6. Juli 2014 auf Schloss Hartenfels in Torgau, Dresden 2014, S. 158–171.
[17] Vgl. Krentz, Ritualwandel (wie Anm. 10), S. 127.
[18] Vgl. ebd., S. 336f.

Entscheidendes Element des komplexen Gottesdienstverständnisses Luthers ist dessen Schriftgemäßheit. Das Gotteswort soll in der gottesdienstlichen Feier „im Schwang" gehen. Luther will, dass im Gottesdienst möglichst umfassend die Heilige Schrift bewegt, gelesen und ausgelegt wird, weil Gott auf diesem Weg zu seiner Gemeinde spricht und in ihr gegenwärtig wird. Er legt dabei auch großen Wert darauf, dass das göttliche Wort mittels der Heiligen Schrift überhaupt erst die Antwort der Gemeinde in Gebet und Lobgesang als Grundstruktur jeder gottesdienstlichen Feier ermöglicht. Martin Luther geht 1523 in seiner Schrift *Von der Ordnung des Gottesdienstes in der Gemeinde* näher auf diesen Zusammenhang ein: Die „Grundregel sei die, dass in jedem Fall alles geschehe, damit das Wort in Gebrauch *(im Schwange)* bleibe und nicht wieder ein Plärren und Lärmen daraus werde, wie es bisher gewesen ist. Es ist besser, alles andere zu unterlassen als das Wort, und es ist nichts besser getrieben als das Wort. Denn dass dasselbe unter den Christen in rechtem Gebrauch sein soll, zeigt die ganze Schrift an, und Christus sagt auch selbst Lk 10: Eines ist vonnöten, nämlich dass Maria zu Christi Füßen sitzt und sein Wort täglich hört; das ist das beste Teil, das zu erwählen ist und nicht mehr weggenommen wird. Es ist ein ewiges Wort; alles andere muss vergehen, wie vieles auch Martha zu tun gibt."[19]

Schriftauslegung und Laut-Werden der Heiligen Schrift im Gottesdienst sind entscheidend für dessen sachgerechten Vollzug. Luther leitet dabei die Messe als Stiftung Jesu aus dessen letztem Mahl mit seinen Jüngern ab und kritisiert den einseitigen Gedanken eines in der Messe Gott gegenüber vollzogenen Opfers und der daraus resultierenden Verdienstlichkeit der Messe. So schreibt er 1521 im Traktat *Vom Missbrauch der Messe*, dass ihn wundere, „dass diese klugen Leute nicht bedenken, dass Christus dieses Sakrament im Gasthaus, nicht im Tempel, auf einem Tisch, nicht auf einem Altar eingesetzt und ausgeführt hat, obwohl das Gesetz des Mose so streng verboten hat, etwas außerhalb des Tempels zu opfern. Und die Apostel, Apg 4, die sonst in jeder Hinsicht das Gesetz hielten, brachen das Brot in den Häusern, nicht im Tempel. Dem hat Christus schon damit zuvorkommen wollen, dass seine heilsame Gabe ein Opfer weder sein kann noch darf."[20]

Luther versteht die Messe als Lobopfer der versammelten Gemeinde für die ihr von Gott her in Christus zugedachte Gabe. „Luthers Stellung zum Messopfer ergab sich nicht nur aus den Vorentscheidungen der eigenen Theologie, sondern auch aus der vorfindlichen Messwirklichkeit und ihren theologischen Implikaten", folgert Wolfgang Simon in seiner Studie zur Messopfertheologie Luthers. „Sie ist mithin als eine Interdependenz von Aufbruch und Kontinuität wahrzunehmen. Wer sich die Aufgabe stellt, das Profil dieses Messopfertheologen wie seiner Rezeption nachzuzeichnen, der wird daher darauf angewiesen sein, die Gemeinsamkeiten mit den zeitgenössischen Konzepten und Wahrnehmungen der Messe ebenso wie das ‚Systemsprengende' im Blick zu behal-

---

[19] Martin Luther, Von der Ordnung des Gottesdienstes in der Gemeinde, 1523: WA (wie Anm. 1) 12, 35–37, 37 (nach: Deutsch-Deutsche Studienausgabe 2, S. 417–425, hier S. 425).

[20] Martin Luther, Vom Missbrauch der Messe, 1521: WA (wie Anm. 1) 8, 482–563, 525 (nach: Deutsch-Deutsche Studienausgabe 2, S. 207–381, hier S. 301).

ten, will er den Wittenberger nicht in eine ihm unangemessene Zeitlosigkeit entlassen."[21]

Wolfgang Simon hat dabei die einzelnen Elemente der Messopfertheologie Luthers näher herausgearbeitet: „Die Messe selbst ist kein Opfer, sondern Gedächtnis des Selbstopfers Christi, das auf eine Mehrung des Glaubens zielt." Damit verabschiedet Luther „keineswegs die Messopfervorstellung. Allerdings kennt er keinen allein der Messhandlung vorbehaltenen Opferbegriff."[22] Der Gedanke der Verdienstlichkeit der Messe beruht für ihn auf dem Fehlverständnis eines in sich selbst Gott wohlgefälligen Werkes: „Anders als beim Kreuzesopfer handelt es sich bei der Messe [...] um ein von Gott her an die Menschen gerichtetes und von ihnen zu gebrauchendes Werk."[23] Nicht das Kreuzesopfer, sondern der Erhöhte, dem die alleinige Subjektrolle zukomme, werde im Verheißungswort gegenwärtig. Damit ist die Aktanten- und Gabenrolle in der Messfeier mit Christus besetzt und keine priesterliche Vermittlungsinstanz mehr erforderlich. Das besondere Opfer des Amtsträgers besteht in der Predigt an die Gemeinde.[24] Das Abendmahl ist Gabe an den Menschen, nicht Gabe des Menschen an Gott. Daher ist das Messopfer als Dankopfer zu verstehen.[25]

Der Gottesdienst, so meine These, stellt für Luther denjenigen Raum dar, der durch den lobpreisend-betend-verkündigenden Gebrauch der Heiligen Schrift den Zugang zur Christusbegegnung vermittelt. Er ist Ort der Arbeit am äußeren Wort Gottes[26] in der Haltung der Erwartung, dass der Heilige Geist selbst die Führung übernimmt und zu predigen[27], zu beten und Lob zu preisen beginnt. Die entscheidende Voraussetzung dafür ist jedoch, dass Gottes Wort im Schwange, d.h. in Bewegung bleibt. Christus vergegenwärtigt sich inmitten der in seinem Namen versammelten Gemeinde und bindet seine Präsenz an ihre Versammlung. Das Abendmahl dient der Absolution und Stärkung derer, die betrübten Herzens sind. Damit gelingt Luther eine Wiederentdeckung des fröhlichen Charakters des Abendmahls. Gefährdet wird dieser fröhliche Charakter jedoch durch das neu eingeführte Glaubensverhör bzw. das formalisierte Beichtgespräch als Zugangsvoraussetzung des Abendmahlsempfangs.[28] Dies

---

[21] Wolfgang Simon, Die Messopfertheologie Martin Luthers. Voraussetzungen, Genese, Gestalt und Rezeption (Spätmittelalter und Reformation. Neue Reihe 22), Tübingen 2003, S. 1. Vgl. dazu auch die Studie von Reinhard Meßner, Die Meßreform Martin Luthers und die Eucharistie der Alten Kirche. Ein Beitrag zu einer systematischen Liturgiewissenschaft (Innsbrucker Theologische Studien 25), Innsbruck / Wien 1989.

[22] Ebd., S. 222

[23] Ebd., S. 260.

[24] Vgl. ebd., S. 388f.

[25] Vgl. ebd., S. 405f. Auch Wolfgang Simon macht auf die Bedeutung der Wittenberger akademischen Messdiskussion unter Karlstadt, Melanchthon und weiteren Professoren für die Ausbildung von Luthers Messopfertheologie aufmerksam (S. 419f.).

[26] Vgl. Alexander Deeg, Das äußere Wort und seine liturgische Gestalt. Überlegungen zu einer evangelischen Fundamentalliturgik, Göttingen 2012.

[27] Vgl. den Gedankengang bei Martin Luther, Eine schlichte Weise zu beten für einen guten Freund, 1535: WA (wie Anm. 1) 38, 358–375, 363 bzw. Deutsch-Deutsche Studienausgabe 1, S. 599–631, 611: „Und wenn solche reichen, guten Gedanken kommen, dann soll man die anderen Gebete fahren lassen und solchen Gedanken Raum geben, ihnen still zuhören und sie beileibe nicht unterdrücken. Denn da predigt der Heilige Geist selbst, und ein Wort seiner Predigt ist besser als tausend unserer Gebete, und ich habe auch selbst oft in einem Gebet mehr gelernt, als ich aus vielem Lesen und Nachsinnen hätte lernen können."

[28] Auf diese Spannung macht aufmerksam: Gregor Etzelmüller, Was geschieht beim Gottesdienst? Die eine Bibel und die Vielfalt der Konfessionen, Leipzig 2014, S. 44f.

begünstigt die spätere, bis in die Mitte des 20. Jahrhunderts hinein spürbare lutherische Tendenz, den Abendmahlsempfang nahezu ausschließlich auf den Aspekt der Sündenvergebung einzuengen.

Ein weiteres theologisches Problem stellt sich schließlich damit, dass der Glaube nach Luthers Modellvorstellung bereits durch die Predigt alles zu ergreifen vermag, was auch das Sakrament schenkt. Umgekehrt aber wird auch das Gebet der versammelten Gemeinde im Gottesdienst überhaupt erst durch Gottes Heiligen Geist ermöglicht, der über dem Lautwerden des Wortes Gottes unverfügbar geschenkt wird. „Beten ist gleichsam ein passives Hineingezogen-Werden in die ‚innergöttliche Sphäre', eine immer neue Bitte um Begabung mit dem heiligen Geist (vgl. Röm 8, 15f. 26), über den wir nicht verfügen können. Beten ist damit nicht nur Aktivität, sondern auch demütiges Empfangen, das davor bewahrt, Gott zum Gegenstand der eigenen Wünsche zu machen."[29]

Alle Elemente von Luthers liturgischem Schriftgebrauch zielen auf die sich unverfügbar vollziehende Aneignung des durch Christus geschenkten rechtfertigenden Glaubens. Damit liegt das Proprium des reformatorischen Schriftgebrauchs nicht in der reinen Benutzung des biblischen Textes. „Nicht ob, sondern wie und wozu die Schrift gebraucht wird, ist das Entscheidende."[30] Für den katholischen Liturgiewissenschaftler Reinhard Meßner[31] wird das gottesdienstliche Gebet bei Luther Teil des *admirabile commercium* zwischen Christus und den Christen und ist Teil des fröhlichen Wechsels und Streites. Der auferstandene Gekreuzigte wird im Evangelium gegenwärtig. Im Gebet „wird die Glaubensbegegnung mit dem Erhöhten von seiten des Menschen realisiert, freilich nur, wenn ihn der Geist Gottes – und das bleibt dem Menschen immer unverfügbar – zu Christus treibt [...]. Der Heilige Geist verschränkt die Zeiten, er überbrückt den historischen Abstand zwischen Christus [...] und mir heute."[32] Das Gebet ergreift die in der *Promissio* dargebotene Gabe, indem es sich auf die göttliche Verheißung stützt.[33]

Luther versucht, so meine These, seine neu gewonnene Messopfertheologie weiterhin in den überlieferten rituellen Strukturen der Messfeier zu verankern und damit ein Auseinanderfallen der sinnlichen gegenüber der inhaltlichen Ebene des Abendmahlsverständnisses zu verhindern. Es geht ihm um die Wahrung des Zusammenhanges von Zeichen und Bedeutung, der an einigen Stellen eine Neujustierung erfährt. Beibehalten bleibt daher zunächst auch die lateinische Sprache ebenso wie die Praxis des wechselseitigen Singens zwischen Schülerchor und Priester. Die Elemente werden weiterhin gereicht und sollen von

---

[29] Jochen Arnold, Luthers Theologie des Gottesdienstes. Ein Beitrag in gegenwärtigen liturgischen Diskursen, in: Peter Zimmerling/Wolfgang Ratzmann/Armin Kohnle (Hg.), Martin Luther als Praktischer Theologe (Veröffentlichungen der Wissenschaftlichen Gesellschaft für Theologie 50), Leipzig 2017, S. 56–73, hier S. 61.

[30] Alexander Kupsch, Luthers liturgischer Schriftgebrauch. Der Gottesdienst als Bildungsgeschehen, in: ebd., S. 84–101, hier S. 87.

[31] Vgl. Reinhard Meßner, Reformen des Gottesdienstes in der Wittenberger Reformation, in: Martin Klöckener/Benedikt Kranemann (Hg.), Liturgiereformen. Historische Studien zu einem bleibenden Grundzug des christlichen Gottesdienstes, Teil I: Biblische Modelle und Liturgiereformen von der Frühzeit bis zur Aufklärung (Liturgiewissenschaftliche Quellen und Forschungen 88), Münster 2002, S. 383–416.

[32] Ebd., S. 407.

[33] Vgl. ebd., S. 412f.

den Laien nicht berührt werden. Die Elevation von Hostie und Kelch wie das Kreuzzeichen über den Elementen bleiben ebenfalls beibehalten. Die bisher verpflichtende Vorbereitung auf den Empfang des Abendmahls, zum Beispiel durch Fasten und vorherige Ohrenbeichte, wird zwar freigestellt, aber durch die Vergewisserung der Würdigkeit der Kommunikanten im Abendmahlsverhör mit der Anmeldung zum Sakrament am Vorabend ersetzt. Insgesamt kann damit von inneren Veränderungen unter aufrecht erhaltener Bindung an die tradierte Form der Messfeier gesprochen werden. In diesem Sinne argumentiert Luther in seiner Schrift *Deutsche Messe oder die Ordnung des Gottesdienstes* 1526 auch für die Beibehaltung der Elevation: „Das Aufheben wollen wir nicht abtun, sondern behalten, darum dass es fein mit dem deutschen Sanctus stimmt und bedeutet, dass Christus befohlen hat, seiner zu gedenken. Denn gleichwie das Sakrament wird leiblich aufgehoben und doch darunter Christi Leib und Blut wird nicht gesehen, also wird durch das Wort der Predigt seiner gedacht und erhoben, dazu mit Empfang des Sakraments bekannt und hoch geehrt, und doch wird alles im Glauben begriffen und nicht gesehen, wie Christus seinen Leib und Blut für uns gegeben und noch täglich für uns bei Gott, uns Gnade zu erlangen, zeigt und opfert."[34]

Die Elevation wird zum Bild des zu glaubenden und nicht mit den Augen wahrzunehmenden Ergreifens des von Christus dargebrachten Opfers.

4. Die Reformen des sonntäglichen wie des täglichen Gottesdienstes nach Martin Luther und ihr Wittenberger zeitgenössischer Kontext

Martin Luthers umfassendes Gottesdienstverständnis bezieht auch Haus und Beruf mit ein.[35] Daher stehen die Neuordnung sowohl des sonntäglichen wie des täglichen und des häuslichen Gottesdienstes in einem engen Zusammenhang und dürfen nicht voneinander isoliert betrachtet werden. So geht Luther in allen drei seiner gottesdienstlichen Reformschriften neben dem sonntäglichen auch ausführlich auf die Neuordnung des täglichen Gottesdienstes ein. An die Stelle der abgeschafften täglichen Messen treten am Stundengebet orientierte Gottesdienstformen für die Werktage, die in erster Linie auf die Wittenberger Chorschüler, Priester und Theologiestudenten zielen und dafür sorgen, dass die Heilige Schrift möglichst umfänglich die gesamte Woche über in den Gottesdiensten laut wird.[36] In seiner *Formula Missae* von 1523 schreibt Luther daher: „An den übrigen Tagen, die wir Werktage nennen, sehe ich

---

[34] Martin Luther, Deutsche Messe oder die Ordnung des Gottesdienstes, 1526: WA (wie Anm. 1) 19, 72–113, 99f. (zit. nach Münchener Ausgabe, Bd. 3, S. 147).

[35] Vgl. Frieder Schulz, Die Hausgebete Luthers, in: Albrecht Peters, Kommentar zu Luthers Katechismen, Bd. 5: Die Beichte. Die Haustafel. Das Traubüchlein. Das Taufbüchlein. Mit Beiträgen von Frieder Schulz / Rudolf Keller, hg. von Gottfried Seebass, Göttingen 1994, S. 191–205.

[36] Vgl. Angelus A. Häussling OSB, Luther und das Stundengebet, in: Heinrich Riehm (Hg.), Freude am Gottesdienst. Festschrift für Frieder Schulz, Heidelberg 1988, S. 419–427 sowie Andreas Odenthal, Liturgie vom Frühen Mittelalter zum Zeitalter der Konfessionalisierung. Studien zur Geschichte des Gottesdienstes (Spätmittelalter, Humanismus, Reformation 61), Tübingen 2011, IX. „... totum psalterium in usu maneat." Martin Luther und das Stundengebet, S. 208–250.

nichts, was man nicht bestehen lassen könnte, nur die Messfeier soll man nicht feiern. Denn die Matutin mit drei Lesungen, die Stundengebete, hierauf die Vesper und die Komplet im Kirchenjahr – ausgenommen die Feste der Heiligen – sind nichts anderes als Worte der Heiligen Schrift. Es ist schön, ja, es ist sogar notwendig, dass die Knaben sich daran gewöhnen, die Psalmen zu lesen und zu hören und auch Lektionen aus der Heiligen Schrift."[37]

Martin Luther wirkt an der Neuordnung des Gottesdienstes in der Stadt Wittenberg 1523 durch seine beiden Schriften *Von der Ordnung des Gottesdienstes in der Gemeinde* und *Formula Missae et Communionis* engagiert mit. Eine zweite Stufe folgt dann 1526 über seine *Deutsche Messe*, die über Wittenberg hinaus auf eine Neuordnung des Gottesdienstes im gesamten Kurfürstentum Sachsen durch den Entwurf einer deutschen sonntäglichen Messfeier zielt. Leitend für Luther ist dabei die Vorstellung, dass die lateinische und die deutsche Messfeier einander nicht ausschließen, sondern lediglich unterschiedliche Zielgruppen vor Augen haben. Darüber hinaus entwickelt er die Vision eines vollendeten Gottesdienstes für diejenigen, die mit Ernst Christen sein wollen, und bezeichnet diese als dritte Weise des Gottesdienstes. In seiner *Deutschen Messe* schreibt er 1526 dazu: „Es gibt aber eine dreifach unterschiedene Weise des Gottesdienstes und der Messe. Erstens eine lateinische, welche wir zuvor haben ausgehen lassen und welche heißt formula missae. Diese will ich hiermit nicht aufgehoben oder verändert haben, sondern wie wir sie bisher bei uns gehalten haben, so soll es weiterhin frei sein, sie zu gebrauchen, wo und wann es uns beliebt oder uns Gründe dazu bewegen. Denn ich will keineswegs die lateinische Sprache aus dem Gottesdienst ganz verschwinden lassen, da es mir doch immer um die Jugend zu tun ist. Und wenn ich es könnte und die griechische und hebräische Sprache uns so vertraut wäre wie die lateinische und hätte so viel schöne Musik und Gesänge, wie die lateinische hat, so sollte man einen Sonntag um den anderen in allen vier Sprachen – deutsch, lateinisch, griechisch, hebräisch – Messe halten, singen und lesen [...]. Zweitens gibt es die deutsche Messe und den Gottesdienst, [...] die um der einfältigen Laien willen geordnet werden sollen. Und diese zwei Weisen müssen wir so gehen und geschehen lassen, dass sie öffentlich in den Kirchen gehalten werden vor allem Volk, worunter viele sind, die noch nicht glauben oder Christen sind, sondern der größere Teil steht da und gafft, dass sie auch etwas Neues sehen, gerade als ob wir mitten unter den Türken oder Heiden auf einem freien Platz oder Feld Gottesdienst hielten. Denn hier gibt es noch keine geordnete oder feste Versammlung, in der man nach dem Evangelium die Leute regieren könnte, sondern es ist ein öffentlicher Anreiz zum Glauben und zum Christentum. Aber die dritte Weise, in der die rechte Art der evangelischen Ordnung ergehen sollte, dürfte nicht so öffentlich auf dem Platz geschehen unter allerlei Volk. Sondern diejenigen, die mit Ernst Christen sein wollen und das Evangelium mit Tat und Wort bekennen, müssten sich namentlich einschreiben und irgendwo allein in einem Haus allein sich versammeln zum Gebet, zum Lesen, zum Taufen, das Sakrament zu empfangen und andere christliche Werke auszuüben. [...] Aber

[37] Martin Luther, Formula Missae: WA (wie Anm. 1) 12, 205–220, 219 (nach: Lateinisch-Deutsche Studienausgabe 3, S. 649–679, hier S. 677).

ich kann und mag eine solche Gemeinde oder Versammlung noch nicht anordnen oder einrichten, denn ich habe noch nicht die Leute und Personen dazu."[38]

Mit der *Formula Missae* von 1523 legt Luther das Modell einer evangelischen lateinischen Messe mit Gemeinde-Kommunion und Austeilung in beiderlei Gestalt, einem Wegfall aller opfertheologisch problematischer Gebete des Kanons wie der Reduktion der eucharistischen Gebete auf die Präfation sowie mit Predigt und Einsetzungsworten in deutscher Sprache vor. Beibehalten werden die Elevation und die Kreuzzeichen über den Elementen, ebenso wie das Miteinander von Priester und Schülerchor mit nur zurückhaltender Gemeindebeteiligung durch einige wenige Lieder in deutscher Sprache. Die gesamte Schrift setzt die Praxis der lateinischen Messe als selbstverständlich voraus und markiert weitgehend nur die Abweichungen. Die Einsetzungsworte werden als Gebet im Vaterunser-Ton gesungen. Beibehalten wird das Sanctus mit Benedictus, während das *Ite missa est* durch das *Benedicamus* ersetzt wird. An die Stelle des trinitarischen Segens tritt der für Luther biblisch legitimierte aaronitische Segen.[39]

Luthers *Deutsche Messe* von 1526 dagegen bietet das Modell einer vollständig in deutscher Sprache gefeierten Messe mit Verkündigungsintention und konsequenter Schriftorientierung bis hin zu den Einsetzungsworten Christi, die als Spendeformeln der Austeilung fungieren. Luthers *Deutsche Messe* wird bestimmt vom Miteinander von Priester und Gemeinde. Auf den lateinisch singenden Schülerchor wird verzichtet. Angeboten wird zudem ein eigenständiges Vertonungsmodell der deutschen liturgischen und biblischen Texte für den Sprechgesang.

Hintergrund für die *Deutsche Messe* 1526 sind die Veränderungen nach dem Tod Friedrichs des Weisen 1525 und die von dessen Nachfolger Johann des Beständigen betriebene Ausweitung des Geltungsbereiches der *Deutschen Messe* Luthers über die Stadt Wittenberg hinaus auf das gesamte Kurfürstentum. Das „Regierungsprogramm" des Nachfolgers Friedrich des Weisen, seines Bruders Johann des Beständigen, enthält auch die Forderung nach einer verbindlichen Gottesdienstordnung für das gesamte Land. Luther arbeitet seit Längerem an einer solchen Gottesdienstordnung und erachtet die *institutio uniformibus ceremoniis* als notwendig.[40] Die *Deutsche Messe* von 1526 wird damit zur ersten landesherrlichen Gottesdienstordnung des Reformationszeitalters.

---

38 Martin Luther, Deutsche Messe. Vorrede: WA (wie Anm. 1) 19, 72–78, 74–75 (zit. nach Deutsch-Deutsche Studienausgabe 2, S. 427–441, hier S. 433–435).

39 Vgl. Hans Christian Drömann, Das Abendmahl nach den Ordnungen Martin Luthers, in: Irmgard Pahl (Hg.), COENA DOMINI I. Die Abendmahlsliturgie der Reformationskirchen im 16./17. Jahrhundert (Spicilegium Friburgense 29), Freiburg (Schweiz) 1983, S. 25–47 sowie Frieder Schulz, Der Gottesdienst bei Luther, in: Helmar Junghans (Hg.), Leben und Werk Martin Luthers 1526–1546. Festschrift zu seinem 500. Geburtstag, 2 Bde. Göttingen 1963, Bd. I, S. 217–302 und Bd. II, S. 811–825 sowie Klaus Raschzok, Der Streit um das Eucharistiegebet in den Kirchen der Reformation, in: Winfried Haunerland (Hg.), Mehr als Brot und Wein. Theologische Kontexte der Eucharistie, Würzburg 2005, S. 145–172 (wiederabgedruckt in: Klaus Raschzok, Traditionskontinuität und Erneuerung. Praktisch-theologische Einsichten zu Kirchenraum und Gottesdienst, hg. von Hanns Kerner/Konrad Müller, Leipzig 2014, S. 169–194).

40 Vgl. Krentz, Ritualwandel (wie Anm. 10), S. 336f.

Am 29. Oktober 1525 wird erstmals in der Wittenberger Stadtkirche die Messe vollständig in deutscher Sprache gehalten. Bei Luthers *Deutscher Messe* handelt es sich um die Form eines Volksgottesdienstes mit katechetischem Akzent, die für Sprache und Verständnis der Gemeinde am Ort zugerichtet ist und bis auf die Vaterunser-Paraphrase und die Abendmahlsvermahnung einen vollständig gesungenen Gottesdienst mit Notenbeigaben bietet. Der Liturg singt im Sprechgesang Kollekte, Epistel, Evangelium, Einsetzungsworte, Schlusskollekte und Segen. Die Gemeinde ist in Form von Liedern beteiligt, welche aus Introitus als deutschem Psalm, Kyrie, Zwischengesang, Credo und Communio-Gesang bestehen. Die Gemeindekommunion erfolgt unter beiderlei Gestalt. Brot- und Kelchwort der Einsetzungsworte werden in zwei Hälften aufgeteilt und direkt mit der unmittelbar folgenden Austeilung verbunden. Damit dienen die Einsetzungsworte Christi als Spendeformeln bei der Austeilung. Aus diesem Grund kommt es auch zu einer Umstellung des Vaterunsers, das nun nach der Predigt zu stehen kommt. Die *Verba testamenti* werden im Evangelienton als *Verba promissionis* gesungen. Die beibehaltene Elevation erfährt zudem eine neue Deutung: Nun ist Christus, der sich für uns opfert, der Zeigende.

Da die deutsche Gottesdienstordnung auf Wunsch des neuen Kurfürsten entsteht, arbeitet Luther bei seiner *Deutschen Messe* eng mit dem Hof zusammen und erhält zur Unterstützung die beiden höfischen Sangmeister Konrad Rupff und Johann Walther von Torgau nach Wittenberg geschickt.[41] In Verbindung mit Martin Luthers grundlegenden, als Chorschüler der Lateinschule erworbenen Kenntnissen gelingt ihnen die musikalische Gestaltung der *Deutschen Messe* als einheitliche Konzeption.

Luther erläutert bei der ersten Feier der *Deutschen Messe* in Wittenberg in der Predigt, weshalb er sich lange einer deutschsprachigen Messe widersetzt habe. Definitiv an der Wittenberger Stadtkirche eingeführt wird diese zum Weihnachtsfest 1525. Im Januar 1526 erfolgt der Druck der ersten neuen Messbücher durch den Wittenberger Drucker Melchior Lotter. Das ihnen beigefügte Anschreiben des Kurfürsten vom Februar 1526 setzt die Deutsche Messe schließlich als landesweite Gottesdienstordnung ein.[42]

---

41 Vgl. ebd., S. 338.

42 Vgl. ebd., S. 340. Zusammen mit dem Versand der neuen Messbücher ergeht ein zweites Anschreiben an die Amtleute und Adeligen des Territoriums. Darin wird betont, die neue Gottesdienstordnung sei durch gelehrte und in der göttlichen Schrift erfahrene Leute gestaltet. Sie zeige, wie die Ceremonien der Schrift gemäß zu halten seien. Den Pfarrern sollten die weltlichen Amtleute und Adeligen verkünden, auf Befehl des Kurfürsten die Ceremonien mit den Messen danach zu halten. „Damit wurden in Kursachsen erstmals Kernaufgaben der Bischöfe auf weltliche Amtsträger übertragen, so dass die Einführung der Messe als ein erster Schritt hin zur späteren Visitation gesehen werden kann, die sich ebenfalls auf die weltlichen Verwaltungsstrukturen stützte."; ebd., S. 341. Vgl. insgesamt zu Luthers Gottesdienstreformen auch: Frieder Schulz, Luthers liturgische Reformen. Kontinuität und Innovation, in: Archiv für Liturgiewissenschaft 25 (1983), S. 249–275 sowie ders., Luthers liturgische Reformen. Kontinuität und Innovation, in: ders., SYNAXIS. Beiträge zur Liturgik, Göttingen 1997, S. 37–69.

5. Die Wirkungsgeschichte von Martin Luthers gottesdienstlichen Reformschriften

Bei der Wirkungsgeschichte von Martin Luthers gottesdienstlichen Reformschriften ist zwischen der Entwicklung in der Stadt Wittenberg und im Kurfürstentum Sachsen wie der lutherischen reformatorischen Bewegung insgesamt zu unterscheiden. Für Wittenberg liegt mit dem Reisebericht des Augsburger Pfarrers Wolfgang Musculus von 1536 und seiner Schilderung des Gottesdienstes vom 28. Mai 1536, dem Sonntag Exaudi in der Wittenberger Stadtkirche eine wichtige Momentaufnahme vor, die zeigt, wie Martin Luthers Reformen nur bedingt umgesetzt worden sind und seine *Deutsche Messe* für Wittenberg kaum eine Rolle spielt: „Zur siebenten Stunde gingen wir [...] in die Stadtkirche und beobachteten, nach welchem Brauch man ‚die Liturgie' feierte, nämlich so: Zuerst wurde der Introitus auf der Orgel gespielt, wobei der Chor auf lateinisch einstimmte wie beim Messopfer. Unterdessen zog der priesterlich gekleidete Liturg von der Sakristei her ein. Vor dem Altar knieend bekannte er zusammen mit dem Kirchendiener seine Sünden und schritt nach dem Sündenbekenntnis die Altarstufen hinauf zu dem Buch, welches nach papistischer Gewohnheit auf der rechten Seite lag. Nach dem Introitus wurde Orgel gespielt und abwechselnd von den Knaben ‚Kyrie eleison' gesungen. Nachdem das beendet war, intonierte der Liturg ‚Ehre sei Gott in der Höhe'. Dieser Gesang wurde im Wechsel zwischen Orgel und Chor zuendegeführt. Unmittelbar danach sang der Liturg am Altar ‚Der Herr sei mit euch', der Chor antwortete ‚Und mit deinem Geist'. Es folgte die Kollekte dieses Tages auf lateinisch, darauf sang man die Epistel auf lateinisch, danach wurde Orgel gespielt, und der Chor schloß sich an mit ‚Herr Gott Vater wohn' uns bei'. Anschließend wurde vom Liturgen das Evangelium dieses Sonntags ebenfalls lateinisch gesungen, und zwar auf der linken Altarseite, wie es bei den Anhängern des Papstes üblich ist. Danach wurde Orgel gespielt, und der Chor fuhr fort mit ‚Wir glauben all an einen Gott'. Auf dieses Lied folgte die Predigt, die [Martin] Bucer in Anwesenheit Luthers und Melanchthons über das Evangelium dieses Sonntags hielt. Nach der Predigt sang der Chor lateinisch ‚Da pacem domine', gefolgt vom Liturgen mit einem Gebet um Frieden, auch das lateinisch. Es folgte die Abendmahlsfeier, die der Liturg mit dem deutsch gesungenen Vaterunser eröffnete. Darauf sang er mit dem Rücken zur Gemeinde die Einsetzungsworte gleichfalls auf deutsch. Zunächst für das Brot, das er, nachdem die Worte gesprochen waren, alsbald unter Schellengeklingel emporhob; in gleicher Weise auch für den Kelch, den er ebenfalls unter Schellengeklingel emporhob. Unverzüglich wurde kommuniziert. Zuerst trat Pomeranus [= Johannes Bugenhagen] hinzu, darauf Fabricius Capito und dann Bucer. Während der Spendung wurde das Agnus Dei lateinisch gesungen. In gewöhnlicher Kleidung reichte der Priester das Brot, im Meßgewand aber den Kelch. Dem Gesang des Agnus Dei ließ man ein deutsches Lied folgen, ‚Jesus Christus, unser Heiland' oder ‚Gott sei gelobet und gebenedeiet'. Nach der Predigt ging der größere Teil der Gemeinde weg. Auch Luther selbst mußte während des Abendmahls begleitet von Philippus [Melanchthon] hinausgehen, weil ihm schwindelig geworden war. Der Liturg beschloß die Abendmahlsfeier mit einem deutsch gesungenen Dankgebet und ließ – zum Volk gekehrt – den Segen folgen, indem er sang: ‚Der Herr erleuchte sein Angesicht über euch', und so wurde die Messe beendet."[43]

Trotz der landesweiten Maßnahmen des Kurfürsten zur Einführung der *Deutschen Messe* Luthers 1526 wird damit in Wittenberg zehn Jahre später immer noch kein einheitlicher deutschsprachiger Gottesdienst gefeiert, sondern wird unter Johannes Bugenhagen, der seit 1523 als Stadtpfarrer in Wittenberg amtiert, eine an der *Formula Missae* Luthers orientierte Form gepflegt. Sie zeichnet sich durch deutsche und lateinische Elemente sowie Lieder mit zweisprachiger Fassung aus[44] und begegnet im Reisebericht des Wolfgang Musculus als Wittenberger Normalform der Messe. Hintergrund dafür sind wohl die praktischen Bedürfnisse Wittenbergs als international ausgerichteter Universitätsstadt mit zahlreichen ausländischen Gästen, für die der Gebrauch des Lateinischen selbstverständliches akademisches Kommunikationsmedium ist.

Interessanterweise fehlt bei Wolfgang Musculus auch die Abendmahlsvermahnung der *Deutschen Messe*. Grund dafür scheint das 1523 als Anmeldungsritus etablierte Abendmahlsverhör am Vorabend des Sonntags zu sein. Auch erfolgt keine getrennte Austeilung von Brot und Wein. Wie wir durch das sogenannte Wittenberger Weinbuch wissen, konzentriert sich die überwiegende Mehrzahl der Kommunikanten auf die Ostertage und bleiben viele Wittenberger das ganze Jahr über sonst der Kommunion fern.[45] Das bei Wolfgang Musculus dokumentierte Wittenberger Misch-Modell mit seiner Bi-Lingualität, dem Lateinschüler-Chor, der zurückhaltenden Kommunionpraxis der Gemeinde und dem die sonntägliche Messe begleitenden täglichen Gottesdienst prägt viele weitere Städte der lutherischen Reformation wie Nürnberg, Leipzig oder Breslau bis weit in das 18. Jahrhundert hinein. Die bilinguale lutherische Messpraxis endet dort erst Anfang bzw. Mitte des 19. Jahrhunderts, wie zum Beispiel 1829 in Breslau mit der Einführung der Preußischen Agende.

Davon zu unterscheiden ist die Wirkungsgeschichte der Gottesdienstreformschriften Martin Luthers: Dessen *Formula Missae* wie seine *Deutsche Messe* werden im Bereich der lutherischen Territorien zu Leitagenden des 16. Jahrhunderts.[46] So sind die Kirchenordnungen der lutherischen Territorien bei der Messe durch zwei Grundtypen geprägt: Typus I folgt Luthers *Deutscher Messe* von 1526. Dies betrifft im Wesentlichen die auf Johannes Bugenhagen zurückgehenden Kirchenordnungen. Das Vaterunser steht dort vor den Einsetzungsworten, die möglichst nahe an die Austeilung rücken. Typus II folgt, auch wenn er völlig in deutscher Sprache gehalten wird, Luthers *Formula*

---

[43] Wolfgang Musculus, Itinerarium Conventus Isnachii, 1536, in: Analecta Lutherana. Briefe und Actenstücke zur Geschichte Luthers, hg. von Theodor Kolde, Gotha 1883, S. 216–230 in der Übersetzung von Wolfgang Herbst, in: ders. (Hg.), Evangelischer Gottesdienst. Quellen zu seiner Geschichte, Göttingen 1992 (2. völlig neu bearb. Aufl.), S. 103–109, hier S. 107–109.

[44] Vgl. Johannes H. Bergsma, Die Reform der Messliturgie durch Johannes Bugenhagen (1485–1558), Kevelaer/Hildesheim 1966.

[45] Vgl. Krenz, Ritualwandel (wie Anm. 10), S. 347–350.

[46] Der Begriff der Leitagende geht zurück auf Alfred Niebergall, Art. „Agende", in: Theologische Realenzyklopädie 1977, Bd. 1, S. 779–782 u. Theologische Realenzyklopädie 1978, Bd. 2, S. 5–10.

Missae von 1523. Das Vaterunser behält hier seinen traditionellen Ort in der Messe und steht nach den Einsetzungsworten unmittelbar vor der Austeilung des Abendmahls. Es schließt das eucharistische Gebet ab und bereitet auf den Kommunionempfang vor.

Die Idee Luthers, Brot wie Wein unmittelbar nach der Konsekration auszuteilen und dazu die Einsetzungsworte in zwei Teile aufzuteilen, konnte sich nicht durchsetzen. Jedoch nimmt Johannes Bugenhagen und der ihm folgende Typus lutherischer Kirchenordnungen das Anliegen auf, die Einsetzungsworte möglichst nahe an die Austeilung zu rücken. Deshalb wird dort das Vaterunser vor die Einsetzungsworte gesetzt und verliert seine bisherige Funktion als Abschluss des eucharistischen Gebetes und der Vorbereitung auf den Empfang des Sakraments.[47]

6. Der lutherische Gottesdienst als Teil der westlich-lateinischen Liturgiefamilie. Liturgiewissenschaftliche Konsequenzen

Martin Luther entwickelt ein eigenständiges und kreatives Messopferkonzept. Damit bleibt er einem Konstitutivum der westlich-abendländischen Messpraxis aufs Engste verbunden. Er nimmt lediglich eine Neujustierung der Messe vor, ohne deren Rahmen grundlegend zu sprengen. Diese neueren Einsichten liturgiewissenschaftlicher wie kirchenhistorischer Forschung zu Luthers Gottesdienstverständnis markieren zugleich auch eine Herausforderung an das lutherisch-protestantische Selbstverständnis des Gottesdienstes, das sich damit im Grunde als ein katholisches erweist.

Erforderlich ist daher ein Verlassen bisher etablierter Distinktionsmodelle, die über Jahrzehnte hinweg ein protestantisches Gottesdienstverständnis leiteten. Der entscheidende Perspektivenwechsel besteht in der Einsicht der Zugehörigkeit des lutherischen Gottesdienstes zur westlich-lateinischen Liturgiefamilie als eine von deren maßgeblichen Ausprägungen.[48] Die Messe wird damit zum Bindeglied zwischen der lutherischen und der römisch-katholischen gottesdienstlichen Praxis. Damit kann der Terminus „Messe“, der noch bis ins 19. Jahrhundert hinein zumindest fachwissenschaftlich für den lutherischen Gottesdienst selbstverständlich in Gebrauch blieb, nicht mehr weiter kontroverskonfessionell bestimmt bleiben.

---

[47] Zur Wirkungsgeschichte von Luthers Überlegungen zum täglichen Gottesdienst, zum Stundengebet wie zu dessen Beibehaltung in den lutherischen Stiftskapiteln und Klöstern wie zum Beispiel Havelberg, Brandenburg oder Naumburg vgl. die Forschungen von Andreas Odenthal, Liturgie (wie Anm. 36), S. 251–364.

[48] So macht etwa das 2014 veröffentlichte Thesenpapier der Bischofskonferenz der Vereinigten Evangelisch-Lutherischen Kirche Deutschlands (VELKD) zur lutherischen Liturgischen Identität darauf aufmerksam, dass die binnenkonfessionellen Differenzen zwischen lutherischem, uniertem und reformiertem deutschsprachigem Protestantismus im Bereich des Gottesdienstes wesentlich deutlicher als bisher angenommen sich bemerkbar machen und eine zum Teil größere Nähe des lutherischen Gottesdienstverständnisses zum römisch-katholischen als zum unierten oder reformierten besteht: vgl. Christine Axt-Piscalar u. a., Evangelisch-lutherische liturgische Identität. Ansätze zu ihrer Bestimmung und Konsequenzen aus ihrer Formulierung. Thesenpapier, erarbeitet im Auftrag der Bischofskonferenz der VELKD, in: Texte aus der VELKD Nr. 169, Januar 2014, S. 2–18.

An der Messe zeigen sich zwischen den beiden großen Konfessionen weniger Gegensätze als bisher angenommen. Vielmehr handelt es sich um zwei gleichberechtigte Wege der Entfaltung des Gottesdienstes im gemeinsamen Raum der einen heiligen apostolischen weltumspannenden Kirche und um keinen Bruch mit der Tradition. Lutherische und römisch-katholische Kirche verfügen damit im Bereich des Gottesdienstes mit der Messe über legitime wie eigenständige Entfaltungen ihres gemeinsamen mittelalterlichen lateinischen Erbes.

So kann der nordamerikanische lutherische Liturgietheologe Gordon W. Lathrop davon sprechen, dass der lutherische Zugang zur Liturgie sowohl „das Paradox einer unerschütterlich festgehaltenen Tradition" wie zugleich eine unerschütterliche evangelische Kritik dieser Tradition zu bejahen vermag. „Zum Gottesdienst im lutherischen Kontext gehört also dieses Paradox eines konservativen Kritizismus oder eines kritischen Konservativismus [...]. Lutherische Kirchen ‚bewahren die Messe' ganz allgemein [...] und überraschen häufig andere Christen damit, wie weit abendländisch-katholische Formen übernommen sind und auch heute in diesen protestantischen Gemeinden in Gebrauch stehen. ‚Lutherische Liturgie' hat von ihrem Ursprung her keine separate Existenz. Sie ist einfach die historische, vortridentinische – ursprünglich sehr mannigfaltige – westlich-katholische Liturgie, wie sie sich in deutschen, skandinavischen, nordamerikanischen und dann afrikanischen, asiatischen, lateinamerikanischen und ozeanischen Kontexten entfaltet hat."[49]

Die Messe dient damit nicht mehr als konfessioneller Differenzmarker zur römisch-katholischen Gottesdienstpraxis, an der sich evangelische Liturgiewissenschaft wie in früheren Jahrzehnten abzuarbeiten hat[50], sondern als wichtiges Bindeglied zwischen römisch-katholischer und lutherischer Konfession. So zeigt sich von Martin Luther her eine überraschende Nähe zwischen den beiden großen Konfessionen auf dem Feld der gottesdienstlichen Praxis und Spiritualität gerade auch in unerwarteten Bereichen wie dem Messverständnis und insbesondere der Messopfertheologie. Damit verbunden bleibt die Chance, innerhalb einer gemeinsamen großen Familie des Gottesdienstes zugleich kritische Differenz zueinander wahren zu können, ohne dabei aus der Gemeinschaft der weltweiten einen heiligen apostolischen Kirche auszuscheiden.[51]

---

49 Gordon W. Lathrop, Gottesdienst im lutherischen Kontext, in: Hans-Christoph Schmidt-Lauber / Michael Meyer-Blanck / Karl-Heinrich Bieritz (Hg.), Handbuch der Liturgik. Liturgiewissenschaft in Theologie und Praxis der Kirche, Göttingen 2003 (3. vollig neu bearb. und erg. Aufl.), S. 151–159, hier S. 152.

50 So noch Julius Smend, Die römische Messe, Tübingen 1928, S. 1f. mit Spitzensätzen wie: „Das Herz des römischen Katholizismus ist die Messe. Wer jenen kennen will, muß sich mit dieser vertraut machen [...]. Wer die Messe verneint, verneint den Katholizismus. Die Reformation hat nicht mit der Ablehnung des Messopfers begonnen, aber sie hat mit Notwendigkeit zu ihr geführt. Der zu unerhörter täglicher Wundertat bevollmächtigte Priester, die dem Christenvolke vorgeschriebene, heilsnotwendige Zwangesübung, das in sich selber wirksame heilige Werk, der eucharistische Gott ist und bleibt für den evangelischen Christen ein unterchristlicher, mit der Religion des Geistes unvereinbarer Vorstellungskreis, zu dem es auch vom strengen sakramentgläubigen Luthertum [...] keine Brücke gibt."

51 Vgl. Volker Henning Drecoll, Gottesdienst in der Alten Kirche in: Eckstein / Heckel / Weyel (Hg.), Kompendium Gottesdienst (wie Anm. 8), S. 42–61, S. 61: „Die weitgehende Beibehaltung der Messe in der lutherischen Tradition erweist sich dementsprechend nicht nur im Hinblick auf die Ökumene der Gegenwart als wichtige Brücke, sondern zeigt auch, dass die lutherischen Kirchen keine Neugründung oder Abspaltung sind, sondern sich selbst als kontinuierliche Fortsetzung und Ausformung der einen christlichen Kirche in der lateinischen Tradition verstehen."

Die Zuwendung Gottes feiern – Evangelische Gottesdienst-Theologie 500 Jahre nach Luther

Markus Roth

1. Der Gottesdienst und sein Stellenwert

Der Gottesdienst[1] ist Zentrum des Gemeindelebens und der christlichen Existenz: gemeinsam glauben, bekennen, beten, hören, singen, schmecken und schweigen. Der Gottesdienst am Sonntag will dahin führen, dass auch der Alltag immer intensiver ein Gottesdienst wird: Jede Sekunde, jeder Atemzug, jede Begegnung ein Gottesdienst.

Eine Träumerei? Völlig an der Realität vorbei? Gerne will die These vom Gottesdienst als Zentrum von Gemeindeleben und persönlicher Existenz eines Christenmenschen provozieren. Doch Martin Luther habe ich damit wohl auf meiner Seite. 500 Jahre nach dem Thesenanschlag sei darauf hingewiesen, dass es mit der lutherischen Kritik an Ablass und Beichte und mit der Rechtfertigungslehre etc. letztlich um eine Erneuerung gottesdienstlicher Frömmigkeit ging – freilich im weitesten Sinn des Wortes.

2. Theologie und Praxistheorie

Es lohnt sich theologisch nachzufragen: Was ist bei Martin Luther „Gottesdienst"? Und wie hängen sein Wort-Verständnis und seine Gottesdienst-Theologie zusammen? Ist die Wort-Theologie nicht oft verengt dargestellt worden? Oswald Bayer[2] nimmt Luther dezidiert auf, will seine Theologie metakritisch der neuzeitlichen Theologie entgegenstellen und konzentriert sie auf die „promissio". Bayer kritisiert dabei die Theologie Paul Tillichs[3] aufs Schärfste. Geht es um das Erbe der Reformation und um die Frage, was Theologie und Gottesdienst ist, so wirft Bayer Tillich eine „Entgegenständlichung des Gegenstandes der Theologie" vor.

Doch hier sei genauer hingesehen: Ist Tillichs Theologie nicht doch eine weiterführende Übersetzung evangelischer Theologie für die Gegenwart und hat sie nicht auch für den Gottesdienst bedenkenswerte Implikationen?

Eine gegenwärtig zu verantwortende Gottesdienst-Theologie ist eine fundamental-liturgische Praxistheorie. Sie will ausgehend von der Erfahrung des

---

1 Zum Ganzen vgl. Markus Roth, Die Zuwendung Gottes feiern. Evangelische Gottesdienst-Theologie bei Martin Luther, Oswald Bayer und Paul Tillich als ein Beitrag zu einer fundamentalliturgischen Praxistheorie, Leipzig 2016.

2 Vgl. Oswald Bayer, Theologie (Handbuch Systematischer Theologie 1), Gütersloh 1994, S. 389–531.

3 Vgl. Paul Tillich, Systematische Theologie, Bd. I–III, Stuttgart 1981.

gefeierten und gelebten Gottesdienstes genauer hinsehen, nachfragen und zusammen mit anderen Theorien die Diskussion um Gestalt und Gehalt des Gottesdienstes bereichern.

3. Martin Luther, der Gottesdienst und das Wort

Die reformatorische Wende vollzog sich bei Luther eher als Prozess denn als einmaliges Ereignis. Im Rückblick empfand er diese Wende als Offenbarungsereignis. Gleichsam wie neu geboren fühlt er sich, als ihn das Geheimnis der Rechtfertigung allein aus Gnaden durch den Glauben ergriffen hat.

Die ersten reformatorischen Schriften befassen sich mit der Reform des kirchlichen und gottesdienstlichen Lebens. Luthers Reform des Gottesdienstes ist „in die Liturgie hinein übersetzte Rechtfertigungslehre".

Das Wort soll wieder „im Schwang" gehen. Dabei ist bei Luthers Wort-Theologie präzise zu unterscheiden: Zwischen dem „Wort" als theologischem Begriff und dem „Wort" als Kommunikationsmedium. Denn zuerst ist das Wort eine theologische Figur: Gott kommt von außen dem Menschen heilsam entgegen, um ihn innerlich zu verwandeln. Passiv, ohne eigene Werke, allein aus Glauben. Kein Leistungsdruck, gewährtes Da-Sein ohne Aktionismus.

Dann aber ist das Wort eben auch Medium, Sprache, Lied im Sinne der Verkündigung des Evangeliums. „Wort" ist ein genialer Begriff für Luther, um sein Anliegen auszudrücken. „Im Schwang gehen" kann dann heißen: Im Gottesdienst möge alles dafür getan werden, damit eine Bewegung geschieht, die nicht gemacht, nur passiv erfahren werden kann: Gott erreicht von außen sinnlich erfahrbar den Menschen und ergreift ihn, verwandelt ihn, heilt, tröstet, erfreut: Sinnenhaftes, ganzheitliches Evangelium.

Was Luther nicht wollte: Nur noch Wort als Rede und Sprache. Was er nicht meinte: Predigt als Erklärung und Meinung. „Wort" ist eine Bewegung, die von Gott her kommt, sich auch der menschlichen Sprache bemächtigt, das Evangelium als frohe Nachricht sagt, zuspricht, verkündet. Dies alles bleibt aber eingebettet in einen sinnenfreundlichen Gottesdienst mit sakramentalem Charakter, der Ritus ist, Bild, Ton, Geruch und Geschmack hat, der nur eines nicht sein darf: Leistung, „Werk" des Menschen.

4. Oswald Bayer und die „promissio"

Oswald Bayer konzentriert das lutherische Wort-Verständnis auf die „promissio". Die Zusage Gottes, die im Kern den Inhalt „Für dich ist gesorgt" oder „Dir sind deine Sünden vergeben" hat, soll im Gottesdienst laut werden. Dabei ist das Verhältnis zwischen Gott und Mensch als Sprachwechsel definiert. Gott spricht den Menschen an, der Mensch ist zur Antwort berufen. Mit der Sprechakt-Theorie übersetzt Bayer Luthers Anliegen in die Gegenwart. Theologie ist damit weisheitliche Sprach-Formenlehre und richtet sich an den Formen des Gottesdienstes aus: Lob, Dank, Klage. Gottesdienst ist bei Bayer beides:

Allgemeiner Gottesdienst, also Alltag, in dem der Mensch immer ein Angesprochener und zur Antwort Berufener ist; und besonderer Gottesdienst, die Feier am Sonntag, das Fest, in dem ausgeteilt wird. Was wird ausgeteilt: Das Wort, die „promissio".

Damit ist der Gottesdienst ein Sprachgeschehen, ganz im Sinne der lutherischen Definition des Gottesdienstes, die bei der Einweihung der Torgauer Schlosskirche fällt.

Festzuhalten ist im Sinne Oswald Bayers: Predigt ist nicht irgendeine Rede. Es ist nicht irgendeine Meinung der Predigerin bzw. des Predigers zu verkündigen. Keine Meinung, keine Haltung, keine Idee, keine Moral und kein Wissen. Predigt wie Glaube und Theologie ist weder Denken noch Aktion. Predigt ist eher kein neuer Gedanke, sondern ein immer wieder neuer Zuspruch. Predigt ist keine Aufforderung zur Tat, sondern Freispruch vom Leistungsdruck. Lutherischer Gottesdienst und die Predigt im Besonderen ist Austeilung der „promissio". Promissionale Ausrichtung von Gottesdienst und Predigt haben befreienden Charakter. Es geht um ein „Ja". Der Mensch darf sein, befreit, geliebt, umsorgt. Diese Zusage wird im Abendmahl, in der Beichte und in der Predigt ausgeteilt. Auf diese Zusage antwortet die Gemeinde mit Lob und Dank, aber auch mit Klage, weil diese Zusage oft (noch) nicht erfahrbar ist.

Ist aber nicht durch die sprachliche Konzentration der Wort-Theologie als einer Promissio-Theologie eine Verengung lutherischer Gottesdienst-Theologie zu konstatieren? Ist „Wort" wirklich „nur" Sprechakt? Ist das Gottesverhältnis und der Gottesdienst nicht mehr als ein Wort-Antwort-Geschehen? Was heißt: Gott spricht? Es ist ein Symbol. Damit kommt doch Paul Tillich ins Spiel.

5. Paul Tillich, das Wort als Symbol

Es mag verwundern, dass Paul Tillich im Rahmen einer Gottesdienst-Theologie im Sinne Martin Luthers zu Wort kommt. Paul Tillichs Ansatz wird bis heute viel zu sehr unterschätzt, viel zu wenig bedacht. Tillich will evangelische Theologie in die Gegenwart übersetzen und er tut dies mit einer unreligiösen Sprache. Dabei steht der Gottesdienst bei Tillich zunächst überhaupt nicht im Mittelpunkt. Es geht um die Frage nach Sein und Sinn, um die Bedrohung durch Leere und Sinnlosigkeit und um Durchbruchserfahrungen.

Im Blick auf das Wort kommt Tillichs Symboltheorie zu tragen. Viel zu vielfältig sei der biblische Befund zum Thema „Wort", um eine einseitige Wort-Theologie im Sinne des gesprochenen Wortes zu treiben, so Tillich. Einen sechsfachen Gebrauch von „Wort Gottes" macht er aus und kann alle Bedeutungen nur so zusammenfassen: „Wort Gottes" ist ein Symbol für „Gott ist offenbar".

Gott und Mensch kommen nach Tillich in verschiedenen Dimensionen in Kontakt: Da gibt es die personale Dimension. Gott ist nicht eine Person, aber wir sprechen personal von ihm; er ist der Grund allen Person-Seins. Ohne personale Dimension kommen Glaube und Theologie nicht aus.

Da ist zweitens die sakramentale Dimension. Alles kann zum Sakrament werden, alle Dinge, alle Gegenstände, alles, was mir widerfährt. Während die personale Dimension eher der evangelischen Theologie zuzurechnen ist, so die Sakramentale der Katholischen.

Doch beide Dimensionen müssen nach Tillich transzendiert werden: durch die mystische Dimension. Ein Gebet, das in personalem Charakter beginnt, kann zur schweigenden Kontemplation werden. Der Gottesdienst ist nicht nur Verkündigung, nicht nur Lobpreis, sondern auch Kontemplation, Schweigen vor dem Mysterium Gottes. Gottesdienst ist nach Tillich Hinwendung zur Quelle, von der empfangen wird.

So bringt Tillich neben der Verkündigung, neben Gebet und Sakrament noch eine weitere Dimension ins Gespräch: Es ist die mystische Ebene, das Unsagbare, die Stille und das Schweigen. Das ist für manche lutherische Theologen Grund zum heftigen Widerspruch: Oswald Bayer wirft Tillich eine „Entgegenständlichung des Gegenstandes der Theologie" vor.

6. Zuwendung

„Wort" sagt Luther, „Zuspruch" sagt Bayer, „Gott ist offenbar" sagt Tillich. Ich schlage den Begriff der „Zuwendung" vor, um theologisch zu benennen, was es um eine Gottesdienst-Theologie im Sinne des Evangeliums ist. Gott wendet sich den Menschen zu, ist ihnen heilsam, vergebend, tröstend nahe. Das ist das Erste und Entscheidende. Aber Zuwendung ist keine Einbahnstraße. Auch der Mensch wendet sich im Gottesdienst Gott zu, hält seine Seele in die Sonne, schweigt, singt, betet, hört, empfängt, schmeckt. „Zuwendung" betont das lutherische Anliegen, dass Gott von außen dem Menschen begegnet. Es weitet aber den Begriff des „Zuspruchs" im ganzheitlichen sinnlichen Sinn. Und es inkludiert eine Wechselbeziehung. Passiv ist der Mensch, weil er gar nichts leisten kann. Passiv sein will aber gelernt werden im Sinne einer „praxis pietatis". Passiv sein, einfach Dasein ist höchste Aktivität, achtsames Dasein. Der passive Mensch tut nicht einfach nichts. Der Mensch, die Gemeinde, der sich Gott zuwendet, wendet sich Gott zu, nimmt sich Zeit, nimmt eine Haltung ein, übt eine spirituelle Praxis der Passivität, die höchste Aktivität bedeutet – jenseits von allem Aktionismus.

7. Praktisch-theologische Konsequenzen

7.1 Die personale Dimension

Die „Zuwendung" geschieht auf drei Ebenen: Die personale Dimension ist unerlässlich. Gott ist wie ein „Du", ist ansprechbar, spricht an. Doch wer diese Dimension im Sinne eines Alleinstellungsmerkmals predigt und lehrt, der geht am biblischen Befund vorbei und hilft Menschen nicht weiter, die aufgrund ihrer Lebenssituation und ihrer Glaubensentwicklung mit einem personalisierten Gottesbild immer weniger anfangen können. Personales Reden ist für Theologie und Verkündigung unerlässlich. Im Gottesdienst wird die personale Dimension besonders in Gebeten und in der Predigt deutlich. Eine Predigt im Sinne der Zuwendung ist eine narrativ-poetisch-weisheitliche Rede, die einen Raum der Zuwendung schafft, in der das Ja Gottes zu seinen Menschen hörbar werden kann.

Es muss klar werden, dass es sich auch bei der personalen Dimension letztlich um eine symbolische Rede für das Geheimnis Gottes handelt. Viele Menschen wenden sich vom christlichen Glauben und vom kirchlichen Gottesdienst ab und wenden sich östlicher Spiritualität zu. Und das hat meines Erachtens vor allem einen Grund: Die Einseitigkeit einer personalistischen Redeweise von Gott in der christlichen Theologie und Predigt, der aber mehr ist als Person.

7.2 Die sakramentale Dimension

Darum ist die sakramentale Dimension ein heilsames Korrektiv. „Kein Gottesdienst ohne Abendmahl", das ist leider immer noch frommer Wunsch im evangelischen Bereich. Doch Abendmahl, Taufe, Tauferinnerung, Segnungsgesten, Kerzen, Musik u.a. sind heilsames Korrektiv zu einer „verworteteten" und oft verkopften Predigtfeier. Eine Mahlfeier gehört zum evangelischen Gottesdienst hinzu. Eine Tauferinnerung ist elementarer Bestandteil der Osternacht. Segnungsgesten können Silvester-, Schul- und Konfirmationsgottesdienste sowie andere Gottesdienste „am Übergang" prägen.

Sakramentale und personale Dimension lassen sich unterscheiden, aber nicht trennen. Wort ist Sakrament, und Sakrament ist Wort, in dem es mich „anspricht".

7.3 Die mystische Dimension

Und dann noch die dritte Dimension: die Mystische. Keine Angst, auch wenn klassische Wort-Theologen schon zum Widerspruch ansetzen mögen. Die mystische Dimension transzendiert Wort und Sakrament und ist in beiden enthalten. Wo Gottes Wort mich „ergreift", wo ich in der Predigt, beim Abendmahl oder beim Segen „berührt" werde, da ist Gott nicht mehr gegenüber, sondern in mir, macht sich offenbar: „Gott ist gegenwärtig". Von daher ist auch die Stille, das gemeinsame Schweigen vor Gott, die Kontemplation ohne Worte und Gedanken für den Gottesdienst neu zu entdecken. Wo kann diese Stille ihren Ort im Gottesdienst bekommen? Beim Glockengeläut zum Beispiel, ein allmähliches Stillwerden zum Beginn. Nach dem Eingangslied kann der „Mensch vor Gotte" einfach ein Dasein aushalten: „So sind wir jetzt da vor Gott, mit allem was uns bewegt, an Freude, Dank und Glück, aber auch mit allem, was uns belastet, Angst, Leid und Schuld. Wir halten unser Leben und unseren Leib Gott jetzt in der Stille hin, unsere Hände, die Füße, diesen einen Atemzug: jetzt in der Stille". Oder nach der Predigt: einfach einen Moment Stille, nicht zum Darüber-Nachdenken, sondern zum Nachspüren des Gehörten. Oder am Ende des Fürbittengebets: „Und höre, was wir dir in der Stille sagen und sieh uns an, wenn wir jetzt unser Leben vor Dich hinhalten". So wären beide angesprochen: die, die im personalen Sinne Gott noch etwas sagen möchten, und die, die für Gott andere Bilder haben, transpersonale Bilder wie Licht, Sonne, Geheimnis, Grund.

Reden von und mit Gott, ihn schmecken und spüren und: vor dem Geheimnis Gottes still werden und sich so Gott zuwenden und seine Zuwendung feiern, dies ist evangelische Gottesdienstfrömmigkeit, die auch den Alltag zum Gottesdienst werden lässt, jede Sekunde, mit jedem Atemzug.

Die Liturgiereform des Konzils von Trient und der Anspruch auf Konformität

Martin Stuflesser

1. Vorbemerkungen: Einheit durch Einheitlichkeit?!

„Ut autem a sacrosancta Romana Ecclesia [...] tradita ubique amplectantur omnes et observent“, so formuliert es die Bulle *Quo primum*, die Papst Pius V. (1556–1572) dem Missale Romanum von 1570 voranstellt. Es ist ein ungeheurer Anspruch auf Konformität, der sich in diesen Worten des römischen Pontifex artikuliert. Überall soll das befolgt werden, was an liturgischem Ritual in diesem neuen Reform-Messbuch grundgelegt ist. Doch lohnt es sich, hier in unseren nachfolgenden Ausführungen noch einmal genauer hinzuschauen. Denn das viel beschworene Bild von der angeblich „ehernen Einheitsliturgie nach Trient“, so das vielzitierte Diktum Theodor Klausers, ist zwischenzeitlich zumindest in jüngeren liturgiegeschichtlichen Arbeiten einer sehr viel differenzierteren Sicht auf das Reformkonzil von Trient und seinen Auswirkungen auf das liturgische Leben der Folgezeit gewichen.

Daher sollen unsere hier vorgelegten Ausführungen in einem Dreischritt vorgehen, die zunächst, in einem ersten Punkt (1), den Status quo zu Beginn des Konzils skizzieren wollen. Es geht also darum, einen kurzen Überblick über die Feiergestalt der Liturgie am Ende des Mittelalters zu geben, Missstände und Fehlentwicklungen aufzuzeigen und damit die Reformbedürftigkeit der Liturgie jener Zeit darzustellen, sowie die (berechtigten) Reformanliegen der Reformatoren. Wir beschränken uns hierbei im Wesentlichen auf die Feier der Messe, zum einen, um den vorgegebenen Umfang dieses Artikels nicht zu sprengen, zum anderen, weil sich hieran aus meiner Sicht zentrale Charakteristika spätmittelalterlicher Liturgieentwicklung paradigmatisch aufzeigen lassen. Dies schließt freilich einen gelegentlichen Seitenblick auf Fragen des liturgischen Kalenders und der sonstigen Ritualien der sakramentlichen Feiern mit ein.

Ein zweiter Punkt (2) wird sich dem Konzil von Trient als Reformkonzil im Hinblick auf seine Aussagen zur Liturgie widmen. Hier soll der aktuelle Forschungsstand zu Trient (aus liturgiewissenschaftlicher Sicht) beleuchtet werden. Die uns leitende Forschungsfrage soll sein, inwieweit das Konzil und die die Konzilsbeschlüsse exekutierenden Folgepäpste wirklich den Anspruch einer liturgischen Uniformität vertraten, und inwieweit dieser Anspruch auf liturgische Einheitlichkeit oder Konformität auch bei der konkreten Umsetzung der Reformvorgaben des Konzils auf ortskirchlicher Ebene so verstanden und befolgt wurde. Bei letzterem Punkt liegt bei einem diözesangeschichtlichen Kolloquium naturgemäß der Schwerpunkt auf dem Bistum Würzburg, freilich auch hier mit einem gelegentlichen Seitenblick auf das benachbarte Erzbistum Mainz, schon weil dieses zur fraglichen, unmittelbar post-tridentinischen Zeit zuweilen in Personalunion mit Würzburg geleitet wurde.

Ein abschließender dritter Punkt (3) möchte in kurzen Streiflichtern aufzeigen, dass die Frage des Prinzips der „Einheit durch Einheitlichkeit der Liturgie" auch in aktuellen liturgischen und kirchenpolitischen Fragestellungen keineswegs als gelöst angesehen werden kann und versucht einen Ausblick, der auch aus den gewonnenen Erfahrungen in der unmittelbaren Phase nach dem Konzil von Trient zu lernen versucht.

Terminologisch sei, diese Vorbemerkungen abschließend, noch darauf hingewiesen, dass ich im Folgenden die Termini „Einheitlichkeit", „Uniformität" und „Konformität" weitgehend als Synonyme gebrauche. Es scheint aus der Sicht des Liturgiewissenschaftlers so zu sein, dass in meiner eigenen Zunft eher die Rede ist von „Einheitlichkeit" und „Uniformität", während die Zunft der Kirchenhistoriker hier eher von „Konformität" spricht. Ich denke, von der Intention des Kolloquiums her mag es erlaubt sein, diese semantischen Unterschiede in meinen Ausführungen zu vernachlässigen.

2. Das Gegenteil von Konformität? Der Status quo zum Ende des Spätmittelalters

Will man den Status quo zum Ende des Mittelalters in der hier gebotenen Kürze zusammenfassen, so lässt sich dieser am ehesten mit einer gewissen Unübersichtlichkeit oder Ungleichzeitigkeit beschreiben. Sprechen wir im Folgenden von „der" Liturgie am Ende des Mittelalters, so müssten wir eigentlich korrekterweise von „den Liturgien" (Plural) sprechen, da es seit dem Frühmittelalter nicht nur den einen, alles bestimmenden Liturgie-Typus gibt, der sich linear fortentwickelt, sondern eine Fülle von Feierformen, die in wechselseitiger Beeinflussung stehen, mit teilweise fließenden Übergängen.[1]

Manche Entwicklungen im Mittelalter muten aus heutiger Sicht eher fremd an. Dies nicht nur aufgrund unserer Kenntnis der Feier der Liturgie zur Zeit der frühen Kirche, sondern auch aufgrund unserer eigenen liturgischen Praxis, an der wir die damalige Praxis unwillkürlich immer messen.

Angesichts der großen Selbstverständlichkeit, mit der heute getaufte Frauen und Männer, ob jung oder alt, liturgische Dienste in der Liturgie vollziehen (etwa als Messdiener/-in, Lektor/-in, Kommunionhelfer/-in, Kantor/-in), kommt uns die strikte Trennung von Klerus und Laien im Mittelalter seltsam, gar fremd und unverständlich vor. Angesichts einer volkssprachlichen Liturgie, an die wir uns seit fast 50 Jahren positiv gewöhnt haben, erscheint es schwer vorstellbar, wie es gewesen sein mag, einer Messe lediglich „beizuwohnen", in der man die liturgischen Texte, weil auf Latein gebetet, schon rein sprachlich nicht verstehen konnte. Umso mehr traf dies zu, wenn manche dieser Gebete,

---

[1] Vgl. grundlegend: Hans-Bernhard Meyer, Eucharistie. Geschichte, Theologie, Pastoral. Mit einem Beitrag von Irmgard Pahl (Gottesdienst der Kirche 4), Regensburg 1989, bes. S. 208–254.

wie der eigentliche Kern der Eucharistiefeier (Gabengebet bis einschließlich Eucharistisches Hochgebet), aus Ehrfurcht nur leise flüsternd, dem Altar zugewandt gebetet wurden.

Sich darum parallel zur offiziellen Liturgie entwickelnde Formen der Volksfrömmigkeit mit zum Teil eigenwilligen theologischen Akzentsetzungen gerade im Bereich der Marien- und Heiligenverehrung, riefen bereits zu ihrer Zeit vielfache theologische Kritik hervor, die dann in die pointiert zugespitzten Thesen und Polemiken Martin Luthers und den theologischen Auseinandersetzungen der Reformationszeit mündete.

Schließlich ist es angesichts der bereits im 19. Jahrhundert einsetzenden, dann durch Papst Pius X. (1903–1914) in seinen Kommuniondekreten (1905) positiv aufgegriffenen und dann vor allem durch die Liturgische Bewegung und die Liturgiereform des II. Vatikanums verbreiteten Bemühung, die Kommunionhäufigkeit der Gläubigen zu erhöhen, für viele Nachgeborene kaum noch vorstellbar, an einer Eucharistiefeier teilzunehmen, ohne in dieser auch zu kommunizieren – von der Frage der vollen Zeichenhaftigkeit einer Kommunion unter beiderlei Gestalten (Stichwort: Laienkelch) ganz abzusehen.

Dennoch ist zu sagen, dass auch im Mittelalter hinter all den hier beschriebenen liturgischen Formen eine tiefe Frömmigkeit steht. Sie ist freilich anders geprägt als die liturgische Frömmigkeit der frühen Kirche und der Spätantike. Die auffälligsten Unterschiede sind (hier skizziert mit dem Fokus auf der Feier der Eucharistie):

– Wichtig ist zunächst in Erinnerung zu rufen, dass es – und das mag aus heutiger Sicht erstaunen – nicht die eine Feiergestalt der römischen Liturgie gab, sondern vielmehr eine Vielzahl von diözesanen und ordenseigenen Feiergestalten der Liturgie.

– Insofern kann von Konformismus oder Einheitlichkeit der Feiergestalt für diese Epoche der Liturgiegeschichte keine Rede sein.

– Vielmehr gilt: Seit dem zweimaligen Austausch der liturgischen Bücher zwischen Rom und dem Gebiet nördlich der Alpen einmal in nördlicher Richtung von Rom nach Norden im 8. Jahrhundert (Karolingische Liturgiereform) und einmal umgekehrt dann wieder in südlicher Richtung im 11. Jahrhundert (nach dem „saeculum obscurum“) lag schlussendlich eine römisch-fränkische Mischliturgie vor.[2]

– In vielen Ortskirchen nördlich der Alpen hatten sich aber ältere (und damit auch „römischere“) Traditionen aus der Zeit der Spätantike bewahrt, während die kurialen Messordnungen des Spätmittelalters, deren Stil und Inhalt zum Ende des Mittelalters an Einfluss gewannen, demgegenüber eindeutig als jünger anzusehen sind.

---

[2] Man kann sagen, dass um die Jahrtausendwende eine romanisierte gallisch-fränkische Liturgie in zahlreichen Mischformen vorliegt, die dann in eine germanisierte römische Liturgie übergeht. Diese germanisierte römische Liturgie wird in den nachfolgenden Jahrhunderten zum Ausgangspunkt der weiteren liturgischen Entwicklung. Es ist dabei nicht ohne eine gewisse Ironie der Geschichte, dass man diese römisch-fränkische, um die Jahrtausendwende unter kaiserlichem Einfluss nach Rom zurückgelangte Mischliturgie dann etwa seit Papst Gregor VII. als *die* echte und reine römische Liturgie ansah und zu sanktionieren und zu verbreiten suchte; vgl. Martin Stuflesser, Eucharistie. Liturgische Feier und theologische Erschließung, Regensburg 2013, bes. S. 58–79.

– Stark modellhaft skizziert lässt sich sagen: Orientierte man sich in Spätantike und Frühmittelalter am stadtrömischen, päpstlichen Stationsgottesdienst und imitierte und adaptierte diesen auf die jeweiligen lokalen Verhältnisse hin, so nahm man im Spätmittelalter den „usus Romanae Curiae" als Vorbild.

Aber auch (liturgie-)theologische und damit inhaltliche Akzentverschiebungen sind zu dieser Zeit zu erkennen:

– Gegenüber dem großen heilsgeschichtlichen Bogen, dass Eucharistie Feier von Leiden, Tod und Auferstehung ist, wie wir ihn in der Spätantike vorfinden, findet nun eine Konzentration auf den Heilstod Jesu statt. Das Messopfer schenkt dem einzelnen(!) Gläubigen Anteil an diesem Opfertod Jesu, und dies geschieht durch das Tun des Priesters am Altar. Hier kommt es zu einer Individualisierung (Konzentration auf den Einzelnen und seine Frömmigkeit) und Klerikalisierung (Heraushebung des Priesters als dem Liturgen im starken Gegenüber zur restlichen Gemeinde).

– War die frühchristliche Eucharistie eine Feier der versammelten Gemeinde unter dem Vorsitz des Bischofs / Presbyters, so wird die Messe im Mittelalter zu einer Feier des Priesters, der die Gläubigen lediglich beiwohnen.[3]

– Die Stille Messe (auch: Stillmesse / Privatmesse) wird zur liturgischen Grundform.[4] Sie entsprach am ehesten den seelsorglichen Bedürfnissen der Zeit, denn sie verzichtete auf eine (komplexe) liturgische Assistenz und entsprach dem Wunsch nach Kürze und Schlichtheit des Messritus. Dem entspricht das Vollmissale als nur noch ein liturgisches Buch, das sämtliche liturgischen Texte enthält ohne Rücksichtnahme auf eine ausdifferenzierte liturgische Rollenverteilung.

– Diese Stillmesse, die nun zum liturgischen Regelfall wird, benötigt eine (schlichtere, einfacher zu vollziehende) liturgische Ordnung. Die Orden der Augustiner und Franziskaner entwickeln etwa ab dem 13. Jahrhundert solche Ordnungen für die nichtöffentlich gefeierte stille Messe. Sie wird gefeiert „secundum Usum Romanae Curiae", also in Anlehnung an die Messordnungen der römischen Kurie.

– Freilich verändert sich die Messe in ihrer Feiergestalt dabei grundlegend: Weil es keine weiteren liturgischen Dienste gab (so etwa den Lektor / Vorleser, schon seit Justin dem Märtyrer, um 150 n. Chr.) und auch keine Schola, die die Gesänge übernahm, las und betete der Priester sämtliche liturgischen Texte nun selbst. Da es keine Gemeinde gab, war es sinnlos, dass der Vorsteher sich zu einem eigenen Verkündigungsort begab, lediglich der Standortwechsel am Altar von der sogenannten Epistelseite (vom Volk aus betrachtet: rechts) zur Evangelienseite (links) markierte noch die ursprüngliche Praxis. Da es kein

---

3 Dem entspricht die theologische Akzentverschiebung: Kam in der frühen Kirche die Gemeinde zusammen, um unter dem Vorsitz des Bischofs / Priesters das Gedächtnis der Heilstaten Jesu Christi in der Verkündigung der Hl. Schrift und im eucharistischen Mahl zu feiern, so wird das Pascha-Mysterium nun eingeengt allein auf den heilsbedeutsamen Tod Jesu, auf die Frage nach seinem Opfer; vgl. ebd., S. 79f.

4 Auch dieser Änderung in der Feiergestalt korrespondiert eine veränderte theologische Akzentsetzung: Die Frage nach der Gegenwart Jesu Christi wird nun allein fokussiert auf seine Gegenwart unter den eucharistischen Gestalten von Brot und Wein („Realpräsenz"). Diese Gegenwart Jesu bleibt über die Feier hinaus und wird selbst auch außerhalb der Feier Anlass zur Verehrung (Stichworte: Schaufrömmigkeit, eucharistische Anbetung, Monstranz).

mitfeierndes Volk gab, das seine Gaben in der Gabendarbringung in Prozession zum Altar brachte, wurden die Gaben in praktischer Nähe zum Altar auf einem kleinen Tischchen (Kredenz) deponiert.[5]

– Da die Stillmesse als der vereinfachte Messritus nun der liturgische Regelfall wird, findet ein Paradigmenwechsel statt. Der vereinfachte Ritus der Stillmesse wird zur neuen Grundform der Messfeier und tritt damit an die Stelle, die bis ins hohe Mittelalter die Feier des Bischofs mit Klerus und Volk hatte.

– Mit dem Missale Romanum von 1570 wird dieser Paradigmenwechsel schließlich für die nachfolgenden Jahrhunderte festgeschrieben.

3. Die Reformbemühungen des Konzils von Trient

Im Hinblick auf die liturgischen Reformen des Trienter Konzils ist festzuhalten, dass wohl ebenso prägend wie das Konzil selbst und seine Beschlüsse jene Päpste waren, die während und nach dem Konzil die Beschlüsse des Konzils exekutierten.[6] Das Konzil von Trient (1545–1563) antwortet als Reformkonzil auf die konkrete Kritik der Reformatoren an zahlreichen liturgischen Missbräuchen und Fehlentwicklungen und reagiert u.a. mit der Anordnung einer umfassenden Liturgiereform.[7] Es will somit gleichermaßen die eigene, katholische Identität stärken und das kirchliche Leben erneuern.

So kritisierten die Reformatoren, allen voran Martin Luther (1483–1546), das rein veräußerlichte Streben nach Messopferfrüchten, die daraus resultierende Anhäufung von Privatmessen und das zu einem lukrativen Wirtschaftszweig verkommene Messstipendienwesen. Doch Luther kritisierte auch theologische Akzentsetzungen: Die seiner Meinung nach unbiblische und einseitige Betonung des Opfercharakters der Eucharistie, die den Eindruck erweckte, als füge die Kirche in der Feier des Messopfers dem einmaligen und „allgenügsamen" Opfer Jesu am Kreuz ein eigenes Opfer hinzu und opfere Jesus jedes Mal erneut auf dem Altar (vgl. Hebr 10,10), die einseitige Fixierung auf den Priester, die Verweigerung der Kelchkommunion für alle Getauften, die unverständliche lateinische Liturgiesprache (um nur einige zentrale Aspekte der reformatorischen Kritik zu nennen).

Das Reformkonzil von Trient begegnet diesen einzelnen Kritikpunkten auf sehr unterschiedliche Weise. Es versucht zuallererst die Liturgie selbst zu reformieren und neu zu ordnen. Das Konzil verbietet Missbräuche und Missstände. Es nennt hierbei ausdrücklich:

---

5 Vgl. Paul F. Bradshaw/Maxwell E. Johnson, The Eucharistic Liturgies. Their Evolution and Interpretation, Collegeville (USA) 2012, bes. S. 220.

6 Vgl. Winfried Haunerland, Einheitlichkeit als Weg der Erneuerung. Das Konzil von Trient und die nachtridentinische Reform der Liturgie, in: Martin Klöckener u.a. (Hg.) Liturgiereformen. Historische Studien zu einem bleibenden Grundzug des christlichen Gottesdienstes (Bd. 2), Münster 2002, S. 436–465, bes. S. 437. Sowie grundlegend: Meyer, Eucharistie (wie Anm. 1), S. 255–264.

7 Vgl. grundlegend: John W. O'Malley, Trent. What happened at the Council?, Cambridge (USA) 2013, bes. S. 131–133, 268–270.

– die Habsucht (Stichwort: Stipendienwesen),
– mangelnde Ehrerbietung (Stichwort: Forderung nach einer besseren Ausbildung des Klerus),
– den Aberglauben (Stichwort: abergläubische Vorstellungen, dass nur möglichst viele Messen auch viel helfen).

Das Reformprogramm des Konzils lässt sich etwa in den Lehrkapiteln zur Kommunion (16. Juli 1562) ablesen, wo es heißt: „Stets lag bei der Kirche die Vollmacht bei der Verwaltung der Sakramente – unbeschadet ihrer Substanz – das festzulegen, oder zu verändern, was nach ihrem Urteil dem Nutzen derer, die sie empfangen, bzw. der Verehrung der Sakramente selbst entsprechend der Verschiedenartigkeit von Umständen, Zeiten und Gegenden zuträglicher ist.“[8]

Die tridentinische Liturgiereform hat also zwei Sinnspitzen: Konsolidierung der Lehre, des liturgischen Lebens und der kirchlichen Praxis nach innen und die Abwehr der reformatorischen Vorwürfe nach außen.

Dass Trient hierbei die liturgischen Missstände der Zeit durchaus luzide wahrgenommen hat, zeigt etwa der Wunsch der Konzilsväter, dass die Gläubigen auch wirklich in der Feier der Eucharistie die sakramentale Kommunion empfangen, oder dass die Gläubigen in liturgischen (aus heutiger Sicht würde man wohl sagen: mystagogischen) Predigten über die Feier der Liturgie und deren theologischen Sinngehalt instruiert werden sollen.[9] Letzteres freilich bei gleichzeitiger Ablehnung der Verwendung der Volkssprache für die Liturgie. Dennoch wird man nicht umhinkönnen, den Konzilsvätern insgesamt durchaus selbstkritischen Realitätssinn für die liturgischen Missstände ihrer Zeit zuzusprechen.

Zwar sah das Konzil die Reform des Index, des Katechismus, von Messbuch und Brevier als wichtige Anliegen, war aber am 4. Dezember 1563 auf der 25. Sitzung, die zugleich die letzte Sitzung des Konzils war, realistisch genug, zu sehen, dass es selbst diese Reformaufträge nicht zu erfüllen im Stande war.

Das Konzil beauftragte deshalb den Papst, diese Bücher „nach dessen Urteil und Autorität“[10] erstellen zu lassen und für deren Verbreitung zu sorgen. Dieses Procedere mutet uns wahrscheinlich aus heutiger Sicht und die Vorgehensweise nach dem II. Vatikanischen Konzil vor Augen habend als fast schon normal an: Ein Konzil beauftragt die Reform liturgischer Bücher, der Papst setzt, weil, um ein Diktum Winfried Haunerlands aufzugreifen, Messbücher nun mal nicht vom Himmel fallen, konkrete „Arbeitsgruppen“ mit Fachleuten ein, die diese Bücher dann erstellen, der Papst promulgiert sie und eine von ihm eingesetzte, eigene Behörde (i. e. Kongregation) überwacht deren Verbreitung.

Für das Jahr 1563 wird man festhalten dürfen, dass dieses Procedere gänzlich neu und fast schon als revolutionär anzusehen ist. Denn es handelt sich hierbei zum einen um eine Form neuzeitlichen liturgischen Qualitätsmanagements und es taucht zum anderen zum ersten Mal jener Gedanke – zumindest implizit – auf, der uns im Folgenden noch weiter beschäftigen wird: Einheit durch Einheitlichkeit. Hiermit endete aber auch jener Status quo des Spätmittelalters,

---

8 Denzinger-Hünermann (DH) 1728.
9 Vgl. den Überblick bei Haunerland, Einheitlichkeit (wie Anm. 6), bes. S. 439.
10 Conciliorum oecumenicorum decreta 797.

den wir hier zu skizzieren versucht haben, bei dem die bischöflich geordnete, diözesane Liturgie, resp. unterschiedliche Ordensliturgien als Eigen-Liturgien den Regelfall darstellen.[11]

Schon im März 1546 hatte es auf dem Konzil den Vorschlag gegeben, ein Einheitsmissale für die gesamte Kirche vorzulegen, ein revidiertes Missale Romanum.[12] Im Jahr 1562 sammelt eine Deputation die praktischen Missstände – genannt werden u. a., dass Priester eigenmächtig Texte abändern und Neuerungen einführen – und schlägt im Gegenzug ein für alle Priester verbindliches Missale vor, das von etwaigen apokryphen Zusätzen gereinigt sein soll, etwaige als legitim anzusehende lokale Sondertraditionen sollen aber unangetastet bleiben.[13]

Trotz dieser Vorarbeiten schien das Konzil bei seiner letzten Sitzung an besagtem 4. Dezember 1563 mit dem Reformvorhaben eher überfordert. So zeigen sich etwa Autoren wie Winfried Haunerland verwundert, dass angesichts der Tatsache, welche reale Bedeutung die auf das Konzil zurückgehenden liturgischen Bücher für die Fortentwicklung der Liturgie über Jahrhunderte historisch hatten, diese in den Konzilstexten selbst jedoch nur marginale Erwähnung fanden.

Weder werden dort für die Erstellung der liturgischen Bücher (analog etwa zur Erarbeitung des Katechismus) offizielle Konzilsdeputationen benannt, noch legt das Konzil sonst irgendwelche Regularien fest. So dass mit Haunerland zu attestieren ist, „[...] die Vorarbeiten für das Missale und Brevier dürften eher offiziös, vermutlich im Auftrag der Konzilslegaten begonnen worden sein."[14]

Für die Reform der Liturgie und der liturgischen Bücher sind, bevor wir diese im Folgenden im Einzelnen betrachten, an dieser Stelle noch kurz einige zentrale inhaltliche Aspekte anzuführen:

(1) Bereits in dem im Jahr 1568 von Papst Pius V. vorgelegten Breviarium Romanum ist die Rede, dass der Papst hiermit „ad pristinam orandi regulam", also zur ursprünglichen Regel des Gebets, zurückkehren will. Der Papst bezieht sich hier namentlich auf seinen Vorgänger Gregor VII. (1073–1085). Analog ist beim Missale Romanum 1570 die Rede von „ad pristinam [...] sanctorum Patrum normam acritum", das Missale sei also gemäß der Norm und dem Ritus der heiligen Väter wiederhergestellt worden. Hier lässt sich aber mit Angelus Häußling historisch kritisch fragen, „welche ‚Väter' sind

[11] Natürlich ist auch hier eine differenzierte Sicht vonnöten, denn jene, sich am Usus der römischen Kurie orientierenden Messordnungen der Augustiner und Franziskaner, aber auch der Messordo Burchardts finden eine weite Verbreitung und üben damit naturgemäß Einfluss auf die konkrete Praxis der spätmittelalterlichen Liturgiefeier aus; vgl. Stuflesser, Eucharistie (wie Anm. 2), S. 74f.

[12] Hubert Jedin, Das Konzil von Trient und die Reform der liturgischen Bücher, in: Ephemerides liturgicae 59 (1945) S. 5–38, bes. S. 18. Sowie grundlegend: ders., Geschichte des Konzils von Trient, Bd. 4/2, Freiburg i. Br. 1975.

[13] Auch werden „theatralische und andere unangemessene Verhaltensweisen der Priester" beklagt, wie etwa das Ablecken der Patene (sic!), das unvorbereitete Messe feiern, das vorzeitige Abbrechen der Messe und vieles mehr; vgl. die Übersicht bei Haunerland, Einheitlichkeit (wie Anm. 6), bes. S. 443 Anm. 34.

[14] Ebd., S. 444.

die ‚heiligen', deren Norm gelten soll?"[15]. Ist der Ausgangspunkt die Orientierung an der sog. „Norm der Väter", so ist darauf zu verweisen, dass aufgrund mangelnder Quellen dieses Ziel im 16. Jahrhundert mit den damaligen wissenschaftlichen Methoden nur bedingt erreicht werden konnte. Man orientierte sich im Hinblick auf das Missale an der Messordnung der römischen Kurie aus dem 14. Jahrhundert. Diese Messordnung basiert, wie wir gesehen haben, auf der Stillen Messe als der liturgischen Grundform. Analoges gilt für den liturgischen Kalender (1568 / 1570), der im Wesentlichen auf den Kalender Gregors VII. aus dem 11. Jahrhundert zurückgeht und diesen nur maßvoll erweitert. Diese historische Faktenlage freilich ist im Blick zu behalten, wenn etwa in jüngster Zeit die Messfeier nach dem tridentinischen Missale (in seiner letzten Auflage: das Missale Romanum von 1962) oftmals fälschlich als „Messe Gregors d. Gr." oder gar als die „Messe aller Zeiten" bezeichnet wird. Die auf die Liturgiereform des Konzils von Trient zurückgehenden Missalien (Missale Romanum 1570 bis 1962) bilden mitnichten einfach die Messfeier zur Zeit des Hl. Gregors d. Gr. (590–604) ab, sondern entsprechen, wie wir gesehen haben, eher dem *usus Romanae Curiae* aus dem Hochmittelalter.[16]

(2) Den liturgischen Büchern vorangestellt ist in der Regel eine Formel nach dem Muster „Titel... Ex Decreto Sacrosancto Concilii Tridentini restitutum" (so etwa bei Brevier und Missale). Der jeweilige Papst macht sich also den Beschluss des Konzils zu eigen und setzt diesen um – in diesem Fall, indem er liturgische Bücher „von einigen frommen und gelehrten Männern" erstellen lässt (wie es in der Einführungsbulle zum Brevier heißt)[17], und diese liturgischen Bücher dann promulgiert. Diese Vorgehensweise kommt uns, aus heutiger Sicht und mit Rückblick auf das II. Vatikanische Konzil, ebenfalls „normal" vor, sie ist aber hier erstmals in der Liturgiegeschichte zu beobachten und stellt eine bemerkenswerte Neuerung dar.

(3) Die Umsetzung der liturgischen Reformprozesse obliegt – neben den Päpsten selbst – einer im Jahr 1588 durch Papst Sixtus V. (1585–1590) neu geschaffenen Ritenkongregation. Diese überwacht die Einhaltung der liturgischen Ordnungen. Sie tut dies vornehmlich, indem sie auf Anfragen aus den Ortskirchen reagiert, hierbei über die korrekte Anwendung der Rubriken entscheidet, Dispensen erteilt oder über die Einführung neuer Feste entscheidet – auch dies eine neuzeitlich-moderne Form der Qualitätssicherung.[18]

(4) Insgesamt gelingt es Trient, bis auf wenige Ausnahmen, in diesem Reformprozess nicht, die Reformanliegen der Reformatoren – etwa die Überwindung der einseitigen Kleruszentriertheit der spätmittelalterlichen Liturgie – auch positiv aufzugreifen. Die Trennung zwischen Klerus und Laien wird nicht

---

[15] Angelus Häußling, Liturgiereform. Materialien zu einem neuen Thema der Liturgiewissenschaft, in: ders. Christliche Identität aus der Liturgie (Liturgiewissenschaftliche Quellen und Forschungen 79), Münster 1997, S. 11–45, hier S. 20 (zuerst erschienen in: Archiv für Liturgiewissenschaft 31 [1989], S. 1–32).

[16] Man wird demgegenüber festhalten können, dass der nachkonziliare Ordo Missae (1969) und damit auch das Missale Romanum 1970, eher einer päpstlichen Stationsliturgie der Spätantike bzw. des Frühmittelalters entspricht als seine unmittelbaren Vorgängerformen.

[17] Vgl. Jedin, Geschichte (wie Anm. 12), bes. S. 240.

[18] Vgl. Haunerland, Einheitlichkeit (wie Anm. 6), S. 450.

etwa aufgehoben, sondern sie wird rituell verfestigt.[19] Hierbei handelt es sich wohl, als eine Art Anti-Fehlhaltung, um eine bewusst gegenläufige Akzentsetzung zu den reformatorischen Bewegungen, die wiederum das sog. „allgemeine Priestertum" einseitig betonten und teilweise den Sinn und Nutzen des besonderen, ordinierten Priestertums gänzlich in Frage stellen. Auch die von den Reformatoren geforderten Gottesdienste in der Landessprache bleiben verboten. Latein wird als verpflichtende Liturgiesprache beibehalten. Weitere Beispiele ließen sich anführen. Auch die bereits skizzierte Idee einer Vereinheitlichung der Liturgie zur Wahrung kirchlicher Einheit ist klar in negativer Abgrenzung von den Reformideen der Reformatoren zu sehen (Stichwort: Konsolidierung nach innen) und setzt sich zudem auch eigentlich erst nach Trient faktisch durch. Trient selbst fehlt demnach eine positive, nicht lediglich auf Ablehnung und Abbau von Missbräuchen und kritischen Anfragen von außen, basierende liturgische Reform-Idee – wie sie sich etwa beim II. Vatikanum mit den liturgietheologischen Leitbegriffen „Pascha-Mysterium" und „participatio actuosa" verbindet.

(5) Weder Trient selbst, noch jene die Liturgiereform ausführenden Päpste haben diese Liturgiereform wohl als unveränderliches oder gar als ein für alle Mal abgeschlossenes Reformwerk angesehen. Zwar sprechen die Promulgationsschreiben zu den liturgischen Büchern von deren Unveränderlichkeit im Hinblick auf die Rezipienten der liturgischen Bücher, benennen dabei aber naturgemäß nicht die die jeweilige Reform durchführenden Päpste und deren Nachfolger. Winfried Haunerland unterstreicht diesen zentralen Punkt, wenn er schreibt: „Die Unveränderlichkeit der nachtridentinischen reformierten Bücher ist ein insofern völlig unhistorisches, rechtssystematisch unlogisches und also offensichtlich ideologisches Argument jener, die den Status quo der Liturgie vor dem Zweiten Vatikanischen Konzil gegen neue Reformen verteidigen wollten."[20]

Betrachten wir diese Grundlinien noch exemplarisch an einzelnen liturgischen Büchern, so lässt sich Folgendes hierzu ausführen.

3.1 Zum Missale Romanum 1570

Im Jahr 1570 gibt Papst Pius V. ein neues Einheitsmessbuch heraus. Das Missale Romanum 1570 versucht dabei, die eucharistische Liturgie von allen mittelalterlichen Überwucherungen zu befreien und eine möglichst ursprüngliche Form der Liturgie wiederherzustellen.

Man übernimmt für das neue Missale Tridentinum für die (General-)Rubriken und den Messritus (Ritus Servandus) jene Ordnung, die vom päpstlichen

---

19 So folgen die zur Zeit der sog. „Gegenreformation" entstehenden Gebet- und Gesangbücher weniger dem Ablauf der Messe, sondern bieten dem Gläubigen, der den liturgischen Ablauf aufgrund der Sprachbarriere kaum verstehen und kaum nachvollziehen kann, Messandachten, Messallegoresen, fromme Betrachtungen zu den Kardinaltugenden, Gebete während der Erhebung der hl. Hostie etc. Und es wurde üblich, und in besagten Messanleitungen sogar empfohlen, während der Messe den Rosenkranz zu beten.

20 Haunerland, Einheitlichkeit (wie Anm. 6), S. 456 Anm. 97.

Zeremonienmeister Johannes Burchard (um 1540–1506) in seinem Messordo für die „Missa sine cantu et sine ministris" bereits im Jahr 1498 festgelegt worden war. Man kann insofern sagen, dass mit dem Missale Romanum 1570 eine Tradition von eineinhalb Jahrtausenden zu Ende geht. Denn der „normale" Messritus ist nun jener ohne Gesang und ohne liturgische Dienste.

Jene Entwicklung über Jahrhunderte, die während des Mittelalters zu einer zunehmenden Klerikalisierung der Liturgie und zur Vorherrschaft der Stillmesse geführt hatte, wird nun für das Missale Pius' V. (Missale Romanum 1570) rubrizistisch festgeschrieben. Konsequenterweise werden im Ablauf des Messordo die Anteile des Volkes und die Gesänge des Chores gar nicht mehr berücksichtigt. Selbst die Funktionen der assistierenden Kleriker, welche charakteristisch sind für die öffentliche, festliche Feier der Eucharistie zur Zeit der Spätantike, erscheinen nun nur noch als Zusätze zum Ordo der Stillmesse.

Das neue Missale wird weltweit in der gesamten lateinischen Kirche für alle Bistümer verbindlich, die über keine eigene liturgische Tradition verfügen, die ehrwürdiger und älter als 200 Jahre ist. Dies hatte zur Folge, dass etwa Bistümer wie Trier, Mainz, Münster, aber auch Würzburg, um hier nur einige Beispiele zu nennen, deren Liturgie partiell nicht „nur" 200 Jahre alt war, sondern deutlich älter als selbst die für das neue Einheitsmessbuch verwendeten Quellen, teilweise bis ins 19. Jahrhundert hinein ihre Eigenliturgie nach eigenen Missalien feierten.[21]

Interessant ist, dass bereits 1570 – begünstigt durch den noch jungen Buchdruck, der erstmals in der Liturgiegeschichte die Herstellung von identischen Exemplaren in hoher Auflagenzahl ermöglicht – unterschiedliche Ausgaben des Missale Romanum 1570 erscheinen. Diese weisen jedoch nachweislich (Druck-)Fehler auf – offensichtlich war der Bedarf nach den neuen Reform-Missalien so groß, dass man bereits begonnen hatte, die Messbücher zu drucken, während die Arbeit hieran noch nicht ganz abgeschlossen war.[22]

Als besonders folgenschwer erweist sich die Anordnung in der dem Missale Romanum 1570 vorangestellten Bulle „Quo primum" Papst Pius' V., dass von nun an nichts mehr am Messbuch verändert werden dürfe. Neben das Prinzip der Einheitlichkeit des Messritus tritt nun als neues Prinzip das der Unveränderlichkeit. Dies wirkt geradezu wie ein Versteinerungsparagraph. Jedoch ist auch hier eine differenzierte Sicht vonnöten. Denn schon die unmittelbaren Nachfolger Pius' V. nehmen immer wieder kleinere Änderungen am Messbuch vor:

– Clemens VIII. (1592–1605): Editio typica (= Neuausgabe!) des Missale Romanum mit neuer Einführungsbulle *Cum Sanctissimum* (1604)

– Urban VIII. (1623–1644): Editio typica (Neuausgabe) des Missale Romanum von 1634

– Clemens XII. (1730–1740): Dreifaltigkeitspräfation wird 1759 für alle Sonntage vorgeschrieben (anstatt der *praefatio communis*)

– Benedikt XV. (1914–1922): Editio typica (Neuausgabe) des Missale Romanum 1920

---

21 Vgl. Stuflesser, Eucharistie (wie Anm. 2), S. 81–83.
22 Vgl. Haunerland, Einheitlichkeit (wie Anm. 6), S. 448.

– Pius XII. (1939–1958): Reform der Osternacht 1951 und der Karwoche 1956
– Johannes XXIII. (1958–1963): Codex Rubricarum 1960; Missale Romanum 1962.

Auch beauftragte Papst Sixtus V. bereits im Jahr 1588 den sog. „Präsidenten“ der neu geschaffenen Ritenkongregation, darüber Erkundigungen einzuziehen, ob die von Papst Pius V. herausgegebenen reformierten liturgischen Bücher (Missale und Brevier) einer weiteren Verbesserung bedürften, was darauf schließen lässt, dass zumindest besagter Papst solche „Verbesserungen“ für durchaus im Rahmen des Möglichen hält, und das Reformwerk keinesfalls als abgeschlossen betrachtet.[23]

Noch mehr differenziert sich die Sicht auf die vermeintlich eherne Einheitsliturgie nach Trient, wenn man einen Blick auf die Ebene der Ortskirche wirft, in unserem Falle etwa auf das Bistum Würzburg: Hier wird das Missale Romanum erst relativ spät im Jahr 1613 unter Fürstbischof Julius Echter (1573–1617) als Diözesanmissale eingeführt.[24] Zwar taucht in der Literatur verschiedentlich ein sog. „Missale Herbipolense“ von 1596 auf, da sich für dieses aber keine Belegexemplare finden lassen, geht der Konsens der historischen Forschung mittlerweile in die Richtung, dieses als nicht existent anzusehen.[25]

Das Missale von 1613 ist in mehrfacher Hinsicht bemerkenswert. Dominik Daschner führt in seiner einschlägigen Arbeit hierzu aus: „In seinem Mandat [...] beschreibt Bischof Julius Echter Inhalt und Absicht dieses Missales. Es handle sich um eine Neuausgabe des Würzburger Diözesanmeßbuchs, mit schöneren Lettern gedruckt als bisher (‚typis elegantioribus‘) und an nicht wenigen Stellen korrigiert und vermehrt (‚nec paucis in locis correctos et emendatos‘). Darüber hinaus sei das vorliegende Missale soweit als möglich den Regeln und Rubriken des Missale Romanum 1570 angepasst worden.“[26]

Als Grund für die Anpassung an das Missale Romanum 1570 nennt Bischof Julius Echter den Wunsch nach einem einheitlichen (sic!) Ritus, nach dem er den Klerikern seiner Diözese die Messe zu feiern vorschreibt. Wiederum mit den Worten Daschners: „Was der Titel des Missales nahelegt (Missale Herbipolense [...] recognitum) und was Bischof Julius Echter in seinem Mandat ankündigt (‚ad formam et similitudinem Romani Missalis [...] compositum‘), wird denn auch inhaltlich im Missale umgesetzt.“[27]

Das Missale Würzburg 1613 stellt dabei in der Tat eine bemerkenswerte Mischform dar: So übernimmt es etwa den Ordo Missae aus dem Missale Tridentinum 1570, behält aber das Proprium de tempore aus älteren Diözesanmissalien bei, nicht jedoch, ohne beide Elemente für die Neuausgabe 1613 einer Bearbeitung zu unterziehen.

---

[23] Vgl. ebd., S. 450.
[24] Vgl. Helmut Engelhart, Die Liturgischen Drucke für Fürstbischof Julius Echter (Quellen und Forschungen zur Geschichte des Bistums und Hochstifts Würzburg, Sonderveröffentlichung), Würzburg 2017, S. 189–244, bes. S. 189f.
[25] Vgl. hierzu den Überblick über die Fachliteratur bei Dominik Daschner, Vom Diözesanmeßbuch zum Missale Pius' V. (1570), in: Archiv für Liturgiewissenschaft 37 (1995), S. 304–346, bes. S. 326 und Anm. 110.
[26] Ebd., S. 327.
[27] Ebd.

Daschner spricht denn auch beim Missale Würzburg 1613 von einem „Römisch Würzburger Missale“. Würzburg machte also einerseits von der oben beschriebenen Regelung Pius’ V. Gebrauch, seine diözesane Eigenliturgie, die älter als 200 Jahre war, auch weiterhin zu pflegen.

Dennoch schien der Druck nach Vereinheitlichung der liturgischen Formen bereits 1613 so groß zu sein, dass man meinte, zumindest den Messordo aus dem Missale Romanum 1570 übernehmen zu müssen. Daschner betont, dass damit Würzburg jene süddeutsche Diözese ist, die am längsten an einem diözesanen Eigenmissale festgehalten hat, was er der Nähe und Zugehörigkeit zum Mainzer Metropolitanverband zuschreibt – jenem Bereich der oben bereits aufgeführten rheinischen Bistümer also, in denen sich solche Eigentraditionen am längsten gehalten haben.[28]

Allerdings wird man bei diesem Unterpunkt abschließend darauf hinweisen müssen, dass diese liturgiegeschichtliche Phase eines nachtridentinischen Diözesanmissales von recht kurzer Dauer war. Bereits im Jahr 1665 erscheint ein von Erzbischof Johann Philipp von Schönborn (Bischof von Würzburg 1642–1673, ab 1647 auch Erzbischof von Mainz) herausgegebenes Diözesanproprium, was den Umkehrschluss zulässt, dass zu diesem Zeitpunkt das Missale Romanum 1570 sich auch auf Würzburger Gebiet (zumindest in weiten Teilen) bereits durchgesetzt hatte.[29]

3.2 *Zum Rituale Romanum 1614*

Werfen wir abschließend noch einen kurzen Blick auf das von Papst Paul V. (1605–1621) herausgegebene Rituale Romanum von 1614. Dieses stellt insofern einen Sonderfall dar, als sich in den Aussagen des Konzils von Trient keine Aussagen im Hinblick auf eine Reform oder Neuerstellung eines römischen Einheitsrituales finden lassen.

Allerdings wird ein solches Rituale bereits 1588 bei den Aufgaben der Ritenkongregation erwähnt. Und es ist ebenfalls dokumentiert, dass Papst Gregor XIII. (1572–1585) Kardinal Julius Antonius Sanctorius (1532–1602) mit der Arbeit an einem solchen Rituale beauftragt hat. Paul V. setzt 1612 eine entsprechende Kommission ein, und weil, wie Haunerland attestiert, wohl die Brauchbarkeit des neu zu erstellenden Rituales durchaus im Blick war, gehörten dieser Kommission interessanterweise auch zwei einfache Pfarrer an.

Interessant ist das Rituale Romanum für unsere Überlegungen im Hinblick auf den Aspekt der Einheitlichkeit / der Vereinheitlichung und damit grundlegend im Hinblick auf die Frage nach seiner von Papst Paul V. intendierten Geltung und Verbindlichkeit. Vergleicht man die Worte, die der Papst in dem Dokument zur Promulgation wählt, so sind diese, vergleicht man sie etwa mit

---

[28] Vgl. ebd., S. 327f.

[29] So auch Winfried Romberg (Bearb.), Das Bistum Würzburg 7: Die Würzburger Bischöfe 1617–1684 (Germania Sacra, Dritte Folge 4, Die Bistümer der Kirchenprovinz Mainz), Berlin / New York 2011, S. 396. In Mainz wird erst 1698 unter Lothar Franz von Schönborn ein neues Missale eingeführt; ebd., S. 398.

der klaren Diktion von „Quo primum" beim Missale Romanum 1570, doch eher schwammig gehalten: „hortamur in Domino" heißt es dort. Es werden also weder Fristen noch Sanktionen bei Nicht-Einführung oder Nicht-Übernahme des Rituales genannt.

Dabei hatte sich zwischenzeitlich die Situation noch einmal insofern geklärt und zugespitzt, als zum Beispiel schon beim neuen Caeremoniale von 1600 klare Fristen benannt wurden, innerhalb derer das neue liturgische Buch einzuführen war: innerhalb der römischen Kurie innerhalb von zwei Monaten, innerhalb von Italien innerhalb von acht Monaten und an den übrigen Orten innerhalb eines Jahres.[30]

Insofern lässt die Wortwahl des Promulgationsschreibens beim Rituale Romanum 1614 den Rückschluss zu, dass der Papst wohl gar nicht an eine pflichtgemäße, flächendeckende, weltweite Einführung des Rituale Romanum dachte. Weder berührte es das bischöfliche Recht, die Liturgie zu ordnen, noch wollte es die ja bereits vorhandenen volkssprachlichen, diözesanen Eigenrituale abschaffen.

Diesen eher formalen Beobachtungen ließen sich auch inhaltliche hinzufügen: So unterstreicht schon Trient im Dekret über die Ehe nach der Beschreibung der kanonischen Eheschließungsform eine gewisse Variabilität dieser Form und ermutigt dazu, vor Ort „löbliche Gebräuche und Ceremonien"[31] beizubehalten: „iuxta receptum uniuscuiusque provinciae ritum".[32] Insofern lag das erneuerte Modell-Rituale von 1614 durchaus intentional auf dieser Linie.

Dennoch war es genau dieses, von Balthasar Fischer so titulierte „zwielichtige Breve" Papst Pauls V., das in seiner Uneindeutigkeit dazu führte, dass das Rituale in den Missionsgebieten als verpflichtend einzuführen angesehen wurde und damit, mit Ausnahme wohl von Japan, wo es seit 1605 bereits ein eigenes Missionsrituale gab, die Entwicklung lokaler Eigen-Rituale unterband. Und Fischer führt hierzu weiter aus: „So ist es zur schlimmeren Tragik gekommen, dass das Liturgiebuch eines der großzügigsten Päpste der Neuzeit durch 350 Jahre die missionarische Adaptation auf dem Sektor der Sakramentenspendung hoffnungslos im Sinne des Immobilismus und Europäismus blockiert hat."[33]

Anders sah auch hier freilich die Fortentwicklung in Europa aus, wo es bereits eine reiche Tradition (zu Teilen volkssprachlicher) diözesaner Eigen-Rituale gab, die auch nach 1614 nicht nur weiter in Geltung blieben, sondern auch weiter und fortentwickelt wurden.

So galt im Bistum Würzburg künftig das berühmte Mainzer Rituale Johann Philipp von Schönborns von 1671, das streng genommen erst 1836 durch das Rituale des Bischofs des im Jahr 1821 neu umschriebenen Bistums Würzburg

---

30 Vgl. Haunerland, Einheitlichkeit (wie Anm. 6), S. 454.

31 Canones super reformatione circa matrimonium. Caput I. Conciliorum oeconomicorum decreta 756.

32 Ebd.

33 Balthasar Fischer, Das Rituale Romanum (1614–1964). Die Schicksale eines liturgischen Buches, in: Trierer Theologische Zeitschrift 73 (1964), S. 257–271, bes. S. 264.

Friedrich von Groß zu Trockau (1821–1840) abgelöst wurde.[34] In Mainz blieb das Rituale Schönborns in modifizierter Form sogar bis 1950, also bis zur Einführung der Collectio Rituum, in Geltung.

3.3 Versuch eines Fazits

Fassen wir unsere bisherigen Überlegungen zusammen, so lässt sich folgendes Ergebnis festhalten:

– Im Hinblick auf die Frage nach der Einheitlichkeit oder einer Konformität der Liturgie bietet sich auch nach der Liturgiereform des Konzils von Trient kein einheitliches Bild.

– In der Phase unmittelbar nach dem Konzil und der Herausgabe der von ihm angestoßenen, reformierten liturgischen Bücher ist vielmehr ein gewisses Nebeneinander zu beobachten.

– Diözesen wie Würzburg und das Würzburger Missale von 1613 sind hier keineswegs ein Ausnahmefall, sondern eher die Regel, bei der zentrale Elemente der reformierten tridentinischen Bücher übernommen, diözesane Eigentraditionen aber trotzdem weiter gepflegt werden.

– Dies sollte sich erst im 19. Jahrhundert endgültig ändern, was historisch betrachtet keinesfalls allein an zentralistischen Tendenzen der römischen Kirchenleitung lag.

– Vielmehr korrespondierte nun der Wunsch „[...] nach einer stärkeren Ausrichtung an Rom [...] einem wachsenden römisch-zentralistischen Rechtsanspruch."[35]

– Die Einheitlichkeit der Liturgie wurde beginnend mit Trient und je länger desto stärker „[...] als Wert an sich wahrgenommen und zum Kennzeichen der Einheit der Kirche."[36]

– Im Zuge der sich verfestigenden Konfessionalisierung wurde die „Romanitas" nicht mehr nur als Merkmal der Qualitätssicherung angesehen. Sie wurde vielmehr selbst zu einem Charakteristikum, „[...] dessen Verwirklichung Ausdruck der Treue zum Papst und zur römisch-katholischen Kirche wurde."[37]

4. Einheit durch Einheitlichkeit: Ein überkommenes Paradigma? Ein kurzer Ausblick auf aktuelle liturgische Brennpunkte

Beschließen sollen diese Ausführungen drei kurze Schlaglichter, die aufzeigen mögen, dass die Frage nach der notwendigen (?) Einheitlichkeit der Liturgie als Zeichen kirchlicher Einheit keinesfalls endgültig beantwortet ist:

– Mit Datum vom 7. Juli 2007 hatte Papst Benedikt XVI. (2005–2013) in seinem Motu Proprio „Summorum Pontificum" die Verwendung des Missale

---

[34] Vgl. Hermann Reifenberg, Altwürzburger Liturgie und erneuertes Liturgieverständnis, in: Geschichtliche Landeskunde 5/1, Wiesbaden 1968, S. 280–293, bes. S. 281.
[35] Haunerland, Einheitlichkeit (wie Anm. 6), S. 461.
[36] Ebd., S. 465.
[37] Ebd.

Romanum von 1962 für die Liturgie zugelassen. Der Papst betont in seinem Begleitbrief zu *Summorum Pontificum* an die Brüder im Bischofsamt, dass das Missale von 1962 als sogenannte „forma extraordinaria", als außerordentliche Ausdrucksform des einen römischen Ritus zu verstehen ist. Das Missale 1962, von Papst Johannes XXIII. promulgiert (= veröffentlicht), stellt also keinen zweiten Messritus dar, wie gelegentlich fälschlich behauptet wird, sondern die außerordentliche Ausdrucksform der einen „lex orandi" der römisch-katholischen Kirche innerhalb des lateinischen Ritus (Art. 1). Mit dieser Entscheidung des Papstes endet nach mehr als 400 Jahren jene Phase der Liturgiegeschichte, in der das Paradigma „Einheit durch Einheitlichkeit" uneingeschränkte Gültigkeit hatte. Denn es scheint fürderhin möglich zu sein, kirchliche Einheit zu wahren, ohne dass sich diese in einer einheitlichen Feiergestalt der Liturgie ausdrücken muss. Das bislang gültige Argument, dass die Einheit der Kirche in bestimmten Punkte zwingend eine Einheitlichkeit der Form verlange, hat damit keine Gültigkeit mehr. Die Frage darf und muss gestellt werden, ob dem Pontifex diese Folgen (man mag auch von sog. „Kollateralschäden" sprechen) des Motu Proprios in ihrer Konsequenz so bewusst waren?

– Nicht nur das Konzil von Trient beruft sich bei seiner Reform der Liturgie auf die Norm der Väter (norma patrum), aber dies tut mit ganz ähnlichen Worten auch das II. Vatikanische Konzil (vgl. Sacrosanctm concilium 50). Dennoch wird man nicht bestreiten können, dass der jeweilige Blick auf die „Norm der Väter" höchst unterschiedliche Ergebnisse zeitigte. Sicherlich ist ein Blick auf das Werden der Liturgie in der Geschichte unerlässlich, um die heutige Liturgie als gewordene, auch in der historischen Bedingtheit mancher Aspekte der konkreten Feiergestalt, begreifen zu können. In diesem Sinne ist Liturgiegeschichte *instruktiv,* weil sie uns die heutige Liturgie besser verstehen lässt. Allerdings erhebt die Rede von der *norma patrum,* der Norm der Väter, eben auch einen *normativen* Anspruch, der deutlich über eine rein instruktive Sicht auf die Liturgiegeschichte hinausweist. Es würde an dieser Stelle zu weit führen, die hier nur angerissene Problematik im Einzelnen zu explizieren. Lediglich als eine Richtung, in die es sich lohnen würde, eine liturgie-systematische Reflexion voranzutreiben, sei die grundlegende Frage aufgeführt, inwieweit diese *norma patrum* an der Norm der Heiligen Schrift als *norma normans non normata* partizipiert. Die Norm der Väter wäre dann im Sinn einer möglichen Auslegung von Schrift jene Art, Liturgie schriftgemäß zu feiern, die auch für die heutige Zeit zum Vorbild und damit, im von der Heiligen Schrift abgeleiteten Sinn, zur Norm werden kann. Ich denke, dass ein solches Verständnis auch ökumenisch durchaus anschlussfähig wäre.

– Hatte die erste Übersetzer-Instruktion nach dem II. Vatikanischen Konzil „Comme le Prévoit" aus dem Jahre 1969 noch eine Übersetzung der lateinischen Liturgietexte nach dem Prinzip der „dynamic equivalence" erlaubt, und damit vorrangig eine sprachlich sinnvolle Übertragung des Inhalts gestattet, so forderte die „V. Instruktion zur ordnungsgemäßen Durchführung der Konstitution des Zweiten Vatikanischen Konzils über die heilige Liturgie" mit dem bezeichnenden Titel „Liturgiam Authenticam" aus dem Jahr 2001 eine möglichst wortwörtliche Übersetzung („ad litteram") und eine sogenannte Recognitio der von den lokalen Bischofskonferenzen geschaffenen Übersetzungen durch die römische Gottesdienstkongregation. Das Motu Proprio „Magnum Principium" Papst Franziskus' vom 9. September 2017 verlegt nun wieder die Verantwortung stärker auf die Ebene der lokalen Bischofskonferenzen und fordert Übersetzungen, die „fideliter" gegenüber dem lateinischen Text sein sollen – ein Begriff, der sich so auch schon in der ersten Übersetzerinstruktion von 1969 findet. Auch hier die Frage: Wie viel Einheitlichkeit ist notwendig, um die Einheit der Kirche auch in ihrer liturgischen Feier zu bezeugen?

Dass freilich unsere hier vorgelegten Überlegungen, wie die Spannung zwischen notwendiger Einheit und legitimer Vielfalt im Bereich der Liturgie sorgsam austariert werden kann, kein neues Problem markieren, zeigt ein Diktum des Hl. Ambrosius (339–397), mit dem ich meine Ausführungen beschließen möchte. Der Bischof von Mailand äußert sich in De Sacramentis (3,5), seine eigene, lokale liturgische Tradition verteidigend, wie folgt:

„Ich wünsche, der römischen Kirche in allem zu folgen, jedoch besitzen auch wir gesunden Menschenverstand. Daher behalten wir aus gutem Grund bei, was anderswo ebenfalls aus guten Gründen eingehalten wird."[38]

[38] De sacramentis 3,5. Zitiert nach: Ambrosius. Über die Sakramente. Über die Mysterien. Übersetzt und eingeleitet von Josef Schmitz CSSR (Fontes Christiani 3), Freiburg 1990, hier S. 123.

Die „bewahrende Kraft des Luthertums“ (J. M. Fritz) im Franken der Reformationszeit

Andrea K. Thurnwald

Die Reformation war in ihren Anfängen eine geistige und soziale Bewegung. Sie zielte auf eine Erneuerung des Glaubensverständnisses und der Frömmigkeit des inneren Menschen. Veränderungen des gottesdienstlichen Lebens wurden behutsam eingeführt, organisatorische Konsequenzen für Gemeinden und Kirche zunächst nur als Notmaßnahme umgesetzt.[1] Nach außen sichtbare Veränderungen in Bestand und Ausstattung der Kirchen und des liturgischen Geräts traten gerade in Franken, das vom Bildersturm weitgehend verschont blieb[2], zunächst kaum auf – einmal abgesehen von der Aufhebung der Klöster.

Diese Bewahrung des Bestehenden hat zunächst nichts mit einer besonderen Wertschätzung zu tun. Für Luther waren die religiösen Bilder ohne grundlegende theologische Bedeutung. Man konnte sie als Anschauungsmaterial nutzen oder auch ignorieren. Liturgisches Gerät wurde einfach weiter genutzt. Das Bestehende zu pflegen und aktiv zu erhalten, kam schließlich dort in Frage, wo ein lebendiger Bezug zur reformatorischen Glaubenspraxis hergestellt werden konnte. Johann Michael Fritz spricht deshalb in seinem Sammelband „Die bewahrende Kraft des Luthertums“[3] (in Anlehnung an Frank Schmidt) zu Recht von drei Umgangsformen, die zum Erhalt des Überkommenen führen konnten: Weiternutzung, Umnutzung und Nichtnutzung.[4]

Bei allem Bewahren ist jedoch unverkennbar, dass der Protestantismus in Franken im Lauf des 16. Jahrhunderts allmählich auch eigene Bildkraft und anschauliche Identität entwickelte. Im Folgenden werden Beispiele sowohl des Bewahrens als auch des Erneuerns aufzuzeigen sein, wie sie jeweils dem Selbstverständnis und den Bedürfnissen der Gemeinden entsprachen.

---

[1] Leicht veränderte und erweiterte Fassung des Katalogbeitrags von Andrea K. Thurnwald, Kirchenstuhl und Katechismus. Der Wandel von Liturgie und Sachkultur in Franken, in: Peter Wolf u. a. (Hg.), Ritter, Bauern, Lutheraner – Katalog zur Bayerischen Landesaustellung 2017, Augsburg 2017, S. 42–49.

[2] Eine Ausnahme bildet zum Beispiel die Verwüstung der Kobolzeller Kirche bei Rothenburg ob der Tauber. Statuen und Bilder wurden dort von Randalierern in die Tauber geworfen; vgl. Florian Huggenberger, Frühe Neuzeit. Reformation, Dreißigjähriger Krieg, Aufklärung, in: Horst F. Rupp / Karl Borchardt (Hg.), Rothenburg ob der Tauber. Geschichte der Stadt und ihres Umlandes, Darmstadt 2016, S. 156–201.

[3] Johann Michael Fritz (Hg.), Die bewahrende Kraft des Luthertums. Mittelalterliche Kunstwerke in evangelischen Kirchen, Regensburg 1997.

[4] Ebd., S. 10.

Abb. 1: *Konfessionsbild, Andreas Herneisen, 1601, Museum Kirche in Franken, Leihgabe der Stadt Bad Windsheim (Foto: Fotostudio Heckel, Bad Windsheim).*

1. Konfessionsbilder als frühe Rezeptoren des reformatorischen Wandels

Oft sind es nicht die Meisterwerke der Kunst, die interessante Einblicke in den Wandel des Alltags geben als vielmehr populär-dokumentarische Erzählbilder, die das Selbstverständnis ihrer Auftraggeber zum Ausdruck bringen wollen. So verwundert es nicht, dass die so genannten lutherischen Bekenntnisbilder, die bald nach der Einführung der Reformation einsetzten und für Generationen nicht an Aussagekraft verloren, ein Spiegel sind für Veränderungen und Kontinuitäten in Liturgie und kirchlichen Vollzügen.[5] Da sich das Bildprogramm auf den Bekenntnisbildern nur in Details unterscheidet, soll hier stellvertretend ein frühes Beispiel vorgestellt werden: das Windsheimer Konfessionsbild des Andreas Herneisen von 1601 (Abb. 1). Die ehemals freie Reichsstadt Windsheim gehörte zu den sechs Bekennerstädten, die 1530 in Augsburg die Confessio Augustana unterschrieben hatten und fortan am lutherischen Glauben festhielten.

Wie bei den vergleichbaren Werken geht es bei dem Windsheimer Bild nicht um historische Authentizität, sondern um Erzählen, Erinnern und Bekennen. Der Kirchenraum dient quasi als Bühne, um an das folgenreiche Geschehen von 1530 zu erinnern und simultan die daraus resultierenden Veränderungen in Liturgie und Praxis aufzuzeigen: Links unten ist Kaiser Karl V. zu sehen, der gerade vom sächsischen Kurfürsten die Bekenntnisschrift entgegennimmt. Über dieser Historienszene werden im oberen Bildbereich die Konsequenzen für Liturgie, kirchliche Praxis und gelebten Glauben vorgeführt. Im Mittelpunkt des Bildes kann der Betrachter gleichsam am evangelischen Abendmahl teilnehmen: Zwei Geistliche reichen den Gläubigen das Sakrament in beiderlei Gestalt. Gleichwertig – auf gleicher Höhe und in gleicher Bedeutungsperspektive – wird das zweite wichtige Sakrament, die Taufe, gespendet. Obwohl etwas im Hintergrund, fehlt weder eine Beichtszene noch der Geistliche auf der Kanzel, der seinem Kirchenvolk, das im Gestühl sitzt, das Wort Gottes verkündigt. Weit hinten im Bühnenraum agieren Pfarrer und Lehrer beim Katechismusunterricht. Die Positionierung der Eheschließung vor dem Altar ist der neuen Auffassung von Ehe geschuldet: Da sie nicht mehr als Sakrament verstanden wird, tritt sie auf der linken Seite in den Hintergrund. Die zahlreichen anderen Szenen erschließen sich erst auf den zweiten Blick durch die ins Bild gefügten kommentierenden Bibelzitate.

Besondere Wertschätzung erfährt die Kirchenmusik: Andreas Herneisen lässt es sich nicht nehmen, in die Rolle des Kantors zu schlüpfen, der seine Singknaben dirigiert. So liest man am rechten Bildrand im großen Cantualbuch: „Lasset das Wort Christi unter euch reichlich wohnen in aller Weisheit; lehret und vermahnet euch selbst mit Psalmen und Lobgesängen und geistlichen lieblichen Liedern (und singet dem Herrn in eurem Herzen). Koll 3,16."[6] Der Nürnberger Künstler versäumt es nicht, neben der Autorisierung seines Werks

---

[5] Wolfgang Brückner, Lutherische Bekenntnisgemälde des 16. bis 18. Jahrhunderts: die illustrierte Confessio Augustana (Adiaphora. Schriften zur Kunst und Kultur im Protestantismus 6), Regensburg 2007.

[6] Ebd., S. 31.

auch ein religiöses Statement abzugeben. Unter der Künstlersignatur „AH“ für Andreas Herneisen und der Datierung „1601“ steht: „Ich glaub darum redt ich.“ (Abb. 2). Nicht alle Elemente dieses gemalten Bekenntnisses zur konfessionellen Identität manifestieren sich auch auf der Ebene der Sachkultur. Unter den überlieferten Realien haben aber die Druckwerke – als materielle Träger der Lehre – eine überragende Bedeutung.

Abb. 2: *Detail Windsheimer Konfessionsbild (Foto: Fotostudio Heckel, Bad Windsheim).*

2. Luthers Lehre im Spiegel der Popularkultur

Unbestritten ist die Wirksamkeit der Flugschriften für die Verbreitung der Lehre Martin Luthers. Besonders in der ersten Zeit wurde in diesen neuen drucktechnischen Medien der Vergleich zwischen alter und neuer Lehre als didaktisch-propagandistisches Kampfmittel der Glaubenspolemik eingesetzt. Führend in Produktion und Vertrieb dieser Drucke war die Reichsstadt Nürnberg.[7] Bereits um 1529 wurde das Flugblatt mit Hans Sachs’ Gedicht „Inhalt zweyerley predigt“ gedruckt, der Holzschnitt geht auf Georg Pencz zurück[8] (Abb. 3).

---

[7] Vgl. Thomas Schauerte (Hg.), Deutschlands Auge & Ohr. Nürnberg als Medienzentrum in der Reformationszeit (Schriftenreihe der Museen der Stadt Nürnberg 8), Nürnberg 2015.

[8] Gabriela Signori, Räume, Gesten, Andachtsformen. Geschlecht, Konflikt und religiöse Kultur im europäischen Mittelalter, Ostfildern 2005, S. 11–14.

Abb. 3: *Kupferstich zu Hans Sachs, „Inhalt zweyerley predig“, Georg Pencz, Nürnberg 1529 (Abb.: Albertina, Wien).*

Der Holzschnitt zeigt einen imaginären Kirchenraum, der durch eine Säule in zwei Teile geschieden ist: Auf der einen Seite steht der evangelische Prediger in einem schmucklosen Kirchenstuhl und predigt seiner Gemeinde – darunter auch lesekundige Frauen und aufmerksame Kinder – aus der Bibel. Gegenüber richtet der „babstische“, wohlgenährte Priester auf einer prächtigen Kanzel das Wort an seine teilnahmslosen Gemeindemitglieder, die hauptsächlich mit der Handhabung aufwendig gearbeiteter Paternoster beschäftigt sind. Dies korrespondiert mit dem unter dem Holzschnitt abgedruckten Spottgedicht: In der „Summa des Bebstlichen Predigers“ preist der katholische Priester den Rosenkranz und zahlreiche andere äußerliche Frömmigkeitsübungen, während der evangelische Prediger sich ganz der Heilsgeschichte und ihrer gläubigen Rezeption widmet.

Als ein Element der Popularkultur kann – zumindest tendenziell – auch die Bibel in deutscher Sprache gelten. Die erste vollständige Ausgabe der Lutherbibel wurde vom Verlag Hans Lufft in Wittenberg 1534 vorgelegt. Bis zu Luthers Tod 1546 zählt man einschließlich der Raubdrucke rund 430 Teil- und Gesamtausgaben.[9] Mit der theologischen Erkenntnis, dass Gott sich in der Bibel jedem Menschen offenbart, der Gläubige also nicht der kirchlichen Vermittlung bedarf, um als Person mit Gott ins Verhältnis zu kommen, hat Luther selbst die Grundlage für die Bibel als Haus- und Volksbuch gelegt. Die Erfolgsgeschichte der Lutherbibel ist sicherlich auch der massenhaften Verbreitung durch den Buchdruck geschuldet.[10] Darf man aber den Gebrauch von Bibeln in den Haushalten der Gläubigen voraussetzen? Um diese Frage zu beantworten, musste geklärt werden, wie weit die Lesefertigkeit in der Mitte des 16. Jahrhunderts in den unterschiedlichen gesellschaftlichen Schichten verbreitet war.

Zumindest gibt es Quellen, die die Lesefähigkeit von Knechten und Mägden belegen.[11] Für Nürnberg geht die neuere Forschung von einer Lesefähigkeit von 40 Prozent der Bevölkerung aus.[12] Dabei wird besonders „die wachsende religiöse Mündigkeit der Laien und Laienfrauen“ unterstrichen. Ihr Interesse an einer Seelsorge auch in Schriftform begegnet dem Reformeifer von Theologen, die „durch eine Flut frömmigkeitstheologischen, lebenspraktischen und seelsorgerlichen Schrifttums den religiösen Bildungsschub der Laien vorantrieben“. Mit der wachsenden Anzahl der Publikationen in deutscher Sprache verstärkten sich Leseinteresse und Lesefähigkeit und es entstand eine Tendenz zur „Selbstpastoral ohne Priester im nichtsakralen, privaten Bereich des eigenen Hauses“.[13]

So geht die populäre Lesebewegung Hand in Hand mit Luthers Forderung nach dem Priestertum aller Gläubigen. Dabei steht das Predigthören nicht in Konkurrenz zum Lesen. Es bringt vielmehr die Nachfrage nach lehrhaften und polemischen Druckschriften und illustrierten Blättern weiter in Schwung und lässt die rasch aufeinanderfolgenden Auflagen der Lutherbibel zu einem luk-

---

9 www.ekd.de/aktuell/edi_2015_09_16_revision_lutherbibel.html (letzter Zugriff: 13.02.2016).
10 In den ersten 50 Jahren sei die Lutherbibel 100000 Mal gedruckt worden; vgl. ebd. (letzter Zugriff: 13.02.2016)
11 Signori, Räume (wie Anm. 8), S. 148f.
12 Berndt Hamm, Die Reformation in Nürnberg, in: Schauerte (Hg.), Deutschlands Auge & Ohr (wie Anm. 7), S. 13–33, bes. S. 17.
13 Ebd., S. 16.

rativen Geschäft werden. In den Städten, wie etwa in Nürnberg, zeigt sich die Reformation in öffentlicher Rede sowie gedrucktem Wort und Bild somit als „multimediales Massenereignis“.[14]

In besonderem Maß wirkt sich die Reformation dahingehend aus, dass auch Kinder Bücher in die Hand bekommen. Luther forderte die Ratsherren auf, Schulen zu gründen. Jeder sollte die Bibel lesen können. Mit der Bibel lernten die Kinder Lesen und die deutsche Sprache. Auf dem Holzschnitt von Georg Pencz liest eine Mutter in der evangelischen Hörerschaft den kleineren Kindern aus einem Buch vor, sie gibt religiöse Unterweisung und Erziehung. Das Buch tritt an die Stelle des Rosenkranzes. Auf die Eignung der Bibel als Lektüre für jedermann zielt auch Luthers bekannte Maxime bei der Bibelübersetzung: „Man muss die Mutter im Hause, die Kinder auf der Gasse, den gemeinen Mann auf dem Markt drum fragen und denselbigen auf das Maul sehen, wie sie reden und danach dolmetschen.“[15]

Weitere Druckwerke für die Hand des Laien standen unmittelbar im Dienst der Katechese. Bereits 1522 erschien Luthers „Betbüchlein“, bestehend aus einer kurzen Auslegung der Zehn Gebote, versehen mit einem Beichtspiegel, einer Auslegung des Apostolikums und des Vaterunsers. Das Büchlein fußt auf der 1519 entstandenen Schrift „Ein kurtze form, das Pater noster zu verstehen unnd zu beten für die jungen kinder im christenglauben“.[16] Im Umgang mit solchen Schriften wurde Lesen und Beten fast zum selben Akt. Auch das Rezitieren galt als Beten.[17] Noch fast bis in unsere Gegenwart wird in Franken das Aufsagen katechetischer Texte als „Aufbeten“ bezeichnet.

Zu den bekanntesten Druckwerken des Luthertums gehören bis heute Luthers Kleiner und Großer Katechismus, von ihm bezeichnet als „der leien biblia, darin der gantze inhalt christlicher lehre, so einem iden christen tzur seligkeit tzu wissen notig, begrieffen“.[18] Der Kleine Katechismus wurde in der Markgrafschaft Brandenburg-Ansbach und der Reichsstadt Nürnberg schon 1533 in die Kirchenordnung aufgenommen und zum verbindlichen Lehrbuch.[19] Die geistliche Unterweisung der Jugend, Mädchen wie Knaben, sollte im Katechismusunterricht erfolgen und regelmäßig in einem „Verhör“ überprüft werden.[20]

Geistig und materiell manifestierte sich die Reformation weit weniger durch das Bild als durch Wort und Schrift. Abgesehen von der Druckgrafik – meist polemischen Inhalts –, war die bildende Kunst für die Ausbreitung der Reformation im 16. Jahrhundert, nicht nur in Franken, nur von geringer Bedeutung.

Für Luther stellte sich die Bilderfrage nicht theologisch, sondern rein pragmatisch. Bildwerke, also religiöse Bilder aller Art, Tafel- und Wandmalerei, Skulpturen, Altarretabel, Epitaphien, „handelnde Bilder“, Buchmalerei oder

---

14 Ebd., S. 22.
15 www.ekd.de/aktuell/edi_2015_09_16_revision_lutherbibel.html (letzter Zugriff: 13.02.2016).
16 Doris Hiller, Art. „Betbüchlein“, in: Volker Leppin / Gury Schneider-Ludorff (Hg.), Das Luther-Lexikon, Regensburg 2015 (2. Aufl.), S. 107.
17 Ebd., S. 108.
18 Johannes Schilling, Art. „Katechismen“, in: ebd., S. 336.
19 Brückner, Lutherische Bekenntnisgemälde (wie Anm. 5), S. 178.
20 Ebd.

gedruckte Bilder, waren in Luthers Augen für das Heil des Menschen irrelevant, er zählt sie zu den „Adiaphora“: „Nu(o)n volgen die ding, die unnoettig sein, sondern frey gelassen von gotte, die mann halten mag oder nit [...] umb die bilder ist es auch so gethan, das sie unnoettig, sonder frey seyn.“[21] Die Verehrung von Bildern jedoch lehnte Luther als Götzendienst entschieden ab. Für ihn lag die praktische Bedeutung der Bilder darin, dass sie bei der Vermittlung von abstrakten Dingen helfen konnten. Dabei ging es ihm natürlich um die richtigen Bilder, also die zur Andacht und Verfestigung des wahren Glaubens dienlichen. So bedurfte Luthers Rechtfertigungslehre neuer Bildideen, wie sie etwa durch Cranachs Bilderfindung „Gesetz und Gnade“ in der Tafelmalerei umgesetzt wurden (Abb. 4). Mit dem Ostendorfer-Altar in der Regensburger Dreifaltigkeitskirche ist das erste Mal auch in Süddeutschland ein protestantisches Altarretabel entstanden, das ganz der neuen Lehre Rechnung trug.

Einen besonders geeigneten Platz für solche lehrhaften Bilder boten die für evangelische Kirchen typischen Emporen. Zwar gab es schon vor der Reformation in den Kirchen Emporen, meist als Westempore, doch bekamen sie im evangelisch geprägten Kirchenraum eine erheblich größere Bedeutung. Gemäß dem nun herrschenden Verständnis des Gottesdienstes als einer Versammlung der Gemeinde unter dem Wort Gottes entstanden mehrstöckige Emporen mit geschlossenen Brüstungen, die sich als Bildträger anboten.[22] Die frühesten, in Sachsen erhaltenen Beispiele solcher typologischen Bildprogramme zur Unterweisung der Gemeinde stammen aus der Mitte des 15. Jahrhunderts. Die im 16. Jahrhundert entstandenen Emporenbilder aus der Kirche in Simmershofen bei Uffenheim (heute Museum Kirche in Franken, Bad Windsheim) gelten als die „älteste protestantische Bilderfolge in Franken“[23] (Abb. 5).

3. Die Predigt als Kern des protestantischen Gottesdienstes

Die Schlagworte „sola gratia – sola fide – sola scriptura“ umschreiben das Kernanliegen der Reformation. Allein aus der Gnade, die er im Glauben annimmt, wird der Mensch gerechtfertigt. Und dieser Weg wird ihm durch die Heilige Schrift, das Wort Gottes, gewiesen. Die Aufgabe der Kirche ist es, dieses Wort Gottes in der Predigt zu verkündigen: „Nur das Wort Gottes darf die Kirche beherrschen. Es gibt kein anderes Fundament als das Wort Gottes, das durch die Apostel verkündigt und von den Propheten vorhergesagt worden ist. Damit wird die Bibel zum einzigen Fundament der Gemeinde und zugleich zur maßgeblichen Richtschnur ihres Gottesdienstes.“[24]

---

[21] Gudrun Litz, Art. „Bild / Bildersturm / Bilderverehrung“, in: Leppin / Schneider-Ludorff (Hg.), Luther-Lexikon (wie Anm. 16), S. 113.

[22] Vgl. Rüdiger Scholz, Art. „Emporengemälde“, in: Friedrich Fuchs u.a. (Hg.), Lexikon für kirchliches Kunstgut, hg. vom Arbeitskreis für Inventarisation und Pflege des kirchlichen Kunstgutes, Regensburg 2010, S. 62–64.

[23] Rüdiger Scholz, Neue Bilder zu einem frühen protestantischen Gemäldezyklus aus Franken, S. 298, in: Andrea K. Thurnwald (Hg.), Eine Kirche wird Museum. Werkstattberichte aus dem Museum Kirche in Franken (Schriften und Kataloge des Fränkischen Freilandmuseums 48), Bad Windsheim 2006, S. 277–304.

[24] Jürgen Bärsch, Kleine Geschichte des christlichen Gottesdienstes, Regensburg 2015, S. 88.

Abb. 4: *Gesetz und Gnade. Tafelgemälde, Werkstatt des Lukas Cranach des Älteren, um 1535, Germanisches Nationalmuseum (Abb.: Germanisches Nationalmuseum Nürnberg).*

Abb. 5: *Opfer Kain und Abels, Emporenzyklus, um 1600 Franken, Museum Kirche in Franken, Leihgabe des Reichsstadtmuseums im Ochsenhof, Bad Windsheim (Foto: Museum Kirche in Franken).*

Zentral für den Gottesdienst wurden nun Lesung und Auslegung der biblischen Schriften anstelle der vom Priester zelebrierten Messe. Kernausstattung evangelischer Kirchen sind deshalb nicht mehr geweihte Altäre, Monstranzen und Sakramentshäuser, sondern die Kanzel für den Prediger und das Gestühl für die zuhörende Gemeinde.

Als Ort der Wortverkündigung konnte die Reformation auf die voll entwickelten Kanzeltypen der Gotik und Renaissance zurückgreifen.[25] In Franken findet man aus vorreformatorischer Zeit wenige, vor allem steinerne Kanzeln. Ab dem 16. Jahrhundert wurden hölzerne Kanzeln in großer Zahl errichtet, für deren Schmuck sich nach und nach eine eigene lutherische Ikonographie entwickelte.[26] Die entschiedene Umgestaltung des Gottesdienstraums für den

---

[25] Helmut Braun/Hans Rohrmann, Art. „Kanzel", in: Fuchs u. a. (Hg.), Lexikon für kirchliches Kunstgut (wie Anm. 22), S. 108.

[26] Beispiele bei Konrad Bedal, Dorfkirchen in Franken. Kontinuität und Wandel in Bauformen und Ausstattung 1000–1800 (Schriften und Kataloge des Fränkischen Freilandmuseums 76),

alleinigen Zweck der Wortverkündigung durch Abbruch der Altäre und Neupositionierung der Kanzel, wie sie von den reformierten Gemeinden der helvetischen Tradition praktiziert wurde, hat man im lutherischen fränkischen Raum allerdings nicht übernommen. Kanzel und Hauptaltar blieben in der Regel an ihrem Platz.[27]

Auswirkungen hatte die große Bedeutung des Predigthörens jedoch auf das Gestühl, in dem die Gemeinde Platz nahm. Die Vorstellung, dass in den vorreformatorischen Kirchen keine Sitzplätze für die Laien vorhanden waren, kann auch für Franken nicht bestätigt werden. Als frühe Beispiele eines Kirchengestühls für die Gemeinde sind Bettwar (1491) und Hagenau (um 1500) zu nennen.[28] Mit der Reformation waren aber nun bequeme Sitzplätze für alle Gemeindemitglieder unabdingbar. Der Vermehrung der Plätze diente insbesondere der Einbau von Emporen, vorrangig auf der Nordseite des Kirchenschiffs.

Ein frühes Beispiel ist die ehemalige Spitalkirche zum Heiligen Geist in Bad Windsheim (heute Museum Kirche in Franken), die 1578 mit West- und Nordempore ausgestattet wurde[29] (Abb. 6).

Abb. 6: *Hl. Geist Kirche, um 1420, Südempore von 1578, Museum Kirche in Franken (Foto: Museum Kirche in Franken).*

Bad Windsheim 2015, S. 244f.; zur lutherischen Kanzelikonographie vgl. Peter Poscharsky, Gestalteter Glaube. Gesammelte Aufsätze aus der Christlichen Archäologie und Kunstgeschichte, Leipzig 2014, S. 113f.

27 Vgl. Braun/Rohrmann, Art. „Kanzel“ (wie Anm. 25), S. 109.

28 Vgl. Bedal, Dorfkirchen (wie Anm. 26), S. 238–243, bes. S. 243.

29 Michael Scheffold, Großes im Verborgenen – die baulichen Aspekte der Spitalkirche Bad Windsheim, in: Thurnwald (Hg.), Eine Kirche wird Museum (wie Anm. 23), S. 50–84, bes. S. 66.

Abb. 7: *Windsheimer Konfessionsbild (Foto: Fotostudio Heckel, Bad Windsheim).*

Auf dem Windsheimer Konfessionsbild ist das Weibergestühl direkt unter der Kanzel platziert, als Block von drei an den Seiten geschlossenen Bankreihen. Den Zutritt ermöglichte wohl eine Tür an der anderen Seite. Selbst die Notsitze an der Seite sind deutlich erkennbar (Abb. 7).

Wer es sich leisten konnte, erwarb einen festen Platz in der Kirche, den er mit einem Stuhlschild kennzeichnete. In Nürnberg ist für St. Sebald ein Verzeichnis der Plätze mit Familienwappen von 1572 erhalten, für St. Lorenz ein Kirchenstuhlbuch von 1595/97[30] (Abb. 8).

Abb. 8: *Kirchenstuhlbuch der Pfarrkirche St. Sebald, Nürnberg, von 1572, Landeskirchliches Archiv der Evang.-Luth. Kirche in Bayern, Nürnberg (Abb.: Landeskirchliches Archiv der Evang.-Luth. Kirche in Bayern, Nürnberg).*

---

[30] Andrea K. Thurnwald, „... die Predigt und sein Wort nicht verachten". Zur Bedeutung der Predigt in der Tradition evangelischer Gemeinden in Franken (Schriften und Kataloge des Fränkischen Freilandmuseums 19), Bad Windsheim 1993, S. 66, Abb. S. 30f.

Auf vielen Kanzeldarstellungen, so auch bei den Konfessionsbildern, ist auf der Brüstung, am Kanzelaufgang oder seitlich am Pfeiler eine Sanduhr zu sehen. Waren die frühen Exemplare, wie zum Beispiel auf dem erwähnten Holzschnitt von Georg Pencz zu sehen, meist einglasig, so unterteilten die späteren Sanduhren die Stunde mit vier Gläsern. Die Uhren sollten sicherstellen, dass die Predigt lang genug war, aber auch nicht unmäßig ausgedehnt wurde[31] (Abb. 9+10).

Abb. 9: *Kanzelsanduhr, Süddeutschland, Anfang 17. Jahrhundert, Leihgabe Evang.-Luth. Kirchengemeinde Bad Windsheim, Museum Kirche in Franken (Foto: Museum Kirche in Franken).*

[31] Einige haben sich noch in situ erhalten, so in Marktbreit, andere im Museum, so ein Exemplar vom Anfang des 17. Jahrhunderts im Museum Kirche in Franken; vgl. ebd., S. 54f., Abb. S. 32.

Abb. 10: *Kanzelsanduhr, um 1700, Leihgabe Evang.-Luth. Kirchengemeinde Bad Windsheim, Museum Kirche in Franken (Foto: Museum Kirche in Franken).*

Die Musik, insbesondere der Choralgesang der Gemeinde, spielt im evangelischen Gottesdienst eine große Rolle. Für die Reformatoren waren geistliche Lieder beziehungsweise das Singen ein wichtiges Mittel der Katechese. Luthers so genanntes Achtliederbuch mit dem Titel „Etlich Cristlich lider / Lobgesang und Psalm" gilt als erste deutschsprachige evangelische Liedersammlung. Es wurde 1524 in Nürnberg gedruckt. Ebenfalls 1524 veröffentlichte Johann Walter (1496–1570), Thorgauer Kantor und Mitarbeiter Luthers, das erste Wittenberger Gesangbuch, das auch zahlreiche von Luther selbst verfasste Lieder enthielt.[32] 1529 folgte das Klug'sche Gesangbuch und 1545 das in Leipzig erschienene Babst'sche Gesangbuch, das in der zweiten Hälfte des 16. Jahrhunderts das am weitesten verbreitete war.[33] Als Instrumente gehörten Orgeln zum festen Bestand auch evangelischer Kirchen in Franken (Abb. 11 + 12). Im Reformationszeitalter wurden unter anderem in Langenzenn, Lauf, Feuchtwangen, Hersbruck, Neustadt an der Aisch und Uffenheim neue Orgeln angeschafft.[34]

32 Vgl. Bärsch, Kleine Geschichte (wie Anm. 24), S. 91.

33 Vgl. Patrice Veit / Christian Scharnefsky (Übersetzer fr.), Art. „Gesangbuch", in: Leppin / Schneider-Ludorff (Hg.), Luther-Lexikon (wie Anm. 16), S. 249f.

34 Katharina Pfretzschner-Runge, Evangelische Kirchenmusik in Franken. Spurensuche im Jahr 2005, in: Thurnwald (Hg.), Eine Kirche wird Museum (wie Anm. 23), S. 389–401.

Abb. 11: *Konfessionsbild, Andreas Herneisen, 1602, Evang.- Luth. Kirchengemeinde St. Kilian, Kasendorf (Abb. entnommen aus: Wolfgang Brückner, Lutherische Bekenntnisgemälde des 16. bis 18. Jahrhunderts, Regensburg 2007, S. 215, Tafel 10).*

Abb. 12: *Detail aus Konfessionsbild (s. Abb. 11).*

Die Kleidung der evangelischen Prediger darf man sich nicht wie heute vorstellen. Luther predigte in der Gewandung des Stadtbürgers beziehungsweise akademischen Lehrers, zur Abendmahlsfeier trug er die herkömmlichen Messgewänder.[35] Auf den frühen lutherischen Bekenntnisbildern tragen Geistliche einen schwarzen Habit mit weiten Ärmeln und ein weißes ärmelloses Chorhemd darüber, dazu einen gekrausten kleinen Mühlsteinkragen, auf dem Kopf ein Barett.[36] Die Brandenburg-Nürnbergische Kirchenordnung von 1528 lässt den Kirchendienern Spielraum bei der liturgischen Kleidung, die „Briesterclaidung in der Kirche; sie solle ein freiwillig ding pleiben". Wichtiger war, die Geistlichen als ordinierte Pfarrer, die ihr Amt ausüben, zu erkennen: „Das[s] man diener soll berufen zu predigen, taufen, sacrament reichen und dem allmusen vorzustehen."[37] So trugen lutherische Pfarrer in Franken, wie sich anhand von Bildzeugnissen nachweisen lässt, noch im späten 16. Jahrhundert beim Abendmahl die Kasel[38], und sogar in der Barockzeit wurden noch neue Kaseln angeschafft[39] (Abb. 13).

Abb. 13:
Kasel, 17./18. Jahrhundert, Evang.-Luth. Kirchengemeinde Heiligenstadt, Museum Kirchen in Franken (Foto: Museum Kirche in Franken).

[35] Zu Details vgl. Natalie Krentz, Art. „Kleidung Luthers", in: Leppin / Schneider-Ludorff (Hg.), Luther-Lexikon (wie Anm. 16), S. 358–360.
[36] Vgl. Thurnwald, „… die Predigt" (wie Anm. 30), S. 49–53.
[37] Brückner, Lutherische Bekenntnisgemälde (wie Anm. 5), S. 167.
[38] Vgl. Evelyn Gillmeister-Geisenhof, Der Talar – Medium und Sprache, in: Gottesdienst-Institut der Evangelisch-Lutherischen Kirche in Bayern (Hg.), Evangelisch betucht, Nürnberg 2007, S. 17–24.
[39] Vgl. Brückner, Lutherische Bekenntnisgemälde (wie Anm. 5), S. 167.

4. Sakramente – alt und neu

Neben Predigt und Seelsorge oblag den evangelischen Geistlichen auch die Sakramentsverwaltung. Die dienstlichen Aufgaben wurden ebenso wie der Ablauf der Gottesdienste durch die politische Obrigkeit geregelt und sind beispielsweise in der Brandenburg-Nürnbergischen Kirchenordnung von 1533 festgelegt.[40] Luther anerkannte nur zwei Sakramente, mit der Begründung, dass nur diese beiden explizit durch Christi Wort und Auftrag im Evangelium bezeugt seien: Taufe und Eucharistie, wobei Letztere gemäß dem biblischen Kontext jetzt bevorzugt „Abendmahl" genannt wurde.[41]

4.1 Die Taufe

Anders als die spätmittelalterliche Säuglingstaufe, die sich weitgehend auf die Sorge bezog, „die mit der Erbsünde belasteten Kinder so schnell wie möglich dem Zustand des Unheils und der Verdammnis zu entreißen", stellten die Reformatoren den Taufritus wieder in den Gemeindezusammenhang und wollten das Sakrament als „Eingliederung in Christus und seine Kirche" verstanden wissen.[42] Unabdingbar war daher der Gebrauch der Volkssprache. Auch die Lesung des „Kinderevangeliums" (Mk 10, 13–16) hatte eine zentrale Rolle. Ansonsten entfernte sich Luther mit seinem zweiten „Tauffbuchlin verdeudsch vnd auffs new zugericht" von 1526 weiter vom spätmittelalterlichen Ritual, indem er auf äußere Zeichen wie Salbung, Taufkerze und Taufkleidritus verzichtete.[43]

Die frühen Konfessionsbilder, wie das Windsheimer Beispiel, zeigen auch das Taufritual: Der Pfarrer hält mit der linken Hand den nackten, bäuchlings liegenden Säugling über das Taufbecken, mit der Rechten gießt er das mit der Hand geschöpfte Wasser über den Kopf des Kindes. Um den Taufstein stehen Paten, der Vater und weitere Angehörige.

Die Symbolik der Taufe wird auf dem Bild sinnfällig verdeutlicht durch einen aus der Seitenwunde Christi kommenden Blutstrahl, der in das Taufwasser fließt, ein zweiter wird mit dem Kelch am Altar der Abendmahlsszene aufgefangen. Die Inschriften weisen dem Betrachter die Bedeutung: „Dieser ist's, der da kommt mit Wasser und Blut, Jesus Christus; nicht mit Wasser allein, sondern mit Wasser und Blut. Und der Geist ist's, der da zeugt; denn der Geist ist die Wahrheit."[44] Auf allen Konfessionsbildern ist ein Kind zu sehen, das eine Taufkerze hält. Sichtlich hat sich dieser „katholische" Brauch noch lange gehalten.[45] Seit der zweiten Hälfte des 20. Jahrhunderts ist die Taufkerze wieder fester Bestandteil der evangelischen Tauffeier.

---

[40] Vgl. Hamm, Reformation in Nürnberg (wie Anm. 12), S. 29.
[41] Vgl. Bärsch, Kleine Geschichte (wie Anm. 24), S. 89.
[42] Vgl. ebd., S. 93.
[43] Vgl. ebd.; vgl. Brückner, Lutherische Bekenntnisgemälde (wie Anm. 5), S. 185f.
[44] Lutherische Bekenntnisgemälde (wie Anm. 5), S. 184f.
[45] Vgl. ebd., S. 186.

Vorhandene Taufsteine wurden von den Lutheranern weiter benutzt. Neu angefertigte wurden gern mit Elementen verbreiteter lutherischer Ikonographie verziert, zum Beispiel mit Darstellungen aus der Heilsgeschichte[46] oder dem Wortlaut des Kinderevangeliums, so ein früher, um 1539 datierter Taufstein, der sich in der Coburger Morizkirche erhalten hat. Der Taufstein mit Engelsreigen trägt neben dem Kinderevangelium die Umschrift: „WER DA GLAUBT VND GETAVFT WI[RD] DER WIRD SELIG WER[den] WE[r] AB[er] NICH[t] GLAVBT DER WIR[d] VERTAMPT WE[rden]"[47] (Abb. 14).

Abb. 14: *Taufstein, 1539, Coburg, St. Moriz (Foto: Rüdiger Scholz).*

[46] Zu datieren wie der Taufstein in der Heilig-Kreuz-Kirche in Coburg, der aus der Schlosskapelle der Ehrenburg stammen soll, und damit wohl vor 1575. Freundlicher Hinweis von Dagmar Thormann, Königsfeld.

[47] Freundlicher Hinweis von Rüdiger Scholz, Nürnberg.

4.2 *Das Abendmahl*

Mit der Absicht, die Auseinandersetzungen um die richtige Feier des Abendmahls zu beenden, verfasste Luther 1523 die *Formula Missae et Communionis*, die 1526 der für die sonntägliche Feier der Gemeinde gedachte *Deutsche Messe und Ordnung des Gottesdienstes* folgte. Diese wurde für die Praxis in den Gemeinden maßgeblich.[48] In Nürnberg setzte sich schon 1524 eine neue Form der Eucharistiefeier durch. Die Opferungs- und Wandlungsworte des Priesters wurden aus der Messliturgie gestrichen. In der neu gestalteten Abendmahlsvermahnung mit der Austeilung unter beiderlei Gestalt wurden die Einsetzungsworte, ebenso die Evangeliums- und Epistellesung, deutsch gesprochen, ansonsten wurde die Messe weiterhin in lateinischer Sprache gehalten.[49]

Ein Kupferstich aus dem Babst'schen Gesangbuch von 1545 (Abb. 15) setzt unter der Überschrift „So offt ir von diesem Brod esset / vn von disem Kelch trincket / solt jr des Herrn tod verkundigen / bis das er kompt / j.Cor.xj." Luthers Abendmahlsverständnis ins Bild um: Vor einem Altar mit einem gemalten Retabel, das eine Kreuzigungsgruppe zeigt, wird das Abendmahl gefeiert. Auf dem Altar steht ein Leuchter, dessen Kerze mit großer Flamme brennt, auf einem Korporale sind Hostien in Reihen aufgelegt, daneben liegt die Patene, auch eine große bauchige Kanne steht bereit. Im Vordergrund kniet der Kommunikant, ihm wird gleich die Hostie vom zivil gekleideten Geistlichen in den Mund gelegt. Zwei Assistenten halten das Kommuniontuch oder Vorhaltetuch, um zu verhindern, dass bei einer Ungeschicklichkeit die Hostie auf den Boden fällt. Auf der anderen Seite empfängt gerade eine stehende Frau aus der Hand eines zweiten Geistlichen – dieser ist liturgisch gekleidet – den Kelch mit dem Wein. Im Hintergrund, durch eine Schranke vom Chor abgesetzt, ist Christus mit seinen Jüngern beim Letzten Abendmahl dargestellt. Der gekreuzigte Christus auf dem Altarbild veranschaulicht, dass „Luther um der Einmaligkeit des Kreuzesopfers Christi willen die Messe als Opfer der Kirche und damit als Werkgerechtigkeit abgelehnt hat".[50] Die Darstellung des Letzten Abendmahls kann als „Hinweis darauf, dass allein das Abendmahl als Testament maßgebliche Bedeutung für eine stiftungsgemäße Feier des Herrenmahles hat"[51], gedeutet werden.

Die wichtigsten Veränderungen bei den Abendmahlsgerätschaften, den Vasa sacra, der evangelisch gewordenen Gemeinden waren durch die Verwendung des „Laienkelchs", also die Austeilung des Abendmahls in beiderlei Gestalt, bedingt. Für den Abendmahlswein wurden allerdings noch lange Zeit die vorhandenen Priesterkelche verwendet; später wurden sie oft umgearbeitet und mit einer größeren Cuppa versehen[52] (Abb. 16).

---

48 Vgl. Bärsch, Kleine Geschichte (wie Anm. 24), S. 91.
49 Vgl. Hamm, Reformation in Nürnberg (wie Anm. 12), S. 24.
50 Bärsch, Kleine Geschichte (wie Anm. 24), S. 91.
51 Ebd., S. 92.
52 Ein schönes Beispiel dafür ist in der Kirche St. Jakobus in Kirchrüsselbach erhalten geblieben. Freundlicher Hinweis von Dagmar Thormann, Königsfeld.

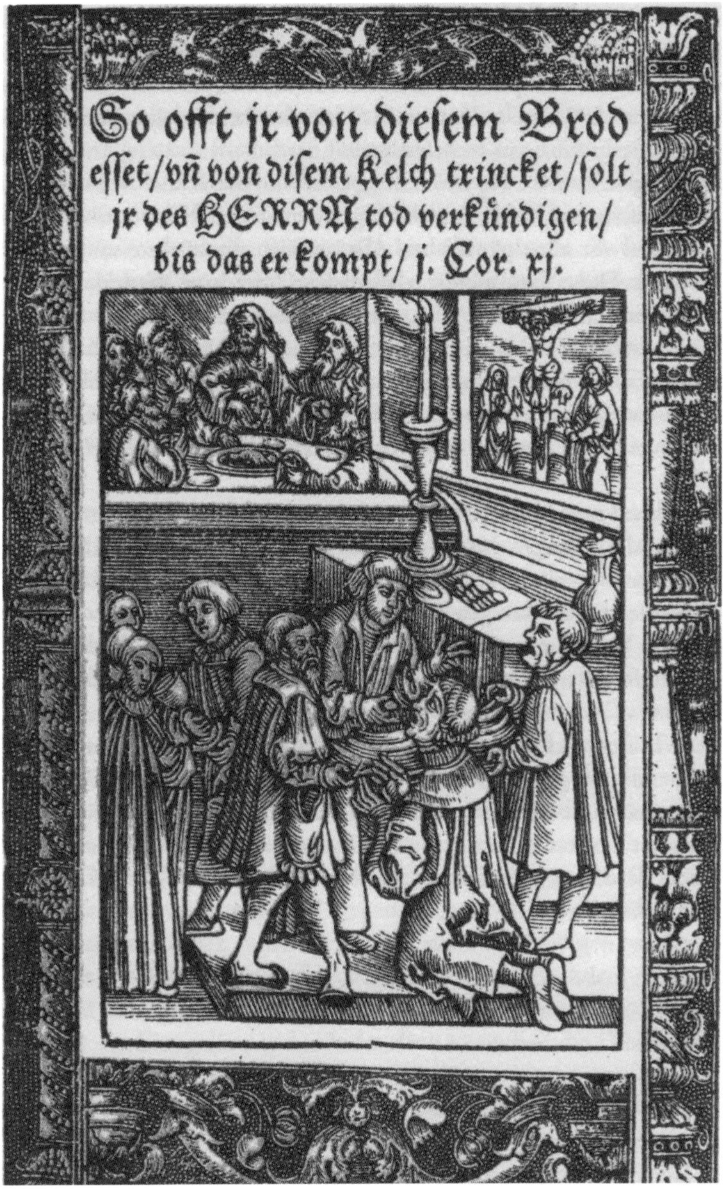

Abb. 15: *Das lutherische Abendmahl, Blatt aus dem Babst'schen Gesangbuch von 1545 (Abb. entnommen aus: Jürgen Bärsch, Kleine Geschichte des christlichen Gottesdienstes, Regensburg 2015, S. 90).*

Neu gestiftete Kelche trugen dem Bedürfnis des lutherischen Gottesdienstes Rechnung, nicht immer jedoch dem lutherischen Geist, wie ein Beispiel aus Illesheim zeigt: Auf der Fußunterseite eines Kelchs aus der Kirche St. Maria und Wendel von 1591 ließ der Stifter Wendel Göß, noch ganz im Sinne der längst überwunden geglaubten Werkgerechtigkeit, die Inschrift eingravieren:

Abb. 16: *Kelch um 1500 mit Ergänzung einer barocken Cuppa, Evang.-Luth. Kirchengemeinde St. Jakobus, Kirchrüsselbach (Foto: Dagmar Thormann).*

„DER EHRSAME WENDEL GOES VEREHRET DEM HAUS GOTTES ZV ILLESHAIM DEN KELCH BEI LEBEN. DAFVR GOTT WOLL DAS EWIG LEBEN GEBEN. ALS DIE ZAL TAVSEND FVNFHVNDERT WAR VND IN AINVNDNEVNTZIGSTEN IAR IM MAIO DEN DREIZEHENDEN TAG. WARDT ER VOR DER GEMAIN FVGETRAG. AVS CHRISTLICH GVETEM GEMVET. HOFT SOLL VERSTANDEN WERDEN GVETT."[53] (Abb. 17).

Dass auch ein Bilderschmuck der heiligen Gefäße, dessen vorreformatorische Herkunft klar erkennbar war, die protestantischen Benutzer nicht störte, zeigt ein wertvoller Kelch aus der Kirche St. Michael in Fünfbronn (heute im Museum Kirche in Franken). Er stammt noch aus dem 15. Jahrhundert und trägt Zeichen der Marienverehrung, u.a. auf den Schaftringen die Inschrift „Ave Maria", daneben aber kündet eine Stiftungsinschrift auf der Fußoberseite von zwei protestantischen Adeligen (Friedrich Klaus und Ernst Heinrich von Lendersheim), die eine Renovierung in der Mitte des 17. Jahrhunderts veranlasst haben[54] (Abb. 18).

---

[53] Freundlicher Hinweis von Dagmar Thormann, Königsfeld.
[54] Freundlicher Hinweis von Dagmar Thormann, Königsfeld.

Abb. 17: *Kelch 1591, gestiftet von Wendel Göß, Evang.- Luth. Kirchengemeinde St. Maria und Wendel, Illesheim (Foto: Dagmar Thormann).*

Aus der Franken benachbarten Oberpfalz kennen wir ein Beispiel der Rettung wertvollen liturgischen Geräts durch die lutherische Obrigkeit der Stadt Auerbach. Als die calvinistische Landesherrschaft im Jahr 1567 die Abschaffung allen „Götzenwerks" befahl, was auf die Entfernung der ererbten Ausstattung der Kirchen hinauslief, brachte man die Abendmahlsgeräte, einschließlich einer für den Gottesdienst obsoleten, aber als wertvoll betrachteten Monstranz, in ein Versteck, wo sie eingemauert die Zeiten überdauerten und erst 1626 nach der Rekatholisierung der Oberpfalz wieder aufgefunden und neu in Gebrauch genommen wurden[55] (Abb. 19).

An neuen Gerätschaften für das evangelische Abendmahl benötigte man größere Kannen, aus denen der Kelch nachgefüllt wurde. Neben Zinnkannen, die oft über Stiftungen aus profanem Zusammenhang zu Kultgeräten wurden, ließ man dem heiligen Gebrauch angemessene silbervergoldete Kannen anfertigen, die in großer Zahl aus Augsburg und Nürnberg kamen. Auch sie folg-

[55] Manfred Knedlik, in: Wolf u. a. (Hg.), Ritter, Bauern, Lutheraner (wie Anm. 1), S. 168, Kat.-Nr. 2.35.

ten in ihrer Form den profanen Vorbildern. Zudem wurden Hostiendosen und Patenen gestiftet, die sich in meist kostbarer Ausfertigung zahlreich erhalten haben.[56]

Abb. 18: *Kelch 15. Jahrhundert mit Stifterinschrift, Evang.-Luth. Kirchengemeinde St. Michael, Fünfbronn (Foto: Dagmar Thormann).*

Eine spezielle Ausstattung an Vasa sacra wurde für das Krankenabendmahl gebraucht, das im privaten Umfeld gereicht wurde und in gewisser Weise die von den Evangelischen abgelehnten Sterbesakramente ersetzte. Hierfür waren neben Hostiendosen kleine Kelche bestimmt, die in eigens angefertigten Futteralen vom Pfarrer in das Privathaus mitgebracht wurden[57] (Abb. 20).

[56] Vgl. Dagmar Thormann, Abendmahlsgeräte aus sieben Jahrhunderten, in: Andrea K. Thurnwald (Hg.), „... solches tut zu meinem Gedächtnis." Zur Bedeutung des Abendmahls in der Tradition evangelischer Gemeinden in Franken (Schriften und Kataloge des Fränkischen Freilandmuseums 62), Bad Windsheim 2011, S. 36–39, bes. S. 39.

[57] Eine schöne Garnitur, entstanden 1579, wird im Museum Kirche in Franken aufbewahrt. Der Fuß des Kelchs ist als Hostienbehälter gearbeitet, der mit einem Scharnierdeckel im Boden verschließbar ist; vgl. Dagmar Thormann, Silber und Zinn aus Windsheim. Kirchliche Zinn- und Goldschmiedearbeiten vom 16. bis zum 19. Jahrhundert, Bad Windsheim 1991, S. 45 – 47.

Abb. 19: *Monstranz, Nürnberg, 2. Drittel 15. Jahrhundert, Kath. Pfarramt St. Johannes der Täufer, Auerbach i. d. OPf. (Foto: Haus der bayerischen Geschichte).*

Abb. 20:
Krankenkelch, Ludwig Brehm, bez. 1579, Evang.-Luth. Kirchengemeinde St. Kilian, Bad Windsheim, Museum Kirche in Franken (Foto: Dagmar Thormann).

Eine Besonderheit stellen schließlich die Kanontafeln (Abb. 21) dar – ein Beispiel ist auch auf dem Windsheimer Konfessionsbild zu sehen –, die dem Pfarrer die Abendmahlsworte zum Vorlesen vor Augen hielten, wie es in der Brandenburg-Nürnbergischen Kirchenordnung vorgesehen ist: „Nachdem dann zu ainer jeglicher Kirchenordnung [gedrucktes Exemplar] die wort des abendmahls unsers lieben Herrn und Hailands Jesu Christi und das heilige gebet Vater unser etc., wie bedes ob dem altar in der ewangelischen meß gesungen werden sol, mit groben buchstaben und noten, auf tafeln zu machen, getruckt worden.“[58]

Abb. 21:
Detail Windsheimer Konfessionsbild mit Kanontafeln (Foto: Fotostudio Heckel, Bad Windsheim).

[58] Zitiert nach Brückner, Lutherische Bekenntnisgemälde (wie Anm. 5), S. 198.

4.3 Die Beichte

Luther lehnte die Beichte als Zwang und ihre Verbindung mit dem Ablasshandel strikt ab, hielt sie jedoch keineswegs für überflüssig: „beicht sol und mus on unterlas geschehen, so lang wir leben. Denn daryhn stehet eigentlich ein Christlich wesen, das wir uns fur sunder erkennen und gnade bitten."[59] Wegen ihres seelsorgerischen Werts empfahl er auch die Einzelbeichte vor einem anderen Menschen, um die Gewissheit der Vergebung umso sicherer zu erleben.[60] Im Großen Katechismus sprach er gar von Beichte als dem „dritten Sakrament".[61] Auf den frühen Konfessionsbildern ist auch immer eine Beichtszene dargestellt. Dies spiegelt die Praxis der ersten Jahrhunderte des Luthertums wider. So gehörten Beichtstühle in den unterschiedlichsten Formen zur Ausstattung der evangelischen Kirchen. Wo sie heute noch erhalten sind, werden sie häufig nicht mehr als solche erkannt[62] (Abb. 22).

Abb. 22: *Evangelischer Beichtstuhl, 1. Hälfte 18. Jh., Leihgabe Evang.-Luth. Kirchengemeinde Berolzheim, Museum Kirche in Franken (Foto: Museum Kirche in Franken).*

[59] Rudolf Keller/Klaus Raschzok, Art. „Beichte", in: Leppin/Schneider-Ludorff (Hg.), Luther-Lexikon (wie Anm. 16), S. 104.
[60] Vgl. ebd., S. 104–106.
[61] Brückner, Lutherische Bekenntnisgemälde (wie Anm. 5), S. 188.
[62] Ein ausführliches Inventar findet sich in: Hildegard Heidelmann/Helmuth Meißner, Evangelische Beichtstühle in Franken (Schriften und Kataloge des Fränkischen Freilandmuseums 33), Bad Windsheim 2001.

4.4 *Tod und Begräbnis*

Die Sterbesakramente wurden von den Reformatoren abgelehnt, stattdessen wurde das Krankenabendmahl eingeführt. Dem Kranken oder Sterbenden sollte zu Hause geistlicher Zuspruch durch die Spendung des Abendmahls zuteil werden. Beim Begräbnis steht die Verkündigung an die Gemeinde über Tod und Auferstehung im Mittelpunkt. Abgeschafft wurden auch Fürbitten in Form von Ablässen, so genanntem Seelgerät, also der Vorsorge für das Jenseits durch gute Werke, Seelenmessen und Jahrtage. Das evangelische Begräbnis versteht sich aber auch als Dienst der Gemeinde am Verstorbenen, dem sie sich in Liebe verbunden weiß, wie dies in den ausführlichen Leichenpredigten zum Ausdruck gebracht wurde.

Abb. 23: *Friedhofskanzel und Arkaden, Mainbernheim, frühes 17. Jahrhundert (Foto: Museum Kirche in Franken).*

Viele Biographien von Menschen, über die man sonst nichts wüsste, sind auf diese Weise in den erhaltenen Leichenpredigten verewigt geblieben.[63]

Mit der Reformation wurden häufig die Friedhöfe vor die Mauern der Städte verlegt.[64] Eine fränkische Besonderheit stellen frei stehende Kanzeln für den

63 Konrad Bedal / Andrea K. Thurnwald (Hg.), Museum Kirche in Franken, Museumshandbuch (Schriften und Kataloge des Fränkischen Freilandmuseums 57), Bad Windsheim 2009, S. 115.

64 Fritz Schnelbögl, Friedhofsverlegungen im 16. Jahrhundert, in: Jahrbuch für fränkische Landesforschung 34/35 (1974/75), S. 109–120.

Begräbnisgottesdienst auf einigen Friedhöfen dar, ebenso die Arkaden, unter denen die Gemeinde bei schlechter Witterung Schutz fand[65] (Abb. 23 + 24).

Für bei der Bestattung benötigte Gegenstände, wie Bahrtücher für Erwachsene und Kinder, Vortragekreuze und Grabgerät, konnten auch Stifter tätig werden, wie es für Wiebelsheim für den Anfang des 17. Jahrhunderts überliefert ist: „Anno 1607, Liechtmeß, ließ der ehrsam Kilian Apelt zu Wibelsheim eine stangen mit eim crucifixbild von neuem in die kirchen doselbsten machen, die verstorbene zu irem grab und ruhpettlein damit zu belaiten, seiner im besten dabei zu gedenken, hat ine gestanden 17 patzen."[66]

Abb. 24: *Friedhofskanzel und Arkaden, Mainbernheim, frühes 17. Jahrhundert (Foto: Museum Kirche in Franken).*

4.5 *Die Armenpflege*

Nach reformatorischem Verständnis wurden die Werke der Barmherzigkeit nicht mehr als geistliches Verdienst bewertet, durch das man die Seligkeit erwerben konnte, sondern als Frucht des Glaubens und Zeichen der Dankbarkeit für die aus Gnade gewährte Rechtfertigung. Wohltätige Stiftungen im Interesse des eigenen Seelenheils kamen dadurch außer Übung. Zugleich fielen in den evangelisch gewordenen Gemeinden die Ordensgemeinschaften als Träger sozialer Dienste aus. Stattdessen erließen nun die Stadtregierungen Almosenordnungen, die das gesamte Fürsorgewesen regelten. So geschah es z.B. 1522 in Nürnberg. Für diese kommunalen Aufgaben konnten – ebenso wie für die

---

65 Ludger Heuer, Ländliche Friedhöfe in Unterfranken, Dettelbach 1995, S. 51–74.

66 Karl-Sigismund Kramer, Volksleben im Fürstentum Ansbach und seinen Nachbargebieten (1500–1800). Eine Volkskunde auf Grund archivalischer Quellen (Beiträge zur Volkstumsforschung 13), Würzburg 1961, S. 164.

Schulen – die säkularisierten Kirchen- und Klostergüter und früher getätigte fromme Stiftungen herangezogen werden. Doch war auch die Spendenbereitschaft der Gemeindeglieder gefragt. In den Kirchen wurden Almosenkästen aufgestellt und durch den besonderen Bildtypus der „Almosentafeln" der Aufmerksamkeit der Gläubigen empfohlen. Aus dem Jahr 1522 stammt auch ein Bild im Stadtmuseum in Nördlingen, gemalt von Hans Schäufelin, das den Erlöser über einem Almosenkasten schwebend zeigt. Im Entstehungsjahr hatte die Stadt nicht nur einen evangelischen Prediger berufen, sondern auch eine Bettelordnung erlassen und zugleich angeordnet, „ein truchen mit einer schrifftlichen vnd gemalten ermanung, In die Kirchen zusetzen".[67] Das ursprünglich in der St. Georgskirche aufgehängte Bild zeigt die Geber und die Empfänger der Almosen zu beiden Seiten der Truhe. Die Inschrift zu Füßen des schwebenden Christus „Gebent ewr heilig almusen den armen so wierdet sich got vber ewr sund erbarmen" klingt zwar eher nach spätmittelalterlichen Vorstellungen von Werkgerechtigkeit, die bildliche Darstellung zeigt jedoch die erbarmende Liebe Christi als Vorbild für die Christen, die sich dementsprechend den Armen und Elenden barmherzig erzeigen sollen.

In Rothenburg ob der Tauber, seit 1544 evangelisch, erließ man im Jahr 1554 eine Armenordnung und gab im Folgejahr kleine Almosenkästen in Auftrag, die von dem Maler und Schreiner Georg Setzentribel bemalt und mit Hinweistafeln ergänzt wurden. Eine noch in St. Jakob erhaltene Tafel (Abb. 25) zeigt auf der linken Seite eine Stadtszene mit einem wohlgekleideten Bürger, der einen sitzenden Bettler beschenkt. Darüber steht „Gebt hausarmen Leuten umvb Gottes willen" (also nicht den landfremden Bettlern). Auf der rechten Seite finden sich vier Bibelzitate, die zur christlichen Barmherzigkeit ermahnen.[68]

5. Zusammenfassung

Wenn auch die Reformation insbesondere den inneren Menschen, sein gläubiges Vertrauen und sein bußfertiges Herz wichtig nahm, so kam sie doch nicht ohne Bilder und materielle Manifestationen aus. Dabei war das in Franken sich verbreitende Luthertum im Vergleich zu den radikalen Bestrebungen der Täufer oder der nüchternen Andachts- und Gottesdienstpraxis der helvetischen Richtung eher bewahrend. Die Kirchen und ein großer Teil ihrer Einrichtungen blieben erhalten und wurden nur allmählich den neuen liturgischen Bedürfnissen angepasst. Die Gläubigen, denen nun nicht mehr fromme Werke und Stiftungen die Seligkeit garantierten, scheuten nicht den materiellen Aufwand für das christliche Leben in Haus und Gemeinde, der sich in Stiftungen ebenso ausdrückte wie in Bildungsanstrengungen. So hinterließ das entstehende evangelische kirchliche Leben schon bald – bis heute sichtbare – Spuren auf dem weiten Feld der Sachkultur.

---

[67] http://www.stadtmuseum-noerdlingen.de/index.php/de/hans-schaeufelin (letzter Zugriff: 21.11.2017).

[68] Ludwig Schnurrer, Neue Beiträge zur Reformationsgeschichte der Stadt Rothenburg, in: Die Linde. Beilage zum Fränkischen Anzeiger für Geschichte und Heimatkunde von Rothenburg/ Tbr. Stadt + Land, Nr. 2, Februar 1987, S. 10 – 15; ders., in: Wolf u. a. (Hg.), Ritter, Bauern, Lutheraner (wie Anm. 1), S. 260, Kat.-Nr. 5.8.

Abb.25: *Almosentafel, 1554, Evang.-Luth. Kirchengemeinde St. Jakob, Rothenburg (Foto: Haus der bayerischen Geschichte).*

Evangelische Begräbnisse in einer katholischen Amtsstadt – die Vorgänge von 1559 in Karlstadt am Main

Jürgen Emmert

1. Einführung

In meiner 2010 erschienenen Dissertation „Kirche und Frömmigkeit in der Würzburger Amtsstadt Karlstadt am Main vom Spätmittelalter bis zum Ende des Dreißigjährigen Krieges“[1] schilderte ich Auseinandersetzungen zwischen den Würzburger Behörden und den Neugläubigen der Karlstadter Bürgerschaft in den Jahren 1559/60, kurz nach dem Amtsantritt von Fürstbischof Friedrich von Wirsberg im Jahre 1558.[2] Diese Auseinandersetzungen haben ihren Niederschlag in den Domkapitelsprotokollen gefunden, was jedoch Grund und Auslöser dafür war, konnte ich aufgrund der mangelnden Quellenlage in meiner Dissertation nicht ermitteln. Es schien aber klar, dass es dabei auch um die Begräbnisse der Evangelischen in Karlstadt ging, da von zwei Karlstadtern „boße vngeschickte verdrießliche schandtwort wid[er], die mes, die begrebnus vnnd die personn vnsers G[nädigen] H[ernn] von Würtzburgk“[3] gesprochen wurden. Die Evangelischen begruben, ähnlich wie in der Residenzstadt Würzburg, ihre Toten am Rande der Stadt, nämlich auf dem Friedhof vor dem oberen Tor bei der dortigen Wolfgangskapelle.[4] Er diente ursprünglich als Friedhof des Spitals und später dann des Siechenhauses.

Es ist ein außerordentlicher Glücksfall, dass sich am 8. März 2017 ein wissenschaftlicher Mitarbeiter der Stadtbibliothek Schaffhausen in der Schweiz bei mir meldete und mir ein Archivale aus den „Ulmeriana“ (Bd. 3, S. 77–80), dem Nachlass des Lohrer Reformators Johann Conrad Ulmer (1519–1600) zukommen ließ. Johann Conrad Ulmer wirkte von 1543 bis 1566 als Reformator der Grafschaft Rieneck in Lohr.[5] Ulmer war gebürtiger Schaffhauser und kehrte nach seiner Zeit in Franken auch wieder dorthin zurück.[6] Bei dem Schriftstück handelt es sich um die Kopie eines Schreibens an den Fürstbischof, das wohl von einem Würzburger Beamten verfasst wurde, der die fraglichen Vorkommnisse im August und September des Jahres 1559 als Augenzeuge miterlebt hat.

---

1 Online publiziert: www.opus.bibliothek.uni-wuerzburg.de/opus4 wuerzburg/frontdoor/deliver/index/docId/4050/file/juergenemmertdisskorr.pdf. Gedruckt veröffentlicht in gekürzter Version: Jürgen Emmert, Kirche und Frömmigkeit in der Würzburger Amtsstadt Karlstadt am Main vom Spätmittelalter bis zum Ende des Dreißigjährigen Krieges, in: Würzburger Diözesangeschichtsblätter 72 (2010), S. 13–204.

2 Emmert, Kirche und Frömmigkeit (wie Anm. 1, Druckversion), S. 110–114.

3 Ebd., S. 111.

4 Ebd., S. 116.

5 So die Hinweise in der E-Mail.

6 www.wikipedia.de: Art. „Johann Konrad Ulmer“.

Wie das „extract“ in die Hände des Lohrer Reformators kam, ist unklar. Dem Duktus des Schreibens möchte man entnehmen, dass der Verfasser eine streng altgläubige Position einnahm, oder sollte er als Sympathisant der evangelischen Sache den Brief weitergeleitet haben?

2. Edition

„An vnsren Gnedigen Herrn von Wirtzburg

Nachdem e[uer] F[ürstliche] Gn[aden] durch den schultheyssen zu Carlstatt vff offenen rathaus der gemeyn auff den heijl[igen] Annuntiatt[ionis] B[eatae] Virginis Maria [Tag][7] dies jnstehenden 59 jhars hatt lassen verbitten newe vffrürische sectische lieder bey jhrer begrebnus zu singen, das bißhero von jhnen vermitten pliben biß auff den Donnerstag nach Assumpt[ionis] B[eatae] Virginis Marie.[8] Do e[uer] F[ürstliche] Gn[aden] auff den Mittwochen daruor alda abschijtt, jst gestorben Hanns Günthers weijb[9], der lutherisch ist, vnnd das weyb jnnerhalb eijnes halben jhars auch sectisch worden ist. Das sie der von Lautenbach beicht hedtt, wie Hanß Günther ihr man selbst bekundtt hett, haben sie zu frue vmb achtt hora, als man zu meß pflegtt zu leuthen, wie sie zuuor auch gethan, darmith sie des leuthens nit beraubtt mögen geziehen werden vnnd verachtens doch wanns nach catholischer christlicher ordnung geschiechtt, hinnauß getragen. Vnnd da sie zum dhor seyndtt kommen ist M[agister] Marx Gerhartt samptt seynem jungsten daruor gangen mit jhm vier kneblich, die seyn vnnd seynes bruders Jacob Gerhartt kjnder gewest, vnnd mith lauther stijm ihre new sectische vfrürische lieder angefangen zu sijngen biß mahn sie vergraben hedtt vnnd nach der begrebnus, nach eijn gute weijl da solchs auß worden, jst Jörg Reuschartt herfür gedreten vnnd eijn vermannung zur bestendigkeijtt sambt der danksagung gethan, darnach seijndtt sie wieder zu hauß gangen.

Beij diesem haben sie es nit lassen wenden, sondern jez vff verschienen Sambstag nach Egidij[10] do Caspar Döllen, der jm ampthauß sitzt, seijn weijb starb, liessen sie vmbsagen man soltt sie vffm Sontag[11], wan man zur meß leuth, vergraben vnnd der thodtengreber soltt das grab darzu bereijten. Vnnd wie den selben Sontag kirchweijhung zu Lautenbach[12] war vnnd der caplan von Wertheijm do gepredigt hett, seijndt zur vesperzeijt M[agister] Marx Gerhartt, Thomas Senftt, Hans Hergett, Jacob Gerhartt, Mathes Burger, Jacob Hiltprandtt, rathshern, mit dem caplan von Wertheijm, der seijn lange schwingen[?] an der seijten gehabt, kommen vbern marck hijnab zum ambtshauß, do die leijchen jnn ist gewest, gangen, haben jn die burger grosse ehr mit knie-

---

[7] Der Festtag wird am 25. März begangen.
[8] Das Marienfest wird am 15. August gefeiert.
[9] Der Donnerstag war der 18. August: www.zur.nieden.de/kal.pl?-1559.
[10] Der Gedenktag des heiligen Ägidius wird am 1. September begangen.
[11] Der Sonntag fiel auf den 4. September: www.zur.nieden.de/kal.pl?-1559.
[12] Die Pfarrkirche von Laudenbach besitzt ein Ägidiuspatrozinium; Thomas Wehner, Realschematismus der Diözese Würzburg Dekanat Karlstadt, Würzburg 2003, S. 202.

biegen darob erziehen v[nnd] erzeijgt. Vnnd als sie zum hauß kommen, hedtt man die leijchen herauß getragen, so seijndtt ihre kijnder auß der latheinischen schuel beij zehen oder mehr, wie sie denn gesehen worden, bereijtt gewest mit jhren singleuthen der leijchen nach zuuolgen. Darauff dann der caplan von Wertheijm, neben dem ist gangen Marx Gerhartt vff eijner Mathes Burger vff der andren seijtten. Darnach haben geuolgt die fürnehmsten der statt vnnd seijndt also mitt grossem geschreij vnnd singen zur stadtt hijnauß gangen. Do man in der kjrchen geleuth vnnd gesungen hedtt, haben sie gesagtt, das geleuth kann jnen nit endtgehen, sie kommen doch auch darzu, Gott seij gelobtt. Darnach do man sie begraben vnnd ihr geschreij eijn endtt genome[n] hedtt, Adam Baldtt, thorschlisser, die schone redt gethon vnnd seijndt also wider heijm gangen vnnd haben die leijchen eijn weijb, Mertlein Röthlejn, vnnd eijn mahn, Endres Amreijn, begraben.

Dieser mahn sampt Jörg Würhten, kürbelbijnder, haben geredtt, sie wöllen jhre thodten vergraben wie sie wöllen, das soll jhn keijn pfaff wehren vnnd sollt sie Gotes dieser vnnd jhrer schenden. Do sie heijm seijndt kommen ist der caplan von Wertheijm in der alten Schemmerthijn hauß gangen vnnd sie, die alte Schemmerthijn, welche kranck ligd, beichtt. Vnnd als er gewarndt ist worden, man werde jnn fangen, haben in die sectischen herlich wieder auß der stadtt beleijdett. So gehett Hans Hergett jn der stadt vmb vnnd rümpt sich öffentlich, er habe e[uer] F[ürstliche] Gn[aden] wider den mundtt geredt, es thue jm nit andres. Diß vnnd noch andres treijben sie, dardurch vil bewegt worden, wie e[uer] F[ürstliche] Gn[aden] wol gedenken können, von der catholischen religion abzudretten.

Vnsern Gnedigen Herrn von Wirtzpurg“

3. Auswertung

In Würzburg wie auch in der Amtsstadt Karlstadt sowie an anderen Orten des Hochstiftes gehörte die Existenz einer neugläubigen Fraktion in den Jahren um 1560 zu den unbestrittenen Tatsachen.[13] An der Frage des Begräbnisses entzündeten sich jedoch immer wieder Meinungsverschiedenheiten. Fürstbischof Friedrich von Wirsberg selbst hatte sich offensichtlich mit der gesonderten Bestattung der Evangelischen in den Städten seines Hochstifts abgefunden. Jedoch legten Würzburger Protestanten gleich zu dessen Regierungsantritt Beschwerden vor, an deren Spitze die Forderung nach einem Begräbnis der evangelischen Toten unter Glockengeläut und Gesang stand. Entsprechend dem gestiegenen Selbstbewusstsein der Neugläubigen sollte dies „schon und herlich“[14] sein. Das Schaffhauser Archivale zeigt, dass auch in Karlstadt die Frage des Begräbnisses unter Gesang und Geläut eine Bruchlinie zwischen

[13] Ausführlich für Würzburg Hans-Wolfgang Bergerhausen, Protestantisches Leben in Würzburg während des 16. Jahrhunderts (Sonderveröffentlichungen des Stadtarchivs Würzburg 10), Neustadt a. d. Aisch 2017.

[14] Ebd., S. 31.

den Evangelischen und den Würzburger Behörden darstellte. Beispielhaft kritisierte Fürstbischof Friedrich von Wirsberg die Bräuche bei evangelischen Begräbnissen in Würzburg und Karlstadt: „[...] das man aber inen zu solcher begrebnus hie unnd zu Carolstatt vil soltt geleutet unnd andere ceremonien mitt vortragung des creutzes, beleitung der priester sollt zugelassen habenn, [...]".[15]

In Karlstadt kam man ja, wie wir durch das Schreiben an den Fürstbischof erfahren, durch eine Art Schildbürgerstreich in den Genuss des Totengeläutes, da man das Geläut zur Messe sowie zur Vesper in der Stadtpfarrkirche als Geläut für den Totenzug nutzte. Mit dem Gesang evangelischer Lieder, das der Schreiber verächtlich als „geschreij" bezeichnet, war man überdies akustisch im Stadtraum präsent. Die Bedeutung des Gesanges für die frühe evangelische Bewegung und ihre Gruppenidentität wird hier überdeutlich dokumentiert.[16] Die junge Universität Wittenberg war seit ihrer Gründung im Jahre 1502 bei Karlstadter Studenten ein beliebter Studienort[17], sodass von dort auch die frühen evangelischen Gesangbücher und Liedsammlungen relativ bald nach Karlstadt gekommen sein dürften. Über die bei den Begräbnissen üblichen Gesänge kann man nur mutmaßen, es dürfte sich aber dabei um Dichtungen Martin Luthers wie „Mit Fried und Freud fahr ich dahin"[18], „Mitten wir im Leben sind"[19] und „Aus tiefer Not schrei ich zu dir"[20] gehandelt haben. Es sind dies allesamt Lieder, die bis heute zum Kernbestand des protestantischen Kirchengesanges gehören. Bei den beiden beschriebenen Begräbnissen waren jeweils „kneblich" und „kijnder auß der latheinischen schuel" als Sänger beteiligt. Man darf daher getrost davon ausgehen, dass sowohl in der deutschen wie auch der lateinischen Schule der Stadt in jener Zeit evangelisches Liedgut eingeübt wurde.[21] Noch 1614 wurde nämlich in den Visitationprotokollen für Karlstadt beklagt, dass der Schulmeister den Katechismus „lutherisch vnd teutsch" lehrt.[22]

Wenige Jahre zuvor, 1555, bemerkte der Prädikant des wertheimischen und daher evangelischen Laudenbach, Christoph Reyfner, in einem Schreiben an den Grafen von Wertheim, dass „etzlich frome[n] christen und burger zu Carlstat, so die predigt vnd das sacrament bey mir jnn e[uer] G[naden] pfarrkirchen zu Lauttenbach besucht, geholt vnd gebraucht" haben.[23] Aus dem im Singular gebrauchten Wort „sacrament" kann man schließen, dass die Karlstadter lediglich zum Empfang des Abendmahles nach Laudenbach kamen, die Taufe spendete wohl nach wie vor der örtliche Pfarrer.[24] Die Tätigkeit von evangelischen

---

15 Hans-Christoph Rublack, Gescheiterte Reformation: frühreformatorische und protestantische Bewegungen in süd- und südwestdeutschen geistlichen Residenzen, Stuttgart 1978, S. 59.
16 Helmut Hucke, Das Kirchenlied, in: Hans Bernhard Meyer u. a. (Hg.), Handbuch der Liturgiewissenschaft, Bd. 3: Gestalt des Gottesdienstes, Regensburg 1990 (2. Aufl.), S. 172.
17 Die Angaben dazu finden sich in meiner online publizierten Dissertation (wie Anm. 1), S. 104 und 165.
18 www.wikipedia.de: „Mit Fried und Freud fahr ich dahin".
19 www.wikipedia.de: „Media vita in morte sumus".
20 www.wikipedia.de: „Aus tiefer Not schrei ich zu dir".
21 Emmert, Kirche und Frömmigkeit (wie Anm. 1, Druckversion), S. 123f.
22 Ebd., S. 171f.
23 Ebd., S. 115.
24 Dies war damals Georg Frobein, der von 1551 bis 1571 die Pfarrei versah; ebd., S. 89–91.

Geistlichen innerhalb der Stadtmauern war bisher nicht nachzuweisen, jedoch wahrscheinlich, da dies auch in Würzburg der Fall war.[25] Das Hinzurufen des Wertheimer Kaplans am 3. September 1559 scheint daher wohl kein Einzelfall gewesen zu sein. Man darf davon ausgehen, dass vor allem der Laudenbacher Prädikant immer wieder auch zu Kranken und Sterbenden, die nicht mehr zu ihm nach Laudenbach kommen konnten, gerufen wurde. Was im September 1559 den Unmut der bischöflichen Behörden hervorrief, ist sicherlich das öffentliche selbstbewusste Auftreten des Kaplans innerhalb der Stadt. Überdies wurden ihm ja von Bürgern auf dem Marktplatz Ehrbezeugungen wie „kniebiegen“ erwiesen. Diese Kniebeugen, die im evangelischen Ritual unbekannt sind, mögen noch auf die katholische Sozialisation zahlreicher Bürger verweisen, die dies dem Altarsakrament gegenüber praktizierten, wenn es beim Versehgang zu Sterbenden getragen wurde. Hier war die Praxis davon völlig losgelöst und damit sinnentleert. Sie galt nun der Person des Geistlichen selbst!

Im Spätjahr 1559 verschärften sich dann die Auseinandersetzungen der Evangelischen in Karlstadt mit dem Fürstbischof, was sich in den Domkapitelsprotokollen niedergeschlagen hat. So wurden die beiden Ratsherrn Georg Reuschart und Jakob Gerhard, der Bruder des Magister Markus Gerhard, sogar der Stadt verwiesen.[26] Offensichtlich war die Stimmung auf beiden Seiten 1559 so aufgeheizt, dass man auf Würzburger Seite um Weihnachten 1559 zum Mittel der Ausweisung griff. Bis zur Ausweisung der Protestanten im Jahr 1586 unter Fürstbischof Julius Echter von Mespelbrunn war dies sicherlich ein einmaliges Ereignis.[27] Warum allerdings Magister Markus Gerhard[28], der so etwas wie eine Leitfigur und Sprecher der Evangelischen in Karlstadt war, nicht der Stadt verwiesen wurde, bleibt im Dunkeln. Er ist nämlich noch im Jahre 1576 in Karlstadt nachweisbar[29], als er während eines Rekatholisierungsversuches des Fuldaer Fürstabtes Balthasar von Dernbach den Evangelischen in Hammelburg Trost zusprach.

Die starke evangelische Gemeinde, die sich vor allem aus Mitgliedern der Mittel- und Oberschicht Karlstadts, den „fürnehmsten der statt“ also, zusammensetzte, trat um 1560 gegenüber den Würzburger Behörden wie auch den Fürstbischöfen mit einem ausgeprägten Selbstbewusstsein auf. Am Geleit des Wertheimer Kaplans in das Haus des Kaspar Döll waren immerhin sechs Ratsherren beteiligt! Im Rat dominierte damals also durchaus evangelisches Gedankengut und dieser wird sicherlich seine Position immer wieder auch im Sinne der evangelischen Sache genutzt haben. Bei aller Übernahme katholischer Zeremonien bei den Begräbnissen, wie sie der Fürstbischof beklagte, oder auch von sinnentleerten Formen wie den Kniebeugen, die in den Bereich der Mischformen gehörten, hatte sich doch ein dezidiert evangelisches Bewusstsein ausgebildet. Duldeten die bischöflichen Behörden wohl notgedrungen damals die

---

25 Bergerhausen, Protestantisches Leben (wie Anm. 13), S. 32.
26 Staatsarchiv Würzburg, Domkapitelsprotokoll, Bd. 16 (1559–1560), fol. 126v.
27 Emmert, Kirche und Frömmigkeit (wie Anm. 1, Druckversion), S. 157–162.
28 Markus Gerhard war zum Wintersemester 1539 in Wittenberg und im September 1547 in Marburg immatrikuliert, beides evangelisch ausgerichtete Universitäten; ebd., S. 109.
29 Ebd., S. 119.

Ausübung des evangelischen Bekenntnisses im häuslich-privaten Bereich, so war dies der evangelischen Seite jedoch nicht mehr genug. Man drängte in die Öffentlichkeit und wollte sich auch im Stadtraum behaupten und zeigen. Erst mit der Wahrnehmung des evangelischen Bekenntnisses in der Stadt konnte dieses auch als dominante Größe wahrgenommen werden. Die Vorgänge im August und September 1559 machen dies überdeutlich.

Religiöse Architektur zwischen den Konfessionen

Johannes Sander

Im Jubiläumsjahr 2017 anlässlich des vierhundertsten Todestages Fürstbischof Julius Echters von Mespelbrunn wurde dessen Wirken im Hochstift Würzburg auch im Bereich von Kunst und Architektur ausgiebig beleuchtet, und am großen Zugewinn für die Forschung kann kein Zweifel bestehen. Die Fokussierung auf einen bestimmten Raum- und Zeitabschnitt bedeutet jedoch zugleich eine gewisse Beschränkung und damit die Gefahr, in zeitlicher Hinsicht Bedingungen aus Vorvergangenem und in räumlicher Hinsicht vergleichbare Entwicklungen in anderen Regionen ein wenig aus den Augen zu verlieren. Die folgenden Ausführungen sollen infolgedessen eine etwas andere Akzentsetzung insofern versuchen, als zum einen das halbe Jahrhundert vor Julius Echter kurz in den Blick genommen wird, also jene rund fünfzig Jahre, die zwischen der mit Martin Luthers Thesenveröffentlichung 1517 und den Bauernaufständen 1525 schlaglichtartig markierten Umbruchphase zu Beginn des 16. Jahrhunderts einerseits und dem Regierungsantritt des Würzburger Fürstbischofs 1573 andererseits lagen, und zum zweiten Vorgänge jenseits der engeren Grenzen des Hochstifts und auch Frankens wenigstens exemplarisch beleuchtet werden, um der Leitfrage nachzugehen, inwieweit sich in der Kunst jener Epoche Tendenzen der Konfessionalisierung widerspiegeln oder möglicherweise andere Faktoren die Kunstpraxis beeinflusst haben. Die Fülle des verfügbaren Materials und die Komplexität der Vorgänge machen es notwendig, sich dabei im Wesentlichen auf die Architektur zu beschränken und Aspekte der bildenden Künste nur im Versuch einer kurzen Benennung der Bedeutung, die dem Bild im Kirchenraum zukam, streifen zu können.

Die kirchliche Baukunst in den beiden mittleren Vierteln des 16. Jahrhunderts in Franken sieht ziemlich bescheiden aus. Folgt man den einschlägigen Handbüchern und Inventarbänden zum Denkmalbestand[1], so stößt man sowohl auf katholischer wie auf evangelischer Seite nur auf eine Handvoll Kirchen, die in den Jahren zwischen etwa 1525 und 1575 neu errichtet wurden. Bei einigen davon geschah dies überdies wohl in nicht unerheblichem Maß unter Einbeziehung von Teilen bereits bestehender Vorgängerbauten; in welchem Umfang, lässt sich aber nicht immer genau feststellen und bedürfte genauerer Untersuchungen im Einzelnen. Das gilt auch für den einzigen größeren Bau dieser Zeit, die evangelische Kirche St. Bartholomäus in der Nürnberger Vor-

1 Besonders Tilmann Breuer u. a., Franken. Die Regierungsbezirke Oberfranken, Mittelfranken und Unterfranken (Dehio-Handbuch der deutschen Kunstdenkmäler Bayern I), München/Berlin 1999 auf Basis der älteren Inventarbände; daraus auch, soweit nicht anders angegeben, das Folgende.

stadt Wöhrd[2] (Abb. 1). Von dem 1552 im Zweiten Markgrafenkrieg zerstörten Vorgänger des späten Mittelalters dürfte beim Neu- bzw. Wiederaufbau 1557 bis 1564 zumindest das Altarhaus zu guten Teilen übernommen worden sein; die ganze Kirche macht einen durchaus gotischen Eindruck. So oder so bleibt als Gesamteindruck, dass im zweiten und dritten Viertel des 16. Jahrhunderts Kirchenbau in ganz Franken kaum stattfand und vor allem keine großen, herausragenden und künstlerisch bedeutenden Neubauten entstanden.

Abb. 1: *Nürnberg, St. Bartholomäus von Südosten (Abb.: Archiv des Verfassers).*

Auf den ersten Blick erstaunt dieser Befund, denn man könnte erwarten, dass infolge der kriegerischen Ereignisse des frühen und mittleren 16. Jahrhunderts – vor allem der Bauernaufstände in den mittleren 1520er Jahren und des Markgrafenkrieges in den frühen 1550er Jahren – durchaus ein erhöhter Bedarf an Kirchenneubauten oder zumindest umfangreichen Reparaturen, die mit künstlerischen Neugestaltungen der Innenräume verbunden gewe-

---

2 Robert Leyh, Evang.-Luth. Kirche St. Bartholomäus Nürnberg-Wöhrd (Kleine Kunstführer Nr. 1743), München/Zürich 1988.

sen wären, bestanden hätte. Das war aber offenbar nicht der Fall, und diese Beobachtung nährt den Verdacht, dass sich die Zerstörungen vorrangig auf die profane Architektur, auf die fortifikatorisch wichtigeren Burgen und Schlösser konzentriert haben, sakrale Objekte dagegen weitgehend geschont wurden; St. Bartholomäus in Nürnberg stellte wohl eine Ausnahme dar. In der Tat zeigt die Profanarchitektur ein ganz anderes Bild: Hier entfaltete sich im gesamten fränkischen Gebiet eine rege Bautätigkeit, von der noch heute Dutzende zum Teil großer Schlösser Zeugnis ablegen; ferner Rat- und Amtshäuser wie diejenigen in Bad Königshofen oder Kitzingen aus den frühen 1560er Jahren.

Man darf aber noch aus einem anderen Grund von einer gewissen Sättigung des Bedarfs an Kirchenneubauten um die Mitte des 16. Jahrhunderts ausgehen. Alle großen, bisweilen monumental gesteigerten Neubauprojekte, etwa St. Jakob in Rothenburg ob der Tauber, St. Johannes der Täufer in Kitzingen, St. Georg in Dinkelsbühl, St. Michaelis in Hof oder der Ostchor von St. Gumbertus in Ansbach waren im späten 15. oder im beginnenden 16. Jahrhundert, zum Teil nach langer Bauzeit, fertiggestellt worden; ebenso kleinere Anlagen wie die Pfarrkirche St. Gallus in Frickenhausen oder die hinsichtlich ihrer genauen Entstehung freilich noch gänzlich unerforschte Pfarrkirche St. Johannes der Täufer in Hofheim sowie einige für das Aufblühen der spätmittelalterlichen Volksfrömmigkeit so charakteristischen Wallfahrtskirchen wie diejenige in Großlellenfeld oder Volkach (Maria im Weingarten). Manches ambitionierte Großprojekt allerdings blieb unvollendet, etwa der Westbau der Pfarrkirche St. Johannes der Täufer in Kronach, das Langhaus der Pfarrkirche St. Veit in Iphofen, das Langhaus der Stadtpfarrkirche St. Veit in Herrieden oder das Altarhaus der Pfarrkirche St. Augustinus in Dettelbach. In der geringeren Kirchenbautätigkeit, die für das zweite und dritte Viertel des 16. Jahrhunderts konstatiert werden kann, muss sich also nicht zwingend – wie die historischen Ereignisse nahelegen könnten – ein religiöser oder politischer Bruch widerspiegeln, sondern wahrscheinlicher können ganz praktische Gründe – auch wirtschaftliche oder bevölkerungsstatistische wären anzuführen – diesen Befund erklären.

Die Erforschung der Burgen- und Schlösserbaukunst des 16. Jahrhunderts im fränkischen Raum in Form einer systematischen und vollständigen Bestandserfassung wäre ein ebenso lohnendes wie dringend erforderliches Vorhaben, denn sie ist letztlich das der Forschung gewissermaßen immer noch fehlende Bindeglied zwischen der Architektur des ausgehenden Mittelalters und der um 1600 allerorten und besonders im Hochstift Würzburg auch im Sakralbau spürbar wieder anhebenden Baukunst. Die bis zur Gegenwart immer wieder gestellte, aber im Versuch auf mögliche Antworten bislang immer zu isoliert betrachtete Frage nach Herkunft und Motivation der sogenannten Echtergotik, also nach dem Neu- oder eben doch nur Weiterleben mittelalterlich-gotischer Formen in der Baukunst an der Wende vom 16. zum 17. Jahrhundert, kann mit Blick etwa auf die ab 1562 entstandenen Arkaden des Schönen Hofes der Plassenburg in Kulmbach, die neben einer Fülle antik-italienisch beeinflusster Reliefs mit Arabesken und Blattranken, Kandelabern und Vasen, (fiktiven) Porträtmedaillons und szenischen Darstellungen auch gotische oder gotisierende Netzrippengewölbe aufweisen[3], von einer solchen Bestandsaufnahme der profanen Baukunst nur profitieren (Abb. 2). Die Tradierung des gotischen Formenvokabulars basierte also vielleicht doch mehr auf der handwerklichen Weitergabe technischen „Know-hows" als auf dem Versuch, „über das Medium der Baukunst [...] machtpolitische Positionen neu zu besetzen und zu behaupten"[4], wie das jüngst als eine von mehreren möglichen Strategien der Kunstpolitik Julius Echters zur Diskussion gestellt worden ist.

Abb. 2: *Kulmbach, Plassenburg, Arkaden im Schönen Hof (Abb.: Archiv des Verfassers).*

Das legen auch die im Zusammenhang mit der Erforschung der katholischen Kirchenbauten im Hochstift Würzburg bis in jüngste Zeit hinein vernachlässigten Aktivitäten auf protestantischer Seite nahe, von denen hier die evangelische Pfarrkirche in Herchsheim südlich von Würzburg exemplarisch genannt sei, errichtet 1613 und damit zwölf Jahre, nachdem im Ort durch die Kirchen- und Patronatsherrschaft der Zobel die Reformation eingeführt worden war[5] (Abb. 3).

[3] August Gebeßler, Die Kunstdenkmäler von Bayern. Kurzinventare Bd. 3: Stadt und Landkreis Kulmbach, München 1958, S. 16–26.

[4] Stefan Bürger / Iris Palzer, ‚Juliusstil' und ‚Echtergotik'. Die Renaissance um 1600, in: Damian Dombrowski / Markus Josef Maier / Fabian Müller (Hg.), Julius Echter Patron der Künste. Konturen eines Fürsten und Bischofs der Renaissance. Katalog zur Ausstellung im Martin von Wagner Museum der Universität Würzburg, 25. Juni bis 24. September 2017, Berlin 2017, S. 271–274, hier S. 274.

[5] Peter Wamsler, Evangelisch-Lutherische Pfarrkirchen Herchsheim und Giebelstadt. Kleiner Kirchenführer und Beiträge zur Pfarreigeschichte, Gerolzhofen 2001, S. 6f.

Abb. 3: *Herchsheim, Evangelische Kirche von Südwesten (Abb.: Archiv des Verfassers, 2018).*

Auch diese Kirche zeigt unverkennbar die Merkmale einer „Echter-Kirche" mit gotisierenden Elementen wie maß- und stabwerkgeschmückten Spitzbogenportalen und -fenstern (Abb. 4), Kreuzrippengewölben und einer formal ziemlich katholisch wirkenden Renaissance-Ausstattung (Abb. 5); wenn auch nicht mit Spitzhelm auf dem Turm, wie er für Echters Kirchen als charakteristisch angenommen wird (einen solchen besitzt allerdings die evangelische Bartholomäuskirche in Nürnberg, ebenso wie seit 1585 die evangelische Kirche in Billingshausen[6]).

---

6 Alfred Kraus, Chronik von Billingshausen, Birkenfeld 2010, S. 47.

Abb. 4: *Herchsheim, Evangelische Kirche, Westportal (Abb.: Archiv des Verfassers).*

Abb. 5: *Herchsheim, Evangelische Kirche nach Osten (Abb.: Archiv des Verfassers).*

Es ist also auch von dieser Warte her fraglich, ob es die Strategie einer Inanspruchnahme des vorreformatorischen Baustils für den katholischen Raum durch Julius Echter wirklich gab; und wenn es sie gegeben hat, dann hat sie jedenfalls nicht einwandfrei funktioniert.

Ob bzw. seit wann es so etwas wie eine konfessionell bedingte Sakralarchitektur gibt, ist eine alte Frage der kunstgeschichtlichen Forschung weit über den Denkmalbestand im Hochstift Würzburg hinaus, die aber bis zum gegenwärtigen Zeitpunkt unterschiedliche Antworten herausfordert. Besonders die Bauten des 16. Jahrhunderts, also in relativer zeitlicher Nähe zum Beginn der Kirchenspaltung, entziehen sich diesbezüglich einer Eindeutigkeit. Exemplarisch dafür steht die Kapelle des Schlosses Hartenfels im sächsischen Torgau[7] (Abb. 6).

Abb. 6: *Torgau, Schloss Hartenfels, Innenhof nach Norden (Abb.: © Landratsamt Nordsachsen, Foto: A. Schmidt).*

Der Raum entstand 1543/44 durch den Steinmetzmeister Nickel Gromann zusammen mit den daran anschließenden kurfürstlichen Wohngemächern im Nordostflügel des Schlosses als letzter Teil einer umfangreichen Neugestaltung und Modernisierung der Hauptresidenz des kursächsischen Landesherrn. Sie ist also kein eigenständiger Sakralbau und von außen, an der Hoffassade, nicht einmal als Kirchenraum sichtbar. Strukturell handelt es sich um einen rechteckigen, lediglich an der Südwestecke durch den im Kern älteren Bergfried leicht angeschnittenen Saal, von dessen beiden Langseiten aus Wandpfeiler nach innen ragen (Abb. 7). Zwischen diese sind jeweils zwei Emporen mit segmentbogigen Arkaden gespannt, die an den Schmalseiten – außer an der westlichen Seite, wo dies nur auf der unteren Ebene der Fall ist – durch Emporen miteinander verbunden sind, sodass sich ringsum eine insgesamt dreigeschos-

[7] Hans-Joachim Krause, Die Schlosskapelle in Torgau, in: Harald Marx / Cecilie Hollberg (Hg.), Glaube und Macht, Ausstellungskatalog Torgau 24.05.2004 – 10.10.2004, Dresden 2004, S. 175 – 188.

sige, hofartige Fassadenarchitektur ergibt. Den oberen Raumabschluss bildet ein relativ flaches Rippengewölbe mit sternartigen Formationen.

Abb. 7: *Torgau, Schloss Hartenfels, Schlosskirche nach Nordwesten (Abb.: © Landratsamt Nordsachsen, Foto: Wolfgang Sens).*

Der Ruf, den dieser Bau als „Beginn des protestantischen Kirchenbaus in Deutschland“[8] genießt, gründet sich vor allem auf die Tatsache, dass Martin Luther höchstpersönlich am 5. Oktober 1544 im Beisein Kurfürst Johann Friedrichs I. die Einweihung der Schlosskapelle vornahm. Damit aber erschöpfen sich bereits die Argumente, hier von einem dezidiert protestantischen Kir-

[8] Ebd., S. 175.

chenbau zu sprechen. Denn in rein architektonischer Hinsicht reiht sich der Bau durchaus nahtlos in die Tradition spätgotischer Schlosskapellen des 15. und frühen 16. Jahrhunderts ein.[9] Weder bedeutete die Integration von Emporen eine Neuerung, noch stellt die Architektur stilistisch eine Innovation dar, noch auch wären – wie gelegentlich behauptet wurde – die Tatsachen anzuführen, dass die Kapelle nicht nach Osten gerichtet[10] oder der Altarraum nicht eigens abgesetzt ist.[11] Abgesehen von der praktischen Erwägung, dass die Stellung nach Nordwesten vorrangig durch die Zugänglichkeit der Empore über dem Altarbereich von den fürstlichen Gemächern aus bedingt sein dürfte, genügt ein Verweis auf zahlreiche Bauten seit der Spätantike, darunter die Hauptkirche der katholischen Christenheit St. Peter in Rom, für den Hinweis, dass die Ausrichtung nach Osten keineswegs immer der Fall sein musste und sozusagen als Pflicht angesehen wurde.

Zu bestimmten Vorstellungen, wie eine Kirche auszusehen habe, scheint es auf protestantischer Seite auch im weiteren Verlauf des 16. Jahrhunderts nicht gekommen zu sein. Dieser Befund kann indessen nur auf den ersten Blick verwundern. Es ist darauf hinzuweisen, dass zumindest bis gegen die Mitte des Säkulums mit einer echten Kirchenspaltung noch nicht zu rechnen war, es auf altgläubiger wie auf reformatorischer Seite immer noch zahlreiche Kräfte gab, die auf einen Kompromiss hofften und hinarbeiteten – der letzte katholische Bischof der Diözese Naumburg Julius von Pflug wäre hier als ein besonders bezeichnendes und eindrucksvolles Beispiel zu nennen[12] –, und folglich der Bedarf an einer Neuorientierung auch in Fragen des Kirchenbaus offenbar gar nicht gesehen wurde. Martin Luther selbst hatte keine Vorgaben über die Gestaltung von Kirchenbauten gemacht. In seiner 1522 veröffentlichten „Kirchen-Postille“ hatte er sogar die radikale Position vertreten, dass es zum rechten Gottesdienst „keyner glocken, keyner kirchen, keyneß gefeß noch tzyerd, keyner lichte noch kertzen, keyner orgelln noch gesang, keyniß gemelds noch bildiß, keyner taffellnn noch altar, keyner blatten noch kappen, keyniß reuchernn noch bsprengen, keyner proceß noch creutzgangß, keiniß ablaß noch brieffs bedarff“.[13] Kirchenräume seien allein dazu da, dass „die Christen mugen tzusammenkomen, betten, predigt horen und sacrament emphahen. Und wo dieselb ursach auffhoret, sollt man dieselben kirchen abbrechen, wie man allen andernn hewßern thutt, wenn sie nymmer nütz sind“; die – nach Luther – Unsitte, dass Kirchen und Kapellen hauptsächlich deswegen gebaut werden, um „dadurch selig tzu werden und den hymell tzu keuffen“[14], verurteilte der Reformator scharf. Und noch in seiner Predigt zur Einweihung der Torgauer

---

9 Ebd., S. 180.
10 Ebd., S. 182.
11 Thomas Da Costa Kaufmann, Architektur und Reformation. Die Schlosskapelle und die Frage nach der protestantischen Architektur, in: Dirk Syndram (Hg.), Luther und die Fürsten. Selbstdarstellung und Selbstverständnis des Herrschers im Zeitalter der Reformation, Ausstellungskatalog Torgau 15.05.2014–31.10.2014, Bd. 2: Aufsatzband, Dresden 2015, S. 65–75, bes. S. 67.
12 Markus Cottin/Holger Kunde (Hg.), Dialog der Konfessionen. Bischof Julius Pflug und die Reformation, Ausstellungskatalog Zeitz 05.06.2017–01.11.2017 (Schriftenreihe der Vereinigten Domstifter zu Merseburg und Naumburg und des Kollegiatstifts Zeitz, Bd. 10), Petersberg 2017.
13 Martin Luthers Werke. Kritische Gesamtausgabe (Weimarer Ausgabe), Bd. 10/1, 1, S. 39.
14 Ebd., Bd. 10/1, 1, S. 252f.

Schlosskapelle 1544 verkündete er, dass die Gottesdienstfeier auch „auff eim platz unter dem Himel“ stattfinden könne, wenn ein geeigneter Raum nicht zur Verfügung stünde. Jedoch – und darin liegt nach Luther der Zweck von Kirchenbauten und ihr Vorteil – solle die Örtlichkeit gewährleisten, dass es „ein ordenliche, gemeine, ehrliche versamlunge sey, Weil man nicht kan noch sol einem jglichen ein eigen ort und stet bestellen, und sollen nicht heimliche winckel suchen, da man sich verstecke, wie die Widderteuffer pflegen“.[15] Nach welchen weiteren raumtypologischen oder gar stilistischen Kriterien der Kirchenraum aber gestaltet sein sollte, darüber gibt Luther keine nähere Auskunft, weil sie ihm offenbar ziemlich gleichgültig waren.

Viel wichtiger war dagegen die Frage nach dem Bild im Kirchenraum; nicht nur, aber auch an ihr hatte sich ja die Kritik von Luther und in noch viel radikalerem Maß von Andreas Bodenstein genannt Karlstadt, Gabriel Zwilling und Huldrych Zwingli entzündet.[16] Während sich Luther auf der Wartburg aufhielt, riefen Karlstadt und Zwilling in Wittenberg zur Umkehr auf, zur Abkehr von Pomp, weltlichem Zierrat, Reichtum und Materialisierung von Gnade durch Ablässe und Stiftungen. Bereits im Januar 1522 waren die ersten Folgen in Form einer Verbrennung von Gemälden, Skulpturen und Kruzifixen aus der Kirche der Augustinereremiten in Wittenberg zu erleben. Zwar predigte Luther nach seiner Rückkehr von der Wartburg gegen die Bilderzerstörung, die er 1525 in seiner direkt gegen Karlstadt gerichteten Schrift „Wider die himmlischen Propheten, von den Bildern und Sakrament“ und hier besonders im Kapitel „Von dem Bildsturmen“ als alttestamentliches Gebaren ablehnte.[17] Doch seine Position, nach welcher die Verehrung der Bilder zweifellos falsch, das Bild als Mittel der Unterweisung, als Hilfskonstruktion für ein im wahren Glauben noch nicht gefestigtes Volk jedoch durchaus legitim sei, setzte sich nicht überall durch, sodass vor allem im süddeutsch-alemannischen Raum die Bilderstürmer seit den mittleren 1520er Jahren ungehindert wüten konnten.

Vor dem Hintergrund dieser auch innerhalb der reformatorischen Clique heftig geführten Kontroverse um das Bild im Kirchenraum traten die Fragen nach dem Kirchenraum selbst in seiner baulichen Gestalt, nach der Wahl seiner architektonischen Form, nach Bautyp und Baustil völlig in den Hintergrund; respektive – eigentlich richtiger formuliert – sie traten nie wirklich in den Vordergrund. Sehr anschaulich illustrieren diese für die Deutung der Vorgänge in der Sakralarchitektur im weiteren Verlauf des 16. und auch noch im frühen 17. Jahrhundert offenbar ganz zentrale Feststellung zwei Kupferstiche, die um 1600 von einem unbekannten Künstler, aber jedenfalls im deutschsprachigen Raum geschaffen wurden und zum einen die „Ware abcontrofeitung der Romissche bapstische Kirchen“ (Abb. 8) und zum anderen die „Ware abcontrofeitung der alter Apostolischer Euangelischer Kirchen“ präsentieren (Abb. 9).[18]

[15] Ebd., Bd. 49, S. 592.
[16] Katrin Herbst, Lutherana tragoedia artis? Die Auswirkungen der Reformation auf die Kunst, in: Anne-Simone Rous (Hg.), Martin Luther. Aufbruch in eine neue Welt, Dresden 2016, S. 210–220, bes. S. 212.
[17] Luthers Werke (wie Anm. 13), Bd. 18, S. 67–84.
[18] Joseph Leo Koerner, Die Reformation des Bildes, München 2017, S. 62–66.

Abb. 8: *„Ware abcontrofeitung der Romissche bapstische Kirchen“*, *Kupferstich um 1600 (Abb.: Archiv des Verfassers).*

Abb. 9: *„Ware abcontrofeitung der alter Apostolischer Euangelischer Kirchen“*, *Kupferstich um 1600 (Abb.: Archiv des Verfassers).*

Beide geben einen Blick in das Innere einer Kirche, achsensymmetrisch durch das Mittelschiff einer dreischiffigen Basilika. Während die „bapstische“ Kirche durch eine fast unübersehbare Fülle von Altären, Figuren, Baldachinen und Schreinen sowie damit verbundenen kirchlichen Handlungen in Form von Messen, Prozessionen und Anbetungen gekennzeichnet ist, wirkt die evangelische Kirche wesentlich übersichtlicher. Die kirchlichen Handlungen beschränken sich – den ganzen Vordergrund einnehmend und damit als zentral deklariert – auf die Predigt und zwei Abendmahlsfeiern am Bildrand und im Hintergrund, die Ausstattungsstücke dementsprechend auf Kanzel, Sitzbänke und Altartische sowie auf die Tafeln mit Dekalog, Heilige Schrift und Uhr an der Stirnwand des Mittelschiffs. Aussage und Anliegen der bildlichen Gegenüberstellung sind also klar und bedürfen keiner weiteren Erläuterung. Fragt man nun aber nach der räumlichen Hülle, so zeigt sich, dass gegenüber dem Aufruf, die Ausstattung auf die wesentlichen, für den Gottesdienst nach reformatorischer Vorstellung allein erforderlichen Prinzipalstücke zu beschränken, Form und Stil des Kirchengebäudes keine Rolle zu spielen scheinen. Denn in beiden Fällen handelt es sich um basilikale Anlagen mit einem erhöhten Mittelschiff und zwei niedrigeren Seitenschiffen, in deren Detailformen Stilelemente der Gotik, etwa die Spitzbogengewölbe oder die maßwerkgefüllten Fenster, mit solchen der Renaissance, wie sie beispielsweise an den Säulen sichtbar werden, gemischt sind; wenngleich die „Ecclesia papistica“ sozusagen gotischer wirkt und in ihrem Zierrat etwa mit Blendarkaden üppiger als die demgegenüber auch weiträumigere evangelische Kirche. Dennoch: Hauptsächlich waren es die Überfülle an Ausstattungsgegenständen, an Altären und Schreinen und die mit ihnen verbundenen kultischen Handlungen, die dem Schöpfer des Bildes in einer katholischen Kathedrale negativ ins Auge stachen und von denen er sein Pendant gründlich zu entrümpeln trachtete. Damit korrespondiert die Tatsache, dass zumindest im deutschsprachigen Raum ausgerechnet der Bautyp der dreischiffigen Basilika in gotisierenden Formen, der sich in beiden Darstellungen findet, gerade im protestantischen Kirchenbau der Zeit um 1600 offenbar die geringste Rezeption erfahren hat. Es ist natürlich keine Frage, dass eine Vielzahl mittelalterlicher Kirchen, die von protestantischer Seite übernommen wurden, diese Raumform aufwiesen, sie also überall präsent war. Wenn aber aus der Gegenüberstellung tatsächlich eine Handlungsanweisung abgeleitet werden sollte – was ja zu erwarten wäre –, so kann sich diese nur auf die Ausstattung der Kirchen, mithin ihre Beseitigung, nicht aber auf die Kirchen in ihrer architektonischen Form bezogen haben, für die also auch um 1600 noch die Aufstellung fester Regeln als nicht notwendig erachtet wurde.

Durchaus auffällig darf dagegen die Rezeption des Bautyps der gotisierenden Basilika insbesondere durch die Jesuiten im rheinisch-westfälischen Raum genannt werden.[19] Der älteste bekannte Bau dieser Art ist die 1590 bis 1598 errichtete Petrikirche in Münster; der prominenteste dürfte die in den Jahren 1618 bis 1629 nach Plänen des aus Süddeutschland stammenden Architekten

[19] Zum Folgenden vgl. Herbert Karner, De Propaganda Fide. Julius Echter und das Würzburger Jesuiten-Kolleg, in: Dombrowski/Maier/Müller, Julius Echter (wie Anm. 4), S. 303–309, bes. S. 307f.

Christoph Wamser für die seit 1582 in Köln ansässige Niederlassung der Jesuiten errichtete Kirche Mariae Himmelfahrt sein. Der in enger Anlehnung an die ebenfalls von Wamser geplante Jesuitenkirche im elsässischen Molsheim sowie wohl auch die Jesuitenkirche in Koblenz (1613/17) konzipierte Bau besitzt ein dreischiffiges Langhaus zu insgesamt acht Interkolumnien – davon das achte etwas geweitet und sich in querschiffartige, zum Hauptschiff hin aber nicht in Erscheinung tretende Annexe weitend – und einen langgestreckten Altarraum mit dreiseitigem Ostschluss (Abb. 10).

Abb. 10: *Köln, ehemalige Jesuitenkirche St. Mariae Himmelfahrt, Inneres nach Osten, Ende 19. Jahrhundert (Abb.: Archiv des Verfassers).*

Unverkennbare Gotizismen sind neben der Gesamtanlage, auch hinsichtlich ihrer Raumproportionen, die spitzbogigen Scheidarkaden zwischen Mittelschiff und Seitenschiffen, zwischen die Emporen eingezogen sind, die reich mit Sternformationen versehenen Rippengewölbe und die langen, maßwerkgeschmückten Spitzbogenfenster. Den Außenbau umziehen Strebepfeiler. Sogar romanisierende Formen finden sich an den beiden prominent bis zur Baulinienkante vorgezogenen Seitentürmen der Hauptfassade in Form von Lisenen mit Rundbogenfriesen. Als jüngerer Nachzügler wäre die Paderborner Jesuitenkirche von 1682/92 zu nennen, auch sie eine dreischiffige Emporenbasilika mit gotisierenden Rippengewölben und Maßwerkfenstern.

Hat man es hier also mit Tendenzen einer Konfessionalisierung im Kirchenbau zu tun? Besetzten die Jesuiten in Städten, bei denen das Bekenntnis zum alten Glauben durchaus auf der Kippe stand oder zumindest nicht gänzlich gefestigt war – das trifft auf Münster, Koblenz, Molsheim, Köln und Paderborn wohl zu – einen bestimmten Kirchenbautyp der vorreformatorischen Praxis, um auf diese Weise ihre Mission als Hüter des wahren katholischen Glaubens architektonisch zu manifestieren? Oder waren es doch hauptsächlich praktische, bautechnische Gründe, die für die Wahl von Bautyp und Stil leitend waren? Griff man in Molsheim und Köln auf Wamser zurück, weil man seiner Expertise und der Empfehlung bestimmter Steinmetzmeister, die noch in den Traditionen alten, „gotischen“ Handwerks geschult waren, mehr vertraute als den Vertretern einer möglicherweise nur künstlerisch-architektonisch innovativeren Richtung? Es gibt auf diese Fragen letztlich keine eindeutigen Antworten, da die Quellen darüber in jeder Hinsicht schweigen. Auffällig ist zwar, dass die Ordenszentrale in Rom, die im Jahr 1565 festgelegt hatte, dass sämtliche Planungen vor ihrer Ausführung der Genehmigung des Ordensgenerals bedürften[20], Wamsers Entwürfe für Köln wie auch für Molsheim und offenbar auch die Entwürfe für Koblenz, Münster und Paderborn ohne Änderung genehmigte, obwohl sie dem Standard in der Ewigen Stadt jedenfalls in künstlerisch-architektonischer Hinsicht kaum entsprochen haben dürften. Dort hatte sich seit dem Baubeginn der jesuitischen Mutterkirche Il Gesù 1568 ein anderer Bautyp etabliert: der des weiten Langhaussaales mit flankierenden, nicht miteinander verbundenen Seitenkapellen, frei von jeglichen Anklängen an die mittelalterlich-gotische Baukunst Nordeuropas (Abb. 11). Doch auch dieser fand, selbst wenn die Betrachtung weiterhin allein auf die Jesuitenkirchen beschränkt wird, nicht uneingeschränkte Rezeption. Ein Beispiel für die Übernahme ist die 1619/21 errichtete Jesuitenkirche in Aschaffenburg.[21] Fast zeitgleich aber, ab 1610, entstand etwa in Dillingen an der Donau eine Jesuitenkirche wiederum anderen Bautyps[22]: eine Wandpfeilerkirche, bei der

20 Hans Peter Hilger, Die ehemalige Jesuitenkirche St. Mariae Himmelfahrt in Köln, in: Die Jesuitenkirche St. Mariae Himmelfahrt in Köln. Dokumentation und Beiträge zum Abschluß ihrer Wiederherstellung 1980 (Beiträge zu den Bau- und Kunstdenkmälern im Rheinland, Bd. 28), Düsseldorf 1982, S. 9–30, bes. S. 12.

21 Felix Mader (Bearb.), Die Kunstdenkmäler von Unterfranken, Bd. 19: Stadt Aschaffenburg, München 1918, S. 170–182.

22 Jeffrey Chipps Smith, Sensuous Worship. Jesuits and the Art of the Early Catholic Reformation in Germany, Princeton / Oxford 2002, S. 110–116.

also von den Seitenmauern eines weiten Saales her relativ kurze Wandpfeiler nach innen ragen, sodass sich Nischen zur Aufstellung von Altären ergeben, allerdings nicht in basilikalem Querschnitt wie bei Il Gesù, sondern so, dass über den Arkaden kein eigener Lichtgaden vorhanden ist.

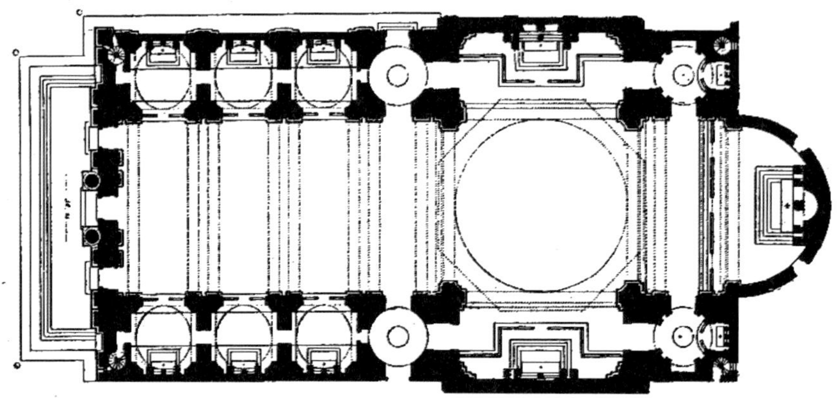

Abb. 11: *Rom, Jesuitenkirche Il Gesù, Grundriss (Abb.: Archiv des Verfassers).*

Mehr oder weniger zeitgleich entstanden also innerhalb desselben Ordens und zumindest mit Billigung der in Rom ansässigen Ordensleitung Ordenskirchen von einer typologischen wie auch stilistischen Vielfalt, die auf die Existenz verbindlicher Kirchenbauregeln und deren zentralistische Durchsetzung nicht schließen lassen. Und es stellt sich die letztlich bis heute nicht beantwortete Frage, inwieweit hier die Vorstellungen des Bauherrn, die jeweiligen Hintergründe von handwerklicher Ausbildung und künstlerischem Selbstverständnis des Architekten oder auch einfach eine regional etablierte Baupraxis, inwieweit also – um es auf eine Formel zu bringen – Künstler, Kunde oder Konvention den hauptsächlichen Anteil an der Entstehung eines Entwurfs für einen Kirchenneubau gehabt haben.

Überdies muss ergänzt werden, dass auch die protestantische Seite, bei der die Bautätigkeit wie im katholischen Milieu ab der Wende vom 16. zum 17. Jahrhundert allmählich anstieg, sowohl den Il-Gesù-Typus – repräsentiert beispielsweise durch die um 1570 für eine seinerzeit protestantische Gemeinde errichtete Pfarrkirche in Loosdorf bei Melk[23] (Abb. 12) – als auch den Typus der Wandpfeilerkirche kannte und rezipierte. Und man könnte dies eigentlich für alle weiteren wesentlichen Kirchenbautypen einschließlich der verschiedenen Stillagen durchexerzieren.

[23] Ulrich Fürst, ‚Wandpfeilerkirche' – über eine Verwirrung in der Fachterminologie der Architekturgeschichte und über ein konfessionelles cross-over in der Etablierung einer neuzeitlichen Bautypologie, in: Jan Harasimowicz (Hg.), Protestantischer Kirchenbau der Frühen Neuzeit in Europa. Grundlagen und neue Forschungskonzepte, Regensburg 2015, S. 147–160, bes. S. 153f.

Abb. 12: *Loosdorf, ehem. evangelische Pfarrkirche, Inneres nach Osten (Abb.: © Bwag / Wikimedia).*

Abb. 13: *Wolfenbüttel, Evangelische Stadtpfarrkirche Mariae Beatae Virginis, Inneres nach Osten (Abb.: Archiv des Verfassers).*

Die evangelische Stadtpfarrkirche im niedersächsischen Wolfenbüttel – bei der im Wesentlichen zwischen 1608 und 1626 erfolgten Errichtung war die Stadt Hauptresidenz des Herzogtums Braunschweig und die neue Kirche vom Landesherrn Heinrich Julius als Grablege vorgesehen (wozu es später auch kam) – ist eines der prominentesten Beispiele[24] (Abb. 13). Die dreischiffige Halle zu fünf Jochen mit eingestelltem Westturm sowie langgestrecktem, in fünf Seiten eines Achtecks endendem Altarhaus besitzt unübersehbar Anklänge an die – möglicherweise auch durch die Umgebung, insbesondere die großen gotischen Hallenkirchen im benachbarten Braunschweig inspirierte – vorreformatorische Sakralarchitektur.

Aber ähnliche oder vergleichbare Bauten finden sich mehr oder weniger zeitgleich auch im süddeutsch-katholischen Raum, etwa im schwäbischen Residenzstädtchen Wallerstein mit der zweischiffigen Pfarrkirche St. Alban von 1612/13 oder – um einmal wieder in das Hochstift Würzburg zurückzukehren – mit St. Veit in Iphofen.

Wirklich unterscheidbar – und in dieser Hinsicht haben die beiden Kupferstiche von circa 1600 doch eine Art wegweisenden Charakters – wurden die Kirchen weniger durch den gewählten Typ und auch nicht durch den Stil, sondern durch die Art und Weise, wie das Bild im Kirchenraum von der verfügbaren Wandfläche Besitz ergriff. Hier hatte schon das Tridentinische Konzil in seiner letzten Sitzung am 4. Dezember 1563 der katholischen Seite den Weg geebnet, indem es die Verehrung und Anrufung der Heiligen gegen die Angriffe der protestantischen Glaubensauffassung als „gut und nützlich" verteidigt und damit einer neuen Verbildlichung der Wunder und Wohltaten Gottes, der Mutter Maria und aller Heiligen neuen Vorschub geleistet hatte[25]. Dies kam, so scheint es, regelrecht einem Dammbruch gleich, nur dauerte es im nordalpinen Bereich – wohl auch gehemmt durch den Dreißigjährigen Krieg – eben doch seine Zeit, bis die Ausbreitung von Gemälden, aber auch von plastischen Darstellungen aus Stuck hier zu jener Fülle gelangte, die wir vor allem mit dem süddeutschen Barock zu assoziieren pflegen und die katholischen Kirchenräume von evangelischen auch ohne Kennerblick zu unterscheiden erlauben. Den Rahmen des Untersuchungszeitraumes würde eine Nachverfolgung dieses Prozesses aber überschreiten. Für die Zeit bis zum Beginn des Dreißigjährigen Krieges bleibt als Ergebnis ein insgesamt sehr differenziertes, um nicht zu sagen: verwirrendes Bild, bei dem eindeutige Entwicklungslinien nicht erkennbar sind, wohl weil die Vorstellungen über den jeweils passenden Kirchenbau auf beiden Seiten des konfessionellen Grabens noch nicht klar ausgebildet waren und sich die Baupraxis augenscheinlich an anderen Parametern als solchen der inhaltlichen Auseinandersetzungen über den wahren Glauben orientierte.

---

[24] Jeffrey Chipps Smith, The Architecture of Faith. Lutheran and Jesuit Churches in Germany in the early Seventeenth Century, in: Harasimowicz, Kirchenbau (wie Anm. 23), S. 161–174, bes. S. 169f.

[25] Vgl. Domizio Cattoi / Domenica Primerano (Hg.), Arte e persuasione. La strategia delle immagini dopo il concilio di Trento, Ausstellungskatalog Trient 07.03.2014–29.09.2014, Trient 2014.

Überblick über die Geschichte der Gemeinde Hettstadt (Landkreis Würzburg) bis 1803

Dieter Michael Feineis

1. Einführung

Die Frühzeit Mainfrankens ist auf weiteste Strecken in nahezu undurchdringliches Dunkel gehüllt, das nur hie und da durch archäologische Funde und sehr vereinzelte schriftliche Zeugnisse etwas aufgehellt wird. Zahlreiche germanische Funde des 1. bis 5. Jahrhunderts lassen erkennen, dass die Bevölkerung nicht nur von Thüringen, sondern auch von Mainfranken damals zu einem erheblichen Teil suebisch-mitteldeutscher Abstammung gewesen sein muss. Seit dem 3. Jahrhundert n. Chr. wurden diese Stammesgruppen von den Römern als Alemannen bezeichnet. Während der römischen Kaiserzeit kann wie am mittleren Main so auch nördlich davon, d. h. an der Fränkischen Saale sowie im Grabfeld, mit einer Besiedlung durch Alemannen gerechnet werden. Nach dem Abzug der Burgunder vom unteren Main schob sich vom Zentrum der thüringischen Stammesbildung an der Unstrut her der thüringische Einfluss im Laufe des 5. Jahrhunderts nach Süden und Südosten vor. Wo die Grenze zwischen Alemannen und Thüringern verlief, muss freilich offen bleiben.

Anhand der Inventare von Reihengräbern des 6. und 7. Jahrhunderts lässt sich ein starker Einfluss aus den fränkischen Siedlungsgebieten am mittleren Rhein und in Nordgallien feststellen. Die bisher erkannten merowingerzeitlichen Bergstationen in Mainfranken lassen darauf schließen, dass es den Franken zunächst wohl nur auf die militärische Kontrolle der eroberten Gebiete ankam. Ob und wenn ja, in welchem Maße sie sich auch die Wirtschaftskraft des Landes dienstbar machen konnten, lässt sich heute nicht mehr sagen.

Erst im 7. Jahrhundert werden Ansätze zu einer merowingisch-fränkisch bestimmten Verwaltung der Mainlande erkennbar. Die ältere, kürzere Leidensgeschichte des hl. Kilian, die so genannte Passio minor, bietet eine Vater-Sohn-Abfolge von drei Personen. Eine vierte, nämlich ein jüngerer Hetan, ist schon aus der Nennung eines älteren Hetan zu erschließen, wird aber auch später eigens genannt. Gängige Meinung der Forschung ist, dass man in ihnen die „regierenden" Würzburger Herzöge aus der Familie der so genannten Hedene (Hetane) zu sehen hat, die nach dem übereinstimmenden Urteil der jüngeren Forschung der reichsfränkischen, großgrundbesitzenden Führungsschicht entstammte. Mit ihr dürfte auch das Christentum fränkischer, d. h. athanasischer Prägung in das unter Alemannen und Thüringern arianische Mainfranken verpflanzt worden sein.

Die frühesten Nachrichten über den Besitz der Herzogsfamilie finden sich in der Passio minor, beschränken sich aber auf das heutige Würzburger Stadtgebiet. Immerhin geht daraus hervor, dass Herzog Gozbert († vor 704) auf beiden Seiten des Mains begütert war. Zu seinem linksmainischen Besitz zählte auch ein Teil des heutigen Marienberges, den sein Sohn Hetan II. († 719), wie die jüngere Vita Burkardi berichtet, vor „damals" 41 Jahren, das heißt um die Wende vom 7. zum 8. Jahrhundert, zur Erbauung eines Klosters für seine Tochter Immina bereitstellte. Umwandlung in ein Kloster war bekanntlich eine im Mittelalter sehr beliebte Nutzungsänderung, wenn eine Befestigung ihre Bedeutung verloren hatte oder verlieren sollte. Dass der Marienberg schon von seiner beherrrschenden Lage her in unsicheren Zeiten – und die Zeit der fränkischen Landnahme gehörte sicher dazu – eine herausragende Stellung bei der Beherrschung Mainfrankens einnahm, bedarf schon aufgrund der topographischen Verhältnisse wohl keiner besonderen Begründung.[1]

Eine weitere Gütergruppe der würzburgischen Herzogsfamilie geht aus einer in diesem Zusammenhang noch kaum berücksichtigten Quelle, dem „Prologus de fundatione et processu Monasterii Sancti Burchardi herbipolensis"[2] hervor, die alle bis zum Jahr 788 an das unterhalb des Festungsberges gelegene, linksmainische Kloster St. Andreas / Burkhard geschenkten Güter sorgfältig nach ihrer jeweiligen Herkunft aufgliedert, und zwar wesentlich präziser, als dies die jüngere Vita Burkardi tut. Nach Imminas Mitteilung, dass sie zum Zeitpunkt des Tausches ihres Klösterchens auf dem Berg Alt-Würzburg (gegen das würzburgische Marienkloster in Karlburg) 41 Jahre darin gelebt habe, dürfte es um das Jahr 700 gegründet worden sein. Zu seiner Gründungsausstattung, die von ihrem Vater Hetan II. stammte und später an St. Burkhard fiel, gehörten danach Güter in „Ahusen" (= Winterhausen), „Buchili" (= Wüstung Bühl = „Buhel" auf Heidingsfelder Gemarkung, genannt 1356, Mai 18: RB 8, 353) und [Ober- / Unter-]Altertheim (alle Landkreis Würzburg).[3]

Auf weiteren Besitz des mainfränkischen Herzogshauses der Hedenen soll hier nicht eingegangen werden, wohl aber auf zwei mögliche Siedlungsgründungen, die für diese Untersuchung bedeutsam sind. Hier wäre zunächst zu erwähnen das 1160 erstmals als „Ruchesbrunn", 1338 aber als „Rugspruon" bezeugte, westlich von Würzburg gelegene Roßbrunn, das auf eine ursprüngliche Form „Hruodisprun" hinweist, als eine Ortschaft, die auf Initiative des Hedenen „Hruodi" gegründet worden sein könnte. Der Ort ist merowingerzeitlich, wie ein Gräberfeld des 7. Jahrhunderts beweist. Als weitere Ortschaft

---

Folgende Abkürzungen werden verwendet:
fl. = Gulden
MB = Monumenta Boica
RB = Regesten Boica
StAWt-F = Staatsarchiv Wertheim – Freudenberger Archiv
StAWt-R = Staatsarchiv Wertheim – Rosenberger Archiv
StAWÜ = Staatsarchiv Würzburg

1 Vgl. Heinrich Wagner, Die Hedene, die hl. Bilhildis und die Erstnennung von Bamberg, in: Würzburger Diözesangeschichtsblätter 61 (1999), S. 13–50, bes., S. 13, 16, 42f.

2 Universitätsbibliothek Würzburg, M.ch.f. 43, fol. 6r–6v. Druck: Heinrich Wagner, Zur Frühzeit des Bistums Würzburg (II), in: Würzburger Diözesangeschichtsblätter 48 (1986), S. 111–131, bes. 121f.

3 Vgl. Wagner, Die Hedene (wie Anm. 1), S. 42f.

wäre Hettstadt[4] (westlich von Würzburg) zu nennen. Das Dorf wird in der Forschung meist, jedoch nicht unbestritten, mit den Hedenen in Verbindung gebracht. In seiner ältesten überlieferten Originalform lautet der Name des Ortes „Hedenstat" (1158), sodass er von einem der beiden Hetane/Hedene in der Herzogsfamilie gegründet sein kann, aber nicht muss. Die Anlage des Ortes durch den älteren Hetan († 686 ?, Vater des Herzogs Gozbert, † vor 704) wird durch ein merowingisches Ortsgräberfeld des 7. Jahrhunderts jedoch sehr wahrscheinlich gemacht.[5] Auf eine ursprünglich größere Bedeutung des Ortes

---

4 Der vorliegende Aufsatz versteht sich als Ergänzung der Orts- und Pfarreigeschichte von Hettstadt, Roßbrunn und Mädelhofen von August Amrhein, Das Landkapitel Lengfurt (Franconia Sacra), Würzburg 1896 (speziell Hettstadt, S. 169–200 und Roßbrunn, S. 387–397). Die Signaturen der Urkunden und Archivalien im Aufsatz von Amrhein haben sich inzwischen allerdings zum Teil verändert. Diese Veränderungen werden bei der Zitation im Aufsatz nicht berücksichtigt. Die Würzburger Urkunden vor 1400 des Bayerischen Hauptstaatsarchivs München wurden inzwischen in das Staatsarchiv Würzburg zurückgeführt.
Literatur:
Helmut Flachenecker, Oberzell: vom Prämonstratenserstift (bis 1803) zum Mutterhaus der Kongregation der Dienerinnen der Heiligen Kindheit Jesu, Würzburg 2006; ders./Wolfgang Weiß, Grundzüge der Wirtschaftsverwaltung eines Prämonstratenserstifts: Ober- und Unterzell, Würzburg 2006; Helmut Flachenecker/Stefan Petersen, Personallisten zu Ober- und Unterzell, Würzburg 2006; Rudolf Franz u.a., Ein Heimatbuch über Roßbrunn/Mädelhofen, Roßbrunn/Zellingen 2002 (2. Aufl.); Michael Geis, Hettstadt 1. April 1945, Hettstadt 1985; ders., 1. April 1945 – Der Kampf um Hettstadt, Norderstedt 2016; Fabian Hopfenzitz, Mit einem Gruß aus Skandinavien – Ein merowingerzeitliches Gräberfeld in Waldbüttelbrunn, in: Das Archäologische Jahr in Bayern (2011), S. 102–104; Helmut Jäger/Walter Scherzer, Territorienbildung, Forsthoheit und Wüstungsbewegung im Waldgebiet westlich von Würzburg (Mainfränkische Studien 29), Würzburg 1984; Ursula Joos, Von der Grabung bis zur Lagerung: Stationen der frühmittelalterlichen Grabfunde aus Wadlbüttelbrunn, in: Das Archäologische Jahr in Bayern (2011), S. 105f.; Norbert Kandler, Die Steuerlisten des 16. Jahrhunderts als Quelle für Geistliche und Pfründeninhaber im Bistum Würzburg, in: Würzburger Diözesangeschichtsblätter 59 (1997), S. 31–140; ders., Eine Steuerliste aus Bischof Wernaus (1683–1684) Zeit, in: Würzburger Diözesangeschichtsblätter 60 (1998), S. 353–389; Friedrich Kasischke, Hettstadt. Ein fränkisches Dorf im Wandel der Zeiten, Hettstadt [1996]; J. B. Keßler, Die vormalige Abtei Oberzell, in: Archiv des Historischen Vereins von Unterfranken und Aschaffenburg 14/1 (1856), S. 37–128; Hermann Knapp, Die Zenten des Hochstifts Würzburg, Bd. 1, Abteilung 2, Berlin 1907; Johannes Meier, Die Erneuerung des Würzburger Landkapitels Karlstadt im Spiegel der Landkapitelsversammlungen und Pfarreivisitationen, in: Würzburger Diözesangeschichtsblätter 33 (1971), S. 51–126; Claus Müller, Familienkundliche Quellen in den Archivalien des Klosters Unterzell. Zur Geschichte der katholischen Pfarrei Hettstadt, in: Blätter für fränkische Familienkunde 25 (2002), S. 149–178; ders., Die Dörfer des Rückermainamtes und ihre Bevölkerung in Spätmittelalter und Frühneuzeit, in: Blätter für fränkische Familienkunde 27 (2004), S. 183–255; ders., Helmstadter Einwohner vom 14.–17. Jahrhundert, in: Blätter für fränkische Familienkunde 31 (2008), S. 153–210; Fr. Panzer, Bericht über mehrere in der Umgebung von Würzburg entdeckte heidnische Opferstätten, in: Archiv des historischen Vereins von Unterfranken und Aschaffenburg [Archiv des Historischen Vereins für den Untermainkreis] 1 (1832/33), S. 68–131 (bes. S. 94f. „Beschreibung eines heidnischen Opferplatzes bei Hettstadt unweit Würzburg"); Balthasar Röthlein/Maria Fischer-Flach/Wolfgang Fischer, Protokollbuch des Frauenklosters Unterzell bei Würzburg: die Aufzeichnungen des Propstes Dr. Balthasar Röthlein, 1718–1730, Würzburg 1987; Reineldis Roth, Chronik Greußenheim – Geschichte und Geschichten, Greußenheim 2011; Monika Maria Riemer, Herrschaft in der Peripherie einer Bischofsstadt – am Beispiel Würzburg-Land, Dissertation Würzburg 2016; Thomas Wehner (Bearb.), Realschematismus der Diözese Würzburg – Dekanat Würzburg l.d. Mains, Würzburg (2000); Michael Wieland, Das Schottenkloster St. Jakob zu Würzburg, in: Archiv des Historischen Vereins von Unterfranken und Aschaffenburg 16/2 (1863), S. 1–182; Heinz Willner, Die beiden Würzburger Markbeschreibungen, Valencia (Spanien) 2005; Sebastian Zeißner, Geschichte des Frauenklosters Unterzell bei Würzburg, in: Würzburger Diözesangeschichtsblätter 16/17 (1954), S. 246–271; Bernhard Ziesemer/Helene Ringelmann (Bearb.), Roßbrunn/Mädelhofen. Chronik und Heimatbuch, Waldbüttelbrunn 2006.

5 Vgl. Wagner, Die Hedene (wie Anm. 1), S. 45–47. Auch in Waldbüttelbrunn (westlich von Würzburg), eine Ortschaft, deren Gemarkung an die Gemarkung von Hettstadt grenzt, wurde

für die Familie mag auch die Existenz eines von Björn-Uwe Abels so bezeichneten „ebenerdigen Ansitzes" im Gemeindewalddistrikt „Gehäge", der den Namen „Altes Schloss" trägt, hindeuten.[6]

Das Frauenkloster Altenmünster bei Mainz verkaufte 1158 Güter in Hettstadt an das Kloster Oberzell. Da sich die Nonnen von Unterzell benachteiligt glaubten, wurde der Verkauf rückgängig gemacht und Erzbischof Arnold von Mainz wies Altenmünster andere Güter im Mainzer Gebiet als Eigentum an. Die beiden Landgüter zu Hettstadt verkaufte er an den Dompropst und späteren Bischof von Würzburg Herold für 100 Mark Silber mit dem Vorbehalte des Rückkaufs für das Erzstift Mainz im Jahr 1158. Herold überließ nach seinem Tod 1171 die Ländereien als *Obleigüter dem Domkapitel.*[7] Die Bestätigung für den Besitz der beiden Landgüter erteilte Papst Coelestin III. dem Würzburger Domkapitel 1195, Juni 7 und 1196, Februar 18.[8]

Nach dem Tod von Bischof Herold kam das Landgut Hettstadt an den Domherren Berthold von Tutleben († nach 1178), danach an den Domherrn Berthold von Tutleben junior. Von diesem erbte es der Domherr Berno († nach 1217), dann kam es an Dompropst Otto II. von Lobdeburg, der als Erbe Bernos 1244, März 17, 5 Mark Silber an das Schottenkloster in Würzburg zu zahlen hatte, aber stattdessen auf das Landgut zu Hettstadt den dafür treffenden Zins an das Schottenkloster legte. Als Besitzer erscheint dann noch der Domherr Heinrich von Stubweg († nach 1248), dann der Domkantor Konrad von Thelheim, der es im Testament von 1282, Januar 26, seinem Neffen, dem Domherrn Wolfram von Leinach, vermachte.[9] Durch Letzteren kam es an den Domherrn Goltstein von Riedern.[10]

Das Landgut Hettstadt blieb bis zur Säkularisation ein Obleigut des Domkapitels.[11]

Neben dem Domkapitel erwarben auch andere geistliche Korporationen Güter und Einkünfte zu Hettstadt. Im Jahr 1158 erhielt das *Stift Neumünster* zu Würzburg ein Prädium zu Hettstadt, als Heinrich mit dem Beinamen „der schöne Knabe" („Heinricus cognomento pulcher puer") sein Landgut zu Hettstadt der Kilianskirche im Neumünster in der Weise schenkte, dass seine Schwester Adelheid und Richard mit seiner Mutter es besitzen, aber jährlich eine Urne Wein zu den drei von ihm gestifteten Jahrtagen an das Stift Neu-

---

2011 ein merowingisches Gräberfeld entdeckt; vgl. Hopfenzitz, Gruß aus Skandinavien (wie Anm. 4).

6 Vgl. Björn-Uwe Abels, Die vor- und frühgeschichtlichen Geländedenkmäler Unterfrankens (Materialhefte zur bayerischen Vorgeschichte Reihe B – Inventare der Geländedenkmäler 6), Kallmünz 1979, S. 192; vgl. Wagner, Die Hedene (wie Anm. 1), S. 47 Anm. 205. Auch die Flurlage „Burgleiten" stützt die Vermutung, dass es sich um einen „ebenerdigen Ansitz" handelt. Ausgrabungen um 1830 legen jedoch nahe, dass es sich bei dem Hügel (Durchmesser ca. 25m) um ein keltisches Hügelgrab handelt; vgl. Panzer, Bericht (wie Anm. 4).

7 Vgl. Amrhein, Landkapitel Lengfurt (wie Anm. 4), S. 171; StAWü, Gericht Würzburg links des Mains 164 (IV) [Lehenbuch des Klosters Unterzell]; MB 37, S. 75–77, Nr. 101 (1158); RB 1, S. 233 (1158).

8 Vgl. Amrhein, Landkapitel Lengfurt (wie Anm. 4), S. 171f.; MB 37, S. 150 Nr. 153 (1195, Juni 7) und S. 152, Nr. 155 (1196, Febr. 18).

9 Vgl. Amrhein, Landkapitel Lengfurt (wie Anm. 4), S. 172.

10 Vgl. ebd.; MB 38, S. 398–401, Nr. 229 (1307, Mai 14, Testament des Wolfram von Leinach).

11 Vgl. Kap. 6. der vorliegenden Untersuchung.

münster zu entrichten hatten.[12] Dieses Prädium nannte man später die „Pfisters Hube".[13]

Das *Schottenkloster* erhielt durch Schenkung des Würzburger Bürgers Adalbert, der als Mönch in das Kloster eintrat, 1176 dessen Acker in Hettstadt zur Stiftung eines ewigen Lichtes in der Marienkirche beim Schottenkloster.[14]

In einer Urkunde von 1290, Februar 2, bekennt die Meisterin Mechtildis des Klosters Unterzell, dass von den Gütern zu Hettstadt, die früher im Besitz einer Frau Borsin waren und die jetzt ein gewisser Albert bebaut, dem *Kloster St. Stephan zu Würzburg* jährlich 1½ Malter Weizen zu geben sind. Alberts Güter werden die „Zinzels Hube" genannt.[15]

Das *Kloster Himmelspforten* erhielt 1340, April 3, durch Schenkung der „Jutha von Hettenstadt" 3 Morgen Feld in der Gemarkung von Hettstadt.[16]

Den größten Teil der Güter zu Hettstadt besaß das Kloster Unterzell.[17]

Das Zehntrecht lag zu 1/3 beim Würzburger Dompropst und zu 2/3 beim Kloster Oberzell.[18]

1376, Oktober 2, verkauften die Grafen Gerhard und Gotfrid von Rieneck ihre Leibeigenen zu Hettstadt und anderen Orten an den Bischof Gerhard von Würzburg.[19]

---

12 Vgl. Amrhein, Landkapitel Lengfurt (wie Anm. 4), S. 172f.; RB 1, S. 233 (1158).

13 Vgl. Amrhein, Landkapitel Lengfurt (wie Anm. 4), S. 172f.; vgl. Kap. 4.3 der vorliegenden Untersuchung.

14 Vgl. Amrhein, Landkapitel Lengfurt (wie Anm. 4), S. 173; RB 1, S. 293 (1176). Zum Besitz des Schottenklosters in Hettstadt vgl. auch Wieland, Das Schottenkloster (wie Anm. 4), S. 83. Im Jahr 1802 hatte das Schottenkloster zu Würzburg große Getreideeinnahmen in Hettstadt; StAWü, Rechnung 38854. Vgl. dazu auch Anm. 18 der vorliegenden Untersuchung.

15 RB 4, S. 435 (1290, Febr. 2). Zu den Gütern des Klosters St. Stephan zu Würzburg vgl. auch das Protokoll des Sendgerichts zu Hettstadt von 1467, November 13; StAWü, Würzburger Urkunden 75/244; StAWü, Würzburger Urkunden 76/21 (1495, Februar 12: Vererbung von Huben betreffend). Vgl. Amrhein, Landkapitel Lengfurt (wie Anm. 4), S. 175 sowie Kap. 4.1 der vorliegenden Untersuchung.

16 Vgl. Amrhein, Landkapitel Lengfurt (wie Anm. 4), S. 175.

17 Schon 1276 besaß das Kloster Unterzell den Hettstadter Hof und einige Höfe zu Hettstadt: MB 37, S. 464 (1276, Mai 9); MB 37, S. 467 (1276, Juli 29). 1456, April 18 wurde der „Geyselbrechtshof" an das Kloster Oberzell verkauft; StAWü, Würzburger Urkunden 108/207. Vgl. Amrhein, Landkapitel Lengfurt (wie Anm. 4), S. 175 sowie Kap. 4.1 der vorliegenden Untersuchung.

18 Das Zehntrecht zu Hettstadt gehörte zu 1/3 dem Würzburger Dompropst. Der 2/3-Anteil lag bei den Herren von Hohenlohe-Brauneck. Sie gaben dieses Recht als Erblehen an die Familie Goltstein von Crentse und deren Erben. Die Brüder Johann und Diether Goltstein verkauften dann das Recht 1356, Januar 5, für 800 Pfund Heller an das Kloster Oberzell, dem damals der Abt Dietrich vorstand. Gottfried von Hohenlohe, Herr zu Brauneck, von dem der große Zehnt zu Lehen ging, gab 1358, August 18, seine Zustimmung zum Verkauf und eignete dem Kloster Oberzell den von den Brüdern Hans und Diether Goltstein genannt Crentse erkauften großen Zehnt zu Hettstadt zu (RB 8, S. 400; 1358, Aug. 18). Ein weiterer Bruder, Eberhard Goltstein von Crentse, war Pfarrer in Karbach, der als väterliches Erbe den Goltstein'schen Hof erhielt. Dieses Anwesen verkaufte er an das Schottenkloster für 10½ Pfund Denare. Dem Handel zugestimmt haben sowohl seine Brüder als auch der Konvent unter der Leitung des Abtes Philipp. Vgl. Amrhein, Landkapitel Lengfurt (wie Anm. 4), S. 175f.; Kasischke, Hettstadt (wie Anm. 4), S. 53.
Zum Besitz des Schottenklosters in Würzburg in Hettstadt vgl. Wieland, Das Schottenkloster (wie Anm. 4), S. 83. Vgl. dazu auch Anm. 14 der vorliegenden Untersuchung.
Zwei Höfe in Hettstadt, die so genannten „Buschhöfe", waren zehntfrei, mussten dafür aber das Faselvieh (für die Zucht bestimmtes Vieh) halten; StAWü, Gericht Würzburg links des Mains 164 (IV, Auszug aus dem Lehenbuch des Klosters Unterzell). Vgl. Amrhein, Landkapitel Lengfurt (wie Anm. 4), S. 175–177.

19 RB 9, S. 360 (1376, Okt. 2). Zu den Leibeigenen in Hettstadt vgl. Amrhein, Landkapitel Lengfurt (wie Anm. 4), S. 177–179.

2. Landesherrschaft

Zentmäßig gehörte Hettstadt zur Zent Remlingen. Um 1480 gehörte die Zent Remlingen den Grafen von Wertheim, allerdings stand dem Bischof von Würzburg (Amt Homburg) ein Drittel der Zent zu. Nach dem Heimfall der Würzburger Lehen der Grafen von Wertheim im Jahr 1612 beanspruchte Würzburg die Zent Remlingen. Zur Zent Remlingen gehörten 1655 u. a. Greußenheim, Hettstadt, Roßbrunn, Mädelhofen, Waldbrunn, Eisingen. Greußenheim stellte zwei und Hettstadt einen Zentschöffen.[20]

Die Zentgerichtsbarkeit über Hettstadt besaß bis zum Jahr 1612 die Grafschaft Wertheim und von 1612 an das Hochstift Würzburg, dessen Zentgraf im Schloss Remlingen die Gerichtsbarkeit ausübte. Nach der Säkularisation wurde Hettstadt dem Landgericht Würzburg links des Mains zugeteilt, bei dem es unter der kurbayerischen Regierung, unter der Regierung des Großherzogs Ferdinand von Toskana und bei der Vereinigung mit dem Königreich Bayern war.[21]

3. Vogteiherrschaft

Die Vogteigerichtsbarkeit lag beim Frauenkloster Unterzell. Wann dieses in den Besitz gelangte, ist urkundlich nicht feststellbar. 1637 beanspruchte der Abt von Oberzell die Vogtei über die drei dem Kloster Unterzell gehörigen Ortschaften Hettstadt und dem Hettstadter Hof[22], Roßbrunn[23] und Mädel-

---

20 Vgl. Knapp, Die Zenten des Hochstifts Würzburg (wie Anm. 4), S. 998, 1000, 1002f. Waldbüttelbrunn gehörte mit Ober- und Unterdürrbach, zeitweise Heidingsfeld, Höchberg, Randersacker, Würzburg, Zell in der Gassen zur Zent Würzburg (Brücken- und Stadtgericht) und stellte dort zwei Zentschöffen; vgl. Knapp, Die Zenten des Hochstifts Würzburg (wie Anm. 4), S. 1263.

21 Vgl. Amrhein, Landkapitel Lengfurt (wie Anm. 4), S. 170.

22 1840 zählte Hettstadt, Landgericht Würzburg links des Mains, Dekanat Lengfurt, 730 Einwohner, bei 140 Häusern. 24 Mennoniten lebten auf dem Hettstadter Hof; vgl. M. Siebert, Das Königreich Bayern topographisch-statistisch in lexicographischer und tabellarischer Form dargestellt, München 1840, S. 410.

23 Die Vogtei von Roßbrunn (Ruchesbrunn) gehörte den Bischöfen von Würzburg, kam um 1150 als bischöfliches Lehen an Herzog Friedrich von Schwaben, von diesem als Afterlehen an Conrad von Wikarthesheim [Weikersheim bei Mergentheim], durch Kauf an das Kloster Oberzell (Beurkundung 1160) und von diesem an das Frauenkloster Unterzell. Im Jahr 1302 gab es zwischen den beiden Klöstern wegen Roßbrunn Misshelligkeiten; vgl. Amrhein, Landkapitel Lengfurt (wie Anm. 4), S. 388, 390.
Im Lehenbuch des Klosters Unterzell wird der Hof in Roßbrunn 1529 noch als – theoretische – Einheit mit vier Besitzern aufgeführt. 1583 erscheint der Hof in vier Teilen:
1529: *Der Hof:* Besitzer: Linhart Lannig, [seine Mutter] die Witfrau, Endres Pfister, Peter Pfister.
1583: Erster Hof (Hans Lannigs Witwe). Zweiter Hof (Endres Zorn der Alte ½; Lorentz Kempf ½). Dritter Hof (Endres Zorn der Junge ½ ; Hans Pfister ½). Vierter Hof (Bonifatius Ott ½ ; Hans Steigerwald).
1529: *Mühle:* Besitzer: Adam Müller.
1583: Besitzer: Kilian Gampert.
Einzelne Häuser und Hofreiten: Schon 1529 gab es außerhalb des Hofes mit seinen Bauern Söldner, die in Häusern oder auf einzelnen Hofreiten lebten. Als Besitzer werden genannt: Peter Kauth (1 Haus); Claus Mack (1 Haus und Garten); Claus Kohler (1 Hofreite); die Bauern (1 Haus);

hofen.[24] Fürstbischof Franz von Hatzfeld entschied den Streit 1637, August 7, zu Gunsten es Klosters Unterzell.[25]

Das Weistum des Klosters Unterzell für das Dorf Hettstadt aus dem Jahre 1462[26]:

„Item zum ersten so sprechen die schopfen und haben gesprochen mit namen Heinze Weer, Hans Busch, Contz Korner, Heintz Seubeth, Hans Herre, Hans Ochslein, der jung Kelberbach, das mein herr probst von Celle sampt seinem convent sey herr und vogt im dorf zu Hettenstat, zu dorf und feld und auf allen herren guthern.

Zum andern mal sprechen wir zu recht, das mein herr probst von Celle hab zu Hettenstat zu gebiethen und zu verbiethen von sein und seins closters wegen zu seinen rechten und nymand anders.

Zum dritten sprechen wir zu recht, das nymand kein gericht besetzen soll dann mein herr probst von Cell oder sein pfrundnermeister und andere seinem closter verwante. Setzt er aber ein edelmann, so haben wir schopfen den gewalt, das wir mogen aufstehen und kein gericht halten.

Zum vierten hat mein herr probst gewalt zu pfenden uff aller herren guther umb redliche ainung und ein erclagt guth.

Zu dem funften sollen kein auswertige scheff gehen uff unser mark zu Hettenstat als die stein stehen zu Hettenstat, die den zehenden scheiden.

Zu dem sechsten ob ein guth bawfellig were, das von meinem herren probst zu lehen gehe, so soll mein herr probst ein pfrundner schicken, der soll zu ime nemen zwen hubner, die sollen die guther besehen. Erkennen sie [...] das sie bawfellig weren, so sollen sie ime gebiethen von meines herr probsts wegen in vierzehen tagen zu bauen. Thut er das nit, so soll im wider gebiethen in vierzehen tagen, als lang biß er der bueß mueth wird.

Endres und Peter Pfister (1 Söldengut); vgl. Müller, Familienkundliche Quellen (wie Anm. 4), S. 165f.

1764 war ein Bestandshof des Klosters Unterzell in Roßbrunn sehr verwahrlost. Er wurde 1764, November 18, für 2400 fl. an die Beständnerin Eva Seeman verkauft; vgl. Zeißner, Geschichte des Frauenklosters Unterzell (wie Anm. 4), S. 268.

1840 zählte Roßbrunn, Landgericht Würzburg links des Mains, Dekanat Lengfurt, 270 Einwohner bei 37 Häusern; vgl. Siebert, Das Königreich Bayern (wie Anm. 22), S. 410.

24 Der Weiler Mädelhofen (Mettelhofen) wird im Weistum für Waldbrunn im Jahr 1465 zum ersten Mal urkundlich genannt. Er ist eine Gründung des Klosters Unterzell, das wahrscheinlich die zwischen Roßbrunn und Albstadt gelegene Waldfläche ausreuten ließ; vgl. Amrhein, Das Landkapitel Lengfurt (wie Anm. 4), S. 390.

Im Lehenbuch des Klosters Unterzell wird der Hof in Mädelhofen 1529 noch als – theoretische – Einheit mit vier Besitzern aufgeführt. 1583 erscheint der Hof in vier Teilen:

1529: *Der Hof:* Besitzer: Hans Borst, Hans Pfister, Hans Zorn, Claus Weigand.

1583: Erster Hof (die Brüder Endres und Caspar Wolpert). Zweiter Hof (Hans Wolf; Anton Zorn). Dritter Hof (die Brüder Bernhardt und Michel Schmid). Vierter Hof (Veit Dittmann; Kilian Borst); vgl. Müller, Familienkundliche Quellen (wie Anm. 4), S. 166f.

1840 zählte Mädelhofen (Pfarrei und Gemeinde Roßbrunn), Landgericht Würzburg links des Mains, Dekanat Lengfurt, 173 Einwohner bei 20 Häusern; vgl. Siebert, Das Königreich Bayern (wie Anm. 22), S. 410.

25 Vgl. Amrhein, Landkapitel Lengfurt (wie Anm. 4), S. 170; StAWü, Würzburger Urkunden 108, 219. Eine Abbildung des Klosters Unterzell um 1722 stammt von Joseph Raphael Tatz (Museum für Franken, Würzburg, Inv.-Nr. S 67201); vgl. Abb. 2 der vorliegenden Untersuchung.

26 StAWü, Miscell. 5713. Das Frauenkloster Unterzell wird in dem Weistum von seinem Propst vertreten. Zum Hettstadter Weistum vgl. auch Kasischke, Hettstadt (wie Anm. 4), S. 25f.; StAWü, Standbuch 710, S. 46.

Zu dem sybenden. Welcher ein fuder stroeß [= Stroh] von meines herren probsts guth fuert, wird er beruffen, ist er meinem herren probst schuldig ein pfundt zu bueß, von einem karren funfzehen pfennig, von einer burden drey pfennig, von einem fuder mists funfzehen pfennig, von einem karren mists achthalben pfennig.

Zu dem achten. Wenn einer den andern uberlauffe mit frevel und gewapneter hand uff dem sein, der ist schuldig meinem herren probst ½ pfund.

Zu dem neunten. Wenn einer dem andern lud uf meines herren probsts gericht und einer von dem andern frembd herschafft clagweyß furbracht sucht, der wer meinem herren probst verfallen zehen pfund an meines herrn probsts wert.

Zum zehenden. Wer wein schenkt am kirbentag, aber mein herren probst wann im das verbothen wurd, der ist meinem herren probst schuldig zehen pfund. Und wer wein schenkt ungesatzt, der seind zwey meines herren probsts und zwey der gemeind. Und welcher die maß einfullet uff dem orth, der ist schuldig der gemeind 3 pfennig als oft er des beruffen wird.

Zu dem alften. Welcher in meins herren probsts holtz fure und ein ainung waget, keme ein forster und er lieff ine vor dem thor, also das er wurff sein stab zwischen das thor unter die hintersten reder [= Räder], so hat ine mein herr probst zu buessen.

Zu dem zwelfften. Wann einer ein fuder korns furt von meines herren probsts ecker, wann man ime das verbueth, so ist er meinem herren probst schuldig 30 pfennig, von einem karren 15 pfennig und der gemain auch sovil.

Zu dem dreyzehenden. Wann ein beschrait gericht ist, welcher dann nicht darin were, der wer meinem herren probst schuldig 15 pfennig und was clag gelts gevelt in dem gericht, das ist meins herren probsts und halber des schulthesen. Es soll auch nymand ein gemainen knecht dingen, dann ein gantze gemaind.

Zu dem vierzehenden. Auch soll mein herr probst von Celle ein zimlich atzung machen. Wann ers sich zuvil macht, heran die armen den gewalt, das sie ine nit hielten.

Zu dem funfzehenden. Wer aigen rauch hie hat, der soll meinem herren probst huldung thun und gehorsam sein, er sey ehelich oder nit, ongeverde als andere nachbaure.

Zu dem sechzehenden. Das alle die, so guther von meinem herren probst haben, sollen sie in guthen wesenlichen bauen halten. Wer er erfunden, ist meinem herrn probst schuldig, zum ofternmal in gebothen.

In dem sybenzehenden sprechen wir ab einen frucht verkauft uf dem veldt und hat sein gult nicht zu bezalen, so hat mein herr probst den kauffer zu zwingen, das er also vil wider must geben, das er oder sein closter bezalt wird seiner guldt.

Zu dem achzehenden. Wurd der schultes do gebieten von eines herren probsts wegen, helt einer dasselbig nit und nit thet, ist einer meinem herren probst verfallen 10 pfund on widerrede."

Das Weistum des Klosters Unterzell aus dem Jahre 1462 zeigt das Frauenkloster, vertreten durch seinen Propst, als alleinigen Vogteiherrn. Es hat das Recht, Gericht zu halten. Niemand darf sich in seine Rechte einmischen. Als

Grundherr trägt es auf seinen Gütern Sorge für den ordentlichen Zustand des Besitzes. Es kann Strafen und Bußen aussprechen. Seine Untertanen dürfen nicht vor fremden Herren klagen. Der Propst nimmt die Erbhuldigung entgegen. Bei der Ausübung seiner Aufgaben ist er in Hettstadt von der Gemeinde zu verpflegen.

4. Grundherrschaft

4.1 Unterzeller Huben

Die Angaben zur Lage der Huben im Dorf geben den Stand von 1659 wieder.[27]

1. Hube:

Das Große Erblein; 1529 „an des Schultheß Hofe". Lage: ungebaute Hofreite unter Wegs; Anstößer: Beußenhof [16. Hube] und Senkeßen Erb [= 7. Hube]. Zins an das Kloster Unterzell: 11 Malter Korn, 1 Fastnachtshuhn.

Söldengut

Hofreite. Lage: zu Eck unten an der Langen Gasse, Anstößer außen der Ochsenhof [= 3. Hube]. Zins an das Kloster Unterzell: 1 Pfund 18 Pfennig, 2 Fastnachtshühner.

2. Hube:

Die Zinsles Hube, 1529 Zindelshube, hinter dem Dorf, hat an das Siechenamt gehört. Lage: Hofreite neben dem zehntfreien Hof, Anstößer oben Georg Schmidt und der Ochsenhof [= 3. Hube]. Zins an das Kloster Unterzell: 1529: 4 Malter Korn; 1583: 2 Malter 1 Metzen 1 Dreiling Weizen und 2 Pfund 26 Pfennig.

3. Hube:

Der Ochsenhof; 1529 „hinter dem Pfarrhof"; der Hof ist zehntfrei; Besitzer müssen das Faselvieh (für die Zucht bestimmtes Vieh) halten. Lage: Anstößer außen an die Zinsleshube [= 2. Hube], innen das Söldengut. Zins an das Kloster Unterzell: 15 Malter Korn, 4 Malter Weizen, 40 Metzen Hafer, 1 Fastnachtshuhn.

4. Hube:

Das Lehen bei dem Tor oder Kappes Erb; 1529 Kappes Gut. Lage: Anstößer oben Hans Gehr mit dem Gotteshauslehen, unten „die gemeine Straße" neben

[27] Vgl. Müller, Familienkundliche Quellen (wie Anm. 4), S. 150, 152–163. Hier wird das Unterzeller Zins- und Gültbuch von 1583 (StAWü, Standbücher 709 und 710) ausgewertet, das bis 1600 laufend fortgeführt wurde und in dem die Besitzer der 18 nach Unterzell zinsbaren Huben in Hettstadt und der jeweils vier Höfe in Roßbrunn und Mädelhofen aufgelistet werden. Im Jahr 1659 wurde das Buch überarbeitet. Beschreibungen in diesem Buch verweisen auf ältere Bücher: StAWü, Rentamt Würzburg links des Mains 141 (Lehenbuch von 1529); StAWü, Rentamt Würzburg links des Mains 142 (Zinsbuch von 1530, das „grüne Buch"); StAWü, Rentamt Würzburg links des Mains 144 (Gültregister von 1545).
Der Aufsatz von Claus Müller liefert einen guten Überblick über die Familiennamen in Hettstadt in den Jahren 1529, 1583 und 1659, sowie über die Neubürger und ihre Herkunftsorte von 1609 bis 1680.
Im StAWü gibt es weiter ein Gültbuch von Unterzell für die Jahre 1630–1654 (StAWü, Gericht Würzburg links des Mains 6a-b) sowie Gültbücher für die Jahre 1694–1756 (StAWü, Rentamt Würzburg links des Mains 44, 45, 46, 47, 48, 49, 50a-c, 51, 52a-b, 53, 54, 55, 56).

Michael Schmidt mit der Herrenhube [= 1. Hube, Das Große Erblein]. Zins an das Kloster Unterzell: 6 Malter Korn, 19 Metzen Hafer.

5. Hube:
Ober dem Brunnen oder Veit Körners Erb; 1529 „ober dem Bron". Lage: Anstößer oben Michel Seubert, alter Schultheiß, mit einer Zinshube [= 6. Hube, Bernhards Erb]; unten die gemeine Straße neben Michel Roth mit dem Kelberbachs Erb [vgl. Kloster St. Stephan]. Zins an das Kloster Unterzell: 6 Malter Korn, 10 Metzen Hafer.

6. Hube:
Bernhards Erb; 1529 „bei Altertheims Hub". Lage: Anstößer oben der gemeine Weg; unten die Herrenhube[28] und das Gotteshauslehen. Zins an das Kloster Unterzell: 8 Malter Korn, 1 Fastnachtshuhn.

7. Hube:
Senckesen Erb oder „bei dem Brunnen"; 1529 „bei dem Bron". Lage: Anstößer außen Stoffel Dittmann mit dem Großen Erb [= 1. Hube]; innen ein gemeiner Graben bei dem Brunnen. Zins an das Kloster Unterzell: 2 Malter Korn, 2 Malter Weizen, 1 Fastnachtshuhn.

8. Hube:
Das Klein Erblein in der Krottengasse; 1529 „neben Peter Buschs Wiese in der Krottengasse". Zins an das Kloster Unterzell: 1529: 2 Malter Korn; 1583: 1 Malter 7 Metzen drei Dreiling Korn. Dieses Lehen gibt zu $^1/_3$ in das Kloster Unterzell und zu $^2/_3$ in das Stift Neumünster zu Würzburg.

Eine Hofreite

Lage: Anstößer oben Barthel Schäffer mit dem Dürren Hof [vgl. Abgaben an das Stift Neumünster]; unten Caspar Kohl.

9. Hube:
Altertheims Hube; 1529 Altertheims Hube. Lage: Hofreite; Anstößer Stefan Siedler mit dem Lodten Erb [= 14. Hube] und die Rügemer mit Zinsgütern; außen ein „gemeiner Weg"; unten Hans Rehm mit dem Hampeles Erb [= 17. Hube]. Zins an das Kloster Unterzell: 9 Malter Korn, 1 Fastnachtshuhn.

10. Hube:
Heintzen Erb; 1529 „bei des Pfarrers Wiesen". Lage: gebaute Hofreite unter Wegs; stößt hinten an die Pfarrwiesen; Anstößer gen Zell Jobst Meiniger mit einer Zins-Hofreite; dann gegen den Baum Endres Rügemer mit einer Zins-Hofreite. Zins an das Kloster Unterzell: 4 Malter Korn, 30 Metzen Hafer, 6 Martinshühner.

11. Hube:
Geiselbrechts- oder Müllers-Hof; 1529 Geißelberts Hof. Lage: ungebaute Hofreite; Anstößer unter „Wegs gegen Zell" Caspar Seubert mit dem Reichenhof [= 12. Hube]; oben oder „gegen dem Brunnen die Krötengasse". Zins an das Kloster Unterzell: 17 Malter Korn (ab 1537 16 Malter Korn, 1 Malter zur Ziegelhütte gezogen), 1 Fastnachtshuhn.

---

[28] Das Domkapitel besaß die Herrenhube (StAWü, Standbuch 99, fol. 158ff.), die 1656 abgebrannt und nur noch ein Grasgarten war; die dazugehörigen Äcker waren in Hunderte von Teilen zerstückelt; vgl. Müller, Familienkundliche Quellen (wie Anm. 4), S. 172f. Anm. 12.

12. Hube:
Kolben oder Bulchen Hof, auch Reichenhof; 1529 Reichenhof. Lage: gebaute Hofreite, so ein Eck bei dem „Tor gegen Zell“ unter Wegs; Anstößer innen die Krötengasse und Hans Rehmen Erben mit dem Müllers-Hof [= 11. Hube]. Zins an das Kloster Unterzell: 20 Malter Korn, 1 Fastnachtshuhn.

13. Hube:
Schrecken Erb, Schmidtles Hube genannt; 1529 Schmidtles Hube. Lage: gebaute Hofreite ober Wegs; ein Eck an der „Langen Gasse 2; Anstößer gegen Roßbrunn gemelte Gasse; gegenhalb Michel Roth mit dem Kelberbachs Erb [vgl. Kloster St. Stephan]; oben Schaf-Georg mit einer Zins-Hofreite. Zins an das Kloster Unterzell: 6 Malter Korn, 10 Metzen Hafer, 1 Fastnachtshuhn.

14. Hube:
Henle Götzen Hube oder Lothen Erb; 1529 Loden Erb. Lage: Hofreite oben im Dorf, so ein Eck Anstößer oben an das Gotteshauslehen, unten die Rügemer mit Zinsgütern, neben die Alterts Hube [= 9. Hube]. Zins an das Kloster Unterzell: 8 Malter Korn, 1 Malter Weizen.

15. Hube:
Metznerin Hube; 1529 wohl „eine Hube oder Söldengut zwischen Hans Seuberten und Heintzen Seuberten“; Oblei [des Domkapitels ?]. Lage: Hofreite oben im Dorf; Anstößer Stefan Siedler und Georg Rügemer mit oberzellischen Lehen; unten Martin Rötlein mit dem Gotteshauslehen; gehört zu $^2/_3$ dem Kloster Unterzell und zu $^1/_3$ St. Stephan. Zins an das Kloster Unterzell: 1529: 2 Malter Weizen, 1 Pfund Geld von einem Afterlehen. Gibt noch $^3/_8$ Weizengült nach St. Stephan.

16. Hube:
Krenchen oder Busch Hof, der Beußenhof; 1529 „Schreckenhof“. Lage: gebaute Hofreite ist samt allen eingehörigen Feldgütern zehntfrei und hingegen der Gemeinde ein Beußen [Ochsen] zu halten schuldig. Anstößer außen Georg Schmidt, Schaf-Jörg [vgl. 13. Hube], mit einer Zinshofreite; innen Michael Schmidt, Schultheiß, mit dem großen Erb [= 1. Hube]. Zins an das Kloster Unterzell: 7 Malter Korn, 2 Malter Weizen, 20 Metzen Hafer, 1 Fastnachtshuhn.

17. Hube:
Zwischen dem Öchslein [vgl. 3. Hube] und Altertheim [= 9. Hube], Hampeles Erb genannt. Lage: gebaute Hofreite; Anstößer oben Paulus Seubert mit der Altertheim Hube [= 9. Hube], unten Stefan Reichard mit der Hube zwischen den Toren [= 4. Hube]. Zins an das Kloster Unterzell: 4 Malter Korn, 1 Fastnachtshuhn.

18. Hube:
Zwischen dem Tor und Henle Müller; 1529 „als man zu Würzburg geht“. Lage: gebaute Hofreite; ist ein Eck Anstößer oben Claus Geißler mit dem Hampeles Erb [= 17. Hube], unten eine gemeine Straße und das Tor, hinten das Gotteshauslehen. Zins an das Kloster Unterzell: 4 Malter Korn, 10 Metzen Hafer, 1 Fastnachtshuhn.

4.2 *Huben des Klosters St. Stephan zu Würzburg*[29]

Im Jahr 1460 werden genannt die Zinsles Hube, die Hube in der Cretengasse und die Kelberbachs Hube.

19. Die Hube in der Cretengasse:
Lage: Die letzte Hofreite gegen das Feld; stößt auf der einen Seite an die Kelberbachs Hube und dorfs halben an Fritz Schrecken Hube [vgl. 16. Hube].

20. Kelberbachs Hube:
Im Jahr 1468[30] liegt diese Hube gegenüber der Zinsles Hube; stößt auf der einen Seite an die Pfisters Hube und auf der anderen Seite an ein dem Pfarrer zinspflichtiges Söldengut. Dazu noch mehrere Afterlehen. Die Zinsles Hube wird bereits 1290, Februar 2 erwähnt. [Zur Zinsles Hube vgl. 2. Hube.][31]

4.3 *Huben mit Abgaben an die Kellerei des Stiftes Neumünster zu Würzburg*[32]

21. Hube:
Die Hube lieferte der Kellerei im 17. Jahrhundert eine jährliche Gült von 6 Malter Weizen. Zur Lage wird vermerkt: „Diese Güter nennen die Hettstadter den Dürrenhof."

Das Stift Neumünster erhält auch Abgaben aus der 8. Hube.

---

29 Vgl. Müller, Familienkundliche Quellen (wie Anm. 4), S. 163f. Hier werden ausgewertet: StAWü, Standbuch 623 [Zins- und Gültbuch 1461–1468], Standbuch 625 [Zins- und Gültbuch 1468–1482ff.], Rentamt Würzburg Stadt 742, Rentamt Würzburg Stadt 743, Rentamt Würzburg Stadt 738, Rentamt Würzburg Stadt 739 [Einnahmeverzeichnisse von 1530, 1531, 1560, 1576, 1467, 1495].
Das Kloster St. Stephan besaß die Kelberbachs Hube alleine sowie Anteile an der Zinsles und der Metznerin Hube; vgl. Müller, Familienkundliche Quellen (wie Anm. 4), S. 172 Anm. 12 sowie Amrhein, Landkapitel Lengfurt (wie Anm. 4), S. 173f; RB 4, S. 435 (1290, Febr. 2). Im Jahr 1797 hat das Kloster St. Stephan in Hettstadt Gülteinnahmen von 3 Malter Weizen; StAWü, Rechnung 21626.

30 1468 gehörten zur Kelberbachs Hube 33 Morgen auf Waldbüttelbrunner, 34 Morgen auf Greußenheimer und 39 Morgen auf Hettstadter Flur; vgl. Müller, Familienkundliche Quellen (wie Anm. 4), S. 163, 175 Anm. 41 sowie Amrhein, Landkapitel Lengfurt (wie Anm. 4), S. 173f.

31 Vgl. Müller, Familienkundliche Quellen (wie Anm. 4), S. 173f. Anm. 20 sowie Amrhein, Landkapitel Lengfurt (wie Anm. 4), S. 173f.

32 Vgl. Müller, Familienkundliche Quellen (wie Anm. 4), S. 164. Hier wird ausgewertet StAWü, Rentamt Würzburg Stadt 153, fol. 136ff. (Zins-, Gült- und Handlohnbuch von 1590 mit Nachträgen von 1615, 1642 und 1649).
Dem Neumünsterstift gehörte seit 1158 ein Prädium in Hettstadt (StAWü, Standbuch 213, fol. 4), das bei August Amrhein (vgl. Amrhein, Landkapitel Lengfurt [wie Anm. 4], S. 173) die Pfisters Hube genannt wird. Dieser Name findet sich 1468 als Anstößer im Zinsbuch des Klosters St. Stephan. In den Quellen des 16. und 17. Jahrhunderts wurde diese Hube „Dürrenhof" genannt; vgl. Müller, Familienkundliche Quellen (wie Anm. 4), S. 172f. Anm. 12. Vgl. auch Kap. 1. der vorliegenden Untersuchung.

5. Pfarrei

Bereits im Jahr 1170 wird in Hettstadt eine Kirche erwähnt, als nämlich in der Pfarrkirche zu Zell die Confessio des Altars erbrochen und entweiht worden war. Der Dompropst war damals Patron der Pfarrkirche zu Zell. Er gab seine Zustimmung, als Bischof Herold die Pfarrei Zell mit Hettstadt vereinigte und Hettstadt der Pfarrsitz wurde.[33]

1545 umfasste der Pfarrverband die Orte Hettstadt, Erlabrunn, Margetshöchheim, Roßbrunn[34], Mädelhofen, Eisingen, Waldbrunn, Hof Heerstadt und Zell. Damals traten der Dompropst und das Domkapitel die Pfarrei Hettstadt

---

[33] Vgl. J. B. Keßler, Die vormalige Abtei Oberzell (wie Anm. 4), S. 66. Bereits kurz nach der Gründung des Prämonstratenserklosters Oberzell 1128 hatte das Kloster die Kirche in Zell vom Domkapitel Würzburg übernommen mit der Bedingung, dass es „in Zell entweder eine neue statt ihrer errichte oder, wenn dies vorteilhafter sei, eine andere Kirche dieser Pfarrei zur Mutterpfarrei mache". 1170 wurde dann Hettstadt zu dieser „Mutterpfarrei". Die Kirche in Hettstadt war damals schon St. Sixtus geweiht, dem Schutzpatron des Klosters Holzkirchen. Die Altpfarrei Hettstadt umfasste wohl den Ostteil des Zentbezirkes Remlingen ebenso wie den vom Kloster Oberzell geprägten späteren Pfarreiverband mit dem Umkreis um Hettstadt und den drei linksmainischen Orten Zell, Margetshöchheim und Erlabrunn. Auch in Eisingen ist 1291 „auf einem Hügel" ein Friedhof belegt, ein sicheres Anzeichen für eine Dorfkirche; vgl. Reiner Strätz, Waldbrunn. Geschichte einer Gemeinde in Unterfranken, [Waldbrunn 2014], S. 45; Gerd Zimmermann, Neubrunn – Holzkirchen – Fulda. Zur ältesten Erwähnung Neubrunns im Retzbacher Vertrag von 815, in: August Gehrsitz/Johannes Schreiber (Hg.), 1150 Jahre Neubrunn. Ein Heimatbuch, Neubrunn 1965, S. 19–31; StAWü, Urkunde Nr. 131 in der Sammlung des Historischen Vereins zu Würzburg. Auf das hohe Alter der Pfarrei Hettstadt weisen auch die barocken Reliquiare auf dem Hochaltar der Pfarrkirche hin mit ihren Reliquien von Kilian, Kolonat, Totnan und Bonifatius.

Pfarrer zu Hettstadt (bis 1803): Otto II. von Wolfskeel (um 1330); Paul Gobel (1467–); Heinrich Scholl (1479–); Jost Semmelmann (1491–); Paul Gobel (1496–); Georg Pewtler (bis 1520); Johannes Christopheri (1520–1529); Martinus Ebe (1529); Sebastian Pflüger (1550–); Jodokus Klüpfel (1562–); Markus Schwab (1570–); Theoderich Rappolt (1578–1579); Oktavianus Thurkh (1579); Jakob Pfeiffer (1579–1581); Michael Kupfermüller (1581–1585); Wilhelm Grob (1585–1589); Sebastian Rapp (1589–1592); David Pierius (1592); Balthasar Stoltz (1593–1594); Abel Buchel (1595); Johann Lotter (1595–1597); Ambros Bechthold (1597–1599); Petrus Wassermann (1602–1604); Johann Fuchs (probeweise 1604); Georg Weidenmüller (1604–1605); Johann Artmeyer (1605–1609); Matthäus Ehrmann (1609); Johann Hammermeister (1614–1615); Johannes Siglinus (1615–1616); Martin Frieß (1616–1617); Johannes Schleenried (1617–1626); P. Matthäus Rudolphi (1626–1628); P. Anton Bulbeckh (1628–1629); P. Georg Keller (1629–1632); P. Bartholomäus Hofmann (1632–1648); P. Georg Schottdorff (1648–1650); P. Martin Herberth (1650–1657); P. Johann Reinard (1657–1666); P. Milo Neubauer (1666–1667); P. Bartholomäus Schmuckh (1667–1672); P. Heinrich Geiß (1672–1674); P. Ludwig Born (1674–1676); P. Milo Neubauer (1676–1679); P. Stephan Koch (1679–1682); P. Heinrich Geiß (1683–1694); P. Alexander Reumann (1694–1696); P. Laurentius Emmert (1696–1720); P. Nikolaus Plaß (1720–1729); P. Heinrich Boller 1729–1746); P. Kilian Dumor (Pfarrverweser 1746); Johann Martin Gloß (Pfarrverweser 1746–1747); Johann Martin Wünsch (1747); Johann Martin Gloß (Pfarrverweser 1747); P. Franziskus Bözel (1747–1776, in der Kirche zu Hettstadt begraben); P. Edmund Thein (1777–1810); vgl. Amrhein, Landkapitel Lengfurt (wie Anm. 4), S. 181–186 und Friedrich Kasischke, Hettstadt (wie Anm. 4), S. 50f.

[34] Im 16. Jahrhundert war in Roßbrunn an der Stelle des heutigen Friedhofs eine Kirche vorhanden, die aber zerstört wurde. In der Visitationsrelation des Dekanates Karlstadt von 1580 wird über Roßbrunn berichtet: „Soll dis volckh durchaus in der waren religion und empfangung der sacrament ungehorsam sein, ir pfarkirchen Hettstatt nit meher besuchen, sonder lauffen zum predicanten der widerwertigen religion in das dorf Uttingen [Üttingen]."; Thomas Wehner (Bearb.), Realschematismus (wie Anm. 4), S. 120.

1774/75 wurde in Roßbrunn wieder eine Kapelle gebaut (Abriss der Kapelle 1874/75). 1831 wurde die Pfarrei Roßbrunn errichtet. 1872 wurde die in der Dorfmitte aus dem Vermögen der verstorbenen Posthalterstochter Margaretha Horn erbaute Pfarrkirche vollendet. Sie übernahm das Patrozinium der alten Kirche (St. Joseph); vgl. Amrhein, Landkapitel Lengfurt (wie Anm. 4), S. 392–396; Thomas Wehner (Bearb.), Realschematismus (wie Anm. 4), S. 119–124.

mit den zugehörigen Filialen an das Kloster Oberzell ab, das nun die Pfarreinkünfte bezog und durch einen Klostergeistlichen, der vom Abt und Konvent die Präsentation erhielt, die Pfarrei betreuen ließ.[35] Die Pfarrei Hettstadt gehörte bis 1811 zum Dekanat Karlstadt und kam dann zum Dekanat Lengfurt. 1906 kam die Pfarrei zum Dekanat Würzburg links des Mains.

Älteste Bausubstanz der heutigen Pfarrkirche, die dem Heiligen Papst Sixtus geweiht ist, ist der 1598 unter Fürstbischof Julius Echter erbaute viergeschossige Turm, in dem u.a. eine Glocke aus dem Jahr 1494 hängt. 1661 erfolgte der Bau des eingezogenen Chores und des flachgedeckten Langhauses. Eine Verlängerung des Langhauses in westlicher Richtung erfolgte 1727/28. Eine erneute Erweiterung der Kirche fand 1933 statt.[36]

---

35 StAWü, Miscell. 3222; vgl. Amrhein, Landkapitel Lengfurt (wie Anm. 4), S. 180–198.

36 Vgl. Thomas Wehner (Bearb.), Realschematismus (wie Anm. 4), S. 52f. Zu den Hettstadter Pfarrern vgl. Amrhein, Landkapitel Lengfurt (wie Anm. 4), S. 181–186 und Kasischke, Hettstadt (wie Anm. 4), S. 50f. Für die Untersuchung wurden nicht herangezogen die Bestände im Diözesanarchiv Würzburg (Pfarrchroniken; Series parochorum; Kartei von Ludwig Weiß für Würzburger Geistliche; Abschriften der Weihematrikel ab 1530 von August Amrhein). Vgl. dazu auch Anm. 33.
In der Pfarrkirche zu Hettstadt befindet sich ein wertvolles Ziborium aus vergoldetem Silber, das vom Augsburger Goldschmied Caspar Xaver Stippeldey (1735 getauft; 1765 Meister; † 1808; Meistermarke CXS; Jahresbuchstabe auf dem Ziborium „W“ = 1773–1775; vgl. Marc Rosenberg, Der Goldschmiede Merkzeichen, Bd. 1, Frankfurt a.M. 1922 [3. Aufl.], S. 410 Nr. 2505) hergestellt wurde. Auf dem Ziborium ist eingraviert, dass es „ex legato“ von dem Würzburger Hofrat Johann Christian Joseph Unger stammt. Dieses Ziborium wird erwähnt im „Waldbrunner ‚Guttäther-Buch‘ (1700–1781), erstellt von Frater Laurentius Emmert, Prämostratenser von Oberzell, zur Zeit in Hettstadt, Waldbrunn etc. Kuratus“, das sich im Pfarrarchiv Hettstadt befindet. Hier heißt es: „Pro anno 1778 hat H. Geheimer Rath Gerlach als Testamentarius über die verlassenschaft des H. Hofrath Unger einen silbernen kelch mit paten[e] aber ohne löffelein und sehr prächtiges silbernes ciborium in die Waldbr[unner] kirch abgegeben, wobey die kirch zum praesent dem überbringer 12 Batzen gegeben. Ferner hat die kirch 1 fl. zahlen müssen für die in denen rändten des kelchs und cibori eingegrabene oder gestochene schrift und wiederum 66 Kreuzer für portogeld nacher Augspurg, um allda den kelch repariren zu lassen, dann die cuppa hatte ein kleines löchlein. Der kelch hat gekostet 90 Guldentaler, das ciborium 120 Guldentaler.“ Im Jahre 1825 wurde das Ziborium von der Pfarrei Hettstadt erworben; vgl. Felix Mader (Bearb.), Bezirksamt Würzburg (Die Kunstdenkmäler des Königreichs Bayern, Die Kunstdenkmäler von Unterfranken und Aschaffenburg III), München 1911, S. 68.
Johannes Christian Joseph Ignatius Unger war Doktor beider Rechte, kaiserlicher Hofpfalzgraf, Würzburger Hof- und Regierungsrat und ordentlicher Professor an der Universität Würzburg. Er starb am 1. November 1775 und wurde in der Pfarrkirche St. Peter und Paul in Würzburg begraben. Dieser Pfarrkirche vermachte er auch ein Legat von 100 Imperiales [Imperial = russische Goldmünze, die zuerst unter Zarin Elisabeth im Jahr 1755 geprägt wurde] mit der Auflage, dass auch seine Mutter und seine Frau hier begraben werden, das Grab wenigstens 100 Jahre besteht und jährlich drei Heilige Messen an den jeweiligen Todestagen gelesen werden; Diözesanarchiv Würzburg, Matrikel der Pfarrei St. Peter und Paul. In der Universitätsbibliothek Würzburg befinden sich 28 Schriften von ihm aus den Jahren 1749–1775, darunter 17 Dissertationen, die bei ihm eingereicht wurden. 1749 übernahmen er, Hofrat Ebenhöch und Regierungssekretär Sartorius beim weltlichen Gerichtsverfahren im Hexenprozess gegen die Unterzeller Subpriorin Maria Renata Singer von Mossau die Verhöre. Dies war der letzte Hexenprozess im Hochstift Würzburg, der mit der Verbrennung von Renata Singer endete (www.oehring.net/hexenbruch/04html; letzter Zugriff: 25.02.2018; Staatsarchiv Würzburg Ms.f. 20).
Die Pfarrkirche in Waldbüttelbrunn erhielt von Joannes Christian Joseph Ignatius Unger als Legat eine Monstranz aus Silber mit echten Steinen (eingraviert „ex legato“, Name des Stifters und „requiescat in pace“), die der Würzburger Goldschmied Johann Dörfer angefertigt hatte, sowie einen vergoldeten silbernen Messkelch (eingraviert „ex legato“, Name des Stifters und „requiescat in pace 1776“) vom gleichen Goldschmied. Die Monstranz trägt das Wappen des Stifters. Zu Johann Dörfer vgl. Marc Rosenberg, Der Goldschmiede Merkzeichen, Bd. 3, Frankfurt a.M. 1925 (3. Aufl.), S. 384 Nr. 4949.
In den Matrikeln der Pfarrei St. Peter und Paul in Würzburg sind unter dem Namen „Unger“ im 18. Jahrhundert folgende Einträge zu finden: Friedrich Joseph Unger, Lizentiat beider Rechte,

6. „Hettstadter Hof“

Von den 1 392 Hektar (9 Hektar Gebäude, 1 172 Hektar Äcker, 10 Hektar Wiesen, 159 Hektar Gemeindewald, 6 Hektar Privatwald, 10 Hektar Ödungen, 26 Hektar Wege) der Hettstadter Gemarkung fallen 228 Hektar auf den Hettstadter Hof.[37] Das Landgut Hettstadt war ein Obleigut des Domkapitels.[38] Die Hofbeständner des Hofes „Heerstatt“ hatten im Jahr 1607 132 Malter Korn und 26 Malter Hafer zu liefern. Die um 1600 neu gebauten Schafscheuern kosteten 308 fl. Der Hof umfasste im Jahr 1803 vier ganze Höfe mit 875 Morgen 10½ Ruthen. Mit dem Hof war eine Schäferei von 480 Stück verbunden.[39] Vor der Säkularisation war der Domherr Johann Joseph Heinrich von Ernst Freiherr von Würzburg († 1800, Januar 3) Besitzer des Landgutes Hettstadt. Sein Erbe war der Domizellar Johann Franz Lothar Konstantin Freiherr von Würzburg, der aber auf seine Präbende verzichtete und sich 1808, Januar 19, mit Karoline Freiin von Mauchenheim genannt Bechtolsheim verehelichte,

---

kaiserlicher Hofpfalzgraf, würzburgischer Geheimrat, Konsulent des Juliusspitals, Jagd- und Propstei Wechterswinkelscher Konsulent (zu 1749, 1752, 1756; vgl. Friedrich Merzbacher, Das Juliusspital in Würzburg, Bd. 2: Rechts- und Vermögensgeschichte, Würzburg 1979, S. 103, 106, 274f.). Friedrich Joseph Unger († 1770, November 29 im Alter von 70 Jahren; im Benediktinerkloster St. Stephan zu Würzburg begraben) heiratete 1724, Dezember 14 Maria Sabina Theresia, geborene Fries († 1769, August 24). Als Kinder von Friedrich Joseph Unger werden erwähnt Georg Benedikt (getauft 1731, August 28; † 1738, Mai 13), Anna Maria Josepha († 1739, April 27 im Alter von 14 Jahren) und Anna Maria Josepha (getauft 1738, Februar 27).
Die Eheschließung zwischen dem Witwer Johannes Unger und Maria Philippina, geborene Rauschers 1703, September 17, dürfte den Vater von Friedrich Joseph betreffen. Johannes Unger war Bamberger Beamter in den Besitzungen dieses Hochstifts in Wolfsberg in Kärnten [1759 kaufte Kaiserin Maria Theresia für 1 Million Gulden die Besitzungen in Wolfsberg und im Lavanttal von Bamberg].
Weiter werden erwähnt Georg Unger, Soldat († 1700, Juli 3) und Caspar Unger (im Militärdienst, † 1723, Februar 15, im Alter von 50 Jahren).
1795, September 3, wurde Johann Karl getauft (Vater: Augustin Unger von Löwenberg, kaiserlicher Kriegskommissar; Mutter: Theresia, geborene von Tastracs).
1794 wurde Franz Anton Unger, Mährischer Kameral- und Kriegszahlkassier als Edler von Löwenberg in den erblichen österreichischen Adelsstand erhoben; vgl. Heinrich Kneschke, Neues allgemeines Deutsches Adels-Lexicon, Leipzig 1859–1870 (Nachdruck 1930), Bd. 9, S. 339.

37 Vgl. Amrhein, Landkapitel Lengfurt (wie Anm. 4), S. 169. Der Hettstadter Hof ist identisch mit der in der lateinischen Würzburger Markbeschreibung von 779, Oktober 13, erwähnten Örtlichkeit „Herostat“. 1259 wird er „Heerstat“ genannt, 1276 nennt das Domkapitel „curiae nostrae in Herstat et Hettenstat“; vgl. Willner, Die beiden Würzburger Markbeschreibungen (wie Anm. 4), S. 34.
1276, Mai 9, verkaufte die Meisterin Mechtildis des Klosters Unterzell den Klosterhof „Der lange Cunrad“ an die Juden Abraham Fretzelin und Meckelin nebst deren Erben. Damit der Zins, der von diesem Hof an das Würzburger Domkapitel zu entrichten war, nicht verlorenging, belegte die Meisterin im Einvernehmen mit dem Würzburger Bischof Bischof Berthold von Sternberg damit die verbleibenden Klosterhöfe in Hettstadt und den Hettstadter Hof.
Ein weiteres Landgut, bewirtschaftet von Contze Oschlin von Hettstadt, der dafür eine jährliche Gült von 20 Malter Korn nebst einem Fasnachtshuhn zu entrichten hatte, verkaufte die Unterzeller Meisterin Anna, eine geborene Gräfin von Wertheim, 1456, April 18, an das Kloster Oberzell für 250 rheinische Gulden; vgl. Kasischke, Hettstadt (wie Anm. 4), S. 53.
Zum Hettstadter Hof vgl. auch Amrhein, Landkapitel Lengfurt (wie Anm. 4), S. 169. Der Hettstadter Hof ist nach der Säkularisation durch Verkauf durch den bayerischen Staat in den Besitz der Freiherren Groß von Trockau übergegangen. Zum Hettstadter Hof vgl. auch Kap. 1. der vorliegenden Untersuchung.
Zur Zahl der Familien in Hettstadt vgl. Müller, Familienkundliche Quellen (wie Anm. 4), S. 150 und Amrhein, Landkapitel Lengfurt (wie Anm. 4), S. 169.

38 Vgl. Kap. 1. der vorliegenden Untersuchung.

39 Vgl. Zeißner, Geschichte des Frauenklosters Unterzell (wie Anm. 4), S. 268.

wodurch das Landgut Hettstadt an den Staat heimfiel, der nun die bisher an die Domherrn zu entrichtenden Gülten und Zinsen der betreffenden Hofbauern vereinnahmte.[40]

7. Exkurs: Schatzungsbücher und Grundsteuerkataster

Neben den Grundlagerbüchern, mit den Besitzungen des Grundherren, gab es im 18. Jahrhundert die Schatzungsbücher. Hier war das Eigentum der einzelnen Hausbesitzer und anderer Personen aufgezeichnet und in seinem Wert geschätzt. Vorgänge rund um die Immobilien wurden notiert: Neubauten, Grundstückstausch, -kauf und -verkauf, Erbteilungen und Abgaben.

Einen guten Überblick über die Entwicklungen, die zum Entstehen des Grundsteuerkatasters und des Grundbuches führten, erhält man im Remlinger Gemeindearchiv. An Archivalien, die den Wert von Gebäuden und Grundstücken enthalten, gibt es in Remlingen aus der Zeit vor 1830 die Bände des „Hausschatzungsbuches" (1741–1808 und weitere Jahre), das Schatzungsregister und Ab- und Zuschreibebuch (1731–1852, 3 Bde.; 1813–1842, 3 Bde.) und das Schatzungsoriginal (1757–1810).

1835, September 4, verfügte das Remlinger Herrrschaftsgericht, ein „gründliches Lagerbuch" herstellen zu lassen. In der Gemeinde gab es damals ein Lagerbuch mit 34 Bänden und 28 570 Grundstücksnummern. Auf jeder Folioseite war hier ein Grundstück beschrieben nach Flächeninhalt, Gattung des Grundstückes, Name der Lage, Grenzen des Grundstückes, Nummern der angrenzenden Grundstücke oder Wege, Bodenbeschaffenheit des Grundstückes, Ertrag pro Morgen, gegenwärtiger Schätzungswert und Schatzungsanlage. Dazu kam (allerdings ohne Einträge) die Beschreibung der auf dem Grundstück ruhenden Lasten, Gerechtsame, Abgaben usw.[41]

---

[40] Vgl. Amrhein, Landkapitel Lengfurt (wie Anm. 4), S. 172. Der Staat verkaufte den Hettstadter Hof an die Freiherrn Groß zu Trockau. Zu Johann Franz Lothar Konstantin Freiherr von Würzburg vgl. August Amrhein, Reihenfolge der Mitglieder des adeligen Domstiftes zu Wirzburg, Zweite Abtheilung, in: Archiv des historischen Vereins von Unterfranken und Aschaffenburg 33 (1890), S. 75.

[41] Vgl. Andreas Staeblein, Geschichte von Remlingen in unzusammenhängenden Notizen, Remlingen 1907. Überarbeitung durch Hans Joachim Ewers, Remlingen 1988, S. 129–135.
Neben den Grundsteuerkatastern gab es noch die Hypothekenbücher, in denen die Grundstücke aufgeführt wurden, die mit einer Hypothek belastet waren. 1905 wurde das Grundbuch eingeführt; vgl. Erwin Hammer, Die Geschichte des Grundbuches in Bayern, München-Pasing 1960.
In Waldbüttelbrunn befanden sich laut Inventarverzeichnis 1819/20 im Rathaus alte Schatzungsanlagen, das Hypothekenbuch, die aktuelle Schatzungsanlage und das Güter Kauf- und Tauschprotokollbuch. Heute befinden sich im Gemeindearchiv Waldbüttelbrunn u. a. die Lehenrenovatur für 4 Huben des Ritterstiftes St. Burkard aus dem Jahr 1708, das Waldbüttelbrunner Zins-, Gült- und Lehenbuch des Klosters Unterzell aus dem Jahr 1746, das Zins-, Gült- und Lehenbuch des Klosters Himmelspforten aus dem Jahr 1768 und zwei Bände des Grundsteuerkatasters aus dem Jahr 1842. Nach dem Grundsteuerkataster sind nur mit zinsherrlichen Abgaben belastet, d. h. zehntfrei, die Grundstücke des „zertrümmerten" Fronhofes, der Pfaffenhube und der teilweise „zertrümmerten" Leonhardshube oder Freihof. Vom Freihof erhalten das Königliche Juliusspitalische Rentamt und das Königliche Rentamt Würzburg links des Mains jeweils 26 Malter Korngült. 14 Huben und die Verlorenen Äcker sind mit Korngült an die Choramtsstiftung in Lengfurt, Königliches Amtsgericht Homburg, belastet. Der Wert der Huben und Höfe für die Schatzungsanlage ist verzeichnet: Degen-, Altschulzen- und Ringelhansenhu-

Im Königreich Bayern war 1807, Juni 8, die Steuerbefreiung für Kirche und Adel aufgehoben worden. In einer Verordnung von 1808, Mai 13, ersetzte das sogenannte Steuerprovisorium die verschiedenen Steuerarten durch vier direkte Steuern: die Grund- oder Rustikalsteuer, die Haussteuer, die Dominikalsteuer und die Gewerbesteuer.[42]

Voraussetzung für die Festsetzung der Steuern war eine genaue Vermessung der Grundstücke. 1823, August 15, wurde in Bayern die einheitliche Besteuerung auf der Basis einer exakten Grundstücksvermessung geschaffen. Erst 1867 war die Vermessung abgeschlossen. Diese Vermessung war die Grundlage für das Liegenschaftskataster, das Grundsteuerkataster (Urkataster) und das spätere Grundbuch.

Ab 1830 begann in Remlingen die staatliche Vermessung der einzelnen Grundstücke der Gemarkung. Die Fläche wurde in Tagewerk und Dezimale angegeben. Ein Tagewerk waren 40000 bayerische Quadratfuß (1 bayerischer Fuß = 0,292 Meter; 1 Quadratfuß = 0,085 Quadratmeter). In Unterfranken wurde das Tagewerk in 1000 Teile geteilt, die man Dezimale (= 40 Quadratfuß) nannte; in anderen Kreisen wurde es in 100 Teile geteilt, die ebenfalls Dezimale (= 400 Quadratfuß) hießen.

Zum Zweck der Feldmessung musste jedes Grundstück „abgestickelt" werden. Auf den breiten „Stickelchen" standen die Hausnummer oder – für den, der kein Haus hatte – die Besitznummer des Eigentümers und „½", „⅓" usw. Wenn die Geometer die Grundstücke gemessen hatten, wurden sie aufgezeichnet („Brouillons"). Diese Entwürfe wurden revidiert und dann die so genannten „Steuerblätter" hergestellt, die in München lithographiert wurden. Jedes Steuerblatt ist ein Quadrat und stellt 4000 × 4000 bayerische Fuß dar. Der Maßstab ist 1:2500. Für die Remlinger Gemarkung waren 29 Steuerblätter nötig. Die Remlinger Gemarkung umfasste 6024 Tagwerk, was 2052,75 Hektar entspricht.

---

be jede zu 528 fl., Genheimer- und Böhmenhube jeweils 480 fl., Kilchen-, Königs-, Feineisen-, Hansen- und Reichertshube jeweils 432 fl., Burkard-, Flecken- und Kohlenhube jeweils 384 fl., Bulchen-, Gögel- und Jackenhube jeweils 360 fl., Kasparhube 312 fl., Sälzerhube 288 fl., Klein Gütlein 120 fl., Fronhof 1404 fl., Freihof (Leonhardshube) 900 fl., Ringelhansen- und Nikolaus Kolen- oder Lumpenhube jeweils 192 fl., Pfaffenhube und Verlorene Äcker zusammen 72 fl.; bei der Schatzung wurden von 100 fl. frk. 14 Schilling erhoben; vgl. Ernst Seubert, Mein Büttelbrunn, Waldbüttelbrunn 1991, S. 165–202, 213f. Zum renovierten Waldbüttelbrunner Grundsteuerkataster von 1901 (geordnet nach Hausbesitzern) vgl. Dieter Michael Feineis, Der Wandel von Vermögens- und Besitzstrukturen in Waldbüttelbrunn vom 16. bis zum 19. Jahrhundert, in: Würzburger Diözesangeschichtsblätter 69 (2007), S. 645–686, bes. S. 670–677.

[42] Die Dominikalsteuer oder Grundgefällsteuer ist die Steuer von den auf Grund und Boden liegenden Gefällen, wie Zehnt, Gült, Frondienste usw. Mit fortschreitender Ablösung dieser Gefälle verlor sie mehr und mehr an Bedeutung. In Bayern wurde am 04.06.1848 das „Gesetz über die Aufhebung der Standes- und gutsherrlichen Gerichtsbarkeit, dann die Aufhebung, Fixierung und Ablösung von Grundlasten" erlassen. Danach sollte der Bauer an den Staat 4% Zinsen aus dem Ablösungskapital seiner Verpflichtungen gegenüber dem Grundherrn bezahlen. Das Ablösungskapital wurde mit dem 18-fachen einer Jahresverpflichtung angenommen, die in Geld umgerechnet wurde. Beispiel: Eine Jahresverpflichtung von 100 fl. an den Staat ergab ein Ablösungskapital von 18 × 100 fl. = 1800 fl. Die jährliche Abgabe an den Staat betrug 4% = 72 fl. Der Grundherr erhielt vom Staat für die entgangenen Verpflichtungen 4% aus dem 20-fachen Jahresbetrag, also 80 fl. Die Differenz von 8 fl. trug der Staat, und der Grundherr musste auf 20 fl. Geldwert verzichten. Zahlte der Bauer das gesamte Ablösungskapital, dann fiel die Verpflichtung weg. Die Inflation von 1914–1923 machte für die letzten noch Ablösung zahlenden Bauern die Tilgung der Schulden zur Formsache.

Es wurden zweierlei Steuerblätter angefertigt: Einmal mit den Plannummern und einmal ohne Plannummern. Der nummerierte Plan war der Extraditionsplan. Der unnummerierte Plan war der Umschreibeplan.

Nach den Feldmessern kam die Bonitierungskommission. Sie legte die Bonität (Güte) der Grundstücke fest. Die geringste Bonität auf Remlinger Gemarkung war 1, die höchste 24. Manchmal bekam ein Grundstück auch 2 Bonitätsklassen.

Schließlich kam die Steuer-Liquidations-Kommission.[43] Es wurden die Dominikalverhältnisse (Zehnt, Gült, Fronen, Lasten...) des Grundstücks festgelegt. Dann ging es an die Festsetzung der Steuer, das sogenannte Steuerdefinitivum. Aus der Fläche und der Bonitätsklasse wurde die „Steuerverhältniszahl" gezogen und daraus die einfache Grundsteuer berechnet. Hatte zum Beispiel ein Acker die Fläche 2 Tagwerk 745 Dezimale und Bonitätsklasse 14, so wurden beide miteinander multipliziert und ergaben die Verhältniszahl 38,430 (jede ganze Verhältniszahl ergab 1 Kreuzer einfache Steuer; 1 Kreuzer = 4 Heller; 60 Kreuzer = 1 Gulden). Die einfache Steuer betrug dann 0 Gulden 38 Kreuzer 3 Heller. Wie oft jährlich diese Grundsteuer erhoben wurde, bestimmte das Gesetz. Hatten zum Beispiel mehrere Grundstücke zusammen die Verhältniszahl 329,1, dann betrug die einfache Grundsteuer 5 Gulden 29 Kreuzer 4 Heller; wurde die einfache Steuer im Jahr 2,8 mal erhoben, so ergab sich die Summe von 15 Gulden 21 Kreuzer 4 Heller.

Es wurden nun die Grundsteuerkataster angelegt und daraus Auszüge für die einzelnen Grundbesitzer angefertigt. Die ältesten Grundsteuer-Kataster-Auszüge enthielten die Flächen in Morgen und Ruten und in Tagwerk und Dezimalen. Sie gaben auch Auskunft darüber, ob ein Grundstück zehntpflichtig ist. Für die geschlossenen Güter (Hofgut, Hubanteile...) wurden größere Auszüge gemacht; bei den freieigenen oder „walzenden" (Flächen, die nicht an ein Anwesen oder ein Bauerngut gebunden waren) Grundstücken bekam jedes einzelne einen kleineren Auszug. In späteren Auszügen – die Auszüge wurden von Zeit zu Zeit erneuert – blieb die Angabe über die Zehntverhältniss weg; auch die Flächenangabe in Morgen und Ruten fehlte oft. 1872, Januar 1, wurde in Bayern als neues Flächenmaß der Meter eingeführt.

Das Ab- und Zuschreiben der Besitzverhältnisse geschah bis in die 60er Jahre des 19. Jahrhunderts durch die Gemeindebehörde.

[43] Im Liquidationsplan waren neben den Flurnummern auch die Hausnummern der Besitzer eingetragen, denen das Grundstück gehörte.

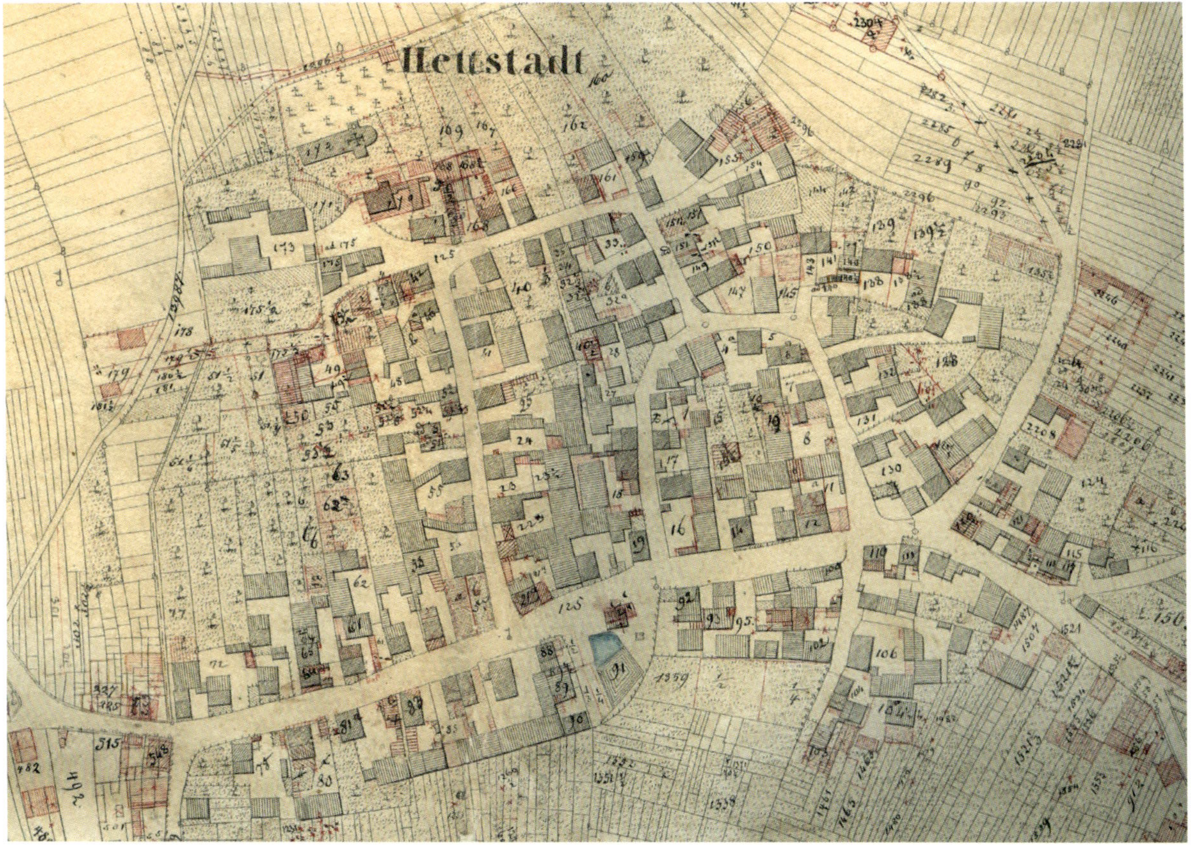

Abb. 1: *Ausschnitt aus dem Extraditionsplan für die Gemeinde Hettstadt mit späteren Veränderungen (Länge der Kirche = ca. 33m) (Abb. Privatbesitz).*

Abb. 2: *Ansicht des Klosters Unterzell um 1722 (Ausschnitt) von Joseph Raphael Tatz (Abb.: Museum für Franken, Würzburg, Inv.-Nr. S 67201).*

Ein benediktinisch-dominikanisches Kalendar (12.–13. Jahrhundert) aus Würzburg

Jan van Nimwegen

1. Einleitung

Unter der Signatur Cod. Guelf. 146.2 Extrav. befindet sich in der Herzog August Bibliothek Wolfenbüttel eine lateinisch-mittelhochdeutsche Psalterhandschrift, die außer dem Psalmentext auch ein vorgebundenes Kalendar umfasst.[1] Wie sich zeigen wird, gehören das Kalendar und der Psalter ursprünglich nicht zusammen; sie sind erst später zu einem Buchganzen vereinigt worden.

Die erste gedruckte Erwähnung der Handschrift findet sich bei C. P. C. Schönemann, der sie dem 13. Jahrhundert zuordnet.[2] Vor 1986 ist die Wolfenbütteler Handschrift dreimal beschrieben worden. Ich gebe jeweils an, was in diesen Beschreibungen über das Kalendar und sein Verhältnis zum Psalter gesagt worden ist.

Die erste wissenschaftlichen Ansprüchen genügende Beschreibung schuf Emil Henrici. Im Rahmen der von der Preußischen Akademie der Wissenschaften geplanten Erfassung sämtlicher deutschen Handschriften beschrieb er das Kalendar und den Psalter 1906. Diese Beschreibung befindet sich in Berlin.[3] Henrici ordnet sowohl das Kalendar in seiner ursprünglichen Form als auch den lateinischen Psaltertext dem 12. Jahrhundert zu.[4] Er nimmt an, dass beide Texte vielleicht von demselben Schreiber stammen.[5]

Franziska Hopfenbeck, geb. Schlier, die 1929 über den Wolfenbütteler Psalter promovierte[6], war die Erste, die das Kalendar untersucht hat. Von der falschen Prämisse ausgehend, dass das im Kalendar erwähnte Pfingstdatum (15. Mai) das Datum sei, an dem im betreffenden Jahr Pfingsten wirklich gefeiert worden sei, eruierte sie als Entstehungsjahr des Kalendars 1239 oder 1250.[7] Ihre Untersuchung des Kalendars und „der genaue Vergleich mit den bei Grotefend veröffentlichten Kalendarien ergab, daß die Mehrzahl der unbeweglichen

---

[1] Die Handschrift ist 2013 digitalisiert und damit leicht zugänglich gemacht worden: http://diglib.hab.de/mss/146-2-extrav/start.htm.

[2] C[arl] P[hilipp] C[hristian] Schönemann, Zweites und drittes Hundert Merkwürdigkeiten der Herzoglichen Bibliothek zu Wolfenbüttel, Hannover 1852, S. 17.

[3] Handschriftenarchiv der Berlin-Brandenburgischen Akademie der Wissenschaften: Wolfenbüttel, Herzog-August-Bibliothek, 146.2 Extr. beschr. von Emil Henrici (1906) 9 Bll.

[4] Ebd., S. 1 und 4.

[5] Ebd., S. 4.

[6] Franziska Hopfenbeck, Codex Nr. 146,2 Extrav. der Landesbibliothek Wolfenbüttel. Eine mittelhochdeutsche Interlinearversion der Psalmen, Dissertation München, Dillingen a. D. 1929. Die von ihr im Vorwort, S. 3, angekündigte Edition der Wolfenbütteler Handschrift ist nicht zustande gekommen.

[7] Ebd., S. 8.

Heiligenfeste für Mainz sprechen würde".[8] Sie erkannte das Kalendar nicht als dominikanisch umgeformtes, benediktinisch-würzburgisches Kalendar, sondern interpretierte es als Mainzer Kalendar und lokalisierte, von der Annahme ausgehend, dieselbe Hand habe sowohl das ursprüngliche Kalendar als auch den lateinischen Psaltertext geschrieben, die ganze Handschrift nach Mainz oder in die Diözese Mainz.[9]

Hans Butzmann beschrieb den Psalter 1972 für die Neue Reihe der Wolfenbütteler Handschriftenkataloge.[10] Er war der Erste, der die dominikanische Schicht im Kalendar aufdeckte und aufgrund der darin vorkommenden nekrologischen, fast ausschließlich Frauennamen umfassenden Einträge wie auch aufgrund der im Psalter vorkommenden Miniatur, die eine Nonne zeige (fol. 98r)[11], die ganze Handschrift einem Dominikanerinnenkloster zuordnete. Er erkannte aber nicht die charakteristischen Würzburger Feste im Kalendar. Aufgrund u.a. der Erwähnung von Wido (31.3.), „dessen Gebeine in Speyer ruhen", und aufgrund von Curinus (30.4.), „im ganzen Rheintal verehrt"[12], lokalisierte er das Kalendar und damit auch den Psalter ins Rheingebiet. Butzmann, der offenbar, ohne sich expressis verbis dazu zu äußern, annimmt, dass das Kalendar in seiner ursprünglichen Form und der lateinische Psaltertext von einer Hand stammen, datiert beide in den Anfang des 13. Jahrhunderts.[13]

1986 promovierte ich in Gent mit einer maschinenschriftlichen Doktorarbeit mit dem Titel *Cod. Guelf. 146.2 Extrav. Eine mittelhochdeutsche Interlinearübersetzung der Psalmen aus dem ehemaligen Dominikanerinnenkloster zum hl. Markus in Würzburg. Edition und Untersuchungen.*[14] Ich konnte nachweisen, dass das Kalendar in seiner ursprünglichen Form aus der ehemaligen Benediktinerabtei St. Burkard stammt, dann nach St. Markus kam, wo es zu einem dominikanischen Kalendar umgearbeitet und ergänzt („dominikanisiert") wurde. Dieselbe dominikanisierende Hand versah einen Teil der Psalmen mit Antiphonen aus der dominikanischen Liturgie. Das bedeutet, dass das Kalendar und der Psalter, die ursprünglich nicht zusammengehörten, nun zu einem Buchganzen vereinigt wurden. Unter dem Lemma „Wolfenbütteler Interlinearversion zu Psalter, Cantica u.a." behandelte Dorothea Klein 1999 den Wolfenbütteler Psalter (und meine Arbeit).[15]

---

[8] Ebd.

[9] Ebd.

[10] Hans Butzmann, Die mittelalterlichen Handschriften der Gruppen Extravagantes, Novi und Novissimi (Kataloge der Herzog August Bibliothek N.R. 15), Frankfurt a.M. 1972, S. 83f.

[11] Abdruck dieser Miniatur bei Ingrid Heeg-Engelhart, Die Frauenklöster, in: Ulrich Wagner (Hg.), Geschichte der Stadt Würzburg, Bd. I: Von den Anfängen bis zum Ausbruch des Bauernkriegs, Stuttgart 2001, S. 272–294 [Das Dominikanerinnenkloster St. Markus (Marx), S. 287–292], hier S. 291.

[12] Butzmann, Die mittelalterlichen Handschriften (wie Anm. 10), S. 83.

[13] Ebd.

[14] Jan van Nimwegen, Cod. Guelf. 146.2 Extrav. Eine mittelhochdeutsche Interlinearübersetzung der Psalmen aus dem ehemaligen Dominikanerinnenkloster zum hl. Markus in Würzburg. Edition und Untersuchungen, maschinenschriftliche Dissertation 1986, Exemplare in Wolfenbüttel und in der Universitätsbibliothek Würzburg.

[15] Dorothea Klein, Wolfenbütteler Interlinearversion zu Psalter, Cantica u.a., in: Die deutsche Literatur des Mittelalters. Verfasserlexikon 2, hg. von Burghart Wachinger u.a., Bd. 10, Berlin/New York 1999 (2., völlig neu bearb. Aufl.), Sp. 1330–1334. Ihre Ankündigung, dass meine Arbeit in einer bestimmten Reihe erscheinen werde, ist nicht realisiert worden.

2. Beschreibung des Kalendars[16]

2.1 *Vorbemerkung*

Für eine umfassende Beschreibung der ganzen Handschrift verweise ich auf meine Dissertation, Bd. 1, S. 79–90, und beschränke mich hier auf das für die Beurteilung des Kalendars Notwendige. Die zu einer Handschriftenbeschreibung üblicherweise gehörenden Angaben über Lokalisierung und Datierung gebe ich bei der Behandlung des Kalendars. Ich nehme vorweg, dass es sich um ein ursprünglich benediktinisch-würzburgisches Kalendar handelt, das später in dominikanischem Sinne umgearbeitet und ergänzt wurde. Über fast das ganze Kalendar verstreut begegnen nekrologische Einträge.

2.2 *Beschreibstoff*

Dieser ist Pergament, das geringe Spuren von Wurmfraß aufweist und an dem unteren Blattrand durch häufiges Umblättern ein wenig abgegriffen ist.

2.3 *Format*

Die Blattgröße ist jetzt etwa 210 × 160 mm; sie dürfte ursprünglich der Höhe und der Breite nach um mindestens 10 mm größer gewesen sein. Der beschriebene Raum misst etwa 160 bis 170 × 120 mm.

2.4 *Lagenbezeichnung*

Das Kalendar umfasst den 12 Monaten gemäß 12 Seiten (fol. 1r–6v), die eine Ternio bilden. Sie sind nicht gezählt oder sonstwie bezeichnet. Henrici gibt an, dass auf den Rektoseiten ganz unten am Blattrand folgende astronomische Symbole vorkommen (Hopfenbeck und Butzmann erwähnen sie nicht einmal): 1r, Januar, Saturn; 2r, März, Jupiter; 3r, Mai, Mars; 4r, Juli, Sonne; 5r, September, Venus; 6r, November, Merkur.[17]

Diese mit schwarzer Tinte geschriebenen, verblassten Symbole lassen sich schlecht datieren. Sie können genauso spätmittelalterlich wie frühneuzeitlich sein. In keinem der vielen mittelalterlichen Kalendare, die ich gesehen habe, bin ich jemals auf solche Symbole gestoßen. Henrici interpretiert sie als Blattzählung, ohne dies zu begründen. In dem grundlegenden Aufsatz *Blätter, Seiten, Spalten, Zeilen*[18] behandelt Paul Lehmann die Lagen- und Seitenzählung, die

[16] In Übereinstimmung mit Virgil Fiala / Wolfgang Irtenkauf, Versuch einer liturgischen Nomenklatur, in: Clemens Köttelwesch (Hg.), Zur Katalogisierung mittelalterlicher und neuerer Handschriften, in: Zeitschrift für Bibliothekswesen und Bibliographie, Sonderheft 1, Frankfurt a. M. 1963, entscheide ich mich für „Kalendar".

[17] 146.2 Extr. beschr. von Henrici (wie Anm. 3), S. 8.

[18] Paul Lehmann, Blätter, Seiten, Spalten, Zeilen, in: Zentralblatt für Bibliothekswesen 53 (1936), S. 333–361 und 411–442 (auch in: ders. (Hg.), Erforschung des Mittelalters, 5 Bde., Stuttgart 1959–1962, hier Bd. 3, S. 1–59).

erst im 13. Jahrhundert allgemein wurde. Blattzählung mittels astronomischer Symbole wird man bei ihm vergeblich suchen. Ich glaube denn auch nicht an Henricis Behauptung, aber weiß auch nichts Besseres. Die Feststellung, dass die astronomischen Symbole den Namen der Wochentage in der Reihenfolge Samstag – Donnerstag – Dienstag – Sonntag – Freitag – Mittwoch entsprechen, hilft auch nicht weiter. Vielleicht und hoffentlich weiß ein Leser Bescheid.

2.5 *Die Schrift*

2.5.1 Schriftform und verschiedenen Hände

Bei der Schriftform handelt es sich durchgehend um eine gotische Buchschrift, genauer gesagt: eine Textualis. Im Kalendar lassen sich *fünf* verschiedene Hände nachweisen:

Die *erste Hand,* die das Kalendar in seiner ursprünglichen Form schrieb, benutzte gelbbraune und rote Tinte, letztere für die Monatsüberschriften und die Spalte mit den Goldenen Zahlen, für den Sonntagsbuchstaben A und den römischen Kalender und für die Hauptfeste. Diese Hand rubrizierte meistens die Majuskeln der mit gelbbrauner Tinte geschriebenen Einträge.

Die *zweite* mit schwarzer Tinte schreibende *Hand* dominikanisierte und ergänzte das ursprüngliche Kalendar, allerdings nur bis zum 2. August. Die Festgradbezeichnung „III lectiones" zum Fest von St. Stephanus, Papst und Märtyrer, ist der letzte von ihr stammende Eintrag.

Von der *dritten Hand* stammen die Einträge zum 30. April „Curinus martyris Episcopi" und zum 4. Oktober „franciscus confessores" (einschließlich der Lateinfehler).

Die *vierte Hand* schrieb den Eintrag zum 27. Juni: „iohannes malchvs deonisius derapianus [sic!] confessores".

Die *fünfte Hand* trug zum 22. August „Tymothei et Synphoriani martyrum" ein und zum 29. August „Sabine virginis martyris".

2.5.2 Das Verhältnis Kalendar-Psalter

Von größter Bedeutung für die Beurteilung des Verhältnisses Kalendar – Psalter und damit für die Lokalisierung und Datierung der ganzen Handschrift ist die Frage, ob sie von derselben Hand oder von verschiedenen Händen geschrieben worden sind. Nur Henrici erwog, dass sie vielleicht von verschiedenen Händen stammen.[19] Hopfenbeck geht ohne nähere Begründung davon aus, dieselbe Hand habe das Kalendar und den Psalter geschrieben.[20] Butzmann nimmt ebenfalls Identität der Hände an.[21] Ich bin davon überzeugt, dass das

---

[19] 146.2 Extr. beschr. von Henrici (wie Anm. 3), S. 4.
[20] Hopfenbeck, Codex Nr. 146,2 Extrav. (wie Anm. 6), S. 8.
[21] Butzmann, Die mittelalterlichen Handschriften (wie Anm. 10), S. 83.

Kalendar in seiner ursprünglichen Form und der lateinische Psalter nicht von demselben Schreiber stammen können, und zwar aus folgenden Gründen:

(1) Das Kalendar nimmt eine eigene Lage ein, eben eine Ternio, der Psalter dagegen umfasst ausschließlich Quaternionen. Man mag dem entgegenhalten, dass das Kalendar mit seinen zwölf Monaten eben „nur" eine Ternio und nicht mehr erforderte und dass für den fortlaufenden Text der Psalmen umfangreichere Lagen gebraucht werden, eben Quaternionen. Es gibt aber Beispiele, dass eine Handschrift, die ein Kalendar und einen Psalter umfasst, ausschließlich aus Quaternionen besteht. Ich meine hier den Windberger Psalter in der Bayerischen Staatsbibliothek (cgm 17).[22]

(2) Die Quaternionen zwei bis sechs sind mit den Buchstaben b bis f bezeichnet, d. h., dass die erste Quaternio ein a gehabt hätte. Das zu erwartende a ist wohl durch Randbeschnitt verlorengegangen.

(3) Bei aller zeit- und raumbedingten Ähnlichkeit der Schrift lassen sich doch im Einzelnen Unterschiede feststellen:

(a) Das Kalendar schreibt nicht ein einziges Mal die Konjunktion „et". Es kommt ausschließlich die der modernen Ziffer „7" ähnliche tironische Note vor. Der Psalter schreibt „et" und das dem modernen Schreibmaschinenzeichen „&" ähnliche Kürzel.

(b) Das runde oder gekrümmte „r" kommt neben dem geraden „r" im Kalendar und im Psalter ausschließlich nach „o" vor, aber es gibt einen deutlichen Unterschied: Im Psalter kommt das runde „r" nach „o" nur im Genitiv Plural „-orum" vor, und zwar nur dann, wenn „-orum" als Abbreviatur erscheint. Im Kalendar kommt das runde „r" auch in anderen Positionen vor.

(c) Die Schreibung des „d" mit schrägem oder aufrechtem Schaft. Der Psalter kennt außer bei den Majuskeln eine genau durchgeführte Verteilung von schrägem „d" im In- und Auslaut und geradem „d" im Anlaut. Das Kalendar weicht, was die „d"-Schreibung im In- und Auslaut betrifft, nicht vom Psalter ab, verhält sich aber im Anlaut anders. Ich zählte im Anlaut 17-mal gerades „d" und 4-mal schräges „d". Zwischen den schrägen „d" im Kalendar und im Psalter gibt es einen auffälligen Unterschied. Im Psalter hat der schräge Schaft eine normale Länge, d. h., er ragt nicht oder kaum in den Raum über dem vorhergehenden Buchstaben hinein. Im Kalendar ist der Schaft sehr lang, d. h., er bedeckt immer den vorhergehenden Buchstaben und ragt manchmal über diesen hinaus in den Raum über dem nächstvorhergehenden Buchstaben hinein. In dem Wort „oswaldi" etwa (fol. 4v, 5. August) durchschneidet der Schaft des „d" das „l" und reicht bis über das „a".

2.6 *Ausstattung des Kalendars*

Die Monatsüberschriften. Jeder Monat hat eine lateinische Überschrift, die – ich nehme Januar als Beispiel – folgendermaßen lautet: „Ianuarius habet dies XXXI luna XXX". „Luna" bedeutet hier: Lunarmonat, die zwischen zwei Neu-

---

[22] Klaus Kirchert, Der Windberger Psalter, Bd. I: Untersuchung (Münchener Texte und Untersuchungen zur deutschen Literatur des Mittelalters 59), Zürich / München 1979, S. 64.

monden verlaufende Zeit, die durchschnittlich 29½ Tage dauert (abwechselnd 29 und 30).

Ich verzichte weiter darauf, das System der mittelalterlichen Zeitrechnung zu erklären, und verweise auf die einschlägigen Abschnitte meiner Dissertation.[23] Die mittelalterliche Zeitrechnung wird u. a. von Hermann Grotefend[24] und Anna-Dorothee von den Brincken[25] behandelt. Ich verweise weiterhin auf Arno Borst.[26]

2.7 *Die einzelnen Spalten*

Jede Kalenderseite ist fünfspaltig angelegt. Die erste Spalte umfasst die sogenannten Goldenen Zahlen. Die zweite Spalte führt die Tagesbuchstaben A bis G auf. In der dritten Spalte findet man den römischen Kalender. Die erste und dritte Spalte sind voller Fehler; nur die Monate Januar und August sind fehlerfrei.

Die vierte Spalte umfasst die Namen der Feste und Gedenktage. In der fünften Spalte findet man die Festgradbezeichnungen.

2.8 *Die Texte im Kalendar*

Außer dem Kalendar im eigentlichen Sinne kommen *drei lateinische* und *zwei mittelhochdeutsche* Texte vor. Auf fol. 1v, 2v und 3r stehen drei lateinische Texte, die flüchtig bis gründlich getilgt worden sind und erst mit Hilfe von technischen Hilfsmitteln wie UV-Licht wenigstens zum Teil sichtbar gemacht werden konnten.[27]

(1) Auf fol. 1v steht ein 18-zeiliger Text, der mit den Worten: „In manus tuas sancta maria conmendo [uit]am meam et [ani]mam meam“ anfängt.[28] Es liegt hier eine sogenannte commendatio vor, wie sie in mehreren von Victor Leroquais besprochenen Stundenbüchern[29] vorkommt. Die Identifizierung dieser commendatio, wie ich den Text behelfsweise nenne, ist mir nicht gelungen.[30]

Die erste Zeile erinnert an Ps 30,6: „In manus tuas commendo spiritum meum“, die Psalmworte, die Jesus am Kreuze sprach (Lk 23,46). Diese Worte könnten einen zu der Vermutung bringen, es läge vielleicht ein Sterbegebet vor, aber möglicherweise handelt es sich eher um eine allgemeine commendatio,

---

23 Nimwegen, Cod. Guelf. 146.2 Extrav. (wie Anm. 14), S. 161–165.

24 Hermann Grotefend, Zeitrechnung des deutschen Mittelalters und der Neuzeit, Bd. I und II/1,2, Hannover bzw. Hannover/Leipzig 1891–1898 (Neudruck Aalen 1984). Taschenbuch der Zeitrechnung des deutschen Mittelalters und der Neuzeit. Ich benutzte die 10. Aufl., Hannover 1960. Es gibt seitdem mehrere Neuauflagen, zuletzt März 2017.

25 Anna Dorothee von den Brincken, Historische Chronologie des Abendlandes. Kalenderreformen und Jahrtausendrechnungen. Eine Einführung, Stuttgart/Berlin/Köln 2000.

26 Arno Borst, Computus. Zeit und Zahl in der Geschichte Europas (Kleine kulturwissenschaftliche Bibliothek 28), Berlin 1990.

27 Nimwegen, Cod. Guelf. 146.2 Extrav. (wie Anm. 14), S. 337–341.

28 Der ganze Text, soweit entziffert, ebd., S. 338.

29 Victor Leroquais, Les Livres d'Heures manuscrits de la Bibliothèque Nationale, 2 Bde., Paris 1927.

30 Bei der Academia Mariana Internationalis in Rom habe ich um Identifizierungshilfe gebeten, leider aber keine Antwort erhalten.

in der der (oder die) Betende sich und die Seinen (die Ihren) Maria empfiehlt. Auch im übrigen Text gibt es zahlreiche wörtliche oder ungefähre Bibelzitate, z. B. Ps 43,8: „salvasti enim nos de affligentibus [sc. nos]".

Leroquais nennt zahlreiche Gebete, die ein ähnliches Incipit haben. Zwei Beispiele: Unter dem Titel „Oreson de Nostre Dame": „Sancta Maria mater Domini nostri Iesu Christi in manus Filii et in tuas commendo [...]".[31] Für ein entsprechendes Gebet, in dem ausschließlich Maria angesprochen wird, fand ich nur *ein* französisches Beispiel: „O dame tres pitieuse vierge marie je recommande au iourdhuy au sein de ta pitie mon corps et mon ame".[32] Leider bietet Leroquais nur in einem Fall den vollständigen Text einer commendatio. Incipit: „In manus tuas domine commendo spiritum meum animam meam et corpus meum". Der Rest des Textes weicht aber von dem im Wolfenbütteler Kalendar vollkommen ab und ist nicht vergleichbar.

Im Bereich der von mir untersuchten altdeutschen Psalter gibt es ein Beispiel einer mittelhochdeutschen commendatio, nämlich im Anhang zum Basler Psalter[33]: „Domine iesu criste. commendo. HErre iesu criste ich beuilhe dir sel vnd leben. vnd fúnf sinne diner diener.n. vnd sih in vns."[34] Auch hier ist die Fortsetzung gänzlich verschieden von der im Wolfenbütteler Kalendar.

Ich vermute, dass in der commendatio zwar ein gewisser Gebetstypus vorliegt, der dadurch gegeben ist, dass der (die) Betende sich und seine (ihre) Anliegen der Gottesmutter empfiehlt, aber dass die weitere Füllung und Ausgestaltung nicht an feste Formeln gebunden war, sondern je nach Bedarf neu vorgenommen werden konnte, d. h., ein solcher Text wurde jedesmal wieder ad hoc geschaffen.[35]

(2) Fol. 2v bietet einen 44-zeiligen Text, dessen erste 21 Zeilen ich, soweit lesbar, etwas ausführlicher beschreibe, um eine eventuelle Identifizierung zu ermöglichen.

Die ersten sieben Psalmen erscheinen mit ihrem jeweiligen Incipit: Beatus uir (1,1) – Quare fremuerunt (2,1) – Domine quid (3,2) – Cum in[vocarem] (4,2) – Verba mea (5,2) – Domine ne (6,2) – Domine in te speraui (7,2). Zwischen diesen Psalmenincipit stehen wörtliche und ungefähre Zitate aus der Verkündigungsgeschichte (Lk 1,26–38) und Zitate aus dem Angelus, u. a. „angelus domini nuntiauit marie et concepit de spiritu sancto." Ab Zeile 22 wird der Text immer schlechter lesbar, aber auch hier sind Bibelzitate und marianische Anklänge zu entdecken, z. B. „Salue regina", die Anfangsworte der Marianischen Antiphon, mit der das tägliche Stundengebet abgeschlossen wird, und „hec est dies quam fecit dominus" (Ps 117,24). Ich halte es für möglich, dass in dem getilgten Text etwas wie ein Gebetsschema vorliegt.

---

31 Leroquais, Les Livres d'Heures (wie Anm. 29), Bd. 1, S. 182.

32 Ebd., Bd. 2, S. 331.

33 Marianne Wallach-Faller, Ein alemannischer Psalter aus dem 14. Jahrhundert. Hs. A.IV.44 der Universitätsbibliothek Basel, Bl. 61–178 (Spicilegium Friburgense. Texte zur Geschichte des kirchlichen Lebens 27), Fribourg / Schweiz 1981.

34 Nimwegen, Cod. Guelf. 146.2 Extrav. (wie Anm. 14), S. 481.

35 Diese Einsicht verdanke ich einigen Mönchen der (ehemaligen) Benediktinerabtei St. Paulus in meinem Wohnort Oosterhout, die sich freundlicher- und dankenswerterweise um die commendatio kümmerten.

(3) Der Text auf 3r, der vermutlich 22 oder 23 Zeilen umfasst, ist so gründlich ausradiert worden, dass ich nur einzelne Buchstaben und Buchstabengruppen entziffern kann. Manchmal glaube ich, bestimmte Wörter zu entdecken, einmal „tenebre" und einmal „magna uoce", Wörter, die der Passionsgeschichte zugeordnet werden können.

Am Schluss muss die Frage gestellt werden, weshalb man die drei Texte getilgt hat. Ich kann dafür keine plausible Erklärung finden. Es war nur an einigen Stellen unvermeidlich, dass diese drei Texte im Zuge der Dominikanisierung den neu eingeführten Festeinträgen und dazu gehörenden Festgradbezeichnungen Platz machen mussten. Aber eine vollständige Tilgung, wie geschehen, wäre absolut nicht notwendig gewesen. Eine Frage des Übereifers?

(4) Auf fol. 1v steht eine Notiz zum Fest des Apostels Matthias im Schaltjahr, mit folgendem Incipit: „swanne sancte mathie tac gevellet an den mentac". Ich werde diese Notiz an anderer Stelle edieren und behandeln.

(5) Fol. 2r zeigt einen Text, dem Johann Georg Eccard (1674–1730, nach seiner Erhebung in den Adelsstand schreibt er sich „von Eckhar[d]t")[36], im 18. Jahrhundert folgende Überschrift gegeben hat: „Eine beschwerung der (fräulichen) bährmutter". Incipit: „ich beswer dich quele mvter". Über diese Gebärmutterbeschwörung bereite ich einen Artikel vor. Bei der Jahrestagung niederländischer Altgermanisten, 2011, hielt ich unter dem Titel „Een middelhoogduitse bezwering van de baarmoeder" einen Vortrag über diese Beschwörung. Eine Zusammenfassung meines Vortrags mit dem Text der Beschwörung findet man im Internet.[37]

3. Besitzer- und Benutzergeschichte

Meine Untersuchungen zur Besitzer- und Benutzergeschichte haben ergeben, dass die Handschrift im Besitz von Jean Barbeyrac war, aus dessen Nachlass die herzogliche Bibliothek sie im November 1754 auf einer Auktion in Den Haag erwarb.[38] Jean Barbeyrac (1674–1744) war ein Hugenotte aus Béziers, der über die Zwischenstationen Lausanne, Studium in Frankfurt a. d. Oder, längerer Aufenthalt in Berlin 1717 an der Universität Groningen Professor wurde (Natur- und Völkerrecht). Er genoss in der internationalen gelehrten Welt des 18. Jahrhunderts hohes Ansehen und hatte auch aus Deutschland viele Studenten. Über ihn informiert C. Serrurier.[39]

Wie Barbeyrac in den Besitz der Handschrift gekommen ist, lässt sich nicht ermitteln. Es ist möglich, dass er sie von Eccard gekauft hat. Dieser wird bereits

---

36 Biographische Daten: Franz Xaver von Wegele, Art. „Eccard, Johann Georg von", in: Allgemeine Deutsche Biographie 5 (1877), S. 627–631; Richard Brill, Art. „Eccard, Johann Georg von", in: Neue Deutsche Biographie 4 (1959), S. 270–271.

37 https://www.oudgermanisten.nl/stukken/Nimwegen_2011.pdf.

38 Die sehr ins Detail gehenden Untersuchungen finden sich in meiner Dissertation: Nimwegen, Cod. Guelf. 146.2 Extrav. (wie Anm. 14), S. 114–121.

39 C. Serrurier, in: Nieuw Nederlandsch Biografisch Woordenboek, 1. Bd., Leiden 1911, Sp. 235–237.

in der ersten schriftlichen Quelle über die codices extravagantes genannt. Der damalige herzogliche Bibliothekar, Ernst Theodor Langer, erstellte 1782–1786 die handgeschriebenen dreibändigen „Catalogi Codicum manuscriptorum Bibliothecae Augustae sub titulo Extravagantium separatim repositorum". Im zweiten Band ist die Handschrift erfasst. Langer schreibt die rätselhaften Worte, dass dieser Codex vermutlich durch die Hände von Eccard gegangen sei. Was meint Langer damit? Eccard war Historiker und Philologe und als solcher einer der bekanntesten, aber auch umstrittensten Vertreter der deutschen Philologie im 18. Jahrhundert.[40] Wichtig in seinem Lebenslauf ist für meine Zwecke die Feststellung, dass gewisse Umstände ihn sowohl mit Wolfenbüttel als auch mit Würzburg verbanden. Mit der Ausgabe des Weißenburger Katechismus edierte er eine Wolfenbütteler Handschrift. Aus einem Ausleihverzeichnis geht hervor, dass er öfter Handschriften benutzt oder gar entliehen hat. Die letzten sieben Jahre seines Lebens verbrachte er in Würzburg, wo er am Hofe des Fürstbischofs Historiograph, Archivar und Bibliothekar war. Er kannte das Archiv von St. Markus!

Für die Frage, ob Eccard die Handschrift besessen oder „nur" benutzt habe, sind die von Langer erwähnten „Anmerkungen", die sich nicht nur auf das Kalendar beziehen, sondern über den ganzen Psalter verstreut sind, ausschlaggebend. Meistens geht es dabei um die Wiederholung einer Glosse, vereinzelt auch um eine kurze Erläuterung dazu.[41]

Ich habe sie verglichen mit Autographen von Barbeyrac und Eccard und festgestellt, dass beide Herren daran beteiligt sind. Dies bestätigt einerseits, dass Barbeyrac die Handschrift besessen hat, aber gilt das auch für Eccard? Muss das Vorhandensein von Marginalien, die er in die Handschrift eintrug, beweisen, dass er diese auch besaß? Als bloßer Benutzer versieht man eine mittelalterliche Handschrift, die einem anderen gehört, ja nicht mit Marginalien! Für den Menschen des 21. Jahrhunderts mag diese Überlegung naheliegen, aber in der Buch- und Bibliotheksgeschichte früherer Jahrhunderte gibt es zahlreiche Beispiele dafür, dass man mit Handschriften, auch wenn sie anderen gehörten, nicht gerade sehr zimperlich umging.

Die Antwort auf die Frage, wie Eccard die Handschrift kennengelernt haben mag, gibt sein Werk *Commentarii de rebus Franciae orientalis et episcopatus Wirceburgensis,* in dessen zweitem Teil Eccard die Verehrung der Gebeine des hl. Adrianus im Kloster St. Marx und ihre Geschichte beschreibt.[42] Die Beschreibung endet mit den Worten „Ex documentis Monasterii ad S. Marcum". Aus diesen Worten und aus dem Inhalt der Beschreibung geht hervor, dass er Archivalien des Klosters benutzt hat. Es ist damit die Behaup-

---

[40] Rudolf von Raumer, Geschichte der germanischen Philologie vorzugsweise in Deutschland (Geschichte der Wissenschaften in Deutschland. Neuere Zeit 9), München 1870, S. 168–173; Hermann Leskien, Johann Georg von Eckhart (1674–1730). Das Werk eines Vorläufers der Germanistik, Dissertation Würzburg 1965, gibt eine umfassende Würdigung der protogermanistischen Leistungen Eccards.

[41] Beispiele solcher „Anmerkungen" auf S. 120 meiner Arbeit: Nimwegen, Cod. Guelf. 146.2 Extrav. (wie Anm. 14).

[42] Johann Georg Eccard [Eckhart], Commentarii de rebus Franciae orientalis et episcopatus Wirceburgensis, Wirceburgi 1729, Tomus II, S. 131–133.

tung erlaubt, dass es sehr unwahrscheinlich ist, dass er unsere Handschrift, die ohne jeden Zweifel nicht mehr benutzt, sondern im Klosterarchiv aufbewahrt wurde, nicht gekannt hätte.

Wenn Eccard die Handschrift besessen hat, könnte er sie den Schwestern abgekauft haben, aber dies lässt sich nicht beweisen. Vielleicht ist er auch auf andere Weise in den Besitz der Handschrift gekommen.

Hat Barbeyrac die Handschrift von Eccard gekauft, angenommen, dieser habe sie besessen? Ich habe nicht ermitteln können, ob Barbeyrac und Eccard sich gekannt haben. Möglich wäre dies allerdings. Barbeyrac hatte vielfältige Beziehungen zu Gelehrten in Deutschland. Er hatte u. a. Kontakte zu Leibniz, dessen Mitarbeiter Eccard einige Zeit war. Barbeyrac und Eccard waren beide Mitglied der Kgl. Societät zu Berlin, der Vorgängerin der Preußischen Akademie der Wissenschaften, deren erster Vorsitzender Leibniz war.

Hopfenbeck schreibt, dass die Bibliothek ihr mitgeteilt habe, dass die Handschrift im Besitz „des bekannten J. G. Eccardt" gewesen sei.[43] Butzmann ist vorsichtiger; er wiederholt bloß Langers Worte.[44]

Es muss noch auf das eingestempelte Monogramm hingewiesen werden, das auf dem zweiten papiernen Vorsatzblatt rechts unten in der Ecke steht. Es zeigt die verschlungenen Buchstaben *PL* in zwei konzentrischen Kreisen. Henrici[45] und Butzmann[46] erwähnen zwar das Monogramm, ohne aber sich weiter dazu zu äußern. Hopfenbeck nennt es nicht einmal.

Mit Hilfe einer französischen Datenbank für Monogrammprovenienzen (http://www.marquesdecollections.fr/detail.cfm/marque/8256) ist es mir gelungen, das Monogramm zu identifizieren. Es gehört zu dem Pariser „éditeur et marchand d'estampes" *P*otrelle, Jean *L*ouis (1788 – nach 1833). Das Wolfenbütteler Monogramm ist nicht hundertprozentig identisch mit den zwei in der Datenbank gezeigten Monogrammen, die übrigens auch unter sich kleine Unterschiede aufweisen. Ich halte es für möglich, dass die drei Stempelabdrücke auf ein und denselben Originalstempel zurückzuführen sind, der sich im Laufe der Zeit abnutzte und von einem Stempelschneider neu angefertigt werden musste. Dabei könnten die Umrisse der Buchstaben leichte Änderungen erfahren haben.

Das Monogramm *PL* in der Wolfenbütteler Handschrift stellt einen vor ein Rätsel. Normalerweise wäre man geneigt, *PL* als Besitzermonogramm zu deuten, aber in diesem Fall ist dies unmöglich, weil die Handschrift 1754 in den Besitz der Bibliothek kam, als Potrelle noch nicht geboren war. Wie das Vorsatzblatt mit dem eingestempelten PL in die Handschrift geraten ist, kann ich mir nicht erklären. Auch die Herzog August Bibliothek (E-Mail vom 6. April 2018) konnte das Rätsel nicht lösen.

---

[43] Hopfenbeck, Codex Nr. 146,2 Extrav. (wie Anm. 6), S. 7.
[44] Butzmann, Die mittelalterlichen Handschriften (wie Anm. 10), S. 83.
[45] 146.2 Extr. beschr. von Henrici (wie Anm. 3), S. 2.
[46] Butzmann, Die mittelalterlichen Handschriften (wie Anm. 10), S. 83.

4. Editionsprinzipien und praktische Überlegungen

Dem Abdruck des Kalendars liegen folgende Prinzipien und praktische Überlegungen zugrunde:

Der Abdruck ist nicht vollständig, in dem Sinne, dass ich die in der Beschreibung des Kalendars erwähnten Spalten mit den Goldenen Zahlen, den Tagesbuchstaben und dem römischen Kalender wie auch die Monatsüberschriften nicht abdrucke. Sie kommen in nahezu sämtlichen Kalendaren vor und geben für das Studium des Kalendarinhalts im engeren Sinne nichts her. Die beigegebene Abbildung 1 von fol. 1r, Januar, vermag einen Eindruck davon zu geben.

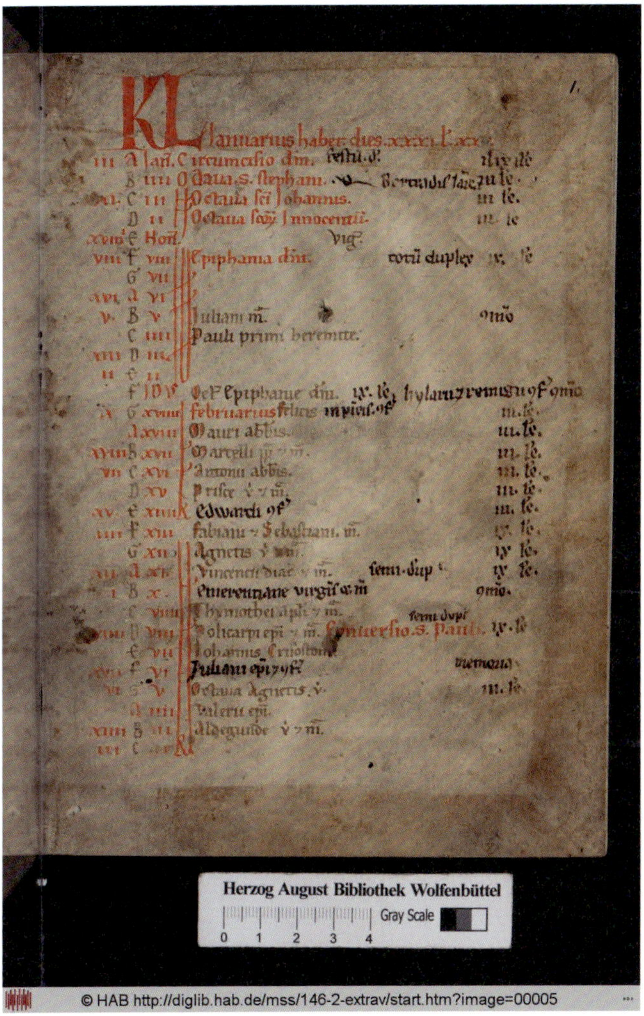

Abb. 1: *Herzog August Bibliothek Wolfenbüttel, Cod. Guelf. 146.2 Extrav., fol. 1r: Januar (© Herzog August Bibliothek Wolfenbüttel: http://diglib.hab.de/mss146-2-extra/start.htm?image=00005).*

Der Abdruck ist buchstabengetreu in dem Sinne, dass alle Eigentümlichkeiten und Irregularitäten in Bezug auf Orthographie und Groß- und Kleinschreibung beibehalten werden. Eine Ausnahme bilden lediglich die Abbreviaturen, die ich aufgelöst habe. Es sind die in mittelalterlichen Kalendaren üblichen Kürzel, z. B. „cf." = „confessoris", „vig." = „vigilia" usw. Für das Kürzel „l'c" findet man sowohl „lectiones" als auch den Genitiv „lectionum", es geht ja um ein festum trium oder novem lectionum. Ich habe mich – nicht ohne Willkür – für lectiones entschieden. Die tironische Note für die Konjunktion ersetze ich durch „et".

Trotz aller orthographischen Eigentümlichkeiten lassen sich die Heiligennamen leicht identifizieren. Die einzige Ausnahme ist „derapianus" (27. Juni), den man in dieser Form nirgendwo finden würde. „derapianus" ist entstellt aus dem Genitiv „serapionis".

Zur leichteren Orientierung füge ich die Monatsnamen und die arabischen Zahlen der Monatstage hinzu. Tage, an denen kein liturgischer Eintrag erscheint, übergehe ich.

Am Kalendar im eigentlichen Sinne, also unter Ausschluss der nekrologischen Einträge, haben fünf Hände gearbeitet. Um den Apparat nicht zu befrachten mit Dutzenden Anmerkungen, die angeben, von welcher Hand welcher Eintrag stamme, habe ich folgendermaßen optisch greifbar gemacht, um welche Hand es jeweils geht:

Die *Normalschrift* bezeichnet die erste, benediktinische Hand, soweit sie mit hell-brauner Tinte schrieb. Diese Hand rubrizierte auch meistens die Majuskeln der mit dieser Tinte geschriebenen Festnamen. Diese Rubrizierung habe ich nicht berücksichtigt. Der *Fettdruck* bezeichnet dieselbe Hand, soweit sie mit roter Tinte schrieb. Die *Kursivschrift* bezeichnet die zweite Hand, die das benediktinische Kalendar durch Streichung und Ergänzung dominikanisierte. Von ihr stammt auch der einzige nekrologische Eintrag, zum 2. Januar, der paläographisch identifizierbar ist. *Unterstreichungen* kennzeichnen die drei weiteren im Kalendar tätigen Hände. Zwischen ** stehen die nekrologischen Einträge (ausgenommen 2. Januar). Sie lassen sich nicht einer bestimmten Hand zuordnen, weil sie nur wenige Buchstaben umfassen und außerdem fast zur Hälfte getilgt sind. Die Einträge zum 12. und 14. Dezember sind unverkennbar von derselben Hand.

Zur schnellen Orientierung bei der nun folgenden Edition:
Vigilia: benediktinische (erste) Hand, gelbbraun
Circumcisio domini: benediktinische (erste) Hand, rot
Edwardi confessoris III lectionum: dominikanisierende (zweite) Hand
Unterstreichung + Anmerkung: dritte, vierte und fünfte Hand
adelheit: nekrologischer Eintrag

5. Edition des Kalendars

[1r][47] Januar

01	**Circumcisio domini**	*festum duplex lectiones*[48]
02	**Octaua Sancti stephani**	*III lectiones*
	obiit Bertradis laica[49]*	
03	**Octaua sancti Iohannis**	*III lectiones*
04	**Octaua sanctorum Innocentum**	*III lectiones*
05	Vigilia	
06	**Epiphania domini**	*totum duplex IX lectiones*
09	Iuliani martyris	
10	Pauli primi heremite	*commemoratio*[50]
13	Octaua Epiphanie domini	*IX lectiones*
	hylarii et remigii confessorum	*commemoratio*
14	Felicis *in pincis confessoris*	*III lectiones*
15	Mauri abbatis	*III lectiones*
16	Marcelli pape et martyris	*III lectiones*
17	Antonii abbatis	*III lectiones*
18	Prisce virginis et martyris	*III lectiones*
19	*Edwardi confessoris*	*III lectiones*
20	Fabiani et Sebastiani martyrum	*IX lectiones*
21	Agnetis virginis et martyris	*IX lectiones*
22	Vincencii diaconi et martyris	*semi duplex d*[51] *IX lectiones*
23	*Emerentiane virginis et martyris*	*commemoratio*
24	Thymothei apostoli et martyris	
25	Policarpi episcopi et martyris	
	Conuersio Sancti Pauli	*semi duplex*[52] *IX lectiones*
26	Iohannis crisostomi	
27	*Iuliani episcopi et confessoris*[53]	*memoria*
28	Octaua Agnetis virginis	*III lectiones*
29	Valerii episcopi	
30	Aldegunde virginis et martyris	

---

47 Am unteren Blattrand steht das Symbol des Saturn: ♄

48 Vor *lectiones* stehen fünf Zeichen, die römischen Ziffern sehr ähnlich sind (in moderner Orthographie etwa: *ILIXI*), aber in dieser Reihenfolge keine sinnvolle Zahl ergeben; vielleicht handelt es sich um eine Art probatio pennae. In vorhumbertianischen Kalendaren hat die Circumcisio domini *IX lectiones (duplex).*

49 Ziemlich hoch über dem ersten *a* steht ein horizontaler Strich, den man als Nasalstrich deuten könnte. Vielleicht gehört er über das *a* in *Bertradis*. Auch Butzmann, Die mittelalterlichen Handschriften (wie Anm. 10), S. 83 liest *Bertradis laica.*

50 *commemoratio* eine Zeile höher, also zu Iuliani.

51 *d* halb getilgt.

52 *semi duplex* aus Raumgründen über **Sancti Pauli;** *semi* auf Rasur, ich vermute, dass das überschriebene Wort Vig[ilia] war.

53 *Iuliani [...] confessoris* auf Rasur. Das darunter getilgte Wort fängt mit *P* an.

[1v][54] Februar

01	*Ignatii episcopi et martyris*[55]	*commemoratio*
	Vigilia[56]	
02	**Purificatio sancte Marie**	*totum duplex IX lectiones*
03	Blasii episcopi et martyris	*III lectiones*
04	*Anniuersarium patrum et matrum*[57]	*IX lectiones*
05	Agathe virginis et martyris	*IX lectiones*
06	*vedasti et amandi episcoporum*	*commemoratio*
10	Scolastice virginis	*commemoratio*
12	*cristine*[58]	
14	Valentini martyris	*III lectiones*
16	Iuliane virginis	
21	Hilarii pape	
	Vigilia[59]	
22	**Cathedra sancti Petri**	*IX lectiones*
23	Vigilia	
24	**Mathie apostoli**	*semi duplex*[60] *IX lectiones*
25	Waltpurge virginis	
28	Romani abbatis	

[2r][61] März

01	Donati martyris	
	a*lbini episcopi*	*commemoratio*
02		[62]
03	†[63]	
07	Perpetue et Felicitatis	
08	Quadraginta martyrum	
11	Vigilia	
12	**Gregorii pape**	*IX lectiones*
15	Longini martyris	
17	Gerdrudis virginis	*festum duplex IX lectiones*
19	Ioseph nutritoris domini	
20	Vigilia	
21	**Benedicti abbatis**	*IX lectiones*

---

[54] Einen Teil des Blattes beanspruchte das Gebet „In manus tuas“, das später getilgt wurde. Dieser Teil wurde zum kleinsten Teil reskribiert.

[55] *Ignatii [...] martyris* auf Rasur. Von dem vierten Buchstaben des ursprünglichen Wortes ist noch eine g-Schleife sichtbar. Ich vermute, dass der ursprüngliche Eintrag „Brigide“ war.

[56] Vigilia getilgt.

[57] *Anniuersarium [...] matrum* auf Rasur.

[58] cristine getilgt.

[59] Vigilia getilgt.

[60] Darunter die erste Zeile der komputistischen Notiz zum Mathiasfest im Schaltjahr; über der Notiz der Rundstempel der Herzog August Bibliothek.

[61] Am unteren Blattrand steht das Symbol des Jupiter: ♃, zum Teil verstümmelt durch Randbeschnitt.

[62] Äußerst rechts am Blatt das Kürzel đi, für dies (aegyptiacus).

[63] Ist das Kreuz Teil eines nekrologischen Eintrags, dem ein Name fehlt?

23	*me[64]*	
24	Vigilia	
25	**Annunciacio dominica**	*festum duplex*[65] *IX lectiones*
31	Widonis Abbatis	

[2v][66] April

01	[Rasur]	
04	Ambrosii episcopi	*IX lectiones*
	wolfframe[67]	
09	Marie Egyptiace	
14	Tyburcii et Valeriani martyrum	*III lectiones*
16	Calisti pape et martyris	
17	*adelheit*	
19	Leonis noni pape[68]	
20	Victoris martyris	
22	Vigilia	
23	**Georgii martyris**	*IX lectiones*
	Adelberti episcopi	
24	Vigilia	
25	**Marci Ewangeliste**	*Totum duplex*
27	Anastasii pape	
28	Vitalis martyris	*commemoratio III lectiones*
29	*Sancti Petri martyris*	*Totum duplex*
30	Curinus martyris Episcopi[69]	

[3r][70] Mai

01	**Philippi et Jacobi** *apostolorum*	*semi duplex IX lectiones*
03	**Inventio sancte crucis**	*semi duplex IX lectiones*[71]
	alenxandri euentii et theodori	*commemoratio*
04	Gotheardi episcopi	
	Spinea corona	*Totum IX lectiones*
05	Ascensio domini *gotefrit*[72]	
06	Iohannis ante portam latinam	*IX lectiones*
08	Victoris martyris	

[64] „me“ kann der Anfang eines deutschen Frauennamens, z. B. „mergart“oder „mechthild“ sein. Es mag aber auch Pig*me*nii (von Pigmenius), dessen Heiligenfest zum Teil am 23. März gefeiert wurde, hier eingetragen gewesen sein; heute ist sein Gedenktag üblicherweise am 24. März.

[65] Darunter die Beschwörung der Gebärmutter.

[66] Auf der rechten Hälfte von 2v steht ein lateinischer Text, der vielleicht eine Art Gebetsschema ist. Diese Blatthälfte wurde zum kleinsten Teil neu beschriftet.

[67] Getilgt.

[68] Danach Rasur; der erste Buchstabe des getilgten Wortes vermutlich „f“.

[69] 3. Hand.

[70] Auf einem Teil von 3r steht ein gründlich radierter Text, von dem nur noch, mit wenigen Ausnahmen, einzelne zusammenhanglose Buchstaben lesbar sind; stellenweise neu beschriftet. Am unteren Blattrand das Symbol des Mars: ♂.

[71] Das Kürzel *l'c.* auf Rasur; das getilgte Wort war vermutlich Vig[ilia].

[72] Getilgt.

10	Gordiani et Epimachi	*III lectiones*
12	Nerei et Achillei et Pancracii martyrum	*III lectiones*
13	Seruacii episcopi	
15	**Descensio sancti spiritus**[73]	
19	Potentiane virginis	*commemoratio*
24	*Translatio sancti dominici confessoris*	*festum duplex IX lectiones*
25	Vrbani pape et martyris	*III lectiones*
27	Germani episcopi[74]	
29	Maximini episcopi	
31	Petronelle virginis	*commemoratio*
	I gart[75]	

[3v] Juni

02	Marcellini et Petri *martyrum*	*III lectiones*
04	Quirini episcopi et martyris	
05	Bonifacii sociorumque eius	
08	*medardi episcopi et confessoris*	*commemoratio*
09	Primi et Feliciani martyrum	*III lectiones*
11	*barnabe apostoli*	
12	Basilidis Cirini Nazarii Naboris	*III lectiones*
13	*antonii confessoris*	*III lectiones*
14	Vigilia	
15	**Viti Modesti Crescentie**	*commemoratio*
18	Marci et Marcelliani martyrum	*III lectiones*
19	Geruasii et Prothasii martyrum	*IX lectiones*
21	Albani martyris IX[76] milium martyrum	
22	Paulini episcopi	
23	Vigilia	
24	**Iohannis baptiste**	*festum duplex IX lectiones*
26	Iohannis et Pauli martyrum	*IX lectiones*
27	iohannes malchvs deonisius derapianus[77]	confessores[78] [79]
28	Leonis pape	*commemoratio*
	Vigilia	
29	**Petri et Pauli**	*IX lectiones*
30	**Conmemoratio sancti Pauli**	*semi duplex IX lectiones*

---

73 Daneben, von Eccards Hand: „pentecoste".

74 Butzmann, Die mittelalterlichen Handschriften (wie Anm. 10), S. 83 führt Germanus unter dem 28. Mai auf.

75 Getilgt; zwischen „I" und „gart" drei Buchstaben, die sich als „sip" lesen. „Isipgart" ist aber kein existenter Name. Naheliegende Namen wie „Irmgart" sind paläographisch weniger wahrscheinlich. Unter „I gart" drei getilgte Buchstaben, vermutlich „suv", die ich nicht deuten kann.

76 Recte: X.

77 Aus „serapionis".

78 Iohannes [...] confessores 4. Hand.

79 Danach einige verwischte Buchstaben.

[4r][80] Juli

01	Octaua Sancti Iohannis	*IX lectiones*
02	Processi et Martyniani	*commemoratio*
04	V̊delrici episcopi	
06	Octaua apostolorum	*IX lectiones*
	Goaris confessoris	
07	Willibaldi[81] episcopi	
08	Kyliani sociorumque eius	*totum duplex*[82] *IX lectiones*
10	Septem Fratrum	*III lectiones*
13	Margarete virginis et martyris[83]	*IX lectiones*
15	Octaua sancti Kyliani	
17	Alexii confessoris	
21	Praxedis virginis	*III*[84] *lectiones*
22	**Marie Magdalene**	*semi duplex IX lectiones*
23	Apollinaris martyris	*III lectiones*
24	Christine virginis	*commemoratio*
	Vigilia	
25	**Iacobi apostoli**	*semi duplex IX lectiones*
	Cristophori martyris *et cucufa*[85] *martyris*	*commemoratio*
28	Pantaleonis martyris	
29	Felicis pape	
	Simplicii et Faustini *et beatricis martyrum*	*III lectiones*
30	Abdon et Sennes *martyrum*	*III lectiones*
31	*Germani episcopi*[86]	*III lectiones*

[4v] August

01	**Ad uincula sancti petri**	*IX lectiones*
	Sanctorum machabeorum	*commemoratio*
02	Stephani pape et martyris	*III lectiones*[87]
03	**Inuentio sancti Stephani**	
05	Oswaldi regis et martyris[88]	
06	Sixti pape et martyris	
07	Affre martyris Donati episcopi	
08	Ciriaci sociorumque eius	
09	Romani martyris Vigilia[89]	
10	**Laurentii martyris**	

80 Am unteren Blattrand steht das Symbol der Sonne: ⊙.

81 a < o.

82 Totum duplex teilweise auf Rasur; wahrscheinlich wurde Vig[ilia] getilgt.

83 Danach Rasur.

84 *III* auf Rasur; das überschriebene Wort vielleicht Vig[ilia].

85 Die defekte Form *cucufa,* die wohl des Schreibers Unsicherheit im Hinblick auf den Genitiv verrät, wäre zu *cucufati* oder *cucufatis* zu ergänzen (Nominativ *cucufatus* oder *cucufas*).

86 Butzmann, Die mittelalterlichen Handschriften (wie Anm. 10), S. 83 nennt Germanus irrtümlicherweise unter dem 25. Juli.

87 Hier hört die Tätigkeit der dominikanisierenden Hand auf.

88 Danach Rasur.

89 Vigilia getilgt.

11 Tyburcii martyris
13 Ypoliti sociorumque eius
14 Eusebii confessoris Vigilia[90]
15 Assumptio sancte Marie virginis
17 Octaua sancti Laurentii
18 Agapiti martyris *kunigunt[91]*
22 Octaua sancte marie virginis Tymothei et Synphoriani martyrum[92]
23 Thimothei et Apollinaris Vigilia[93]
24 **Bartholomei apostoli**
25 **Genesii martyris**
28 Augustini episcopi hermetis martyris Vigilia[94]
29 **Decollatio sancti Iohannis** Sabine virginis martyris[95]
30 Felicis et Audacti[96] martyrum

[5r][97] September

01 Egidii abbatis Verene virginis
03 Antonini martyris
05 *mechtilde*
06 Magni confessoris
07 Vigilia
08 **Natiuitas sancte Marie virginis**
09 Gorgonii martyris
11 Prothi et Iacincti felicis et Regule
13 Vigilia
14 **Exaltacio sancte crucis**
15 Nychomedis martyris
16 Eufemie virginis et martyris Lucie virginis
17 Lamberti episcopi et martyris *hedeuic*
20 Vigilia
21 **Mathee[98] ewangeliste**
22 Mauricii sociorumque eius
26 Cipriani et Iustine martyrum
27 Cosme et damiami martyrum
28 Wenzelai martyris Vigilia
29 **Michahelis Archangeli**
30 Iheronimi presbyteri

---

90 Vigilia getilgt.
91 kunigunt getilgt; davor Rasur.
92 5. Hand.
93 Vigilia getilgt.
94 Vigilia getilgt.
95 5. Hand.
96 Gängige Form: Adaucti.
97 Am unteren Blattrand steht das Symbol der Venus: ♀.
98 Recte: Mathei.

[5v] Oktober

01 Remigii episcopi
02 Leodegarii episcopi et martyris
04 Crispi et Gai martyrum franciscus confessores[99]
07 Marci pape Sergii et Bachi
08 *iuthe*
10 Gereonis sociorumque eius
13 Vigilia
14 **Burchardi episcopi** Calisti pape
16 Galli abbatis
18 Luce ewangeliste
19 Ianuarii sociorumque eius
21 Vndecim milium virginum
22 Seueri confessoris
23 Seuerini episcopi
25 Crispini et Crispiniani
27 Vigilia
28 **Symonis et Iude**
31 Quintini martyris Wofgandi[100] confessoris Vigilia

[6r]][101] November

01 Festiuitas omnium sanctorum
02 Eustachii martyris
03 Pirminii episcopi
05 Felicis presbyteri
06 Leonhardi episcopi
07 Willibrordi episcopi
08 Quatuor coronatorum *heleuic*
09 Theodori martyris
10 Vigilia[102]
11 **Martini episcopi** Menne martyris
13 Briccii episcopi
16 Othmari abbatis
18 Octaua sancti martyni
20 Admundi regis et martyris
22 Cecilie virginis et martyris
23 Clementis pape et martyris Felicitatis
24 Crisogoni martyris
25 Katherine virginis et martyris
26 Petri episcopi et martyris

---

99 3. Hand.
100 Zu wofgandi hat eine sehr späte Hand, vielleicht Barbeyrac, eine ausführliche, aber schlecht lesbare Bemerkung geschrieben, deren Inhalt darauf hinauskommt, dass wofgandus und wolfgangus identisch sind.
101 Am unteren Blattrand das Symbol des Merkur: ☿.
102 Vigilia getilgt.

29 Saturnini martyris sociorumque eius Vigilia
30 **Andree apostoli**

[6v] Dezember

03 Sole confessoris †[103]
04 Barbare virginis et martyris
05 Vigilia
06 **Nycholai episcopi**
07 Vigilia[104]
08 **Conceptio sancte Marie virginis**
12 *mergart*
13 Lucie virginis
14 *wolfframe*
17 Ignacii episcopi
20 Vigilia[105]
21 **Thome apostoli**
24 Vigilia[106]
25 **Natiuitas domini nostri ihesu christi**
hedewigis obitus[107]
26 **Stephani prothomartyris**
27 **Iohannis ewangeliste**
28 **Sanctorum Innocentum**
29 **Thome episcopi et martyris**
30 **Dauid regis**
31 **Siluestri pape**

6. Erläuterungen zum Kalendar

6.1 Die beweglichen Feste

Es fällt auf, dass das Kalendar zwei bewegliche Feste aufweist: Christi Himmelfahrt am 5. Mai und Pfingsten am 15. Mai. Diese Daten setzen das Osterfest am 27. März voraus. Es kommt bis ins 16. Jahrhundert oft vor, dass Kalendare folgende vier bewegliche Feste (oder einen Teil dieser Feste) aufweisen: Karfreitag – Ostern – Himmelfahrt – Pfingsten. Wie soll man dies erklären?[108]

[103] Vgl. die Anmerkung zum 3. März.
[104] Vigilia getilgt.
[105] Vigilia getilgt.
[106] Vigilia getilgt.
[107] hedewigis obitus getilgt. Vor „hedewigis“ 1 oder 2 Buchstaben getilgt, vielleicht „s.“; nach „hedewigis“ 4 oder 5 getilgte Buchstaben, vielleicht „vhen“ oder „vnen“. „v“ könnte deutsches „von“ sein oder die Abbreviatur für „vidua“ oder „virgo“. Wenn „hedewigis“ nicht ein Genitiv, sondern ein Nominativ ist, müsste das von mir als „obitus“ aufgelöste „ɵ“ als „obiit“ gelesen werden.
[108] Ich beziehe meine Information aus: Ferdinand Piper, Vorrede, in: Evangelischer Kalender. Jahrbuch für 1853, 4 (1853), S. IIIf. (im Register wird dem in dieser Vorrede behandelten Thema folgender Titel gegeben: Das Osterfest des Jahres 1853 und das Datum der Auferstehung Christi);

Schon in frühchristlicher Zeit hat man versucht, für das Osterfest, das durch seinen Zusammenhang mit dem jüdischen Passah ein bewegliches Fest war, ein festes Datum zu fixieren. Man setzte das Datum, an dem Christus starb, den 15. Nisan, gleich mit dem 25. März und kam dadurch auf den 27. März als Datum der Auferstehung. Der 25. März war auch das Datum des unbeweglichen Festes Mariä Verkündigung, das, genau neun Monate vor Weihnachten, als der Tag betrachtet wurde, an dem der Herr gezeugt worden sei. Die Gleichsetzung: conceptio domini = passio domini ist früh bezeugt, z.B. bei Augustinus, De Trinitate libri XV, wo es heißt: „Octavo enim kalendas apriles conceptus creditur quo et passus."[109] Es liegt dem der zutiefst christliche Gedanke zugrunde, dass der Kreuzestod Christi gleichzeitig ein neuer Anfang sei. Eine entsprechende Formulierung findet man in vielen Kalendaren, z.B. in einem Freisinger Missale: „Dom. Conceptio. Et crucifixio"[110], in einem Eichstätter Kalendar: „Annunciatio Dominica. Passio domini."[111] Die überaus häufige Erwähnung von Christi Tod und Auferstehung am 25. bzw. 27. März dürfte die Gleichsetzung: conceptio = passio widerspiegeln, die auch im 13. Jahrhundert noch sehr lebendig war, wie Piper unter Verweisung auf Durandus und Thomas von Aquin zeigt.[112]

Es dürfte klar sein, dass die Daten der beweglichen Feste überhaupt keinen Wert für Datierungszwecke haben. Der Erste, der darauf hinwies, war Piper (1853), und seitdem wurde wiederholt vor falschen Schlussfolgerungen gewarnt, wie z.B. Anna-Dorothee von den Brincken: „[...] immer wieder findet man [...] zum 23. oder 25. März die Passion eingetragen, zum 25. oder 27. die Auferstehung. Mancher moderne Wissenschaftler wollte [...] das Kalendar dann auf ein Jahr fixieren, in dem Ostern [...] an diesen Tagen gefeiert wurde, kam aber [...] zu erheblichen Fehlschlüssen".[113] Ich wies schon auf Franziska Hopfenbeck hin, die das Wolfenbütteler Kalendar auf 1239 oder 1250 datierte. In der jüngsten Veröffentlichung eines für meine Zwecke wichtigen benediktinischen Kalendars macht Helmut Flachenecker denselben Fehler. Er schreibt: „Dank eines Überlieferungszufalles kann die Handschrift ziemlich exakt in die Mitte des 12. Jahrhunderts, höchstwahrscheinlich in das Jahr 1155 datiert werden. Dies ist möglich, weil [...] Ostern und Christi Himmelfahrt in den Festkalender eingetragen worden sind. Dies widerspricht vollkommen der Regel, in Kalendarien ausschließlich feste Kirchen- und Heiligenfeste einzutragen."[114]

---

ders., Karls des Großen Kalendarium und Ostertafel aus der Pariser Urschrift, hg. und erläutert nebst einer Abhandlung über die lateinischen und griechischen Ostercykeln des Mittelalters, Berlin 1858, S. 80; Grotefend, Zeitrechnung (wie Anm. 24), Bd. I, S. 140–144; Anton Lechner, Mittelalterliche Kirchenfeste und Kalendarien in Bayern, Freiburg i.Br. 1891, S. 62f.

109 Ed. W.J. Mountain/Fr. Glorie (Corpus Christianorum Series Latina 50), Tvrnholti 1968, IV,V,9, S. 172.

110 Lechner, Mittelalterliche Kirchenfeste (wie Anm. 108), S. 11.

111 Adam Hirschmann, Calendaria Eystettensia, in: Analecta Bollandiana 17 (1898), S. 393–413, hier S. 407.

112 Piper, Vorrede (wie Anm. 108), S. IV.

113 Von den Brincken, Historische Chronologie (wie Anm. 25), S. 72.

114 Helmut Flachenecker, Das älteste Marienberger Kalendarium aus der Mitte des 12. Jahrhunderts, in: Germania Monastica. Festschrift für Ulrich Faust OSB zum 80. Geburtstag (Studien und Mitteilungen zur Geschichte des Benediktinerordens und seiner Zweige 126), Sankt Ottilien 2015, S. 63–87, hier S. 63.

So mag der moderne Mensch denken, aber die historische Praxis, nach der in mittelalterlichen Kalendaren überaus häufig die Auferstehung als heilsgeschichtlich fixiertes Datum auf den 27. März fällt, sieht anders aus. Ich nenne ein Beispiel: Von den 21 St. Galler Kalendarien, die Emmanuel Munding edierte und untersuchte, zeigen nicht weniger als 18 den 27. März als Osterdatum.[115]

6.2 *Die dies aegyptiaci*

Zweimal erscheint im Kalendar (2r, 3. März, und 6v, 3. Dezember) „đi“, die Abkürzung für „dies (aegyptiacus)“. Die dies aegyptiaci, den dies atri der Römer vergleichbar, bezeichnen die Unglückstage, die zweimal im Monat vorkommen.[116] Renate Klauser und Otto Meyer zeigen, an welchen Tagen im Jahr diese Unglückstage vorkommen: der 1. und 28. März und der 7. und 22. Dezember; „Abweichungen kommen vor.“[117] Nun, das zeigt unser Kalendar. „đi“ steht am äußersten Rand rechts, wie sehr oft in Kalendaren. Ich schließe nicht aus, dass „đi“ auch an anderen Stellen stand, aber beim Einbinden der Handschrift durch Randbeschnitt verloren ging.

6.3 *Die nekrologischen Einträge*

Im Kalendar stehen über fast das ganze Jahr verteilt (Juni und Juli fehlen) 17 nekrologische Einträge, die ich in ihrem Zusammenhang aufführe:

02.01: obiit Bertradis laica
12.02: cristine (getilgt)
03.03: †
23.03: me (siehe Apparat)
04.04: wolfframe (getilgt)
17.04: adelheit
05.05: gotefrit (getilgt)
31.05: i[...]gart (getilgt; s. Apparat)
18.08: kunigunt (getilgt)
05.09: mechtilde
17.09: hedeuic
08.10: iuthe
08.11: heleuic
03.12: †
12.12: mergart
14.12: wolfframe
25.12: hedewigis obiit (obitus?) (getilgt; s. Apparat)

Ich nehme an, dass die Kreuze als nekrologische Einträge gemeint sind, denen aus unersichtlichen Gründen kein Name zugeordnet ist.[118] Ich lasse „me“ am 23. März außer Betracht. Es bleiben 14 Namen übrig, von denen nicht weniger als sechs getilgt worden sind. Dass es sich um nekrologische Einträge handelt, ist bei Bertradis und hedewigis außer Zweifel. Als sicher darf gelten, dass es sich bei den übrigen Namen auch um nekrologische Einträge handelt, obwohl obiit oder obitus fehlt. In den Editionen dominikanischer Nekrologe, die ich,

---

[115] Emmanuel Mundig, Die Kalendarien von St. Gallen aus 21 Handschriften. Neuntes bis elftes Jahrhundert. Untersuchungen (Texte und Arbeiten herausgegeben durch die Erzabtei Beuron, 1. Abt. Heft 37), Beuron in Hohenzollern 1951, S. 8 und 46.

[116] Grotefend, Zeitrechnung (wie Anm. 24), Bd. I, S. 35–37.

[117] Clavis Mediaevalis. Kleines Wörterbuch der Mittelalterforschung, Wiesbaden 1966, S. 63.

[118] Im Obituarium der Straßburger Dominikaner kommt regelmäßig ein Kreuz vor einem Namen als Todesbezeichnung vor; Charles Wittmer, L'Obituaire des Dominicains de Strasbourg, in: Archivum Fratrum Praedicatorum 20 (1950), S. 415–423.

um mit dem Thema vertraut zu werden, studiert habe[119], kommt es nicht selten vor, dass der bloße Name ohne obiit oder obitus genügt, anzugeben, dass der/die Namensträger(in) an dem und dem Tag gestorben ist. Eine andere Deutungsmöglichkeit gäbe es übrigens nicht.

Von den 14 Namen ist gotefrit der einzige eindeutige Männername. Ein sprachliches Problem bildet der gleich zweimal vorkommende Name wolfframe. Ist es ein Männer- oder ein Frauenname? Es ist mir in mehreren Nekrologen und Obituarien aufgefallen, dass bei latinisierten Männernamen, die zur 2. Deklination gehören, der Name des Verstorbenen im Vokativ genannt wird, selbst wenn dadurch Lateinfehler entstehen.

In einem Kalendar der Berner Dominikanerinnen steht z. B. zum 8. Oktober: „obiit reverendissime pater Iohannes Füller, confessor noster".[120] Ich kann mir diesen Gebrauch des Vokativs, der, wenn er nur vereinzelt vorkäme, als Schnitzer ad acta gelegt werden könnte, nicht erklären. Vielleicht hat sich „reverendissime" + „pater" sosehr als Anrede des Beichtvaters eingebürgert, dass man sich nicht mehr bewusst war, dass man es eigentlich mit einem Vokativ zu tun hatte. Etwas Vergleichbares liegt vor in „Monsignore" oder „Monseigneur", wo „mon" nicht mehr als Possessivpronomen empfunden wird.

Ist „wolfframe" ein Vokativ zu „wolfframus" oder deutet die Form, die als lateinischer Genitiv, etwa („obitus) wolfframae" oder als deutscher Nominativ oder Genitiv zu interpretieren wäre, auf eine Frau hin? Ein weibliches Gegenstück zu männlichem „wolfram" ist zwar belegt[121], aber äußerst selten. Bei den vielen dominikanischen und würzburgischen Namen, die ich gesehen habe, ist mir ein weiblicher Name „wolframa" oder „wolframe" nicht begegnet. Butzmann betrachtet wolfframe als weiblich.[122] Ein Männername im Kalendar eines Frauenklosters ist nichts Ungewöhnliches. Wie im Berner Kalendar kann es der Name eines Priesters oder eines Wohltäters oder des Klostergründers sein.

Namen und Todesdaten böten für Identifizierungs- und Datierungszwecke prächtiges Material, wenn man nur wüsste, womit man sie vergleichen könnte. Das einzige Hilfsmittel ist August Amrhein[123], der aus einem „Totenbuch des

---

[119] Paulus von Loë, Das Nekrologium des Aachener Dominikanerklosters, in: Aus Aachens Vorzeit 17 (1904), S. 1–26; Gabriel M. Löhr, Das Necrologium des Dominikanerinnenklosters St. Gertrud in Köln, in: Annalen des Historischen Vereins für den Niederrhein 110 (1927), S. 60–179; A. Poinsignon, Das Dominicaner- oder Prediger-Kloster zu Freiburg im Breisgau, in: Freiburger Diöcesan-Archiv 16 (1883), S. 1–48; Laurentius Siemer, Liber obituum et anniversariorum der Predigerbrüder in Osnabrück, in: Archiv der deutschen Dominikaner 1 (1939), S. 15–95; Isnard Wilhelm Frank, Das Totenbuch des Mainzer Dominikanerklosters: Kommentar und Edition (Quellen und Forschungen zur Geschichte des Dominikanerordens in Deutschland N. F. 3), Berlin 1993.

[120] G. G. Meerssemann, Zur Geschichte des Berner Dominikanerinnenklosters im 15. Jahrhundert, in: Archivum Fratrum Praedicatorum 45 (1975), S. 201–211, hier S. 207.

[121] Ernst Förstemann, Altdeutsches Namenbuch, Bonn 1900 (2., völlig umgearbeitete Aufl.), Sp. 1654. Den knapp 100 Belegen für männliches wolfram stehen nur 4 Belege für weibliches wolfram gegenüber, die außerdem aus althochdeutscher Zeit stammen.

[122] Butzmann, Die mittelalterlichen Handschriften (wie Anm. 10), S. 83.

[123] August Amrhein, Personalstand des Dominikanerinnenklosters zum hl. Markus in der Vorstadt Bleichach zu Würzburg vom Jahre 1248–1803, in: Fränkische Heimat. Heimatbeilage zum Fränkischen und Schweinfurter Volksblatt, 64. Jg., Nr. 11 vom 24.05.1934, S. 41–43, 45–48; das Werk von Franz X. Wegele, Zur Literatur und Kritik der Fränkischen Necrologien, Nördlingen 1864, gibt für St. Markus nichts her.

Klosters" schöpft[124], aber seine Quelle nicht nennt. Hans Thurn[125] vermutet, dass Amrhein u.a. die Marxer Klosterchronik (Universitätsbibliothek Würzburg, M.ch.f. 494) benutzt hat.

Es dürfte nach dem Vorhergehenden klar sein, dass an eine Identifizierung nicht zu denken war[126], deshalb nur ein paar zusammenhanglose Bemerkungen:

Der erste Prior der Würzburger Dominikaner, der die Marxer Nonnen seelsorgerisch betreute, hieß Gottfried. Der Name kommt mehrere Male vor in den Urkunden von und über St. Markus, die in den Monumenta Boica ediert sind. Wolfram begegnet ebenfalls öfter im Zusammenhang mit St. Markus. Ein Dominikaner Wolfram beispielsweise wird als Zeuge in einer Urkunde vom 3. Juni 1237 erwähnt.[127] Adelheid könnte mit Adelheid, Gräfin von Hiltenburg, identisch sein.[128] Kunigundis hieß die zweite Priorin von St. Marx.[129] Benv[enut] St[engele] erwähnt eine Hedwig von Ulfenheim.[130] Mit iuthe könnte die Mutter von Abt Konrad von St. Burkard gemeint sein[131], dessen Schwester, Irmengardis de Nuwenstatt, die erste Priorin von St. Markus war.[132] Bei mergart, 12. Dezember, kann es sich nicht um Königin Margarethe handeln, weil diese am 29. Oktober 1266 starb, als ihr klösterliches Leben schon lange hinter ihr lag.[133] Auf die Namen Bertradis, cristine, i[...]gart, mechtilde, heleuic bin ich im Zusammenhang mit St. Marx nicht gestoßen.

Die Zahl der nekrologischen Einträge erlaubt eine ungefähre Berechnung, wie lange das Kalendar als Obituar benutzt worden ist. Friedrich Zörkendörfer hat aufgrund statistischer Untersuchungen festgestellt, dass das Kloster in Fulda jährlich etwa ein Dreißigstel seiner Bewohner durch den Tod verlor.[134] Eckhard Freise hat diese Berechnung eine Faustregel genannt[135], die ich nun auf St. Marx anwenden möchte. Wenn ich annehme, dass das Kloster 75 Schwes-

---

124 Ebd., S. 41.

125 Hans Thurn, Die Handschriften des Würzburger Dominikanerkonvents in der Universitätsbibliothek Würzburg, Würzburger Diözesangeschichtsblätter 29 (1967), S. 5–87, hier S. 34.

126 Eine zusätzliche Schwierigkeit wäre die nach heutigen Maßstäben unvorstellbare Variationsarmut im Namensgut. Wenn man sich beispielsweise die Namensregister in den Bänden zu den Quellen und Forschungen zur Geschichte des Dominikanerordens in Deutschland ansieht, stößt man auf Dutzende und Aberdutzende von Trägerinnen der Namen Adelheid, Elisabeth, Hedwig, Anna usw.

127 Meinrad Sehi, Die Bettelorden in der Seelsorgsgeschichte der Stadt und des Bistums Würzburg bis zum Konzil von Trient. Eine Untersuchung über die Mendikantenseelsorge unter besonderer Berücksichtigung der Verhältnisse in Würzburg (Forschungen zur fränkischen Kirchen- und Theologiegeschichte 8), Würzburg 1981, S. 47 Anm. 36.

128 Amrhein, Personalstand (wie Anm. 123), S. 41.

129 Ebd.

130 Benv[enut] St[engele], Das ehem. Dominikanerinnen-Kloster zu St. Markus in Würzburg (Unterfranken), in: Kalender für katholische Christen auf das Jahr 1899, Sulzbach 59 (1899), S. 110–112, hier S. 110.

131 Heinrich Wagner, Die Äbte von St. Burkhard zu Würzburg im Mittelalter, in: Würzburger Diözesangeschichtsblätter 50 (1988), S. 11–41, bes. S. 30.

132 Thurn, Die Handschriften (wie Anm. 125), S. 7.

133 Walther Killy/Rudolf Vierhaus (Hg.), Deutsche Biographische Enzyklopädie (dtv-Ausgabe), Bd. 6, München 2001, S. 614.

134 Friedrich Zörkendörfer, Statistische Untersuchungen über die Mönchslisten und Totenannalen des Klosters Fulda, in: Karl Schmid u.a. (Hg.), Die Klostergemeinschaft von Fulda (Münstersche Mittelalter-Schriften 8/1–3), München 1978, S. 988–1002, bes. S. 989f.

135 Eckhard Freise, Kalendarische und annalistische Grundformen der Memoria, in: Karl Schmid/Joachim Wollasch (Hg.), Memoria. Der geschichtliche Zeugniswert des liturgischen Gedenkens im Mittelalter (Münstersche Mittelalter-Schriften 48), München 1984, S. 441–577, bes. S. 510 Anm. 337.

tern zählte, würden jährlich 2,5 sterben. Das hieße, dass das Kalendar, wenn ich wegen der Unsicherheit der Zahlen die Grenzen nach oben und unten großzügig ziehe, fünf bis zehn Jahre, auf jeden Fall verhältnismäßig kurze Zeit, obituarischen Zwecken gedient hätte.

Mit dieser Feststellung lässt sich eine andere verbinden, nämlich die, dass nicht weniger als sechs von 14 Namen getilgt wurden. Wenn es nur um eine Tilgung ginge, könnte man sie als Beseitigung eines Fehlers betrachten. Bei sechs von 14 geht dies wohl nicht. Ich habe aber keine Erklärung anzubieten. Vielleicht hängt die Tilgung in irgendeiner Weise mit der Inkorporation des Klosters in den Dominikanerorden zusammen. Auffällig ist, dass das Zahlenverhältnis getilgt – nicht getilgt im dominikanischen Teil des Kalendars 4:2 ist, im nicht dominikanischen Teil (ab 3. August) aber: 2:6!

7. Prolegomena zur Lokalisierung und Datierung des Kalendars

Wie sich zeigen wird, handelt es sich bei diesem Kalendar um ein Würzburger Kalendar, das mit an Sicherheit grenzender Wahrscheinlichkeit aus der Benediktinerabtei St. Burkard stammt, dann dem Dominikanerinnenkloster St. Markus geschenkt und dort zum Gebrauch in der dominikanischen Liturgie umgearbeitet und ergänzt wurde.

Um meine Überlegungen zur Lokalisierung und Datierung nicht durch längere Exkurse zu unterbrechen, schicke ich sozusagen als Prolegomena folgende Einleitung voraus:

7.1 Das mittelalterliche Kalendar Deutschlands, vor allem Süddeutschlands;
7.2 Das mittelalterliche Kalendar der Diözese Würzburg;
7.3 Die Liturgie der Dominikaner im 13. Jahrhundert;
7.4 Das dominikanische Kalendar im 13. Jahrhundert;
7.5 Die liturgischen Festgradbezeichnungen;
7.6 Das benediktinische Kalendar im 12./13. Jahrhundert;
7.7 Das Dominikanerinnenkloster St. Markus im 13. Jahrhundert.

7.1 Mittelalterliche Kalendare Deutschlands, vor allem Süddeutschlands

Die Erforschung der mittelalterlichen Kalendare Deutschlands weist viele Lücken auf.[136] Das einzige Bistum, dessen Kalendar als gut erforscht gelten kann, ist Bamberg. Zwei mustergültige ältere Werke untersuchen die Kalendare von Köln[137] und Trier.[138] Um die süddeutschen Bistümer steht es etwas

[136] Adolf Lagemann, Der Festkalender des Bistums Bamberg im Mittelalter. Entwicklung und Anwendung, in: Bericht des Historischen Vereins für die Pflege der Geschichte des ehemaligen Fürstbistums Bamberg 103 (1967), S. 7–264, bes. S. 17.

[137] Georg Zilliken, Der Kölner Festkalender. Seine Entwicklung und seine Verwendung zu Urkundendatierungen. Ein Beitrag zur Heortologie des Mittelalters, in: Bonner Jahrbücher 119 (1910), S. 13–157.

[138] Peter Miesges, Der Trierer Festkalender. Seine Entwicklung und seine Verwendung zu Urkundendatierungen. Ein Beitrag zur Heortologie und Chronologie des Mittelalters (Trierisches Archiv, Ergänzungsheft 15), Trier 1915.

besser. Lechner versteht in seinem Werk über die mittelalterlichen Kalendarien in Bayern[139] „Bayern" als „Altbayern" und berücksichtigt Kalendare der Diözesen Freising, Salzburg, Passau, Regensburg und Augsburg, außerdem ein Klosterkalendar (clm 3900), das Tüchle 1969 als Prämonstratenserkalendar aus Oberzell identifizierte.[140] Das Werk ist als kommentierte Materialsammlung unentbehrlich, aber kann selbstverständlich nicht erschöpfend sein, d. h., es kann nicht als Geschichte des Kalendars eines jeden der berücksichtigten Bistümer gelten. Fünf Regensburger Kalendare aus dem 10. und 11. Jahrhundert hat Swarzenski abgedruckt.[141] Acht Augsburger Kalendare edierte Alfred Schröder.[142] Adam Hirschmann gab vier Eichstätter Kalendare heraus.[143]

Der zweite Band von Grotefends „Zeitrechnung"[144] umfasst Kalendare sämtlicher Bistümer Deutschlands, aber man sei sich bei deren Benutzung bewusst, dass sie fast ausnahmslos auf Drucken und Handschriften aus dem späten 15. und frühen 16. Jahrhundert basieren und für frühere Jahrhunderte alles andere als repräsentativ sind.

7.2 *Das mittelalterliche Kalendar der Diözese Würzburg*

In seiner 1970 erschienenen Dissertation[145] gibt Wegner im 1. Kapitel, „Die bisherige Forschung", eine Bestandsaufnahme all dessen, was auf dem Gebiete der Erforschung der Liturgie von Würzburg schon geleistet worden ist und was alles noch zu tun bleibt. Im Hinblick auf das Kalendar stellt er kurz und bündig fest: „Die Geschichte des Würzburger Festkalenders ist noch nicht geschrieben."[146] Schon vor ihm hatte Engel wiederholt auf diese Lücke hingewiesen.[147] An der von Wegner skizzierten Lage hat sich seit 1970 wenig geändert. Es erschienen mehrere Textabdrucke von Kalendaren und Kalendarfragmenten, aber im Grunde gibt es immer noch „den völligen Mangel an einschlägigen Vorarbeiten".[148]

Um das Wolfenbütteler Kalendar als Würzburger Kalendar zu identifizieren, war es notwendig, es mit bereits gedruckten Würzburger Kalendaren zu

---

139 Lechner, Mittelalterliche Kirchenfeste (wie Anm. 108).

140 Hermann Tüchle, Eine Handschrift aus dem Prämonstratenserkloster Oberzell mit unbekannten Versen zu Ehren der heiligen Katharina, in: Würzburger Diözesangeschichtsblätter 31 (1969), S. 202–206.

141 Georg Swarzenski, Die Regensburger Buchmalerei des 10. und 11. Jahrhunderts, Leipzig 1901, Anhang II, S. 196–206.

142 Alfred Schröder, Die ältesten Heiligenkalendarien des Bistums Augsburg, in: Archiv für die Geschichte des Hochstifts Augsburg 1 (1909–1911), S. 241–331.

143 Hirschmann, Calendaria Eystettensia (wie Anm. 111).

144 Grotefend, Zeitrechnung (wie Anm. 24), Bd. II/1,2.

145 Günter Wegner, Kirchenjahr und Messfeier in der Würzburger Domliturgie des späten Mittelalters (Quellen und Forschungen zur Geschichte des Bistums und Hochstifts Würzburg 22), Würzburg 1970.

146 Ebd., S. 5.

147 Wilhelm Engel, Die mittelalterlichen Seelbücher des Kollegiatstiftes St. Gumbert zu Ansbach (Quellen und Forschungen zur Geschichte des Bistums und Hochstifts Würzburg 3), Würzburg 1950, S. 21; ders., Das Seelbuch der Liebfrauenbruderschaft zu Würzburg (12.–15. Jahrhundert) (Quellen und Forschungen zur Geschichte des Bistums und Hochstifts Würzburg 7), Würzburg 1953, S. 26.

148 Engel, Das Seelbuch der Liebfrauenbruderschaft (wie Anm. 147), S. 113.

vergleichen.[149] Wegner führt die Editionen von Würzburger Kalendaren auf, darunter ein halbes Dutzend Ordenskalendare[150], und nennt über ein Dutzend weitere, die noch nicht ediert sind.[151] Er druckt in seiner Dissertation das Kalendar des „Breviarium chori sancti Kiliani“ (Universitätsbibliothek Würzburg, Mp.th.f. 168) mit Ergänzungen aus dem Kalendar im Standbuch 10 des Bayerischen Staatsarchivs in Würzburg ab.[152] Die Erläuterungen dazu umfassen wichtiges Material zur Geschichte des Diözesankalendars.[153]

Nach dem Erscheinen von Wegners Arbeit sind drei Veröffentlichungen zu verzeichnen. Rita Wehner edierte 1979 ein Hauger Kalendar (um 1360).[154] Ergänzungen dazu lieferte Enno Bünz.[155] Hans Thurn edierte 1982 ein Kalendar aus der Benediktinerabtei St. Stephan.[156] 1987 erschien die Würzburger Dissertation von Helmut Engelhart.[157] Im Anhang zum Textband „Die Festkalender der Würzburger Psalterien im Vergleich“[158] druckt er synoptisch die Kalendare folgender Handschriften ab: Malibu, The J. Paul Getty Museum, olim Sammlung Ludwig Aachen, Ms. VIII,2; München, Bayerische Staatsbibliothek, clm 3900; Melk, Stiftsbibliothek Hs. 1903 (alt: 1833); Augsburg, Universitätsbibliothek, olim Harburg, Fürstlich Öttingen-Wallerstein'sche Bibliothek und Kunstsammlung, Cod. I, 2, 4° 24.

Eine wichtige Quelle, die für kalendarische Zwecke noch zu wenig ausgeschöpft wurde, ist Himmelsteins „Synodicon Herbipolense“[159], in dem z.B. aus dem „Synodus Dioecesana a Manegoldo Episcopo celebrata anno D. 1298“ ein Verzeichnis der Vigiltage und ein solches der Festtage abgedruckt ist[160] und ein Paragraph „De Reliquiis et Veneratione Sanctorum“.[161]

Zum Schluss möchte ich hinweisen auf zwei Würzburger Kalendare, die bisher nicht in Erscheinung getreten sind. Victor Leroquais hat in seinem Standardwerk über die Psalter in den öffentlichen Bibliotheken Frankreichs[162] auf den Psalter

---

149 Ich möchte bei dieser Gelegenheit dem damaligen Diözesanarchivar und -historiker, Herrn Dr. Erik Soder von Güldenstubbe, herzlich dafür danken, dass er mir, dem damals auf dem Gebiet der Würzburger Kirchengeschichtsschreibung völlig Unkundigen, 1985 eine Bibliographie zum Würzburger Kalendar gegeben und mich auch später mit bibliographischem Material ausgestattet hat.

150 Wegner, Kirchenjahr (wie Anm. 145), S. 5f.

151 Ebd., S. 39f.

152 Ebd., S. 42–53.

153 Ebd., S. 53–76.

154 Rita Wehner, Die mittelalterliche Gottesdienstordnung des Stiftes Haug in Würzburg (Schriften des Zentralinstituts für fränkische Landeskunde und allgemeine Regionalforschung an der Universität Erlangen-Nürnberg 17), Neustadt a.d. Aisch 1979, S. 99–112.

155 Enno Bünz, Stift Haug in Würzburg. Untersuchungen zur Geschichte eines fränkischen Kollegiatstiftes im Mittelalter, 2 Bde., Göttingen 1998, hier Bd. 1, S. 278–289.

156 Hans Thurn, Ein Kalendar des 11. Jahrhunderts mit Nekrologeinträgen aus St. Stephan zu Würzburg, in: Würzburger Diözesangeschichtsblätter 44 (1982), S. 21–30.

157 Helmut Engelhart, Die Würzburger Buchmalerei im hohen Mittelalter. Untersuchungen zu einer Gruppe illuminierter Handschriften aus der Werkstatt der Würzburger Dominikanerbibel von 1246 (Quellen und Forschungen zur Geschichte des Bistums und Hochstifts Würzburg 34, Teil 1: Textband, Teil 2: Abbildungen), Würzburg 1987.

158 Ebd., S. 382–402.

159 Franz Xaver Himmelstein, Synodicon Herbipolense. Geschichte und Statuten der im Bisthum Würzburg gehaltenen Concilien und Dioecesansynoden, Würzburg 1855.

160 Ebd., S. 147f.

161 Ebd., S. 225f.

162 Victor Leroquais, Les psautiers manuscrits latins des bibliothèques publiques de France, 3 Bde., Macon 1940–1941.

Ms. Lat. 1081 in der Bibliothèque Nationale zu Paris aufmerksam gemacht, dessen Kalendar er als würzburgisch identifiziert.[163] Engelhart kennt diese Handschrift[164], berücksichtigt das Kalendar aber nicht. In dem Katalogbuch zur Ausstellung „Glaube und Wissen im Mittelalter. Die Kölner Dombibliothek“[165] wird ein „Breviarium Franconicum“ gezeigt, dessen Kalendar wenigstens zum Teil würzburgische Feste aufweist (neben Kölner Heiligen).[166]

7.3 Die Liturgie der Dominikaner im 13. Jahrhundert

In diesem Abschnitt sei nur das mitgeteilt, was zur historischen Einordnung und Beurteilung des Kalendars notwendig ist.[167]

Die einheitliche, für den ganzen Orden verbindliche Liturgie wurde unter dem fünften Magister Generalis des Ordens, Humbert von Romans (Humbertus Romanus), geordnet und festgelegt. Er hatte dazu auf dem Generalkapitel in Buda 1254 den Auftrag bekommen. Humbertus fand ein teilweise schon bestelltes Feld vor, denn es hatte vor ihm etliche Versuche zur Uniformierung gegeben, die aber nicht befriedigend gewesen waren. Nachdem Humbertus die schon vor ihm begonnene Arbeit schnell zu Ende geführt hatte, erteilte das Generalkapitel in Paris 1256 die erforderliche confirmatio. Damit hatte das Werk Humberts Gesetzeskraft bekommen. Niedergelegt wurde die Liturgie in einem Codex, der sich unter der Signatur XIV L 1 im Ordensarchiv in Rom befindet: Ecclesiasticum officium secundum ordinem Fratrum Praedicatorum. Ludovicus' De ecclesiastico officio hat den Prototypus – diese Bezeichnung ist seit Anfang des 20. Jahrhunderts geläufig – ausführlich beschrieben.[168] Es

---

[163] Ebd., Vol. II, S. 66f.; vgl. auch: François Avril, Claudia Rabel avec la collaboration d'Isabelle Delaunay, Manuscrits enluminés d'origine germanique. Tome I: Xe–XIVe siècle, Paris 1995, S. 155f.

[164] Engelhart, Die Würzburger Buchmalerei (wie Anm. 157), Teil 1, S. 200 Anm. 269.

[165] Joachim Plotzek u.a. (Hg.), Glaube und Wissen im Mittelalter. Die Kölner Dombibliothek, Köln 1998.

[166] Dombibliothek Köln, Hs. 215. Das Breviarium wird besprochen von Joachim M. Plotzek in: ders. u.a. (Hg.), Glaube und Wissen (wie Anm. 165), S. 414–419.

[167] Für die Geschichte der dominikanischen Liturgie ist immer noch grundlegend: William R. Bonniwell, A History of the Dominican Liturgy 1215–1945. Second edition revised and enlarged, New York 1945 (1. Aufl. 1944); Antolin Gonzalez Fuente, La Vida liturgica en la Orden de Predicadores. Estudio en su legislacion: 1216–1980 (Institutum Historicum FF. Praedicatorum Romae ad S. Sabinae. Dissertationes Historicae 20), Roma 1981. Wie der Titel angibt, betrachtet Fuente die historische Entwicklung der Liturgie (fast) ausschließlich vom Gesichtspunkt der konstitutionellen und liturgischen Gesetzgebung.
Erst 2004 erschienen die Akten des Kolloquiums, das 1995 in Rom abgehalten wurde: Leonard Boyle – Pierre-Marie Gy – Pawełs Krupa, Aux origines de la liturgie dominicaine: le manuscrit Santa Sabina XIV L 1 (Collection de l'École française de Rome 327; Documents, études et répertoires publiés par l'Institut de recherche et d'histoire des textes 67), Paris / Roma 2004.
Mit Le Sanctoral du lectionnaire de l'office dominicain (1254–1256). Édition et étude d'après le ms. Rome, Sainte-Sabine XIV L 1 (Mémoires et documents de l'École des chartes 84), Paris 2007, erschien postum die Doktorarbeit von Anne-Élisabeth Urfels-Capot. Darin skizziert sie auf S. 23–51 die Entwicklung der dominikanischen Liturgie bis 1256 (Stand der Forschung: 1997).
Eine allgemeine Darstellung der dominikanischen Liturgie bietet Gisbert M. Sölch, Die Liturgie des Dominikanerordens. Eine Gesamtdarstellung, in: Angelicum 27 (1950), S. 3–42, 129–164. Der Aufsatz erschien mit geringfügigen Textänderungen auch selbstständig: Die Eigenliturgie der Dominikaner (Für Glauben und Leben 7), Düsseldorf 1957. Ich benutzte die Buchausgabe.

[168] Ludovicus Rousseau, De ecclesiastico officio Fratrum Praedicatorum secundum ordinationem venerabilis magistri Humberti de Romanis, in: Analecta (Sacri) Ordinis Praedicatorum 17

ist unklar, wann genau der Prototypus bzw. seine einzelnen Teile geschrieben worden sind. Soviel steht fest, dass er erst nach dem Generalkapitel von 1259, aber vor dem von 1260 in seiner Gesamtheit fertig war.

Über die Liturgie vor der Fixierung durch Humbertus (kurz: die vorhumbertianische Liturgie) ist man schlecht unterrichtet, und zwar aus zwei Gründen: Es haben sich aus den ersten 40 Jahren der Ordensgeschichte wenig liturgische Handschriften erhalten. Und die offiziellen Quellen der frühen Ordensgeschichte, z.B. die Akten der Generalkapitel, sind sehr lückenhaft. „Obscurity seems to be inseparable from the study of liturgical origins."[169]

Seit dem Erscheinen von Gignacs Werk[170] ist eine erfreuliche Entwicklung zu verzeichnen, in dem Sinne, dass immer mehr bis dahin unbekannte oder unerkannte Handschriften auftauchen, die in das Dunkel der vorhumbertianischen Liturgie einiges Licht zu bringen vermögen. Zu nennen sind hier vor allem die Studien von Pater Dirks[171], der sich vorzugsweise mit dem vorhumbertianischen Missale befasst, und Philip Gleeson.[172]

7.4 *Das dominikanische Kalendar im 13. Jahrhundert*

Eines der 14 Bücher, die der Prototypus umfasst, ist das Collectarium, das mit dem Kalendar anfängt. Gedruckt wurde das Kalendar in seiner lateinischen Form gleich zweimal: 1905 von V[incent] L[aporte][173] und 1921 als Anhang zur Edition des Ordinarium.[174] Bonniwell druckte es in englischer Fassung in den zwei Auflagen seiner History[175] ab und widmete ihm die erforderliche Aufmerksamkeit.[176] Rousseau behandelt das Kalendar in seinem De ecclesiastico officio [...].[177] Dominique Delalande hebt die Ausgewogenheit und „sobriété"

(1925–1926), S. 711–730, 744–766, 813–825; 18 (1927–1928), S. 104–120, 142–163, 193–203, 252–273. Auch als selbstständige Schrift erschienen (Roma 1928).

169 Bonniwell, A History (wie Anm. 167).

170 Louis-Marie Gignac, Le sanctoral dominicain et les origines de la liturgie dominicaine, Paris 1959. Der wissenschaftliche Status dieser dem Pariser Institut Supérieur de Liturgie vorgelegten maschinenschriftlichen Arbeit ist unklar. Pierre-Marie Gy, der damalige Direktor des Institut Supérieur, bezeichnet sie als „mémoire inédit"; Fuente, La Vida liturgica (wie Anm. 167), nennt sie „Tesis" (S. 19).

171 Ansgarius Dirks, De tribus libris manu scriptis primaevae liturgiae dominicanae, in: Archivum Fratrum Praedicatorum 49 (1979), S. 5–37; De liturgiae dominicanae evolutione, in: Archivum Fratrum Praedicatorum 50 (1980), S. 5–21; 52 (1982), S. 5–76; 53 (1983), S. 53–145; 54 (1984), S. 39–82; 55 (1985), S. 5–47; 56 (1986), S. 5–47; 57 (1987), S. 25–30.

172 Philip Gleeson, Dominican liturgical manuscripts from before 1254, in: Archivum Fratrum Praedicatorum 42 (1972), S. 81–135; The pre-Humbertian liturgical sources revisited, in: Leonard E. Boyle / Pierre-Marie Gy / Paweł Krupa (Hg.), Aux origines de la liturgie dominicaine (wie Anm. 167), S. 99–114.

173 V[incent] L[aporte], Calendarium Vetus Ordinis Praedicatorum, in: Analecta (Sacri) Ordinis Praedicatorum 13 (1905), S. 90–104.

174 Franciscus M. Guerrini, Ordinarium juxta ritum sacri ordinis fratrum praedicatorum jussu [...] ordinis Magistri Generalis editum, Romae 1921. Auf S. 253–266 Calendarium vetus juxta Prototypum. Ex libro cui titulus „Collectarium".

175 Bonniwell, A History (wie Anm. 167), S. 100–111.

176 Ebd., S. 98f. und bes. S. 112–117: Analysis of Humbert's Calendar.

177 Rousseau, De ecclesiastico officio (wie Anm. 168), S. 110 und 252f.

des Prototypuskalendars hervor.[178] Die – soviel ich weiß – jüngste Beurteilung des Kalendars findet man bei Edward Tracy Brett.[179]

Es existiert keine Monographie, die die Geschichte des dominikanischen Kalendars behandelt. Bonniwell erwähnt zwar überall sorgfältig, aber nicht ganz vollständig, die Änderungen, die nach der Fixierung der einheitlichen Ordensliturgie aufgetreten sind – Einführung neuer Feste, Streichung bestehender Feste, Rangerhöhungen, Festverlegungen usw. –, aber was fehlt, ist eine chronologisch geordnete Zusammenstellung all dieser Änderungen.[180] Fuente hat in seinem Werk ein kleines Kapitel mit dem vielversprechenden Titel „Desarollo del Calendario"[181], aber der Inhalt entspricht diesem Titel leider nicht: Er vergleicht die Zahlen der Feste, eingeteilt nach ihrem Festgrad, wie sie im Prototypuskalendar vorliegen, mit entsprechenden Angaben für die Jahre 1655, 1949 und 1962, und erschöpft sich in einer statistischen Auswertung, die mit dem Titel seines Werkes „La *Vida* liturgica [...]" herzlich wenig zu tun hat.

Über die Kalendare aus der vorhumbertianischen Periode informiert die Arbeit von Gignac.[182] Seine Bedeutung liegt u. a. darin, dass er eine größere Zahl an bis dann unbekannten Handschriften zusammenbringt, diese auf Heiligenfeste hin exzerpiert und die gewonnenen Ergebnisse in tabellarischer Form zusammenstellt. Für jeden, der sich mit dem vorhumbertianischen Kalendar beschäftigt, ist Gignac unentbehrlich. Bedauerlich ist deshalb, dass sein Werk, das es nur als Typoskript gibt, nicht die Aufmerksamkeit bekommen hat, die es verdient hätte.[183] Andere Werke, die in beschränktem Maße über vorhumbertianische Kalendare informieren, sind die Aufsätze von Cagin, Rousseau, Sölch, Gleeson und Dirks.[184]

---

178 Dominique Delalande, Vers la version authentique du Graduel Grégorien. Le Graduel des Prêcheurs. Recherches sur les sources et la valeur de son texte musical (Bibliothèque d'Histoire Dominicaine 2), Paris 1949, S. 240 und 287.

179 Edward Tracy Brett, Humbert of Romans. His Life and Views of Thirteenth-Century Society (Studies and Texts 67), Toronto 1984, S. 88f.

180 Soviel ich weiß, sind die Zisterzienser der einzige Orden, dessen Kalendar in seiner historischen Entwicklung gut erforscht wurde; Bernard Backaert, L'Évolution du Calendrier Cistercien, in: Collectanea Ordinis Cisterciensium Reformatorum 12 (1950), S. 81–94, 242–256; 13 (1951), S. 108–127.

181 Fuente, La Vida liturgica (wie Anm. 167), S. 299–304.

182 Gignac, Le sanctoral dominicain (wie Anm. 170).

183 „El trabajo de L. M. Gignac no ha sido divulgado", schreibt Fuente, La Vida liturgica (wie Anm. 167), S. 47 Anm. 35, der es zwar in seinem Literaturverzeichnis aufführt, es jedoch nicht benutzt. Nur Gleeson, Dominican liturgical manuscripts (wie Anm. 172) und Urfels-Capot, Le Sanctoral (wie Anm. 167), setzen sich mit Gignac, Le sanctoral dominicain (wie Anm. 170) auseinander.

184 Paul Cagin, Un manuscrit liturgique des Frères Prêcheurs antérieur aux règlements d'Humbert de Romans, in: Revue des Bibliothèques 9 (1899), S. 163–200, bes. S. 165–167, 198–200. Eine anonyme Besprechung dieses Artikels in: Analecta Bollandiana 19 (1900), S. 70f.; Paul Cagin, Dominicains et Teutoniques. Conflit d'attribution du „Liber Choralis" No 182 du catalogue 120 de M. Ludwig Rosenthal, in: Revue des Bibliothèques 18 (1908), S. 229–243; Rousseau, De ecclesiastico officio (wie Anm. 168), S. 746f. und 755–758, bespricht das Kalendar des Cod XIV L 2; Gisbert Sölch, Cod. XIV L 3 saec. XIII des dominikanischen Ordensarchivs in Rom. Ein neuer Zeuge frühdominikanischer Liturgieentwicklung, in: Ephemerides Liturgicae 54 (1940), S. 165–181; ders., Anregung und Wegweiser zu einer liturgiegeschichtlichen Dissertation über das Thema „Die Entwicklung des römischen Heiligenkalenders vom 9. bis 13. Jahrhundert", in: Ephemerides Liturgicae 70 (1956), S. 242–245; Gleeson, Dominican liturgical manuscripts (wie Anm. 172); Dirks, De liturgiae (wie Anm. 171), 54 (1984), S. 50–53.

Eine Besonderheit aller dominikanischen Kalendare ist die, dass in ihnen in beschränktem Umfang Feste vorkommen, deren Feier lokal oder regional begrenzt ist, Feste also, die nicht zum Allgemeinbesitz des Ordens gehören. Das Ordinarium ermöglicht dies: „Festivitates Sanctorum quae solemnes habentur in locis in quibus Fratres commorantur possunt ab eis solemniter celebrari [...] licet in calendario Ordinis non sunt scriptae".[185] Ein individuelles Merkmal im Kalendar jedes Konvents sind die Feste der Dedicatio oder Consecratio Ecclesiae und des Titulus Ecclesiae, die das Ordinarium mit dem höchsten Festgrad auszeichnet.[186]

Zwei Beispiele solcher lokalen Feste: In einem Necrologium der Aachener Dominikaner steht Carolus Magnus im Kalendar.[187] Im Kalendar eines Breviarium Ordinis Praedicatorum (Den Haag, Koninklijke Bibliotheek 76 J 18), das aus Nordfrankreich stammt (letztes Viertel des 13. Jahrhunderts) und möglicherweise für das Dominikanerkloster in Lille geschrieben worden ist, kommt am 1. Oktober der hl. Piatus vor, der in Lüttich, Paris und vor allem Doornik (Tournai) verehrt wird.[188]

7.5 *Die liturgischen Festgradbezeichnungen*

Um innerhalb der kirchlichen Feste zwischen solchen eines höheren und eines niedrigeren Grades zu differenzieren, verfügt die katholische Kirche über ein auf den ersten Blick einfaches, aber in seiner praktischen Anwendung kompliziertes System von Rangbezeichnungen, das Papst Pius V. 1568 festgelegt hat und das im Wesentlichen bis zum Vaticanum II. gegolten hat.[189]

Der Umstand, dass im Kalendar von *Wo* (so bezeichne ich weiterhin der Kürze halber das Wolfenbütteler Kalendar) die dominikanischen Feste mit einer Rangbezeichnung versehen sind, legt es nahe, sich zu fragen, wie die Klassifikation der Feste im 13. Jahrhundert gewesen sei. Einer intensiveren Beschäftigung mit den Festgraden im hohen Mittelalter (oder sagen wir lieber: der Absicht dazu) stellen sich zwei nahezu unüberwindliche Schwierigkeiten entgegen:

---

185 Guerrini, Ordinarium (wie Anm. 174), Nr. 303: De festivitatibus extraordinariis, S. 77.
186 Ebd., Nr. 285, S. 71f.
187 von Loë, Das Nekrologium (wie Anm. 119).
188 Anne Margreet W. As-Vijvers / Anne S. Korteweg, Zuid-Nederlandse Miniatuurkunst. De mooiste verluchte handschriften in Nederlands bezit, Zwolle 2018, S. 64f., 331. Das Werk versteht sich als Katalog zur Ausstellung „Magische miniaturen. Zuid-Nederlandse miniatuurkunst" im Catharijneconvent Utrecht, Februar – Juni 2018. Die vorher zögernd ausgesprochene Zuordnung dieses Breviers zum Erzbistum Trier möchte ich bezweifeln. Piatus kommt nach Miesges, Der Trierer Festkalender (wie Anm. 138) in keinem Trierer Kalendar vor (P. C. Boeren / A. S. Korteweg / G. Piket, Catalogus van de liturgische handschriften van de Koninklijke Bibliotheek, Den Haag 1988, S. 119).
189 C. Callewaert, Liturgicae Institutiones II. De Breviarii Romani Liturgia, Brugis 1939, Nr. 245, S. 76.

(1) Die Geschichte der Festgradbezeichnungen ist schlecht erforscht. Bezeichnend ist etwa, dass in dem über 1200 Seiten starken, zweibändigen liturgiehistorischen Werk von Ludwig Eisenhofer[190] weniger als eine halbe Seite den Festgraden gewidmet ist. In dem schon genannten Werk von Callewaert, das die „hodierna disciplina“ (1939) der Festgrade beschreibt, wird nur soviel klar, dass die Bezeichnung „duplex“ im 11. Jahrhundert entstanden ist.[191] Bei Braun liest man: „Sie [= die Unterscheidungen] begegnen uns zum Teil bereits im 12. Jahrhundert. Im 13. unterschied man schon f(esta) duplicia maiora, f. duplicia minora, f. semiduplicia, f. simplicia.“[192]

(2) Beim Studium der Festgradbezeichnungen stellt man einerseits fest, dass sie in vielen liturgischen Handschriften fehlen. Für die Würzburger Domliturgie beispielsweise stellt Wegner fest: „Die Domliturgie nach dem Breviarium chori sancti Kiliani kennt noch keine systematische Klassifizierung der Feste und liturgischen Tage, wie ihr auch die Bezeichnung der Festgrade [...] mit duplex und simplex fremd ist. Erstmals finden sich in den Kalendarien der Druckbreviere von 1500 und 1507 Angaben über Festgrade. [...] Das Breviarium [...] erwähnt des öfteren Feste, die sollemniter und non sollemniter gefeiert werden.“[193]

Andererseits tritt einem in mittelalterlichen Kalendaren oft eine äußerst verwirrende Fülle von Bezeichnungen entgegen. Hermann Reifenberg nennt einen Ordinarius Moguntinus (um 1500), der nicht weniger als 20 Festgradbezeichnungen aufweist.[194] Angesichts dieser Tatsachen beschränke ich mich darauf, die Festgradbezeichnungen bei den Dominikanern zu behandeln. Das Kalendar im Prototypus kennt deren sechs: memoria – III lectiones (oder -um) – simplex – semiduplex – duplex – totum duplex. Streng genommen sind „memoria“ und „III lectiones“ keine Festgrade: „festa solius commemorationis [...] ritum proprie non constituunt“[195], d.h., dass sie kein eigenes Offizium haben. Der betreffende Heilige wird an dem betreffenden Tag bloß kommemoriert. Für „III lectiones“ gilt: „Voce ‚festi‘ stricte intelligitur festum dumtaxat simplex et supra, seu ritus novem lectionum. Licet enim et ritus trium lectionum titulum hunc ex consuetudine sortiatur, minime tamen festivus revera dicendus est. In hierarchia graduum liturgicorum penultimum locum obtinet, seu immediate ante ferias.“[196]

Es geht daraus hervor, dass „IX lectiones“ ein Oberbegriff ist, die zusammenfassende Bezeichnung für simplicia und höher. „IX lectiones“ bezieht sich auf die Zahl der Lesungen in der Matutin. An festa simplicia und höher umfasst die Matutin drei Nokturnen mit neun Lesungen (und Psalmen, Antiphonen

---

[190] Ludwig Eisenhofer, Handbuch der katholischen Liturgik, Bd. 1, Freiburg i. Br. 1932–1933 (zweite unveränderte Aufl.), S. 589.
[191] Callewaert, Liturgicae Institutiones II (wie Anm. 189), Nr. 345–347, S. 234–239.
[192] Joseph Braun, Liturgisches Handlexikon, München 1993 (unveränderter Nachdruck der zweiten verbesserten, sehr vermehrten Aufl. von 1924), S. 111.
[193] Wegner, Kirchenjahr (wie Anm. 145), S. 71; eine Besprechung der Festunterschiede auf S. 71–76.
[194] Hermann Reifenberg, Der Mainzer Dom als Stätte des Gottesdienstes. Tausend Jahre Liturgie im Koordinatensystem von Kirche und Welt, in: Willigis und sein Dom. Festschrift zur Jahrtausendfeier des Mainzer Domes, Mainz 1975, S. 251–330, bes. S. 326f.
[195] Rousseau, De ecclesiastico officio (wie Anm. 168), S. 142.
[196] Ebd.

usw.). An festa III lectionum gibt es nur eine Nokturne mit drei Lesungen.[197] Es wird aus alledem klar, dass sich die Klassifikation der Feste am deutlichsten in der Gestaltung des Stundengebetes bemerkbar macht, weniger in der der Messe. Die Festgradbezeichnungen in den vorhumbertianischen Kalendaren sind nicht einheitlich. Gignac behandelt sie im 1. Kapitel.[198]

Vergleicht man die vorhumbertianischen Festgradbezeichnungen mit denen im Prototypus, kann man Folgendes feststellen:

(1) Was im Prototypus eine „memoria" heißt, wird in den vorhumbertianischen Quellen eine „commemoratio" genannt. Diesem Unterschied soll man keine Bedeutung beilegen; es geht nur um eine terminologische Frage.

(2) In keinem vorhumbertianischen Kalendar kommt „simplex" vor.

(3) In zahlreichen vorhumbertianischen Quellen kommen, wie in *Wo*, doppelte Festgradbezeichnungen vor: „IX lectiones" kombiniert mit „semiduplex", „duplex", „totum duplex".[199]

Wie ist dies zu deuten? – „simplex" kommt zwar, was das Kalendar betrifft, zum ersten Male im Prototypus vor, ist aber älter. Man findet es bereits in den Rubriken im Cod. XIV L 2, wo ein festum simplex mit einem festum novem lectionum gleichgesetzt wird. „simplex" kommt auch im sogenannten Missale Rau (jetzt Malibu) vor.[200] Die Schlussfolgerung ist berechtigt, dass „simplex" im Prototypus und in jüngeren Kalendaren dasselbe bedeutet wie „IX lectiones" in frühdominikanischen Kalendaren. Die Doppeldeutigkeit von „IX lectiones" wird damit greifbar: Einerseits ist es synonym mit „simplex", andererseits benennt es zusammenfassend die vier höchsten Festgrade. Die Doppelbezeichnungen können nur so interpretiert werden, dass z.B. in der Kombination „IX lectiones totum duplex" „IX lectiones" der Oberbegriff und „totum duplex" die nähere Bezeichnung ist.

Aus dem Vorhergehenden ergeben sich zwei Fragen:

(1) Kann man, wenn ein Fest mit „IX lectiones" ausgezeichnet ist, feststellen, ob es ein festum simplex ist oder ob „IX lectiones" bloß das vollständige Offizium bezeichnet?

(2) Hat Humbertus, gerade um die Doppeldeutigkeit von „IX lectiones" zu beseitigen, die Bezeichnung „simplex" eingeführt? Hat er dabei das verbindlich gemacht, was im Cod. XIV L 2 offenbar schon vorgegeben war? Ich kann mir gut vorstellen, dass Humbertus, um Klarheit zu schaffen, „simplex" eingeführt hat und „IX lectiones" nur noch als Oberbegriff hat gelten lassen. Eine begründete Antwort ist wegen der ungünstigen Quellenlage nicht möglich.

---

[197] Eine detaillierte Übersicht über das, was in den Horas Canonicas zu beten sei, findet man bei Fuente, La Vida liturgica (wie Anm. 167), S. 49–51.

[198] Gignac, Le sanctoral dominicain (wie Anm. 170), S. 3–42, passim.

[199] Beispiele: ebd., S. 44–61.

[200] Ich verdanke diese Hinweise Pater Ansgarius Dirks. Es ist hier der Ort, meines Landsmannes Ansgarius Dirks OP zu gedenken, der jahrzehntelang am Ordensarchiv in Rom tätig war. Brieflich von Rom aus und mündlich, als er später seinen Alterssitz im Dominikanerkloster in Venlo bezogen hatte, hat er mich bis zu seinem Tod 1987 in die für Laien komplizierte historische Ordensliturgie eingeführt und mich unermüdlich mit Informationen und Materialien versehen.

7.6 *Das benediktinische Kalendar im 12./13. Jahrhundert*

Im ersten Band von Victor Leroquais' sechsbändigem Werk über die mittelalterlichen Breviere in Frankreich werden sieben Orden und drei Diözesen aufgeführt, deren Kalendar in seiner mittelalterlichen Geschichte behandelt wird. Auffällig ist, dass die Benediktiner dabei fehlen.[201] Man darf daraus ex negativo schließen, dass der Orden in dieser Periode, anders als beispielsweise die Dominikaner, offenbar kein uniformes, für den ganzen Orden verbindliches Kalendar hatte. Stefan K. Langenbahn, Abtei Maria Laach, bestätigte diese Schlussfolgerung: „Es gab kein uniformes Kalendarium ‚der' Benediktiner [...]. Die einzelne Abtei begreift sich als Ortskirche und regelt ihr Kalendarium."[202] Erst 1493 gab es für die Bursfelder Kongregation ein einheitliches Kalendar.[203] Um den benediktinischen Gehalt des Marxer Kalendars zu ermessen, war es notwendig, es mit einer Reihe von benediktinischen Kalendaren zu vergleichen.[204]

7.7 *Das Dominikanerinnenkloster St. Markus im 13. Jahrhundert*

Eine umfassende Monographie über die Geschichte von St. Markus existiert nicht und es wird sie auch nicht so bald geben können, weil im Laufe der Zeit durch Brand und Raub vieles verlorengegangen ist.[205] Bei Bränden in den Jahren 1638 und 1644 ging ein Großteil der Bibliothek und des Archivs in Flammen auf.[206] Vor dem Erscheinen von Sehis Werk war man fast ausschließlich angewiesen auf einige, weit verstreute, schwer zugängliche Publikationen kleineren und kleinsten Umfangs, die teilweise in Zeitungsbeilagen erschienen sind.[207]

---

201 Victor Leroquais, Les bréviaires manuscrits des bibliothèques publiques de France, Paris 1934, Bd. 1, S. XCVII–CXVIII.

202 E-Mail Stefan K. Langenbahn vom 24.11.2017.

203 Anselm Rosenthal, Martyrologium und Festkalender der Bursfelder Kongregation. Von den Anfängen der Kongregation (1446) bis zum nachtridentinischen Martyrologium Romanum (1584) (Beiträge zur Geschichte des alten Mönchtums und des Benediktinertums 35), Münster 1984, S. 84.

204 Im Einzelnen:
(1) Nils Törnqvist, Cod.Pal.Vind. 2682. I. Eine frühmittelhochdeutsche Interlinearversion der Psalmen aus dem ehemaligen Benediktinerstifte Millstatt in Kärnten (Lunder Germanistische Forschungen 3), Lund/Kopenhagen 1934. Das Kalendar, das annähernd zur selben Zeit geschrieben wurde wie das Marxer Kalendar, findet man, mit Erläuterungen, auf S. XIV bis XXVI.
(2) Elmar Hochholzer, Ein Lambacher Kalendar-Nekrologfragment aus Münsterschwarzach? Untersuchung zur Datierung und Entstehung von Lambach Fr. 4., in: Frühmittelalterliche Studien 29 (1995), S. 226–272. Edition des Fragments (nur Juli und August), S. 265–268. Wichtige Bemerkungen zu Festen sowohl benediktinischer als auch würzburgischer Herkunft S. 235–241.
(3) Helmut Flachenecker, Das älteste Marienberger Kalendarium aus der Mitte des 12. Jahrhunderts, in: Korbinian Birnbacher/Stephan Haering (Hg.), Germania Monastica. Festschrift für Ulrich Faust OSB zum 80. Geburtstag (Studien und Mitteilungen zur Geschichte des Benediktinerordens und seiner Zweige 126), Sankt Ottilien 2015, S. 63–87.
(4) Hans Thurn, Ein Kalendar des 11. Jahrhunderts mit Nekrologeinträgen aus St. Stephan zu Würzburg, in: Würzburger Diözesangeschichtsblätter 44 (1982), S. 21–30.
(5) Das Werk von Rosenthal, Martyrologium (wie Anm. 203), passim.

205 Sehi, Die Bettelorden (wie Anm. 127), S. 46 und 192 mit Anm. für das 13. Jahrhundert.

206 Norbert Backmund, Die Chorherrenorden und ihre Stifte in Bayern, Passau 1966, S. 157.

207 Ich nenne als Beispiel einen anonymen Zeitungsbeitrag: Ehemalige Dominikaner-Nonnen-Klöster in Bayern, in: Augsburger Postzeitung Nr. 267, 268, 269 vom 24., 25., 27. November 1900, jeweils S. 1f.

Eine auf den ersten Blick ergiebige Behandlung von St. Markus im zweiten Band von Georg Link, Klosterbuch der Diöcese Würzburg[208], ähnelt bei näherem Hinsehen eher einer Chronique scandaleuse des unterfränkischen Adels.

Die wichtigste Quelle für die frühe Geschichte von St. Markus ist das schon genannte Werk von Meinrad Sehi.[209] Wertvoll an Sehis Werk ist die Tatsache, dass er in großem Umfang Archivalien aus dem Hauptstaatsarchiv München, dem Staatsarchiv Würzburg und der Universitätsbibliothek Würzburg heranzieht.

Der bereits erwähnte Beitrag von Ingrid Heeg-Engelhart[210] bietet eine kurze Übersicht über die Geschichte von St. Markus. Wichtig ist, dass auch sie ausgiebig Archivalien aus dem Staatsarchiv Würzburg berücksichtigt.

Einige Jahreszahlen:

1133: Gründung der Pfarrei St. Gertraud.[211]

Mitte des 12. Jahrhunderts: Gründung des Klosters St. Markus, dessen Mitglieder sich „Kanonissen des hl. Kilian“ nannten.[212]

1. Mai 1244: Bischof Hermann von Lobdeburg willigt in die Inkorporation von St. Markus in den Orden der Dominikaner ein.[213] Inwieweit sich diese Inkorporation verträgt mit den von Ingrid Heeg-Engelhart[214] erwähnten Bemühungen der Königin Margarethe – von 1243 bis 1245 Schwester in St. Markus – um die Annahme der Zisterzienserregel, kann ich nicht beurteilen.

11. Juli 1246: Papst Innozenz IV. bestätigt die Inkorporation.[215]

1. Februar 1248: Die Pfarrei St. Gertraud wird dem Kloster St. Markus inkorporiert. Die Vereinigung von Kloster und Pfarrei dauerte bis zur Aufhebung des Klosters 1803. Bis zum 16. Jahrhundert übten die Dominikaner die Seelsorge im Kloster und in der Pfarrei aus.

Einer der wenigen baulichen Überreste von St. Markus, der aus dem Jahr 1612 stammende Wappenstein über dem Torbogen an der Pleichertorstraße 12, zeigt die Verbindung von Gertraud und Markus.[216]

Über die innere Geschichte des Klosters ist sehr wenig bekannt. Nicht einmal die ungefähre Zahl der Nonnen steht fest. Sehi vermutet, dass es zwischen 50 und 80 Nonnen gegeben hat.[217] Über die geographische Herkunft der Schwestern lässt sich ebensowenig etwas ermitteln. Wenn man die geographische Herkunft der Schwestern in anderen Klöstern betrachtet, dürften sie nicht nur aus

[208] Georg Link, Klosterbuch der Diöcese Würzburg, Würzburg 1876, Bd. 2, S. 627–653.
[209] Sehi, Die Bettelorden (wie Anm. 127), bes. S. 24, 44–47, 81, 87–95, 98–103.
[210] Heeg-Engelhart, Die Frauenklöster (wie Anm. 11).
[211] Geschichte und Beschreibung in der Broschüre: 850 Jahre Pfarrgemeinde St. Gertraud zu Würzburg 1133–1983. Festschrift des katholischen Pfarramtes St. Gertraud. Verantwortlich: Pfr. Albert Rost, o. O. 1983.
[212] Link, Klosterbuch (wie Anm. 208), S. 627.
[213] Sehi, Die Bettelorden (wie Anm. 127), S. 90f.
[214] Heeg-Engelhart, Die Frauenklöster (wie Anm. 11), S. 288f.
[215] Sehi, Die Bettelorden (wie Anm. 127), S. 93. Die neueste Veröffentlichung, in der die Inkorporation zur Sprache kommt, ist der Aufsatz von Simon Tugwell, The „Confirmation of the Order of Preachers“: a tale of two bulls, in: Archivum Fratrum Praedicatorum N.S. 1 (2016), S. 5–129.
[216] Abbildung bei Walter M. Brod, Vom ehemaligen Kloster St. Markus in der Pleich zu Würzburg, in: Die Main-Lande, 10. Jg., Nr. 18 vom 29.09.1959, S. 71.
[217] Sehi, Die Bettelorden (wie Anm. 127), S. 92.

Würzburg und direkter Umgebung rekrutiert worden sein.[218] Mir sind bei der Beschäftigung mit der mittelalterlichen Geschichte des Ordens viele Beispiele dafür begegnet, dass trotz der stabilitas loci die Mobilität innerhalb der Klöster ziemlich groß war, gerade auch, weil vor allem im 13. Jahrhundert immer wieder von einem Kloster aus ein anderes gegründet wurde. Man hüte sich aber davor, die Verhältnisse eines willkürlichen Klosters auf andere Klöster zu übertragen. Die Unterschiede zwischen den einzelnen Klöstern sind dazu zu groß.

Unter den Schwestern aus der Mitte des 13. Jahrhunderts tauchen illustre Namen auf[219], die man zum Teil in dem Abschnitt über die nekrologischen Einträge findet.

Über die Bildung der Schwestern, über ihre Lateinkenntnisse und über weibliche Schreibtätigkeit ist nichts bekannt. Das liegt daran, dass soviel an Büchern und Handschriften und Archivalien verlorengegangen ist. Marie-Luise Ehrenschwendtner[220] führt ausgerechnet St. Markus als Beispiel dafür auf, dass „Manche Bibliotheken [...] spurlos untergegangen [...]“ sind.

Aus St. Markus haben sich in der Universitätsbibliothek Würzburg nur vier Handschriften erhalten: zwei Zins- und Gültbücher aus dem 14. Jahrhundert, eine Klosterchronik aus dem 17. Jahrhundert und ein Heiligenleben aus dem 18. Jahrhundert.[221] Im Staatsarchiv Würzburg ist „eine hervorragende Reihe von Zins- und Gültbüchern erhalten geblieben“.[222]

Bezeichnend für die Lage der Klosterbibliothek im 18. Jahrhundert dürfte der Umstand sein, dass unter den zahlreichen Stiften und Klöstern, deren Bibliotheken aufgrund des Reichsdeputationshauptschlusses vom 25. Februar 1803 in die Würzburger Universitätsbibliothek übergingen, St. Marx nicht einmal vorkommt.[223] Offenbar war da nichts mehr zu holen.

In meiner Dissertation gelang es mir, den Wolfenbütteler Psalter mit Kalendar den Würzburger Dominikanerinnen zuzuweisen.[224]

Wie bei der geographischen Herkunft soll man sich vor allem im Bereich der Bildung davor hüten, die Verhältnisse in einem bestimmten Kloster, z. B. St. Katharinen in Nürnberg, das ein eigenes Skriptorium und eine hervorragende Bibliothek hatte, auf andere Klöster zu übertragen. Über Bildungsstand und Lateinkenntnisse liegen in den einzelnen Klöstern stark divergierende Angaben vor.[225] Man stößt auf Beispiele, dass in einem Kloster eine Novizin weggeschickt wurde, weil ihr die Erlernung des Lateins zu schwer fiel, wäh-

---

218 Für das Dominikanerinnenkloster in Colmar beispielsweise liegen sehr genaue Angaben vor: Die dortigen Schwestern kamen aus dem Elsass, aus der Schweiz, aus dem benachbarten Südwestdeutschland, vom mittleren Rhein und sogar aus Westfalen; Jeanne Ancelet-Hustache, Les „Vitae Sororum“ d'Unterlinden. Édition critique du manuscrit 508 de la bibliothèque de Colmar, in: Archives d'histoire doctrinale et littéraire du Moyen Age 5 (1930), S. 317–513.

219 Heeg-Engelhart, Die Frauenklöster (wie Anm. 11), S. 287: „keine Würzburger Frauengemeinschaft [hatte] in ihrer Frühzeit derart illustre Klosterangehörige und Förderer aufzuweisen“.

220 Marie-Luise Ehrenschwendtner, Die Bildung der Dominikanerinnen in Süddeutschland vom 13. bis 15. Jahrhundert (Contubernium. Tübinger Beiträge zur Universitäts- und Wissenschaftsgeschichte 60), Stuttgart 2004, S. 308.

221 Hans Thurn, Die Handschriften der Universitätsbibliothek Würzburg, 4. Bd.: Die Handschriften der kleinen Provenienzen und Fragmente, Wiesbaden 1990, S. 97f.

222 Heeg-Engelhart, Die Frauenklöster (wie Anm. 11), S. 287.

223 Hans Thurn brieflich am 19.08.1985.

224 Nimwegen, Cod. Guelf. 146.2 Extrav. (wie Anm. 14), S. 143–173.

225 Ehrenschwendtner, Die Bildung der Dominikanerinnen (wie Anm. 220), passim.

rend in einem anderen Kloster eine Schwester mit Lateinkenntnissen eine Ausnahme genannt wurde. Was die Lateinkenntnisse der Marxer Schwestern betrifft, bin ich nicht unbedingt optimistisch. Die mittelhochdeutsche Interlinearübersetzung des Psalters, die unter Benutzung älterer Vorlagen zustande kam und hochaltertümliches interessantes Wortgut umfasst, strotzt geradezu von Übersetzungsfehlern, die auf sehr mangelhafte Kenntnisse des biblischen Lateins schließen lassen.

Ich möchte zum Schluss auf einige bisher nicht beachtete Quellen über St. Markus hinweisen:

(1) Im Archiv des Bistums Augsburg liegt unter der Signatur „Handschrift Nr. 90“ (olim XIII K 15–17) die unedierte, dreibändige, 1277 Seiten umfassende „Geschichte der deutschen und hernach Sächsischen Provinz Pred. Ordens, zusammengetragen von dem hochw. Provinzial P. M. Karl Welz und fortgesetzt von P. Emerich Ruef, d.z. Beichtvater zu Wörishofen, geschrieben im Jahr 1810“.[226] Dieses Werk wurde in der älteren dominikanischen Geschichtsschreibung öfter herangezogen. Aus Angaben bei Hieronymus Wilms[227] schließe ich, dass auch St. Markus von den Patres behandelt wird.

(2) Nach Siemer befinden sich im Archiv von Sankt Ursula in Augsburg Auszüge aus dem Werk von Welz und Ruef.[228]

(3) Das Ordensarchiv in Rom besitzt Archivalien zu St. Markus aus dem 18. Jahrhundert.[229]

(4) Auch eine – inzwischen verschollene – Quelle darf nicht verschwiegen werden: Hieronymus Wilms behandelt 1920 ein Totenbuch von St. Markus zu Würzburg mit dem Titel „Protokoll oder Totenbuch, in welchem von anno 1248 her als von Anfang und Auferbauung dieses Konventes zu St. Marx alle in Gott entschlafenen Schwestern beschrieben und verzeichnet sind, so anno 1649 renoviert und aufs neue geschrieben worden durch Schwester Sabina Lutzin“.[230]

Die Düsseldorfer Bibliothek kam zwischen 1926 und 1931 nach Walberberg, als man das Studium Generale dorthin verlegte. Als ich 1985 in Walberberg war, stellte sich heraus, dass die Abschrift unauffindbar war. Das Kloster Walberberg wurde 2007 aufgehoben und die Bibliothek wurde der Erzbischöflichen Diözesanbibliothek Köln übertragen. Am 6. März 2018 teilte die Bibliothek mir mit, dass die von Wilms genannte Abschrift leider als verschollen zu gelten habe.

---

[226] Über die beiden Patres und ihre „Geschichte“ schreibt Polykarp M. Siemer, Geschichte des Dominikanerinnenklosters Sankt Magdalena in Augsburg (1225–1808) (Quellen und Forschungen zur Geschichte des Dominikanerordens in Deutschland 33), Vechta / Leipzig 1936, S. 226–228.

[227] Hieronymus Wilms, Das älteste Verzeichnis der deutschen Dominikanerinnenklöster (Quellen und Forschungen zur Geschichte des Dominikanerordens in Deutschland 24), Leipzig 1928, S. 66.

[228] Siemer, Geschichte (wie Anm. 226), S. 12.

[229] Vladimir J. Koudelka, Il fondo Libri nell'Archivio Generale dell'Ordine Domenicano, in: Archivum Fratrum Praedicatorum 39 (1969), S. 193.

[230] Hieronymus Wilms, Geschichte der deutschen Dominikanerinnen 1216–1916, Dülmen i. W. 1920, S. 241–243. In einer Fußnote schreibt er: „Abschrift im Düsseldorfer Dominikanerkloster“. Einen erneuten Hinweis auf das Totenbuch bietet er bei: Wilms, Das älteste Verzeichnis (wie Anm. 227), S. 66 Anm. 8.

8. Die Lokalisierung und Datierung des Kalendars in seiner ursprünglichen Form

Eine erste grobe Musterung des von der ersten Hand geschriebenen Kalendars und ein Vergleich mit sämtlichen in Kap. 7.1 genannten süddeutschen Kalendaren wie auch mit den mir vorliegenden benediktinischen Kalendaren ergab Folgendes:

(1) Man hat es hier mit einem süddeutschen Kalendar zu tun. Dafür sprechen zahlreiche Einträge von Heiligen, die (vor allem) in süddeutschen Bistümern verehrt werden. Ich nenne deren vier: Sola confessor (3.12.), der bei Grotefend nur im Kalendar von Eichstätt vorkommt, aber nach Lagemann auch in Bamberger Kalendaren[231] vielfach anzutreffen ist.[232] Wolfgang (31.10.), Bischof von Regensburg und hier hochverehrt. Afra (7.8.), Märtyrerin, Stadt- und Bistumspatronin von Augsburg. Felix et Regula (11.9), Stadtpatrone von Zürich, aber auch in süddeutschen Kalendaren gut vertreten.

(2) Vieles spricht für Würzburg:

a) Kilian (8.7.), von der zweiten Hand mit dem höchsten Festgrad versehen;

b) seine Vigilia am 8.7. (anstatt zum 7.7.); die Bezeichnung „totum duplex“ verdeckt den Eintrag „Vig.“, der aber noch lesbar ist;

c) die octaua Kiliani am 15.8.;

d) Burkard am 14.10., in Rot;

e) seine Vigilia am 13.10.

Der folgende Schritt war ein detaillierter Vergleich mit den schon genannten Würzburger Kalendaren unter Berücksichtigung dessen, was zur Geschichte und Entwicklung des Würzburger Kalendars schon erarbeitet wurde (namentlich Wegner). Zu den schon skizzierten Problemen der mangelhaften Forschungslage (erinnert sei an die Worte Wegners[233]) tritt ein weiteres: Das Würzburger Kalendar kennt wenig charakteristische Würzburger Heilige.[234]

Außer Kilian und Burkard sind zu nennen: Gumpert (Gumbert) und Reginswindis und die für die Domliturgie charakteristischen Reliquienfeste, die jedoch für unser Kalendar als Klosterkalendar außer Betracht bleiben können. Kilian und Burkard stehen prominent im Wolfenbütteler Kalendar, nicht aber Gumpert und Reginswindis. Der hl. Gumpert, Bischof und Klostergründer in Ansbach, wird am 15. Juli gefeiert, d.h. am Tage seiner Translatio, die 1196 erfolgte. Dass er im ursprünglichen Kalendar fehlt, liegt auf der Hand, wenn man sich überlegt, dass Thomas Becket als zuletzt eingetragener Heiliger den terminus post quem lieferte (siehe weiter unten). Ich halte es für wahrscheinlich, dass es das Kalendar schon gab, als das Fest von Gumbertus erst eingeführt wurde. Die hl. Reginswindis, als Kind ermordet, kommt zwar in Kalen-

---

231 Lagemann, Der Festkalender (wie Anm. 136), S. 212.

232 Ebenso im Würzburger Kalendar in Paris, BN, Ms. lat. 1081, ebenso in weiteren (mittel)fränkischen Kalendaren wie dem Psalter in Augsburg, Universitätsbibliothek, I.2.4°24 und dem St. Marienthaler Psalter, Zisterzienserinnenabtei St. Marienthal, Ms. F. 5: 31.

233 Wegner, Kirchenjahr (wie Anm. 145), S. 5.

234 Ebd., S. 66.

daren des 11. Jahrhunderts vor, aber ihre eigentliche Verehrung setzt erst nach der Translatio im Jahre 1227 ein. Auch ihr Fehlen im Kalendar ist deshalb nicht so auffällig.[235]

Die übrigen Feste sind, mit wenigen Ausnahmen, z. B. Gaius und Crispus am 4.10., in allen oder einigen Würzburger Kalendaren oder auch nur in einem, nachweisbar. Als Beispiel nenne ich Dauid rex am 30.12., der bei Wegner nicht vorkommt, wohl aber bei Wilhelm Engel im jüngeren Festkalender der Würzburger Dompfarrei (um 1410).[236] In keinem deutschen Kalendar konnte ich die Vigilia zum Fest des hl. Burkard nachweisen. Ich komme darauf zurück.

(3) Es liegt hier ein benediktinisches Kalendar vor. Dies bezeugt das festum Benedicti abbatis am 21.3., in Rot, mit Vigilia. Auch Einträge wie Wido (i. e. Guido) abbas, Benediktiner, am 31.3., bestätigen den benediktinischen Gehalt des Kalendars.

Die Datierung des Kalendars in seiner ursprünglichen Form ist einfach: Der zuletzt eingetragene Heilige, Thomas episcopus et martyr, d. h. Thomas Becket, Erzbischof von Canterbury, der am 29. Dezember 1170 in seiner Kathedrale ermordet und am 21. Februar 1173 von Papst Alexander III. kanonisiert wurde, liefert das Jahr 1173 als terminus post quem. Seine Verehrung ergriff rasch die gesamte christliche Welt und ist denn auch in Kalendaren bald sichtbar.

Eine genauere Datierung des Kalendars ist nicht möglich, aber man darf annehmen, auch vom Paläographischen her, dass es noch im 12. Jahrhundert, spätestens gegen 1200, geschrieben worden ist.

Ich möchte noch einen Heiligen erwähnen, der *nicht* im Kalendar steht, obwohl man ihn in einem benediktinischen Kalendar sicher erwarten könnte. Es geht um den berühmten Zisterzienserabt St. Bernardus, gestorben am 20. August 1153, kanonisiert am 18. Januar 1174, der als Zisterzienser zur benediktinischen Großfamilie gehört. Obwohl er weniger als ein Jahr nach Thomas Becket heiliggesprochen worden ist, findet man seinen Namen erst über ein Jahrhundert später in Kalendaren.[237] Ich kann mir das nicht erklären. Bei Thomas spielt sein spektakuläres Lebensende zweifelsohne eine große Rolle.

9. Die Dominikanisierung des Kalendars

Die Schreibtätigkeit der zweiten Hand erstreckt sich auf Folgendes:

(1) Sie ergänzte die Einträge der ersten Hand, insoweit sie die Festbezeichnungen präzisierte und vervollständigte; z. B. zu *Philippi et Jacobi* am 1. Mai ergänzte sie *apostolorum*.

(2) Sie trug 18 neue Feste und ein Anniversar ein. Um diese Feste eintragen zu können, musste sie dreimal ein Fest streichen: am 27. Januar und am 1. und 4. Februar. Was zum 27.1. und 4.2. ursprünglich eingetragen war, lässt

[235] Über die Verehrung dieser zwei Heiligen unterrichtet Hochholzer, Ein Lambacher Kalendar (wie Anm. 204), S. 235–237.

[236] Wilhelm Engel, Zwei mittelalterliche Seelbücher der Würzburger Dompfarrei, in: Würzburger Diözesangeschichtsblätter 31 (1969), S. 27–63, bes. S. 59.

[237] Lagemann, Der Festkalender (wie Anm. 136), S. 235.

sich nicht mehr feststellen; der ursprüngliche Eintrag zum 1.2. war vermutlich brigide.

(3) Sie versah diese Feste und einen Teil der bereits vorhandenen Feste mit liturgischen Rangbezeichnungen.

(4) Sie trug zum 2. Januar den obitus der Bertradis laica ein.

Unerklärlich ist, dass die zweite Hand ihre Schreibtätigkeit auf die Zeit bis zum 2. August beschränkte und dann unvermittelt aufhörte. Eine erste, grobe Musterung dessen, was die zweite Hand produzierte, ergab, dass sie das Kalendar zu einem Dominikanerkalendar umarbeitete und ergänzte und dabei zwar dreimal ein Fest strich, aber sonst die schon vorhandenen Feste beließ. Beweiskräftig für diese Dominikanisierung sind: das Anniversarium patrum et matrum am 4. Februar, Petrus Martyr am 29. April und die Translatio sancti Dominici am 24. Mai.

Ein detaillierter Vergleich mit dem Kalendar im Prototypus (*P*)[238] und eine entsprechende Analyse des von der zweiten Hand geschaffenen Teilkalendars ergab Folgendes:

(1) Wenn man die erst nach der 1256–1259 erfolgten Fixierung der einheitlichen Ordensliturgie eingeführten Feste (Edward am 19. Januar und Antonius von Padua am 13. Juni) außer Betracht lässt, ist das Kalendar (bis zum 2. August!) mit einer Ausnahme vollkommen identisch mit dem in *P*. Die Ausnahme betrifft das Fest von Cyricus (oder Quiricus) und Iulit(t)a am 16. Juni, das in *Wo* fehlt. Das Fehlen dieses einen Festes braucht einen nicht weiter zu beunruhigen, weil *Wo* sich nicht gerade durch große Sorgfalt auszeichnet. Es kommt überhaupt oft vor, dass in einem Kalendar ein Fest aus unersichtlichen Gründen fehlt. Ich halte es für wahrscheinlich, dass die zweite Hand einfach vergaß, es einzutragen. Unter den von Gignac benutzten vorhumbertianischen Kalendaren gibt es eines (Dijon, Bibl. Munic. Cod 7), in dem die beiden Heiligen ebenfalls fehlen.

Das Fest der hl. Margareta ist gemäß Würzburger Usus am 13. Juli, in *P* aber am 20. Juli.

Das Datum der Translation von Dominicus ist korrekt; bei Bonniwell steht irrtümlicherweise 23. Mai.[239]

(2) Es gibt zwischen dem Kalendar in *Wo* und dem in *P* viele kleine Unterschiede im Hinblick auf die Formulierung der Festbezeichnungen, z.B. *Wo*: Vincencii diaconi et martyris; *P*: Vincentii martyris.

Man braucht diesen Unterschieden keine Bedeutung beizumessen. Zum Teil hängen sie damit zusammen, dass ein Teil der Feste schon vor der Dominikanisierung in einer etwas abweichenden Formulierung vorhanden war und dass die zweite Hand daran nichts änderte. Diese kleinen Unterschiede gibt es auch innerhalb der vorhumbertianischen Kalendare, wie aus der Liste bei Gignac[240] hervorgeht.

(3) Mehr ins Gewicht fallen die Unterschiede in den Festgraden. *Wo* kennt „simplex“ nicht, dafür „IX lectiones“ („IX“), eventuell kombiniert mit der

---

[238] Die Siglen nach Dirks, De liturgiae (wie Anm. 171), 54 (1984), S. 80–82.
[239] Bonniwell, A History (wie Anm. 167), S. 104.
[240] Gignac, Le sanctoral dominicain (wie Anm. 170), S. 44–61.

Präzisierung „semiduplex" („sd"), „duplex" („d"), „totum duplex" („td"). Nur einmal kommt „memoria" („mem") vor, am 27. Januar; sonst kennt *Wo* nur die vorhumbertianische Bezeichnung „commemoratio" („com").

Die Festgrade sind in zweierlei Hinsicht wichtig. Sie beweisen, dass die zweite Hand ein vorhumbertianisches Kalendar kopierte. Sie sind für die Lokalisierung, wie sich zeigen wird, ausschlaggebend. Ich behandle deswegen die Festgrade in *Wo* eingehend.

Die Festgrade sind in folgenden Fällen identisch mit denen in *P* (der Kürze halber nenne ich die Daten anstatt der Feste):

Januar: 2 – 3 – 14 – 15 – 16 – 17 – 18 – 27 – 28; Februar: 3 – 14; April: 14 – 29; Mai: 10 – 12 – 25; Juni: 2 – 9 – 12 – 18; Juli: 10 – 21 – 23 – 29 – 30 – 31; August: 2.

Ich lasse die rätselhaften Ziffern ILIXI zum 1. Januar außer Betracht. Zum 11. Juni fehlt ein Festgrad, der wohl vergessen wurde. Er fehlt auch in Clermond-Ferrand, Bibl. Munic. 23.[241] In *P* hat Barnabas sd. Nicht berücksichtigt habe ich weiter die Fälle, wo *Wo* com und *P* mem hat (17-mal). Das Anniversar am 4. Februar hat IX. In *P* und bei Gignac fehlt eine Bezeichnung, weil ein Anniversar außerhalb der Klassifikation der Feste liegt. Hier hat man übrigens ein deutliches Beispiel dafür, dass IX das vollständige Offizium bezeichnet und nicht einen Festgrad.

Ich stelle nun die Unterschiede listenmäßig zusammen:

	Wo	*P*		*Wo*	*P*
6.1.	td IX	td	1.5.	sd IX	sd
13.1.	IX	s	3.5.	sd IX	sd
20.1.	IX	s	4.5.	td IX	s
21.1.	IX	s	6.5.	IX	sd
22.1.	sd IX	sd	24.5.	d IX	td
25.1.	sd IX	sd	19.6.	IX	s
2.2.	td IX	td	24.6.	d IX	d
5.2.	IX	s	26.6.	IX	s
22.2.	IX	s	29.6.	IX	d
24.2.	sd IX	sd	30.6.	sd IX	sd
12.3.	IX	s	1.7.	IX	s
21.3.	IX	s	6.7.	IX	s
25.3.	d IX	td	13.7.	IX	s (20.7)
4.4.	IX	s	22.7.	sd IX	sd
23.4.	IX	s	25.7.	sd IX	sd
25.4.	td	sd	1.8.	IX	s
28.4.	com III	III			

Analyse:

Die Liste zeigt, dass zwei bereits geäußerte Vermutungen plausibel sein dürften: IX ist identisch mit s (15- von 17-mal). Doppelbezeichnungen enthalten die Kombination einer präzisen Angabe mit dem Oberbegriff IX. In diesem Sinne stimmt *Wo* elfmal mit *P* überein. Es bleiben sieben Unterschiede übrig, die ich einzeln bespreche.

---

[241] Ebd., S. 51.

(1) 25.3. Mariä Verkündigung. Ich kann den Rangunterschied zwischen *Wo* (d IX) und *P* (td) nicht erklären. Er ist vermutlich vorhumbertianisch bedingt. Zwei vorhumbertianische Kalendare haben wie *Wo* d IX[242], zwei haben IX[243], zwei haben d[244], die übrigen haben IX td oder td. Den Akten der Generalkapitel lässt sich nicht entnehmen, dass Mariä Verkündigung jemals einen niedrigeren Rang gehabt hätte bzw. im Rang erhöht worden wäre.

(2) 25.4.: Markus (*Wo*: td – *P*: sd). Ebenso wie die anderen Evangelisten außer Johannes hat Markus bei den Dominikanern erst 1501 den höchsten Festgrad bekommen. In vorhumbertianischen Kalendaren hat er IX, IX sd und sd. Ich komme darauf zurück.

(3) 28.4.: Vitalis; *Wo*: com III – *P*: III. In vorhumbertianischen Kalendaren hat Vitalis entweder com oder III. Im Kalendar eines vorhumbertianischen Missales (Paris, BN 8884) kommt com III vereinzelt vor. Was die Kombination com + III liturgisch beinhaltet, ist mir vollkommen unklar.

(4) 4.5.: Dornenkrone; *Wo* t(d) IX – *P*: s. Ich komme darauf zurück.

(5) 6.5.: Johannis ante portam latinam; *Wo*: IX – *P*: sd. In sechs vorhumbertianischen Kalendaren ebenfalls IX.[245] Schwer zu beantworten ist die Frage: Ist IX hier ein niedrigerer Rang als sd (in B ist es s)? Angaben über eine etwaige Rangerhöhung fehlen.

(6) 24.5.: translatio sancti dominici; *Wo*: d IX – *P*: td. fünf Kalendare[246] haben d bzw. IX d. Ich beziehe hier einige Kalendare ein, die seit dem Erscheinen von Gignacs Werk ins Blickfeld gerückt sind. In C hat es IX sd[247], aber es handelt sich, wie jetzt angenommen wird, um eine für den Deutschen Orden bestimmte liturgische Handschrift, die die dominikanische Liturgie in adaptierter Form enthält. In E und R hat es d.[248] Es ist ein vorhumbertianisches Charakteristikum, dass die Translatio des Ordensgründers nicht den höchsten Festgrad, sondern „nur" d hat. Die Schwierigkeit bei der Beurteilung ist die, dass nicht bekannt ist, wann das Fest eingeführt worden ist. Die Translatio war am 24. Mai 1233, aber „nescimus [...] an translationis festum statim celebratum fuerit".[249]

(7) 29.6.: Petri et Pauli; *Wo*: IX – *P*: d. In zwei Kalendaren bei Gignac[250] ebenfalls IX; fünf Kalendare haben IX d. Es stellt sich hier eine ähnliche Frage wie bei Johannis ante portam latinam. Auch hier fehlen nähere Angaben.

Zwei Feste umfasst das Kalendar, die erst später eingeführt wurden: Edward am 19. Januar und Antonius am 13. Juni. Edward wurde 1265 ins Ordenskalendar aufgenommen. Das Antoniusfest wurde 1262 eingeführt.

Die Dominikanisierung des Kalendars lässt sich nun zeitlich eingrenzen. Angefangen wurde sie frühestens 1254. In diesem Jahr ordnete das Generalkapitel an, dass das Fest des hl. Petrus martyr, des zweiten (nach Dominikus)

---

242 Ebd., S. 48, 5 und 6.
243 Ebd., S. 48, 1 und 4.
244 Ebd., S. 48, D und 2.
245 Ebd., S. 50.
246 Ebd.
247 Gleeson, Dominical liturgical manuscripts (wie Anm. 172), S. 97. Auf diesen auffälligen Festgrad hat Cagin, Un manuscrit liturgique (wie Anm. 184) schon 1899 hingewiesen, S. 167.
248 Gleeson, Dominical liturgical manuscripts (wie Anm. 172), S. 106 und 112.
249 Dirks, De liturgiae (wie Anm. 171), 53 (1983), S. 97.
250 Gignac, Le sanctoral dominicain (wie Anm. 170), S. 51.

Ordensheiligen († 1252, kanonisiert 1253), ein festum totum duplex werde.[251] Abgeschlossen wurde die Dominikanisierung nach der 1265 erfolgten confirmatio, dass Edward sein Fest bekomme. Es lässt sich nicht feststellen, wie lange danach. Ich untersuchte alle Kapitelsakten bis 1303 auf Heiligenfeste hin und stellte dabei fest, dass nicht ein einziger der nach 1265 verabschiedeten Kapitelsbeschlüsse in *Wo* wiederzufinden ist. 1266 wurde die confirmatio erteilt für die Einführung des „anniversarium omnium sepultorum in cimiteriis nostris", am 7. Juli.[252] Es wäre aber grundfalsch, aufgrund des Fehlens dieses Anniversars in *Wo* den Abschluss der Dominikanisierung zwischen 1265 und 1266 zu datieren. Weil aber nicht eine einzige nach 1265 aufgetretene Änderung im Festwesen des Ordens in *Wo* ihre Spuren zurückgelassen hat, möchte ich annehmen, dass die Dominikanisierung nicht lange danach, zwischen 1265 und 1270, vollzogen worden ist. Es wäre an sich möglich, dass die Dominikanisierung sich über längere Zeit erstreckt hätte. Ich kann mir vorstellen, dass jemand damit beauftragt wurde, das Kalendar auf dem Laufenden zu halten. Solch ein „calendista" könnte diesen Auftrag ab 1254 bis nach 1265 ausgeführt haben. Aus zwei Gründen scheint mir dies sehr unwahrscheinlich zu sein. Das Kalendar zeigt sehr deutlich, dass es größtenteils nicht auf dem Laufenden ist und die Dominikanisierung wurde nach dem 2. August abgebrochen. Es scheint mir absurd zu sein, dass jemand über zehn Jahre ein unvollständiges Kalendar betreut hätte. Ich nehme deshalb ab, dass die Dominikanisierung in einem Zug erfolgte, aber, was das Kalendar betrifft, nicht fortgesetzt wurde.

Zwei nichtdominikanische Feste wurden mit einem Festgrad ausgezeichnet: Gerdrudis am 17.3.: d IX; Kilian am 8.7.: td IX. Ich komme darauf zurück.

10. Die Lokalisierung des Gesamtkalendars

Zwei Ausgangspunkte für die Lokalisierung wurden erarbeitet: Es liegt ein ursprünglich benediktinisch-würzburgisches Kalendar vor; dieses wurde später dominikanisiert. Einen dritten Ausgangspunkt bieten die nekrologischen Einträge, die mit einer sicheren Ausnahme, gotefrit am 5. Mai, ausschließlich Frauennamen umfassen. Die Kombination Würzburg – Dominikanerorden – Frauenkloster war damit gegeben, d. h., es galt nun zu untersuchen, welche Dominikanerinnenklöster es im 13. Jahrhundert im Bistum Würzburg gegeben hat.

Als 1303 die Teilung der deutschen Ordensprovinz in die Teutonia und die Saxonia vollzogen wurde, erstellte man ein Verzeichnis der deutschen Dominikanerinnenklöster, das in mehreren teils unvollständigen Handschriften erhalten ist und das Hieronymus Wilms 1928 edierte. Aus der Einleitung zitiere ich: „Es will die dem Orden inkorporierten Frauenklöster angeben, nicht aber jene, deren Insassen bloß nach den Satzungen des Ordens lebten, dem Bischof aber

[251] Benedictus Maria Reichert (Hg.), Acta Capitulorum Generalium Ordinis Praedicatorum. Vol. I ab anno 1220 usque ad annum 1303 (Monumenta Ordinis Fratrum Praedicatorum Historica III), Romae 1898, S. 120.
[252] Ebd., S. 123.

rechtlich unterstanden. Die Zahl der letzteren war in Deutschland nicht gering. Das Verzeichnis ist [...] nicht vollständig".[253]

Es führt vier Klöster auf, die mit Sicherheit in der Diözese Würzburg lagen: Würzburg, Rothenburg ob der Tauber, Frauenaurach, Lauffen am Neckar[254], außerdem zwei unidentifizierbare Klöster, ein „Monasterium apud ... [Lücke in der Handschrift] in terminis conuentus herbipolenssis" und ein „Monasterium apud ... [Lücke] in terminis eiusdem conuentus herbipolenssis".[255] Nach Wilms könnte es sich beim ersten Kloster um Michelfeld (bei Schwäbisch-Hall) handeln.[256]

Die Ausgangslage für eine Suchaktion war günstig und nicht günstig in einem: Nur vier namentlich bekannte Klöster, ein möglicherweise fünftes, aber daneben auch möglicherweise nicht erfasste Klöster, über deren Ordenszugehörigkeit keine Klarheit bestand[257], und schließlich zwar nicht dem Orden inkorporierte, wohl aber dominikanisch lebende Frauengemeinschaften.

Die entscheidende Frage ist nun: Auf welches Kloster treffen die besonderen Merkmale des Kalendars zu? Ich nenne sie in ihrem Zusammenhang: zwei dominikanische Feste totum duplex, Markus und Dornenkrone, zwei nichtdominikanische Feste mit dominikanischem Festgrad: Gertraud duplex und Kilian totum duplex.

Es sei an die festivitates extraordinariae erinnert, die das Ordinarium kennt, und an die Daten aus der Geschichte von St. Markus, und man kombiniere. Klostergründung zu Ehren des hl. Markus, patronus mit festum totum duplex; Kanonissen des hl. Kilian: copatronus mit festum totum duplex; Inkorporierung der Pfarrei St. Gertraud, zweithöchster Festgrad. Es lässt sich nach meiner Überzeugung nicht daran zweifeln, dass das Kalendar und mit ihm die (ganze) Wolfenbütteler Handschrift dem Kloster St. Markus zugeordnet werden müssen. Ich halte es für ausgeschlossen, dass die Dreierkombination Markus – Gertraud – Kilian auf ein zweites, unbekanntes Kloster angewandt werden könnte. Dies käme einer Überforderung des Zufalls gleich.[258]

Zu erörtern ist nun noch das Fest der Dornenkrone. 1239 wurde von zwei Dominikanern die Dornenkrone nach Frankreich gebracht, die Balduin II., Kaiser von Byzanz, dem französischen König Ludwig IX. angeboten hatte.[259]

---

[253] Wilms, Das älteste Verzeichnis (wie Anm. 227), Einleitung; Wilms ergänzte und korrigierte es: vgl. S. 75–88, 99f.

[254] Ebd., S. 66–73.

[255] Ebd., S. 18 und 67.

[256] Ebd., S. 67 und 101.

[257] Dies hängt mit dem Tauziehen um die cura monialium zusammen; Sehi, Die Bettelorden (wie Anm. 127), passim. Es sind Klöster bekannt, die drei-, viermal inkorporiert und wieder aus dem Ordensverband ausgeschlossen wurden.

[258] Es gibt zwar mehrere Pfarreien, die der außerordentlich beliebten Heiligen Gertraud gewidmet waren, aber nur ein OP-Kloster, das ebenfalls Markus als patronus hatte: St. Markus in Straßburg; Sabine Heusinger u. a. (Hg.), Die deutschen Dominikaner und Dominikanerinnen im Mittelalter (Quellen und Forschungen zur Geschichte des Dominikanerordens N.F. 21), Berlin / Boston 2016, S. 456. Straßburg kommt aber überhaupt nicht in Frage.

[259] Ich beziehe meine Information aus folgenden Werken: Romaricus Dooreman, De doornenkroon, o. O. o. J. (Buchausgabe einer Reihe von Artikeln in: Kruis en Liefde, Maandschrift der Paters Passionisten 6 [1933] und 7 [1934]); Marianne Stößl, Die heiligen Dornen von Donauwörth, in: Bayerisches Jahrbuch für Volkskunde 1980/1981, S. 76–98; Georges Goyau u. a., La Couronne d'Épines au Royaume de Saint-Louis, Paris 1939. Sehr aufschlussreich war das Kapitel „Heilsgeschehen und Jesusfrömmigkeit" in: Lenz Kriss-Rettenbeck, Bilder und Zeichen

Das Fest der Dornenkrone, d. h. das Fest ihrer translatio, kommt in *P* als festum simplex vor. Es ist nicht bekannt, wann es eingeführt wurde, keine Kapitelsakte erwähnt es. „Putamus hoc festum initio in solis conventibus Franciae celebratum fuisse“, schreibt Dirks, der darauf hinweist, dass in B (ca. 1244) das Fest nachgetragen wurde.[260] In keinem humbertianischen Kalendar kommt es vor.

Es gibt nur eine plausible Erklärung dafür, dass das Fest der Dornenkrone den höchsten Festgrad hatte: Das Kloster muss einen als Reliquie verehrten Dorn besessen haben. Das Ordinarium nennt unten den festivitates extraordinariae keine Reliquienfeste, doch man kann annehmen, so sagte mir Pater Dirks, auf dessen Autorität ich mich stütze, dass sie im Orden sehr alt sind. Spätere Dominikanerbreviere nennen in den Rubriken als festivitas extraordinaria das „Festum Sancti, cujus Corpus vel insignes Reliquiae asservantur in Ecclesiis nostris“ und „Festum Sancti, cujus Corpus conditum est in Ecclesiis nostris, celebretur sub ritu Toto Duplici“, ein wenig später im Text heißt es: „Corpus aut insignis Reliquia“.[261] Nun, als insignis Reliquia darf man einen Dorn aus der Dornenkrone Christi sicher betrachten.

Die entscheidende Frage ist nun: Besaß St. Marx solch einen Dorn? Ich möchte dazu einen einprägsamen Satz von Wilhelm Engel zitieren; er nennt die „Überprüfung der Reliquienüberlieferung aller Stifte, Klöster, Pfarreien und Kirchen der Stadt Würzburg eine Aufgabe, die seit dem 16. März 1945 so gut wie unlösbar geworden ist“.[262] Darüber, ob St. Markus einen Dorn besessen habe, ist nichts bekannt. Vielleicht wüssten die ungedruckten Quellen mehr.

Feststellen konnte ich Folgendes: Engel weist anhand mehrerer Reliquienverzeichnisse aus dem 15. und 16. Jahrhundert nach, dass der Dom einen Dorn besaß.[263] Johann Baptist Stamminger beschreibt die Reliquien in der Kirche auf dem Marienberg und erwähnt dabei auch den Dorn aus der Krone Christi, von dem er annimmt, er sei identisch mit dem Dorn in den Reliquienverzeichnissen im Dom.[264] Wenn das stimmt, hat die Reliquie offenbar den Besitzer gewechselt. Ich frage, ohne antworten zu können: Kann nicht auch St. Markus einen oder gar ‚den‘ Dorn besessen haben? Die Lektüre von Angelus Walz’ Ordensgeschichte brachte mich auf eine weitere Idee. Walz schreibt: „Reliquias varias ex hac corona venerabilis Ludovicus et fratribus et conventibus ordinis donavit.“[265] Es sei daran erinnert, dass St. Marx in den vierziger Jahren des 13. Jahrhunderts eine Schwester aus königlichem Geblüt beherbergte. Ich fand ein Zeugnis dafür, dass im 14. Jahrhundert dem böhmischen Königshaus drei Dornen geschenkt wurden.[266]

---

religiösen Volksglaubens, München 1971. Ein Zitat daraus: „‚Wahre Dornen‘ der Dornenkrone gab es unzählige“ (S. 74).

260 Dirks, De liturgiae (wie Anm. 171), 53 (1983), S. 95f.

261 Breviarium juxta ritum S. Ordinis Praedicatorum [...] Hyacinthi Mariae Cormier [...] jussu [...] editum, Romae 1909, § XXVI, S. LVI und § XXX, S. LVIIIf.

262 Wilhelm Engel, Das Würzburger Heiltum des späten Mittelalters, in: Würzburger Diözesangeschichtsblätter 11/12 (1949/1950), S. 127–158, hier S. 138.

263 Ebd., S. 145 u. ö.

264 Johann Baptist Stamminger, Franconia Sacra. Geschichte und Beschreibung des Bisthums Würzburg. Die Pfarrei zu St. Burkard in Würzburg, Würzburg 1889, S. 104.

265 Angelus Walz, Compendium Historiae Ordinis Praedicatorum, Romae 1948, S. 192.

266 Günter Schiedlausky, in: Kaiser Karl IV. 1316–1378. Führer durch die Ausstellung [...] auf der Kaiserburg Nürnberg, München 1978, S. 91 (Beschreibung der Reliquienmonstranz des Johann von Neumarkt).

Bei dem heutigen Erkenntnisstand kann der höchste Festgrad des Festes der corona spinea nichts für und nichts gegen die Zuordnung des Kalendars aussagen.

Es ist noch ein liturgischer Eintrag zu behandeln, den ich in keinem Würzburger und überhaupt in keinem deutschen Kalendar nachweisen konnte: die Vigilia am 13. Oktober zum Fest des hl. Burkard. Auch in dem von Himmelstein abgedruckten Verzeichnis von Vigiltagen fehlt diese Vigilia.[267] Sie kann also nicht charakteristisch würzburgisch sein. Die Erkenntnis, was es mit dieser Vigilia auf sich haben könnte, verdanke ich einem Zufall. Ich las die Einleitung zu Hans Thurns Beschreibung der Handschriften der Würzburger Dominikaner[268], der Einiges aus Pfaffs Konventschronik[269] abdruckt, darunter etwas über St. Marx. Ich zitiere: „[...] Et quae prius erat Magistra Dominarum facta est prima Priorissa nobilis mulier Irmengardis de Nuwenstatt germana soror Dni. Conradi Abbatis S. Burchardi in Herbipoli." Das heißt, dass die letzte Meisterin der Kanonissen die erste Priorin der Dominikanerinnen von St. Markus wurde und dass sie eine Schwester des Abtes Konrad von St. Burkard war. Die Benediktiner von St. Burkard waren den Dominikanern sehr gewogen. Abt Konrad schenkte ihnen, „vielleicht seiner Schwester [...] zuliebe"[270], 1246 die berühmte vierbändige Bibel.[271] Kann nicht Konrad seiner Schwester, vielleicht als St. Marx die Dominikanerliturgie annahm, gleichsam als Starthilfe ein bescheidenes Kalendar geschenkt haben, das er oder seine Abtei nicht mehr brauchte?[272]

Die von Burkard selbst gegründete Abtei, die ursprünglich den Apostel Andreas und den Märtyrer Magnus als patroni hatte, wurde nach der translatio seiner Gebeine zu Burkardabtei umbenannt. Über das Datum der translatio herrscht keine absolute Sicherheit. Michael Wieland ging vom 14. Oktober 984 aus.[273] Alfred Wendehorst eruierte den 14. Oktober 986 als Translationsdatum.[274] Günter Wegner folgte ihm darin[275] und mit ihm viele andere.[276]

---

[267] Himmelstein, Synodicon herbipolense (wie Anm. 159), S. 147. Helmut Engelhart, der in Kalendare Einsicht nahm, die mir nicht zugänglich waren, fand keine Vigilia zum Burkardfest, wie er mir freundlicherweise mitteilte.

[268] Thurn, Die Handschriften (wie Anm. 125), S. 7.

[269] Andreas Pfaff, Annales Fratrum Praedicatorum Herbipolensium. Das Original dieser Konventschronik, die der Bibliothekar und Archivar des Würzburger Dominikanerklosters Ende 18. Jahrhundert verfasste, ist verschollen. Erhalten ist eine Abschrift in der Universitätsbibliothek Würzburg, M.ch.o.41/1.2, Annales conventus Dominicanorum, qui fuit Wirceburgi. Über die Pfaff'sche Chronik schreibt Sehi, Die Bettelorden (wie Anm. 127), S. 41: „Eigenartigerweise wurde diese für die Würzburger Lokal- und Seelsorgsgeschichte so wichtige Chronik [...] bisher noch kaum bearbeitet."

[270] Thurn, Die Handschriften (wie Anm. 125), S. 7.

[271] Würzburg, Universitätsbibliothek, M.p.th.f.m. 9/I–IV (Bd. I und III am 16.03.1945 verbrannt); Engelhart, Würzburger Buchmalerei (wie Anm. 157), passim.

[272] Vgl. auch Engelhart, Würzburger Buchmalerei (wie Anm. 157), S. 286f.

[273] Michael Wieland, Historische Darstellung des Stiftes St. Burkard zu Würzburg, in: Archiv des Historischen Vereines von Unterfranken und Aschaffenburg 15,1 (1860), S. 43–114, bes. S. 67, 70; 15,2–3, (1861), S. 1–178.

[274] Alfred Wendehorst (Bearb.), Das Bistum Würzburg, Teil 1: Die Bischofsreihe bis 1254 (Germania Sacra, Neue Folge 1), Berlin 1962, S. 60.

[275] Wegner, Kirchenjahr (wie Anm. 145), S. 67.

[276] Z. B. Paul-Werner Scheele, in: Klaus Wittstadt (Hg.), 1000 Jahre Translatio Sancti Burkardi. Zur Bedeutung von St. Burkard in Würzburg, Würzburg 1986, Vorwort S. 7.

Heinrich Wagner errechnete als Datum den 11. Oktober 988.[277] Diese neue Datierung scheint abgelehnt worden zu sein, denn Wendehorst geht in seiner Monographie über St. Burkard[278] nach wie vor vom 14. Oktober 986 aus. Der translatio ging ein dreitägiges Fasten voraus.[279] Der naheliegendste Ort, wo man eine Vigilia vor dem 14. Oktober erwarten kann, als Erinnerung vielleicht an das Fasten, ist doch wohl die Abtei, in die die Gebeine des hl. Burkard transferiert worden waren und wo sie sich, zumindest zum Teil, nachweislich im 13. Jahrhundert befanden.[280] Ich kann nicht beweisen, dass das Marxer Kalendar aus St. Burkard kommt, aber es hat ein sehr großes Maß an Wahrscheinlichkeit. Die Herkunft aus St. Burkard würde Einiges im Kalendar erklären:

(1) die Tatsache, dass das Kiliansfest „nur" in Schwarz ist;

(2) für ein Kalendar, das in einem Kloster von Kanonissen oder Dominikanerinnen, die beide die Regel des hl. Augustinus befolgen, geschrieben worden wäre, ist es verwunderlich, dass das Augustinusfest am 28. August nicht in Rot ist. Die Herkunft aus St. Burkard würde die Wahl andersfarbiger Tinte erklären.

Es gäbe im Marxer Kalendar vielleicht noch mehr, was durch Herkunft aus St. Burkard erklärt werden könnte. Zwei Beispiele: Das Kalendar zeigt am 4. Oktober die von Paulus (1 Kor 1,14) erwähnten Märtyrer Crispus und Gaius, die man in Kalendaren fast nie findet. Grotefend, in Ermangelung eines Besseren, nennt im Register nur ein ambrosianisches Kalendar aus Mailand. Im 1468 approbierten Bursfelder Martyrologium sind die beiden anzutreffen.[281] Weiter fand ich Crispus und Gaius in dem zum Windberger Psalter, letztes Viertel des 12. Jahrhunderts, gehörenden martyrologischen Kalendar.[282] Ein weiterer Zufallsfund ist der kurz nach 1200 geschriebene Elisabethpsalter (Cividale del Friuli, Museo Archeologico Nazionale, ms. CXXXVII), dessen Kalendar im Ausstellungskatalog „Miniatura in Friuli"[283] abgebildet ist.

Ein zweites Beispiel ist das Fest von Admundus rex et martyr am 20. November[284], das ich in keinem deutschen Kalendar gefunden habe. Grotefend führt nur englische Diözesen auf, in denen Edmund verehrt wurde.

Eine eingehende Analyse der benediktinischen Feste im Marxer Kalendar, falls diese überhaupt möglich ist, sollte einem Fachmann überlassen werden, dem überdies viel mehr Vergleichsmaterial zur Verfügung stehen müsste. Kein

---

277 Heinrich Wagner, Zur Frühzeit des Bistums Würzburg (II), in: Würzburger Diözesangeschichtsblätter 48 (1986), S. 111–131, bes. S. 120f.

278 Alfred Wendehorst (Bearb.), Die Bistümer der Kirchenprovinz Mainz. Das Bistum Würzburg 6: Die Benediktinerabtei und das adelige Säkularkanonikerstift St. Burkard in Würzburg (Germania Sacra, Neue Folge 40), Berlin / New York 2001.

279 Wieland, Historische Darstellung (wie Anm. 272), S. 49.

280 Alfons M. Zimmermann, Kalendarium Benediktinum. Die Heiligen und Seligen des Benediktinerordens und seiner Zweige, 4 Bde., Metten 1933–1938, Bd. 3, S. 180.

281 Rosenthal, Martyrologium (wie Anm. 203), S. 233.

282 Kirchert, Der Windberger Psalter (wie Anm. 22), S. 106.

283 Miniatura in Friuli. Catalogo della Mostra a cura di Giuseppe Bergamini, Udine 1985, S. 36–38. Vgl. Harald Wolter-von dem Knesebeck: Der Elisabethpsalter in Cividale del Friuli. Buchmalerei für den Thüringer Landgrafenhof zu Beginn des 13. Jahrhunderts. Berlin 2001, S. 87–91 [Abb. des Kalenders], S. 355f. [zum Kalender].

284 König von Ostanglien, 870 gefallen im Kampf gegen die Wikinger, bald als Märtyrer verehrt, vor allem im Kloster Bury St. Edmund's; Günter Spitzbart, Art. „Edmund", in: Lexikon für Theologie und Kirche 3, Freiburg / Basel / Wien 2009 (Sonderausgabe), Sp. 456.

geringes Problem dabei ist, dass aus St. Burkard keine Handschriften erhalten geblieben sind, die über die dortige Liturgie Aufschluss geben könnten.[285] „Welche Feste zu St. Burkard gefeiert wurden, lässt sich mit Genauigkeit nicht mehr ermitteln".[286] Über ein Jahrhundert später ist die Situation nicht wesentlich anders. Heinrich Wagner spricht 1988 über die „unbefriedigende Quellenlage".[287] 2010 schreibt er, „dass schon um die Mitte des 14. Jahrhunderts nur noch Bruchstücke der klösterlichen Überlieferung vorhanden waren".[288]

Zum Schluss möchte ich doch noch einen Versuch wagen, eine Erklärung dafür zu finden, dass die Dominikanisierung nach dem 2. August aufhört. Zwei plausible Erklärungsmöglichkeiten bieten sich an, die sich sehr gut miteinander kombinieren lassen:

(1) Das Kalendar wurde durch das Neben- und Durcheinander benediktinischer und dominikanischer Feste unübersichtlich und verlor stark an praktischer Benutzbarkeit. Vielleicht hat man dies erkannt, die Dominikanisierung gestoppt und die Handschrift einem anderen Zweck zugeführt.

(2) Dieser andere Zweck könnte der gewesen sein, dass man den Novizen, die den Psalter zu lernen und zu verstehen hatten, eine Übersetzungs- und Verstehenshilfe in Form einer interlinear angelegten Wort-für-Wortübersetzung, für die man einen lateinischen Psaltertext brauchte, bieten wollte. Man benutzte dazu die Gesamthandschrift, deren Kalendar an Brauchbarkeit verloren hatte.

Bewusst bin ich mir, dass solche Überlegungen im Bereich des Plausiblen, des Vorstellbaren, des Möglichen, nicht aber in dem des Beweisbaren liegen.

---

285 Hans Thurn nennt nur drei Handschriften (15.–17. Jahrhundert) aus St. Burkard: Die Handschriften der Universitätsbibliothek Würzburg 2. Die Handschriften aus benediktinischen Provenienzen, Wiesbaden 1973, S. 81–83.

286 Wieland, Historische Darstellung (wie Anm. 272), S. 65.

287 Wagner, Die Äbte (wie Anm. 131), S. 11.

288 Heinrich Wagner, Eine Quelle zur Frühgeschichte des Klosters St. Burkhard zu Würzburg, in: Würzburger Diözesangeschichtsblätter 72 (2010), S. 347–371, hier S. 348.

Bedrängt durch die Welt, von der Kirche beschützt.

Ein Urkundenfragment Abt Gerhards von St. Stephan in Würzburg

Aus der Hennebergischen Gymnasialbibliothek des Naturhistorischen Museums Schloss Bertholdsburg in Schleusingen

Janis Witowski

1. Vorbemerkung

Unter der Signatur G verwahrt das Naturhistorische Museum Schloss Bertholdsburg in Südthüringen einen einzigartigen historischen Bücherschatz. Die mehr als 200 Bände dieses Bestandes gehen auf die Privatbibliothek des letzten Grafen von Henneberg, Graf Georg Ernst von Henneberg-Schleusingen (1511–1583), zurück. Dieser hatte seine Bücher testamentarisch der von ihm gegründeten höheren Schule vermacht, die 1577 zum Gymnasium erhoben wurde.[1] Die Büchersammlung mit ihren Handschriften und Inkunabeln aus dem 15. und 16. Jahrhundert kann als weitgehend geschlossen betrachtet werden; nur wenige Bücher scheinen über die Jahrhunderte verlorengegangen zu sein.

Ist bereits das Alter und der Überlieferungszustand der ehemaligen gräflichen Bibliothek bemerkenswert, so ist es noch mehr die Tatsache, dass eine Vielzahl der spätmittelalterlichen und frühneuzeitlichen Werke Fragmente besitzen, die sich eines weit höheren Alters rühmen können. Auf die Bedeutung von Handschriften und Frühdrucken, die als Makulatur in Büchern zweitverwendet wurden, haben Forscher der historischen und buchwissenschaftlichen

Folgende Abkürzungen werden verwendet:
NHMS = Naturhistorisches Museum Schloss Bertholdsburg Schleusingen
StABa = Staatsarchiv Bamberg
StAWü = Staatsarchiv Würzburg
UB St. Steph. = Urkundenbuch der Benediktiner-Abtei St. Stephan in Würzburg

[1] Rosika Hoffman/Felicitas Marwinski, Bibliothek des Naturhistorischen Museums mit historischer Gymnasialbibliothek, in: Handbuch der historischen Buchbestände in Deutschland 21, Hildesheim u. a. 1999, S. 31–39, bes. S. 32; Onlineausgabe: http://fabian.sub.uni-goettingen.de/fabian?Naturhistorisches_Museum_(Schleusingen) (letzter Zugriff: 13.02.2018); Eckart Henning, Die gefürstete Grafschaft Henneberg-Schleusingen im Zeitalter der Reformation (Mitteldeutsche Forschungen 88), Köln/Wien 1981, S. 197f. Zu den Buchbeständen mit der Sig. G vgl. auch Gustav Weicker, Nachricht über die Geschichte der Bibliothek des Hennebergischen Gymnasiums zu Schleusingen, in: ders. (Hg.): Königlich Preussisches Hennebergisches Gymnasium zu Schleusingen. Osterprogramm 1878, S. 3–17, bes. S. 4f. Zu den Bibliotheken der Grafen von Henneberg-Schleusingen vgl. Benjamin Müsegades, Bibliotheken am Hof der Grafen von Henneberg-Schleusingen, in: Jahrbuch des Hennebergisch-Fränkischen Geschichtsvereins 29 (2014), S. 165–181.

Disziplinen wiederholt hingewiesen.[2] Auch in Mitteldeutschland haben einige Fragmentsammlungen in jüngster Zeit eine wissenschaftliche Bearbeitung erfahren.[3]

Schon ein flüchtiger Blick auf die Buchdeckel der Bände in der Bibliothek des Naturhistorischen Museums in Schleusingen offenbart, dass hier ein beachtlicher Fundus an Fragmentliteratur anzutreffen ist. Als im Sommer 2017 Frau Dr. Anette Löffler nach Schleusingen kam, um eine erste Sichtung der Makulatur der unter der Signatur G geführten Bücher vorzunehmen, identifizierte sie insgesamt 204 Fragmente, die als Kopert, Halkopert oder als Deckelbeklebung verwendet wurden.[4] Unter den meist liturgischen und theologischen Schriftstücken entdeckte sie vier spätmittelalterliche Urkunden.[5] Eines dieser Urkundenfragmente soll im Folgenden – hoffentlich als Vorarbeit einer umfassenderen Erschließung – einer näheren Betrachtung unterzogen werden. Dabei steht vor allem eine historisch-inhaltliche, weniger eine paläographisch-diplomatische Erschließung im Vordergrund (Kap. 2). Der inhaltlichen Auseinandersetzung folgt die historische Einordnung des Dokumentes in die Geschichte St. Stephans, Würzburgs und Frankens, wobei auch ein Datierungsversuch unternommen werden soll (Kap. 3). Einem Fazit (Kap. 4) schließt sich die Edition des Urkundentextes an (Kap. 5). Ein Bildanhang am Ende der Untersuchung dient der visuellen Untermalung des Geschriebenen (Kap. 6).

---

2 Fragmente wurden vor allem im Rahmen einzelner Beiträge behandelt. Sammelwerke, die sich ausschließlich mit Fragmenten beschäftigen, sind dagegen rar. In jüngerer Zeit sind besonders folgende Werke zu nennen: Hanns P. Neuheuser / Wolfgang Schmitz (Hg.), Fragment und Makulatur: Überlieferungsstörungen und Forschungsbedarf bei Kulturgut in Archiven und Bibliotheken (Buchwissenschaftliche Beiträge 91), Wiesbaden 2015; Alessandra Sorbello Staub / Christoph Winterer (Hg.), „Das Ganze im Fragment“ – Handschriftenfragmente aus kirchlichen Bibliotheken, Archiven und Museen, Petersberg 2015; Christian Gastgeber u. a. (Hg.), Fragmente: der Umgang mit lückenhafter Quellenüberlieferung in der Mittelalterforschung. Akten des internationalen Symposiums des Zentrums für Mittelalterforschung der Österreichischen Akademie der Wissenschaften, Wien 19.–21. März 2009 (Denkschriften. Österreichische Akademie der Wissenschaften, Phil.-Hist. Klasse 415), Wien 2010.

3 Vgl. z. B. Christoph Mackert, Zur Fragmentsammlung der Leipziger Universitätsbibliothek, in: Thomas Fuchs / Christoph Mackert / Reinhold Scholl (Hg.), Das Buch in Antike, Mittelalter und Neuzeit. Sonderbestände der Universitätsbibliothek Leipzig (Schriften und Zeugnisse zur Buchgeschichte 20), Wiesbaden 2012, S. 91–120. Für Thüringen: Gerlinde Huber-Rebenich / Christa Hirschler (Hg.), Bestandskatalog zur Sammlung Handschriften- und Inkunabelfragmente des Schloßmuseums Sondershausen (Sondershäuser Kataloge 3), Sondershausen 2004.

4 Ihre Expertise als Kennerin der mittelalterlichen Fragmentliteratur hat sie durch zahlreiche Publikationen, insbesondere zu liturgischen Handschriften, bewiesen. Erwähnt seien nur einige der neueren Publikationen: Anette Löffler, Gibt es einen Erkenntniswert bei Fragmenten? Das Beispiel der Makulatur im Historischen Staatsarchiv Königsberg (heute im GStA Berlin), in: Iter Austriacum (2017); online verfügbar: http://www.iter-austriacum.at/leeds-2017/fragmente-historisches-staatsarchiv-koenigsberg/ (letzter Zugriff: 13.02.2018); dies., Die Berliner Inkunabelfragmente aus dem Historischen Staatsarchiv Königsberg, in: Gutenberg-Jahrbuch 91 (2016), S. 131–140; dies., Die Liturgie des Deutschen Ordens in der Ballei Utrecht, in: Udo Arnold (Hg.), Priester im Deutschen Orden: Vorträge der Tagung der Internationalen Historischen Kommission zur Erforschung des Deutschen Ordens in Wien (Quellen und Studien zur Geschichte des Deutschen Ordens 77), Weimar 2016, S. 75–94; dies., Handschriftenmakulatur in der Bibliothèque nationale de France in Paris und ihre Fragmentmappen, in: Neuheuser/ Schmitz (Hg.), Fragment und Makulatur (wie Anm. 2), S. 87–102; dies., Fragmente liturgischer Handschriften des Deutschen Ordens im Historischen Staatsarchiv Königsberg (Einzelschriften der Historischen Kommission für Ost- und Westpreußische Landesforschung 18/24), 2 Bde., Lüneburg 2001–2004.

5 Es handelt sich hierbei um die Buchsignaturen G 51, G 108, G 132 und G 135. Das von Frau Dr. Löffler angefertigte Protokoll ist unveröffentlicht und ist nur bei der Autorin selbst oder im Naturhistorischen Museum einsehbar.

2. Erschließung des Fragments Frag. G 51

2.1 Äußere Beschreibung

Das zu betrachtende Fragment, bei dem es sich genau genommen um zwei Teile ein und derselben Pergamenturkunde handelt, ist als Spiegel in der Innenseite beider Buchdeckel des Codex G 51 eingebunden. Mittelalterliche Urkunden, die ihre rechtliche Gültigkeit verloren hatten, wurden selten entsorgt. Vielmehr bestanden sie als Makulatur zumindest teilweise weiter. Häufig wurden die Pergamente wegen ihrer großen Haltbarkeit von Buchbindern aufgekauft und „recycelt".[6] Dass der Inhalt der Urkunde auch nach der Zweitverwendung lesbar blieb, lag offensichtlich nicht im Interesse des Buchbinders. Beide Fragmente waren auf der Schriftseite, die zugleich die Fleischseite des Pergaments ist, mit den hölzernen Buchdeckeln verleimt.[7] Allerdings löste sich die Klebebindung im Laufe der Zeit auf, sodass Frag. G 51a vollständig (Abb. 1), Frag. G 51b teilweise lesbar waren, ohne die bestehende Bindung manuell lösen zu müssen. Mittlerweile ist auch bei Frag. G 51b die Verklebung mit dem Trägerband gelöst (Abb. 2). Einzig ein 1 cm starker, ebenfalls beschriebener Falz ist noch immer am Trägerband (bei fol. 194v) fixiert. Eine Ablösung dieses Falzes schien nicht angeraten, da gravierende Schäden am Text nicht ausgeschlossen werden konnten und Frag. G 51b hernach nicht mehr am Trägerband befestigt gewesen wäre. Dies trifft ebenso auf Frag. G 51a zu, das gleichfalls mit einem Falzstreifen an fol. 9r des Trägerbuches befestigt ist.

Beim Prozess des Buchbindens ist das Pergament längs und quer durchtrennt worden, wobei Teile der Urkunde verlorengegangen sind: So fehlt neben Sanctio, Corroboratio und Eschatokoll auch ein Stück des Mittelteils, der die Texte der beiden erhaltenen Urkundenbestandteile inhaltlich miteinander verbindet. Der erhaltene Urkundentext zerfällt somit in zwei Bestandteile, deren gemeinsame Mitte eine Fehlstelle von mindestens zwei bis drei Wörtern aufweist.

Beide Fragmente besitzen eine Länge von 39 cm sowie eine Breite von ungefähr 26 cm. Im Zentrum von Frag. G 51a und Frag. G 51b ist eine sternförmige bzw. kreuzförmige Durchstreichung in roter Farbe erkennbar. Diese sollte entweder die Ungültigkeit des Urkundeninhalts anzeigen oder diente schlichtweg im Prozess des Buchbindens als Orientierungshilfe. Ansonsten zeigen sich auf den Dokumenten nur wenige Beeinträchtigungen: Das Pergament ist zwar wellig, weist jedoch keinerlei Löcher, Risse oder Fraßspuren auf. Stockflecken sind nur wenige zu erkennen. Leichte Beschädigungen am Text gehen vor allem auf die Klebung bzw. deren Auflösung zurück. Zudem sind im oberen Drittel sowie im unteren Bereich beider Fragmente zwei deutliche Knicke zu sehen. Diese mögen ein Hinweis auf die frühere Faltung der Urkunde sein.

Die Handschrift weist einen sauberen Duktus in schwarzer Tinte auf. Die Schrift kann als eine typische spätmittelalterliche Kanzleikursive angesprochen werden.

---

6 Mackert, Zur Fragmentsammlung (wie Anm. 3), S. 91f.
7 Auch ohne die Verklebung stehen die beiden Urkundentexte beim Aufschlagen des Buches auf dem Kopf.

Abb. 1: Gesamtansicht: Fragment G 51 a in Trägerband G 51; NHMS, Frag. G 51 a.

Abb. 2: *Gesamtansicht: Fragment G 51 b; NHMS, Frag. G 51 b.*

Der Text selbst enthält die üblichen Kontraktions- und Distraktionskürzungen. Das Großformat des Rechtsdokuments und die akkurate Textgestaltung deuten auf ein repräsentatives Schriftstück hin. Die Intitulatio beginnt mit einer einfarbigen Initiale, dem Buchstaben G. Es gibt keinen Hinweis darauf, dass die Urkunde von mehr als einem Schreiber verfasst wurde.

Die Urkunde ist in den Codex G 51 eingebunden. Bei diesem handelt es sich um einen von zwei Teilen der gedruckten Ausgabe der *Moralia in Job* Papst Gregors des Großen (amt. 590–604).[8] Buchimmanente Angaben weisen darauf

[8] NHMS, G 50 und G 51.

hin, dass die Inkunabel 1471 in Nürnberg gedruckt wurde[9], wobei das handschriftliche Vorwort erst zwei Jahre später hinzukam.[10] In den Bücherkatalogen des Hennebergischen Gymnasiums aus der zweiten Hälfte des 19. Jahrhunderts wurden die Moralien als aus der Druckerei Johann Sensenschmidts und Johann Kefers stammend geführt.[11]

Abb. 3: *Ausschnitt aus Fragment G 51a mit Initiale Abt Gerhard Klinkharts; NHMS, Frag. G 51 a.*

2.2 *Inhaltliche Auseinandersetzung*

Die Urkunde aus G 51 stammte aus Würzburg. Die Intitulatio gibt als Aussteller Gerhard Klinkhart, Abt des Klosters St. Stephan (1404–1432) und Exekutor des Benediktinerordens, preis („GErhardus inseminatione devina Abbas Sancti Stephani herbipolensis et ordinis Benedicti Executor"). Die Informatio-

[9] „Immensas omnipotenti deo patri et filio et spiritui sancto glorioseque genitrici virgini marie gratiarum referimus actiones qui hoc opus moralium beati gregorii pape in xxxv libros distinctum impressoria arte feliciter dedit nuremberge consummari Anno domini M° cccc° lxxi° Die vndecima mensis septembris."; NHMS, G 51, fol. 205r.

[10] NHMS, G 51, fol. 8v.

[11] Paul Schmieder (Hg.), Königlich Preussisches Hennebergisches Gymnasium zu Schleusingen. Oster-Programm 1879, Meiningen 1879, S. 4. Die Provenienz der Inkunabel erscheint nicht eindeutig. In Schrifttyp und der Gestaltung der floralen Muster auf den Schauseiten weist G 51 auffällige Ähnlichkeiten zu der 1480 von Anton Koberger gedruckten Bibel auf. Gleiches gilt für die „Summa praedicantium" des Johannes de Bromyard, das 1485 in derselben Werkstatt gedruckt wurde. Vgl. Universitätsbibliothek Erlangen-Nürnberg, H 62/Inc. 36 sowie Inc. 1587 sowie Christina Hofmann-Randall (Hg.), Bücher im Jahrhundert Gutenbergs. Eine Ausstellung der Universitätsbibliothek, 10. November – 3. Dezember 2000 (Schriften der Universitätsbibliothek Erlangen-Nürnberg 38), S. 94f., Abb. 16 und S. 138f., Abb. 42. Sowohl Sensenschmidt als auch Koberger gehörten zu den Frühdruckern in Nürnberg, beide sind seit 1470/71 als solche nachweisbar. Hans-Otto Keunecke, Die Anfänge des Buchdrucks in Bamberg und Nürnberg, in: Hofmann-Randall (Hg.), Bücher im Jahrhundert Gutenbergs, S. 23–44, bes. S. 32 und 42.

nen über dessen Wirken sind äußerst spärlich und beschränken sich im Wesentlichen auf das, was aus den wenigen Urkunden seiner Amtszeit herausgelesen werden kann. Die klosterinterne Geschichtsschreibung würdigte Gerhard Klinkhart als Initiator einer grundlegenden Reformierung seines Klosters, die sich nicht nur auf die Wiederherstellung der strengen monastischen Lebensweise beschränkte, sondern auch auf die Restitution verlorengegangener weltlicher Besitzungen abzielte.[12] Als 1757 Ignatius Gropp (1695–1758), selbst Mönch im Kloster St. Stephan, eine Geschichte des Klosters vorlegte, betrachtete er Gerhards Bemühungen um die Sicherung des klösterlichen Eigentums als charakteristische Leistung des spätmittelalterlichen Abtes. Ausdrücklich hob er die in diesem Zusammenhang von den Päpsten Johannes XXIII. (amt. 1410–1415) und Martin V. (amt. 1417–1431) verliehenen Privilegien hervor.[13] Der Schutz des Klosters, insbesondere gegenüber der Vereinnahmung durch weltliche Potentaten, wird auch in den Fragmenten Frag. G 51a und Frag. G 51b thematisiert. Aufgrund der Lückenhaftigkeit des Textes können jedoch nurmehr Bruchstücke aus dem Inhalt der Urkunde rekonstruiert werden. Insbesondere, weil ein vermutlich nicht eben kleiner Teil der Urkunde fehlt, sind einer Detailanalyse enge Grenzen gesetzt.

Wovon handelt die Urkunde? Wie bereits festgestellt, tritt als Aussteller der Urkunde der Abt des Benediktinerklosters St. Stephan in Würzburg in Erscheinung.[14] Er richtete sich an „principibus, ducibus, marchionibus, Comitibus, baronibus, Nobilibus, militibus et armigeris temporalibus dominia obtinentibus," darüber hinaus auch an „Communitatibus, Ciuitatum ac vniuersitatibus opidorum, castrorum et villarum ac in eis seu extra ea dominia temporalia habentibus per ciuitates et dyoceses Bambergensis, Eystetensis, herbipolensis et Radisponensis" – kurzum, zu den Adressaten des Diploms gehören alle weltlichen Personen, die über Besitz und Herrschaftsrechte in den Diözesen Bamberg, Eichstätt, Regensburg und Würzburg verfügten.[15] Des Weiteren heißt es, dass durch einen gewissen Christoph und den Domdekan der Bamberger Kirche, Anton von Rotenhan (um 1390–1459), den Klosterbrüdern von St. Stephan eine päpstliche Bulle öffentlich vorgezeigt worden sei („Coram monasterio publico").[16] Die Bulle ist im Wortlaut inseriert.[17] Sie richtet sich

[12] So heißt es im 15. Jahrhundert über ihn: „Gerhardus Gluckhart obiit anno 1432. Et inchoavit reformacionem quod Bertholdus postea continuavit in spiritualibus et temporalibus."; StAWü, Sta. 623, fol. 13. Hier zitiert nach Monika Ofer, St. Stephan in Würzburg. Untersuchungen zu Herrschafts-, Wirtschafts- und Verwaltungsformen eines Benediktinerklosters in Unterfranken 1057–1500 (Dissertationen zur mittelalterlichen Geschichte 6), Köln/Wien 1990, S. 117.

[13] Ignatius Gropp, Ecclesia S. Stephani cum Monasterio Ordinis S. Benedicti in reverendissimis suis abbatibus cum rebus per elapsa septem saecula circa se gestis historia methodo repraesentata, in: Archiv des Historischen Vereins von Unterfranken und Aschaffenburg 40 (1898), S. 115–155, bes. S. 130f.

[14] Grundlegende Informationen über das Kloster bei Rainer Leng, Die Geschichte des Benediktinerklosters St. Stephan im Überblick, in: ders. (Hg.), Das Benediktinerkloster St. Stephan in Würzburg (Historische Studien der Universität Würzburg 4), Rahden 2006, S. 21–39; Georg Link, Klosterbuch der Diözese Würzburg 1, Würzburg 1873, S. 395–402.

[15] NHMS, Frag. G 51, 2a–3a.

[16] NHMS, Frag. G 51, 5a–7a.

[17] NHMS, Frag. G 51, 7a–34a. Der Beginn des Inserats ist durch eine Majuskel sowie durch die Wahl einer gotischen Auszeichnungsschrift optisch deutlich gemacht worden. Es handelt sich hier um die Buchstabenkombination *Bon,* die vermutlich Überreste des Papstnamens „Bonifatius" sind.

an den namentlich nicht genannten Abt von St. Stephan sowie an die Dekane des Eichstätter Domstifts und des Bamberger Kollegiatstiftes St. Jakob.[18] Den Anlass zur Ausfertigung des Diploms lieferte augenscheinlich Otto von Milz, der sich als Domdekan von Bamberg (und als Vorgänger des Anton von Rotenhan) bittend an den Papst gewandt hatte.[19] Es folgt eine Aufzählung jurisdiktioneller Befugnisse, die dem Bamberger Domdekan zustünden und deren Missachtung durch kirchliche Strafen geahndet werden sollten.[20] Die päpstlichen Bestimmungen enden mit einer klassischen Datierung („datum Rome apud Sanctum Petrum Quintodecimo kalendris Junij pontificatus nostri anno decimo")[21] und liefern somit Ort und Zeitpunkt der Ausstellung: Die Papsturkunde wurde am 16. Mai 1399 in der römischen Peterskirche aufgesetzt. Andere von der römischen Kurie für geistliche Institutionen in Würzburg ausgestellte Urkunden weisen eine exakt gleiche Formulierung der Datumszeile auf.[22] Diese Übereinstimmung sowie das Namensfragment „Bon" deuten darauf hin, dass die inserierte Urkunde in Frag. G 51 unter dem Pontifikat Papst Bonifatius' IX. (amt. 1389–1404) angefertigt und ausgehändigt wurde.[23]

Beinahe nahtlos schließen sich die von Abt Gerhard Klinkhart getroffenen rechtlichen Festlegungen an die Abschrift der Bulle Bonifatius' IX. an. Nachdem er bereits zu Anfang die Authentizität des päpstlichen Privilegs anerkannt hatte[24], scheint Gerhard die wesentlichen Bestimmungen derselben zu bestätigen. Allerdings ließ er es sich nicht nehmen, die Brisanz des Rechtsaktes noch einmal in aller Ausführlichkeit zu betonen, wodurch er neue Akzente setzte. Wie umfangreich die klösterliche Kanzlei den Urkundentext gestaltete, lässt sich nicht mehr rekonstruieren, da die beiden Fragmente nur den oberen Teil des vollständigen Diploms bilden. Der untere Abschnitt muss nach dem derzeitigen Erkenntnisstand als verloren gelten.[25]

Eine vollumfängliche Interpretation des Rechtsdokuments Abt Gerhards von St. Stephan ist durch den Verlust des Endstücks unmöglich. Das Fehlen

---

18 „[...] dilectis filijs Abbati monasterij sancti stephani herbipolensis. Et Eystetensis ac sancti jacobi extra muros Bambergensis ecclessiarum decanis Salutem et apostolicam benedictionem."; NHMS, Frag. G 51, 7b–8a.

19 NHMS, Frag. G 51, 8a.

20 Die Erwähnung kirchlicher Sanktionen NHMS, Frag. G 51, 32a–32b.

21 NHMS, Frag. G 51, 34a.

22 Vgl. dazu Bayerische Akademie der Wissenschaften (Hg.), Monumenta Boica 44, München 1883, Nr. 261–262, S. 550–556.

23 Denkbar ist, dass eine Abordnung von Klerikern aus der Erzdiözese Mainz, wozu auch Bistum und Hochstift Würzburg gehörten, nach Rom reiste, um bei der päpstlichen Kanzlei entsprechende Privilegien und Rechtsdokumente einzuholen. In diesem Zusammenhang sei auch die Urkunde für das Würzburger Domkapitel vom 18.05.1399 genannt; Monumenta Boica 46, Nr. 398, S. 696–698.

24 „Litteras felicis recorda[tionis Bonifacii pape] [...] eius vera Bulla plumbea in cordula canapis more Romane curie bullatas, sanas et integras, non viciatas, non cancellatas, non abolitas neque in aliqua sui perte suspectas."; NHMS, Frag. G 51, 5a–6a.

25 Die Suche nach weiteren Teilen des Urkundenfragments Frag. G 51, z.B. am zweiten Band der Moralia (Sig. G 50), blieb ergebnislos. Zwar fand am Trägerband G 50 ebenfalls eine spätmittelalterliche Urkunde als Makulatur Verwendung. Diese stammte aber aus dem Pontifikat Antons von Rotenhan und ist somit später entstanden als Frag. G 51. Ihr Inhalt ist ohne Beschädigung des Trägerbandes nicht zu erkennen, lediglich das Notariatsinstrument mit dem Signet des Thomas Schaller ist sichtbar; Frag. G 50. Thomas Schaller erscheint 1429–1431 als kaiserlicher Notar in Bamberger Urkunden; StABa, Kloster Langheim, Urkunden, 1430 VIIII 12 (1429 VII 29, 1430 III 7) und 1431 X 29.

eines verbindenden Mittelteils zwischen Frag. G 51a und G 51b stellt darüber hinaus auch die Deutung und historische Einordnung des Urkundenfragments vor große Herausforderungen. Eine inhaltliche Auseinandersetzung, die über die bisher gelieferte grobe Zusammenfassung hinausreicht, ist nur durch Hinzuziehung anderer, ähnlicher Urkunden möglich.

3. Historische Einordnung und Interpretation

Das Benediktinerkloster St. Stephan konnte seit der ersten Hälfte des 13. Jahrhunderts Schutzprivilegien verschiedener Päpste vorweisen. Die meisten sind im Urkundenbuch von St. Stephan ediert.[26] Die früheste Bulle stammt von Gregor IX. und datiert auf den 13. Februar 1236.[27] Viele dieser Urkunden hatten die Protektion des weltlichen Klosterbesitzes und der damit verbundenen Herrschaftsrechte zum Ziel. Gregor IX. hatte seinerzeit Abt und Konvent St. Stephans mitsamt dem Klostergut unter den Schutz der römischen Kirche gestellt. Waren sie selbst nicht in der Lage, die Rechte ihrer Schützlinge zu wahren, gaben die Päpste die Aufgabe gern an andere Kirchendiener weiter. In den Jahren 1412 und 1414 delegierte Johannes XXIII. seine Schutzgewalt über alle geistlichen Institutionen Würzburgs mit der Begründung, er selbst sei unpässlich.[28] Es waren besonders die Domdekane benachbarter Diözesen, die auf Anordnung des kirchlichen Oberhauptes zu Prokuratoren oder Konservatoren geistlicher Einrichtungen bestimmt wurden. Mit deren Ernennung wurde die ordentliche Jurisdiktion der Ortsbischöfe umgangen.[29] Am 6. Februar 1411 hatte der bereits genannte Johannes XXIII. die Domdekane von Eichstätt und Bamberg sowie den Domkantor von Würzburg zu Konservatoren des Klosters St. Stephan gemacht.[30] Ihnen sollte es künftig obliegen, das unrechtmäßige Ausgreifen geistlicher und weltlicher Gewalten auf den Besitz der Klosterbrüder zu unterbinden. Über die Schuld der Missetäter sollte ein Gerichtsprozess Klarheit bringen; bei Kontumaz sollten diese sowohl die Exkommunikation als auch „die Hilfe des weltlichen Armes" („auxilio brachii saeculares") zu spüren bekommen.[31]

---

[26] Franz J. Bendel (Hg.), Urkundenbuch der Benediktiner-Abtei St. Stephan in Würzburg 1, Leipzig 1912; Georg Schrötter (Hg.), Urkundenbuch der Benediktiner-Abtei St. Stephan in Würzburg 2, Würzburg 1932; Josef Widemann (Hg.), Urkundenbuch der Benediktiner-Abtei St. Stephan in Würzburg, Ergänzungsband, Erlangen 1938.

[27] Urkundenbuch St. Stephan 1 (wie Anm. 26), Nr. 246, S. 267. Diese sowie einige andere Papsturkunden sind im Zuge des Projektes „FranconiaOnline" durch die Universität Würzburg digitalisiert worden: http://papsturkunden.franconica.uni-wuerzburg.de/ (letzter Zugriff: 30.01.2018).

[28] Urkundenbuch St. Stephan 2 (wie Anm. 26), Nr. 570, S. 236f.

[29] Zur Rolle mittelalterlicher Konservatoren vgl. ausführlich Robert Gramsch, Erfurter Juristen im Spätmittelalter. Die Karrieremuster und Tätigkeitsfelder einer gelehrten Elite des 14. und 15. Jahrhunderts (Education and society in the Middle Ages and Renaissance 17), Leiden/Boston 2003, S. 526; Georg May, Konservatoren, Konservatoren der Universitäten und Konservatoren der Universität Erfurt im hohen und späten Mittelalter, in: Zeitschrift der Savigny-Stiftung für Rechtsgeschichte. Kanonistische Abteilung 80 (1994), S. 99–248, bes. S. 99–119.

[30] StAWü, Kloster St. Stephan Urkunden 298. Edition bei Urkundenbuch St. Stephan 2 (wie Anm. 26), Nr. 559, S. 223–226. Vgl. ebenfalls die Bestätigung durch den Bamberger Generalvikar vom 19.07.1411; ebd., Nr. 560, S. 226f.

[31] Ebd., Nr. 559, S. 225.

In diesen eben skizzierten Themenkomplex gehören auch die Urkundenfragmente aus dem Codex G 51. Bei deren Interpretation erweist sich die allgemeine Formelhaftigkeit päpstlicher Urkunden, bei der Sachverhalte durch die immer gleichen lateinischen Formulierungen ausgedrückt wurden, als Glücksfall, erlauben sie doch die wohlbegründete Rekonstruktion nur lückenhaft überlieferter Textpassagen. Es ergibt sich daher folgendes Bild:

In der Amtszeit Abt Gerhards von St. Stephan, in der ersten Hälfte des 14. Jahrhunderts, waren der Bamberger Domdekan Anton von Rotenhan und sein Bruder Christoph († 1436) an das Kloster herangetreten, um sich jene Befugnisse anerkennen zu lassen, die Antons Vorgänger, Otto von Milz, einst vom Papst zugesprochen bekam. Christoph von Rotenhan hatte seinen Bruder vermutlich als kundiger Rechtsbeistand begleitet, immerhin war er Doktor des Kirchenrechts und bekleidete eine vertrauensvolle Stellung im Beraterstab des Kurfürsten von Brandenburg.[32]

Die beiden Brüder hatten den Mönchen von St. Stephan eine Bleibulle Papst Bonifatius' IX. vorgelegt, an deren Echtheit kein Zweifel bestand. Obgleich ein evidentes Bezugswort fehlt, so kann die Bezeichnung „procuratore, procuratorio nomine Venerabilis viri domini Antonij de Rotenhan decani ecclesie bambergensi"[33] einzig auf den Umstand bezogen werden, dass der Genannte als Prokurator von St. Stephan auftrat und gemeinhin als solcher akzeptiert wurde. Der Prokurator agierte als juristischer Stellvertreter eines Klosters, in dessen Namen er vor Gericht Prozesse führte. Die ausgewiesenen Kenntnisse im Kirchen- und Prozessrecht sowie das vielfach erprobte Vertrauensverhältnis zwischen Rechtsvertreter und Mandanten führte im Spätmittelalter häufig dazu, dass Prokuratoren nicht nur mit einzelnen Rechtsangelegenheiten betraut wurden, sondern als ständige Vertreter fungierten.[34] Es scheint, als seien die Domdekane von Bamberg bereits seit Längerem als Prokuratoren St. Stephans aufgetreten: Woher sonst hatte Anton die Urkunde seines Amtsvorgängers Otto von Milz[35], wenn nicht aus dem Dekanatsarchiv, wo man sie wegen ihrer noch bestehenden Rechtsgültigkeit aufgehoben hatte?

Diesen einleitenden Ausführungen folgt das Inserat der von Bonifatius IX. 1399 ausgestellten Bulle. Deren Inhalt wurde, das geht aus der Anrede deutlich

---

[32] Vgl. dazu Suse Andresen, In fürstlichem Auftrag. Die gelehrten Räte der Kurfürsten von Brandenburg aus dem Hause Hohenzollern im 15. Jahrhundert (Schriftenreihe der Historischen Kommission bei der Bayerischen Akademie der Wissenschaften 97), München 2017, S. 203f., 256, 258; Jan Kopiec, Art. „Christoph von Rotenhan", in: Erwin Gatz (Hg.), Die Bischöfe des Heiligen Römischen Reiches 1198–1448. Ein biographisches Lexikon, Berlin 2001, S. 344.

[33] NHMS, Frag. G 51, 6b.

[34] Martin Hülskamp, Art. „Prokurator", in: Lexikon für Theologie und Kirche 8 (2001), Sp. 622; Ingeborg Buchholz-Johanek, Geistliche Richter und geistliches Gericht im spätmittelalterlichen Bistum Eichstätt (Eichstätter Studien, N. F., 23), Regensburg 1988, S. 86–89 und 131f.; W. Sellert, Art. „Prokurator", in: Handwörterbuch zur deutschen Rechtsgeschichte 3 (1984), Sp. 2032.

[35] Es ist keineswegs sicher, dass es sich bei dem im Fragment genannten Otto von Milz um jenen handelt, der 1409 als Dekan von Würzburg erscheint. Von ihm ist bekannt, dass er Domherr in Bamberg war und als treibende Kraft bei den Reformbemühungen nach dem Konzil in Konstanz auftrat; Birgit Studt, Papst Martin V. (1417–1431) und die Kirchenreform in Deutschland (Forschungen zur Kaiser- und Papstgeschichte des Mittelalters, Beihefte zu J. F. Böhmer, Regesta Imperii 23), Köln 2004, S. 304 und 309–312; Sigmund Frhr. von Pölnitz, Die bischöfliche Reformarbeit im Hochstift Würzburg während des 15. Jahrhunderts. Unter besonderer Berücksichtigung der übrigen fränkischen Diözesen, in: Würzburger Diözesangeschichtsblätter 8/9 (1940/41), S. 9–168, bes. S. 46.

hervor, ausschließlich weltlichen Herrschaftsträgern zur Kenntnis gebracht: Neben den verschiedenen Titelträgern aus dem weltlichen Adel – vom (Kur-) Fürsten bis zum Edelknappen sind hier alle vertreten – spricht Gerhard Klinkhart auch jeden Nichtadligen an, der über „temporalia“ in den Kirchensprengeln Bamberg, Eichstätt, Regensburg und Würzburg verfügte.[36] Damit deckte Gerhard ebenjene Diözesen ab, in denen auch sein Kloster Besitzungen besaß, die durch die Empfänger bedroht werden könnten oder bereits bedroht worden waren.

Papst Bonifatius hatte die Privilegierung Ottos von Milz 1399 nicht auf St. Stephan in Würzburg beschränkt – auch Eichstätt und St. Jakob in Bamberg sprach er an. Die Narratio informiert darüber, dass die päpstlichen Beschlüsse auf die Eigeninitiative des Bamberger Domdekans zurückgingen. Otto, so heißt es, habe der römischen Kurie ein Bittschreiben vorgelegt.[37] In diesem hatte der Domdekan vermutlich Klage darüber geführt, dass besonders weltliche Herrschafts- und Amtsträger seine Jurisdiktion wiederholt ignoriert hatten und dass einige sich weigerten, vor seinem Gericht („ad forum ecclesiasticum“)[38] zu erscheinen.[39] Damit verbunden war die Aufforderung des Papstes, die althergebrachte Ordnung wiederherzustellen, worum ihn auch Otto von Milz in aller Demut gebeten habe.[40] In diesem Sinne mahnt denn auch Bonifatius den weltlichen Adel und das Bürgertum per „apostolica scripta“, die Kirche zu verteidigen, indem sie Otto und seine Nachfolger im Domdekanat unterstützen und nicht zulassen, dass die Kirche, sprich das Kloster St. Stephan sowie die beiden anderen Institutionen, geschädigt werden.[41] Schriftzeugnisse, die die Befugnisse des Bamberger Domdekans einschränkten oder bestritten, sollten sofort kassiert werden.[42]

Mit der Erlaubnis, Geldstrafen, Exkommunikation und Interdikt zu verhängen, gab der Papst Otto von Milz wirkmächtige Instrumentarien an die Hand, die diejenigen vor das Gericht zwingen sollten, die einer Ladung nicht Folge leisteten. Waren kirchliche Sanktionen nicht ausreichend, so durfte bei der weltlichen Gerichtsbarkeit um Unterstützung nachgesucht werden.[43] Strafmaßnahmen erfolgten aber erst, nachdem der Beklagte den Weg über den gerichtlichen Prozess verlassen hatte. In Anlehnung an den „Liber Sextus“ Papst Bonifatius' VIII. (amt. 1294–1303) („felicis recordationis Bonifatij pape

---

[36] NHMS, Frag. G 51, 2a–3b.
[37] „Exhibita nobis pro parte dilecti filij Ottonis de milcz decani Ecclesie Bambergensis peticionem continebat [...].“; NHMS, Frag. G 51, 8a.
[38] Das Bamberger Dekanatsgericht tagte im Spätmittelalter meist im Kapitelhaus oder in dessen Kreuzgang; Erich Frhr. von Guttenberg, Das Bistum Bamberg 1 (Germania Sacra, 2. Abt., Bd. 1), Berlin/Leipzig 1937, S. 86.
[39] NHMS, Frag. G 51, 8b–15b.
[40] NHMS, Frag. G 51, 15b–18a. Eine ähnliche Formulierung wird auch in der Urkunde Johannes' XXIII. von 1411 gebraucht. Dort heißt es über das Kloster St. Stephan: „Quare dicti abbas et conventus nobis humiliter supplicarunt, ut cum eisdem valde reddatur difficile pro singulis querelis ad apostolicam sedem habere recursum providere ipsis super hoc paterna diligentia curaremus.“; Urkundenbuch St. Stephan 2 (wie Anm. 26), Nr. 559, S. 224.
[41] NHMS, Frag. G 51, 18b–20b; vgl. auch Urkundenbuch St. Stephan 2 (wie Anm. 26), Nr. 559, S. 224.
[42] NHMS, Frag. G 51, 21b.
[43] NHMS, Frag. G 51, 23a–25b, 31b–32a; vgl. auch Urkundenbuch St. Stephan 2 (wie Anm. 26), Nr. 559, S. 225.

ot[avii]") wird der Ablauf des Verfahrens in der Bulle wie folgt geschildert[44]: Wer im Verdacht stand, eine der schutzbefohlenen Institutionen geschädigt zu haben, sollte durch öffentliche Bekanntmachung der Anklage vor das Gericht des Domdekans zitiert werden.[45] Auch hinsichtlich des Falles, dass Kläger und Beklagter aus verschiedenen Diözesen sich weigerten, an einem festgesetzten Gerichtsort zusammenzukommen, wurden Anweisungen getroffen.[46]

Abt Gerhard Klinkhart bestätigte die Gültigkeit der Papstbulle und verbriefte seinerseits die Rechte des Bamberger Domdekans – freilich nicht ohne die Bedürfnisse des eigenen Klosters noch einmal deutlich zu machen. So erwartete er, dass der Klosterbesitz samt seiner Zugehörigkeiten künftig respektiert werde. Wer die Rechte St. Stephans missachtete, musste vor das Gericht Antons von Rotenhan („ad forum dicti domini decani"), wo der Domdekan selbst oder von ihm ernannte Stellvertreter die Sache entscheiden sollten. Das galt anscheinend auch für St. Stephan betreffende Fälle, die bereits an einem weltlichen Gericht („in foro seculari") anhängig waren.[47] Im Sinne der päpstlichen Anordnung sollten Rechtsverletzungen gesühnt, Schäden wiedergutgemacht werden. Dass die Aussteller der Urkunde in diesem Zusammenhang den zweideutigen Begriff „remedium" wählten, war sicherlich beabsichtigt.[48] Er zielte auf die Wiederherstellung materieller Verluste, konnte aber auch eine Wiedergutmachung im spirituellen Sinne, nämlich ein Heilmittel zur Rettung des Seelenheils, bedeuten. Letzteres bot den weltlichen Potentaten, an die Gerhard seine Urkunde ausdrücklich richtete, die Gelegenheit, ihren Seelen etwas Gutes zu tun, wenn sie dabei halfen, gegen das Kloster begangenes Unrecht zu sühnen.

Offenbar ordnete Abt Gerhard im gleichen Atemzug die Überprüfung bestehender Rechtsordnungen („statuta municipalia praecepta et mandata") an, die, sofern sie den päpstlichen Anordnungen widersprachen, kassiert werden sollten.[49] Abschriften in Registern („de registris librarum et [...] statutorum vestrorum") seien ebenfalls zu tilgen.[50] Wer bereits einen Nutzen zu Ungunsten St. Stephans aus den für ungültig erklärten Statuten gezogen hatte, der sollte vor das Gericht des Domdekans treten und die Klärung des Sachverhaltes abwarten.[51] Damit bricht Frag. G 51 ab.

Obgleich die päpstliche Urkunde den Bamberger Domdekanen weitreichende richterliche Befugnisse gewährte, ist sie doch in erster Linie als Schutzprivileg für das Würzburger Kloster St. Stephan zu betrachten. Ihre Ausstellung sowie ihre Bestätigung und Modifizierung durch Abt Gerhard Klinkhart fiel in eine Zeit, in der die besitzrechtliche Stellung der geistlichen Institution

---

44 NHMS, Frag. G 51, 28b–34a.

45 Die „citatio" war schriftlich aufzusetzen; Buchholz-Johanek, Geistliche Richter (wie Anm. 34), S. 129f.

46 Vgl. hierzu den Liber Extra bei Emil Friedberg/Emil Richter (Hg.), Corpus Iuris Canonici 2, ND v. Leipzig 1879, Graz 1959, Lib. I, Tit. III, Kap. 11, Sp. 941f. Auch diese Bestimmung erscheint in der Schutzurkunde Johannes' XXIII. aus dem Jahr 1411: Urkundenbuch St. Stephan 2 (wie Anm. 26), Nr. 559, S. 225.

47 NHMS, Frag. G 51, 37a–41a.

48 „[...] remedio oportuno prouidere [...]."; NHMS, Frag. G 51, 43.

49 NHMS, Frag. G 51, 44b–56a.

50 NHMS, Frag. G 51, 55b.

51 NHMS, Frag. G 51, 57b–61b.

immer wieder gefährdet wurde. Insbesondere die Vögte – Adlige weltlichen Standes, die für den Schutz von Kirchengütern und deren säkularer Verwaltung zuständig waren – traten zuweilen als energische Bedrücker St. Stephans und seiner Hintersassen auf. Wiederholt trieben sie unrechtmäßige Abgaben ein, die den vom Kloster abhängigen Bauern teils mit körperlicher Gewalt abgepresst wurden.[52] In Vilchband (Ortsteil Wittighausen, Main-Tauber-Kreis, Baden-Württemberg) etwa bezeichneten die Dorfbewohner ihre Abgabe an das Kloster als Schlaghafer, da der zuständige Vogt die überhöhte Getreidesteuer stets unter Zuhilfenahme des Prügelstocks einzutreiben pflege.[53] Immer wieder waren lokale Adlige bemüht, sich auf Kosten St. Stephans schadlos zu halten. 1402 klagten die Klosterbrüder vor dem bischöflichen Gericht, Matthäus von Maßbach habe ihnen über zwei Jahre lang ihren Anteil am Zehnten in Maßbach vorenthalten.[54] Aufgrund fehlender Machtmittel mussten die Mönche Willkürakten häufig tatenlos zusehen. Durch eine Vielzahl solcher und ähnlicher Übergriffe, aber auch durch eine klostereigene Misswirtschaft wurde der Benediktinerkonvent im Laufe des 13.–15. Jahrhunderts eines erheblichen Teils seiner Güter beraubt.[55] Der schlechte Ruf, unter welchem die meisten Einrichtungen benediktinischer Observanz im Franken des 15. Jahrhunderts litten, dürfte die Angriffe benachbarter Gewalten zusätzlich beflügelt haben. Möglicherweise diente die „mala fama“ sogar als willkommener Rechtfertigungsgrund, dem Stephanskloster Rechte, Abgaben und Besitzanteile vorzuenthalten.[56]

Sicherlich ist die erneute Verbriefung der einstigen, durch den Papst zuerkannten Schutzhoheit, die u. a. der Domdekan von Bamberg über das Kloster St. Stephan ausübte, als eine Reaktion auf die angespannte Lage des Klosters am Anfang des 15. Jahrhunderts zu verstehen. Waren die Würzburger Bischöfe gegen Ende des 14. Jahrhunderts auch redlich bemüht, ihre Autorität auszuspielen, um das Hab und Gut des ihm unterstellten Klerus zu sichern[57], taugten sie bald nicht mehr als wirkmächtige Schutzherren. Ganz besonders Bischof Johann II. von Brunn (amt. 1411–1440) fiel durch die permanente Vernach-

---

[52] Ofer, St. Stephan in Würzburg (wie Anm. 12), S. 67–70, 132f., 162.

[53] Urkundenbuch St. Stephan 2 (wie Anm. 26), Nr. 798, S. 548.

[54] Ebd., Nr. 534, S. 198–200.

[55] Dazu ausführlich Ofer, St. Stephan in Würzburg (wie Anm. 12), S. 61–70.

[56] Zur Situation der fränkischen und insbes. würzburgischen Klöster vgl. Alfred Wendehorst, Die fränkischen Benediktinerabteien und die Reformation, in: Elmar Hochholzer (Hg.), Benediktinisches Mönchtum in Franken vom 12. bis 17. Jahrhundert. Zum 400. Todestag des Münsterschwarzacher Abtes Johannes IV. Burkhardt (1563–1598) (Münterschwarzacher Studien 48), S. 179–194, bes. S. 179–184. Seit der Mitte des 14. Jahrhunderts kam es zu Reformversuchen, die von einzelnen Würzburger Bischöfen angestoßen wurden. Bereits 1344 hatte Bischof Otto II. von Wolfskeel (amt. 1333–1345) eine stattliche Sammlung von Verordnungen verabschiedet, die die „reformatio monasterii sancti Stephani Herbipolensis“ einleiten sollte; Urkundenbuch St. Stephan 2 (wie Anm. 26), Nr. 418, S. 9. Zu Beginn des 15. Jahrhunderts zeigte sich Bischof Johann von Egloffstein (amt. 1400–1411) darum bemüht, die vielfach kritisierten geistlichen Einrichtungen seiner Diözese in Ordnung zu bringen; von Pölnitz, Die bischöfliche Reformarbeit (wie Anm. 35), S. 38–40.

[57] Am 06.11.1386 gab Bischof Gerhard von Schwarzburg seinen „amptluden, steten und dyenern“ den Befehl, die Geistlichkeit seiner Diözese, die über Übergriffe geklagt hätte (darunter auch der Abt von St. Stephan), zu beschützen; Urkundenbuch St. Stephan, Ergänzungsband (wie Anm. 26), Nr. 36, S. 22f. Zum ausgedehnten geistlichen Grundbesitz in der Stadt Würzburg vgl. Karl Trüdinger, Stadt und Kirche im spätmittelalterlichen Würzburg (Spätmittelalter und Frühe Neuzeit. Tübinger Beiträge zur Geschichtsforschung 1), Stuttgart 1978, S. 46–49.

lässigung seiner diözesan- und stadtherrlichen Pflichten auf – ein Missstand, der schließlich das Basler Konzil (1431–1449) beschäftigte. Ein Großteil der Würzburger Kleriker betrachtete seinen Oberhirten als einen Mann, der an seinem persönlichen Wohlstand weit mehr interessiert war als an den Belangen des Bistums. Im Jahre 1423 bricht der heftig schwelende Konflikt offen aus: Die Domherren schlossen ein Bündnis mit den Äbten und Konventen Würzburgs und stellten sich auf eine bewaffnete Auseinandersetzung ein. Neben dem Würzburger Domdekan spielte der in Frag. G 51 erwähnte Anton von Rotenhan dabei eine Schlüsselrolle. Als Propst des Würzburger Domkapitels trat er kampfeslustig gegen Johann von Brunn auf.[58]

Die Eskalation der Streitigkeiten während der Amtszeit Bischof Johanns bildete indes nur den Endpunkt eines Konfliktes, der bis in die hochmittelalterliche Geschichte des Bistums zurückreichte. Das Kloster St. Stephan blieb von diesen Spannungen nicht unberührt. Bereits im April 1357 war Abt Hermann II. (amt. 1344–1357) einem Zusammenschluss Würzburger Klöster und Stifte beigetreten, der sich gegen die Bürger der Stadt richtete.[59] Als es 1372 wegen der Doppelbesetzung der Würzburger Kathedra zu Gewaltakten und Plünderungen kam, wurden auch die geistlichen Einrichtungen nicht verschont. Weit einschneidender dürften den Klosterbewohnern von St. Stephan die horrenden Steuerforderungen der Bischöfe erschienen sein. Die drückende Schuldenlast des Bistums veranlasste die Diözesanherren, dem lokalen Klerus Sondersteuern aufzuerlegen. Mehrfach war St. Stephan gezwungen, Besitz zu verpfänden, um die hohen bischöflichen Forderungen erfüllen zu können.[60] Eine 1393 vor dem Gericht des Erzbischofs von Mainz eingereichte Klage gegen die Steuerforderungen Gerhards von Schwarzburg (amt. 1372–1400) hatte nur kurzzeitigen Erfolg.[61] Die rigorose Praxis der Steuertilgung setzte sich auch in der Amtszeit Gerhard Klinkharts fort.

Unter diesen Umständen war es angeraten, sich nicht mehr länger auf den Schutz des Bischofs von Würzburg zu verlassen. Zu Beginn des 15. Jahrhunderts scheint St. Stephan sogar Bemühungen unternommen zu haben, sich von seinem Herrn zu lösen.[62] 1402 war es Abt und Konvent jedenfalls gelungen, vom römisch-deutschen König Ruprecht von der Pfalz (reg. 1400–1410) eine in dieser Richtung wertvolle Urkunde zu erhalten. In dieser wurde ihnen zugesichert, dass die Bischöfe von Würzburg kein Recht hätten, Klosterbesitz zur

---

[58] Alfred Wendehorst (Bearb.), Das Bistum Würzburg, Teil 2: Die Bischofsreihe von 1254 bis 1455 (Germania Sacra, Neue Folge 4), Berlin 1969, S. 142–164, bes. S. 155; ders., Das Bistum Würzburg. Ein Überblick von den Anfängen bis zur Säkularisation, in: Freiburger Diözesan-Archiv 86 (1966), S. 9–93, bes. S. 50f.; von Pölnitz, Die bischöfliche Reformarbeit (wie Anm. 35), S. 44–55.

[59] Monumenta Boica 42, Nr. 88, S. 213–220; auch Urkundenbuch St. Stephan, Ergänzungsband (wie Anm. 26), Nr. 26, S. 15. Zum distanzierten Verhältnis der Würzburger Bürgerschaft und den Mönchen von St. Stephan vgl. Trüdinger, Stadt und Kirche (wie Anm. 57), S. 89f.

[60] Ofer, St. Stephan in Würzburg (wie Anm. 12), S. 110–115.

[61] Urkundenbuch St. Stephan, Ergänzungsband (wie Anm. 26), Nr. 39, S. 23f. Zum Widerstand gegen die Steuerforderungen Gerhards von Würzburg vgl. auch Alfred Wendehorst, Die Benediktinerabtei und das adelige Säkularkanonikerstift St. Burkard in Würzburg (Germania Sacra, Neue Folge 40), S. 43.

[62] Versuche, sich dauerhaft von der Jurisdiktion der Bischöfe zu lösen, scheiterten allerdings; Leng, Die Geschichte des Benediktinerklosters St. Stephan (wie Anm. 14), S. 24f.

Schuldentilgung anzutasten, da St. Stephan unmittelbar zum Reich gehöre. Ausdrücklich erwähnt die königliche Urkunde vom 29. Mai: Da die Klosterbrüder erlebt hätten, wie weltliche Herren die Besitzungen des Bischofs und des Domkapitels von Würzburg „angriffen und pfenden" haben und fürchteten, selbst Opfer solcher Machenschaften zu werden, hätten sie sich an den König gewandt. Ruprecht seinerseits versprach, sie „zu schutzen vnd zu schirmen".[63]

Die Bewahrung der Rechte des Klosters sowie seines mobilen und immobilen Besitzes war auch für Abt Gerhard handlungsleitend. Zu diesem Zweck schmiedete er verschiedene Bündnisse.[64] Speziell von der römischen Kurie konnte er sich die größtmögliche Wirkung erhoffen. Die Schutzprivilegien von Johannes XXIII. und Martin V. legen davon Zeugnis ab, dass Gerhard und der Konvent St. Stephan keine Scheu hatten, den Stellvertreter Christi auf Erden um Hilfe anzugehen. Und die Päpste kamen dem Appell an ihre Autorität gerne nach. Dies dürfte im Besonderen für Johannes XXIII. gegolten haben, dessen Anerkennung während der Zeit des sog. Großen Abendländischen Schismas (1378–1417)[65] permanent zur Disposition stand. Es muss letztlich auch als Demonstration päpstlicher Legitimität verstanden werden, wenn Johannes 1411 den Domkantor von Würzburg sowie die Domdekane von Eichstätt und Bamberg zu Konservatoren St. Stephans machte, um das ihm anempfohlene Kloster durch eine wehrhafte Kirche vor geistlichen und weltlichen Aggressoren zu schützen.[66] Nachdem der unglückliche Johannes 1415 die Papstwürde und seine Freiheit verloren hatte[67], machten sich Abt Gerhard Klinkhart und seine Brüder daran, von seinem Nachfolger Martin V. ein neuerliches Schutzprivileg zu bekommen. Sie erhielten es am 3. Juli 1423.[68] Es waren hier die Domdekane von Mainz, Bamberg und Würzburg, die sich von nun an für die Begünstigten einsetzten mussten. Streitfälle sollten auf dem Weg des Kirchenrechts geklärt werden. Die prozessrechtlichen Festlegungen,

---

63 StAWü, Kloster St. Stephan Urkunden 792. Edition bei Urkundenbuch St. Stephan 2 (wie Anm. 26), Nr. 533, S. 197f. Vgl. auch Lampert von Oberndorff (Hg.), Regesten der Pfalzgrafen am Rhein 1214–1508, Bd. 2, Innsbruck 1912, Nr. 2276f., S. 153. Online: [Regg. Pfalzgrafen 2] n. 2277, in: Regesta Imperii Online, http://www.regesta-imperii.de/id/1402-05-29_2_0_10_0_0_2278_2277 (letzter Zugriff: 13.02.2018).

64 Link, Klosterbuch (wie Anm. 14), S. 400.

65 Zum Schisma vgl. u. a. Heribert Müller, Kirche in der Krise I. Das große abendländische Schisma (1378–1417), in: Klaus Herbers/Florian Schuller (Hg.), Europa im 15. Jahrhundert: Herbst des Mittelalters – Frühling oder Neuzeit?, Regensburg 2012, S. 10–21; Joëlle Rollo-Koster/Thomas M. Izbicki (Hg.), A companion to the Great Western Schisma 1378–1417 (Brill's companions to the Christian tradition 17), Leiden 2009; Joëlle Rollo-Koster, Raiding Saint Peter. Empty Sees, Violence and the Initiation of the Great Western Schism (1378), Leiden 2008.

66 Urkundenbuch St. Stephan 2 (wie Anm. 26), Nr. 599, S. 223–226, bes. S. 223f.

67 Zu Papst Johannes und seiner Absetzung auf dem Konstanzer Konzil 1415 vgl. Henry Gerlach, Papst Johannes XXIII.: ein Verlierer auf der Flucht, in: Silvia Volkart-Baumann (Hg.), Der Thurgau im späten Mittelalter 1, Zürich 2014, S. 115–120; Ansgar Frenken, Johannes XXIII., in: Karl-Heinz Braun (Hg.), Das Konzil von Konstanz: 1414–1418. Weltereignis des Mittelalters. Essays, Stuttgart 2013, S. 47–51; Richard J. Kehoe, Art. „John XXIII", antipope (1410–1415), in: Frank J. Coppa (Hg.), Encyclopedia of the Vatican and the papacy, Westport 1999, S. 242f.

68 StAWü, Kloster St. Stephan Urkunden 332. Edition bei Urkundenbuch St. Stephan 2 (wie Anm. 26), Nr. 606, S. 284–290. Am 28.12.1424 bestätigte der Bischof von Würzburg die päpstliche Bulle; ebd., Nr. 622, S. 305.

die Martin in seiner Bulle fixierte, entsprachen im Wesentlichen denselben, die auch im Urkundenfragment Frag. G 51 begegnen[69]:

1. Die Prozessteilnehmer müssen durch einen ordentlichen Ruf an einen öffentlichen Ort zitiert werden („citatio").
2. Sie müssen persönlich erscheinen.
3. Der Gerichtsort muss in zumutbarer Entfernung zu den Prozessbeteiligten gelegen sein.
4. Die geistlichen Richter dürfen den Prozess nicht außerhalb der Stadt oder Diözese, in die sie abgeordnet worden waren, ansetzen.
5. Weigert sich der Beklagte, der Ladung vor das Gericht der Domdekane zu entsprechen oder ihrem Urteil Folge zu leisten, so kann er mittels Exkommunikation und Interdikt dazu gezwungen werden.

Mit Frag. G 51 bestätigte Gerhard Klinkhart die von den Päpsten erhaltenen Begünstigungen zum Wohle seines Klosters. Die textliche Grundlage bildete die 1399 durch Bonifatius IX. ausgestellte Bulle, die den Bamberger Domdekan und andere zu irdischen Patronen St. Stephans machte (der Begriff „Konservator" ist in der Urkunde offenbar nicht verwendet worden). Zugleich erweiterte der Abt die Bestimmungen dieser Urkunde um juristische Feinheiten, die möglicherweise im Zusammenhang mit den kurialen Privilegien von 1411 und 1423 stehen.[70]

In der Urkunde selbst ist es allerdings nicht der Abt von St. Stephan, der dem Leser als Initiator des Rechtsgeschäftes entgegentritt. Vielmehr waren es die Gebrüder von Rotenhan, von denen gesagt wird, sie hätten den Mönchen die unversehrte Bulle Bonifatius' IX. präsentiert.[71] Dass die Initiative zur Bestätigung einstiger, vom Kirchenoberhaupt verliehener Rechte vom Dekan des Bamberger Doms ausging, mag nicht weiter verwundern, stellte sie doch eine Erweiterung seines jurisdiktionellen Kompetenzbereichs auf die Diözese Würzburg dar: Die Streitigkeiten um Rechte und Besitzungen von Klöstern oblag grundsätzlich dem geistlichen Gericht.[72] Die eigentlich dem Ortsbischof obliegende Rechtsprechung[73] wurde durch päpstliches Mandat vom 16. März 1399 in die Hände des Bamberger Domdekans gelegt.

Die urkundliche Bestätigung der alten Rechte gereichte sicherlich dem Aussteller wie dem Empfänger zum Vorteil. Die Domdekane von Bamberg konnten auf einige Erfahrung in der Rechtsprechung und der Führung von Gerichtsprozessen zurückgreifen. Seit dem ausgehenden 13. Jahrhundert gehörten solcher-

---

69 Ebd., Nr. 606, S. 290.

70 Den Ablauf des Gerichtsprozesses schilderte Bonifatius IX. allerdings auch in einem für alle Würzburger Kleriker ausgefertigten Schutzprivileg, welches auf denselben Tag (16.03.1399) datiert wie die in NHMS, Frag. G 51 inserierte Bulle; vgl. Monumenta Boica 44, Nr. 261, S. 550–553, hier bes. S. 552f.

71 „Nobis per honorabilem vestram dominum Christoforum de [Rotenhan] [...] procuratore, procuratorio nomine Venerabilis viri domini Anthonij de Rotenhan decani ecclesie bambergensis Coram monasterio publico [infra]scripta praesentatas."; NHMS, Frag. G 51, 6a–7a.

72 Buchholz-Johanek, Geistliche Richter (wie Anm. 34), S. 148f.

73 Winfried Trusen, Aus den Anfängen des Würzburger Offizialats, in: Würzburger Diözesangeschichtsblätter 37/38 (1975/76), S. 321–336; ders., Die gelehrte Gerichtsbarkeit der Kirche, in: Helmut Coing (Hg.), Handbuch der Quellen und Literatur der neueren europäischen Rechtsgeschichte 1 (Veröffentlichungen des Max-Planck-Instituts für Europäische Rechtsgeschichte), München 1973, S. 467–504, bes. S. 485f.

lei Angelegenheiten zu ihrem festen Aufgabenbereich.[74] Der Kompetenzrahmen des Gerichts des Domdekans war dabei durchaus weit gespannt.[75] An die Autorität desselben erinnerte anscheinend auch Papst Bonifatius IX. Jedenfalls gab der sich frisch im Amt befindliche Bamberger Bischof Albrecht von Wertheim (amt. 1398–1421) 1401 seinen Amtsleuten Anweisung, die richterlichen Befugnisse des Domdekans zu achten. Dabei wies er ausdrücklich auf „bytt brife, gebot und proceß" hin, die ihm Bonifatius zugesandt habe und denen er Folge leisten wolle.[76] Welchen Inhalts die päpstlichen Schreiben waren, ist nicht überliefert. Zu vermuten ist, dass der Bamberger Domdekan an den Heiligen Stuhl appellierte, um seine Position gegenüber dem Bischof durchzusetzen. Dabei ist nicht auszuschließen, dass auch hinter dieser Privilegierung Otto von Milz steckte – derselbe, der Bonifatius IX. etwa zur gleichen Zeit dazu bewegt hatte, seine Konservatorenrolle für das Kloster St. Stephan zu verbriefen.

Auch Anton von Rotenhan erwies sich als selbstbewusster Verfechter seiner Gerichtsrechte. Dies führte sogar soweit, dass sich Bischof Albrecht von Bamberg 1420 genötigt sah, Anton, seinen Offizial sowie seinen Notar unter Androhung des Kirchenbanns zu sich zu zitieren, um die ständige Überdehnung der Gerichtskompetenzen zu unterbinden.[77] Anton von Rotenhan dürfte den Brüdern von St. Stephan also durchaus als erfahrener und durchsetzungsfähiger Prokurator und Schutzherr erschienen sein. Dass der Bamberger Domdekan zugleich Domherr in Würzburg war[78], demnach mit den Verhältnissen in der unterfränkischen Bischofsstadt vermutlich wohl vertraut gewesen war, dürfte diesen Eindruck noch zusätzlich begünstigt haben.

4. Zur Datierung von Frag. G 51 und zur Frage, wie die Urkunde nach Schleusingen gelangte

Die Frage nach der Zugehörigkeit von Frag. G 51 zu den unter Abt Gerhard Klinkhart erfolgten päpstlichen Privilegierungen lässt sich nur durch eine mög-

---

[74] Heinrich Straub, Die geistliche Gerichtsbarkeit des Domdekans im alten Bistum Bamberg von den Anfängen bis zum Ende des 16. Jahrhunderts (Münchner theologische Studien III.9), München 1957, S. 96–100 und 124–135; Guttenberg, Das Bistum Bamberg 1 (wie Anm. 38), S. 85f.

[75] Vgl. hierzu Straub, Die geistliche Gerichtsbarkeit (wie Anm. 74), S. 182–189. Im Spätmittelalter gelang es dem Bamberger Domkapitel, sich eine respektable Stellung gegenüber dem bischöflichen Stadtherrn sowie der selbstbewussten Stadtgemeinde zu erstreiten. Im Rahmen des sog. Bamberger Immunitätenstreits kam es immer wieder zu Machtkämpfen zwischen diesen drei Parteien, in denen auch die Gerichtsrechte des Dekans eine Rolle spielten. Vgl. dazu ausführlich Claudia Esch, Zwischen Institution und Individuum. Bürgerliche Handlungsspielräume im mittelalterlichen Bamberg (Veröffentlichungen des Stadtarchivs Bamberg 23), Bamberg 2015, bes. S. 88–98. Zur Rolle Antons von Rotenhan vgl. die nicht mehr aktuelle Studie von M. Hofmann, Anton von Rotenhan und der Immunitätenstreit, in: Fränkische Blätter für Geschichtsforschung und Heimatpflege 12 (1960), S. 16, 18–20, 27f.

[76] StABa, Rep. B 21, Nr. 4.1, fol. 44. Es handelt sich hierbei um eine frühneuzeitliche Kopie des bischöflichen Rundschreibens.

[77] Straub, Die geistliche Gerichtsbarkeit (wie Anm. 74), S. 70f.

[78] Egon J. Greipl, Art. „Rotenhan, Anton von", in: Erwin Gatz (Hg.), Die Bischöfe des Heiligen Römischen Reiches 1448 bis 1648. Ein biographisches Lexikon, Bd. 2, Berlin 1996, S. 596; Erich Frhr. von Guttenberg, Art. „Anton, Bischof von Bamberg", in: Neue Deutsche Biographie 1 (1953), S. 314f.; Franz X. von Wegele, Art. „Anton von Rotenhan", in: Allgemeine Deutsche Biographie 1 (1875), S. 486f.

lichst genaue Datierung des Urkundenfragments beantworten. Die Nennung einer absoluten Jahreszahl fällt allerdings schwer, ist doch die Datumszeile vermutlich gänzlich verloren gegangen. Die relative Datierung, die sich aus der Amtszeit Gerhard Klinkharts als Abt von St. Stephan ergibt, vermag – so verlässlich sie auch ist – nicht zu befriedigen: Gerhard lenkte die Geschicke des Benediktinerklosters nicht weniger als 28 Jahre lang!

Diesen ausgedehnten Zeitraum kann man nur dadurch einzugrenzen versuchen, indem man die Lebensdaten und Positionen der übrigen genannten Personen der Urkunde analysiert. Papst Bonifatius IX. und Otto von Milz müssen hier selbstverständlich ausgenommen werden. Neben Abt Gerhard nennt Frag. G 51 nur die Brüder Anton und Christoph von Rotenhan namentlich. Schwierigkeiten bereitet die zeitliche Erfassung des Domdekanats Antons von Rotenhan. Franz X. von Wegele behauptete in der „Allgemeine[n] Deutsche[n] Biographie" aus dem Jahre 1875, Anton hätte nur für kurze Zeit, nämlich von Anfang 1431 bis zu seiner Wahl zum Bamberger Bischof im September desselben Jahres, das Amt des Domdekans bekleidet.[79] Glaubwürdiger erscheinen die Angaben bei Erich Frhr. von Guttenberg, der Antons Domdekanat auf die Jahre 1412–1424 datierte.[80] Dem entspricht auch die urkundliche Überlieferung.[81] Dass die Ausstellung von Frag. G 51 vor dem Jahr 1424 erfolgte, wird durch ein weiteres Indiz gestützt: Antons Bruder, Christoph, stieg 1424 zum Bischof von Lebus auf.[82] In Frag. G 51 fehlt die in diesem Fall obligatorische bischöfliche Titulatur.[83] Es ist demnach anzunehmen, dass die Urkunde Frag. G 51 nach der Ernennung von Konservatoren durch Johannes XXIII. (1411) und vermutlich vor dem Schutzprivileg Martins V. (1423) ausgestellt wurde.

Wie gelangten die Urkundenfragmente in die Bibliothek Georg Ernsts von Henneberg-Schleusingen? Anfängliche Hoffnungen, dass es sich bei den beiden Pergamentstücken um Rudimente aus der gräflich-hennebergischen Kanzlei handelt, wurden bereits nach einer ersten Prüfung des Urkundeninhalts enttäuscht. Dabei existierten durchaus Kontakte zwischen den Mönchen von St. Stephan und den Grafen von Henneberg. Obgleich klösterliche Vogteiverhältnisse nicht immer eindeutig zu klären sind, weist eine Urkunde aus dem Jahr 1189 die südthüringischen Grafen zumindest für dieses Jahr als Vögte von St. Stephan aus.[84] Auch im Spätmittelalter traten die Henneberger in Angele-

---

79 Wegele, Art. „Anton von Rotenhan" (wie Anm. 78), S. 486.

80 Guttenberg, Art. „Anton, Bischof von Bamberg" (wie Anm. 78), S. 314.

81 1420 beschwerte sich der Bamberger Bischof darüber, dass Anton von Rotenhan als Dekan die bischöflichen Gerichtsrechte zu beschneiden versuche; Johann Looshorn, Die Geschichte des Bistums Bamberg 4, Bamberg/München 1900, S. 67. Diverse Urkunden aus den Staatsarchiven in Bamberg und Nürnberg belegen Anton von Rotenhan als Dekan für die Jahre 1415–1424; z. B. StABa, Kloster Michelsberg, Nr. 664 und Nr. 669; Staatsarchiv Nürnberg, Rst. Nürnberg, Losungsamt, 7-farbiges Alphabet, Urkunden 675.

82 Kopiec, Art. „Christoph von Rotenhan" (wie Anm. 32), S. 344.

83 NHMS, Frag. G 51, 6a–6b, 35b. Wäre bei 6a–6b noch an einen Verlust der Titulatur durch das spätere Beschneiden der Urkunde zu denken, so ist bei der Bezeichnung Christophs in 35b keine Manipulation des Textes erkennbar. An dieser Stelle wird er lediglich als „domnus dominum Christoferus de Rotenhan" bezeichnet.

84 Urkundenbuch St. Stephan 1 (wie Anm. 26), Nr. 207. Vgl. Florian Geißler, Die Gründung des Klosters St. Stephan – Vorgeschichte als Stift, Patrone und frühe Schenkungen, in: Leng (Hg.), Das Benediktinerkloster St. Stephan (wie Anm. 14), S. 41–56, bes. S. 49; Leng, Die Geschichte (wie Anm. 14), S. 24–26.

genheiten des Würzburger Klosters immer wieder in Erscheinung. Das galt aber nicht für Vertreter der Linie Henneberg-Schleusingen, sondern für deren Verwandte, die Grafen von Henneberg-Aschach/Römhild. 1391 entschied Graf Friedrich I. (1403–1422) als einer von zwei Schiedsrichtern in einer Streitsache zwischen St. Stephan und dessen Untertanen in Wülfershausen.[85] Ebenjener Friedrich sowie „alle von Hennenberg" wurden 1405 durch das Würzburger Landgericht zu Schutzherren des Klosters in einer festumrissenen besitzrechtlichen Angelegenheit ernannt.[86]

Das Urkundenfragment im Wiegendruck G 51 stammt vermutlich nicht aus der gräflich-hennebergischen Kanzlei. Vielmehr ist davon auszugehen, dass die Nürnberger Drucker bzw. Buchbinder[87] Bestände von Urkunden, die ihre Rechtsgültigkeit verloren hatten, aufgekauft hatten, um sie als Makulatur zu verwenden. Auf diesem Wege dürften die beiden Teile der Urkunde als Fragmente zuerst in die hennebergische Grafen- und anschließend in die Schleusingische Gymnasialbibliothek, die nunmehr im Naturhistorischen Museum von Schloss Bertholdsburg gepflegt wird, gelangt sein.

5. Fazit

Die beiden Urkundenfragmente vom Trägerband G 51 bilden zwei Teile einer von Abt Gerhard Klinkhart im ersten Viertel des 15. Jahrhunderts ausgestellten Urkunde, die dem Bamberger Domdekan Anton von Rotenhan seine vom Papst verliehenen, richterlichen Befugnisse als Prokurator des Klosters St. Stephan bestätigt und präzisiert. Antons Ansprüche rekurrierten auf die Tradition: Eingefordert wurden Rechte, die bereits Antons Vorgänger Otto von Milz im Amt des Domdekans innegehabt hatte. Die Urkunde des Abts von St. Stephan war an alle sozialen Abstufungen des weltlichen Adels sowie an Stadtgemeinden und -bewohner adressiert, was nahelegt, dass Anton von Rotenhan den Auftrag bekam, vorrangig gegen die widerrechtlichen Übergriffe ebenjener Personen einzuschreiten. Bei diesem schwierigen Unterfangen sollte er sich auch der strengen kirchlichen Disziplinarmaßnahmen bedienen dürfen.

Wie eine solche Interessenwahrnehmung in der Praxis aussehen konnte, zeigt ein Fall aus dem Jahr 1443. In seiner Funktion als Konservator St. Stephans lud Richard von Maßbach (gest. 1454), Domdekan von Würzburg, gewisse Bewohner des unterfränkischen Ortes Kolitzheim (Lkr. Schweinfurt) vor sein Gericht.[88] Sie wurden angeklagt, ihrer Gehorsams- und Abgabenpflicht gegen-

---

[85] StAWü, Kloster St. Stephan Urkunden 266. Edition bei Urkundenbuch St. Stephan 2 (wie Anm. 26), Nr. 503, S. 161f. und Nr. 516, S. 174f. Diese Urkunde wurde 1437 vom Landrichter des Herzogtums Franken vidimiert; StAWü, Kloster St. Stephan Urkunden 370.

[86] Urkundenbuch St. Stephan 2 (wie Anm. 26), Nr. 540, S. 204f.

[87] Nicht selten arbeiteten Buchbinder und Drucker in derselben Werkstatt. Von Anton Koberger ist bekannt, dass er eigene Buchbinder beschäftigte; Hermann Glaser, Art. „Anton Koberger", in: Christian von Imhoff (Hg.), Berühmte Nürnberger aus neun Jahrhunderten, Nürnberg 1989 (2. Aufl.), S. 55–57.

[88] Richard handelte als „executor constitutionem apostolicarum et sanctionum imperialium in formam Carolinae redactarum una cum certis nostris collegis a sede apostolica venerabili ac religiosis viris dominis abbati et conventui monasterii sancti Stephani Herbipolensis ordinis

über dem Benediktinerkonvent nicht nachgekommen zu sein. Ausdrücklich weist Richard in der Vorladung auf seine päpstliche Autorisierung hin und droht den Kolitzheimern mit der Exkommunikation, sollten sie dem Prozess fernbleiben. Zwei Monate später sah sich Richard gezwungen, seine Warnung noch einmal zu wiederholen.[89] Als sich die Kolitzheimer auch nach der zweiten Mahnung halsstarrig zeigten, wies er den Ortspfarrer an, die Kirchenstrafe in seinem Namen zu verkünden.[90] Als diesen Maßnahmen noch immer keine Reaktion folgte, verschärfte Richard von Maßbach die Sanktionen.[91] Letztlich – möglicherweise hatte der Kirchenbann doch noch Wirkung gezeigt – nahm der Konservator des Klosters St. Stephan wieder eine konziliantere Haltung ein[92], wollte er die Kolitzheimer doch zu einem friedlichen Ausgleich mit den Klosterbrüdern bewegen.

Dieser Exkurs in die Zeit nach Abt Gerhard Klinkhart zeigt, dass die vom Papst getätigten Ernennungen von geistlichen Autoritäten als Beschützer von Klöstern und Stiften nicht bloß Prestigeprojekte waren. Prokuratoren und Konservatoren gingen zuweilen mit viel Eifer zu Werke. Gerhard von St. Stephan schien sich sehr um päpstliche Schutzzusagen bemüht zu haben – insbesondere um jene, die ihm die Rückgabe entfremdeten Klosterbesitzes in Aussicht stellten. Freilich kann Gerhard Klinkhart nicht als Urheber einer monastischen Rückerstattungspolitik betrachtet werden. Frühere Quellen legen davon Zeugnis ab, dass bereits seine Vorgänger in dieser Sache tätig geworden waren.[93] Gerhard darf innerhalb einer Reihe von spätmittelalterlichen Äbten, die um die Wiederherstellung verletzter Klosterrechte bestrebt waren, als ein besonders beflissener Akteur gelten. Insgesamt sind aus seiner Amtszeit fünf von der römischen Kurie ausgestellte Rechtsdokumente erhalten, die mit der Schutzgewalt über das Kloster St. Stephan zu tun haben.[94] In ihrer 1990 erschienenen Monographie zum Würzburger Stephanskloster konstatierte Monika Ofer einen religiösen und wirtschaftlichen Aufschwung des Klosters, der in hohem Maße dem Wirken Gerhard Klinkharts zu verdanken sei.[95] Hierfür kann sicherlich zum einen Gerhards Einsatz bei der religiösen Erneuerung seiner

---

sancti Benedicti pro conservatione iurium et privilegiorum suorum deputati"; Urkundenbuch St. Stephan 2 (wie Anm. 26), Nr. 685, S. 370–372, bes. S. 370 (Urkunde vom 09.03.1443).

89 Ebd., Nr. 688, S. 373f.

90 Ebd., Nr. 689, S. 374f.

91 Ebd., Nr. 690, S. 375f. und Nr. 692, S. 377f.

92 Ebd., Nr. 693, S. 378f.

93 Schon 1387 beauftragte der Papst den Dekan des Bamberger Kollegiatstiftes St. Jakob, Güter, die dem Kloster entfremdet worden waren, zurückzufordern. Wer die Restitution verweigerte, konnte mit päpstlicher Vollmacht exkommuniziert werden; StAWü, Kloster St. Stephan Urkunden 255. Edition bei Urkundenbuch St. Stephan 2 (wie Anm. 26), Nr. 503, S. 161f. Ähnliches galt für den Dekan von Eichstätt; Universitätsbibliothek Würzburg, Perg. Urk. 5. Diese Urkunde ist digitalisiert bei FranconiaOnline (wie Anm. 27). Zu dieser Urkunde vgl. auch Dietrich Kerler, Päpstliche Urkunden für das St. Stephanskloster zu Würzburg aus den Jahren 1228–1452, in: Archiv des Historischen Vereins für Unterfranken und Aschaffenburg 37 (1895), S. 79–91, bes. S. 85f. Zu den Ereignissen 1387 vgl. allgemein Ofer, St. Stephan (wie Anm. 12), S. 113f. Abt Otto Truchsess von Wetzhausen (amt. 1386–1394/1403) versuchte, die Rechte seines Kloster dadurch zu sichern, dass er sie schriftlich fixierte und sie sich von verschiedener Seite bestätigen ließ; Ofer, St. Stephan in Würzburg (wie Anm. 12), S. 113f.

94 Es sind dies NHMS, Frag. G 51, die päpstlichen Bullen von 1411 und 1423 sowie zwei Subdelegierungen des päpstlichen Schutzes von 1412 und 1414; vgl. zu letzterem Urkundenbuch St. Stephan 2 (wie Anm. 26), Nr. 570, S. 236f.

95 Ofer, St. Stephan in Würzburg (wie Anm. 12), S. 115–118.

Gemeinschaft, die letztlich in den Beitritt des Klosters zur Bursfelder Reformkongregation 1459[96] mündete, verantwortlich gemacht werden. Zum anderen mag es die erfolgreiche Suche nach einflussreichen Verbündeten gewesen sein, die eine effektive Revindikation entfremdeter Besitzungen und Herrschaftsrechte ermöglichte und die wirtschaftliche Konsolidierung des Benediktinerklosters förderte. Hiervon legt nicht zuletzt die fragmentierte Urkunde Frag. G 51 im Naturhistorischen Museum auf Schloss Bertholdsburg Zeugnis ab.

Sofern man den Narrationes späterer Papstdiplome glauben darf und nicht die übermäßige Dramatisierung der Geschehnisse den Papst zu einer vorbehaltlosen Gewährung weiterer Schutzprivilegien veranlassen sollte, so blieb die Situation für die Brüder von St. Stephan auch nach dem Tod Abt Gerhards angespannt: 1452 waren es wieder mehrere geistliche Dignitäre, die von Papst Nikolaus V. (amt. 1447–1455) aufgefordert wurden, gegen jene aktiv zu werden, die das Kloster geschädigt hatten.[97] Neun Jahre später ordnete Pius II. (amt. 1458–1464) ein ähnliches Vorgehen an und rekurrierte dabei auf die Klage verschiedener Klöster, unter denen sich auch St. Stephan in Würzburg befand, dass geistliche und weltliche Gewalten ihnen Besitz und Einkünfte geraubt hätten.[98]

6. Edition des Urkundenfragments NHMS, Frag. G 51

Fragment 1	*Fragment 2*
[1a] GErhardus inseminatione devina Abbas Sancti Stephani herbipolensis et ordinis Benedicti Executor ad infra scripta vna cum terras	[1b] [...] [...]la clausula quatenus vos duo aut vnus vestrum per vos uel alium seu alios uel de sede apostolica specialiter deputatus. Illustribus magnificibus ac Specialibus
[2a] et potentibus atque Strenuis Necnon prudentibus prouidis et discretis viris universis et singulis principibus, ducibus, marchionibus, Com[itibus,]	[2b] [Baroni]bus, Nobilibus, militibus et armigeris temporalia dominia obtinentibus et Communitatibus, Ciuitatum ac vniuersitatibus opidorum castrorum

[96] Vgl. dazu Elke-Ursel Hammer, Ost und West im benediktinischen Mönchtum am Vorabend der Neuzeit. Provinzialkapitel und Bursfelder Kongregation zwischen 1450 und 1550, in: Jahrbuch für mitteldeutsche Kirchen- und Ordensgeschichte 1 (2005), S. 51–65; Anja Freckmann, Das Kloster Bursfelde und die Bursfelder Kongregation, in: Norbert Humburg/Joachim Schween (Hg.), Die Weser – Ein Fluß in Europa. Eine länderübergreifende Ausstellung über 1200 Jahre Geschichte und Kultur des Weserraums 1, Holzminden 2000, S. 212–227; Walter Ziegler, Die Bursfelder Kongregation, in: Urlich Faust (Hg.), Die Reformverbände und Kongregationen der Benediktiner im deutschen Sprachraum (Germania Benedictina 1), St. Ottilien 1999, S. 315–408; von Pölnitz, Die bischöfliche Reformarbeit (wie Anm. 35), S. 109–111.

[97] Universitätsbibliothek Würzburg, Perg. Urk. 10; digitalisiert bei FranconiaOnline (wie Anm. 27).

[98] Urkundenbuch St. Stephan, Ergänzungsband (wie Anm. 26), Nr. 86, S. 47.

[3a] et villarum ac in eis seu extra ea dominia temporalia habentibus per ciuitates et dyoceses Bambergensis, Eystetensis, herbipolensis et Radispon[ensis]

[3b] [...] [sin]gularibusque et singularis et communitatibus et vniuersitatibus huiusmodi personis omnibusque et singularis alijs quorum interest uel intererit et temporalia sua

[4a] putaverint interesse quibuscumque dignitatibus, principatibus, magnificentijs, potestatibus, officijs, honoribus uel praeeminencijs fruantur

[4b] [...] [n]egocium seu tangere poterit quomodolibet in future et ad cuius uel ad quorum noticia processus nostri huiusmodi peruenerint quibus[...]

[5a] censeantur Salutem in domino sempiternam et praesentibus nostris jmo verius apostolici mandato firmiter obedire. Litteras felicis recorda[tionis Bonifacii pape]

[5b] [...] eius vera Bulla plumbea in cordula canapis more Romane curie bullatas, sanas et integras, non viciatas, non cancellatas, non abolitas

[6a] neque in aliqua sui perte suspectas. Sed prorsus omni vitio et suspicione carentes Nobis per honorabilem vestram dominum Christoforum de [Rotenhan]

[6b] [...] [...]en procuratore, procuratorio nomine Venerabilis viri domini Anthonij de Rotenhan decani ecclesie bambergensis Coram monasterio publico [infra]scripta

[7a] praesentatas. Nos cum ea qua decuit Reverencia noveritis recepisse. Quarumquidem bonarum apostolicarum Tenor sequitur in hec uerba. [Beginn Bulle] BON[ifacius episcopus seruus seruorum Dei]

[7b] [...] dilectis filijs Abbati monasterij sancti stephani herbipolensi. Et Eystetensis ac sancti jacobi extra muros Bambergensis ecclessiarum decanis Salutem

[8a] et apostolicam benedictionem. Exhibita nobis pro parte dilecti filij Ottonis de milcz decani Ecclesie Bambergensis peticionem continebat Qua non

[8b] [...] [marchi]ones, Comites, Barones, Nobiles, milites et armigeri Temporalia dominia obtinentes necnon communitates Ciuitatum ac vniuersitates

[9a] opidorum, castrorum et villarum, proconsules, consules et Scabini ac Rectores huiusmodi civitatum, opidorum, castrorum et villarum s[...]

[9b] [...] [...]nente ac eciam nonnulli singulares persone ex huiusmodi communitatibus et vinuersitatibus nonnulla statuta municipalia

[10a] inhibiciones et praecepta in depressione Jurisdictione spiritualis siue liberi exercicij eiusdem Jurisdictione que in nonnullos clericos

[10b] [...] [...]e et Bambergensis vtriusque sexus et in plerisque casibus ad forum ecclesiasticum de jure uel consuetudine pertinentibus ad decanum eiusdem

[11a] ecclesie pro tempore existentencie de antiqua et approbata et hactenus pacifice obseruata consuetudine spectat hactenus de facto edi[cto]

[11b] [...] [...]imus presentibus pro expressis et qua non absque dampnabili exempli pernicie principes, marchiones, Comites, Barones, nobiles, milites

[12a] et armigeri ac dominia temporalia obtinentes Necnon communitates, vniuersitates, proconsules, consules, scabini temporale dominium obtin[entes]

[12b] [...] [o]bseruare ac eciam per suos subditos siue ipsorum dictorum subiectos in Ciuitate Bambergensis, opidis, castris et villis Eisdem et locis

[13a] ac terris ad eos communium uel divisum pertinentibus obseruari facere non formidant inhibendo eciam non nunquam subditus ac inco[...]

[13b] [...] [opi]dorum, castrorum, villarum huiusmodi eciam sub penis siue maleficia formidabilibus et diuisis ne ad iudicum coram decano prefato siue commissarijs

[14a] iudicibus auctoritate ordinaria per eum pro tempore deputatus eciam in casibus et causis ad forum dicti decani spectantibus illuc accedant nis[i]

[14b] [...] [...]ios fore putaverint in Ciuitate, opidis, castris et villis Eisdem in foro seculari duxerint conueniendos et alios eidem Ottoni

[15a] Commissarijs et judicibus quos cura huiusmodi exercicium jurisdicione eiusdem auctoritate prefata pro tempore deputat vt prefertur multifarias

[15b] [...] [...] temere et de facto in animarum suarum dispendium sede apostolice contemptum et scandalum plurimorum. Quare pro parte dicti Ottonis nobis fuit

[16a] humiliter supplicatum vt ad sibi et succesoribus suis decanis eiusdem Ecclesie qui erunt pro tempore reddatur valde difficile pro singulis q[uerelis]

[16b] [...] [...]rum occasione contra principes, duces, marchiones, Comites, Barones, Nobiles, milites, Armigeros vniuersitates proconsules

[17a] Consules, Sacbinos Temporale dominium obtinentes Rectores et personas huiusmodi coniunctum et diuisum tam ipse Otto decanus

[17b] [...] [...]sse mouebunt ad eandem sedem habere recursum sibi et eisdem successoribus necnon statui decanatus eiusdem in praemissis salubriter

[18a] prouidere de spirituali gratia duraremur Nos itaque attendentes quod non malitijs est homini indulgendum ac huiusmodi supplication[...]

[18b] [...] per apostolica scripta mandamus quatenus vos uel duo aut vnus vestrum per vos uel alium seu alios prefate Ottoni et successoribus decanis

[19a] ipsius Ecclesie qui erunt pro tempore efficatis defensionis auxilio assistentes non permittatis eos super hijs per eosdem principes, duces, Bar[ones...] molestari uel vexari ac nichilominus eosdem principes, duces, marchiones, Comites, Barones, nobiles, milites, armiger[os]

[19b] [...] [...]eros communitates, vnifersitates, proconsules, Consules, Scabinos dominium temporale obtinentes Rectores et personas huiusmodi indebite

[20a] ut statuta inhibicionum et mandata huiusmodi infra certum numerum [?] quem eis adhoc duxeritis praefigendum tollere et reuocare necnon

[20b] [...] [p]roconsules, Consules, scabinos, Rectores et dominium temporale obtinentes et personas huiusmodi autoritate apostolica moneatis et requiratis

[21a] in judicijs uel extra iudicia siue publice uel occulte sub quouis quaesito colore vti praesumant diocesanosque decanos pro tempore h[...]

[21b] [...] [st]atutorum suorum cassare omnino studeant et procurent nec illis de cetero in praeiudicium Ottonis et successorum praedicorum pro tempore

[22a] in quo scimuß subditos suos vocatione praedicta decanatus vti et gaudere permittant perpetuis temporibus in futurum eciam subces[serint?]

[22b] [...] Et prout hactenus de consuetudine uel de iure ad decanum ipsius ecclesie qui fuit pro tempore et est spectauit et spectat libere

[23a] parentes efficaciter incurrere volumus ipso scripto quarum quidem pecuniarum penarum vnam Bambergensis ecclesie praedicte ac aliam

[23b] [...] oportunius necnon eciam formidabilibus pecuniarijs penis de quibus nobis pro tempore videbitur quas vestris mandatis non

[24a] reuocetis casseris et annulletis ac nullius esse firmitatis auctoritate nostra publice nuntietis et vbi ac quin expedire videritis per

[24b] [...] [...]pe ac quociens pena ipsa committitur. Volumus applicari vosque ad cautelam eciam ipsa statuta prohibiciones et mandata

[25a] quociens expedierit ratione praeuia aggrauandi et inuocandi eciam adhoc si opus fuerit auxilium brachij saecularis. Q[...]

[25b] [...] [...]ictores per censuram ecclesiasticam appellatione postposita compescendo. Nos eum nobis processus pro uos super hijs habendos

[26a] habencium temporale rectorum et personarum praedictorum et aliorum quos processus ipsi concernent poenetentia pro citationibus et monicionibus[99] per

[26b] [principem] [marchion]um, Comitum, Baronum, Nobilium, militum, armigerorum, communitatum, vniuersitatum, proconsulum, Consulum, scabinorum dominium

[99] Das Wort ist nachträglich berichtigt worden. Ursprünglich stand hier *municionibus*.

[27a] vniuersitatibus proconsulibus, Consulibus, scabinis dominium temporale habentibus Rectoribus et personis intimandis comode uel

[27b] [...] ipsis principibus, ducibus, marchionibus, Comitibus, Baronibus, Nobilibus, militibus, Armigeris, Communitatibus

[28a] publicis et vicinis [?]. Ita tamen quod ad citatorum et monitorum huiusmodo noticias valeant verisimiliter peruenire exequendi

[28b] [...] [...]es moniciones et processus in Ciuitate uel dyocese Bambergensis praedictis seu alibi per edictum publicum in locis affigendum

[29a] artent ipsos citatos et monitos ac si eis poenitentialiter et personaliter intimati [?] fuissent felicis recordacionis Bonifatij pape ot[avii]

[29b] [...] redimus facultatem. Et volumus ac eadem auctoritate decreuimus. Quod huiusmodi citaciones moniciones et processus pernide

[30a] ipsum non in sua sed in alia Civitate uel dyocese auctoritate litterarum sedis praedicte trahere possit seu ne judices auctoritate litterarum apostolicarum

[30b] [...] uetus vt cum actor et reus Ciuitatum uel dyocese fuerunt diuisarum si actor Reum in ciuitate uel dyocese rei convenire recusat

[31a] generali et alijs constitucionibus apostolicis contrarijs non obstantibus quibuscumque. Seu si eisdem principibus, ducibus, march[onibus]

[31b] [...] [d]eputati fuerunt contra aliquos procedere aut alij uel alijs vices suas committere praesumant necnon de vna ac de duabus dictis in concilio

[32a] Rectoribus et personis uel quibusuis alijs communiter uel diuisum a dicta sede sit indultum. Quod interdici, suspendi uel excommunic[avi]

[32b] [principibus, ducibus, marchionibus, comitibus, baronibus,] Nobilibus, militibus, Armigeris, Communitatibus, vniuersitatibus, proconsulibus, Consulibus, scabinis dominium temporale obtinentibus

[33a] et qualiter alia dicte sedis indulgentia generali uel speciali cuiuscumque tenore existat perquam praesentibus non expressam uel totaliter non [insertam nostrae iurisdictionis explicato in hac parte]

[33b] [...] [a]d iudicium euocari non possint per litteras apostolicas non facientes plenam et expressam ac de verbo ad verbum de indulto huiusmodi mencionem

[34a] obitum volumus exspirare. datum Rome apud Sanctum Petrum Quintodecimo kalendris Junij pontificatus nostri anno decimo. [Ende Bulle] Post

[34b] [...] valeat quomodolibet uel differri et de qua cuiusque toto tenore habenda sit in nostris mentio specialis. praesentes autem litteras per[...] dentis

[35a] supradicti de cuius procuracione mandato nobis fuit facta plena fides propositum querulose Quod nonnulli ex vobis principibus, du[cibus]

[35b] [...] [...]cionem et receptacionem fuit nobis per domnum dominum Christoforum de Rotenhan procuratore procuratorio nomine domini Anthonij de Rotenhan decani

[36a] opidorum, castrorum et villarum, proconsulibus, Consulibus et rectoribus in eisdem nonnulla statuta municipalia inhibicionis e[...]

[36b] [...] Baronibus, Nobilibus, militibus, Armigeris, schabinis temporalia dominia obtinentibus necnon Communitatibus, ciuitatum et vniuersitatibus

[37a] in plerisque casibus ad forum ecclesiasticum de pietate uel consuetudine pertinentibus ad decanum eiusdem ecclesie Bambergensis pro tempore exi[...]

[37b] [...] spiritualis siue libere exercicij eiusdem jurisdictione qui in nonnullus clericos et laycos Civitate et dyocese Bambergense vterusque sexus et

[38a] non absque dampnabili exempli pernicis obseruare ac eciam per vestros subditos siue vestri diaconi subiectos in Civitate et dy[ocese]

[38b] [...] [...]a ac hactenus pacifice obseruata consuetudine spectat hactenus de facto ediderunt et fecerunt que uos uel saltim nonnulli ex uobis

[39a] eciam nitendum subditis ac jncolis et [in]habitatoribus Ciuitatum, opidorum, Castrorum et villarum huiusmodi eciam sub penis sine maleficia

[39b] [...] [ca]stris, villis et locis ac terris ad vos coniunctum uel diuisum pertinentibus obseruari facere non formidati uel formidant Inhibentes

[40a] ex causis ad forum dicti domini decani de pietate uel consuetudine spectantibus. Quomodo accedant nec alios illuc trahant nisi praemit[tant]

[40b] [...] ad iudicium Coram decano prefato sine officiali commissarijs uel judicibus auctoritate ordinaria per eum pro tempore deputate eciam in casibus

[41a] praedictis in foro seculari duxerint conueniendos. Et aliis aliqui ex uobis eidem domino decano, officiali, commissarijs ac

[41b] [...] [...]oxios putant et quos conuenire habent et ad iudicium dicti domini decani euocare desiderant in Ciuitate, opidis, castris et villis vestris

[42a] vestrarum et suarum dispendium sedis apostolice dicteque jurisdictionem contemptum et vilipendium ac scandalum plurimorum Quapropter suus per[...]

[42b] [...] [juri]sdictione siue praedicte deputate multifarias inferunt et inferri procurant molestias et jacturas temere et de facto in animarum

[43a] nobis in hac parte commissis de remedio oportuno prouidere et alias ad execucionem dictarum litterarum apostolicarum et contentorum in e[...]

[43b] [...] [proc]uratore procuratorio nomine quo supra debita cum instantia requisiti ut domino Anthonio decano memorato de et super permissione auctoritate apostolica

[44a] huiusmodi iustam fore et consonam romanam volentesque mandatum apostolicum nobis in hac parte directum iuxta ipsius formam continenciam e[...]

[44b] [...] sede apostolica nobis forma procedere dignaremus. Nos igitur Gerhardus abbas et executor praefatus attendenta requisicione

[45a] per vos illustres ac magnificos dominos principes, duces, marchiones ac spectabilis et potentes Comites, Barones et Nobi[les]

[45b] [...] [...]emur auctoritate apostolica qua fungimur in hac parte omniarum et singula statuta municipalia prohibiciones Inhibiciones praecepta et mandata

[46a] opidorum, castrorum et villarum seu proconsules, Consules, scabinos, rectores, Ciues uel inhabitatores eorumdem seu per aliquem uel aliquos

[46b] [...] [...]eros temporalia dominia obtinentes necnon per vos prudentes prouidos et discretos viros. Communitatis Ciuitatum et vniuersitatis

[47a] suorum de facto editas seu edita factas uel facta tenore praesencium iuxta mandatum apostolicum nobis in hac parte directum cassamus reuocamus

[47b] [...] [...]s aut liberi exercitij eiusdem jurisdictione uel alias quomodolibet in praeuidicium decani Ecclesie Bambergensis pro tempore existente ac successoram

[48a] Barones, Nobiles, milites et armigeros, proconsules, Consules, scabinos, rectores, communitates et vniuersitates ac temporale do[minium obtinentes]

[48b] [...] [...]s roboris uel firmitatis fore et esse publice declaramus. Insuper vos omnis et singulos principes, duces, marchiones, Comites .I. .I. .I. .I.[100]

[49a] prophanastis monemus et requirimus primo, secundo, tertio et peremptore vobisque et cuilibet vestrum in virtute sancte obediencie et sub ex[communicationis]

[49b] [...] [...]s saltim qui dicta statuta municipalia praecepta mandata et praedictas prohibiciones et inhibiciones edidistis fecistis seu verius

[100] Bewusste Auslassung, um die Aufzählung der verschiedenen Titel zu verkürzen.

[50a] applicandis penis destricte praecipiendo mandamus. Quatenus infra triginta dierum spatium post publicacionem seu notificacionem praesencium uobis

[50b] [...] [...]argenti medietate vna Curie apostolice reliquia uero medietate ipsarum marcarum ecclesie Bambergensis praedicte quotiens pena ipse committitur

[51a] nostrorum Et collegarum et subdelegatorum nostrorum processuum ac eciam citacionum et monicionum futurum habendorum et habendarum facienda non

[51b] [...] comode haberi poterit et ad quos tutus accessus et recessus patebit praesencialiter alijs vero vestrum ad quos pro publicatione praesencium et quorumlibet aliorum

[52a] nostros seu collegarum nostrorum eligendis faciendis [?] in mediate sequencium quorum triginta dierum decem pro primo decem pro secundo et [decem pro tertio]

[52b] [...] praesentia non poterit comode haberi per edictum publicum in locis circum vicinis suarum ecclesiarum et habitacionis per nos ac collegas uel subdelegatos

[53a] municipalia praecepta mandata prohibiciones et Inhibiciones praedicta et praedictas de facto edita seu factas editas siue factas pro reuocatis ca[...]

[53b] [...] termino canonica monicione ac pro omnibus dilacionibus vobis vniuersis et singulis et cuius [?] vestrum praesentibus praefigimus et assignamus statuta

[54a] subditos vestros aut alias submissas personas publice vel occulte quouis quesito ingenio uel colore. Neque subditos vestros eis vti per[...]

[54b] [...] [...]et teneatis et quantum in uobis est cassetis, reuocaretis, tollatis et annulletis nec eis vel aliquo eorumdem deinceps vtannum per vos vel

[55a] temporibus talia uel consimilia statuta municipalia praecepta et mandata seu quaslibus alias prohibiciones et jnhibiciones continet

[55b] [...] [...]mo ipsas et ipsa totaliter tollatis, cancellatis et cassetis de registris librarum et quaternis statutorum vestrorum praedictorum nec perpetuis futuris

[56a] statuere proferre seu promulgare persumat. Sed pocius ipsas et ipsa edere, facere, ordinare, proferre, statuere uel promulgare den[...]

[56b] [...] suos jurisdictione supradictam aut in eius uel eorum praejudicium depressionem siue contemptum eadem et easdem edere, facere, ordinare

[57a] ab eis pro tempore deputatis praemittatis jurisdicione ordinaria in causis et casibus ac forum ecclisiaticum de jure uel consuetudine pert[...]

[57b] [...] [...]c ipsum dominum Athonium decanum et quolibet successores suos decanos Bambergensis eorum officiales commissarios et Judices

[58a] et cum effectum. Et si forte quod absit vos qui de facta edidistis et quibus vestrum qui edidit de facto dicta statuta municipalia prohib[iciones]

[59a] praecepta in praeuidicium prefati domini Anthonij decani et suorum sucessorum et inpressionem juridicione spiritualis seu liberi exe[rcitii]

[60a] praeuaricatur [?] non tuleritis, cassaueritis, reuocaveritis et annulaueritis et qualibus nostrum tulerit, cassauerit, reuocaverit et annulaverit [...]

[58b] [...] [ex]ercitio gaudere et ab omnibus impedimentis perturbacionibus iacturis et molestijs deinceps desistatis et cessetis penitus

[59b] [...] triginta dierum terminum vobis et vestrum [cui]us ut praemitt[...] [...]um et praefixum eadem statuta municipalia Inhibiciones et

[60b] [...] editas et edita [, factas] et facta ut prae[...] sing[...] alia impedimenta obstacula molestias et jacturas de quibus

[61b] [...] seu eadem de f[...] [edi]tas uel edita d[...] qua[tern]is statutorum vestrorum non cassuerunt et cancellauierit ac cancellari et [...]

Aspekte des Konzils von Cividale. Ein Geleitbrief des Dogen Michael Steno für Johann von Egloffstein, 1409

Ulrich Wagner

Das Große Abendländische Schisma von 1378 bis 1415/17, die größte Kirchenspaltung des Mittelalters mit zwei konkurrierenden Papstkirchen in Rom und Avignon, wirkte sich nicht nur auf das religiöse Leben der europäischen Völker aus, sondern hatte auch Folgen für deren politische, soziale und wirtschaftliche Verhältnisse. Die Bannflüche, mit denen die Päpste ihre Gegner belegten, um in die feindliche Obödienz einzudringen, versetzten die Gläubigen in eine fundamentale Ungewissheit über das eigene Seelenheil. Wer von beiden war der legitime Papst? Welche Sakramente waren in einer solchen Situation noch gültig? Das zweifache Papsttum verdoppelte zudem den finanziellen Druck nicht nur auf kirchliche Würdenträger und Klerus, sondern auch auf die Masse der Untertanen. Belastend für die Zeitgenossen erwiesen sich schließlich Pest, Kriege und Hungersnöte, die ihrerseits Schutz im Heil verlangten.[1]

Als Johann von Egloffstein mit Entscheidung König Ruprechts von der Pfalz Ende November 1400 zum Würzburger Bischof gewählt wurde, residierten in Rom Papst Bonifaz IX., in Avignon Benedikt XIII. Wie der deutsche König hielt es auch der neue fränkische Bischof mit der römischen Obödienz. Am 30. Januar 1401 bat König Ruprecht Bonifaz IX. um Konfirmation des Gewählten, dieser providierte Egloffstein am 26. März 1401 mit dem Bistum.[2]

Die allgemeine Forderung nach einer „Reform der Kirche an Haupt und Gliedern“ ging ursprünglich von der Universität Paris aus. Wer besaß das Recht, über die Päpste zu urteilen? Seit Jahrhunderten galt der Leitsatz „Das höchste Amt in der Kirche darf von niemandem gerichtet werden.“[3] Um das Schisma zu überwinden, sollten in einer allgemeinen Synode mittels eines

---

1 Heribert Müller, Die kirchliche Krise des Spätmittelalters. Schisma, Konziliarismus und Konzilien (Enzyklopädie deutscher Geschichte 90), München 2012, S. 5–21.

2 Die Wahlkapitulation beschwor er am 01.12.1400; vgl. Alfred Wendehorst (Bearb.), Das Bistum Würzburg, Teil 2: Die Bischofsreihe von 1254 bis 1455 (Germania Sacra, Neue Folge 4), Berlin 1969, S. 129. Vgl. auch Ulrich Wagner, Johann von Egloffstein (1400–1411) (Veröffentlichungen der Gesellschaft für fränkische Geschichte Reihe VII A, Fränkische Lebensbilder, Bd. 25), Neustadt a.d. Aisch 2018, S. 1–16, bes. S. 1f. Für ein enges Verhältnis zwischen Johann von Egloffstein und Ruprecht, die sich seit dem Studium Egloffsteins in Heidelberg gekannt haben könnten, spricht, dass der Würzburger Bischof Winand von Steeg, Professor an der Würzburger Universität und Generalvikar, wenige Wochen nach dem Tod des Königs im Würzburger Dom am 09.06.1410 eine Gedächtnispredigt halten ließ, der Egloffstein selbst, zahlreiche Bischöfe, Grafen und fast alle Adeligen Frankens beiwohnten; vgl. Enno Bünz, Winand von Steeg (1371–1453), in: ders., Die mittelalterliche Pfarrei. Ausgewählte Studien zum 13.–16. Jahrhundert (Spätmittelalter, Humanismus und Reformation, Studies in the Late Middle Ages, Humanism and the Reformation 96), Tübingen 2017, S. 694–719, bes. S. 701.

3 Stefan Weinfurter, Das Reich im Mittelalter. Kleine deutsche Geschichte von 500 bis 1500, München 2008, S. 226.

Schiedsgerichts neben weiteren Fragen die Abdankung der beiden Päpste und die Wahl eines neuen kirchlichen Oberhauptes erzielt werden. Mehrere Versuche, einflussreiche Länder wie das Deutsche Reich, Frankreich, Spanien, England, Sizilien, Neapel, Mittel- und Norditalien, Flandern oder Polen zur Neutralität gegenüber beiden Päpsten zu verpflichten und diese durch Entzug ihrer Einkünfte zur Abdankung zu zwingen, scheiterten. Schließlich setzte sich die Idee durch, dass nur ein allgemeines Konzil als Korrekturinstanz dienen könne. Da die Kirche eine Korporation sei, könnten nur Haupt und Glieder gemeinsam Träger der gesamtkirchlichen Autorität sein. Aus dieser Grundidee ließ sich ableiten, dass im Notfall ein allgemeines Konzil über dem Papst stehen müsse, wenn dieser der Häresie verfalle oder ein Papstschisma drohe.[4]

Im Mai 1408 hatte zu Lucca die Mehrheit der Kardinäle die römische Obödienz Gregors XII. verlassen und sich den Kardinälen des avignonesischen Papstes Benedikt XIII. angeschlossen. Ein Konzil sollte ohne Hinzuziehung der beiden bisher regierenden Päpste dem langjährigen Schisma ein Ende bereiten. Für 1409 beriefen sie mit Bezug auf die kanonistische Lehre, dass der Notstand das Berufungsrecht auf sie bzw. den Kaiser übertrage, ein Synode in das florentinische Pisa ein. Erstmals wurde das Recht auf Teilnahme auch Universitätsabsolventen eingeräumt, die ihr Vorgehen mit fachlicher Autorität begleiten sollten. Am 25. März 1409 trat dieses Konzil, eine Versammlung von 24 Kardinälen und über 80 Bischöfen, auf dem Boden und mit Genehmigung der Republik Florenz zusammen und setzte am 5. Juni sowohl Benedikt XIII. wie auch Gregor XII., die einer Zitierung vor die Synode Widerstand leisteten, als Schismatiker und Häretiker ab. In einem Konklave – ein Novum! – wählten die Kardinäle am 26. Juni 1409 mit Alexander V. aus Kreta, dem Erzbischof von Mailand, der einen guten Ruf als Theologe genoss, einen neuen Papst.[5] Ein großer Erfolg der konziliaren Idee schien erreicht, doch rasch erwies sich dieser als Fehlschlag, als die Könige und viele Bischöfe dieser Entscheidung nicht folgten.[6] Da keiner der beiden abgesetzten Päpste zurücktrat, hatte man nun drei kirchliche Oberhäupter.

1. Agitation Papst Gregors XII.

Gregors XII. diplomatische Tätigkeit hatte sich 1408 vor allem darauf gerichtet, seine umstrittene Haltung – ohne päpstliche Autorität kann kein Konzil einberufen werden – zu verteidigen und den verbliebenen Anhängerkreis zu sichern.[7] Er entschloss sich, eine allgemeine Kirchenversammlung einzuberufen und kündigte diese am 2. bzw. 5. Juli 1408 von Lucca aus schriftlich an. Er

---

4 Weinfurter, Das Reich (wie Anm. 3), S. 227.

5 Karl Rudolf Kötzschke, Ruprecht von der Pfalz und das Konzil zu Pisa, Jena 1989, S. 89f.; Müller, die kirchliche Krise (wie Anm. 1), S. 11, 19f.

6 Weinfurter, Das Reich (wie Anm. 3), S. 228.

7 Jürgen Petersohn, Papst Gregors XII. Flucht aus Cividale (1409) und die Sicherstellung des päpstlichen Paramentenschatzes, in: Römische Quartalschrift für christliche Altertumskunde und Kirchengeschichte 58 (1963), S. 51–70, bes. S. 54–57, 60.

stellte Geleitbriefe aus[8] und ersuchte König Ruprecht, das in seiner Mitteilung inserierte allgemeine Konzilsausschreiben im Reich bekannt zu machen und für die Beschickung der Versammlung zu werben.[9] Ein Bote Gregors hatte in Venedig hinsichtlich des Versammlungsortes verhandelt, als Tag der Eröffnung wurde das kommende Pfingstfest 1409 genannt. Die Ortsfrage blieb offen, der Papst bestand nur allgemein auf der Kirchenprovinz Aquileja oder dem Exarchat Ravenna.[10] Am 13. Dezember 1408 beauftragte Gregor XII. in Rimini den Bischof Antonio Corrario von Porto als Legaten für Deutschland sowie Flandern und bestimmte am 19. Dezember als mögliche Versammlungsorte Cividale und Udine.[11] Der Kreis der Adressaten sollte erweitert werden. Neben Patriarchen, Erzbischöfen, Bischöfen und sonstigen Prälaten wurden jetzt auch weltliche Fürsten, insbesondere der römische König Ruprecht, um ihre Teilnahme gebeten. Möglichst viele Parteien sollten von diesem seinem Konzil überzeugt werden. Auch die Engländer wurden zur Beteiligung aufgerufen. Offensichtlich zeigte sich König Heinrich IV. den Konzilsplänen Gregors anfangs nicht abgeneigt.[12]

In den oberitalienischen Städten drohten indes Feindseligkeiten, zudem war unklar, wie sich die betreffenden Kommunen der Region verhalten würden. Schließlich fiel die Wahl auf Cividale, das zwar nicht auf dem Territorium der Seerepublik, der Heimatstadt Gregors, lag, doch zumindest an die Gebiete Venedigs grenzte. Infolge der Konkurrenz zwischen Cividale und Udine kam es zu Fehden. Im Juni 1408 hatte Gregor den hoch verschuldeten Patriarchen von Aquileja, Antonio Panciera, wegen Amtsverfehlungen und nicht geleisteter Servitienzahlung abgesetzt und im Februar 1409 das Amt mit Antonio da Ponte neu besetzt. Der venezianische Senat schlug dem Papst daher eine andere Stadt vor, was dieser ablehnte. Unterhändler der Lagunenstadt vermochten zwischen Udine und Cividale einen Waffenstillstand durchzusetzen. Noch während des Konzils sagte sich Venedig indes am 21. August 1409 von Papst Gregor los und bekannte sich zu dem in Pisa gewählten Papst Alexander V., einem Griechen.[13]

2. Ziele König Ruprechts

Während Frankreich und England Alexander V. unterstützten, hielten König Ruprecht von der Pfalz, zahlreiche deutsche Territorien sowie Rom und Neapel weiter zu Gregor XII. Die Pyrenäenhalbinsel und Schottland folgten Benedikt XIII.[14]

---

[8] Für Deutschland ist namentlich genannt ein Wenzceslaus Heylneyden, Kleriker der Mainzer Diözese; L. Schmitz, Die Quellen zur Geschichte des Konzils von Cividale 1409, in: Römische Quartalschrift für christliche Alterthumskunde und für Kirchengeschichte 8 (1894), S. 217–258, bes. S. 229.

[9] Schmitz, Konzil von Cividale (wie Anm. 8), S. 223f.

[10] Mona Kirsch, Das allgemeine Konzil im Spätmittelalter. Organisation – Verhandlungen – Rituale (Heidelberger Abhandlungen zur mittleren und neueren Geschichte 21), Heidelberg 2016, S. 465f.

[11] Schmitz, Konzil von Cividale (wie Anm. 8), S. 230.

[12] Kirsch, Konzil im Spätmittelalter (wie Anm. 10), S. 468.

[13] Ebd., S. 469–471.

[14] Karl Heussi, Kompendium der Kirchengeschichte, Tübingen 1976 (14. Aufl.), S. 245–247.

Zum 8. Januar 1409 berief der Mainzer Erzbischof Johann II. von Nassau den Würzburger Bischof Johann I. von Egloffstein zu einem Provinzialkonzil nach Mainz, um über das Schisma zu beraten. Im Gegensatz zum Würzburger Bischof tendierte der Mainzer Metropolit zum neuen Papst Alexander V.[15] Wie die Erzbischöfe von Köln, Trier und Magdeburg schickte auch er Gesandte nach Pisa. Gregor XII. erklärte sich am 15. Juni 1409 zugunsten König Ruprechts bereit, dass dieser alle Prälaten, welche dem Papst und dem König ungehorsam seien, durch andere geeignete Personen ersetzen könne. Falls der Erzbischof von Mainz renitent bleibe, solle der König dessen geistliche Jurisdiktion über Untertanen Ruprechts auf den Bischof von Worms übertragen.[16]

Mitte Februar 1409 brach in Heidelberg im Auftrag Ruprechts unter der Leitung des Bischofs Ulrich von Verden eine erste Gesandtschaft nach Pisa auf. Ehe diese im April dort eintraf, begab sie sich zu Papst Gregor XII. nach Rimini, um zu verhandeln; die deutschen Bevollmächtigten hielten sich dort zehn Tage auf.[17] In Pisa angekommen, bemühten sie sich noch vor der Eröffnung des Konzils darum, eine neutrale Versammlung an einem dritten Ort durchzusetzen. Bischof Ulrich von Verden trug am 15. April 1409 vor, dass Gregor XII. zu Recht Papst sei, die Versammlung in Pisa als unzweckmäßig erachtet werde und ein wahrhaftes Generalkonzil herbeigeführt werden müsse.[18] Unter anderem warf er die Frage auf, ob die Aufforderung der Kardinäle an Papst Gregor, zum Konzil zu kommen, überhaupt rechtens sei, *quod concilium ipsum ulterius citare non debeat.*[19] Stand dem Konzil überhaupt die Kompetenz zu, den Papst zu laden? Von den Anhängern Ruprechts wurde dies bestritten. König Ruprecht hatte sich offensichtlich bereits früh gegen das Konzil von Pisa entschieden.

Am 19. Juni 1409 bat Ruprecht die Stadt Cividale, die zum Konzil reisenden Prälaten zu beschützen. Noch im selben Monat forderte er Fürsten, Herren und Städte auf, einstweilen in der Obödienz Gregors XII. zu bleiben und dessen Konzil in Friaul zu besuchen oder zu beschicken. Er entschloss sich, eine zweite Gesandtschaft nach Süden über die Alpen zu senden. Mit Schreiben vom 3. August 1409 teilte Bischof Johann von Egloffstein der Stadt Würzburg mit, dass er im Dienst des römischen Königs in einer Angelegenheit der Christenheit reiten werde und für seine Abwesenheit bis auf Widerruf Graf Friedrich von Henneberg, Graf Johann von Wertheim, Domherrn Jakob von Thunfelt[20] und Richolf von Elma als Pfleger eingesetzt habe. Er forderte die Stadt Würzburg diesen gegenüber zum Gehorsam auf.[21] Der König bevollmächtigte ihn

---

[15] Karl Adolf Konstantin Höfler, Ruprecht von der Pfalz, genannt Clem, römischer König 1400–1410, Freiburg 1861, S. 448.

[16] Deutsche Reichstagsakten unter König Ruprecht (= RTA VI), 3. Abt. 1406–1410, hg. von Julius Weizsäcker (Deutsche Reichstagsakten, VI. Band), Göttingen 1956 (2. Aufl.), S. 566f.

[17] RTA VI (wie Anm. 16), Einleitung S. 331.

[18] RTA VI (wie Anm. 16), Nr. 296, S. 496–503.

[19] RTA VI (wie Anm. 16), Einleitung S. 337.

[20] Jakob von Thunfelt († 1432/33) hatte sich in der Schlacht von Bergtheim am 11. Januar 1400 als einer der Befehlshaber des bischöflichen Heeres ausgezeichnet. 1402 wurde er mit dem Einzug des Datzes, einer Steuer auf Getreide und Wein, im Hochstift beauftragt; August Amrhein, Reihenfolge der Mitglieder des adeligen Domstiftes zu Wirzburg, St. Kilians-Brüder genannt, von seiner Gründung bis zur Säkularisation 742–1803, Würzburg 1889, S. 247f.

[21] Stadtarchiv Würzburg, Ratsbuch 3, fol. 99v.

am 7. August 1409 in Heidelberg zusammen mit den Bischöfen Matthäus von Worms und Ulrich von Verden, Abt Albert von Maulbronn, dem Würzburger Domdekan Otto von Miltz[22], den Doktoren Nikolaus Jauer[23] und Johannes Ambundii[24] sowie Konrad von Soest[25], auf ihrer Gesandtschaft Venedig zum Anschluss an Gregor zu bewegen sowie seine und seiner gelehrten Räte Vorstellungen auf einem Gegenkonzil in Cividale zu vertreten.[26] Die Leitung dieser königlichen Gesandtschaft wurde dem Würzburger Bischof Johann von Egloffstein übertragen.[27]

König Ruprecht bestätigte seinen Gesandten im Voraus alle von ihnen zu treffenden Abmachungen, die zur Beendigung der Kirchenspaltung nötig sein würden. Gleichzeitig ernannte er Egloffstein zum lateranischen Pfalzgrafen.[28] Da der König mit den Pisanern völlig gebrochen hatte, gab es für die Unterstützung der Politik Papst Gregors keine Alternative. Es dürfte ihm bewusst gewesen sein, dass eine Herstellung der Kircheneinheit über das Konzil Gregors unmöglich war und dieses nur eine Parteiversammlung werden konnte.[29] Hinsichtlich der Haltung Venedigs liegt vom 23. August 1409 ein Senatsbeschluss mit dem Hinweis vor, dass die Republik Gesandte an Papst Gregor schicken werde, um ihm ihre Entscheidung mitzuteilen. Eine Woche später stellte der Doge Michael Steno Bischof Johann von Würzburg und seinen Begleitern einen Schutz- und Geleitbrief aus.

In der Lagunenstadt hatten zuvor nach Anhörung der Beauftragten Papst Gregors die Vertreter der französischen, englischen und böhmischen Krone sowie Abgeordnete des Papstes Alexander mit dem Dogen und den Mitgliedern des *consiglio* verhandelt. Eine beachtliche Versammlung von Theologen und Juristen votierte für den in Pisa gewählten Papst, sodass der Rat Venedigs die Anerkennung Alexanders V. beschloss.[30] Damit konnten die kirchenpolitischen Vorstellungen des römischen Königs kaum noch erfolgreich umgesetzt werden.

---

22 Otto von Miltz, 1391 als Domdekan in Bamberg erwähnt, 1414 Vertreter des Bischofs Johann II. von Brunn auf dem Konzil von Konstanz, 1415 Würzburger Dompropst. Amrhein, Reihenfolge (wie Anm. 20), S. 228f.

23 Nikolaus von Jauer, Heidelberger Professor der Theologie, nach 1402 Rat König Ruprechts, 1407 Rektor der Universität Heidelberg, 1416 Gesandter der Universität auf dem Konzil zu Konstanz, 1432 auf dem Konzil zu Basel; Dagmar Drüll, Heidelberger Gelehrtenlexikon 1386–1651, Berlin/Heidelberg 2002, S. 408f.

24 Johannes Ambundii, Würzburger Universitätsprofessor und Generalvikar des Bischofs Johann von Egloffstein, mit dem er in engem Vertrauensverhältnis stand; sowohl in Theologie wie auch im Kirchenrecht graduiert; Franz Fuchs, Bischof Johann von Egloffstein und die Erstgründung der Universität Würzburg im Jahre 1402, in: Dorothea Klein/Franz Fuchs (Hg.), Kulturstadt Würzburg. Kunst, Literatur und Wissenschaft in Spätmittelalter und Früher Neuzeit, Würzburg 2013, S. 67–85, bes. S. 75.

25 Konrad von Soest, Heidelberger Professor der Theologie und des kanonischen Rechts, 1416 Gesandter der Universität auf dem Konzil zu Konstanz, 1423 Syndikus und Prokurator der Universität auf dem Konzil zu Pavia, 1428–1437 Bischof von Regensburg; Drüll, Heidelberger Gelehrtenlexikon (wie Anm. 23), S. 99f.

26 Aloys Meister, Das Konzil zu Cividale im Jahre 1409, in: Historisches Jahrbuch 14 (1893), S. 320–330, bes. S. 326; L. von Oberndorff, Regesten der Pfalzgrafen am Rhein 1214–1508, 2. Bd.: Regesten König Ruprechts, Innsbruck 1939, Nr. 5917, S. 443; RTA VI (wie Anm. 16), Nr. 306, S. 570f.

27 Kötzschke, Ruprecht von der Pfalz (wie Anm. 5), S. 89.

28 von Oberndorff, Regesten (wie Anm. 26), Nr. 5918, S. 444; vgl. Wendehorst, Bistum Würzburg (wie Anm. 2), S. 130f.

29 Kötzschke, Ruprecht von der Pfalz (wie Anm. 5), S. 87.

30 Ebd., S. 90f.

3. Vorgänge in Cividale

Der zeremonielle Eröffnungsakt wurde auf Pfingsten 1409, d.h. den 26. Mai, gelegt. Eine Sitzung des Konzils war damit jedoch nicht verbunden.[31] Die erste, nur schwach besuchte Sitzung fand am 6. Juni 1409 statt.[32] Am 20. Juni erließ Gregor nochmals ein allgemeines Einladungsschreiben, diesmal eindeutig für Cividale; alle Christgläubigen wurden zum Besuch der Versammlung aufgerufen. Nach Venedig sandte er zwei Bischöfe, welche die dortigen Geistlichen unter Bannandrohung zum Besuch der Synode aufforderten. Dies scheint wenig genutzt zu haben.[33] Eine zweite Sitzung ist für den 22. Juni belegt. Gregor ließ durch Bischof Martin von Aprutium seine ordnungsgemäße Wahl im Recht und in der Nachfolge der römischen Päpste darstellen, die beiden Gegenkandidaten wurden als Ketzer gebrandmarkt[34], definitive Beschlüsse wurden ansonsten nicht gefasst.

Unklar ist, wie viele offizielle Sitzungen auf dem Konzil von Cividale durchgeführt wurden. Eine dritte Zusammenkunft kam nach Meister am 28. Juni zustande[35], nach den Reichstagakten fand eine solche jedoch erst am 5. September statt.[36] Kötzschke schließt sich hier an.[37] Schmitz geht von fünf, demnach von zwei weiteren offiziellen Sitzungen aus. Meister hält ein viertes Treffen Anfang Juli 1409 für möglich.[38] Jedenfalls liegt ein Bericht aus dem vatikanischen Archiv über die dritte Sitzung vom 28. Juni vor.[39] Auf dieser wurde der Protest verlesen, welchen die Gesandten Ruprechts auf dem Gegenkonzil in Pisa gegen dessen Rechtmäßigkeit vorgetragen hatten. Die dortige königliche Gesandtschaft hatte aus dem Erzbischof Johann von Riga, den Bischöfen Matthäus von Worms und Ulrich von Verden, dem Protonotar Johann von Weinheim und dem Magister Konrad Koler von Soest bestanden. Diese waren Mitte Februar 1409 in Heidelberg abgereist, Ende März in Pisa eingetroffen und hatten die Stadt am 21. April, ohne die Antwort der Kardinäle abzuwarten, wieder verlassen; danach begaben sie sich zum zweiten Mal zu Gregor XII.[40] Ein Teil der Gesandtschaft kehrte nach Deutschland zurück, andere – darunter Konrad von Soest – blieben bei Gregor und begleiteten ihn zum Konzil von Cividale. Auf der Sitzung am 5. September wurde der Kompromissvorschlag Gregors verlesen, welcher die Kirchenspaltung beenden sollte. Alle drei Päpste, Gregor, Petrus de Luna und Petrus de Candia, sollten zurücktreten, dann würde Gregor jenen als neues kirchliches Oberhaupt anerkennen, der von zwei Dritteln der Kardinäle einer jeden Partei gewählt würde. Sollte dies nicht

---

31 Meister, Konzil zu Cividale (wie Anm. 26), S. 322.
32 RTA VI (wie Anm. 16), Einleitung S. 331.
33 Kötzschke, Ruprecht von der Pfalz (wie Anm. 5), S. 86.
34 Ebd., S. 90.
35 Meister, Konzil zu Cividale (wie Anm. 26), S. 322.
36 RTA VI (wie Anm. 16), Einleitung S. 341. Ob eine vierte Sitzung im Juli 1409 stattfand, ist unklar; vgl. Meister, Konzil zu Cividale (wie Anm. 26), S. 322, der sie für Anfang Juli nicht ausschließt.
37 Kötzschke, Ruprecht von der Pfalz (wie Anm. 5), S. 910.
38 Meister, Konzil zu Cividale (wie Anm. 26), S. 322; Schmitz, Konzil von Cividale (wie Anm. 8), S. 217.
39 Abgedruckt bei Meister, Konzil zu Cividale (wie Anm. 26), S. 328–330.
40 Ebd., S. 323f.

gelingen, käme den drei Königen Ruprecht[41], Ladislaus[42] und Sigismund[43] die Vollmacht zu, zwecks einer endgültigen Entscheidung innerhalb von zwei Jahren eine allgemeine Kirchenversammlung einzuberufen.[44] Dieser Plan wurde nicht weiter verfolgt, eine Verständigung insbesondere zwischen Ruprecht und Ladislaus schien zwar nicht ausgeschlossen, aber schwierig. Zudem waren alle Sitzungen in Cividale schwach besucht, eine würdige und angemessene Anzahl von Prälaten fand sich während der gesamten Dauer nicht ein. So endete die Kirchenversammlung im Friaul ohne greifbaren Erfolg.

Um König Ruprecht enger an sich zu binden, hatte Papst Gregor mit Datum vom 16. Juli 1409 von Cividale aus ein Breve ausgestellt, das dem Herrscher erlaubte, die Gefälle aller Geistlichen im Reich, die dem Gegenpapst Alexander V. anhängen würden, für sich einzuziehen.[45] Auch diese Aktion war gegen den Mainzer Metropoliten Johann von Nassau gerichtet.

Um den 23. August 1409 war Johann von Egloffstein in Venedig mit dem Dogen Michael Steno zusammengetroffen. Wann er nach Cividale weiterreiste, ist unklar. Inzwischen waren dort auch die Gesandten von König Ladislaus angekommen.[46] Am 1. September 1409 sind die deutschen Legaten, darunter Egloffstein, in der Stadt belegt. Papst Gregor schrieb von dort an Ruprecht, dass dessen Abgeordnete dem König Näheres zur aktuellen Situation berichten würden.[47] Vier Tage später, am 5. September 1409, trug er den bekannten Kompromiss zur Wiederherstellung der Kircheneinheit vor.[48]

Da nach Meinung von Papst Gregor Anschläge auf seine Person durch Anhänger der Pisaner Partei drohten, hatte der fast 80-jährige Greis Vorsorgemaßnahmen getroffen. Angriffe waren möglicherweise von den Söldnern des Patriarchen Antonius von Aquileja, den Gregor abgesetzt hatte, zu befürchten.[49] Dieser hatte im Einvernehmen mit den Pisanern bereits im Vorfeld versucht, das Konzil in Cividale zu verhindern. Gregor hatte inzwischen wohl erkannt, dass sich mit dem Konzil von Cividale sein Ziel, nämlich die Ansprüche auf die Papstwürde zu manifestieren, nicht durchsetzen ließ.

Mit dem Wechsel Venedigs von Papst Gregor zu Papst Alexander V. im August 1409 sah er sich zudem seines militärischen Schutzes beraubt. Während des Schismas hatte Venedig den Grundsatz der Nichteinmischung verfolgt. Auf Dauer ließ es sich jedoch nicht vermeiden, Farbe zu bekennen. Als 1406 Angelo Cornaro, ein Sohn der Stadt, als Gregor XII. zum neuen römischen Papst gewählt worden war, wurde die Neutralitätspolitik aufgegeben. Nachdem man sich auf dem Konzil von Pisa auf Alexander V. verständigt hatte, ließ Venedig den Landsmann fallen: man wollte sich wegen kirchlicher Angelegenheiten keine Feinde machen. Wichtiger schien es, die Angelegenheiten von

---

41 Ruprecht, Pfalzgraf am Rhein und Kurfürst 1398–1410, römisch-deutscher König 1400–1410.
42 Ladislaus, König von Neapel 1386–1414, kroatisch-ungarischer Gegenkönig, Fürst von Tarent seit 1406.
43 Sigismund, König von Ungarn und Kroatien 1387–1437, römisch-deutscher König seit 1411, König von Böhmen seit 1419, römisch-deutscher Kaiser seit 1433.
44 Kötzschke, Ruprecht von der Pfalz (wie Anm. 5), S. 92.
45 Meister, Konzil zu Cividale (wie Anm. 26), S. 326 Anm. 1.
46 Kötzschke, Ruprecht von der Pfalz (wie Anm. 5), S. 90.
47 RTA VI (wie Anm. 16), Nr. 308, S. 572.
48 Schmitz, Konzil von Cividale (wie Anm. 8), S. 242f.
49 Meister, Konzil zu Cividale (wie Anm. 26), S. 327.

Aquileja zu ordnen. Der dort von Gregor 1409 abgesetzte Patriarch Antonio Panciera wurde nach wie vor von den Venezianern unterstützt. Die deutsch-ungarische Partei hielt zu Antonio da Ponte; 1412 dankten beide ab.[50]

In einem Schreiben an König Ruprecht vom 1. September 1409 teilte Gregor XII. mit, dass er sich zu seiner Sicherheit in das Gebiet des Königs Ladislaus von Neapel zurückziehen wolle. Während der auf die letzte Sitzung des Konzils folgenden Nacht, am 6. September 1409, floh er als Kaufmann verkleidet[51] mit einem Tross von 60 Personen aus der Stadt[52], erreichte die bereitgestellten Schiffe des Königs Ladislaus und traf Ende November 1409 in Gaeta, dem neuen Bestimmungsort der römischen Kurie, ein. Hier befand sich bereits unentbehrliches Zubehör der ausgelagerten Hofhaltung: Paramente, Kanzlei und Archiv.[53] Große Teile des päpstlichen Schatzes, darunter die Papstregister, blieben zunächst in Cividale zurück.[54]

4. Der Schutz- und Geleitbrief von 1409

Egloffstein hatte während des Konzils Ende August 1409 Venedig aufgesucht und in der Lagunenstadt als Beauftragter des Königs für Gregor XII. geworben. Vom Dogen war ihm mit Datum vom 30. August 1409 ein Schutz- und Geleitbrief für die venezianischen Gebiete ausgestellt worden. Dieses besiegelte Schriftstück wird im Staatsarchiv Würzburg im Bestand der Würzburger Urkunden unter der Signatur WU 45/125 aufbewahrt.[55]

Angesichts zahlreicher Grenzen und Zollschranken wurden im spätmittelalterlichen Europa Schutz- und Geleitbriefe zwar häufig ausgestellt, im Original sind sie allerdings selten überliefert. In der Regel waren sie in ihrer Geltungsdauer begrenzt. Venedig erhob für seine Schutzbriefe Gebühren, oft wurde eine spezielle Route vorgeschrieben[56]; für Johann von Egloffstein und seine Beleitung blieb die Wegstrecke offen. Ausgestellt wurden sie auf Antrag für Personen und ihre Besitztümer – so auch hier. Brief und Siegel hatten die Authentizität und rechtmäßige Präsenz der betreffenden Person zu dokumentieren. Der Wunsch auf eine Ausstellung dürfte von der Kanzlei König Ruprechts ausgegangen sein.

Dieses besiegelte Pergament erschien Lorenz Fries, Sekretär und Rat dreier Würzburger Bischöfe und Verfasser der Würzburger Bischofschronik von 1544, so bedeutend, dass er den Inhalt in einem umfassenden Regest wiedergibt. Indes waren Fries der Zweck und das Ziel der Gesandtschaft verborgen. Er

---

50 Heinrich Kretschmayr, Geschichte von Venedig. In 3 Bänden, Stuttgart/Gotha 1905, 1920, 1934; Bd. 2, Aalen 1964 (Neudruck der Ausgabe Gotha 1920), bes. S. 258f., 262–265.

51 Meister, Konzil zu Cividale (wie Anm. 26), S. 320; nach Kötzschke, Ruprecht von der Pfalz (wie Anm. 5), S. 93, hielt sich Gregor noch bis 08.09.1409 in Cividale auf.

52 Kirsch, Konzil im Spätmittelalter (wie Anm. 10), S. 471.

53 Petersohn, Papst Gregors XII. Flucht (wie Anm. 7), S. 54–57, 60.

54 Kirsch, Konzil im Spätmittelalter (wie Anm. 10), S. 471.

55 Vgl. Wendehorst, Bistum Würzburg (wie Anm. 2), S. 131.

56 Valentin Groebner, Der Schein der Person. Steckbrief, Ausweis und Kontrolle im Europa des Mittelalters, München 2004, S. 115–117.

vermutete, dass König Ruprecht Egloffstein möglicherweise zum oströmischen Kaiser Manuel Palaiologos (1391–1425) nach Byzanz schicken wollte.[57]

Im Folgenden ist der Text dieser Urkunde sowohl als Regest wie auch in vollem Wortlaut wiedergegeben. Der Inhalt ist nicht zuletzt auch deswegen von Interesse, weil der Doge von Venedig hier den Würzburger Bischof als Herzog von Franken benennt. Diese Titulatur ist schriftlich nicht vor 1409 belegt. In einer knapp sechs Wochen zuvor ausgestellten Urkunde für die Stadt Seßlach[58] vom 20. Juli 1409 erscheint erstmals in einem Würzburger Schriftstück der Herzogstitel. Bischof Johann, *episcopus Herbipolensis Francie orientalis dux,* bestätigt das von der Bürgerschaft zu Seßlach in der dortigen Pfarrkirche am Altar der Hl. Maria und des Hl. Antonius gestiftete Beneficium.[59] König Ruprecht selbst bezeichnete den Würzburger Oberhirten in keinem seiner Schreiben und in keiner Urkunde als Herzog oder dux. Ab 1446 erscheint der fränkische Herzogstitel allerdings regelmäßig in der Intitulatio der bischöflich-würzburgischen Urkunden, „dauerhaft und stereotyp“ wurde er seit Bischof Gottfried Schenk von Limpurg im Titelstreit mit Markgraf Albrecht Achilles eingesetzt.[60]

Die Aufnahme des fränkischen Herzogtitels ist vor dem Hintergrund insbesondere dieser politischen Konkurrenz zu sehen. In der Nachbarschaft des Hochstifts gewannen aufsteigende Fürstengeschlechter zunehmend an Bedeutung, vor allem der Einfluss der Nürnberger Burggrafen wuchs. Zudem war das Hochstift Würzburg chronisch verschuldet, was einer Vorrangstellung in fränkischen Landen nicht förderlich war. Die königsnahe Stellung der Zollern und ihr 1415 errungener kurfürstlicher Rang als Markgrafen von Brandenburg veränderten die Kräfteverhältnisse. Der Dualismus zwischen dem Würzburger Bischof als Herzog von Franken und den Markgrafen entwickelte sich im 15. Jahrhundert zu einer gewissen Konstante in den fränkischen Machtverhältnissen, die gelegentlich auch von der Reichsspitze ausgenutzt wurde.[61]

Beim ausgehändigten Schutzprivileg des Dogen handelte es sich indes nicht um ein rein formales Zugeständnis. In einem Antwortschreiben Michael Stenos vom 9. November 1408 an die in Pisa versammelten Kardinäle hatte der Doge darauf verwiesen, dass er den beiden zu ihm gesandten Kardinälen in venezianischen Gebieten einstweilen keinen Schutz und keine Hilfe zusagen könne. Er habe sich verpflichtet, einen Vermittlungsversuch Sigismunds, des Königs von

---

[57] Ulrich Wagner, Bischof Johann I. von Egloffstein (1400–1411), in: Lorenz Fries, Chronik der Bischöfe von Würzburg 742–1495, Bd. III: Von Gerhard von Schwarzburg bis Johann II. von Brunn (1372–1440), hg. von dems./Walter Ziegler, bearb. von Christoph Bauer/Hannelore Götz/Asta Schröder/dems., Würzburg 1999, S. 81–117, bes. S. 98.

[58] Seßlach, Würzburger Amtsstadt in Oberfranken.

[59] Diözesanarchiv Würzburg, Nachlass Schöffel, S 3, Bl. 86`1.

[60] Johannes Merz, Fürst und Herrschaft. Der Herzog von Franken und seine Nachbarn 1470–1519, München 2000, S. 47. Die Markgrafen lehnten den fränkischen Herzogstitel grundsätzlich ab und verwendeten ihn nie selbst. Die Titulatur erscheint unter Gottfried IV. Schenk von Limpurg erstmals in dessen Brief an Markgraf Albrecht vom 05.09.1446. Hierzu mit weiteren Belegen Markus Frankl, „Der Bischof von Würzburg zankt mit uns nach alter Gewohnheit“. Markgraf Albrecht Achilles von Brandenburg-Ansbach (gest. 1486) und das Hochstift Würzburg, Baunach 2015, S. 60–64, bes. S. 60.

[61] Merz, Fürst und Herrschaft (wie Anm. 60), S. 41–44.

Ungarn, zu unterstützen. Dieser wolle zwischen der Kurie zu Rom und den Kardinälen vermitteln.[62]

Die Pergamenturkunde wurde von der venezianischen Kanzlei ausgestellt. Bekräftigt wurde das Privileg mit einem Metallsiegel, dessen Bleischrötling gegossen und dann mittels einer Siegelzange beidseitig geprägt wurde. Bekanntlich wird in den Mittelmeerländern, bedingt durch die klimatischen Verhältnisse, beim Siegeln das Blei dem Wachs vorgezogen. Die Transkription ist buchstabengetreu ausgeführt, konsonantisch gebrauchtes u ist indes mit v wiedergegeben. Allein Satzanfänge und Eigennamen sind groß geschrieben. Abkürzungen werden stillschweigend aufgelöst, die Reverenzpunkte vor den Amtsträgern sind beibehalten.

5. Edition

1409 August 30, Venedig

Michael Steno, Doge von Venedig, teilt allen Verwaltern venezianischer Gebiete mit, dass König Ruprecht den Würzburger Bischof Johann, den Herzog Frankens (Franconie ducem), zu einer Gesandtschaft beauftragt hat und sie diesen mit seiner Begleitung, Pferden, Dienern, Waffen, Büchern, Ausrüstung, Silbergeschirr und Gütern sicher, frei und wohlwollend über alle Pässe, Häfen, Brücken, Städte und Gebiete sowohl auf dem Wasser- als auch auf dem Landweg passieren lassen sollen. Auf jegliche Einforderung von Steuern oder Zöllen sollen sie verzichten; während seines Aufenthaltes auf venezianischem Gebiet sollen sie ihn ehrenvoll und freundschaftlich unterstützen.

Michael Steno, dei gratia dux Venetiarum etc., universis et singulis nobilibus et sapientibus viris .. de suo mandato potestatibus .. capitaneis .. rectoribus et officialibus quarumcumque civitatum, terrarum et locorum nostrorum presentes literas inspecturis fidelibus dilectis salutem et dilectionis affectum. Cum serenissimus et excellentissimus dominus Ropertus, dei gratia Romanorum rex semper augustus, reverendissimum in Christo patrem dominum Johannem, episcopum Herbipolensem et Franconie ducem, ad nonullas mundi partes actu legationis habeat destinare tenore presentium fidelitati vestre et cuiuslibet vestrorum stricte precipiendo mandamus quatenus prefatum reverendissimum dominum episcopum cum omni eius comittiva, equis, famulis, armis, libris, arnisiis, valisiis, argenteriis rebus et bonis per quoscumque passus, portus, pontes, civitates, terras et loca nostra vobis commissa transitum facientem eundo, stando et redeundo tam per terram quam per aquam tractare et expedire ac tractari et expediri facere debeatis tute, libere, favorabiliter et benigne ac sine solutione alicuius datii, pedagii vel gabelle et fondi navis omnique prorsus impedimento cessante. Et si contigerit ipsum stare et morari in aliquo locorum nostrorum predictorum eundem videre et recoligere debeatis honorabiliter et fraterne sicuti honori nostri domini ac reverende paternitatis sue videritis convenire. Ex hoc enim habebitis nos ad vestros honores et comoda promptiores.

[62] RTA VI (wie Anm. 16), Nr. 326, S. 602f.

Data in nostro ducali palatio die trigesimo Augusti indictione secunda millesimo quadringentesimo nono.

Siegelankündigung: Fehlt. Bleisiegel an Hanfschnur anhängend, auf der Vorderseite Doge und St. Markus, Umschrift: . S[ANCTVS] . MARCVS . MICHAEL . STENO DVX . Rückseite: . MICHAEL STENO . DEI . GRACIA . DVX . VENETIA[RVM] . ET . C[ETERA] . Durchmesser 4,9 cm.

Datierung: *Data in nostro ducali palatio die trigesimo Augusti indictione secunda millesimoquadringentesimonono.*

Vorderseitiger Vermerk des expedierenden Sekretärs auf Plica rechts unten.

Rückvermerk, neuzeitlich: *Littera salvi transitus per dominiam Venetum pro episcopo Joanne in legatione caesarea.* Darunter: *1409.*

Ausfertigung, italienisches Pergament, einseitig kalziniert, 29 cm breit, 19,6 cm hoch.

Staatsarchiv Würzburg, WU 45/125.

Regest: Regesta Boica XII (= Regesta sive rerum Boicarum authographa e regni scriniis fideliter in summas contracta, bearb. von C. H. von Lang/ Maximilian von Freyberg, Bd. XII), München 1849, S. 46; vgl. Wagner, Bischof Johann I. (wie Anm. 57), S. 98.

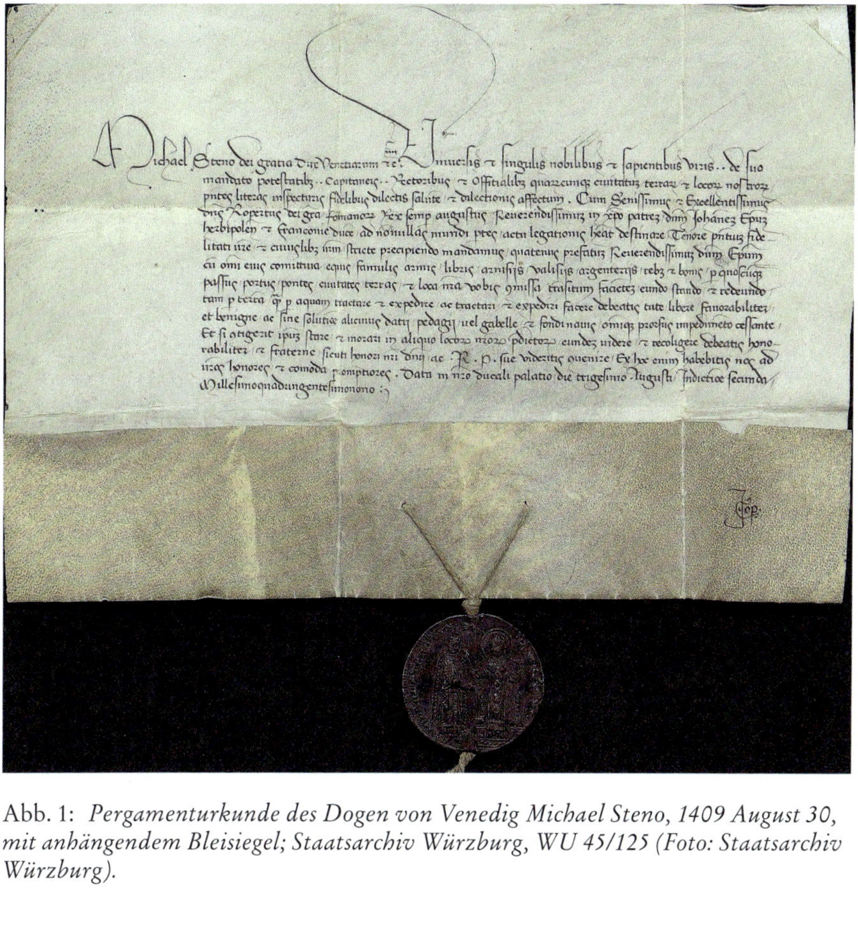

Abb. 1: *Pergamenturkunde des Dogen von Venedig Michael Steno, 1409 August 30, mit anhängendem Bleisiegel; Staatsarchiv Würzburg, WU 45/125 (Foto: Staatsarchiv Würzburg).*

Abb. 2: *Vorderseite Doge und St. Markus mit Umschrift: . S[ANCTVS] . MARCVS . MICHAEL . STENO DVX , Siegeldurchmesser 4,7 cm (Foto: Staatsarchiv Würzburg).*

Abb. 3: *Rückseite: MICHAEL STENO . DEI . GRACIA . DVX . VENETIA[RVM] . ET . C[ETERA] . Michael Steno von Gottes Gnaden Doge von Venedig (Foto: Staatsarchiv Würzburg).*

Julius Echter und die Chinamission. Nicolas Trigault und Johannes Schreck auf ihrem Weg durch Süddeutschland

Claudia von Collani

1. Einführung

Nach der Wende zum 17. Jahrhundert lag das chinesische Reich noch fast ganz außerhalb des Blickfeldes Europas. Das Mittelalter mit Marco Polos Beschreibung seines Aufenthaltes in China am Hofe der Mongolenherrscher sowie die Berichte der Franziskaner waren halbwegs vergessen, auch wusste man nicht, dass das neu entdeckte, bzw. wiedergefundene chinesische Reich identisch war mit dem legendären Cathay. Ein erster Chinabestseller hatte einige vage Vorstellungen von China vermittelt, nämlich Juan González de Mendoza OESA (1545–1618) mit seiner *Historia De Las Cosas Mas Notables* [...].[1] Das Buch erlebte mehrere Auflagen und verschiedene Übersetzungen, darunter auch eine deutsche: *Ein Neuwe / Kurtze / doch warhafftige Beschreibung deß gar Großmächtigen weitbegriffenen / bißhero vnbekandten Königreichs China* [...] *in Hispanischer Sprach beschrieben / auß derselbigen in die Italianische / vnnd nunmehr in Hoch / Teutsch gebracht,* Frankfurt 1589. Mehr Informationen hatte man in Europa zu dieser Zeit aus den Missionsbriefen aus Indien und Japan, doch beschrieben die *Litterae Annuae* vor allem die Missionstätigkeit der Jesuiten dort.[2]

Zu Beginn des 17. Jahrhunderts änderte sich das grundlegend. Erstmals erschien nicht nur ein halbwegs systematisches Buch über das chinesische Reich und die Missionsgeschichte Chinas, sondern erstmals kam es an europäischen Höfen und in den Jesuitenkollegien zu einem direkten Kontakt mit der Mission in China. Dieser Kontakt wurde hergestellt durch den flämischen

1 Juan González de Mendoza OESA, *Historia De Las Cosas Mas Notables, Ritos Y Costvmbres, Del gran Reyno de la China sabidas assi por los libros de los mesmos Chinas, como por relacion de Religiosos y otras personas que an estado en el dicho Reyno Itinerario del nuevo Mundo Ytinerario del Padre Custodio Fray Martin Ignacio, De la Orden del bienaventurado Sant Francisco, que passo ala China* [...] *Y De La Buelta Que Dio Por La India Oriental y otros Reynos, rodeando el Mundo,* Roma 1585. Das Buch erlebte u. a. italienische, englische und deutsche Übersetzungen sowie mehrere Auflagen; vgl. Robert Streit (Hg.), Bibliotheca Missionum IV, Freiburg 1928, Nr. 1972. Die neueste deutsche Übersetzung, doch ohne die Missionsberichte, von Margareta Grieszler (Hg.), Die Geschichte der höchst bemerkenswerten Dinge und Sitten im chinesischen Königreich des Juan Gonzalez de Mendoza, Sigmaringen 1992.

2 Josef Wicki, Von den gelegentlichen Veröffentlichungen der Missionsbriefe aus Übersee zu den offiziellen Litterae Annuae der Gesellschaft Jesu (1545–1583), in: Neue Zeitschrift für Missionswissenschaft (1976), S. 95–129; Claudia von Collani, Jesuitisches Schrifttum als Quellenfundus der China-Japan-Dramen, in: Adrian Hsia/Ruprecht Wimmer (Hg.), Mission und Theater. Japan und China auf den Bühnen der Gesellschaft Jesu (Jesuitica 7), Regensburg 2005, S. 259–288; Christoph Nebgen, Missionarsberufungen nach Übersee in drei Deutschen Provinzen der Gesellschaft Jesu im 17. und 18. Jahrhundert (Jesuitica 14), Regensburg 2007, S. 126f.

Jesuiten Nicolas Trigault (1577–1628), der als Prokurator seines Ordens aus der Chinamission nach Europa entsandt wurde. Auf seiner Reise nach Rom und während seiner „Tour de propagande" durch die Fürstenhöfe Europas vermittelte er etwas von der Exotik und vom Glanz Chinas nach Europa, womit die Chinamission moralisch und finanziell unterstützt werden sollte.[3]

2. Die Ausgangssituation in China

Im Jahr 1582, als Fürstbischof Julius Echter (1545–1617, reg. seit 1573) die Universität Würzburg gründete, gab es noch zwei weitere Ereignisse, die in diesem Kontext wichtig sind: 1582 setzte Papst Gregor XIII. in Rom den neu reformierten Kalender in Kraft, den Gregorianischen Kalender, der den alten, ungenau gewordenen Julianischen Kalender ersetzte. An dieser Kalenderreform war der aus Bamberg gebürtige Jesuit Christopher Clavius (1537–1612), der am Collegio Romano lehrte, maßgebend beteiligt. Im Jahr 1582 erreichte auch Clavius' Schüler, der italienische Jesuit Matteo Ricci (1552–1610), die portugiesische Enklave Macau, was den Neuanfang der frühneuzeitlichen Chinamission darstellt. Nach dem Sturz der Fremd-Dynastie der Mongolen (Yuan-Dynastie) im Jahr 1368 hatte sich China unter der Ming-Dynastie (1368–1644) nach und nach systematisch von der Außenwelt abgeschottet und hielt nur Kontakte zu seinen Vasallenstaaten, die tributpflichtig waren.[4] Sporadisch gab es auch Kontakte zwischen südchinesischen Städten mit Handelsdelegationen und Missionaren aus Portugal und Spanien.[5] Seit 1557 hatten die Portugiesen die Halbinsel Macau von China gepachtet, von wo aus sie alljährlich zu den Handelsmessen in Canton reisten, doch durften sie nie länger bleiben.

Sowohl europäische Kaufleute als auch Missionare drängte es, eine Aufenthaltsgenehmigung für China zu bekommen, doch alle Versuche schlugen fehl und endeten häufig mit Ausweisung, Gefangenschaft oder Tod.[6] Endlich beschloss der Jesuitenvisitator Alessandro Valignano (1539–1606), basierend auf seinen Erfahrungen in Japan, wo seit Mitte des 16. Jahrhunderts missioniert wurde, einen neuartigen und für die damalige Zeit kühnen Versuch zu machen, um seinen Mitbrüdern den Zugang zu China und vor allem die Auf-

---

[3] Der Bericht Trigaults von seiner Reise wurde veröffentlicht von Edmond Lamalle, La propagande du P. Nicolas Trigault en faveur des Missions de Chine (1616), in: Archivum Historicum Societatis Iesu 9 (1940), S. 49–120.

[4] Das chinesische Reich betrachtete sich selbst als Mittelpunkt der Welt, das „Reich der Mitte", umgeben von Staaten mit minderer Kultur, die je nach Zivilisationsgrad näher oder entfernter zu China lagen. Sie mussten in bestimmten Abständen Tribut nach China bringen und China als Kulturmittelpunkt anerkennen, wofür sie Gegengeschenke erhielten. Die engsten Vasallenstaaten waren Korea, Vietnam, die Ryukyu-Inseln, weiter entfernt lagen nomadische oder halbnomadische Stämme, wie Turkvölker, Mongolen und Tibeter, noch weiter entfernt wohnten die Barbarenvölker; Françoise Aubin, Tributsystem, in: Brunhild Staiger u. a. (Hg.), Das große China-Lexikon, Darmstadt 2003, S. 770–772.

[5] Charles R. Boxer, South China in the Sixteenth Century, London 1953; unveränd. ND Nendeln / Liechtenstein 1967, Bangkok 2004.

[6] Nicolas Standaert (Hg.), Handbook of Christianity in China. Volume One: 635–1800 (Handbook of Oriental Studies, section four: China, vol. XV/1), Leiden / Boston / Köln 2001, S. 295.

enthaltsgenehmigung dort zu ermöglichen. Er entwickelte eine Methode für die Missionsarbeit in China. Diese sah folgendermaßen aus:

- Erlernen der Sprache;
- Mission von Oben nach Unten. In China stellte zwar der Kaiser die Spitze der Hierarchie dar, doch wichtig für die Mission der Jesuiten wurden die konfuzianischen Gelehrten, die kulturell tonangebend waren;
- indirekte Mission durch europäische Wissenschaft, Kunst und Technik;
- Toleranz von Sitten und Gebräuchen, die nicht im Widerspruch zum Christentum standen;
- Apostolat des Buches.[7]

Der erste, der diese Methode erprobte, war der italienische Jesuit Michele Ruggieri (1543–1607), der seit 1579 in Macau war. Nachdem er Chinesisch gelernt hatte, hatte er erste Kontakte mit Chinesen während der Handelsmessen im südchinesischen Canton, wo er infolge seiner Sprachkenntnisse und seiner Höflichkeit den Chinesen als halbwegs zivilisierter Mann angenehm auffiel. 1582 wurde zu seiner Verstärkung Matteo Ricci geschickt, der auf den Vorarbeiten Ruggieris aufbauen konnte. 1583 konnte Ricci ein erstes Haus der Jesuiten im südchinesischen Zhaoqing eröffnen. Die Akkommodationsmethode bewährte sich und wurde durch die Ricci nachfolgenden Jesuiten weiterentwickelt und ausgebaut. Mithilfe der indirekten Mission durch europäische Naturwissenschaften und Mathematik konnten einige hochrangige Gelehrte für das Christentum gewonnen werden, die ein spirituelles Vakuum spürten und die die im Niedergang begriffene Ming-Dynastie erneuern wollten. 1601 endlich konnte Ricci Peking erreichen, wo er dem Wanli Kaiser (reg. 1572–1620) sozusagen europäische „Tributgeschenke" überreichte, darunter eine im China der damaligen Zeit unbekannte selbstschlagende Uhr. Da kein Chinese sie bedienen konnte, durfte Ricci bis zu seinem Tod in Peking bleiben, um sie zu warten. Damit hatte er eine indirekte Aufenthaltsgenehmigung für Peking. Den Kaiser selbst sah er allerdings nie. Für seine Grabstätte konnten seine chinesischen Freunde jedoch ein Stück Land vom Kaiser bekommen, womit auch seinen Mitbrüdern die Möglichkeit gegeben wurde, in Peking zu bleiben, um nämlich das Grab zu pflegen.[8]

Mit Riccis Tod im Jahr 1610 war die Anfangsphase der Mission beendet. In diesem Jahr trafen sechs weitere Jesuiten in China ein, sodass es zu dieser Zeit etwa 8–10 Jesuiten in China gab, die sich auf Peking und fünf Residenzen verteilten.[9] Massentaufen gab es keine in China. Bei einer Gesamtbevölkerung von ca. 150 Millionen Chinesen gab es im Jahr 1610 etwa 2 500 chinesische Christen.

---

7 Ebd., S. 310f.

8 Claudia von Collani, Die Anfänge der Evangelisierung Indiens, Japans und Chinas. China: Die Chinamission von 1520–1630, in: M. Venard / H. Smolinski (Hg.), Die Geschichte des Christentums, Bd. 8: Die Zeit der Konfessionen (1530–1620/30), Freiburg i. Br. 1992, S. 941–946; Claudia von Collani, From the Earthly Court to the Heavenly Court: the Death and Funeral of Tomás Pereira, in: Artur K. Wardega / António Vasconcelos de Saldanha (Hg.), In the Light and Shadow of an Emperor: Tomás Pereira, SJ (1645–1708), the Kangxi Emperor and the Jesuit Mission in China, Cambridge 2012, S. 117f.

9 Joseph Dehergne, Répertoire des Jésuites de Chine de 1552 à 1800, Paris / Rome 1973, S. 326f. China und der Ferne Osten gehörten zum Einflussbereich des portugiesischen Padroado, mit dem die Societas Iesu zusammenarbeitete. Bis 1630 gab es daher nur jesuitische Missionare in China.

In diesen ersten Jahren hatten sich auch u.a. einige hochrangige Gelehrte und mehrere Gelehrte auf Lokalebene zum Christentum bekehrt.[10] Nach Riccis Tod musste die Mission neu organisiert werden und vor allem ihre Finanzierung sichergestellt werden. Zu seinem Nachfolger als Missionssuperior bestellte Ricci den sizilianischen Jesuiten Niccolò Longobardo (1565–1655), der wegen seiner Haltung im chinesischen Ritenstreit keinen guten Ruf genoss und genießt, aber als Organisator beträchtlichen Weitblick zeigte.[11]

3. Pläne für den Ausbau der Mission

Während der Zeit, als China sich abgeschlossen hatte, waren viele Kenntnisse und Fähigkeiten verloren gegangen, u.a. war der chinesische Kalender immer ungenauer geworden. Dieser Kalender hatte eine hohe symbolische und politische Bedeutung. Berechnet wurde er von einer Unterabteilung des Libu, des Ritenministeriums, das ihn dann dem Kaiser übergab, der ihn in China und den tributpflichtigen Ländern verteilen ließ. Der Kaiser war als Sohn des Himmels Mittler zwischen Himmel und Menschen. Durch die Veröffentlichung des Kalenders stellte er sicher, dass die menschlichen Aktivitäten und Riten kosmischen Gesetzen folgen konnten. Doch durch die selbst gewählte politische Isolation Chinas seit dem 15. Jahrhundert war ein Niedergang von Wissenschaft und Technik in China eingetreten: Die Ungenauigkeiten bei den Berechnungen der so wichtigen Sonnen- und Mondfinsternisse und anderer Himmelsphänomene sowie der richtigen Daten für bestimmte Riten erforderten eine Revision des Kalenders.[12]

Der ungenaue Kalender brachte die beiden chinesischen Freunde der Jesuiten Paul Xu Guangqi (1562–1633) und Leo Li Zhizao (1571–1630) auf die Idee, mithilfe einer Kalenderreform die Stellung der Jesuiten in China zu festigen. Dabei sollten die Jesuiten von den Fortschritten der europäischen Wissenschaften profitieren, vor allem in Astronomie, Mathematik und Technik. Verschiedene Eingaben wurden an den Thron gemacht, die Kalenderreform anzuordnen. Sie scheiterten vor allem an der Passivität des Wanli Kaisers, der alle Initiativen ausbremste. Ricci, der zwar seine mathematische Ausbildung am Collegio Romano bei Christopher Clavius erhalten hatte, war selbst kein Astronom, seine diesbezüglichen Kenntnisse beschränkten sich auf den Gebrauch eines portugiesischen Almanachs, um die kirchlichen Feste zu bestimmen, weshalb er seine Mitbrüder in Rom mehrmals um die Entsendung von astronomisch gebildeten Jesuitenmissionaren und um wissenschaftliche Bücher bat.[13]

---

[10] Standaert, Handbook of Christianity (wie Anm. 6), S. 380–433.

[11] Claudia von Collani, Nicolas Trigault und Johannes Schreck, ihre Werbereise durch Europa, in: dies. / Erich Zettl (Hg.), Johannes Schreck – Terrentius SJ. Wissenschaftler und China-Missionar (1576–1630) (Missionswissenschaftliches Archiv 22), Stuttgart 2016, S. 112.

[12] Vgl. Claudia von Collani, Johann Adam Schall von Bell und die Naturwissenschaften in China, in: Verbum SVD 33 (1992), S. 26; Standaert, Handbook of Christianity (wie Anm. 6), S. 695f.

[13] Pasquale D'Elia, Galileo in China. Relations Through the Roman College between Galileo and the Jesuit Scientist Missionaries (1610–1640), Cambridge, Mass. 1960, S. 6; von Collani, Die Anfänge der Evangelisierung (wie Anm. 8), S. 943.

Damit sollte der Bestand der Mission gesichert werden. Riccis Wunsch erfüllte sich erst nach seinem Tod unter seinem Nachfolger Longobardo.

Zur Durchführung dieser Idee von den Jesuiten als Astronomen entsandte Longobardo den Flamen Nicolas Trigault nach Europa. Dieser war zwar erst seit 1610 in China, seines Sprachtalents, seiner diplomatischen Fähigkeiten und seiner Effizienz wegen jedoch sehr geeignet für die Aufgabe eines Prokurators. Neben der Rekrutierung von den Missionars-Astronomen betraute ihn Longobardo noch mit anderen Aufgaben, um der Mission ein solides Fundament zu geben. Zur Durchführung dieser Pläne sollte sich Trigault an verschiedene Zielgruppen wenden. Die sehr kostspielige Chinamission benötigte vor allem eine finanzielle, längerfristig solide Basis, wozu weltliche Herrscher beitragen sollten. Außerdem sollten bei den Fürsten möglichst schöne und kostbare Geschenke für den Kaiser und hohe Mandarine gesammelt werden, um sie günstig zu stimmen, darunter auch mathematische Instrumente. Die Chinamission sollte von der Jesuiten-Provinz von Japan abgetrennt und so selbstständig werden, was in das Ressort des Generalsuperiors der Jesuiten in Rom fiel. Sodann sollten der chinesischen Elite Zugeständnisse gemacht werden bezüglich der Sprache: die Heilige Schrift sollte in die chinesische Hochsprache übersetzt, die Messe sollte in der Hochsprache gelesen werden dürfen. Während der Messe sollte der Priester eine chinesische Zeremonialkappe tragen dürfen. Den künftigen chinesischen Priestern sollten Zugeständnisse bezüglich des Erlernens der lateinischen Sprache vom Papst gemacht werden. Für die geplanten fünfzehn Jesuitenhäuser in den fünfzehn chinesischen Provinzen sollten Bibliotheken aufgebaut werden, wozu alle beitragen sollten. Durch seine Bearbeitung der Jahrbriefe aus Japan und China war Trigault mit den Problemen der Missionsarbeit in Ostasien wohlvertraut. Er brach am 9. Februar 1613 von Macau auf und erreichte am 11. Oktober 1614, teilweise über den Landweg, Rom.[14]

Während der langen Reise nach Europa war Trigault vor allem mit der Vorbereitung verschiedener Veröffentlichungen über die Missionen in Japan und China beschäftigt. Neben anderen Manuskripten führte er im Gepäck vor allem Matteo Riccis kostbares Tagebuch mit sich, in dem neben einer systematischen Beschreibung Chinas aus erster Hand auch die Anfänge der Mission bis zum Tode Riccis beschrieben werden.[15] Trigault übersetzte das italienische Tagebuch ins Lateinische, um es so für einen größeren Leserkreis und vor allem für gebildete Leser zugänglich zu machen.[16]

Rom unter dem Pontifikat Pauls V. (1605–1621) und unter dem Generalat des Generalsuperiors der Jesuiten Claudio Aquaviva (seit 1581–1615) stellte

[14] Louis Pfister, Notices biographiques et bibliographiques sur les Jésuites de l'ancienne Mission de Chine, Chang-hai 1932–1934, S. 112f.; Dehergne, Répertoire (wie Anm. 9), S. 274. Seine Reise erfolgte zunächst auf einem portugiesischen Schiff nach Cochin in Indien, dann nach Goa. Von dort ging es auf einem arabischen Schiff nach Ormuz. Über Land musste Trigault dann fast ohne Geldmittel durch Luristan und Kurdistan, Basra, Birs-Nimrod, Bagdad, Mossul, Aleppo ans Mittelmeer reisen. Von Alexandrette reiste er nach Zypern, dann Rhodos, Kreta bis Otranto und von dort nach Rom, wo er am 11.10.1614 ankam.

[15] von Collani, Nicolas Trigault (wie Anm. 11), S. 113.

[16] Pasquale D'Elia, Fonti Ricciane, 3 vols., Rome 1942–1944.

den Ausgangsort von Trigaults Reise durch Europa dar. Zu dieser Zeit gehörte die Chinamission der Jesuiten zur neugegründeten Jesuiten-Provinz Japan (seit 11. Juli 1611); demzufolge war sie dem Provinzial von Japan und dem Visitator von Ostasien unterstellt.[17] Da zur Japanmission trotz einsetzender Verfolgungen zu dieser Zeit noch etwa 500 000 Christen gehörten[18], erschien es eigentlich unsinnig, Menschen und Finanzen in eine weitere, kleine und sehr ungewisse Mission mit etwa 5 000 Christen und kaum 10 Missionaren zu investieren. Schon bei Trigaults Abreise wurden daher Briefe aus der Provinz Japan gegen seine Mission nach Europa gesandt. Um dem vorzubeugen, schickte Longobardo nicht nur einen Report mit Trigault selbst, sondern gleichzeitig dieselben Informationen auf dem schnelleren Weg über die Philippinen an den Jesuitengeneral Aquaviva, wo sie 1613, also noch vor Trigault, ankamen.[19]

Sowohl Papst Paul V. als auch der Jesuitengeneral Aquaviva waren der Chinamission wohlgewogen. Eine Schlüsselrolle spielte dabei auch der Jesuitentheologe Roberto Bellarmino (1542–1621).[20] Noch Ende Dezember 1614 trennte Aquaviva die Chinamission von Japan als Mission sui juris ab, was vom neuen General Mutio Vitelleschi (1616–1645) Ende 1615 und im Frühjahr 1616 gegen die Einsprüche des Prokurators der Japanmission Gabriel de Matos (1572–1634) bestätigt wurde.[21]

Eine Kommission von Konsultoren aus dem Jesuitenorden befasste sich mit den speziellen Problemen Chinas, besonders mit der Übersetzung der Liturgie und der Bibel in die chinesische Sprache, wovon man sich auch für die umliegenden, von der chinesischen Kultur beeinflussten Reiche günstige Effekte versprach (am 6. Januar 1615). Die Kommission befürwortete dies, lehnte die in China übliche Polygamie der Oberschicht jedoch strikt ab.[22] Bellarmino setzte sich auch für den Gebrauch einer gehobenen chinesischen Sprache in Liturgie und in der Bibelübersetzung ein.[23] Unter seinem Einfluss gestattete das Hl. Offizium die Übersetzung der Liturgie und der Heiligen Schrift in die chinesischen Hochsprache sowie eine besondere Kopfbedeckung für die Priester während der Messe, das *Jijin* (15. Januar 1615, 26. März 1615). Das wurde von Paul V. am 27. Juni 1615 mit dem Dekret „Romanae Sedis Antistes“ bestätigt.[24] Eine weitere wichtige Aufgabe war die finanzielle Absicherung der

[17] Dehergne, Répertoire (wie Anm. 9), S. 326f. 1581 war Japan Vize-Provinz geworden, dann zur Provinz „aufgerückt“.
[18] J. F. Schütte, Art. „Japan. II Missionsgeschichte“, in: Lexikon für Theologie und Kirche 5, Freiburg i. Br. 1986 (2. Aufl.), Sp. 875–879, bes. Sp. 876. 1614 wurden die meisten Missionare ausgewiesen, Macau bzw. Südchina wurde zum Standort für Japan; Dehergne, Répertoire (wie Anm. 9), S. 327.
[19] Lamalle, La propagande (wie Anm. 3), S. 53–56; von Collani, Nicolas Trigault (wie Anm. 11), S. 114.
[20] Er kannte Matteo Ricci persönlich von dessen Studien in Rom, wo er sein Professor für scholastische Philosophie am Collegio Romano gewesen war; François Bontinck, La lutte autour de la liturgie chinoise aux XVIIe et XVIIIe siècles, Leuven 1962, S. 28f. Weitere Beziehungen mit China s. Claudia von Collani, Die richtige Berechnung der Eklipsen oder die Wahrheit der Religion, Xu Guangqi und die Jesuiten, in: dies./Zettl, Johannes Schreck – Terrentius SJ (wie Anm. 11), S. 235–248.
[21] Lamalle, La propagande (wie Anm. 3), S. 58f.
[22] Archivum Romanum Societatis Iesu, JS 16, S. 134–136.
[23] Bontinck, La lutte (wie Anm. 20), S. 27–35.
[24] Ebd., S. 40–42, Text ebd., S. 408f. bzw. S. 411f.; vgl. Standaert, Handbook of Christianity (wie Anm. 6), S. 621.

Chinamission, der Aufbau von Bibliotheken in den wichtigsten Residenzen sowie die Beschaffung von geeigneten Geschenken für die Mission, um den Kaiser und die lokalen Mandarine günstig zu stimmen.[25]

4. Die Propagandareise Trigaults

Im Frühjahr 1615 reiste Trigault über Florenz und Parma nach Madrid an den Hof Philipps II., einem der wichtigsten Geldgeber der China-Mission. Nach einigen Monaten begab er sich erneut nach Rom zur Wahl des neuen Jesuitengenerals Mutio Vitelleschi. Über verschiedene Stationen in Italien (Neapel, Rom, Florenz, Parma und Mantua) gelangte er nach Mailand, wo sich ihm der aus Bingen in der Diözese Konstanz stammende Mediziner Johannes Schreck SJ (gen. Terrentius, 1578–1630) anschloss. Schreck war ein schon bekannter Arzt, Naturwissenschaftler und Alchimist, der in Freiburg und ab 1600 dann in Paris Mitarbeiter des berühmten französischen Mathematikers François Viète (1540–1603) war. Nach Viètes Tod wurde er Schüler von Galileo Galilei (1564–1642) in Padua. Kurz nach Galilei wurde er im Frühling 1611 in die neu gegründete Accademia dei Lincei aufgenommen, wo unabhängig von kirchlichen Beschränkungen naturwissenschaftliche Forschungen durchgeführt wurden.[26] Spätestens dort latinisierte Schreck seinen Namen, wie damals durchaus üblich für Gelehrte. Im Rahmen dieser Akademie sollte er die Hinterlassenschaften an Material über Pflanzenkunde des spanischen Arztes und Naturforscher Francisco Hernandez ordnen, kommentieren, korrigieren und ergänzen.[27] Am 1. November 1611 trat Schreck für all seine Freunde und Kollegen überraschend in den Jesuitenorden ein. Seine einführenden Studien konnte er seines fortgeschrittenen Alters, seiner abgeschlossenen Ausbildung und seiner umfassenden Bildung wegen verkürzen, d.h. er musste auch nur zwei Jahre anstatt von vier Jahren Theologie studieren.[28] Nach mehreren Stationen in Italien schloss er sich Trigault an. Er hatte gerade sein Noviziat beendet und konnte Trigault dank seines Rufes und seiner Beziehungen gut unterstützen.[29]

---

[25] Zum Aufbau der Bibliotheken vgl. die drei Bände von Noël Golvers, Libraries of Western Learning for China. Circulation of Western Books between Europe and China in the Jesuit Mission (ca. 1650–ca. 1750): Bd. 1: Logistics of book acquisition and circulation (Leuven Chinese Studies XXIII), Leuven 2012, sowie Bd. 2: Formation of Jesuits Libraries, Leuven 2013 und Bd. 3: Of Books and Readers, Leuven 2015.

[26] Die Accademia dei Lincei (Akademie der Luchse, die als besonders scharfsichtig gelten) wurde 1603 vom römischen Fürsten Federico Cesi (1585–1630) als erste naturwissenschaftliche Akademie Europas gegründet. Sie sollte unabhängig, frei und friedlich naturwissenschaftliche Feldforschung betreiben; Isaia Iannaccone, Terrentius und Galilei zwei Accademici dei Lincei, eine wissenschaftliche Methode, in: von Collani/Zettl, Johannes Schreck – Terrentius SJ (wie Anm. 11), S. 93–95.

[27] Schreck arbeitete an der Herausgabe des Werkes Thesaurus Mexicanus. Das Werk erschien nach vielen weiteren Ergänzungen jedoch erst 1651; ebd., S. 97–99.

[28] Schreck hatte sich für viele Wissensgebiete interessiert, u.a. für Alchemie. Da seine Suche nach dem Stein der Weisen jedoch erfolglos blieb, löste er ein Gott gegebenes Gelübde ein und trat in einen Orden ein; Julius Oswald, Johannes Schreck-Terrentius als Jesuit und Gelehrter, in: von Collani/Zettl, Johannes Schreck – Terrentius SJ (wie Anm. 11), S. 75.

[29] Ebd., S. 80f.

Im Mai 1616 verließ Trigault zusammen mit Schreck endgültig Rom zu seiner Propagandareise durch Europa, die die erste und berühmteste ihrer Art werden sollte.[30] Später folgen andere Propagandareisen von Chinamissionaren, wie etwa die von Martino Martini (1614–1661).[31] Über Turin und Lyon erreichten Trigault und Schreck schließlich Süddeutschland, wo Trigaults eigentliche Werbereise zugunsten der Chinamission begann. Bei dieser Reise kamen sowohl das innerjesuitische Netzwerk als auch die guten Beziehungen der Jesuiten zu den katholischen Kirchenfürsten der Gegenreformation zum Einsatz. Das gesamte katholische Europa war von einem Netz von Jesuitenkollegien überzogen, Jesuiten waren an vielen adeligen Höfen Beichtväter. Darüber hinaus bestanden jedoch auch überkonfessionelle und transnationale Beziehungen wissenschaftlicher Art zur Res Publica Literaria, zur Gelehrtenrepublik Europas, die unabhängig von Nationalität und Religion war.[32]

Seine nächste Station führte Trigault nach Florenz zum Hof von Großherzog Cosimo de Medici II. (1590–1621) von der Toskana.[33] Über Burgund ging die Reise nach Augsburg, wo das Domkapitel Trigault reichlich beschenkte. Am 8. August 1616 kamen Schreck und Trigault in München an, wo sie vom abgedankten Herzog Wilhelm V. (1548–1626, Herzog 1579–1597), von seinem Sohn, dem regierenden Herzog und Kurfürsten Maximilian I. (1573–1651) und dessen Frau Elisabeth (1574–1635) empfangen wurden. Anwesend waren auch die Tochter Wilhelms, Magdalena (1587–1628), mit ihrem Mann Fürst Wolfgang Wilhelm von Pfalz-Neuburg (1578–1653), der kurz zuvor zum Katholizismus konvertiert war, sowie der jüngste Sohn des Herzogs, Albrecht VI. von Bayern-Leuchtenberg (1584–1666). Schrecks Name war schon so bekannt am Herzogshof, dass ihn der Herzog gerne bei Hofe behalten hätte, wäre er nicht für die Mission bestimmt gewesen.[34]

Trigault und Schreck brachen im August 1616 von München auf, um auf der Frankfurter Buchmesse wissenschaftliche und theologische Bücher für das Jesuitenkolleg in Peking und für noch zu gründende Residenzen zu kaufen. Der Weg führte über Augsburg, Dillingen, Neuburg und Ingolstadt nach Würzburg. Dort wurden sie von ihren Mitbrüdern und den Studenten der Universität mit großer Begeisterung aufgenommen. Sicher berichteten sie über Sitten und Gebräuche in China, über die Fortschritte des Christentums dort und über die Pläne der folgenden Jahre. Man kann annehmen, dass sie sich

---

30 Lamalle, La propagande (wie Anm. 3), S. 94.

31 Noël Golvers, Martino Martini in the Low Countries, in: Luisa M. Paternicò / Claudia von Collani / Riccardo Scartezzini, Martino Martini, Man of Dialogue. Proceedings of the International Conference „Martino Martini (1614–1661), Man of Dialogue" held in Trento on October 15–17, 2014 for the 400th anniversary of Martini's birth, Trento 2016, S. 113–135; Niklot Klüssendorf, Werbung für die Mission der Jesuiten in China. Pater Martino Martini zu Gast bei Landgraf Ernst I. von Hessen-Rheinfels (1654), in: Herold-Jahrbuch (Neue Folge, 22. Bd.), Berlin 2017, S. 101–153.

32 Cardon hatte gute Beziehungen zu den Jesuiten, z. B. zum Generalsuperior Aquaviva; http://rochnature.files.wordpress.com/2009/11/horace-cardon.pdf (letzter Zugriff: 24.01.2013).

33 Lamalle, La propagande (wie Anm. 3), S. 96f.

34 Ebd., S. 102. Auch Erzherzog Leopold von Österreich (1586–1632) hätte Schreck gerne als Beichtvater gehabt, was Schreck jedoch abwenden konnte; Oswald, Johannes Schreck (wie Anm. 28), S. 79.

auch im Gewand eines chinesischen Gelehrten zeigten (wovon es Bilder gibt)[35], chinesische Schriftzeichen malten und mit Essstäbchen aßen. Nach zeitgenössischen Berichten herrschte nach diesem Besuch eine große Missionsbegeisterung unter den Theologiestudenten in Würzburg. Bisher war der Weg in die unter spanischem und portugiesischem Patronat stehenden Überseemissionen für deutsche und flämische Missionare versperrt gewesen, erst seit 1611 durften auch Missionare anderer Nationen in die Missionsgebiete der iberischen Mächte.[36]

Von großer Wichtigkeit war für die beiden Jesuiten das Zusammentreffen mit Fürstbischof Julius Echter von Mespelbrunn (reg. 1573–September 1617) im September 1616, also ein Jahr vor seinem Tod, von dem sie sich finanzielle Unterstützung erhofften. Zu dieser Zeit waren auch die beiden anderen fränkischen Bischöfe in Würzburg anwesend, nämlich Johann Christoph von Westerstetten (reg. 1612–1637, Eichstätt), und Johann Gottfried I. von Aschhausen (reg. 1609–1622, Bamberg).[37] Trigault war der erste Europäer überhaupt, der in Würzburg über dieses fremde und exotische Land aus erster Hand berichten konnte. Die drei Fürstbischöfe zeigten sich für China und die Anliegen der Mission so interessiert, dass sie Schreck und Trigault täglich zum Essen einluden, um über das exotische Land zu hören und über die Chancen seiner Bekehrung. Vor allem Gottfried von Aschhausen schenkte ihnen 200 deutsche Gulden für die Reise sowie kostbare Gegenstände. Außerdem ließ er für einen künftigen Bischof in China einen kostbaren Ornat anfertigen und kaufte aus eigener Schatulle die mathematischen Instrumente eines kürzlich verstorbenen Bamberger Mathematikers sowie weitere mathematische Instrumente und wertvolle Bücher.[38] Julius Echter dagegen schenkte wertvolle, nicht einzeln verzeichnete Geschenke, war aber, was Geld anbelangte, verhältnismäßig spar-

---

35 Anne-Marie Logan/Liam M. Brockey, Nicolas Trigault, SJ: A Portrait by Peter Paul Rubens; dies./ders., Covering the Shame: The Death and Disappareance of Nicolas Trigault, SJ, in: Metropolitan Museum Journal 38 (2003), S. 157–167.

36 Bernward H. Willeke, Würzburg und die Chinamission im 17. und 18. Jahrhundert, in: Würzburger Diözesangeschichtsblätter 35/36 (1974) (Aus Reformation und Gegenreformation; Festschrift für Theobald Freudenberger), S. 417–429, bes. S. 418; Nebgen, Missionarsberufungen (wie Anm. 2), S. 29–65.

37 „Hinc biduo vel triduo venimus Herbipolim, ubi recepimus tres episcopos Imperii principes et episcopatuum suorum dominos temporales, videlicet Eichstetensem, Bambergensem et ipsius loci dominum Herbipolensem. Quotidianis apud eos conviviis excepti sumus et nemo fuit qui non nobis sua munera contulerit. Supra caeteros extulit sese Bambergensis in paucis fautor: is praeter ducentos florenos Germanicos in viaticum, dedit alia munera pretiosa, videlicet ornamenta confici curat pro episcopo nostro in itinerantium commoditatem redacta, item officinam integram mathematici Bambergae demortui suo nobis sumptu comparat, alia ipse addidit instrumenta mathematica et libros, e quibus unus flores nobilissimi horti totius Germaniae suis coloribus depictos in folio ingenti exhibet ita ad vivum expressos, ut in Germania ducentos pardais aestimetur, si vero coloribus caruerit in aere excusis, triginta pardais emi solet et unum etiam talem dono accepimus. Huius praesulis episcopatus aere alieno a praecessoribus obrutus ab hoc exoneratur, et tamen in his angustiis rei familiaris Collegium extruxit et in nos largus fuit et, si spes narrandas mihi proposuissem, dicerem eum si ad aliam quandam dignitatem promoveatur ad quam eum promovendum verisimile est, ea se facturum pro nostra missione sponte promisit, quae nullis aliis auxliis totam expeditionem possit suis necessitatibus expedire et sufficientes illi operarios subministrare.“; Lamalle, La propagande (wie Anm. 3), S. 107f.

38 Willeke, Würzburg und die Chinamission (wie Anm. 36), S. 419 erwähnt „silberne[s] Capellenzeug […] Crucifix, Meßbuch, Corporal“.

sam.[39] Vom Besuch der beiden Chinamissionare gibt es auch noch ein gedrucktes Zeugnis, doch dazu unten.

Über das Kurfürstbistum Mainz, wo der Erzbischof und Kurfürst Johann Schweikhart von Kronberg (reg. 1604–1626) herrschte, reisten Schreck und Trigault dann nach Frankfurt zur Buchmesse. Dort kauften die beiden Bücher und astronomische Instrumente ein.[40] Über Trier und Koblenz reisten sie nach Bonn, Köln, Aachen, Lüttich und Antwerpen. In Bonn trafen sie Kurfürst und Erzbischof Ferdinand von Bayern (1577–1650), einen Sohn Wilhelms V. und Bruder Maximilians, der, wie damals üblich, als nachgeborener Sohn für die kirchliche Karriere bestimmt war. Neben dem wichtigen Erzbistum und Kurfürstentum Köln hatte er noch die Bistümer Lüttich, Münster, Hildesheim und Paderborn inne. Ferdinand, gleichaltrig mit Schreck und Trigault, erwies sich als sehr großzügig. Nachdem er in *De Christiana expeditione*, was ihm wahrscheinlich als Mitbringsel übergeben worden war, gelesen hatte, dass in China die Mathematik in hohem Ansehen stehe, erlaubte er seinen Gästen, sich einige astronomische und mathematische Instrumente aus der Sammlung seines Onkels und Vorgängers im Amte, Ernst von Bayern (1554–1612), auszuwählen.[41]

Nun trennten sich die Wege von Schreck und Trigault. Schreck kehrte ein zweites Mal im Jahr 1617 nach Würzburg zurück. Während Trigault nach Spanien reiste, war Schreck in Paris gewesen, von dort sollte er nach München reisen, um sich den Gebrauch der vom bayerischen Herzog in Auftrag gegebenen mathematischen Instrumente zeigen zu lassen.[42] Die nächsten Monate im Jahr 1617 weilte er in München, Ingolstadt und Augsburg. Dann benutzte Schreck die Wahl von Johann Gottfried von Aschhausen zum Nachfolger Julius Echters am 5. Oktober 1617, um diesem zu seiner Ernennung zu gratulieren.[43] Schreck versuchte zudem, von ihm die Finanzierung einer kolorierten Ausgabe des Buches *Hortus Eystettensis* zu sichern, und ihn wohl auch an seine Versprechungen vom Jahr zuvor zu erinnern. In seiner ersten Begeisterung hatte Gottfried von Aschhausen nämlich eine weitere großzügige Geldspende in Aussicht gestellt. Den kolorierten und teuren *Hortus Eystettensis,* den Aschhausen P. Trigault versprochen hatte, finanzierte er dann jedoch nicht[44], da Schreck und Trigault schon eine einfache Ausgabe von einem Eichstätter Domherrn bekommen hatten.[45] Auch die großzügige Geldspende war etwas zusammen-

---

[39] Willeke, Würzburg und die Chinamission (wie Anm. 36), S. 418f.

[40] Lamalle, La propagande (wie Anm. 3), S. 108.

[41] S. Noël Golvers, The instrument collection of Prince-Bishop Ernest of Bavaria (Liège, 1612), Nicolas Trigault & Johann Terrentius and the Chinese Destiny of some of its items, in: Archives internationales d'histoire des sciences. International Archive of the History of Science 62, no. 169 (2012), S. 692–694.

[42] Brief 24.02.1617 Johannes Schreck an Johannes Faber (1570–1640), in: von Collani/Zettl, Johannes Schreck – Terrentius SJ (wie Anm. 11), S. 323.

[43] Brief 09.11.1617 Johannes Schreck an Johannes Faber, in: ebd., S. 334. Aschhausen führte die beiden Fürstbistümer in Personalunion. Die Wahl wurde am 10.02.1618 von Papst Paul V. bestätigt.

[44] Brief 10.06.1617 Johannes Schreck an Johannes Faber, in: ebd., S. 327. Schreck hatte eine solche teure Ausgabe bei Kardinal Borghese gesehen; vgl. Lamalle, La propagande (wie Anm. 3), S. 107f.; vgl. Anm. 37.

[45] Der „Hortus Eystettensis" war ein botanischer Garten auf den Bastionen der Willibaldsburg in Eichstätt, den der Renaissance-Fürstbischof Johann Konrad von Gemmingen (1545–1598)

geschrumpft – wahrscheinlich hatte er auch Echters Sparsamkeit geerbt. Aber er schenkte Schreck noch einmal 5 000 Gulden für Reisekosten und eine schöne Ausstattung zur Feier der hl. Messe.[46] Im Herbst wollte Schreck nach Mailand weiterreisen, um die deutschen Jesuiten, die nach China mitreisen sollten, dorthin zu begleiten. In Mailand sollte sich der von dort gebürtige Jesuit Giacomo Rho anschließen; anschließend sollten alle gemeinsam nach Genua reisen. Dort sollten Johann Adam Schall von Bell und der Italiener Paolo Cavallina (1589–1618), zur Truppe stoßen. Die gesamte Reise verzögerte sich jedoch, der Aufbruch nach Mailand erfolgte erst am 11. November 1617.[47]

Wahrscheinlich setzte Trigault auf seiner Reise auch eine optisch geschickte Performanz zu Propagandazwecken ein. So gibt es vom flämischen Maler Peter Paul Rubens Rötelzeichnungen von Trigault und wohl auch von Schreck, die sie im Gewand chinesischer Gelehrter zeigen.[48] Diese Gewänder legten sie an, um die Exotik des Fernen Ostens und die Bedeutung der Jesuiten als chinesische Gelehrte in Europa zu zeigen.[49] Damit dürften sie die uneingeschränkte Bewunderung der Zuschauer erregt haben und sie mit Missionsbegeisterung erfüllt haben. Gleichzeitig zeigen die Zeichnung und das Gemälde Trigaults auch das *Jijin,* die neu erlaubte Zeremonialmütze für die heilige Messe, als Demonstration der päpstlichen Zugeständnisse an die Chinamission.[50]

5. Nicolas Trigaults Veröffentlichungen

Wie oben erwähnt, spielte das „Apostolat des Buches“ eine wichtige Rolle in China, in einer Kultur, die auf Schreiben und Lesen beruhte und in der man Karriere machen konnte, wenn man die entsprechenden Prüfungen über bestimmte grundlegende Werke des Konfuzianismus erfolgreich abgelegt hatte. Mithilfe von theologischen, religiösen und wissenschaftlichen Büchern erreichten die Jesuiten auch Personen, mit denen kein direkter Kontakt möglich war, so auch in den Nachbarländern Chinas, die die chinesische Schrift benutzten (Korea, Japan). Doch diese Art der Propagierung galt umgekehrt auch in Europa, wo die Jesuiten, und in sehr vermindertem Maße auch andere Orden, Bücher über China veröffentlichten. Diese sowie andere Medien der

---

hatte anlegen lassen. Von den Pflanzen dieses Gartens gab es ein vom Apotheker, Botaniker und Verleger Basilius Besler herausgegebenes Buch, das 1613 in Nürnberg erschien; vgl. von Collani / Zettl, Johannes Schreck – Terrentius SJ (wie Anm. 11), S. 327. Ein Reprint erschien Sansepolcro 2007.

46 Willeke, Würzburg und die Chinamission (wie Anm. 36), S. 419; von Collani / Zettl, Johannes Schreck – Terrentius SJ (wie Anm. 11), S. 334; Lamalle, La propagande (wie Anm. 3), S. 107f.

47 Brief 09.11.1617 Johannes Schreck an Johannes Faber, in: von Collani / Zettl, Johannes Schreck – Terrentius SJ (wie Anm. 11), S. 335.

48 Henri Bernard, Un portrait de Nicolas Trigault dessiné par Rubens?, in: Archivum Historicum Societatis Iesu 22 (1953), S. 309–313; Logan / Brockey, Nicolas Trigault (wie Anm. 35), S. 157–167; Erich Zettl, Besitzen wir von Schreck ein Porträt?, in: von Collani / ders., Johannes Schreck – Terrentius SJ (wie Anm. 11), S. 131–138.

49 Lamalle, La propagande (wie Anm. 3), S. 102: „habitum etiam quem mecum habebam sinensem indui et principes more gentis salutavi.“

50 Vgl. Renate Eikelmann (Hg.), Die Wittelsbacher und das Reich der Mitte. 400 Jahre China und Bayern, München 2009, Ausstellungsstück Nr. 44.

damaligen Zeit (Theater mit Themen aus Ostasien, erbauliche Geschichten, Bilder, Lieder) dienten der Missionsförderung, aber auch der Glaubensstärkung in Europa mittels der Sinne. Darüber hinaus gehörten die Jesuiten auch zu den Übermittlern der chinesischen Kultur nach Europa.[51]

Wohl schon kurz nach seiner Ankunft in Europa im Oktober 1614 konnte Trigault verschiedene Manuskripte nach der Reise sozusagen druckfertig bei den Verlagen abgeben; fast alle von ihnen wurden Bestseller ihrer Zeit, erlebten mehrere Auflagen und häufig auch Übersetzungen in die bedeutendsten europäischen Sprachen: Latein, Italienisch, Flämisch, Deutsch, Französisch, Spanisch.[52] Als Dank waren diese Veröffentlichungen den wichtigsten, hochgestellten Persönlichkeiten gewidmet, die die Mission im Fernen Osten unterstützten. Diese Widmungen bewiesen den Spendern und den Lesern, dass sie alle zu einem wichtigen und großen Werk beitrugen, nämlich der Glaubensverkündigung und der Errettung von Seelen, die sonst nach damaliger Auffassung mit hoher Wahrscheinlichkeit für ewig verloren waren. Die Städte der Druckereien stellen auch Markierungspunkte des Weges Trigaults durch Europa dar: Rom, Mailand, Lyon, Augsburg, München, Mainz, Köln, Douai, Antwerpen.[53]

Vor allem drei wichtige Bucheditionen hatte Trigault auf der Reise vorbereitet, die dann 1615 in Augsburg erschienen und die seinen Ruhm begründeten. Diese Ausgaben wurden alle wichtigen Mäzenen der Chinamission gewidmet, wie Papst Paul V., dem Kaiser, den Herzögen von Bayern u. a. Zur Vorbereitung des Druckes der Bücher wurden die von Trigault mitgebrachten Manuskripte auf Anordnung des Generalsuperiors Claudio Aquaviva an Trigaults Mitbruder Georg Mayr SJ (1564–1623) übergeben. Mayr, eigentlich ein Experte für biblische und orientalische Sprachen in Augsburg, war Herausgeber einiger Editionen von Petrus Canisius' (1521–1597) Katechismus. Er übergab die Manuskripte der Druckerei Christoph Mang („Mangius", 1567–1617) in Augsburg.[54] Mang, der erste katholische Buchdrucker in Augsburg nach mehr als 60 Jahren, hatte seine Druckerei seit 1597. Seit 1601 arbeitete Mang u. a. für die Jesuiten, die den katholischen Drucker mit Druckaufträgen für polemische religiöse Schriften unterstützten, um so die Gegenreformation in Augsburg zu fördern. Nach Mangs Tod führte seine Witwe Sara Mang die Druckerei bis zu ihrem Tod 1624.[55] Das Haus Mang druckte daher auch einige von Trigaults

---

[51] Christoph Nebgen, Missionarsberufungen nach Übersee in drei Deutschen Provinzen der Gesellschaft Jesu im 17. und 18. Jahrhundert (Jesuitica 14), Regensburg 2007, S. 107–140; Claudia von Collani, Medien in der frühen Neuzeit. Zur Darstellung und Wahrnehmung jesuitischer Übersee-Aktivitäten in Europa / Media in the Early Modern Period. Representation and Perception of the Jesuit Overseas Activities in Europe, in: Klaus Koschorke (Hg.), Etappen der Globalisierung in christentumsgeschichtlicher Perspektive, Wiesbaden 2012, S. 105–132.

[52] Luke Clossey, Salvation and Globalization in the Early Jesuit Missions, Cambridge 2008, S. 201; vgl. Robert Streit, Bibliotheca Missionum V, Freiburg 1929, Nr. 2090–2094.

[53] Golvers, Libraries of Western Learning (wie Anm. 25), S. 204f.

[54] Anton Maria Kobolt, Baierisches Gelehrten-Lexikon, Landshut 1795, S. 439; Christoph Reske, Die Buchdrucker des 16. und 17. Jahrhunderts im deutschen Sprachgebiet, Wiesbaden 2007, S. 44; vgl. Nicolas Standaert, An Illustrated Life of Christ Presented to the Chinese Emperor. The History of Jincheng shuxiang (1640) (Monumenta Serica Monograph Series LIX), St. Augustin / Nettetal 2007, S. 18.

[55] Hans-Jörg Künast, Dokumentation: Augsburger Buchdrucker und Verleger, in: Helmut Gier / Johannes Janota (Hg.), Augsburger Buchdruck und Verlagswesen von den Anfängen bis zur

Büchern. Teilweise erschienen Trigaults Bücher schon vor seinen Besuchen, sodass sein Ruhm ihm vorauseilte; teilweise wurden sie dann wohl als Gastgeschenke verwendet. In der Universitätsbibliothek Würzburg befinden sich im Altbestand ebenfalls vier Bücher, die mit Trigault in Beziehung stehen und wovon zumindest eines im Besitz von Julius Echter war (s. u.).

Zunächst das wichtigste dieser Bücher, Matteo Riccis sogenanntes Tagebuch, das Trigault während seiner Reise nach Europa vom Italienischen ins Lateinische übersetzt und auch zur Drucksetzung bearbeitet hatte: *De christiana expeditione apud Sinas suscepta ab Societate Jesu. Ex Matthæ Riccij eiusdem Societatis Commentariis libri V. ad S. D. N. Pavlvm V. In quibus mores leges atque instituta & novæ illius Ecclesiæ difficillima primordia accurate & summa fide describuntur.*[56] Dieses Buch hatte Trigault vorausschauend Papst Paul V. gewidmet, von dem er Privilegien für die Chinamission erbitten wollte.[57] In Würzburg gibt es in der Universitätsbibliothek nur die deutsche Übersetzung aus dem Jahr 1617: *Historia von Einführung der Christlichen Religion in daß große Königreich China durch die Societet JESV. Sambt wolgegründten bericht von beschaffenhaitt deß Landts vnd Volcks, auch des selbigen gesatzen, Sitten vnnd gewonhaitten*[58], wobei nicht klar ist, woher dieses Exemplar stammt.[59] Das Vorwort und die Übersetzung stammen vom Augsburger Humanisten Paulus Welser (1555–1620), sie sind datiert Augsburg, 7. September 1617.[60] Diese Übersetzung von 1617 war schon vor Trigaults Reise nach München vorbereitet worden und ist Herzog Wilhelm V. gewidmet, um ihn zur Unterstützung für die Chinamission günstig zu stimmen. Die französische Übersetzung: *Histoire de l'expedition chretienne au Royaume de la Chine* wurde Philipp Wilhelm Orange-Nassau (1554–1618) gewidmet[61], die Überset-

---

Gegenwart, Wiesbaden 1997, S. 1233f. Christoph Mang arbeitete zuerst unter Michael Manger. Um 1600 heiratete er die Stieftochter Mangers, Sara, welche die Tochter des Buchdruckers Matthäus Franck war; in erste Ehe war sie mit dem Buchhändler (?) Christoph Mair verheiratet; vgl. Reske, Buchdrucker (wie Anm. 54), S. 45.

56 1. Auflage Augustae Vindelicorum 1615: Christoph Mang; weitere Auflagen: Lugdunum 1616; Colonia 1617; 1618; 1684; vgl. Streit, Bibliotheca Missionum V (wie Anm. 52), Nr. 2094.

57 Moderne kritische Ausgabe des italienischen Textes: Pasquale M. D'Elia (Hg.), Matteo Ricci, Fonti Ricciane. Storia dell'introduzione del Cristianesimo in Cina. Parte I, Roma 1942, Parte II, Roma 1949; vgl. Standaert, Handbook of Christianity (wie Anm. 6), S. 180f.

58 Antonii Hierat Cöllen; Sara Mangin Wittib, Augspurg, 1617. Anton Hierat († 1627) war Buchdrucker und -händler in Köln. Er lernte in der Druckerei Johann Gymnich (Johann Gymnich III, 1547–1606). Nach Gymnichs Tod heiratete er dessen Witwe. Hierat war recht berühmt, sodass seine Kapazitäten oft nicht ausreichten und er Hilfe bei anderen Druckern suchte; vgl. J. J. Merlo, Art. „Hierat, Anton", in: Allgemeine Deutsche Biographie 12 (1880) S. 389f.; http://www.deutsche-biographie.de/ppn138847991.html?anchor=adb (letzter Zugriff: 07.05.2015).

59 Universitätsbibliothek Würzburg, Signatur: G.q.6.

60 Paulus Welser gehörte zur berühmten Augsburger Patrizierfamilie der Welser. Er war ein Bruder des Humanisten, Historikers und Verlegers Markus Welser (1558–1614), der, wie Schreck und Galilei, Mitglied in der Accademia dei Lincei war. Die Welsers hatten u. a. größere Geldsummen an Frankreich und Spanien verliehen, was sie letztendlich in den Konkurs trieb. Peter Geffcken/Katharina Sieh-Burens/Peter Lengle (Stand: 2. Aufl. Druckausgabe): https://www.stadtlexikon-augsburg.de/index.php?id=114&tx_ttnews[tt_news]=5859&tx_ttnews[backPid]=127&cHash=daf4c157ce (letzter Zugriff:: 19.07.2018).

61 Ausgsaben: Lyon 1616; Lille 1617. Philipp Wilhelm war Fürst von Orange, Graf von Nassau, Katzelnbogen, Vianden, Büren, Leerdam, Baron von Breda und Vrijheer of Jaarsveld, verheiratet mit Eleonore von Bourbon-Condé (1587–1619), Tochter Heinrichs I. de Bourbon, Prince de Condé.

zung wurde von Ri[c]quebourg-Trigault gemacht.[62] Druckhaus der französischen Ausgabe war Horace Cardon (1565–1641) in Lyon.[63] Ebenfalls bei Mang erschienen die von Trigault bearbeiteten Jahrbriefe aus Japan: *Rei Christianae apud Japonios Commentarius. Ex litteris annuis Societatis Jesu annorum 1609. 1610. 1611. 1612. collectus* [...] (Augsburg 1615). Dieses Buch erlebte keine weiteren Auflagen.[64]

Sodann erschienen die chinesischen Jahrbriefe von 1610 und 1611, die *Litterae Societatis Iesu e regno Sinarum MDCX. & XI. Ad R.P. Claudium Aquavivam eiusd. Societatis Praepositum Generalem*[65], Herzog Maximilian I. von Bayern gewidmet. Das Vorwort stammt vom Jesuitenprovinzial Melchior Härtel[66] und ist datiert Ingolstadt 25. Juli 1615.[67] Dieses in Antwerpen gedruckte Buch steht auch in Würzburg in der Universitätsbibliothek und belegt eindeutig eine Beziehung zwischen Trigault und Julius Echter. Auf dem Titelblatt steht „Fratribus Capucinis Conventus Herbipol. Julius Epus. & Fundator ad. A.MDCXVII", also ein Geschenk von Julius Echter an das Kapuzinerkloster im Jahr 1617. Dieses Kloster war im Rahmen von Echters „Aufrüstung" des Bistums neu gegründet worden, die Einweihung erlebte Echter jedoch nicht mehr. – Christoph Raab (Supralibros). – Der Einband ist aus Schweinsleder mit blindgeprägten ornamentalen Rollen und Einzelstempeln. Auf dem Vorderdeckel ist das goldgeprägte Supralibros und Prägung 1616. – Buchbinder war Johann Kremer in Würzburg.[68]

Von Trigault stammt auch der Bericht über seine Rückreise nach China: *Præambvla Compendiosa Naratio de Svccessv navigationis svæ et Sociorvm in Indiam Orientalem, & de Statv re Christianæ apvd Iapones, Sinas et Indos, Missa e portv Indiæ Goano ad Socios, amicos et favtores Evropæos. Kalend. Ianuarij Anni 1618,* Mainz 1620; die deutsche Übersetzung befindet sich ebenfalls in der Universitätsbibliothek Würzburg: *Send-Schreiben / darin er*

---

[62] David-Floris de Ricquebourg-Trigault war ein Neffe von Nicolas Trigault. Er war Doktor in Medizin und Jurisprudenz und Berater des Fürsten von Orange. Chrétien Dehaisnes, Vie du P. Nicolas Trigault, Tournai 1864, S. II und 133. Er übersetzte auch Trigaults La vie du P. Gaspar Barzee [...], Douay 1615, ins Französische.

[63] Golvers, Libraries of Western (wie Anm. 25), S. 205, 367. Die Übersetzung ins Spanische: Istoria de la China I Christiana empresa, donde se descriven las costumbres [...], Sevilla 1621, ebenfalls Paul V. gewidmet, sowie ins Polnische 1616 etc. Italienische Ausgabe: Entrata nella China de' padri della Compagnia del Gesù, Napoli, Lazzaro Scoriggio 1622, gewidmet Giovanne Enriqvez, Reggente del Collaterale Consiglio per S.M.C. nel Regno di Napoli.

[64] Streit, Bibliotheca Missionum V (wie Anm. 52), Nr. 1132.

[65] Augustae Vindelicorum 1615, Christoph Mang, andere Edition in Antwerpen, Petrus und Joannes Belleros, 1615; vgl. Streit, Bibliotheca Missionum V (wie Anm. 52), Nr. 2092 und 2093. Die italienische Übersetzung erschien im gleichen Jahr in Mailand. Standort: Universitätsbibliothek Würzburg, Signatur: 35/E 9.301 (früher: H.e.o. 186).

[66] Melchior Härtel (1560–1632) war bis 1604 der Rektor des Jesuitenkollegs in München gewesen.

[67] Die italienische Ausgabe: Due Lettere Annve della Cina del 1610. e del 1611: Scritte al M.R.P. Clavdio Acqvaviva Generale della Compagnia di Giesv, Roma 1615; Milano 1615, Vorwort von Giovanni Battista Piccaglia, Mailand, 17.10.1615.

[68] Julius Echter hatte die Kapuziner nach Würzburg berufen. Die Klostergründung erfolgte 1615 im sogenannten Neudorf auf Grundstücken, die Echter von der Bürgerstiftung und von Privatleuten gekauft hatte, das Kloster befand sich gegenüber der heutigen Rotkreuzklinik. Das Kloster wurde Kilian und Franz von Assisi geweiht. Kurz vor der Fertigstellung verstarb Echter am 13.09.1617, daher wurde das Kloster von seinem Nachfolger Gottfried von Aschhausen im Oktober 1617 eingeweiht; Georg Link, Klosterbuch der Diöcese Würzburg, Bd. II, Würzburg 1876.

sein vnd seiner Mitgesellen Reiß oder Schiffahrt nach Goa / vnd was ihnen gedenckwürdigs auff derselben widerfahren / erzehlet. Neben kurzem Bericht / was es jetzo mit dem Christlichen Glauben / so wol in Japonia als China / für ein gestalt hab, Cölln: bey Peter von Brachel under der Gülden Wagen, 1620.[69]

Ein späteres Werk, das auf dem Werk *De expeditione Christiana* basiert, ist *Regni Chinensis descriptio* (Lugd.[uni] Batav.[orum]: Elzevir, 1639).[70] Das Buch stammt aus dem Besitz von Johann Salentin Faust von Stromberg, Assessor am Reichskammergericht, Speyer.[71] Weitere berühmte Werke Trigaults betreffen Japan, nämlich *Rei Christianae Apvd Iaponios Commentarivs. Ex litteris annuis Societatis Jesv annorum. 1608. 1610. 1611. 1612* (Augustae Vindelicorum 1615, Christoph Mang). Es besteht aus Exzerpten aus den *Litterae annuae* von Japan aus den Jahren 1609, 1610, 1611, 1612 und ist dem deutschen Kaiser Matthias (reg. 1612–1619) gewidmet.[72] Weiterhin gibt es in der Universitätsbibliothek Würzburg Nicolas Trigaults Buch *De Christianis apvd Iaponios Trivmphis sive de gravissima ibidem contra Christi fidem persecvtione exorta anno MDCXII. Vsq. ad annvm MDCXX. Libri quinq.* Monachii 1623. Trigault stellte dieses Buch noch kurz vor seiner Abreise aus Lissabon fertig. Auch dieses Buch wurde Wilhelm V. und seinen Söhnen Maximilian, Ferdinand und Albert im April 1618 gewidmet und mit Bildern von Raphael Sadeler versehen. Es beschreibt die heroischen Martyrien der japanischen Christen.[73]

Ein anderes, geplantes Buchprojekt wurde jedoch nicht verwirklicht. 1613 war eine bebilderte Ausgabe des berühmten Katechismus des Petrus Canisius erschienen, der, von Georg Mayr SJ vermittelt, bei der Druckerei Mang in Augsburg gedruckt wurde.[74] Es gab Pläne, dem Kaiserpaar von China entweder einen solchen Katechismus oder die oben erwähnten, bebilderten Leben Jesu und Mariae zu schenken. Letztendlich wurden dann doch die repräsentativeren Büchlein mit farbigen Bildern über Jesus und Maria geschickt. Die Bilder des Katechismus des Canisius sollten dann wohl in China mit chinesischen Texten versehen werden und für die christliche Unterweisung von chinesischen Christen eingesetzt werden.[75] Das Titelblatt des schon vorbereiteten Katechismus zeigt die vier Schriftzeichen *Tianzhu jiaoyao* = Einführung in die Lehre des Himmelsherrn (i.e. Katechismus), auf der ersten Seite findet man die Namen

---

69 Universitätsbibliothek Würzburg, Signatur: H.p.q. 322.

70 Universitätsbibliothek Würzburg, Signatur: G.d. 34-31.

71 Deckelprägung ISFVS 1645. Johann Philipp (Exlibris). – Einband: Pergamentband. Reste von zwei Verschlussbändern.

72 Streit, Bibliotheca Missionum V (wie Anm. 52), Nr. 1132; vgl. Standaert, An Illustrated Life (wie Anm. 54), S. 18–20.

73 Standaert. An Illustrated Life (wie Anm. 54), S. 41.

74 Vgl. Rita Haub, Bey was Zeichen erkennet man einen katholischen Christen? Illustrationen im Bilderkatechismus des Petrus Canisius, in: Peter M. Daly / G. Richard Dimler SJ / Rita Haub (Hg.), Emblematik und Kunst der Jesuiten in Bayern: Einfluss und Wirkung, Turnhout 2000, S. 69–84; vgl. Standaert, An Illustrated Life (wie Anm. 54), S. 35.

75 Siehe Brief Trigaults an Rader, Archiv. Prov. Germ. SJ, Abt. 42-2,2, Nr. 108; vgl. Standaert, An Illustrated Life (wie Anm. 54), S. 38. Der Katechismus wurde unter dem Namen „Marcos Jorge" in portugiesischer Übersetzung Doutrina Christiam de Padre Marcos Jorge de Iesu Representada por Imagens. Com Licença dos Superiores em Augusta 1616 (BSB, Catech. 376) gedruckt und in 1500 Kopien an verschiedene Orte in Ostindien geschickt. Die Bilder dieser Ausgabe sind, ist bis auf das Titelblatt, identisch mit dem chinesischen Katechismus.

von Jesus und Maria in phonetischer Umschrift (Ye su, Ma li ya), das Vorwort stammt von Georg Mayr mit dem Datum 1. März 1617.[76] Es ist unbekannt, ob der Katechismus je nach China kam.[77]

6. Der Austausch von Geschenken

In den Beziehungen zwischen China und anderen Völkern spielten Geschenke eine wichtige Rolle, die allerdings von China oft als Tributleistungen der betreffenden Völker angesehen wurden, die jedoch als Gegenleistung Zugeständnisse und Gegengaben vom Kaiser brachten. Der Kaiser geruhte aus den mitgebrachten, landestypischen Geschenken einige auszuwählen und sie seiner Schatzkammer einzuverleiben, was für den Geber sehr günstig war. Matteo Ricci hatte dieses System durchaus verstanden: Geschenke verpflichteten zu einer Gegenleistung, sie waren „cattiva".[78] Mit dem Geschenk einer selbstschlagenden Uhr an den Wanli Kaiser (reg. 1573–1620), die als exotisches Tributgeschenk betrachtet wurde, ermöglichte sich Ricci 1601 den Zugang nach Peking. Da diese Uhren gewartet werden mussten, wurde Riccis Aufenthalt in Peking stillschweigend geduldet.[79]

Daher suchte Trigault möglichst kostbare Geschenke für China zu bekommen (und meist führt er auch den Wert der jeweiligen Geschenke auf), wobei deutsche Uhren, die teilweise als Automaten fungierten, zu dieser Zeit von hervorragender Qualität und sehr gesucht waren. Von der Herzogsfamilie in Bayern bekamen die beiden Jesuiten die wertvollsten Geschenke ihrer ganzen Europareise: Bücher, eine astronomische Sphäre, zwei Kisten mit Reliquien, u. a. von einer der 11 000 Gefährtinnen der hl. Ursula im Fuß eines Silberkreuzes, andere kleinere Reliquien, verschiedene Uhren, davon eine in Form eines Kreuzes mit Maria und Johannes, ein Gemälde der hl. Jungfrau, zwei prächtige Monstranzen, mit Edelsteinen gezierte Bilder von Jesus und Heiligen, aus Bernstein geschnitzte heilige Gegenstände, eine Ausstattung für die hl. Messe, mathematische Instrumente, Spiegel und andere, mehr alltägliche Geschenke.[80]

Das prächtigste Geschenk stammte von Maximilian I., ein drei Fuß hoher und zwei Fuß breiter sogenannter „Pommernkasten", ein Wunderkasten aus Ebenholz mit sechs Stockwerken, jedes in mit Seide ausgeschlagene Fächer unterteilt, die mit kleinen goldenen Schlüsseln geöffnet werden konnten.[81] Der Kasten enthielt sozusagen Europa en miniature aus Silber: Pflanzen, Tiere,

---

76 Universitätsbibliothek Eichstätt; als Autor ist fälschlich Roberto Bellarmino angegeben, der Katechismus trägt den [fiktiven] Titel Dottrina cristiana breve. Auf dem letzten Blatt wurde aus Versehen ein C in das Datum eingefügt, womit aus 1617 auch noch die falsche Jahreszahl 1697 wird.

77 Vgl. von Collani, Nicolas Trigault (wie Anm. 11), S. 121.

78 Claudia von Collani, Die Förderung der Jesuitenmission in China durch die bayerischen Herzöge und Kurfürsten, in: Eikelmann, Die Wittelsbacher (wie Anm. 50), S. 100–102.

79 D'Elia, Fonti Ricciane I (wie Anm. 57), S. CVIf; Parte II, S. 123, No. 5.

80 Alfons Väth, Johann Adam Schall von Bell S.J. Missionar in China, kaiserlicher Astronom und Ratgeber am Hofe von Peking 1592–1666 (Monumenta Serica Monograph Series XXV), Köln 1933, Nettetal/St. Augustin 1991 (2. Aufl.), S. 34f.; die Geschenkliste in Archivum Romanum Societatis Iesu, Jap. Sin. 117, fol. 1r–v.

81 Beschreibung in Standaert, An Illustrated Life (wie Anm. 54), S. 23–26.

kleine automatische Figuren, selbst spielende Musikinstrumente, Wohlgerüche, Uhren, geometrische, astronomische, chirurgische Instrumente, Webereien, Schreibzeug. Dazu gehörte auch eine aus Wachs gefertigte Anbetung Jesu durch die Drei Könige.[82] Das kostbarste Stück im Kasten war ein Miniaturbuch aus Pergament mit handgemalten Bildern über das Leben Jesu.[83] Als Pendant überreichte Herzogin Elisabeth ein ähnliches Büchlein aus Pergament über das Leben der hl. Jungfrau.[84] Diesen Geschenken legte das Herzogspaar, von Trigault beraten, Begleitschreiben an den chinesischen Kaiser und an die Kaiserin bei.[85] Außerdem stiftete Wilhelm V. der Chinamission alljährlich 500 Gulden, was mit Ausnahme von einigen Jahren bis 1687 weiterlief.[86]

Wertvolle Präsente bekam die Chinamission auch von Bischof Ferdinand von Bayern, Kurfürst und Erzbischof von Köln und Lüttich. Wie oben schon erwähnt, durfte Schreck verschiedene Instrumente auswählen. Er suchte u.a. ein Astrolabium Nokturnum, oder Nocturlabium (Dreifache Sonnen-, Mond- und Sternenuhr) aus, das 1641 vom Kölner Mathematiker, Kartographen und Instrumentenbauer Caspar Vopel (Vopelius, 1511–1561) hergestellt worden war. Sehr wahrscheinlich wurde die Sternenuhr dem letzten Ming-Kaiser Chongzhen oder seinem Nachfolger Shunzhi, dem ersten Qing-Kaiser, zusammen mit dem reformierten Kalender überreicht.[87]

Die Bücher, die Trigault schließlich nach China mitbrachte, entstammten verschiedenen Quellen. Longobardos Plan, dem sich Trigault und Schreck anschlossen, sah das Gesamtkonzept einer großen Bibliothek in Peking vor, während die fünf schon bestehenden Jesuitenresidenzen in fünf verschiedenen Provinzen kleinere Bibliotheken haben sollten.[88] Die Übersetzung von theologischen, humanistischen und wissenschaftlichen Büchern ins Chinesische stellte eine wichtige Voraussetzung für die Missionsarbeit dar (Apostolat des Buches). Gesammelt wurden humanistische, philosophische, theologische Bücher, Ausgaben der Kirchenväter, dann naturwissenschaftliche Bücher über

---

82 Dieses Wachsbildnis fand später die große Bewunderung des letzten Ming-Kaisers Chongzhen; vgl. Väth, Johann Adam Schall von Bell (wie Anm. 80), S. 126; vgl. Claudia von Collani, A Missionary on His Journey: Michał Boym and Religions in East Asia, in: Monumenta Serica LIX (2017), S. 332f.

83 Väth, Johann Adam Schall von Bell (wie Anm. 80), S. 34–36; Standaert, An Illustrated Life (wie Anm. 54), S. 29–34, sowie Yan Wang, 進呈書像 Jincheng shu xiang (1640). Ein Leben Jesu in Bildern für den chinesischen Kaiser verfasst von Johann Adam Schall von Bell S.J. (1592–1666) (Mainzer Studien zur Neueren Geschichte 31) Frankfurt a.M. 2014, S. 27–39. Die handschriftliche Beschreibung des Kastens ist in Archivum Romanum Societatis Iesu, Jap. Sin. 123, fol. 51r–54r. Die Begleitschreiben des Herzogspaars in: Archivum Monacense Societatis Iesu, München, Abt. 42-2,2, Doc. 18, 19, 20, gedruckt in: Gabriele Greindl, Die Briefe Maximilians I. und Elisabeths von Bayern an den chinesischen Kaiser im Jahr 1617, in: Eikelmann (Hg.), Die Wittelsbacher (wie Anm. 50), S. 105–111.

84 Lamalle, La propagande (wie Anm. 3), S. 102–104; Standaert, An Illustrated Life (wie Anm. 54), S. 62–67.

85 Vgl. Greindl, Die Briefe (wie Anm. 83), S. 105–111; von Collani, Nicolas Trigault (wie Anm. 11), S. 120f.

86 Standaert, An Illustrated Life (wie Anm. 54), S. 21.

87 Das Instrument befindet sich heute im Palastmuseum in Peking; Claudia von Collani, Astrolabium Nocturnum, in: Museum für Ostasiatische Kunst Köln (Hg.), Glanz der Kaiser von China. Kunst und Leben in der Verbotenen Stadt, Heidelberg/Berlin 2012, S. 184.

88 Es gab Jesuitenhäuser in Zhaoqing, Shaozhu, Nanchang, Nanking, Peking und ab 1611 in Hangzhou; Dehergne, Répertoire (wie Anm. 9), S. 326f.

Medizin, Botanik, Pharmazie, Mathematik, Astronomie, Meteorologie, Magnetismus, Mineralogie, Pyrotechnik, Agrikultur; Bücher über beide Rechte, Musik, Bücher über die Herstellung mathematischer Instrumente aller Art sowie die mathematischen Instrumente dazu.[89] Dazu gaben der Papst und der Jesuitengeneral Vitelleschi jeweils 1000 Dukaten für weitere Einkäufe und für Buchbindearbeiten der vom Papst gestifteten Bücher. Wie oben erwähnt, wurde auch dies von der Druckerei Horace Cardon in Lyon gemacht, wobei Cardon zudem für 2000 Goldtaler die von Papst Paul V. geschenkten Bücher einheitlich einband und selbst 16 Missale (für Macau und für 15 geplante Residenzen in China) stiftete.[90]

Ein weiterer großer Teil der Bücher für China wurde in den wichtigen Buchzentren dieser Zeit gekauft: Lyon, Frankfurt und Köln. Dazu kamen Stiftungen von Autoren, Verlagshäusern und Verwandten von Missionaren. So schenkte Alexandre Rhaud (oder Rho) seinem Sohn Giacomo Bücher über Mathematik und Astronomie. Schreck stiftete wohl auch seine eigenen Bücher über Medizin, Chemie, Alchemie. Andere Stiftungen stammten aus den Städten, die Trigault während seiner Tour besucht hatte, München, Innsbruck, Ingolstadt und Leuven, insgesamt 757 Titel in 629 Bänden.[91] Eine einfache Ausgabe des *Hortus Eystettensis, sive diligens & accurata omnium plantarum, florum, stirpium, ex variis orbis terrae partibus sigulari studio collectarum, quae in celeberrimis viridariis, arcem Episcopalem ibidem cingentibus, hoc tempore conspicientur* [sic], *delineatio, et ad vivum repraesentatio*, hg. von Basilius Besler (Norinbergae 1613) befand sich in den Bücherkisten, die Schreck und Trigault mit nach China brachten; das Exemplar befindet sich in der ehemaligen Jesuiten-Bibliothek in Peking. Diese Bücher bildeten die Bibliothek der Jesuitenresidenz Xitang (Westkirche), die später in Nantang (Südkirche) umbenannt wurde. Seit dem Ende des 17. Jahrhunderts kam die Bibliothek der französischen Jesuitenresidenz Beitang (Nordkirche) hinzu. Die Renaissance-Bibliothek überlebte teilweise in Peking als Teil der Beitang-Bibliothek.[92]

7. Die Rückreise nach China

Neben den vielen Kisten mit Geschenken und Büchern nahmen Trigault und Schreck vor allem etwas sehr Kostbares mit, nämlich gut ausgebildete Jesuiten, die als künftige Missionare in Indien und China arbeiten wollten. Trigaults

[89] Lamalle, La propagande (wie Anm. 3), S. 95; Golvers, Libraries of Western Learning 1 (wie Anm. 25), S. 202–214.

[90] Cardon hatte gute Beziehungen zu den Jesuiten, z. B. zum Generalsuperior Aquaviva; http://rochnature.files.wordpress.com/2009/11/horace-cardon.pdf (letzter Zugriff: 24.01.2013); vgl. Golvers, Libraries of Western Learning, Bd. 1 (wie Anm. 25), S. 205.

[91] Hubert Verhaeren, Catalogue de la Bibliothèque du Pé-t'ang, Pékin 1949; repr. Paris 1969, S. vii-xii; Lamalle, La propagande (wie Anm. 3), S. 71–75.

[92] Die dritte Jesuitenkirche in Peking war die Dongtang, die Ostkirche. Zu den Kirche Pekings vgl. Standaert, Handbook of Christianity (wie Anm. 6), S. 583f. – Bei einigen der Bücher findet sich noch die Provenienz; vgl. Verhaeren, Catalogue (wie Anm. 91), Nr. 1013; Nicolas Standaert, The transmission of Renaissance culture in seventeenth-century China, Renaissance Studies 17 (2003), S. 367–391. Vgl. die drei Bände von Golvers, Libraries of Western Learning (wie Anm. 25).

Besuch hatte zusammen mit der Veröffentlichung der Bücher eine große Missionsbegeisterung in Europa erregt. Erstmals durften auch Mitteleuropäer am großen spirituellen Abenteuer teilnehmen.[93] Was bewog wohl einen jungen Jesuiten, in die Mission gehen zu wollen? Es war zum einen die Möglichkeit, ein geistliches und heroisches Abenteuer zu erleben, im Dienste Gottes, der Katholischen Kirche und der Societas Jesu in die Welt zu ziehen, exotische Menschen und Orte kennenzulernen, Abenteuer im Dienste Gottes zu erleben. Vor allem bei Japan kam die Aussicht auf ein noch heroischeres Martyrium hinzu. Die meisten Todesfälle der Mission geschahen jedoch nicht durch ein Martyrium, sondern auf der Reise in die Mission, wobei etwa 50 Prozent der Missionare starben.[94]

Ein Auswahlkriterium für die künftigen Chinamissionare, die sich in Rom beim Generalsuperior der Jesuiten um die Aussendung bewerben mussten (Indipetae) waren keineswegs ihre Frömmigkeit oder Enthusiasmus, sondern praktische oder wissenschaftlichen Kenntnisse, womit sie für die jeweilige Nation oder Gesellschaft nützlich oder attraktiv waren. Im Falle von China waren es vor allem Mathematik und Astronomie, damit sie für die geplante Kalenderreform eingesetzt werden konnten, später auch technisches und künstlerisches Können. Die zu dieser Zeit auf ihrem Gebiet führenden Jesuiten-Naturwissenschaftler durften jedoch nicht ausreisen, sondern mussten trotz ihres Interesses an China in Europa bleiben, um künftige Wissenschaftler auszubilden.[95]

Die Abreise Trigaults und seiner Gefährten aus Lissabon am 16. April 1618 war die 57. Aussendung von Jesuiten des portugiesischen Padroado. Die Flotte nach Goa bestand aus drei Schiffen, der „S. Amaro", auf der die für Japan bestimmten Jesuiten reisten, dabei Gabriel de Matos, der Provinzial von Japan, sowie Diogo Correia Valente (1568–1633 Macao), der neue portugiesische Bischof des japanischen Bistums Funai, dazu zehn Missionare für Japan.[96] Auf dem Flaggschiff „S. Carlos" (bisweilen auch „Bom Jesus" genannt) reisten 636 Menschen: Trigault sowie vier Mitglieder aus der Gallo-Belgischen Provinz: Joannes de Celle (Jean de Celle, 1578–1618); Hubert de Saint-Laurent, auch: Humbert a Saint-Laurent (1588–1618); Quentin Cousin (Coresin 1582–1618), und der Fr. coadj. Elias Trigault, der sich im Orden Philipp (1575–1618) nannte. Drei Jesuiten aus der Provinz Germania Superior und einer aus Österreich: Johannes Schreck, Johann Adam Schall von Bell (1592–1666), Johannes Alberich (1586–1618), Wenzel Pantaleon Kirwitzer (1588/90–1626). Drei Italiener, Paolo Cavallino (1589–1618), Giacomo Rho (1592–1638), Giovanni Domenico Gayatti (1593–1627). Zehn Portugiesen,

93 Nebgen, Missionarsberufungen (wie Anm. 2), S. 42–52; vgl. Willeke, Würzburg und die Chinamission (wie Anm. 36), S. 418.

94 Dehergne, Répertoire (wie Anm. 9).

95 Nämlich Grégoire de St. Vincent (1584–1667), Christoph Scheiner (1575–1650) – Entdecker der Sonnenflecken, Johann Baptist Cysat (1604–1657) – Entdecker des Orionnebels; D'Elia, Galileo in China (wie Anm. 13), S. 23–25.

96 Jesuit seit 1584, zum Bischof ernannt und geweiht am 08.01.1618, vom Klerus zum Administrator von Macau ernannt 10.07.1623, am 27.08.1626 Apostolischer Administrator der Diözese Macau; Dehergne, Répertoire (wie Anm. 9), S. 60.

davon vier Patres und sechs Fratres: Francisco Furtado (1589–1653), Simão da Cunha (1589–1660), João Frois (1591–1638), Mateus Gago (1590–1634), Álvaro Cabral (1595–?), Gil de Abreu (1593–1624) Batavia, Matias de Sousa (1597–1647), João Ferreira (1597–?), João de Veiga (1597–?), Gonçalo Dias (1591–?).[97]

Unterwegs machten die vier Naturwissenschaftler Terrenz, Rho, Kirwitzer und Schall verschiedene naturwissenschaftliche und geographische Beobachtungen.[98] An der Guineaküste herrschte Windstille; wegen schlechter Luft, Nahrung und Wasser sowie Hitze und mangelnder Hygiene brach das Guinea-Fieber aus. Über die Hälfte der Matrosen und alle Missionare bis auf Rho erkrankten. Terrenz arbeitete dabei als Arzt, während Trigault Medizin verteilte. Ihr Wirken rettete vielen das Leben. Auch der Fürsprache von Francisco de Xavier (1506–1552) schrieb man die Rettung zu.[99] Infolge des Fiebers starben fünf der 22 für China bestimmten Jesuiten auf See, während Trigaults Bruder Philipp in Goa starb, sodass außer Trigault keiner der Jesuiten aus der Gallo-Belgischen Provinz nach China kam.[100] Am 4. Oktober 1618 erreichten sie nach nur fünfmonatiger Fahrt (statt geplanter sieben Monate) Goa, was Schall den Fürbitten der Heiligen aus Köln und Trier anrechnete, deren Reliquien die Missionare begleiteten.[101] Die Weiterreise nach Macau dauerte bis Juli 1619, doch mussten die Neuankömmlinge zunächst dort bleiben und das Ende der Christenverfolgung abwarten[102], während ihr Reisegefährte Giacomo Rho erst 1622 in China ankam und Wenzel Kirwitzer in Südchina bleiben musste, wo er schon 1626 verstarb.[103]

---

97 Lamalle, La propagande (wie Anm. 3), S. 85;vgl. Nicolas Trigault, Præambvla Compendiosa Naratio de Svccessv navigationis svæ et Sociorvm in Indiam Orientalem, & de Statv re Christianæ apvd Iapones, Sinas et Indos, Missa e portv Indiæ Goano ad Socios, amicos et favtores Evropæos. Kalend. Ianuarij Anni 1618, Mainz 1620, bzw. Send-Schreiben / darin er sein vnd seiner Mitgesellen Reiß oder Schiffahrt nach Goa / vnd was ihnen gedenckwürdigs auff derselben widerfahren / erzehlet. Neben kurzem Bericht / was es jetzo mit dem Christlichen Glauben / so wol in Japonia als China / für ein gestalt hab, Cölln: bey Peter von Brachel under der Gülden Wagen, 1620. Zu den Namen der Teilnehmer vgl. Josef Wicki, Liste der Jesuiten-Indienfahrer 1541–1758, Portugiesische Forschungen der Görres-Gesellschaft. Aufsätze zur portugiesischen Kulturgeschichte 7. Band, Münster 1967, S. 289f.

98 Väth, Johann Adam Schall von Bell (wie Anm. 80), S. 38–40.

99 Terrenz schob das auf die Konjunktion von Mars und Saturn im Sternbild der Plejaden, Schall hielt das nahe Pestufer für verantwortlich; vgl. Väth, Johann Adam Schall von Bell (wie Anm. 80), S. 41.

100 Trigault, Præambula Compendiosa (wie Anm. 97); vgl. Lamalle, La propagande (wie Anm. 3), S. 85. Außer den Belgiern starb noch ein Italiener, doch keiner der Portugiesen, wahrscheinlich hatten sie Antikörper im Blut.

101 Väth, Johann Adam Schall von Bell (wie Anm. 80), S. 44. Rho schrieb einen Bericht über die Reise und seinen Aufenthalt, die Lettere del P. Giacomo Ro..., Mailand 1620, in deutscher Übersetzung von Sara Mang in Augsburg gedruckt: Copia eines Schreibens von P. Iacobo Ro der Societet IESV, Auß den Orientalischen Indien / zu Goa, den 27. Februar 1621 [...], Augsburg 1622.

102 Diese Verfolgung war 1616–1617, initiiert vom stellvertretenden Kultusminister in Nanking, Shen Que 沈㴶. 1622 flammte die Verfolgung wieder auf; Dehergne, Répertoire (wie Anm. 9), S. 328.

103 von Collani, Die richtige Berechnung der Eklipsen (wie Anm. 20), S. 241.

8. Die Kalenderreform

Die wichtigsten Jesuiten dieser Gruppe waren die vier oben erwähnten Naturwissenschaftler. Wencelaus (Wenzel) Pantaleon Kirwitzer wurde 1588/1590 in Kadan/Böhmen geboren und konvertierte zum Katholizismus. Seit 1606 war er Jesuit und gehörte der Österreichischen Provinz Österreich an. Nachdem er am Collegio Romano bei Christoph Grienberger SJ (1561–1636) studiert hatte, lehrte er Mathematik in Graz. Er wurde von Erzherzog Leopold V. von Österreich (1586–1632) als Experte für die Chinamission samt einer kostbaren Uhr „gespendet".[104] Nach seiner Ankunft in China arbeitete er als Missionar in Guangdong (Canton) und starb 1626 in Macau. Kirwitzer war, wie auch andere Jesuiten nach ihm, ein Anhänger des Kopernikanismus.[105] Auf der Reise nach China machte er zusammen mit seinen Mitbrüdern astronomische Beobachtungen, die als *Observationes cometarum anni 1616 in India Orientali factæ a Societatis Jesu mathematicis in Sinense regnum navigantibus, transmissae per P. Wenceslaum Pantaleonem Kirwitzer* (Ursellis 1620) und in den *Observationes cometarum anni M.DC.XIIX. in India Orientali factæ a Qvibvsdam Societatis Iesv Mathematicis in Sinense Regnvm Navigantibvs ex itinere eo delatis* (Aschaffenburg 1621) veröffentlicht wurden. In China selbst kamen seine Fähigkeiten aber nicht zum Tragen, denn in Macau war niemand an Mathematikunterricht interessiert. Für die Kalenderreform konnte er nicht eingesetzt werden, da er vorher verstorben war.[106]

Sodann Giacomo Rho, der 1592 in Pavia geboren wurde, war Jesuit seit 1614. 1616 bat er von Mailand aus um Entsendung in die Chinamission. 1617 wurde er von Kardinal Bellarmino zum Priester geweiht. Er arbeitete zunächst als Missionar in der Provinz Shanxi, wurde nach dem Tod Schrecks als Astronom nach Peking berufen, wo er mit Schall maßgeblich an der Kalenderreform beteiligt war, indem er verschiedene Texte über Astronomie und Mathematik verfasste. Er starb 1638 in Peking.[107] Johann Alberich war in Ingolstadt schon Professor für Mathematik gewesen, starb jedoch auf der Reise nach Goa.[108]

Der wichtigste Mann für die Kalenderreform wurde schließlich nach dem frühen Tod Schrecks und Xu Guangqis Johann Adam Schall von Bell, der 1592 in Lüftelberg oder Köln geboren wurde. Am 21. Oktober 1611, also zehn Tage vor Schreck, hatte er sich dem Jesuitenorden angeschlossen, d.h. beide kannten sich sicher. Auch Schall machte seine mathematisch-astronomische Ausbildung am Collegio Romano unter Christoph Grienberger. Im Jahr 1616 wäre auch er gerne zusammen mit Trigault und Schreck durch Europa gereist, doch musste er erst sein im Oktober 1613 begonnenes Theologiestudium beenden,

---

[104] Lamalle, La propagande (wie Anm. 3), S. 105.
[105] D'Elia, Galileo in China (wie Anm. 13), S. 25–28; Standaert, Handbook of Christianity (wie Anm. 6), S. 715f.
[106] Ugo Baldini, The Jesuit College in Macao as a meeting point of mathematical traditions, in: Luis Saraiva/Catherine Jami (Hg.), The Jesuits, the Padroado and East Asian Science (1552–1773), Tokyo 2008, S. 57.
[107] Dehergne, Répertoire (wie Anm. 9), S. 215. Er ersetzte als erster das ptolemäische System durch das des Kopernikus. Den Namen Galilei vermied er aber in seinen Schriften; vgl. D'Elia, Galileo in China (wie Anm. 13), S. 54–56.
[108] Väth, Johann Adam Schall von Bell (wie Anm. 80), S. 40–42.

was erst im Sommer 1617 der Fall war.[109] Schall brach am 18. Oktober 1617 aus Rom nach Portugal auf.[110]

Die so wichtige Kalenderreform, die ja ein wichtiger Grund zur Aussendung und Propagandareise Trigaults / Schrecks gewesen war, konnte nur sehr zögerlich starten. Geplant und initiiert wurde sie schon 1610 von den beiden christlichen Mandarinen und Freunden der Jesuiten, Paul Xu Guangqi (1562–1633) und Leo Li Zhizao (1571–1630). Doch mussten sie warten, bis genügend Jesuiten mit entsprechender Ausbildung nach China gekommen waren; vor allem aber mussten sie den chinesischen Kaiser dazu bringen, die Kalenderreform anzuordnen. Terrenz, der als Leiter des Projektes der Kalenderreform vorgesehen war, fühlte sich jedoch auf dem Gebiet der Astronomie nicht versiert genug, weshalb er 1623 einen Brief an seinen Freund Galileo Galilei richtete, worin er ihn um Rat und Material für die Kalenderreform bat.[111] Doch dieser, 1616 zum ersten Mal wegen seiner Theorien von Kardinal Roberto Bellarmino SJ intern gerügt, reagierte nicht.

Deshalb wandte sich Terrenz 1623 aus Changzhou[112] an seine Mitbrüder in Ingolstadt, dabei Christoph Scheiner (1573–1650), und bat sie, ihm Material zur Vorhersage von Eklipsen zu schicken. Der Brief wurde von P. Albert Curtz („Curtius", 1600–1671) über Dillingen nach Ulm geschickt. Curtz war selbst Astronom, stand mit Kepler in Verbindung und hatte den Druck astronomischer Bücher von Tycho Brahe und Johannes Kepler (1571–1630) vermittelt. Der Brief wurde an Kepler weitergeleitet. Kepler antwortete sofort(!) nach Erhalt des Briefes im Dezember 1627 von Regensburg aus mit den gewünschten Ratschlägen und schickte seine *Tabulae Rudolphinae* (1627) mit Sternenkatalog und Planetentafeln nach Peking, doch ist es fraglich, ob der Brief samt *Tabulae* Schreck zu seinen Lebzeiten noch erreichte. Kepler war jedoch so stolz, von China aus um Hilfe gefragt worden zu sein, dass er Schrecks Brief mit seinem eigenen zusammen abdrucken ließ als *R.P. Ioannis Terrentii è Societate Jesv Epistolium ex Regno Sinarvm ad Mathematicos Evropæos Missvm; cum commentatiuncula Joannis Keppleri Mathematici* (Sagani Silesiæ 1630).[113]

Die Wartezeit bis zum eigentlichen Beginn der Kalenderreform verbrachten die Jesuiten Longobardo, Terrentius, Schall, teilweise mit dem Erlernen der chinesischen Schrift und Sprache, was ebenso für die Missionsarbeit von Nutzen war[114], aber auch mit der Abfassung von Büchern über Mathematik und Astronomie, die zur Vorbereitung der Kalenderreform dienten.[115] Erst im Jahr 1629 konnte Xu Guangqi den Chongzhen Kaiser für das doch dringend notwendige

---

[109] Ebd., S. 28–33.
[110] Isaia Iannaccone, Terrentius und Galilei (wie Anm. 26), S. 48.
[111] D'Elia, Galileo in China (wie Anm. 13), S. 28f.
[112] Wohl ein Druckfehler für die Stadt Hangzhou, wo sich Schreck von 1621–1623 aufhielt; Dehergne, Répertoire (wie Anm. 9), S. 242.
[113] D'Elia, Galileo in China (wie Anm. 13), S. 32f. Terrenz berichtet darin zuerst von seinen Studien der chinesischen Sprache, dann von der chinesischen Chronologie. Digitalisierte Kopie aus der Herzog August Bibliothek Wolfenbüttel; vgl. Henri Bernard, L'Encyclopédie astronomique du Père Schall (Tch'ong-tcheng li-chou 崇禎曆書, 1629 et Si-yang sin-fa li-chou 西洋新法曆書, 1645), La réforme du calendrier chinois sous l'influence de Clavius, de Galilée et de Kepler, in: Monumenta Serica III (1938), S. 64–66.
[114] von Collani, Die richtige Berechnung der Eklipsen (wie Anm. 20), S. 241.
[115] Ebd., S. 242f.

Projekt gewinnen. Dem vorausgegangen war eine Art Gottesurteil, wobei die Jesuiten eine kommende anstehende Sonnenfinsternis genauer berechneten als die chinesische und muslimische Konkurrenz. Am 27. September wurde Xu Guangqi mit der Reform betraut, seine ersten europäischen Mitarbeiter waren Longobardo und Terrentius; das Team wurde von weiteren fünfundsiebzig chinesischen und einigen jesuitischen Wissenschaftlern (Johann Adam Schall von Bell, Giacomo Rho, Giulio Aleni) erweitert.[116] Im Missionsbericht von Adam Schall von Bell wurde vor allem die Rolle Schrecks als der große Trumpf Xu Guangqis herausgestrichen: „Allein als ein Apelles hinter der Tafel war der Pater Joannes Terrentius versteckt[117], ein Mann, welcher nicht nur in allen Arten der Wissenschaften bewandert, sondern auch durch seine Tugend und Bescheidenheit sehr ausgezeichnet war, welcher, da er aus eben dieser Ursache gewiß ein hohes Ansehen bei den Fürsten Europa's sich hätte erwerben können, doch lieber für die Sache Christi in das Exilium nach China wandern als ruhmvoll in seinem Vaterlande leben wollte. Diesen stellte Paulus dem Kaiser bei dieser Gelegenheit als den Mann vor, welcher den Kalender zu verbessern im Stande seyn würde; und da derselbe damals nebst dem Pater Nicolaus dem Lombarden [= Longobardo] allein in der Hauptstadt anwesend war, so wurde ihm auch allein die oberste Leitung des Geschäftes anvertraut."[118]

Der Tod Schrecks im Jahr 1630 und Xu Guangqis 1633 waren ein schwerer Schlag für das Projekt, doch konnte die Reform unter der Leitung von Johann Adam Schall von Bell mit Hilfe von Giacomo Rho durchgeführt und beendet werden. Eines der Resultate war eine Kollektion von Büchlein über Hilfswissenschaften zur Kalenderreform, die dem Kaiser vorgelegt wurden, das *Chongzhen lishu* (Das Kalenderkompendium des Kaisers Chongzhen), bestehend aus 137 Büchlein, vollendet am 21. Januar 1635. Die eigentliche Inkraftsetzung des neuen Kalenders aber wurde immer wieder verschoben, denn man fürchtete insgeheim, dass ein neuer Kalender auch den Sturz der Dynastie bedeuten würde.[119] So kam es, dass der revidierte Kalender nach der Eroberung Pekings durch die Manjuren im Jahr 1644 den neuen Machthabern der Qing-Dynastie zugutekam, die ebenfalls einen Kalender zur Legitimierung ihrer Macht brauchten. Schall änderte den Titel des Kalenderwerkes in *Xiyang xinfa lishu* („Neue Westliche Methoden der Kalenderwissenschaft") um und legte es 1645 der Qing-Regierung vor.[120] Damit bekamen die Jesuiten einen festen Platz in der Hauptstadt und am Kaiserhof. Bis zur Aufhebung der Societas

---

116 Bernard, L'Encyclopédie astronomique (wie Anm. 113), S. 506–527.

117 „Attamen latebat Apelles post tabulam, hoc est P. Joannes Terrentius, vir in omni litterarum non minus quam virtutum studio versatissimus [...]"; Johann Adam Schall von Bell, Historica Relatio de ortu et progressu Fidei Orthodoxae in Regno Chinensi per Missionarios Societatis Jesu [...], Regensburg 1672, S. 12. Anspielung auf Christoph Scheiners Veröffentlichung *De Maculis Solaribus* aus dem Jahr 1612 über seine Beobachtungen der Sonnenflecken, die er vorsichtshalber unter dem Pseudonym „Apelles post tabulam" veröffentlichte, als Anspielung auf den griechischen Maler Apelles, der, hinter seinen Bildern verborgen, ihre Wirkung auf das Publikum geheim beobachtete. Die Entdeckung der Sonnenflecken war der Grund für den späteren Prioritätsstreit mit Galilei.

118 Zitiert nach der deutschen Übersetzung von Schalls Buch durch Ignaz Mansegg, Geschichte der chinesischen Mission unter der Leitung des Pater Johann Adam Schall von Bell [...], Wien 1834, S. 48f.

119 Bernard, L'Encyclopédie astronomique (wie Anm. 113), S. 461–468.

120 Standaert, Handbook of Christianity (wie Anm. 6), S. 696f.

Jesu in China im Jahr 1776 war immer ein Jesuit einer der Präsidenten des Astronomischen Büros in Peking, womit er allen Missionaren in den Provinzen beistehen konnte.

9. Resümee

Nicolas Trigault und die Jesuiten in seiner Begleitung verließen Europa Mitte April 1618, also kurz vor Ausbruch des Dreißigjährigen Krieges, der erst einmal jede Aussendung aus Mitteleuropa unterbrechen sollte. Sie verließen ein Europa, das von länderübergreifenden Religionskonflikten zerrissen war, doch konnten sie auch in China nicht gleich ihre Arbeit beginnen, denn in Nanking gab es 1616 eine vom dortigen Kultusminister Shen Que initiierte, lokale Christenverfolgung, der den Jesuiten Heterodoxie bezüglich ihrer religiösen und wissenschaftliche Schriften vorwarf.[121] Vor allem Terrenz war ein Jesuit, der an der Schwelle zwischen Renaissance und früher Barockzeit stand. Er war durch Europa gereist, hatte nach dem „Stein der Weisen" gesucht und hatte alchemistische Interessen, wovon auch seine Korrespondenz mit der Alchemistin Barbara Pichlerin aus Breslau zeugt[122]; darin ähnelte er Paracelsus. Zu diesen Interessen passt auch seine Deutung der Fieberepidemie an Bord der nach China reisenden Schiffe: er schob den Ausbruch der Krankheit auf eine ungünstige Konjunktion von Mars und Saturn im Sternbild der Plejaden, während der fünfzehn Jahre jüngere Johann Adam Schall von Bell die Sache wesentlich rationeller sah: er machte das nahe Pestufer von Guinea für das Fieber verantwortlich.[123] Trotzdem gehörte Terrenz zu den Gelehrten der Spätrenaissance, die sich religions- und konfessionsübergreifend als Mitglieder eine „Republica Literaria" betrachteten, in der ein Gelehrter dem anderen half und in deren Kontext die Neugründung von Akademien erfolgte, wie die der Accademia dei Lincei.

Trigaults Mission nach und durch Europa war zum Teil sehr erfolgreich. Von Papst Paul V. erhielt er Zugeständnisse für die Chinamission, von den Jesuitengeneralsuperioren erreichte er die Abtrennung der chinesischen Vize-Provinz von der Provinz Japan, er konnte gut ausgebildete Jesuiten mitnehmen (Schreck, Schall und Rho), eine teilweise längerfristige Finanzierung der Chinamission sichern, eine gute wissenschaftliche Bibliothek erwerben (und dazu mehrere kleinere Bibliotheken), er erhielt prachtvolle und kostbare Geschenke für den Kaiserhof und die chinesischen Mandarine. In Europa konnte er den Missionsgedanken plastisch darstellen und viele junge Männer für die Verkündigung des Glaubens gewinnen. Nach der Veröffentlichung von Riccis Opus wurden China und seine Kultur ein wichtiges Thema in Europa, das schließlich in die Aufklärung und in die Chinoiserie mündete. Aber: Die Zugeständnisse, wie die Erlaubnis zur Übersetzung der Bibel und der Liturgie ins Hochchine-

[121] Ebd., S. 480f.

[122] Erich Zettl, War Johannes Schreck Alchemist?, in: von Collani/ders., Johannes Schreck – Terrentius SJ (wie Anm. 11), S. 55–68; vgl. die fünf erhaltenen Briefe der Babara Pichlerin ebd., S. 372–375.

[123] Väth, Johann Adam Schall von Bell (wie Anm. 80), S. 41.

sische, wurden nur teilweise umgesetzt. Ein Teil der Geschenke ging wohl auf der Reise verloren. Die Abtrennung von Japan war im Nachhinein nicht unbedingt vorteilhaft. Wären Japan und China noch eine Einheit gewesen, wären nach der Abschließung Japans die Ressourcen von dort nach China gewandert und nicht in die Missionen von Tonkin und Cochinchina.[124] Nicht zum Tragen kamen auch die etwas naiven Versuche, diplomatische Beziehungen zwischen Bayern und China herzustellen. Zusammen mit seinem Mitbruder Matthäus Rader (1561–1634) hatte Trigault Begleitschreiben des bayerischen Herzogspaares an den Kaiser und die Kaiserin von China verfasst, worin um Religionsfreiheit ersucht wurde.[125] Wahrscheinlich hatte Trigault die Idee zu diesen Briefen, doch wurden sie wahrscheinlich nicht übergeben, einmal wegen der damaligen Christenverfolgungen in China, dann aber auch, weil sich damit die bayerischen Herzöge zu tributpflichtigen Vasallen der chinesischen Kaiser erklärt hätten.

Auch Trigaults weiteres Leben war von Schreibtätigkeit bestimmt. Er übersetzte oder paraphrasierte zumindest teilweise die *Wujing*, die Fünf Klassischen Bücher Chinas (Pentabiblion Sinense) ins Lateinische, er stellte eine Chronologie des chinesischen Reiches zusammen; beide Werke sind verschollen. Außerdem war Trigault engagiert in die Diskussion, mit welchen Termini man Gott ins Chinesische übersetzten sollte, ob die altchinesischen Begriffe *Tian* (Himmel) und *Shangdi* (Höchster Kaiser) geeignet wären, oder ob man, wie Gegner dieser Begriffe forderten, lateinische Umschriften nehmen sollte.[126] Es heißt, dass der völlig überarbeitete und gestresste Trigault am 14. November 1628 in Hangzhou keines natürlichen Todes starb, sondern sich erhängte.[127]

Nach Schrecks Tod wurde Johann Adam Schall von Bell, eine starke, doch eigenwillige Persönlichkeit, der wichtigste Jesuit in der Chinamission. Er wurde Leiter des Astronomischen Büros und Freund des ersten, jungen Kaisers der Qing-Dynastie, Shunzhi (1644–1661). Nachdem Würzburg als mitteleuropäisches Herzogtum und Bischofssitz zu Beginn des 17. Jahrhunderts in Beziehung zu China und der Jesuitenmission getreten war, wurde dies weitergeführt zu Ende des 17. Jahrhunderts mit dem Würzburger Jesuiten Kilian Stumpf (1655–1720). Von 1694 bis zu seinem Tod im Jahr 1720 lebte er in Peking, wo er dem Inneren Hofstaat des Kaisers Kangxi (1662–1722) angehörte, die erste Glashütte in China erbaute und Jesuitenvisitator war (1714–1718). Er wurde einer der Nachfolger Schalls als Präsident des Astronomischen Büros von 1711–1720. Zudem engagierte er sich stark im Chinesischen Ritenstreit und verfasste einen umfassenden Bericht über die Gesandtschaft des Charles-Thomas Maillard de Tournon (1668–1710), erster päpstlicher Legat der Neuzeit, an den chinesischen Kaiserhof.[128]

---

124 George Dunne, Das große Exempel, Stuttgart 1965, S. 179f.
125 Greindl, Die Briefe (wie Anm. 83), S. 105–111.
126 von Collani, Nicolas Trigault (wie Anm. 11), S. 126.
127 Logan/Brockey, Covering the Shame (wie Anm. 35), S. 157–167.
128 Paul Rule/Claudia von Collani (Hg.), Kilian Stumpf SJ, The Acta Pekinensia or Historical Records of the Maillard de Tournon Legation. First transcribed edition and English annotated translation, Volume One: December 2005 – August 2006 (Monumenta Historica S.I. Nova Series 9), IHSI-MRI, Rome/Macau 2015.

Die Leichenrede des Würzburger Weihbischofs Eucharius Sang auf Kaiser Rudolf II. (1612)

Roland Sauer

Am 20. Januar 1612 starb nach über 35-jähriger Regierungszeit in Prag Rudolf II., der Kaiser des Heiligen Römischen Reiches Deutscher Nation aus dem Hause Habsburg.[1] Am 14. Februar zelebrierte Fürstbischof Julius Echter im Dom zu Würzburg eine feierliche Totenmesse für den Verstorbenen, bei der Echters Weihbischof Eucharius Sang eine eindrucksvolle Leichenrede in lateinischer Sprache hielt, die im selben Jahr beim Würzburger Drucker Konrad Schwindtlauff publiziert wurde.[2] Sie soll im Folgenden übersetzt und kommentiert werden, gibt sie doch einen aufschlussreichen Einblick in die Beurteilung einer in der Geschichtsschreibung meist eher abwertend dargestellten Herrscherpersönlichkeit am Vorabend des Dreißigjährigen Krieges aus der Perspektive des Repräsentanten eines zu dieser Zeit bedeutsamen und einflussreichen geistlichen Reichsstandes.[3]

1. Übersetzung

Titelblatt: Leichenrede auf den Tod des durchlauchtigsten und unbesiegbaren Kaisers Rudolf II., gehalten in der Kathedralkirche zu Würzburg, als der ehrwürdigste und hochberühmte Bischof und Herzog von Franken das Opfer

---

1 Zu Rudolf II. (1552–1612, König von Ungarn 1572–1608, König von Böhmen 1575–1611, ab 1575 Römischer König, Kaiser 1576–1612) vgl. die wohlwollend-einfühlsame Biographie von Gertrude von Schwarzenfeld, Rudolf II., der saturnische Kaiser, München 1961. Noch immer empfehlenswert ist Felix Stieve, Art. „Rudolf II.“, in: Allgemeine Deutsche Biographie 29 (1889), S. 493–515. Eine geistes- und mentalitätsgeschichtliche Einordnung liefert Robert John Weston Evans, Rudolf II., Ohnmacht und Einsamkeit, Graz/Wien/Köln 1980; ders., Art. „Rudolf II.“, in: Neue Deutsche Biographie 22 (2005), S. 169–171. Vor allem des Bildmaterials wegen ist zu beachten: Karl Vocelka, Rudolf II. und seine Zeit, Wien/Köln/Graz 1985. (Eine eher belletristische Biographie bietet Jaqueline Dauxois, Der Alchimist von Prag. Rudolf II. von Habsburg, Düsseldorf 1997.)

2 Oratio funebris IN OBITVM SERENISSIMI ET INVICTISSIMI CAESARIS RVDOLPHI SECVNDI In Cathedrali Ecclesia VVirceburgensi REVERENDISSIMO ET ILLVSTRISsimo Praesule & Duce Franconiae sacris operante; & vniverso clero officium Defunctorum lugubri cantu persoluente A REVERENDISSIMO DOMINO EVCHARIO, SVFFRAGANEO VVirceburgensi SS. Theologiae Doctore habita Anno M. DC. XII. WIRCEBVRGI Ex Typographeo Conradi Schvvindtlauff. – Der lateinische Text (ohne Kapitel- oder Seitenzählung) liegt inzwischen digitalisiert vor: https://archive.thulb.unijena.de/hisbest/rsc/viewer/HisBest_derivate_00010805/4-Diss-phil-17-2_0001.tif. – Er ist auch (weitgehend unverändert) abgedruckt bei Ignatius Gropp, Collectio novissima scriptorum et rerum Wirceburgensium, Tom. I, Frankfurt 1741, S. 695–700. Gropp nummerierte die Absätze der originalen Druckversion; seine Kapitelzählung ist im Folgenden beibehalten.

3 Zum Verhältnis des Fürstbischofs Julius Echter zu Kaiser und Reich vgl. Alfred Wendehorst (Bearb.), Das Bistum Würzburg, Teil 3: Die Bischofsreihe von 1455 bis 1617 (Germania Sacra, Neue Folge 13), Berlin/New York 1978, S. 169–174. – Frank Kleinehagenbrock, Julius Echter

feierte und der gesamte Klerus das Toten-Offizium mit Trauergesang betete, vom ehrwürdigsten Herrn Eucharius[4], Weihbischof von Würzburg, Doktor der allerheiligsten Theologie, Würzburg, im Jahre 1612 (aus der Druckwerkstatt des Konrad Schwindtlauff).

Seite 2: „Wir haben den Kaiser verloren! Spendet die Sakramente, die himmlischen Mysterien! Lasst uns die fromme Seele mit unseren Opfern begleiten! Erhebt, ihr Völker, mit mir die Hände zum Heiligtum, dass wir durch dieses Opfer seine Verdienste entgelten!“ (St. Ambrosius über den Tod des Kaisers Valentinian)

1. Dass jedem Menschen eine bestimmte Zeit des Lebens festgesetzt sei, das lehren uns, hochwürdigster Bischof, hochberühmter Fürst, hochwürdige Herren, ihr Adeligen, Hochgelehrten und ihr übrigen hochgebildeten Zuhörer, die Denkmäler der heiligen Schriften. Diese Lebenszeit konnte bis heute niemand überschreiten, welchen Standes oder welcher Lebenslage er auch immer war. Gerade an diese Grenze und den Endpunkt des kurzen menschlichen Lebens, o wehe, gelangte der durchlauchtigste Kaiser Rudolf in den vergangenen Tagen. Und dies bezeugen nun die öffentliche Trauer des Volkes, euer trauriges Zusammensitzen, der Trauergesang, die Wucht des Kenotaphs, die Totenlichter, die schwarz behängten Altäre.
   Es fiel der Adler, der königliche Vogel. Die Sonne ging unter, das leuchtendste der Gestirne. Seinem Todestag ging entgegen der Fürst aller Fürsten, der König der Könige, ja das Römische Reich selbst, das durch seinen Fall fast gänzlich niederfiel.
2. Wenn jemals anderswo beim Begräbnis von Kaisern, Königen oder Fürsten, in neueren oder älteren Zeiten, dies unser Deutschland aufseufzte, dann ist dies sicherlich der Zeitpunkt, an dem zum Beweinen des Unglücks und des Verlusts jenes Herrschers kaum irgendwelche Gründe für die traurigste Betrübnis ausreichen. Deutschland ist beraubt seines Fürsten, seines Hauptes, und das zu der Zeit, in der überall Aufruhr und Tumult, überall Gefahren drohen, Elend bevorsteht, allenthalben Krankheiten sich ausbreiten, die Armen in Christus leiden an Not aller Dinge und an Hunger und, wie man sieht, alles mit Seufzen und Wehklagen anfüllen.
3. Zu unserem Schmerz verkündeten uns die lang andauernden Regenfälle des Vorjahres, der ungewohnt dichte Nebel, die häufigen Stürme, die Unfruchtbarkeit des Bodens und die Seuche, die fast ganz Deutschland durchzog, dass der mildeste Kaiser Rudolf von der Erde scheiden werde: Die Elemente betrauerten sein Scheiden.
4. „Wir haben den Kaiser verloren!“ Wenn ich den Adel seines Geschlechts erwähnen wollte, so hatte jener zum Vater und Großvater die Kaiser Maximilian und Ferdinand. Er entstammte dem Hause Österreich, einem

---

und das Reich, in: Rainer Leng / Wolfgang Schneider / Stefanie Weidmann (Hg.), Julius Echter. Der umstrittene Fürstbischof. Eine Ausstellung nach 400 Jahren. Katalog zur Ausstellung vom 23. Juni bis 17. September 2017 im Museum am Dom Würzburg (Quellen und Forschungen zur Geschichte des Bistums und Hochstifts Würzburg, Sonderveröffentlichung), Würzburg 2017, S. 23–30.

[4] Gropp, Collectio (wie Anm. 2), S. 695, hat hier den auf dem Titelblatt des Originals fehlenden Nachnamen ergänzt: „Euchario Sangio“.

wahrlich goldenen Stammbaum, aus dem zehn Herrscher innerhalb dieser ungefähr dreihundert Jahre dem christlichen Erdkreis aufleuchteten, in einer Abfolge der blutsmäßigen familiären Herkunft und ohne jede Stütze durch Adoption. Was gibt es Ähnliches bei jeder Art von Fürsten in ihrer Geschichte? Dieser Stamm wurde vom Himmel auf die Erde herabgeschickt zur Herrschaft über die Länder. Dessen Ausgriff ist so groß, dass er nicht innerhalb der Grenzen Europas, von dem er einen großen Teil umfasst, eingeschlossen wird, sondern sogar zu den Afrikanern und Asiaten, ja zu den entferntesten Indianern sich ausbreitet. Unter dem Schatten seiner Flügel lebten wir bisher sicher und ohne Furcht; dass wir noch länger, ja fortwährend so leben, das wünschen und erflehen wir.

5. Aber wie edel, reich und über den Erdkreis ausgebreitet jener Stamm auch sei, trotzdem konnte er innerhalb eines kurzen Zeitraums sich nicht verteidigen und schützen vor dem tödlichen Geschoss des Todes.

6. „Getroffen warst du, o Kirche", sagte St. Ambrosius, „auf einer Wange, als du Gratian verlorst, und du hieltest auch die andere hin, als dir Valentinian entrissen wurde." Warum soll ich nicht sagen: Getroffen bist du, o Haus Österreich, auf der einen Wange, weil du vor nicht so langer Zeit die erlesenste und frömmste Königin bei den Iberern verlorst, die aus deinem Stamm hervorgegangen war. Nun hieltest du die andere Wange hin, da dir Rudolf II., der Römische Kaiser, entrissen ist. Zu Recht finden sich Tränen nicht auf einer, sondern auf beiden Wangen, und fromm beweinst du die beiden. Und deine Wangen verströmen das Weinen geradezu mit fließenden Tränen der frommen Liebe.

7. „Wir haben den Kaiser verloren", aber einen wahrhaft mit den Gaben eines Kaisers ausgestatteten. Seine körperliche Erscheinung war so, dass er im Gesichtsausdruck, obwohl er damals vom Alter her noch nicht erwachsen war, außer Weiß und Rot, den für seinen Stamm typischen Farben, eine Würde zeigte, die nicht nur Menschen niederen Standes, sondern auch höheren, ja sogar Fürsten und die Kurfürsten im Reich, ehrfürchtig bewunderten, wenn sie in sein Gesichtsfeld kamen. Deshalb benötigte er zum Erwerb von Autorität weder den Pomp des Hofes noch die Schar von Höflingen oder eine Menge oder Vielfalt an Dienern.

8. Wie ein zweiter König Mithridates von Pontos war er verschiedener Sprachen kundig; unter allen hatte er bestens die spanische gelernt, die er sehr gerne bei denen, die dieselbe verstanden, benutzte. Was soll ich über sein Gedächtnis sagen? Niemand hielt je in seiner Anwesenheit eine so lange Rede, deren einzelne Abschnitte er nicht wiederholen konnte und auf die er auch möglichst weise antwortete. Was soll ich sagen über seine Klugheit? Dass er überaus weise war, lehren die von ihm in allerwichtigsten Angelegenheiten erstellten Urteile. Auch wenn sie durch viele Schwierigkeiten, sei es der Zeitumstände, sei es der Begründungen, behindert waren, wurden sie doch durch einen fast nicht erhofften Ausgang abgeschlossen.

9. Aber vielleicht wird dies mancher seinen Räten zuschreiben. So ist es nicht. In den wichtigsten Angelegenheiten des Reiches, als jene immer wieder zögerten und nicht wussten, was zu tun sei, gab er so vernünftige und so

angemessene Ratschläge, dass alle alles guthießen, ja sogar bewunderten. Einige scheuten sich nicht zu behaupten, er sei der oberste gewesen von allen Fürsten, nicht weniger in der Weisheit als in der Würde; diesem Wort sei aller Neid fern! Es ist nicht verwunderlich, dass zwischenzeitlich in Fällen, die auf ihn persönlich zukamen, zumindest in den letzten Zeiten, das Urteilsvermögen seiner Klugheit ganz geringfügig vermindert war. Es gibt den alten Spruch, dass wir in Dingen, die uns persönlich angehen, immer wieder blind sind und besser für andere als für uns sorgen. Hinzu kommt, dass manchmal der Ansturm von Unheil so groß ist, dass keine Ratschläge helfen, nicht mehr, als Wasser, das vom höchsten Berg herabrauscht und mit seiner Flut durch die Täler strömt, aufgehalten und abgewendet werden kann.

10. „Wir haben den Kaiser verloren", der eifrigst nach dem Frieden strebte, den mildesten Kaiser, sodass ich von ihm zu sagen wage, dass kaum einer der vergangenen Kaiser die Eintracht mehr liebte oder ein sorgfältigerer Stifter des öffentlichen Friedens war. Er nahm diese Tugend auf, die freilich nicht jedem Beliebigen eigen ist, sondern denen, die in höchster Machtposition stehen, wie der Sohn von seinem Vater Maximilian, wie der Enkel von seinem Großvater Ferdinand, Kaisern, an die wir uns als an glücklichste erinnern.

11. Die Kirche von Köln mag sich beglückwünschen, dass auf Veranlassung unseres Kaisers der Krieg beendet und der Erzbischof, der nach verbotener Hochzeit hechelte, entfernt und für sie der Friede ohne Mord und Blutvergießen wiederhergestellt wurde. Die Kirche von Straßburg möge anerkennen, dass ein gleiches Glück ihr zukam durch das Bemühen des Kaisers.

12. Deutschland soll sich freuen, dass durch dessen ängstliche Fürsorge ungefähr in den letzten zwei Jahren die entfachten Funken der Kriege, die schon allenthalben durch Städte und Festungen flogen, geschickt unterdrückt wurden, dass sie sich nicht in Flammen erhoben und unser ganzes Vaterland entzündeten und verwüsteten. Staunen sollen die Polen und Moskowiter, Menschen, die geboren sind zu dauernder Zwietracht und wechselseitigem Mord, dass gerade zwischen ihnen eine wenn nicht ewige, so doch eine zeitweise Freundschaft durch das Bemühen und die Fürsorge des Kaisers geschlossen wurde. Überhaupt ist es eine bewundernswerte Sache, dass wir in diesem unseren Deutschland uns eines so langen Friedens erfreuten, wo doch in diesem Deutschland, wenn je anderswo, über die wesentlichen Normen der christlichen Religion es zahllose Streitigkeiten gab, sicherste Auslöser von Kriegen und Unruhen. Es brannte Belgien in Kriegen, es brannte Frankreich sehr viele Jahre lang wegen des Religionsstreites, woraus Plünderungen der ehrbaren Bürger, Schändung der Jungfrauen, Verwüstungen der Städte, Ermordung der Menschen und unendliche andere Schäden folgten. Dass wir aber davor sicher und frei waren, und dies sehr viele Jahre hindurch, wem, so frage ich, werden wir das nach Gott, dem Urheber des Friedens, zuschreiben als unserem Kaiser, der eifrigst bemüht war um die Eintracht? Ich berichte die Wahrheit: Ihm wurde die Macht über Städte und Festungen, ja über ganze Provinzen von

anderen übertragen. Doch er hat sie überaus standhaft zurückgewiesen, um die Heiligtümer des Rechts nicht zu verletzen und die einmal festgeschriebenen Friedensverträge nicht zu brechen.

13. Wir sahen, dass Könige und Fürsten des Auslands vieles in Bewegung setzten und immer wieder mehr an Macht im Reich für sich beanspruchten, als es sich gehörte. Dass er selbst etwas Ähnliches nie versuchte, auch wenn immer wieder die Gelegenheit dazu nicht fehlte, sondern dass er die Seinen zur Bewahrung des Friedens ermahnte, wird die gesamte Nachwelt bezeugen.

14. Ich werde keine Verfehlung begehen, wenn ich ihn selbst mild nenne wie David, sanft wie Mose. Verletzt immer wieder vom Volk, verletzt nicht selten von den Adeligen, gewährte er gleichwohl ohne viele Umstände Verzeihung, übersah die Schuld, obwohl es zum Rächen nicht an Ursache und Gelegenheit fehlte.

15. Wenn irgendein Streit entbrannte, wollte er ihn lieber durch Zaudern besänftigen, als die Güter und das Wohlergehen von uns, die er wie ein Vater liebte, in offensichtliche Gefahr zu bringen.

16. Dies waren die Sanftmut unseres Kaisers, seine Friedensliebe, seine ruhigen Ratschläge. Wir lobten die Gaben seiner Natur, wir lobten seine Klugheit, wir heben seine Milde hervor und sein Bemühen um den Frieden. Er hinterließ der Nachwelt viel, das sie nachahmen soll, uns viel, das wir gemeinsam loben sollen, und viel, das die ausländischen Könige und Anführer achten und bewundern sollen. Deshalb wurden auch zu ihm, was früheren Kaisern nicht geschah, vom Anführer der Moskowiter, von den Königen der Polen und Perser und selbst vom Herrscher der Türken äußerst ehrenvolle Gesandtschaften geschickt, der Verpflichtung und der Verehrung wegen.

17. „Wir haben den Kaiser verloren", der am siegreichsten war gegen die Türken. Dafür geben die denkwürdigen Siege selbst und nicht wenige Trophäen, in wenigen Jahren und mit wenigen Truppen von den Feinden errungen, das strahlendste Zeugnis. Um durch den Überfluss bei der Aufzählung der Einzelheiten keinen Überdruss zu erzeugen, wird es mir genug sein, diese nur leicht berührt zu haben:

18. Im Jahre 1593 wurde Sissek, dieser durch die Natur und die Befestigungskunst geschützte Ort, von den Türken durch eine Belagerung bedrängt. Was tun die Kaiserlichen, von denen dort kaum eine Legion existiert? Mit herausragendem und furchtlosem Mut greifen sie ungefähr 40 000 Feinde an, töten sie oder schlagen sie in die Flucht. Den Hassan Pascha aber, zusammen mit dem Schwestersohn des türkischen Sultans, treiben sie mit der hervorragenden Kraft des Heeres in den Fluss, wo fast alle in den Fluten versinken, nicht wert, auf dem Land eine Begräbnisstätte zu erlangen. Was ich anfüge, scheint jenseits der Glaubwürdigkeit: Im selben Jahr, doch in einem anderen Monat und an einem anderen Tag, denken 192 Kaiserliche in der Festung Pápa an einen Ausbruch, beginnen ihn bald danach, mehr Gott als ihren Kräften vertrauend, greifen ungefähr 3 000 Türken an und nehmen 300 von jenen gefangen oder töten sie, nachdem sie die Übrigen in schimpflichste Flucht geschlagen haben. Vor fünfzehn Jahren war

zwar die Anzahl der Unsrigen, die in Oberungarn mit den Türken kämpften, größer, aber es folgte auch ein größeres Blutbad unter den Feinden. Von den Christen wagten ungefähr 1800 teils Reiter, teils Fußsoldaten mit 11000 Feinden zusammenzutreffen und zu kämpfen. Den Tapferen half nicht Fortuna, sondern Gott. Jene Feinde wurden nämlich entweder vertrieben oder wie Vieh abgeschlachtet. Sinan Pascha griff 1594 Ungarn an mit 200000 Türken, wie damals die Kunde ging; er begann Raab, das von Natur, Schanzwerk und Soldaten geschützt wurde, zu belagern, freilich nicht ohne dass von seinen Leuten welche fielen, nahm es schließlich ein, mehr wegen der Trägheit der Unsrigen als wegen der Tapferkeit der Seinen. Ungarn seufzte auf, Deutschland erzitterte. Was tut unser überaus wachsamer Kaiser? Er lässt den Mut nicht sinken, befiehlt, dass erneut Soldaten ausgehoben und zusammengezogen werden; zum Heerführer ernennt er den Grafen Schwarzenberg, einen Krieger von unbesiegbarer Tapferkeit. Da dieser sieht, dass es eine Sache von langer und grenzenloser Anstrengung sein werde, das Verlorene in offener Feldschlacht wiedergewinnen zu wollen, glaubt er, eine Kriegslist anwenden zu müssen. Deshalb macht er sich daran, ohne dass die Türken etwas ahnen, in tiefer Nacht die Tore Raabs mit Kriegsgerät, gefüllt mit Nitratpulver, anzugreifen; er dringt ein, vernichtet durch Tötung die Wachtruppe, gibt den Deutschen und Ungarn den Mut zurück und nimmt ihn den Feinden. O Großtat, würdig des kaiserlichen Oberbefehls! Der Sieg bei Erlau wäre bei Weitem größer gewesen, wenn ihn die Ungarn hätten ausnützen können oder wollen; sie wandten sich nämlich der Beute zu und wurden von den Türken, die mit ihrem Feldherrn schon zu fliehen begannen, aber bald wieder Waffen und Mut fassten, schändlichst in die Flucht geschlagen oder getötet.

19. Was soll ich über das von den Kaiserlichen belagerte Gran sagen? Nachdem der vorher geschlagene Feind über die Felder zerstreut war, war es ruhmvoll erobert worden. Der Siegeszug machte hier nicht halt; bald wurde Buda angegriffen und dessen Vorstadt erobert und niedergebrannt, wie auch Pest nicht lange abgetrennt war. Es fügte sich den Unsrigen mit gleichem Kriegsglück Hottwan, das königliche Stuhlweißenburg, Waitzen, und so war gleichsam der Weg bis nach Byzanz geebnet und das Tor dorthin geöffnet. Oh, welch ein Glück, aber welch ein kurzes Glück! Unter des Kaisers Auspizien wurde vieles erreicht. Da unser Verschulden es verdiente, wurde fast alles wieder verloren.

20. Aber mancher von euch denkt vielleicht schweigend bei sich, dass unverdientermaßen so viele und so herausragende Siege unserem Kaiser zugeschrieben werden, da er ja an keiner Schlacht teilnahm, nie im Felde gesehen wurde, sondern zu Hause saß, nicht anders als irgendein Dachs, der in seinen Höhlen lebt. Wer auch immer so denkt und schlussfolgert, der täuscht sich. Ein Feind wird besiegt mit der Hand, dem Gebet, einem Plan. Den Goliath, einen Mann von schauerlicher Gestalt, der auf seine Lanze, seinen Panzer und sein Schwert vertraute, streckte David nieder mit einem Stein, den er aus einem Bach genommen und gegen dessen Stirn geschleudert hatte. Die Amalekiter besiegte Mose durch Gebet und das Erheben

seiner Hände. Dass durch einen Plan nicht weniger als mit Waffen herausragende Siege errungen werden, lehren sowohl die weltlichen als auch die kirchlichen Geschichtsbücher.

21. Was ich sagen will, beste Zuhörer, das senkt in euer Herz, dass nämlich unser Kaiser vieles erdacht und vieles seinen Befehlshabern und Anführern im Krieg vorgeschrieben hat. Wenn sie dies beobachtet und befolgt hätten, hätten sie Ungarn vom Türkenjoch und Deutschland von Gefahr und Furcht befreit.

22. „Wir haben den Kaiser verloren", einen tapferen Verteidiger der christlichen Religion und des alten Glaubens. Damit dieser Glaube in Ungarn nicht völlig erliege, befahl er seinen zwei Brüdern, persönlich gegen die Türken zu den Waffen zu greifen, Gefahren auf sich zu nehmen und zum Krieg aufzubrechen. Inzwischen wandte er seine eigenen Mittel und das großväterliche Erbgut auf – völlig zu Recht, denn die Religion ist das Band und die Stütze des Staates; aus ihr fließen alle Güter. Wird sie vernachlässigt, bricht alles zusammen und zerfällt. Nicht zufällig, sondern durch göttliche Eingebung war ihm bei der heiligen Taufe der Name Rudolf gegeben worden. Der erste dieses Namens, zuerst in mäßiger Stellung und nur Graf von Habsburg, war wegen seiner außerordentlichen Liebe zur Religion und Frömmigkeit gegenüber der allerheiligsten Eucharistie zur Krone und an das Steuerruder des Reiches hingeführt worden, und er vergrößerte das schicksalsbestimmte Geschlecht, wie jemand schrieb, durch Szepter und Königsherrschaft. Von dessen Liebe zur Religion wich der zweite Rudolf nicht ab, bereit, für sie das Schwert zu ziehen und alles Widrige zu ertragen als auch nur mit Nachsicht zuzulassen, dass jene den geringsten Schaden erduldete. Deshalb ist er nicht weniger lobenswürdig als Kaiser Valentinian, von dem St. Ambrosius sagt, er habe, vom römischen Senat gebeten wegen der Wiedererlangung der Rechte der Tempel und der weltlichen Privilegien der Priesterämter und der Pflege ihrer Heiligtümer, wahrhaftig nicht verleitet werden können, ihren Wünschen zuzustimmen. Zwar erkenne er an, dass er der Stadt Rom väterliche Zuneigung schulde, aber mehr Gehorsam dem Urheber des Heiles. Sprach etwa nicht Rudolf dasselbe damals in Prag, damals bei den Reichstagen, die Religionsfreiheit verlangten und danach drängten? Er sei völlig bereit, in allen anderen Dingen den Reichs- und Kurfürsten sich gefällig zu erweisen, aber nur in dieser einen Sache werde er von der Heiligkeit der Religion, die er von seinen tieffrommen Vorfahren übernommen habe und die von denselben ausnahmslos gepflegt und verbreitet worden sei, gehindert, ihrem Verlangen beizustimmen. Daher könne er von den Fußstapfen jener Vorfahren nicht einmal einen Fingerbreit, wie es im Sprichwort heißt, abweichen, wolle er nicht wie der falsche Adler, der die Strahlen der Sonne, d. h. das Licht des katholischen Glaubens, nicht schauen kann, von der väterlichen Kralle fallengelassen werden.

23. Guter Gott, welche und welch große Gunst- und Beifallsbekundungen hätte er beim Volk im Reich gewinnen können, welch günstige Unterstützung und Hilfe gegen die Barbaren von den Fürsten, wenn er auch

nur einmal in der Sache des Glaubens ein klein wenig hätte heucheln oder Zugeständnisse machen wollen! Im Übrigen war ihm die Sorge für das Seelenheil wichtiger und weitaus lieber die Verteidigung der Religion als überhaupt alle Macht und Reichtümer des Erdkreises. Den guten Kampf hat er gekämpft, den Lauf vollendet, den Glauben bewahrt.

24. „Wir haben den Kaiser verloren", der zum Schutz unserer Güter am Steuerruder saß ganze 36 Jahre lang, in der Tat eine lange Zeit, für ihn zumal wegen der Größe seiner Anstrengungen, kurz für uns wegen seiner eifrigen Fürsorge und der ängstlichen Sorge, die er unserethalben aufwandte, ja, im Gegenteil, auch für ihn kurz, weil er freilich ein längeres und zugleich fröhlicheres Leben hätte genießen können, wenn er Krone und Szepter hätte ablegen und sich der Ruhe und Muße hätte widmen wollen. Ihn erledigten und töteten die Last der Geschäfte, die Aufregung um die allzu vielen Reiche, nicht der Luxus, nicht der Rausch oder unzeitige oder sogar aufwendige Gastmähler, die er von den frühesten Lebensjahren an heftigst hasste. Was, frage ich, war ihm je überbracht als das, was traurig, trüb und den Ohren keineswegs willkommen war? Etwa: Gerade eben gebe es Einfälle von den Türken nach Ungarn, eben würden neue und verderbenbringende Aufstände in Böhmen entfacht, eben sehe in Deutschland alles nach Krieg aus. Dies, ja dies machte ihm das Leben kürzer, nahm ihm das Leben. Und so schärfen bei seinem Tod zwei Dinge den Schmerz: die Unreife der Jahre und die hohe Reife seiner Ratschläge.

25. Was werden wir im Übrigen für so viele und verschiedene unseretwegen übernommene Mühsale zurückzahlen, um ein dankbares und sich erinnerndes Herz zu zeigen? Tut, so bitte ich, meine Zuhörer, was sich St. Ambrosius, als er über den Tod Valentinians schreibt, ersehnt: „Erhebt mit mir eure Hände zum Heiligtum, dass wir wenigstens durch dieses Opfer seine Verdienste entgelten!"

26. „Wir haben den Kaiser verloren", der, wenn gegen irgendeine Provinz in Deutschland, dann freilich gegen unsere fränkische überaus liebevoll war. Auf die Bitte unseres ehrwürdigsten Bischofs und hochberühmten Fürsten Julius und gemäß seiner seltenen Liebe zur Förderung der schönen Künste stimmt jener zu, dass in dieser unserer Stadt Würzburg die einst untergegangene Universität wiedergegründet wurde. Und die einmal Gegründete beschenkte er mit großzügigsten Privilegien und Begünstigungen. In ihr wurden innerhalb von dreißig Jahren 904 Baccalaurei und Magister der Künste und Philosophie und 150 (welche Zahl!) Lizentiaten und Doktoren des Rechts und der hl. Theologie proklamiert. Manche von denen sind jetzt Bischöfe und Reichsfürsten, nicht wenige innerhalb und außerhalb Deutschlands die Kanzler von kirchlichen und weltlichen Fürsten oder deren Räte, was kaum weniger bedeutet. Andere erfüllen andere Pflichten und Amtsgeschäfte im christlichen Staat, die nicht zu verachten sind. Alle ihr Akademiker, die ihr anwesend seid, „feiert mit mir für die Seelen die hl. Mysterien! Mit frommer Zuneigung wollen wir die ewige Ruhe für ihn erbitten! Spendet die himmlischen Sakramente! Lasst uns mit unseren Opfern die fromme Seele begleiten!"

27. „Wir haben den Kaiser verloren“, einen wahrhaft glückseligen, wenn wir dessen Tod und Weggehen aus diesem sterblichen Leben betrachten. Da er zu fühlen begann, dass die Todesstunde nicht weit entfernt sei, wollte er die Pflicht eines Christenmenschen nicht versäumen. Und um Gott, zu dem er gerufen wurde, als gerechteren und milderen Richter für seine Sünden zu erfahren, legte er diese bei dem ab, dem von Gott die Gewalt gegeben war, jene zu vergeben, und er sühnte sie. Bald danach bat er, ihm möge die Wegzehrung bzw. das göttliche Abendmahl gegeben werden, womit die Sterbenden gerüstet zu werden pflegen. Aber wegen der Größe der Krankheit und wegen des bevorstehenden Todes, konnte er es nicht zu sich nehmen; doch wurde er dessen teilhaftig durch sein Sehnen und seinen Wunsch. Nicht lange danach rief er zu Gott und schwang sich, wie wir vertrauen, überaus glückselig zu demselben empor, zu dem er flehte.
Doch ich will nicht weiter mit meiner Rede voranschreiten, um mich an die mir festgesetzte enge Bahn für eine sehr kurze Rede zu halten, obwohl vieles übrig ist, das, könnte es erläutert werden und gleichsam zum Betrachten ausgestellt, eine unglaubliche Bewunderung für unseren Kaiser erzeugen würde. Bedenkt und erkennt ihr mit mir am heutigen Tag sowohl die Unsicherheit als auch besonders die Kürze des Menschenlebens! Wenn ich meine Augen richte auf dieses Kenotaph und die Totenlichter, erkenne ich, dass niemand völlig frei ist von den Gesetzen des mächtigen Todes, nicht Fürsten, nicht Herzöge, selbst nicht die Kaiser. Unseren Rudolf konnten nicht die Scharen seiner Diener, nicht die reiche Schatzkammer, nicht das sich weithin erstreckende Reich vor dem Tod verteidigen und schützen. Wehe, wie wenige erwägen dies! Viele leben, als ob sie immer leben würden. Alles begehren sie, als wären sie unsterblich. Auch wenn täglich vor ihren Augen die Leichenzüge Bekannter und Unbekannter vorüberziehen, handeln sie nicht anders, als seien sie sicher vor der Waffe des Todes. Ihr Los ist das stinkende Fleisch, aber sie stellen sich Ewiges vor. Oh, welche Umnachtung! Der Tod schont keinen: Jetzt rafft er einen dem Grabe nahen Greis dahin, jetzt einen kaum siebenjährigen Knaben. Er übersieht nicht die Jünglinge, er fürchtet sich nicht vor Königen und Kaisern. Unser Kaiser, einst unbesiegbar, ist nun unterworfen den Gesetzen des Todes. Vor Kurzem glänzte er noch auf dem vergoldeten und gleichsam kurulischen Thronsessel und mit den übrigen Zeichen der kaiserlichen Majestät, nun liegt er, zurückgebracht in die Reihe der anderen Sterblichen, auf der Totenbahre, und er ist hinabgestürzt von der erhabenen Höhe des kaiserlichen Thrones in den Schmutz des öden Grabhügels. Dies ist das Ende, dies ist der Fall aller Menschen. Die Dinge der Sterblichen, auch der größten, sind klein, die der stärksten sind unsicher, ja, alles ist ein Traum oder nichts, verglichen mit dem Ewigen und der Ewigkeit.
Aufgetaucht bist du, Rudolf, aus der Düsternis dieser Sterblichkeit. Du hast das irdische Reich mit dem himmlischen, die Mühsal mit der Ruhe, die Sterblichkeit mit der Unsterblichkeit getauscht. Last und Hitze ertrugst du 36 Jahre lang; den Denar des Evangeliums hast du verdient. Wir müssen noch schwitzen; dein Kahn legte an am Gestade, der unsrige wird von

Stürmen und Unwettern umhergeworfen, und vom Steuermann ist er verlassen.

28. Handelt, ihr ehrwürdigsten, erlauchtesten und berühmtesten sieben Männer Deutschlands, deren Treue, Weisheit und Macht zur Proklamation des Kaisers das zugestanden ist, was immer an Würde und Heil erwartet werden kann, auf dass beim traurigen Zustand Deutschlands ohne alle Verzögerung der Herde ein anderer Hirte, dem Schiff ein Steuermann, den Witwen und Waisen ein Beschützer gegeben wird und dieser, erhoben zur höchsten Spitze der Würde, die Zügel des Römischen Reiches lenkt! Wir alle bitten Gott, er möge eurem Geist ein Licht vorantragen und zeigen, damit ihr nach dem Vergleichen eurer Ratschläge den erwählt, der die Ausgleitenden zu lenken, die Schwankenden zu stärken und die Schiffbrüchigen zu retten weiß. Dass euren Versuchen und den Bitten aller Frommen der beistehe, in dessen Hand die Herzen der Fürsten und alle Rechte der Königreiche liegen, das erbitten und wünschen wir. Ich habe gesprochen.

2. Kommentar

2.1 Zum Titel und zum Motto

Im Reich wurden beim Tod eines Kaisers üblicherweise an Fürstenhöfen, in Bischofs- und Reichsstädten und in Stiften feierliche Exequien zelebriert. Allerdings gab es dafür keine verbindliche Festlegung: „In Ansehung der einzelnen Reichsstände ist weder durch ein Reichsgesetz, noch durch das Reichsherkommen bestimmt, wie ein Reichsstand sich in dergleichen Fall zu verhalten hat. Nachdem nun ein Reichsstand mit dem kaiserlichen Hofe verwandt ist, oder nicht, mit demselben gut oder übel stehet, sich demselben gefällig erzeigen will, oder nicht, nachdem thut derselbe in diesem Stücke mehr oder weniger.“[5] Der Titel zeigt, dass Echters Totenfeier für Rudolf II. mit der persönlichen Zelebration des Requiems durch den Fürstbischof und der Teilnahme des gesamten Klerus die Bedeutung des Reichsoberhaupts für das Hochstift hervorheben sollte. Dazu passt die Person des Predigers: Der erfahrene, theologisch hochgebildete und rhetorisch höchst versierte Weihbischof war einer der wichtigsten Mitarbeiter des Fürsten; mehrere bedeutende Reden bzw. Predigten von ihm sind im Druck erhalten, z. B. auch die Leichenrede auf Echters 1601 verstorbenen Bruder Dietrich.[6]

Auf der (nicht nummerierten) zweiten Seite der Druckausgabe folgt als – sicher auch die tatsächlich gehaltene Rede einleitendes – Motto die Kombination zweier Zitate aus der Leichenrede des Bischofs und Kirchenlehrers Ambrosius auf Kaiser Valentinian II., gehalten in Mailand bei der Beisetzung

---

[5] Deutsche Encyclopädie oder Allgemeines Real-Wörterbuch aller Künste und Wissenschaften von einer Gesellschaft Gelehrten, Bd. 18, Frankfurt a. M. 1794, S. 643.

[6] Zu Eucharius Sang und seinen Werken sei auf meinen Beitrag über den „Triumphus Franconiae“ in den Würzburger Diözesangeschichtsblättern 79 (2016), S. 158f. (mit Literatur in Anm. 1) verwiesen.

des 392 in Vienne eines unnatürlichen Todes gestorbenen zwanzigjährigen Kaisers: „Denn wir haben den Kaiser verloren (Amisimus enim imperatorem)" und „Spendet die himmlischen Sakramente! Lasst uns die Seele des Nachkommen mit unseren Opfern begleiten! Erhebt, ihr Völker, mit mir die Hände zum Heiligtum, dass wir wenigstens durch dieses Opfer seine Verdienste entgelten! (Date sacramenta coelestia, animam nepotis nostris oblationibus prosequamur. Extollite populi mecum manus in sancta, ut eo saltem munere vicem ejus rependamus.)"[7] Der Weihbischof zieht also mit den beiden (leicht angepassten) Zitaten eine große Traditionslinie, die von den christlich gewordenen Imperatoren des (spät-)antiken Römischen Reiches bis zu Kaiser Rudolf im beginnenden 17. Jahrhundert reicht. Und damit nicht genug: Schon Ambrosius hatte an dieser Stelle seiner Rede angeknüpft an Anchises' prophetische Klage um den früh verstorbenen Marcellus, den Neffen, Schwiegersohn und präsumptiven Nachfolger des Augustus, in Vergils „Aeneis": „Spendet Lilien mit vollen Händen; / purpurne Blumen will ich streuen und des Nachkommen Seele / wenigstens mit diesen Gaben überhäufen und erfüllen die nutzlose / Pflicht. (... manibus date lilia plenis, / purpureos spargam flores animamque nepotis / his saltem adcumulem donis et fungar inani / munere.)"[8]

2.2 *Zum Aufbau*

Der Redner selbst liefert mit der achtmaligen Wiederholung des einleitenden Ambrosius-Zitats „Wir haben den Kaiser verloren (amisimus imperatorem)" eine für seine Zuhörer deutlich registrierbare Gliederung der Rede:

c. 1–3: Trauer im Reich
Nach der Apostrophe seiner illustren (und des Lateinischen mächtigen) Zuhörerschaft, angeführt vom geistlichen Landesherrn, und mit dem Verweis auf die nach biblischem Zeugnis[9] für ausnahmslos jeden Menschen fest begrenzte Lebenszeit, stimmt der Redner in die sich rings um ihn manifestierende Klage um den verstorbenen Kaiser ein. Er schildert in einer Antiklimax, beginnend mit der „allgemeinen Trauer des Volkes (publicus populi moeror)" die Trauerbezeugungen und benennt ihren Grund, zunächst mit zwei Metaphern, dem Fall des Adlers und dem Untergang der Sonne. Der König der Vögel ist das Wappentier des Reiches; das „leuchtendste" Gestirn spendet Licht und Leben,

---

7 Jacques Paul Migne, Patrologia Latina 16, Sp. 1357–1384: S. Ambrosii, Mediolanensis episcopi, de obitu Valentiniani consolatio, c. 3 und c. 56; das zweite Zitat enthält den Vers aus dem Wallfahrtslied Ps 134,2: „Erhebt eure Hände zum Heiligtum!" – Valentinian II., geb. 371 (wohl in Trier), schon 375 nach dem Tod seines Vaters Valentinian I. zum Mitkaiser des Westens (neben seinem Halbbruder Gratian) ausgerufen, residierte in Mailand und Vienne, stand stark unter dem Einfluss seiner (arianischen) Mutter Justina, der Gegenspielerin des Mailänder Bischofs Ambrosius; nach dem gewaltsamen Tod Gratians 383 waren der fränkische Heermeister Arbogast und Theodosius, der Kaiser des Ostens, die Valentinian bestimmenden Persönlichkeiten. 392 fand der junge Kaiser in seinem Palast in Vienne unter ungeklärten Umständen den Tod; man sprach und spricht von Mord oder Selbstmord. Theodosius wurde 394 nach seinem Sieg über den Gegenkaiser Eugenius nochmals Herr über das Gesamtreich. – Ambrosius ist für Sang nicht nur hier das rednerische Vorbild. Die Leichenrede auf Echters Bruder Dietrich zitiert wiederholt Ambrosius' erste Trauerrede auf seinen Bruder Satyrus („De excessu Satyri").

8 Vergil, Aeneis 6, 883–886 – so wird auch das bei Ambrosius wenig sinnvolle „nepotis" verständlich.

9 Vgl. Koh 3,1f.

vermag gar Christus zu symbolisieren. Dazu erhält der Verstorbene zwei Titel, deren zweiter in der Apokalypse ebenfalls den in die Gottesmacht eingesetzten Christus bezeichnet: „Fürst der Fürsten“ und „König der Könige“.[10] Der Kaiser wird hier also in durchaus noch traditionell-mittelalterlichem Verständnis als Stellverteter Gottes bzw. Christi gesehen. Schließlich identifiziert der Redner den Herrscher noch gänzlich mit dem Reich, das er somit nicht nur regiert, wie realitätsfern diese Aussage gerade für den späten Rudolf auch immer sein mag, sondern in seiner Person verkörpert. Sein Tod verschlimmere die ohnehin bedrängende Situation in Deutschland, das in dieser tatsächlich sehr unruhigen Zeit vor dem Ausbruch des großen Krieges von allen denkbaren katastrophalen Entwicklungen heimgesucht werde. Dazu gehören auch klimatisch bedingte Missernten und Seuchen, wie sie aus der zweiten Hälfte des 16. und dem Beginn des 17. Jahrhunderts als Folgen der „kleinen Eiszeit“ berichtet werden.[11] Außergewöhnliche elementare Ereignisse gelten außerdem bereits seit der Antike als Vorzeichen des Todes großer Persönlichkeiten, und die antike Prodigienliteratur hatte gerade in der von allerhand Unheil heimgesuchten frühen Neuzeit eine Renaissance erfahren.[12]

c. 4–6: Trauer im Hause Habsburg

Die Einzigartigkeit der Stellung des Hauses Habsburg, für Sang ein „wahrhaft goldener Stamm (stirps vere aurea)“, wird belegt durch die große Zahl von aus ihm hervorgegangenen Herrschern des Reiches („decem Imperatores“ – nicht alle waren Kaiser)[13], durch deren – wie nachdrücklich betont wird – unbeeinträchtigte blutsmäßige Abstammung („sanguinis & natalium serie, sine vllo adoptionis adminiculo“), durch ihre gottgewollte herrscherliche Sendung („coelitus in terras demissa“), die Größe ihres Herrschaftsgebietes[14], schließlich durch die Sicherheit des Lebens ihrer Untertanen „unter dem Schatten seiner Flügel“.[15] Dennoch ist auch dieses bedeutende Herrschergeschlecht dem Tod unterworfen. Das zeigt sich an zwei Verlusten in jüngster Zeit, denn kurz vor Rudolf verstarb am 3. Oktober 1611 in Spanien Königin Margarete von Österreich, Gemahlin Philipps III., Rudolfs Cousine, mit nicht einmal 27 Jahren. Sang sieht hier erneut eine Parallele zum Tod Valentinians II., dem im Jahr 383 sein Halbbruder Gratian 24-jährig im Tod vorausgegangen war, und er zitiert

---

[10] Vgl. Offb. 19,16: „Rex Regum“ (ebd. noch „Herr der Herren“, das Sang vielleicht mit dem – in seine Zeit passenden – „Principum Princeps“ wiedergibt; die Vulgata freilich hat „Dominus dominantium“); in Dan 2,37 ist Nebukadnezar der „König der Könige“.

[11] So starben in der zweiten Jahreshälfte 1611 in Würzburg etwa 300 Personen an der Pest; vgl. Alfred Lechner, Die Pest in Würzburg im sechzehnten Jahrhundert (Sonderdruck aus: Archiv des Historischen Vereins für Unterfranken und Aschaffenburg 68), Würzburg 1929, S. 248–341, bes. S. 262.

[12] Vgl. Michaela Hammerl, Prodigienliteratur in der Frühen Neuzeit, [München] 2007. https://www.historicum.net/themen/hexenforschung/lexikon/sachbegriffe/artikel/Prodigienliteratur/ (letzter Zugriff: 31.08.2017).

[13] Rudolf I. (König, reg. 1273–1291), Albrecht I. (König, 1298–1308), Friedrich der Schöne (Gegenkönig, 1314–1330), Albrecht II. (König, 1438–1439), Friedrich III. (Kaiser, 1452–1493), Maximilian I. (Kaiser, 1508–1519), Karl V. (Kaiser, 1520–1556), Ferdinand I. (Kaiser, 1558–1564), Maximilian II. (Kaiser, 1564–1576), Rudolf II. (Kaiser, 1576–1612).

[14] Zum Herrschaftsbereich des Hauses Habsburg gehören ja auch die Kolonialgebiete des spanischen Zweigs der Familie in Amerika, Nordafrika, Ostasien.

[15] Vgl. Ps 17,8 („birg mich im Schatten deiner Flügel“) – die „Flügel“ Gottes werden so zu denen des kaiserlichen Wappentieres, des Reichsadlers.

wieder Ambrosius, der für diesen Doppelschlag des Schicksals die Kirche auf Jesu Gebot verwiesen hatte, man solle auch die andere Wange hinhalten.[16]

c. 7–9: Die Gaben und Fähigkeiten Rudolfs

Vom Haus Habsburg geht der Redner auf die Person Rudolfs über. Die (etwas befremdliche) Verbindung stellt die Gesichtsfarbe des Kaisers her in den Farben Weiß und Rot, die bereits den Bindenschild des babenbergischen Herzogtums Österreich prägten (Rot – Weiß – Rot)[17], der dann von Friedrich dem Schönen über die Brust des Reichsadlers gelegt und so zum Wappenteil der Habsburger Dynastie wurde. Würde („gravitas") und Autorität („auctoritas") hätten sich im Antlitz Rudolfs kundgetan, sodass es des (tatsächlich ja durchaus vorhandenen) höfischen Prunks und Pomps („aulae pompa") gar nicht bedurfte, um seinen Rang sichtbar zu machen.[18] Von Rudolfs Aussehen wird dann zu den geistigen Gaben fortgeschritten, zu seiner Sprachbegabung, vergleichbar mit der legendären Multilingualität des Königs Mithridates von Pontos[19], seinem phänomenalen Gedächtnis, seiner Klugheit („prudentia") und Weisheit („sapientia"), die ihn zu angemessenen Ratschlägen und erfolgreichen Entscheidungen auch in den schwierigsten Fällen befähigt hätten, ganz im Kontrast zur entschlusslosen Zauderhaftigkeit seiner Ratgeber. So sei Rudolf, den die Historiker insgemein eher als wenig tatkräftig darstellen, nicht nur vom Rang her, sondern auch durch seine Weisheit der oberste aller Fürsten gewesen. Dass der Kaiser – wohl nicht zuletzt als Folge eines seit Johanna der Wahnsinnigen angelegten und durch die Verwandtenehe seiner Eltern forciert problematisch gewordenen Erbguts[20] – seit den neunziger Jahren, vor allem

---

16 Migne, Ambrosius (wie Anm. 7), c. 6: „‚Dem, der dich auf die Wange schlug, dem halte auch die andere hin' (Lk 6,29); [...] du warst geschlagen, o Kirche, auf deine Wange, als du Gratian verlorst; du hieltest auch die andere hin, da dir Valentinian entrissen wurde. Zu Recht hast du nicht auf einer Wange Tränen, sondern auf beiden, weil du fromm beide Brüder beklagst. So klagst du, Kirche, und vom Weinen werden deine Wangen überströmt wie von geradezu fließenden Tränen frommer Liebe. (‚Qui te percusserit in maxillam, praebe ei et alteram' [Luc. VI, 29]; [...] Percussa eras, Ecclesia, in maxilla tua; cum amitteres Gratianum: praebuisti et alteram, quando tibi Valentinianus ereptus est. Merito tibi non in una maxilla, sed in utraque sunt lacrymae; quia pie germanum utrumque deploras. Ploras igitur, Ecclesia, et fletu genae tuae velut fluentibus quibusdam stillicidiis pietatis exundant.)" – Sang hat „fletum", fasst das bei Ambrosius intransitive „exundare" also transitiv.

17 Gropp, Collectio (wie Anm. 2), S. 696, referiert den eindrucksvollen Ursprungsmythos der österreichischen Farben, begründet im blutbesprengten weißen Kreuzfahrergewand des Babenbergers Leopold V. (1157–1194).

18 Es ist bemerkenswert, dass der Redner hier auf die beachtliche Leistung Rudolfs als Förderer der Künste und Wissenschaften gar nicht eingeht. Offenbar erschien manches, was man sich von der Hofhaltung zu Prag erzählte, doch eher suspekt: Da wirkten eben nicht nur Arcimboldo und Spranger, Brahe und Kepler und viele andere bedeutende Künstler und Gelehrte, sondern es tummelten sich dort auch Alchemisten, Okkultisten, Abenteurer und Scharlatane.

19 Nach Plinius d. Ä. (Naturalis historia 7,24) beherrschte König Mithridates VI. von Pontos (etwa 134–63 v. Chr.) 22 Sprachen. – Rudolf II. konnte neben Deutsch sehr gut Spanisch, das er während seiner Jugendzeit am spanischen Hof (1563–1571) vervollkommnet hatte, außerdem Latein, Italienisch, Französisch und (weniger gut) Tschechisch.

20 Maria von Spanien, die Gemahlin Maximilians II. und Mutter Rudolfs, war als Tochter Karls V. die Cousine ihres Ehegatten. Karl V., der Sohn Johannas, war so gleichzeitig Rudolfs Großvater (mütterlicherseits) und Großonkel (väterlicherseits). – Das Ausmaß der psychischen Erkrankung Rudolfs ist umstritten; am entschiedensten formuliert Evans, Ohnmacht und Einsamkeit (wie Anm. 1), S. 39: „Es ist sehr zu bezweifeln, ob Rudolf wirklich geisteskrank war; und sicher war er es nur während kurzer Zeitabschnitte". Auch Schwarzenfeld, Rudolf II. (wie Anm. 1) spricht lieber von „Disharmonie", „Depressionen" oder „Melancholie" des „saturnischen Kai-

seit dem Tod des ihm wohl am nächsten stehenden Bruders Ernst 1595, immer stärkere Züge von Schwermut und Menschenscheu zeigte, sich zunehmend aus der Öffentlichkeit zurückzog und zur Jahrhundertwende hin in wachsendem Maße Vorstellungen von Verfolgungswahn entwickelte, was dann die Hauptursache für die schrittweise und weitgehende Entmachtung des 1606 für regierungsunfähig erklärten psychisch Kranken im „Bruderzwist im Hause Habsburg" war[21], kann der Redner freilich hier nicht so darstellen; er vermag es aber auch nicht zu verschweigen. Deshalb spricht er von zeitweiser und ganz geringer („aliquantulum") Einschränkung des Urteilsvermögens in der letzten Zeit („postremis saltem temporibus") und erklärt dies mit der fehlenden Urteilsfähigkeit bei Problemen, die Rudolf persönlich betrafen („in caussis ad se spectantibus")[22], und mit der übergroßen Menge an Unheil, das zuletzt wie eine Sturzflut über den Kaiser hereingebrochen sei.

c. 10–16: Rudolf als Friedensfürst

Spätestens seit Augustus gehört die Stiftung und Bewahrung des Friedens standardmäßig zu einer herrscherlichen Leistungsbilanz. Und wie beim großen Römer, der sich rühmt, den Janustempel dreimal geschlossen zu haben[23], gilt es auch beim Habsburger Kaiser keinesfalls als Widerspruch, dass er während seiner Regierungszeit das Reich gegen die barbarischen Feinde von außen mit kriegerischen Unternehmungen zu schützen suchte. Anders aber als Rudolf waren seine von Sang zuerst als Friedensherrscher gerühmten direkten Vorgänger, sein Großvater Ferdinand I. und sogar sein keineswegs kämpferisch veranlagter Vater Maximilian II., persönlich gegen die Türken in den Krieg gezogen – beide weitgehend erfolglos, Maximilian sogar eher schmachvoll.[24] Dagegen

sers" (passim) und lediglich „krankhaften Ausnahmezuständen" (S. 61), etwa der „schwersten Nervenkrise" im Jahr 1600 (ebd.). Die meisten Historiker indes gehen (auch mit Blick auf Rudolfs eindeutig und schwer schizophrenen unehelichen Sohn Don Giulio) von einer erblich bedingten „fortschreitenden Schizophrenie" aus: Vocelka, Rudolf II. (wie Anm. 1), S. 9.

21 Es gab auch politische Differenzen, etwa Rudolfs Weigerung, den „Langen Krieg" gegen die Türken zu beenden, oder seine weitgehende Inaktivität, was die (vor allem vom einflussreichen Wiener Bischof Melchior Khlesl geforderten) gegenreformatorischen Bemühungen betraf. Selbstverständlich sind auch der Ehrgeiz sowie die Macht- und Besitzgier des Erzherzogs Matthias (Rudolfs Bruder und Nachfolger) in Rechnung zu stellen. – 1608 musste Rudolf zugunsten von Matthias auf Österreich, Ungarn und Mähren verzichten, 1611 auch auf Böhmen. Somit blieb ihm dann bis zu seinem Tod nur der Kaisertitel.

22 Sang meint hier wohl in erster Linie den (von Rudolf zumindest geduldeten) desaströsen Einfall des von seinem Vetter, dem Erzherzog Leopold V., dem Kaiser zu Hilfe gesandten Passauer Kriegsvolks in Böhmen 1610/11.

23 Augustus, Res gestae 13.

24 Ferdinand I., durch Niederlage und Tod seines Schwagers Ludwig II. in der Schlacht bei Mohács 1526 König von Böhmen und Ungarn geworden, verlor letzteres 1529, als die Türken unter Suleyman dem Prächtigen Buda (Ofen) eroberten und bis Wien vorrückten. Nach Kämpfen in den 30er Jahren gegen die Osmanen und den von ihnen unterstützten Gegenkönig Johann I. Zápolya musste er sich im Frieden von Großwardein 1538 mit der Abspaltung des Ostteils und nach osmanischer Annexion Mittelungarns 1541 mit der Dreiteilung seines Reiches abfinden: Ihm blieb im Nordwesten das „Königliche Ungarn" (Hauptstadt Pressburg); Zentralungarn (Hauptstadt Buda) behielten die Osmanen; der Osten (Siebenbürgen) wurde türkisches Vasallenfürstentum. Weitere kriegerische Auseinandersetzungen in den 40er und 50er Jahren änderten hieran grundsätzlich nichts mehr, ebensowenig der Vertrag von Konstantinopel 1562: Tributzahlungen an die Pforte sicherten einen brüchigen Frieden. – Maximilian II. zog 1566 mit einem großen Heer gegen die Türken ins Feld, enthielt sich jedoch einer größeren Schlacht, tat nichts gegen den Fall der bedeutenden Festungen Gyula (Iula) und Szigeth (Szigetvár, Sigethus) und schloss 1567 den für ihn nachteiligen Frieden von Adrianopel. Die jährlichen Tributleistungen an den Sultan blieben bestehen.

sind sowohl Ferdinand als auch Maximilian (anders als Karl V.) bemüht, im Reich einen Frieden mit den unter der Parole von der „Freyheit Teutscher Nation" um größere Macht und religiöse Selbstbestimmung streitenden Ständen herzustellen bzw. zu bewahren. Von den Umständen erzwungene Einsicht in das Machbare und Notwendige, verbunden mit einem erasmisch-humanistischen Streben nach Frieden[25], hatte den treuen Katholiken Ferdinand entscheidend zur Herbeiführung des Augsburger Religionsfriedens (1555) beitragen lassen. Maximilian, über dessen religiöse Einstellung unterschiedlich geurteilt wird[26], zeigte zumindest massive Neigung zu den Lehren Martin Luthers und verschloss sich weitgehend den gegenreformatorischen Bestrebungen.

Rudolf, der seine prägenden Jugendjahre am Hof Philipps II. verbracht hatte, war persönlich ein Anhänger der alten Lehre, ging freilich durchaus auch immer wieder auf Distanz zum „offiziellen" römischen Katholizismus[27] und suchte im Rahmen seiner Möglichkeiten den Religionsfrieden zu bewahren.[28] Im von Sang als erstes Beispiel angeführten Streit um das Kurfürstentum Köln (1582/83) entzog er dem Kurfürsten und Erzbischof Gebhard Truchsess von Waldburg nach dessen Konversion, Heirat und Exkommunikation durch Papst Gregor XIII. die Territorialherrschaft gemäß der Bestimmung des „Geistlichen Vorbehalts" im Augsburger Religionsfrieden und versah den vom Domkapitel neu gewählten Wittelsbacher Ernst von Bayern mit der Kurwürde. Die mit einer Niederlage der Reformierten endenden militärischen Auseinandersetzungen („Kölnischer" bzw. „Truchsessischer Krieg" bis 1588: es gab also durchaus „Blutvergießen") blieben zumindest lokal und zeitlich begrenzt. Dies gilt auch für den „Straßburger Kapitelstreit", in dem den Altgläubigen ebenfalls der Verlust eines geistlichen Fürstentums drohte; ihn beeinflusste Rudolf 1599 mit einem Votum für Karl von Lothringen, den Kandidaten der katholischen Mehrheit im Domkapitel. Karls protestantischer Gegenspieler Johann Georg von Brandenburg verzichtete 1604 endgültig auf seine Ansprüche.[29]

Mit dem drohenden Krieg in den letzten zwei Jahren könnte Sang einerseits die Auseinandersetzungen im „Bruderzwist" meinen, andererseits (und wahrscheinlicher) die Streitigkeiten um die Jülich-Klevische Erbfolge, die ab 1609 das Reich in einen umfassenden und auch die europäischen Mächte Frankreich und Spanien einbeziehenden Machtkampf zu stürzen drohten. Der Streit, der von der schon stark eingeschränkten Autorität des als Schiedsrichter eingrei-

---

25 Vgl. Paula Sutter Fichtner, Ferdinand I. – Wider Türken und Glaubensspaltung, Graz/Wien/Köln 1986, S. 13.

26 Die Frage der religiösen Haltung Maximilians ist vieldiskutiert: vgl. Friedrich Edelmayer/Alfred Kohler, Kaiser Maximilian II. – Kultur und Politik im 16. Jahrhundert, Wien/München 1992, S. 7 (mit zahlreicher Literatur).

27 Vgl. Evans, Ohnmacht und Einsamkeit (wie Anm. 1), S. 39, der aber auch „Anfälle orthodoxen Eifers" bei Rudolf erwähnt (S. 32); Schwarzenfeld, Rudolf II. (wie Anm. 1) formuliert ganz drastisch (S. 73): „Sein Widerstand gegen die Kurie nahm zuweilen geradezu salisch-staufischen Charakter an."

28 Schwarzenfeld, Rudolf II. (wie Anm. 1) spricht von Rudolfs „Leitidee", den Frieden im Reich zu bewahren (S. 75).

29 Sowohl in den Auseinandersetzungen um Köln und Straßburg als auch bei den (erfolglosen) Friedensinitiativen im Niederländischen Krieg engagierte sich Sangs Fürstbischof Julius Echter im Sinne (und z. T. auch im Auftrag) des ihn sehr schätzenden Kaisers: vgl. Wendehorst (Bearb.), Das Bistum Würzburg, Teil 3 (wie Anm. 3), S. 170f.

fenden Kaisers zeugt, war zwar nach der Ermordung Heinrichs IV. militärisch weitgehend reduziert, aber noch keineswegs beendet, als Rudolf starb. Sogar für einen wenigstens zeitweisen Friedensschluss zwischen den „Sarmaten" und „Moschern", in antiken Texten als nordöstliche Barbarenvölker erwähnt, für Sang ziemlich sicher die in „dauernder Zwietracht (perpetuae dissensiones)" lebenden Polen und Russen[30], habe der Kaiser gesorgt: Zu denken ist hier an den „Livländischen Krieg" (1558–1583), in dessen späterem Verlauf sich der von König Stephan Báthory bedrängte Zar Iwan IV. 1580 mit einem Hilfeersuchen an den Kaiser und den Papst wandte; der 1582 folgende Waffenstillstand (für zehn Jahre) wurde allerdings in erster Linie vom päpstlichen Gesandten, dem Jesuiten Possevino, vermittelt.[31]

Nach diesem kurzen Ausgriff in die Außenpolitik kommt der Redner auf den Segen des inneren Friedens zu sprechen, der unter Rudolf so lange gewahrt blieb, ganz anders als in den Niederlanden („Belgien"), die seit 1568 vom verheerenden Achtzigjährigen Krieg gegen die Spanier gezeichnet waren, und in Frankreich, wo von 1562 bis 1598 die Hugenottenkriege als Religions- und Bürgerkriege tobten. Diese Antithese verstärkt Sang durch die Aufzählung der Kriegsgräuel, die den Deutschen erspart blieben, und durch den Hinweis, dass der Kaiser sogar, ganz im Gegensatz zu ausländischen Königen und Fürsten – man soll hier wohl vor allem an die französischen Könige denken –, auf sich ihm bietende Möglichkeiten der Machterweiterung verzichtet habe, um geltendes Recht und geschriebene Verträge nicht zu verletzen. Seine mit dem Verhalten von Mose und David verglichene Milde[32] habe selbst bei Verfehlungen des Volkes und Adels gegen ihn die Vergebung der durchaus möglichen Rache vorgezogen. So kann auch der immer wieder gegen den Kaiser erhobene Vorwurf des häufigen Zauderns ins Positive gekehrt werden. Das Zwischenfazit (etwa in der Mitte der Rede) kann also Rudolf als leuchtendes Vorbild eines Friedensherrschers für die anderen Mächtigen darstellen; Belege für seine Vorbildfunktion seien die Gesandtschaften, die, weil man sich verpflichtet sah und weil man ihn ehren wollte, zu ihm geschickt worden seien, von den Herrschern der Russen, der Polen, der Perser und sogar vom Sultan der Osmanen.[33]

---

[30] Wilhelm Hoffmann / Wilhelm Pahl / Karl Pfaff, Beschreibung der Erde, Stuttgart 1842, Bd. 2, Teil 3, S. 2809: „Die Sarmaten [...] sind ohne Zweifel die Stammväter der jetzigen Polen." – Michael Lomonossow, Alte Russische Geschichte, ins Deutsche übersetzt, Riga / Leipzig 1768, S. 15: Die Moscher, „von welchen auch würklich viele neuere Schriftsteller das Moskowische Volk herleiten [...]". – Lomonossow selbst lehnt diese zu seiner Zeit offenbar gängige Herleitung ab (ebd.). Öfter wurden (mit ähnlicher Bewertung als ungläubige „Barbaren") die antiken Moscher auch mit den Meschech des Alten Testaments (Gen 10,2; Ez 39,1) gleichgesetzt.

[31] Als Sang seine Rede hält, haben in der „Zeit der Wirren" (1605–1613) nach dem Erlöschen der Rurikdynastie erneut immer wieder kriegerische Auseinandersetzungen zwischen Polen und Russen stattgefunden.

[32] Zu Mose vgl. Vulgata Num 12,3: „Erat enim Moses vir mitissimus super omnes homines, qui morabantur in terra (Mose aber war der sanftmütigste Mann über allen Menschen, die auf Erden lebten)"; zu David vgl. Vulgata Ps 131,1: „Memento, Domine, David et omnis mansuetudinis eius (O Herr, gedenke Davids und all seiner Sanftmut)".

[33] Besonderes Aufsehen erregte 1604 eine Delegation aus Persien im Auftrag von Schah Abbas I., die dem Kaiser ein Bündnis gegen das Osmanische Reich anbot (und Rudolf mit exotischen Geschenken und durch die nach persischem Hofzeremoniell vollzogene Proskynese überraschte). Das antitürkische Bündnisangebot blieb freilich ebenso folgenlos wie eine durch den Gesandten Schewregin 1582 vorgebrachte ähnliche Offerte des Zaren Iwan IV. oder eine Gesandtschaft Sigismunds III. aus Polen im Jahr 1605.

c. 17–21: Rudolf als Sieger über die Türken

Der letztgenannte Beleg liefert die Überleitung zu einer (anders als angekündigt) ausführlichen Darlegung der Leistungen des Kaisers in der Auseinandersetzung mit dem vor allem in Ost- und Mitteleuropa als geradezu existenzielle, apokalyptische Bedrohung gefürchteten Expansionsstreben des Osmanischen Reichs.[34] Gegen die türkischen Herren über weite Teile Ungarns, dessen Könige die Habsburger ja seit 1526 waren, führte Rudolf den „Langen Türkenkrieg“ (1593–1606), nach vorausgegangenen dauernden Ein- und Überfällen schließlich ausgelöst durch die dritte erfolglose türkische Belagerung der kroatischen Festung Sissek (Sisak), durch den dabei errungenen Sieg der kaiserlichen Truppen am Fluss Kulpa (Kupa) und den Schlachtentod des Beylerbeys von Bosnien Hassan Pascha sowie eines Neffen des Sultans am 22. Juni 1593, woraufhin die Pforte offiziell den Krieg erklärte. Sang betont die zahlenmäßige Unterlegenheit der christlichen Sieger, um deren Tapferkeit und die göttliche Hilfe herauszustreichen. Dasselbe Schema verwendet er auch bei der Erwähnung eines Sieges „im selben Jahr“ bei der Festung Pápa (Pappa) in Ungarn.[35] Das nächstgenannte Beispiel christlichen Mutes und Gottvertrauens ist historisch schwer belegbar, da es in der zeitlichen Einordnung doppeldeutig (1578 oder 1597)[36], in der Lokalisation vage („in Vngaria superiori“) und in den Zahlenangaben (1 800 Christen gegen 11 000 Feinde) keinem der tradierten Kriegsereignisse zuzuordnen ist. Es folgt die Darstellung des zunächst überaus erfolgreichen Feldzugs des Großwesirs Sinan Pascha, bekämpft von dem von Kaiser Rudolf gesandten Grafen Schwarzenberg, und der Rückeroberung der 1594 verlorenen (und noch 1597 erfolglos belagerten) Festung Raab (Györ, Iaurinum) durch einen vom christlichen Feldherrn klug geplanten Überfall im Jahr 1598.[37] 1596 war die Festung Erlau (Eger, Agria) in die Hände des Sultans gefallen; der Sieg des Entsatzheeres wurde durch die Beutegier der christlichen Sieger wieder zunichte gemacht. 1595 eroberte Karl von Mansfeld das ungarische Gran (Esztergom, Strigonium), das jedoch 1605 wieder in die Hände der Osmanen fiel. Vom als nächstes genannten Buda (Ofen, Aquincum) wurde zwischenzeitlich allerdings nur die Vorstadt erobert; die Belagerungen von 1598 und 1602 waren erfolglos, und die 1602 besetzte Stadt Pest ging, anders als der Redner durch seine vage Formulierung andeuten möchte, 1604 wieder

---

[34] Vgl. Winfried Schulze, Reich und Türkengefahr im späten 16. Jahrhundert. Studien zu den politischen und gesellschaftlichen Auswirkungen einer äußeren Bedrohung, München 1978. – Klaus-Peter Matschke, Das Kreuz und der Halbmond. Die Geschichte der Türkenkriege, Düsseldorf / Zürich 2004; zum „Langen Türkenkrieg“ ebd., S. 292–320.

[35] Die Festung Pápa wurde dann 1594 von den Türken, 1597 von den Kaiserlichen, 1600 wieder von den Osmanen erobert.

[36] „Quindecim annis ante“ kann hier sowohl „vor 15 Jahren“ (also 1597) als auch „15 Jahre vorher“ (also 1578) heißen. Für beide Jahre gibt es keine richtig passende Zuordnungsmöglichkeit; 1597 war allerdings durchaus ein Jahr intensiven Kriegsgeschehens. Vielleicht ist aber auch die erfolgreiche Verteidigung von Waitzen 1596 gemeint oder Herbersteins Sieg über die Türken bei Petrinia (wieder an der Kulpa) im selben Jahr.

[37] An mehreren Orten in Österreich wurden daraufhin die „Raaber Kreuze“ als Sieges- und Dankesdenkmäler errichtet; auch Flugschriften und Medaillen priesen den göttlichen Beistand und den Kaiser als Türkenbezwinger. Rudolfs Wahlspruch „ADSIT (Auxilium Domini Sit Iniquis Terror)“ wurde neu interpretiert als „Adiuvante Domino Superavit Imperatorem Turcarum“; Evans, Ohnmacht und Einsamkeit (wie Anm. 1), S. 118. – Adolf Graf von Schwarzenberg (1551–1600) wurde 1599 von Rudolf II. in den Reichsgrafenstand erhoben; sein Wappen zeigte fortan einen Raben, der einen Türkenkopf attackiert. (Schwarzenberg fiel 1600 vor Pápa.)

an die Türken. Auch die militärischen Erfolge bei Hottwan (Hatvan, Hadua), Stuhlweißenburg (Székesfehérvár, Alba Regia) und Waitzen (Vác, Vaccia), die – so der christliche Traum seit 1453 – aus der Sicht des Predigers das Tor nach Byzanz öffneten, wovon in der Realität überhaupt nicht geredet werden konnte, blieben nicht von Dauer.[38] Das muss auch Sang eingestehen, schreibt die Schuld dafür aber ausdrücklich nicht Rudolf zu. Ab 1600, das politisch wie persönlich zu einem absoluten Krisenjahr für den Kaiser wurde[39], lag die militärische Offensive eher auf Seiten der Osmanen[40], die dann 1606 auf Drängen von Rudolfs Bruder Matthias und gegen den Willen des Kaisers einen für sie eher vorteilhaften Frieden bekamen.[41] Sang muss dann noch erklären, weshalb er die (zwischenzeitlichen) Erfolge überhaupt Rudolf anrechnet, der ja anders als seine kaiserlichen Vorgänger und als seine erzherzoglichen Brüder selbst gar nicht in den Krieg gezogen, sondern – eindrucksvoller Vergleich – wie ein Dachs in seiner Höhle am Hof zu Prag verblieben war.[42] Die vorher schon einmal verwendeten alttestamentlichen Vorbilder für exemplarisches, auf Gott vertrauendes Verhalten des Kaisers, David und Mose, erscheinen wieder, sind hier aber nur bedingt brauchbar: Den Sieg Davids über Goliath schreibt Sang dem überlegenen Plan des israelitischen Hirtenknaben zu (der zwar ohne Rüstung war, aber, anders als Rudolf, durchaus kämpfte)[43], den Sieg der Israeliten über die Amalekiter dem beharrlichen Gebet des Mose (der aber Augenzeuge der Schlacht war).[44] So habe, möge der Zuhörer folgern, Rudolf durch Strategie und Gebet vom Hofe aus seine Heerführer und Truppen zu ihren Siegen geführt, und die Siege wären auch dauerhaft gewesen, hätten die Anführer nur immer des Kaisers Anordnungen beachtet und befolgt.

---

38 Die Belagerung von Hottwan 1594 musste abgebrochen werden; auch 1596 mussten sich die Kaiserlichen nach erfolgreicher Belagerung wieder zurückziehen, eroberten die Festung 1603 und verloren sie 1604 wieder. Stuhlweißenburg konnte (nach erfolgloser Belagerung 1593) im Jahr 1601 erobert werden, ging aber 1602 wieder verloren. Auch das zwischenzeitlich (1595) eroberte und 1596 erfolgreich verteidigte Waitzen fiel wieder in türkische Hände (und wurde erst im Anschluss an die gerade nach diesem Ort benannte siegreiche Schlacht 1684 erobert).

39 Rudolf, psychisch schwer angeschlagen, entließ 1600 seinen engsten Vertrauten, den Obersthofmeister Wolfgang Rumpf. Rudolfs Brüder, die Erzherzöge Matthias und Maximilian, und sein Vetter Ferdinand schlossen in Schottwien einen Vertrag gegen den Kaiser – der „Bruderzwist" begann sich abzuzeichnen. Im Türkenkrieg ging die Festung Kanischa (Kanisza) verloren, gemeinhin als der „Schlüssel zu Deutschland" bezeichnet.

40 Eine entscheidende Rolle spielte dann auch der Aufstand des Siebenbürgers Stephan Bocskai 1604 in Oberungarn gegen die Habsburger, der mit dem für die Aufständischen vorteilhaften Frieden von Wien 1606 endete.

41 Der Frieden von Zsitvatorok beendete die jährliche Tributzahlung des Kaisers durch eine erhebliche einmalige Zahlung (200 000 Gulden). Die Türken behielten das 1596 eroberte Erlau, die 1600 eroberte Festung Kanischa und das 1605 eroberte Gran. Das 1594 an die Osmanen gefallene und 1598 zurückeroberte Raab blieb habsburgisch.

42 Das Problem ist bereits der antiken Panegyrik bekannt: Sang kennt wohl Eumenius, Panegyricus Constantii 14, wo über das Lob des Redners Fronto auf Kaiser Antoninus Pius berichtet wird: „‚Obwohl er die Durchführung des Feldzugs andern übertrug', sagte der Redner Fronto, ‚während er selbst im Palast zu Rom blieb, so gebührt dennoch ihm, wie dem Steuermann am Ruder eines Kriegsschiffes, der Ruhm der ganzen Steuerung und Fahrt.'"; vgl. Anthony Birley, Mark Aurel, München 1977 (2. Aufl.), S. 109. – Das Bild Frontos vom Schiff und Steuermann erscheint dann nämlich bei Sang im Schlusskapitel der Rede.

43 1 Sam 17. Den Zuhörern ist natürlich ebd. Vers 47 geläufig: „Auch alle, die hier versammelt sind, sollen erkennen, dass der Herr nicht durch Schwert und Speer Rettung verschafft [...]".

44 Ex 17,8–16.

c. 22–23: Rudolfs Liebe zur Religion
Rudolfs langer Krieg gegen die Türken ist auch als Verteidigung der christlichen Religion und des „alten Glaubens (prisca fides)" gegen den Ansturm der Ungläubigen zu sehen. Dazu habe er seine beiden jüngeren Brüder, gemeint sind Ernst und Matthias, gegen die Türken ins Feld geschickt. Erzherzog Ernst, seit 1590 als Vormund des jungen Ferdinand Regent von Innerösterreich, unterlag 1592 in Ungarn den Türken, wurde im selben Jahr Statthalter der Niederlande (Amtsantritt 1594), verstarb aber schon 1595 in Brüssel. Erzherzog Matthias, seit 1593 Statthalter von Österreich, war (mit wechselnden Erfolgen) Oberbefehlshaber im „Langen Türkenkrieg", den er 1606 auch mit dem Frieden von Zsitvatorok beendete. (Im „Bruderzwist" wurde er anstelle Rudolfs 1606 Familienoberhaupt, 1608 König von Ungarn, 1611 König von Böhmen, nach Rudolfs Tod Kaiser.) Zur Rolle der Religion für den Staat zitiert der Weihbischof den von ihm wie auch von seinem Fürsten hochgeschätzten flämischen Philosophen Justus Lipsius, nach dem die Religion „Band und Stütze des Staates" sein soll.[45] Rudolfs Einsatz für den Glauben und seine Frömmigkeit werden von Sang mit der legendären Liebe zur Religion und Eucharistie seines Ahnen und Namenspatrons, des nach dem Interregnum zum König gewählten Grafen Rudolf von Habsburg (1218–1291, reg. ab 1273), verglichen.[46] Einen zweiten Vergleich liefert wieder die Rede des Ambrosius auf Kaiser Valentinian II., der sich standhaft geweigert habe, dem (heidnisch dominierten) Senat von Rom verlorene alte Privilegien wieder zu gewähren. Der darum nachsuchenden Gesandtschaft habe er geantwortet, er schulde der Stadt Rom zwar väterliche Zuneigung, mehr aber schulde er Gehorsam dem „Urheber des Heiles".[47] Rudolf habe dieselbe Haltung gezeigt auf den Reichstagen und in seiner Residenz in Prag gegen die auf freie Religionsausübung drängenden Stände und sich dabei auch auf die Verpflichtung gegenüber seinen Vorfahren berufen[48]: Er wolle kein „falscher Adler (aquila adulterina)" sein, der bei der väterlichen „Jungenprobe"[49] versagen würde, wenn er vor dem „Licht

---

[45] Iusti Lipsii monita et exempla politica. Libri duo, qui virtutes et vitia principum spectant. Editio nova, Trnava 1698, S. 5: „Esto igitur vinculum et firmamentum reipublicae, Religio." – Am Ende seines Dettelbacher Mirakelbuchs (Würzburg 1607, S. 107) verteidigt Sang in einem Epigramm in elegischen Distichen Lipsius' Abhandlungen über die Marienverehrung gegen die Angriffe des schottischen Theologieprofessors G. Thomson: „In Thomsonum Scotoglossum et Lipsiomastigem (Gegen den schottischen Schwätzer und Lipsiuskritiker Thomson)".

[46] Die schon in Aegidius Tschudis „Chronicon Helveticum", entstanden in der ersten Hälfte des 16. Jahrhunderts, erzählte Geschichte von der demütigen Verehrung der eucharistischen Hostie durch den Grafen von Habsburg, dem daraufhin der glänzende Aufstieg seines Geschlechts prophezeit wird, ist am eindrucksvollsten in Schillers Ballade von 1803/04 gestaltet. – (Am rechten Seitenaltar der Burkarder Kirche in Würzburg ist König Rudolf durch eine Statue von Jakob van der Auwera gar zur Ehre der Altäre erhoben – zusammen mit Franz von Assisi als Namenspatron des Stifters Franz Rudolph von Hettersdorf.)

[47] Migne, Ambrosius (wie Anm. 7), c. 19f. (c. 20: „magis obsequium debeo salutis auctori"); vgl. Apg 5,29: „Man muss Gott mehr gehorchen als den Menschen."

[48] Rudolf II. nahm nur an den Reichstagen von 1582 in Augsburg und 1594 in Regensburg persönlich teil. Die dort und in Prag gegenüber den Ständen von ihm gezeigte gegenreformatorische Standhaftigkeit, die Sang hier lobt, verlor sich im Lauf des „Bruderzwists": 1609 gewährte der dem Kaiser abgerungene „Majestätsbrief" den protestantischen Ständen Böhmens und Schlesiens Religionsfreiheit.

[49] Augustinus (In Evangelium Ioannis Tractatus 36,5) referiert und deutet die „Jungenprobe" bei den Adlern: Nur der echte Jungvogel könne in die Strahlen des Sonnenlichts sehen, der falsche

des katholischen Glaubens“ nicht bestehen könne. Verteidigung des Glaubens findet hier also nicht mehr gegen die ungläubigen Türken statt, sondern gegenüber den reformatorischen Ständen. Dass diese, wie es ja seit Karl V. immer wieder der Fall war, die Türkengefahr zu ihrem Vorteil nutzen wollten und dass religionspolitische Zugeständnisse seitens des Kaisers ihm mehr Hilfe gegen die Türken und größere Beliebtheit beim Volk beschert hätten, betont der Redner vor dem dieses Thema abschließenden Pauluszitat, das Rudolf bescheinigt, den guten Kampf gekämpft, den Lauf vollendet und den Glauben bewahrt zu haben.[50]

c. 24–25: Last und Mühsal des Regierens

In offenbar ganz zutreffender Weise gelingt es dem Redner dann, die großen Belastungen und Anstrengungen für den ja doch eher den Künsten und einem friedlichen Leben („quieti & tranquillitati“) zugeneigten Kaiser während seiner außergewöhnlich langen Regierungszeit von 36 Jahren (1576–1612) nachzuempfinden. Das stete Bedrängtwerden von Problemen – derer drei genannt werden: die Türkeneinfälle, die Aufstände in Böhmen, die Konflikte im Reich – habe Rudolf letztlich das Leben gekostet. Für den fast Sechzigjährigen verwendet der Weihbischof dann wieder ein geistvolles Zitat des Ambrosius auf den so viel jüngeren Valentinian: Zwei Dinge schärften den Schmerz um den Verstorbenen: die Unreife der Jahre und die hohe Reife der Beschlüsse bzw. Ratschläge.[51] Und auch der folgende Appell des Redners an seine Zuhörer, dem Kaiser für seine ertragenen Mühseligkeiten zu danken, entstammt der Rede des Mailänder Kirchenvaters, wiederholt die schon in der Einleitung zitierte Aufforderung zum Gebet für den Toten als Ausdruck des Dankens.[52]

c. 26: Rudolfs Verdienst um Franken

Zu besonderem Dank verpflichtet sei dem Kaiser die „fränkische Provinz“, die er auf das Ersuchen ihres Fürstbischofs hin mit seiner Zustimmung zur Wiedergründung der zwischenzeitlich verfallenen Universität und mit großzügigsten Privilegien beschenkt habe.[53] Der Weihbischof, Doktor der Theologie und wiederholt auch Rektor der Alma Julia, versäumt nicht, mit Zahlen auf die Erfolge dieser inzwischen dreißigjährigen Bildungsinstitution hinzuweisen

---

schließe die Augen und werde von der väterlichen Kralle fallengelassen: „Denn man sagt, dass die Adlerjungen von den Eltern so geprüft werden: Sie würden nämlich an die Kralle des Vaters gehängt und so den Strahlen der Sonne entgegengehalten. Wer fest [in die Sonne] blickte, wird als Sohn anerkannt; wenn [einer] mit dem Blick zuckte, wird er als Falscher von der Kralle fallengelassen. Seht also schon, welch Erhabenes der künden musste, der mit dem Adler verglichen wurde [= der Evangelist Johannes; R. S.]. (Dicuntur enim et pulli aquilarum a parentibus sic probari, patris scilicet ungue suspendi, et radiis solis opponi: qui firme contemplatus fuerit, filius agnoscitur; si acie palpitaverit, tamquam adulterinus ab ungue dimittitur. Iam ergo videte quam sublimia loqui debuit, qui est aquilae comparatus.)“

50 2 Tim 4,7.

51 Migne, Ambrosius (wie Anm. 7), c. 3: „in quo duo [...] acerbant dolorem, annorum immaturitas, et consiliorum senectus.“

52 Ebd., c. 56 (unter Verwendung von Ps 134,2) – im Kommentar zur Einleitung (s. o.) zitiert.

53 Die kaiserlichen Gründungsprivilegien stammen allerdings bereits von Maximilian II. (1575). Deren feierliche Verkündigung (gegen den Willen des Domkapitels) und die formelle (Wieder-)Eröffnung mit der Einsetzung der Dekane und der Wahl Echters zum ersten Rektor erfolgten dann in der Regierungszeit Rudolfs 1582, der Erlass der endgültigen Universitätssatzung und erste Vorlesungen 1587; vgl. dazu Peter Baumgart, Universitäten im konfessionellen Zeitalter, Münster 2006, S. 297–362.

und die anwesenden Akademiker mit der Fortsetzung des eingangs und eben nochmals verwendeten Ambrosiuszitats (diesmal des ersten Teils) zu frommer Mitfeier des Gedenkgottesdienstes aufzufordern.[54]

c. 27 a: Rudolfs vorbildhaftes Sterben
Das Sterben des Kaisers wird von Sang als exemplarisch für einen Christen dargestellt. Rudolf, der sein Ende nahe fühlt, legt die Beichte ab und bittet um die Kommunion, kann aber aufgrund seines Zustands die Hostie nicht mehr empfangen. Sein ausdrücklicher Wunsch („desiderium et votum") macht ihn jedoch ihrer Erlösungswirkung teilhaftig, sodass er mit einem Gebet auf den Lippen zu Gott eingehen kann. Vom damals „Letzte Ölung" genannten Sakrament der Krankensalbung ist bemerkenswerterweise nicht die Rede: Rudolf hatte sich geweigert, sie zu empfangen.[55] Und auch der nicht vollzogene Hostienempfang ist vielleicht anders zu begründen: Es könnte sein, dass Rudolf, wie schon sein Vater, das Abendmahl „sub utraque specie" empfangen und, wäre das nicht möglich, wie Maximilian ganz darauf verzichten wollte.[56]

c. 27 b–28: Schluss der Rede: Macht des Todes, Apostrophe des Toten, Appell an die Kurfürsten
Statt das leitmotivische „amisimus imperatorem" zu wiederholen, bekundet der Redner, die ihm gesetzte Zeit, den noch in vielerlei Hinsicht bewundernswerten Kaiser zu rühmen, nicht überschreiten zu wollen. Er stellt abschließend seinen Zuhörern in großem Pathos und mit entsprechendem rhetorischen Nachdruck (Metaphern, Antithesen, Inversionen, Steigerungen, Exempla) die beim Tod Rudolfs manifest gewordene Unsicherheit und Kürze des Menschenlebens vor Augen, die Macht des Todes auch gegenüber den Mächtigsten, und er beklagt die Tatsache, dass viele Sterbliche so lebten, als könne dieses Erdenleben gar nicht enden. Dann wendet sich der Weihbischof direkt an den Verstorbenen, der nun sein irdisches Reich mit dem himmlischen, die Mühsal des Erdenlebens mit der ewigen Ruhe, die Sterblichkeit mit der Unsterblichkeit getauscht und den vom Evangelium versprochenen Lohn erhalten habe.[57] Der Steuermann habe das von Stürmen und Unwettern umhergeschleuderte Reichsschiff verlassen, sein Kahn habe am Ufer angelegt. Damit aber dem Schiff wieder ein Steuermann gegeben werde, schließt Sang mit einem Appell an die Kurfürsten, unverzüglich einen Nachfolger zu wählen, und er bittet für diese Wahl mit allen „Frommen" um den Beistand des göttlichen Geistes.

---

[54] Migne, Ambrosius (wie Anm. 7), c. 56.

[55] Sang, der selbst eine Lobschrift auf die „Extrema Unctio" (ebenso wie auf die Firmung / Confirmatio) als Sakrament verfasst hatte (Confirmationis et extremae Unctionis Sacramentorum novae legis Encomia, Würzburg 1609), hätte sie hier zweifellos erwähnt, hätte sie denn stattgefunden.

[56] Evans, Ohnmacht und Einsamkeit (wie Anm. 1), S. 62: „Ab 1600 scheint er einen wahren Horror vor den römischen Sakramenten empfunden zu haben, und zweifellos hat auch er [wie Maximilian II.; R. S.] abgelehnt, die Sterbesakramente zu empfangen." – Schwarzenfeld, Rudolf II. (wie Anm. 1), S. 259, formuliert vorsichtiger: „Rudolf soll die Tröstungen der katholischen Religion abgelehnt haben." Der Kaiser sei zwar „konfessionslos", aber gläubig und voll Gottvertrauen gestorben. – Für Sangs Version könnte allerdings der bei Vocelka, Rudolf II. (wie Anm. 1), S. 212, zitierte Obduktionsbericht sprechen: „[...] der Magen propter abstinentiam à cibo fast eingeschrumpffen".

[57] Vgl. Mt 20,1–16.

3. Fazit

Der Weihbischof hat in seiner Leichenrede eine keineswegs leichte Aufgabe zu bewältigen. Sein Fürst wollte mit der grandios inszenierten Totenfeier für den Kaiser offenbar zeigen, wieviel dessen Person und vor allem dessen Amt ihm bedeuteten.[58] Sein Hochstift, das im Zentrum des Reiches gelegene Herzogtum Ostfranken, ein macht- und religionspolitisch extrem gefährdetes zersplittertes Gemenge, von der Fläche her nur etwa ein Fünftel des Würzburger Bistumsgebiets, war allenthalben durchsetzt von Freien Reichsstädten (und zwei Reichsdörfern) und Reichsritterschaften, die fast alle dem neuen Glauben anhingen, zu dem sich zu Echters Amtsantritt auch eine überwältigende Mehrheit seiner Untertanen (vor allem in den Städten des Hochstifts) bekannte.[59] Da war es für den Fürstbischof von entscheidender Bedeutung, dass er sich bei seinen auf einen homogenen Untertanenverband hinstrebenden gegenreformatorischen Maßnahmen im Sinne des Augsburger Religionsfriedens (cuius regio, eius religio) auf die vom Kaiser repräsentierte Autorität des Reiches verlassen konnte. In dieser Hinsicht wurde Julius Echter von Rudolf II. auch nicht enttäuscht: Die von Sang bezeichnenderweise gar nicht erwähnten Einsprüche mehrerer reformatorischer Stände gegen Echters konsequente Rekatholisierungspolitik fanden beim Kaiser kein Gehör, wie dieser ja auch bei den von Sang angesprochenen Auseinandersetzungen um die geistlichen Fürstentümer Köln und Straßburg keinen Zweifel an der Geltung des mit dem Augsburger Religionsfrieden einhergehenden „Geistlichen Vorbehalts“ erkennen ließ.[60]

Andererseits ist es schwer, die so offensichtlich gewordenen Schwächen des in der Leichenpredigt zu lobenden toten Herrschers und seine negative Bilanz im Hinblick auf die Auseinandersetzung mit den Ständen, mit den Osmanen und zuletzt mit seinen Familienangehörigen nicht zur Sprache zu bringen. Manches, vor allem aus der Endphase, lässt der Redner einfach weg: die weitgehende Machtlosigkeit Rudolfs bei den unversöhnlichen Auseinandersetzungen um Donauwörth (1606/07) und Jülich-Kleve (ab 1609), den ihm abgezwungenen „Majestätsbrief“ (1609), den Verlust der beiden Königskronen, weitgehend auch Rudolfs psychische Erkrankung und den „Bruderzwist“. Beim „Langen Türkenkrieg“, auf den er sehr ausführlich eingeht, betont Sang vor allem die Anfangserfolge der Kaiserlichen, schreibt sie dem (ja gar nicht persönlich teilnehmenden) Herrscher gut, schiebt die letztendlichen Misserfolge und Verluste dagegen auf das Versagen der politischen und militärischen Eliten. So wird Rudolf im Verlauf der Darstellung des Würzburger Weihbischofs bis hin

---

58 Wendehorst (Bearb.), Das Bistum Würzburg, Teil 3 (wie Anm. 3), S. 169: Fürstbischof Echter sei „besonders auf Stärkung des Kaisertums und der Reichsverfassung bedacht“ gewesen.

59 Vgl. Wolfgang Weiß / Winfried Romberg, Julius Echter – Der Fürst und sein Land, in: Leng / Schneider / Weidmann (Hg.), Julius Echter (wie Anm. 3), S. 31–38; Rainer Leng, Bistum und Hochstift, in: ebd., S. 125–131.

60 Wendehorst (Bearb.), Das Bistum Würzburg, Teil 3 (wie Anm. 3), S. 170, referiert Echters Stellungnahme zu einer Supplik „von Grafen und Herren“ an die weltlichen Kurfürsten: „eine Zustimmung des Reichstages“ zur „Freistellung der Religion in den Hochstiften und am Reichskammergericht [...] bedeute nicht nur höchsten Schaden für die katholische Religion, sondern auch das Ende der Hochstifte“.

zu seinem (von Sang so gestalteten) wahrhaft christlichen Sterben immer mehr zu einer geradezu tragischen Gestalt, die stets das Gute und Richtige wollte, es auch sehr oft erreichte, etwa bei der Bewahrung des Friedens im Reich, und die in ihrem Scheitern nicht so sehr der eigenen Fehlerhaftigkeit und Schwäche erlag, sondern eher und stärker der Mangelhaftigkeit in der Umsetzung des kaiserlichen Willens und vor allem der überwältigenden Größe und Schwere der auf den Kaiser in seiner überaus langen Regierungszeit einstürzenden Übel, Schwierigkeiten und problematischen Entwicklungen.

Mit Blick auf die Lage im Reich liefert die Rede Sangs eine klare Diagnose: Das Schiff ist am Schlingern, es braucht einen handlungsstarken, orientierungsfesten Steuermann. Von außen drohen nach wie vor die gefürchteten Osmanen, im Innern ist der seit 1555 bestehende Friede durch machtpolitische Ambitionen und den zunehmenden Streit um den rechten Glauben extrem gefährdet. Unter Rudolf blieben dem Reich verheerende Auseinandersetzungen wie in Frankreich und den Niederlanden erspart – der Redner schreibt das (nicht ganz zu Unrecht) als Verdienst dem Kaiser zu. Er erwähnt allerdings nicht, dass im letzten Jahrzehnt der Regierungszeit dieses Habsburgers wesentliche Institutionen der Rechts- und Friedenssicherung (Reichstag, Reichskammergericht, Reichshofrat) im Zuge der konfessionellen Auseinandersetzungen bereits lahmgelegt wurden und die Gründung neuer Bündnisse (Union 1608, Liga 1609) eine unheilverkündende Konfliktbereitschaft noch zu Rudolfs Lebzeiten demonstrierte.

(Es sei noch erwähnt, dass Eucharius Sang der gedruckten Ausgabe seiner Leichenrede ein Klagegedicht von zwölf alkäischen Strophen anschließt: IN EIVSDEM RVDOLPHI II. INVICTISSIMI ROMANORVM IMPERATORIS Obitu PATRIAE INGEMISCENTIS QVERIMONIA, das Gropp in seiner Collectio weggelassen hat. In diesem Gedicht wird Rudolfs Lob im Vergleich zur Rede noch poetisch erhöht und dem durch den Triumph des Todes über den Kaiser seines Schutzes und seiner Stütze beraubten und in hohem Pathos klagenden Reich in der letzten Strophe folgende Alternative in Aussicht gestellt:

Eheu! vel orbem consilio gravi
Perire quaerens, praesidium hoc tulit
DEVS, vel ista firmiorem
Ponet in IMPERIO Columnam. –
Wehe! Entweder nahm uns Gott diesen Schutz, weil er mit
gewaltigem Plan darauf sinnt, dass der Erdkreis zugrunde gehe,
oder er wird eine stärkere Säule als
diese aufrichten im Reich.)

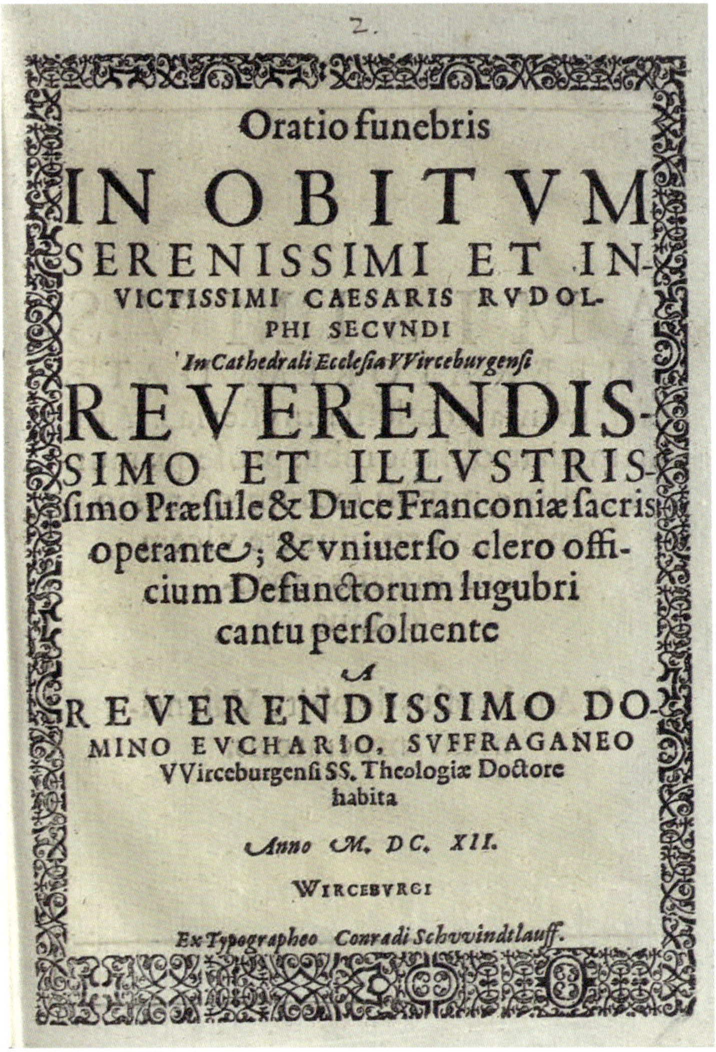

2.

Oratio funebris

IN OBITVM

SERENISSIMI ET IN-
VICTISSIMI CAESARIS RVDOL-
PHI SECVNDI

In Cathedrali Ecclesia VVirceburgensi

REVERENDIS-
SIMO ET ILLVSTRIS-
simo Præsule & Duce Franconiæ sacris
operante; & vniuerso clero offi-
cium Defunctorum lugubri
cantu persoluente

A

REVERENDISSIMO DO-
MINO EVCHARIO, SVFFRAGANEO
VVirceburgensi SS. Theologiæ Doctore
habita

Anno M. DC. XII.

WIRCEBVRGI

Ex Typographeo Conradi Schvvindtlauff.

Abb. 1: *Titelblatt der gedruckten Ausgabe von 1612 (vgl. Anm. 2).*

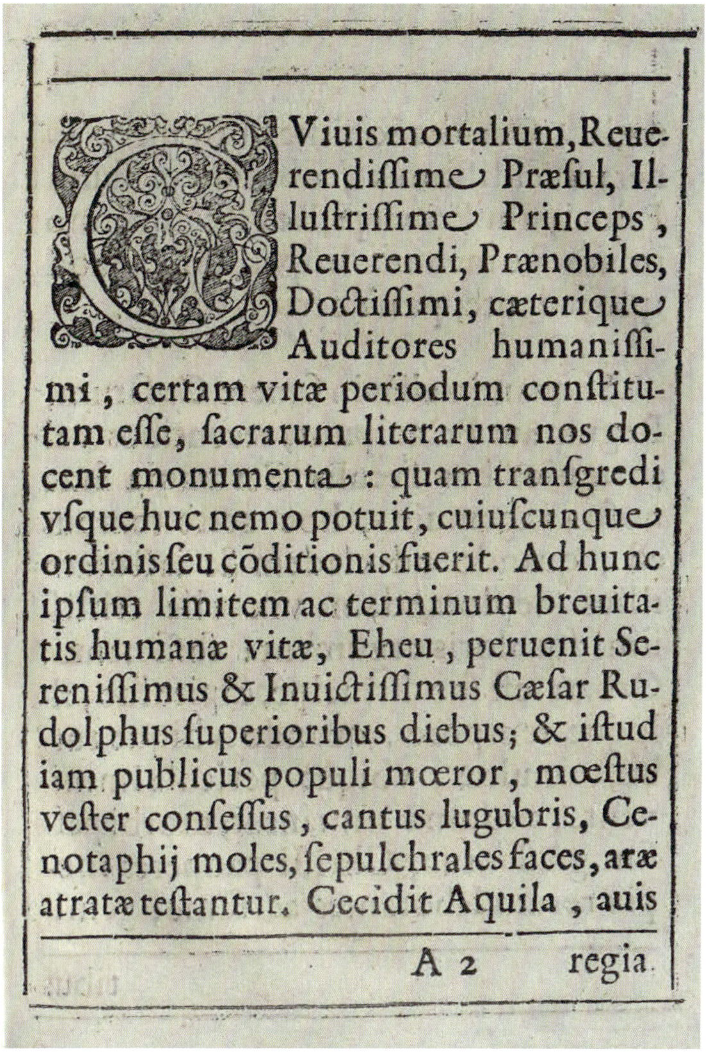

CViuis mortalium, Reuerendiſſime Præſul, Illuſtriſſime Princeps, Reuerendi, Prænobiles, Doctiſſimi, cæterique Auditores humaniſſimi, certam vitæ periodum conſtitutam eſſe, ſacrarum literarum nos docent monumenta: quam tranſgredi vſque huc nemo potuit, cuiuſcunque ordinis ſeu cõditionis fuerit. Ad hunc ipſum limitem ac terminum breuitatis humanæ vitæ, Eheu, peruenit Sereniſſimus & Inuictiſſimus Cæſar Rudolphus ſuperioribus diebus; & iſtud iam publicus populi mœror, mœſtus veſter conſeſſus, cantus lugubris, Cenotaphij moles, ſepulchrales faces, aræ atratæ teſtantur. Cecidit Aquila, auis

A 2 regia

Abb. 2: *Der Beginn der Rede in der Druckversion.*

Abb. 1: *Huldigungsblatt für Johann Georg Fuchs von Dornheim. Bamberg, Staatsbibliothek, Sign. HVG 41/86.*

Ein Huldigungsblatt für Johann Georg II. Fuchs von Dornheim, Bischof von Bamberg (1623–1633) und Dompropst in Würzburg (1629–1633), mit einer Darstellung der Kartause Engelgarten in Würzburg

Helmut Engelhart

1. Bildstruktur und Thematik des Kupferstichs

Zu den bislang kaum beachteten Werken des wohl aus Würzburg stammenden und überwiegend dort tätigen Kupferstechers und Goldschmieds Johann Leypolt[1] gehört neben einer Reihe schon länger bekannter Stiche ein hier als Huldigungsblatt für Johann Georg II. Fuchs von Dornheim, Bischof von Bamberg (1623–1633) und Dompropst in Würzburg, bezeichneter Kupferstich (Abb. 1). Dieser Kupferstich ist in zwei vollständigen Exemplaren überliefert, die in der Staatsbibliothek Bamberg[2] und in der Porträtsammlung der Österreichischen Nationalbibliothek Wien aufbewahrt werden.[3]

Der in seiner zweizonigen Anlage an ein Thesenblatt[4] erinnernde Stich ist nur in den beiden genannten Exemplaren vollständig erhalten. Den unteren Bildteil mitsamt dem zentralen ovalen Bildnis des Johann Georg Fuchs von Dornheim überliefert zusätzlich ein Fragment, das sich heute in den Kunstsammlungen der Veste Coburg befindet.[5]

---

[1] ‚Leypold (Leopoldt, Leypolt usw.), Johann', in: Thieme/Becker, Allgemeines Lexikon der bildenden Künste von der Antike bis zur Gegenwart, Bd. 23, Leipzig 1929 [ND Leipzig 1999], S. 174. Unbefriedigend ist die neueste Zusammenstellung von Stichen Leypolts in Robert Zijlma, Hollstein's German Engravings, Etchings und Woodcuts, Volume XXII: Johann Leipolt to Melchior Lorch, Amsterdam 1978, S. 6–9. – Eindeutig gesicherte Lebensdaten für Johann Leypolt liegen bislang nicht vor; seine Tätigkeit als Kupferstecher beginnt nach heutigem Kenntnisstand im Jahr 1602 mit dem Titelrahmen für den Sommerteil des *Antiphonarium Wirceburgense* (Würzburg, Adam Brunner, [24. März] 1602); vgl. Helmut Engelhart, Die liturgischen Drucke für Fürstbischof Julius Echter (Quellen und Forschungen zur Geschichte des Bistums und Hochstifts Würzburg. Sonderveröffentlichung), Würzburg 2017, bes. S. 132–140. Zweifelsfrei Leypolt zuweisbare Kupferstiche sind bis in die späten 1630er Jahre belegt. Der Verf. bereitet derzeit ein Verzeichnis der Werke Johann Leypolts vor, das auch Fragen zu seiner Biographie berücksichtigen wird.

[2] Bamberg, Staatsbibliothek, Sign. HVG 41/86; 332 × 212 mm (direkt am Plattenrand beschnitten). – Für wertvolle Hinweise und die Anfertigung vorzüglicher Fotoarbeiten aus dem Graphikbestand der Staatsbibliothek danke ich Herrn Dr. Stefan Knoch und Herrn Gerald Raab sehr herzlich.

[3] Kupferstich, bis zum Bildrand beschnitten, ca. 325 × 208 mm (Bild), Rückseite leer; Wien, Österreichische Nationalbibliothek, Porträtsammlung, PORT_00080706_01.

[4] So die Bezeichnung auf dem maschinenschriftlichen Zettelkatalog der Österreichischen Nationalbibliothek.

[5] Coburg, Kunstsammlungen der Veste Coburg, Inventar-Nr. I,466,5a; Zijlma, Hollstein's German Engravings (wie Anm. 1), S. 8, No. 8; vgl. auch Helmut Engelhart, Kunst für Bücher. Holzschneider, Kupferstecher, Drucker, Buchmaler, in: Damian Dombrowski/Markus Josef Maier/Fabian Müller (Hg.), Julius Echter Patron der Künste. Konturen eines Fürsten und Bischofs der Renaissance. Katalog zur Ausstellung im Martin von Wagner Museum der Universität Würzburg, 25. Juni bis 24. September 2017, S. 329–359, bes. S. 338 Abb. 13.

Der Kupferstich zeichnet sich durch eine bislang nicht vollständig geklärte Bildthematik aus, die mit dem Begriff eines „Porträts“ oder einer „Vedute“ nur unzureichend erfasst werden kann.[6] Sie ist stark von symbolisch verschlüsselten Bildmotiven geprägt, die nur zum Teil von den in die Darstellung zahlreich eingeflochtenen biblischen wie allgemein religiösen Textzitaten erklärt werden können.

Formal gesehen, gewähren das Bamberger und das Wiener Blatt in ihrem oberen Teil einen Blick auf eine hügelige, seitlich von Felsformationen (links) und einer Baumstaffage (rechts) kulissenartig begrenzte tiefenräumliche Landschaft, die von einer in schräger Aufsicht wiedergegebenen Klosteranlage beherrscht wird. Über ihr schwebend, kniet auf einer Wolkenbank der hl. Bruno, der Gründer des Kartäuserordens, in der Tracht seines Ordens.[7] Er wird von einer Strahlengloriole umfangen. Vor ihm sind auf den Wolkenformationen seine wesentlichen Attribute, Mitra und Kreuz, dessen Enden in Blätter umschlagen, abgelegt.[8] Der Ordensgründer wendet sich, die Linke an die Brust erhoben, in der Rechten einen Ölzweig haltend, Gottvater zu, der am oberen Bildrand in einer weiteren Gloriole durch die hebräischen Schriftzeichen JAHWE gekennzeichnet wird.[9] An ihn sind die als Spruchband wiedergegebenen Worte „O bonitas, quando facies persequentibus me iudicium“ (O gütiger Gott, wann wirst du richten, die mich verfolgen?) [Ps. 118,84] gerichtet.

Die Darstellung der unteren Bildzone präsentiert dagegen einen in Aufsicht wiedergegebenen, sich perspektivisch verjüngenden, geradezu bühnenartigen Bildraum, den seitlich vorne zwei aus übereinander gestaffelten und um einen nicht sichtbaren Schaft herumkletternden Putten gebildete Säulen und weiter hinten zwei mächtige fruchttragende Palmbäume begrenzen. Säulen und Palmen fassen somit einen quadratischen, von einem dichten Zaun eingefriedeten Garten ein, hinter dem sich der Blick auf eine tiefe, von bebauten und bewaldeten Hügeln begrenzte Flusslandschaft bis zum fernen Horizont öffnet.

Im Schnittpunkt der Bilddiagonalen des Blattes und gleichzeitig die feine Trennlinie zwischen dem oberen und dem unteren Bildregister überlagernd, erscheint in einer rahmenden ovalen Kartusche das Bildnis des Bamberger Fürstbischofs Johann Georg II. Fuchs von Dornheim (reg. 1623–1633) in weltlicher Kleidung und ohne Kopfbedeckung als leicht aus der Bildachse nach

---

6 Eine ähnliche Bildgestaltung liegt in einem weiteren, bislang unveröffentlichten undatierten Kupferstich Johann Leypolts vor. Dort ist die Bildfläche des ovalen Stiches horizontal in zwei Zonen geteilt: Oben vollzieht sich in einer von Lichtstrahlen erfüllten himmlischen Zone die Krönung Mariens durch die heilige Dreifaltigkeit in Anwesenheit einer auf einem Wolkensaum musizierenden Engelsschar sowie zweier seitlich auf Wolkenformationen kniender Heiliger. Die untere Hälfte des ovalen Bildfeldes (Platte 173 × 124 mm) wird ausgefüllt von einer vielfältigen, tiefenräumlich gestaffelten Fluss- und Hügellandschaft mit Stadtsilhouetten und einzelnen Gebäudegruppen, die durch zahlreiche Kleinszenen bäuerlicher Aktivitäten bevölkert wird; Kunstsammlung der Georg-August-Universität Göttingen, Inv. Nr. D 1634 (Abb. 5).

7 G. Binding, Art. „Bruno der Kartäuser“, in: Lexikon des Mittelalters, Bd. 2, München/Zürich 1983, Sp. 788–790.

8 Zu den gängigen Attributen vgl. besonders Joseph Braun, Tracht und Attribute der Heiligen in der deutschen Kunst, Stuttgart 1943 [ND München 1974], Sp. 154–157.

9 Möglicherweise ist auch das Wiener Blatt am oberen Rand geringfügig beschnitten.

rechts gewendete Porträtbüste, die eine inhaltlich-thematische Beziehung zu den raumhaltigen Darstellungen über und unter dem Porträtmedaillon nicht zu erkennen gibt. Mit dem Bildnis des Fürstbischofs korrespondiert am unteren Bildrand eine vom Bischofswappen des Dargestellten vertikal geteilte Inschriftenkartusche mit der Widmung:

Illustrissimo ac Reuerendiss.° | S. R. Jmperij Principi ac Domino
D. Joanni Georgio Imperialis | Ecclesiæ Bambergensis Episcopo
Cathedralis Herbipolensis Præposito | Domino suo Clementißimo submisse

Ebenfalls von der Wappenkartusche geteilt, folgt in kleinerer Schrift:
~~dd~~ Joan: | leÿpolt.

Durch die lateinische Widmungsinschrift lässt sich der Kupferstich als Huldigungsblatt für den Bamberger Fürstbischof Johann Georg II. Fuchs von Dornheim bestimmen. Anlass für die Herstellung des Blattes kann freilich nicht die Weihe Johann Georgs zum Bamberger Bischof sein[10], die am 13. Februar 1623 stattfand.[11] Denn im Dedikationstext wird zusätzlich Johann Georgs Funktion als Propst des Würzburger Domstifts *(Cathedralis Herbipolensis Præposito)* angeführt, zu dem er erst am 30. Mai 1629 gewählt wurde.[12] Damit grenzt sich die Entstehungszeit des Stichs auf die Zeit zwischen Mai / Juni 1629 und 19. März 1633, dem Todestag des Bischofs, ein.

Auch die Autorschaft Johann Leypolts ist, zumindest was seine Leistung als Stecher anbelangt, unumstritten. Die seiner Signatur vorangestellte Abkürzung ~~dd~~ dürfte am ehesten als *dono dedit* bzw. *dedicavit* aufzulösen sein. Da auf der Inschriftenkartusche des Blattes keine weitere Person genannt wird, ist Johann Leypolt durch die Widmung *Domino suo clementissimo submisse* wohl auch als Stifter des Blattes anzusehen. Damit wird ihm wohl auch die Bild-„Erfindung“ *(inventio)* zuzuschreiben sein, wie dies, freilich in weit größerer Deutlichkeit, schon in Leypolts etwas früherem postumen Porträt des Jacob Baur von Eysseneck zum Ausdruck kommt.[13] Dort heißt es: *Eius recordationi Honoris ergo Inuen[it]: Sculpsit & familiæ dedicauit Joann. Leipoldt Herbip[olensis]: 1624.*

---

10 Ein Huldigungsblatt zur Wahl von Johann Georg Fuchs von Dornheims Vorgänger im Amt des Bischofs von Bamberg, Johann Gottfried von Aschhausen, hatte Johann Leypolt 1609 entworfen *(delineavit)* und gestochen *(scalpsit)*. Bei diesem Blatt wird Johannes Bröstler, der Ökonom des Kilianskollegs in Würzburg, als Stifter genannt; Dombrowski / Maier / Müller (Hg.), Julius Echter Patron der Künste (wie Anm. 5), Kat. 19.10, S. 149f.

11 Dieter Weiß, Das exemte Bistum Bamberg 3. Die Bischofsreihe von 1522 bis 1693 (Germania Sacra, Neue Folge 38,1: Die Bistümer der Kirchenprovinz Mainz), Berlin / New York 2000, S. 404.

12 August Amrhein, Reihenfolge der Mitglieder des adeligen Domstifts zu Wirzburg, St. Kilians-Brüder genannt, von seiner Gründung bis zur Säkularisation 742–1803, in: Archiv des Historischen Vereins von Unterfranken und Aschaffenburg 32 (1889), S. 1–215; Archiv des Historischen Vereins von Unterfranken und Aschaffenburg 33 (1890), S. 1–380 , bes. S. 264f., Nr. 1533; Weiß, Das exemte Bistum Bamberg 3 (wie Anm. 11), S. 406.

13 Dombrowski / Maier / Müller (Hg.), Julius Echter Patron der Künste (wie Anm. 5), Kat. 19.16, S. 354 mit Abb.

2. Das Porträt des Bischofs

Auch wenn Johann Leypolt sowohl für die Konzeption als auch für die Ausführung des Stiches in Anspruch genommen werden kann, so greift er im Bildnismedaillon des Johann Georg Fuchs von Dornheim auf ein um 1623/24 entstandenes Porträt des Bischofs von Peter Isselburg zurück.[14]

Abb. 2: *Peter Isselburg, Porträt Johann Georg Fuchs von Dornheim (Ausschnitt). Bamberg, Staatsbibliothek, Sign. V A 39a.*

Abb. 3: *Porträt Johann Georg Fuchs von Dornheim in Leypolts Huldigungsblatt (Ausschnitt). Bamberg, Staatsbibliothek, Sign. HVG 41/86.*

Isselburgs Bildnis (Abb. 2) dürfte nach Ausweis seiner Inschrift im Rahmen um das ovale Porträtbild[15] zum Zeitpunkt der Wahl Fuchs von Dornheims zum Bischof von Bamberg entstanden sein.[16] Leypolt bezieht sich im Brustbild des Bischofs (Abb. 3) sehr genau auf Peter Isselburgs Kupferstich als Vorlage, verzichtet dabei jedoch völlig auf das dort im Rahmen versammelte allegorische

[14] Staatsbibliothek Bamberg, V A 39a; Germanisches Nationalmuseum Nürnberg, Kupferstichkabinett P. 49; Herzog Anton Ulrich Museum Braunschweig, Sign. PIsselburg AB 3.35; Kunstsammlungen der Veste Coburg, Inventar-Nr. II,13,148. – Dieses Porträt diente auch als Vorlage für das Porträt des Bischofs auf einer Goldmünze mit der Umschrift · IOANN : GEORG : D : G : EPISC : BAMBERGE : · 16 | 28 ·; Münzkabinett der Staatlichen Museen zu Berlin – Preußischer Kulturbesitz, Ident.Nr. 18202263; Wolfgang Krug, Die Münzen des Hochstifts Bamberg, Stuttgart 1999, S. 146 Nr. 242.

[15] „REVERENDISS. ET ILLUSTRISS. S. R. I. PRINCEPS AC | D(OMI)NUS DN. IOANNES GEORGIUS EPISCOP. BAMBERG. etc."

[16] Peter Isselburg (um 1580 oder 1568?–1630) lebte und arbeitete als Stecher und Verleger von 1623 bis 1625 in Bamberg und kehrte ca. 1627 vielleicht wieder dorthin zurück; Art. „Isselburg (Eisselburg, Iselburg, Isselburger, Yselburg usw.), Peter", in: Thieme/Becker, Bd. 19, Leipzig 1926 [ND Leipzig 1999], S. 265f.; Kurt Pilz, Art. „Isselburg, Peter", in: Neue Deutsche Biographie 10 (1974), S. 201f. – Eine Zahlung von sechs Reichstalern an Peter Isselburg für 24 Exemplare des Stiches ist für 1624 belegt; Weiß, Das exemte Bistum Bamberg 3 (wie Anm. 11), S. 436.

und emblematische Beiwerk. Das gestochene Brustbild Leypolts wiederholt sehr genau die physiognomischen Eigenheiten des ebenfalls in leichter Kopfwendung nach links Dargestellten, sein feistes breites Gesicht mit Schnurrbart sowie dichtem, aber gestutztem Backen- und Kinnbart, das von halblangem gewelltem Haar eingefasst wird, aber die hohe, auffallend vorgewölbte Stirn freilässt. Auch die weltliche Kleidung mit zahlreichen Knöpfen und Tressen auf Brust und Ärmeln wird aufgegriffen. Lediglich auf die Wiedergabe des Biretts, das allein den Dargestellten als Geistlichen ausweist, wird – wohl bewusst – verzichtet. Augenfällig ist zudem die Ähnlichkeit der Lichtführung im Porträtmedaillon. Die Lichtquelle befindet sich am Rand des rechten Rahmenbogens schräg oberhalb des Gesichts des Porträtierten und modelliert den bei Leypolt heller erscheinenden Bildgrund durch oval um den Kopf des Bischofs herumgeführte Strichlagen. Enger geführte, damit dunkler erscheinende Schraffierungen zu beiden Seiten des Porträtierten unterstreichen die Tiefendimension des Bildgrundes, die bereits bei Isselburg auf ähnliche Weise angedeutet war, dort aber schon aufgrund der größeren Bilddimensionen im Hell-Dunkel-Kontrast deutlicher zum Ausdruck gebracht wurde. Auf die Wiedergabe des allegorisch-emblematischen Beiwerks auf dem äußeren Bildrahmen des Isselburg-Kupferstichs wird verzichtet. Die Medaillonumschrift mit Namen und Titulatur des Dargestellten weicht einem angedeuteten Lorbeerkranz; die Namensnennung und die Wiedergabe des zugehörigen Bischofswappens werden in die Kartusche am unteren Rand des Blattes verwiesen.

Damit zeigt sich, wie sehr Leypolt bemüht ist, Peter Isselburgs Charakterisierung des Bischofs als eines feisten Mannes wiederzugeben mit breiten massigen Gesichtszügen, einem eher schmalen, fast sinnlichen Mund inmitten aufgeschwemmter Gesichtspartien, energisch aufsteigenden Falten an der Nasenwurzel und einer vorgewölbten hohen Stirnpartie. Die Augen treten unter schweren Lidern aus ihren Höhlen hervor, der Blick wirkt gezügelt, lauernd und abweisend. Lediglich aufgrund der weitaus kleineren Dimensionen und wohl auch durch den Verzicht auf das Birett wirkt Leypolts Charakterisierung etwas abgemilderter und damit zugänglicher.

3. Die kartäusischen Bezüge des Blattes

Die Einbettung des Bischofsporträts in einen ausgesprochen kartäusisch geprägten Bildkontext des Blattes ist ungewöhnlich und bedarf weiterführender Überlegungen. Nimmt man dafür die Darstellung im oberen Bildregister als Ausgangspunkt, so ist der kartäusische Bezug nicht allein durch die Figur des auf einer Wolkenformation knienden Ordensgründers Bruno gegeben (Abb. 4).[17] Die Ausgangsvoraussetzung für die erste Niederlassung seines Ordens bildete

[17] Zu einzelnen Aspekten der Bruno-Vita vgl. M. Du Creux: Vie de Saint-Bruno, instituteur de l'Ordre des Chartreux, composée l'an de grâce 1788, Rouen (N. Herment) M. DCCC. XII., passim. Zur Ikonographie vgl. J. Myslivec, Art. „Bruno der Kartäuser", in: Lexikon der christlichen Ikonographie, Bd. 5, Freiburg i. Br. 1973, Sp. 447–450; Juan Mayo Escudero, L'Iconographie de Saint Bruno, in: Liber Amicorum James Hogg, Bd. 2 (Analecta Cartusiana 210.2), Salzburg 2007, S. 195–219.

der Rückzug Brunos mit einigen Gefährten in die Einsamkeit, wo sie als Eremiten lebten. Als Abbild dieses Rückzugs von der Welt sind im Stich auf der linken Seite sechs wie Kartäuser gekleidete Eremiten in höhlenartigen Nischen in einer schroffen Felsformation zu sehen. Tief unter ihnen, auf einem Talboden inmitten einer tiefenräumlich wiedergegebenen Kulturlandschaft, befindet sich eine ausgedehnte Klosteranlage. Sie scheint allgemein auf eine Klostergründung Brunos zu verweisen, die im Stich allerdings nicht namentlich genannt ist. Das weitläufige, von Baumgärten umgebene Klosterareal wird durch eine Umfassungsmauer begrenzt und damit von der umliegenden Kulturlandschaft ganz im Sinne der von der Außenwelt abgeschotteten Spiritualität des Ordens getrennt. Um den eingefriedeten Bereich herum sind vielfältige Aktivitäten in der Landschaft zu beobachten: Ganz links außen erhebt sich eine stattliche Mühle mit Mühlrad hinter einer Brücke über einen in Kaskaden herabstürzenden Gebirgsfluss; darüber ist auf einem schmalen Felsplateau eine kleine Kirche zu sehen – wohl das zu den Einsiedeleien gehörige Bethaus[18] –, aus der soeben zwei Gläubige herausgetreten sind. Noch weiter hinten wendet sich eine einzelne Gestalt mit hocherhobenen Armen der visionären Erscheinung des hl. Bruno zu. Darunter ist ein weiterer Eremit vor einer Quelle kniend zu sehen, wohl wiederum Bruno, der im kalten Wasser einer Quelle der Überlieferung nach Buße tat.[19] Weitere kleine Figuren sowie ein von Pferden gezogener Planwagen am rechten unteren Bildrand beleben das hügelige Gelände und zeugen von den Aktivitäten der Menschen im Umland des Klosters.

Abb. 4: *Die Gestaltung der Klosterlandschaft auf Leypolts Porträtstich im Vergleich mit der Landschaft der Marienkrönung. Bamberg, Staatsbibliothek, Sign. HVG 41/86.*

---

[18] Vgl. Joachim Schäfer, Art. „Bruno der Kartäuser", aus dem Ökumenischen Heiligenlexikon: https://www.heiligenlexikon.de/BiographienB/Bruno_der_Kartaeuser.html (letzter Zugriff: 29.05.2018).
[19] Ebd.

Gerade die kleinsten „bäuerlichen“ Genremotive – einzelne Bauern, Reiter und Fuhrwerke – verbinden den Porträtstich mit der Landschaftsdarstellung der Marienkrönung aus Göttingen (Abb. 5); sie sind dort allerdings zum eigentlichen Thema der unteren Bildzone erhoben, da keine thematische Beziehung zur Marienkrönung der oberen Bildhälfte zu erkennen ist. Einzelne vergleichbare Bildelemente lassen allerdings die Vermutung zu, der Göttinger Stich könnte etwa gleichzeitig mit dem Porträt des Bamberger Bischofs entstanden sein.

Abb. 5: *Flusslandschaft mit bäuerlichen Szenen. Ausschnitt aus Leypolts Marienkrönung über einer Flusslandschaft mit Bauern, Kunstsammlung der Georg-August-Universität Göttingen, Inv.-Nr. D 1634.*

4. Das Klosterareal als Ansicht der Kartause Engelgarten in Würzburg?

Ob das Kloster als Gründung Brunos, etwa als La Grande Chartreuse, anzusehen ist oder ein „ideales“ Klosterareal darstellen soll, ist ungewiss. Der Vergleich mit fränkischen Kartausen, die Johann Leypolt – eventuell durch Gemälde oder Stichvorlagen – gekannt und zum Vorbild genommen haben könnte, erbringt freilich ein anderes Ergebnis (Abb. 6): Unter den im Bistum Würzburg seit der Mitte des 14. Jahrhunderts recht zahlreich errichteten Kartausen, deren bauliche Anlage teilweise durch zeitgenössische oder spätere Stiche rekonstruiert werden kann[20], zeigt die am 13. Mai 1352 gegründete Kartause Engelgarten[21] in Würzburg eine nahezu identische Anlage, wie sie eine Radierung eines unbekannten Künstlers des 17. Jahrhunderts recht detailgenau wiedergibt (Abb. 8).[22] Diese Radierung scheint als Vorlage für eine stärker schematisierte graphische Klosteransicht gedient zu haben, die seit der Publikation von „Maisons de l'Ordre des Chartreux. Vues et notices“[23] unsere Vorstellungen von der Baugestalt der Kartause Engelgarten zum Zeitpunkt ihrer höchsten Blüte in der ersten Hälfte des 17. Jahrhunderts geprägt hat (Abb. 7).[24]

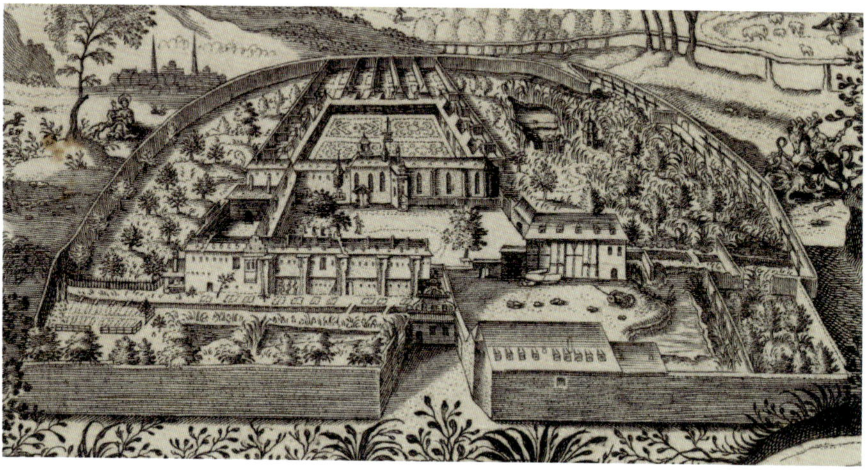

Abb. 6: *Die Klosteranlage in Leypolts Stich (Detail). Bamberg, Staatsbibliothek, Sign. HVG 41/86*.

[20] Michael Koller (Hg.), Kartäuser in Franken (Kirche, Kunst und Kultur in Franken 5), Würzburg 1996.

[21] Ebd., S. 95.

[22] Würzburg, Museum für Franken, Inv.-Nr. H 64 700; Hanswernfried Muth, Ansichten aus dem alten Würzburg 1545–1945, Teil 2 (Katalog des Mainfränkischen Museums 11), Würzburg 1998, S. 348f.; Markus Josef Maier, Würzburg zur Zeit des Fürstbischofs Julius Echter von Mespelbrunn (1570–1617). Neue Beiträge zu Baugeschichte und Stadtbild (Veröffentlichungen des Stadtarchivs Würzburg 20), Würzburg 2016, S. 333f. Abb. 65; Dombrowski/Maier/Müller (Hg.), Julius Echter Patron der Künste (wie Anm. 5), S. 97 (Detail).

[23] Maisons de l'Ordre des Chartreux. Vues et notices, Tome 4, Parkminster 1919, S. 207; http://gallica.bnf.fr/ark:/12148/bpt6k56793199/f220.image.

[24] Vgl. Koller (Hg.), Kartäuser in Franken (wie Anm. 20), bes. S. 95–100 [James Hogg].

Vergleicht man die Beschreibung der Anlage von Engelgarten, die Markus Josef Maier anhand der anonymen Radierung vornimmt[25], mit jener auf unserem Kupferstich, so ergeben sich so bezeichnende Gemeinsamkeiten, dass die Kartause unseres Blattes eindeutig mit der Kartause Engelgarten in Würzburg zu identifizieren ist.

Markus Josef Maier beschreibt die Klosteranlage „am Ende der Echterzeit" unter Bezugnahme auf die Vogelschau des Anonymus des 17. Jahrhunderts: „Die umfriedete Anlage war mehr oder weniger parallel zur Kürnach ausgerichtet, die einen nordwest-südöstlichen Verlauf nahm, bevor sie rechtwinklig zur sogenannten Mittelmauer abbog. Dieser Mauerzug war die nördliche Grenze des großen, insgesamt leicht trapezoiden Kartausengeländes. Den Kern des Klosters bildete eine gestreckte Saalkirche mit zweijochigem Chor und 3/6 Schluss. Nach Süden sprang ein querschiffartiger Körper vor, der die Sakristei und eventuell das Archiv beherbergte. Nördlich erstreckte sich ein weiterer, überquadratischer Kreuzgang mit einem Kranz von 13 traufständigen Eremitagen. Südlich lagen ein langer Riegel von Wirtschaftsgebäuden und der Bereich der Laienbrüder. Ein Zwerchbau mit Stufengiebel kuppelte ihn in Verlängerung des östlichen [sic!][26] Kreuzgangflügels an das Priorat. Östlich und westlich erstreckten sich baumbestandene Gärten. Der Weg ins Innere führte durch ein Torhaus, das sich schon südlich der Kürnach erhob, aber etwas von der Grenzmauer zurückgebaut war."[27]

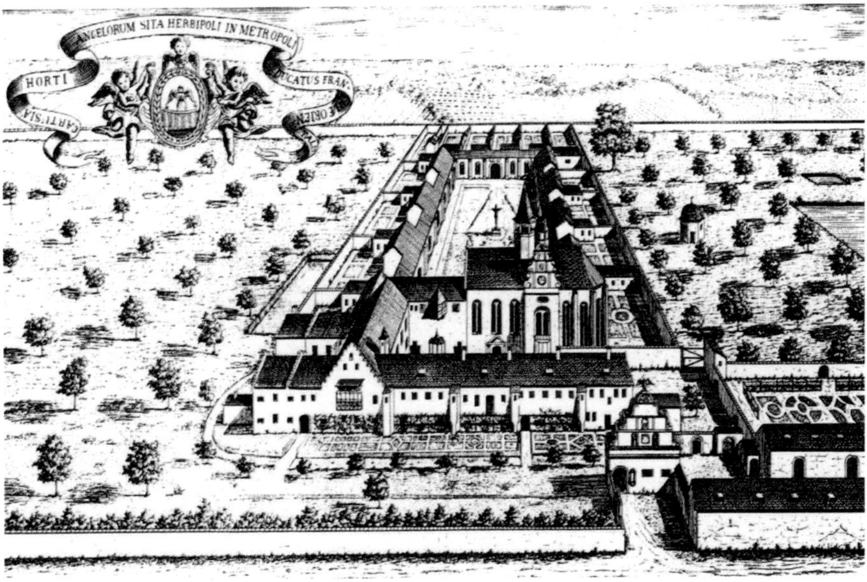

Abb. 7: *Schematisierte graphische Ansicht der Kartause Engelgarten, aus: Maisons de l'Ordre des Chartreux, 1919. http://gallica.bnf.fr/ark:/12148/bpt6k56793199/f220.image.*

[25] Maier, Würzburg (wie Anm. 22), S. 333f.
[26] Gemeint ist wohl der westliche Kreuzgangflügel.
[27] Maier, Würzburg (wie Anm. 22), S. 333f.

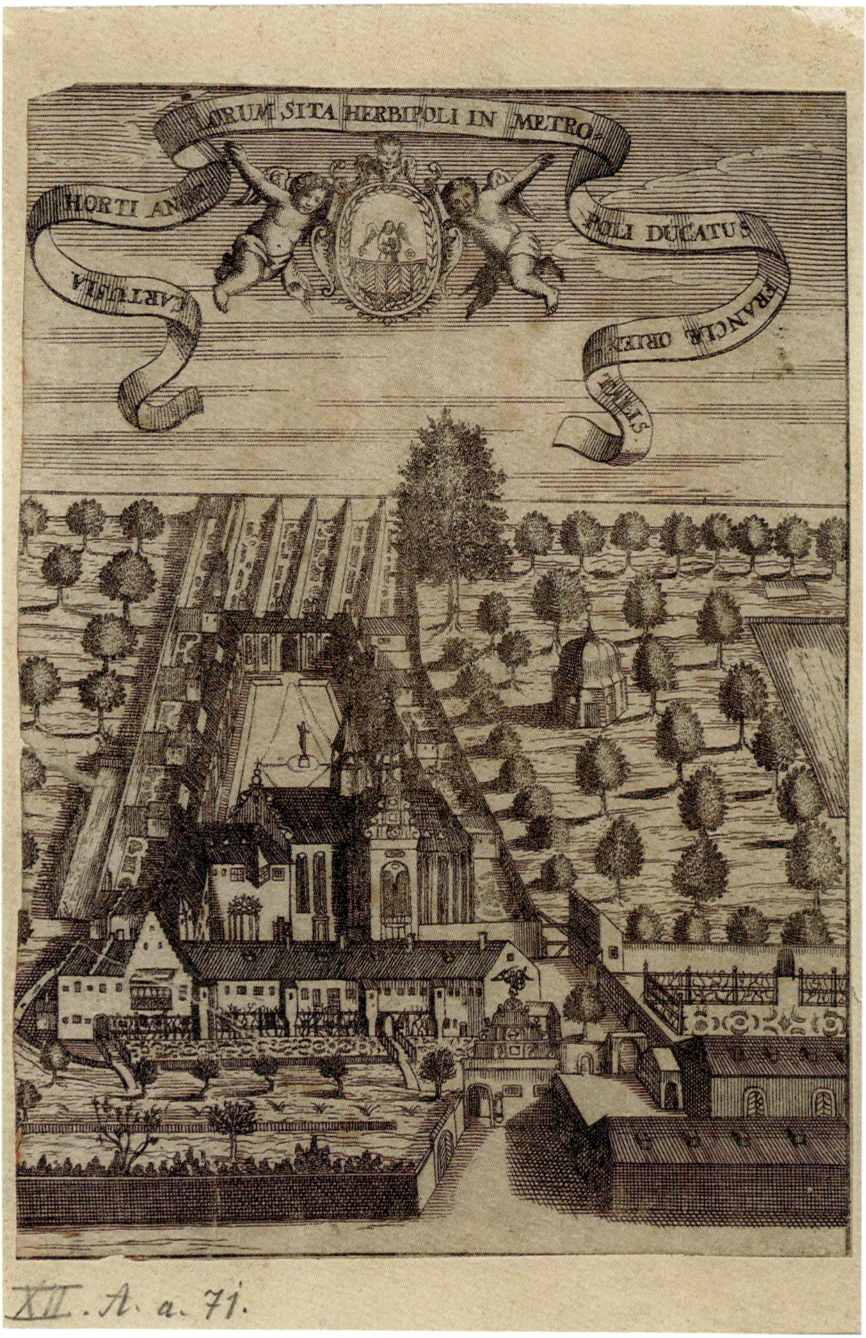

Abb. 8: *Gesamtansicht der Kartause Engelgarten. Radierung eines anonymen Künstlers des 17. Jahrhunderts. Würzburg, Museum für Franken, Inv.-Nr. H 64 700.*

Nahezu alle in der Beschreibung genannten Bauteile, sogar Spalierobst und Beete vor den Wirtschaftsgebäuden, dazu auch der 1615 im östlichen Garten neu errichtete achtseitige Pavillon (Sommerhaus)[28], und selbst die den Volutengiebel des Eingangstores bekrönende Figur des Erzengels Michael sind schon in Leypolts Stich gleichsam *en miniature* vorhanden oder zumindest angedeutet. Somit kann kein Zweifel daran bestehen, dass mit der in Leypolts Stich dargestellten Kartause nur die Würzburger Kartause Engelgarten gemeint sein kann.

Da von Johann Georg keinerlei Bezüge zu Kartausen oder Kartäusern seines Bistums Bamberg nachzuweisen sind, zudem überhaupt keine Kartäuserniederlassung im Bistum existierte, kann eine Beziehung des Bischofs zur Kartause Engelgarten in Würzburg nur in seiner Eigenschaft als Propst des Würzburger Domstifts hergestellt werden. Allerdings lassen sich engere Verbindungen zwischen Johann Georg und der Kartause Engelgarten in den Quellen nirgends belegen. Wir wissen lediglich, dass Johann Georg zu unbekanntem Zeitpunkt zwei heute nicht mehr existierende Gemälde, Bildnisse des sel. Liphardus[29] und des sel. Eremiten Apollonius[30], beide mit lateinischen Inschriften und seinem Wappen versehen, dem Kloster gestiftet haben soll.[31] Darstellungen beider Einsiedler finden sich erstmals in der nach Entwürfen von Maarten de Vos von Johannes I. und Raphael I. Sadeler gestochenen und herausgegebenen Sammlung *Solitudo sive Vitae Patrum Eremicolarum.*[32] Die beiden Stiche scheinen als Vorlagen für die Gemälde der Kartause gedient zu haben, denn die überlieferten Inschriften der Gemälde sind im Fall des sel. Apollonius mit dem Bildtitel des Kupferstichs zwar verkürzt, aber wortgleich[33], im Fall des sel. Liphardus finden sich hingegen lediglich Anklänge an die Bildunterschrift im entsprechenden Kupferstich.[34]

---

[28] Maier, Würzburg (wie Anm. 22), S. 333.

[29] Wohl Abt Liphardus (Lifardus) von Meung, der auch als Eremit dargestellt wird; L. Schütz, Art. „Liphardus (Lifardus) von Meung", in: Lexikon der christlichen Ikonographie, Bd. 7, Freiburg i. Br. 1974, Sp. 409.

[30] Wohl der Eremit Apollonius (Apollo) von Nitria; Art. „Apollonius (Apollo) von Nitria", in: Lexikon der christlichen Ikonographie, Bd. 5, Freiburg i. Br. 1973, Sp. 236.

[31] Ob die Stiftungen bereits vor der Einnahme der Kartause durch die schwedischen Truppen, die am 14. Oktober 1631 durch das Teufelstor in die Stadt Würzburg eingerückt waren, oder zur Neuausstattung des Klosters nach den Plünderungen und Beschädigungen während der schwedischen Besatzung vorgenommen wurden, muss offenbleiben. – Ph. Emil Ullrich, Die Kartause Engelgarten in Würzburg, in: Archiv des Historischen Vereins von Unterfranken und Aschaffenburg 41 (1899), S. 71–156, bes. S. 116. Die Mitteilung geht wohl auf das „Chronicon Carthusiae Herbipolensis" 1690–1691 von Kartäuser P. Anshelm Stapff zurück.

[32] SOLITUDO SIVE VITAE PATRVM EREMICOLARUM Per antiquissimum Patrem D. Hieronimum eorundem primarium olim conscripta: iam vero primum aeneis laminis id[que] Ioannis et Raphael SADELER fratrù[m] impensis scalp[si]t: et excusa[vit]; o. O. o. J. (ca. 1595/96 oder ca. 1600).

[33] Übereinstimmende Formulierung: *Linquere desertum diuina voce jubetur / Austerae vitae cultor Apollonius*; Ullrich, Kartause Engelgarten 1899 (wie Anm. 31), S. 116.

[34] Im Gemälde der Kartause: *Dum misit proprios fratres Leiphardus in usus / Ecce sequens haeret, seps medius baculo;* ebd., S. 116. Im entsprechenden, von Raphael Sadeler nach Maarten de Vos gestochenen Blatt lautet der aus vier Versen bestehende Text: *Mittebat socium certos LIPHARDVS in usus: / Ecce sequens iuvenem baculo sese implicat anguis, / Liphardus, frater cui Leonardus erat. / At sibi dimidium sternit abesse sui.*

5. Gartenlandschaft, Bildarchitektur und Inschriften als Huldigung an den Gründer des Kartäuserordens

Konkretere Hinweise auf ein komplexes Bildprogramm, welches das segensreiche Wirken des Kartäuserordens innerhalb seines hermetisch abgeschlossenen Klosterbereichs thematisiert, ergeben sich erst aus der Analyse des unteren Bildregisters, insbesondere wenn die zahlreichen Inschriften des Blattes zur Deutung herangezogen werden (Abb. 9).

Abb. 9: *Huldigungsblatt für Johann Georg Fuchs von Dornheim, Fragment. Kunstsammlungen der Veste Coburg, Inventar-Nr. I,466,5a.*

Zunächst fallen die insgesamt sechs Medaillons in den Blick, die Putten gleichsam als Karyatiden oder Atlanten in den beiden vorderen Säulen halten. Die kleinen Rundbilder zeigen Kartäusermönche in ihrem charakteristischen Ordenshabit beim Gebet und bei kontemplativer Beschäftigung. In der Mitte des Gartens erhebt sich ein sarkophagartiger Sockel, der den Blick auf den Leichnam eines toten Mönchs, des Ordensgründers Bruno, freigibt. Darüber ist ein Springbrunnen mit kelchartigem Wasserbecken und einer Säule errichtet, auf deren Kapitell oberhalb eines Wappens[35] die Statue des hl. Bruno mit dem Attribut der Palme steht. Sieben Wasserstrahlen werden durch thematisch auf die Brunnenmetapher bezogene Bibelzitate angedeutet; sie gießen die Pflanzen in den einzelnen Beeten des Gartens, in denen Mönche, teilweise begleitet von Engeln[36], arbeiten. Die aus Vasen herauswachsenden Pflanzen sind mit *Vergiß nit mein, Engelsüß, Maria Segwurtz, wolgemut, Jeleng[er] ie liber und Ehrnpreiß* bezeichnet.

Folgende die biblische Wassermetaphorik betreffende Texte[37] bilden die sieben Wasserstrahlen der Fontäne:

1. *Fons hortorum et aquarum viventium fluunt de libano Cantic 5*
   fons hortorum puteus *aquarum viventium* quae *fluunt* impetu *de Libano* [Ct 4,15]
2. *Ponam desertum in rivos aquarum Isa 41*
   ... flumina et in medio camporum fontes *ponam desertum in* stagna aquarum et terram inviam *in rivos aquarum...* [Is. 41,18]
3. *Aqua in supinis collibus et in medio campo fontes Isa 31*
   ... aperiam *in supinis collibus* flumina *et in medio campo*rum *fontes* ponam [Is 41,18]
4. *Fons parvus creuit in fluvium Gen 2*
   ... *parvus fons* qui *crevit in fluvium* et in lucem solemque conversus est et in aquas plurimas redundavit Hester est quam rex accepit uxorem et voluit esse reginam [Est 10,6] / ... et illis vociferantibus *fons parvus crevit in fluvium* maximum [Est 11,10]
5. *Fons habitantibus in ablutionem me[n]struatæ Zach*
   ... in die illa erit *fons* patens domus David et *habitantibus* Hierusalem *in ablutionem* peccatoris et *menstruatae* [Za 13,1]
6. *Quæ fuit arida erit in fontes aquarum Isa 41*
   ...et *quae* erat *arida* in stagnum et sitiens *in fontes aquarum* [Is 35,7]
7. *Deriventur fontes tui foras et in plateis aquas divide Prv 5*
   ... *deriventur fontes tui foras et in plateis aquas* tuas *divide* [Prv 5,16]

Die Stämme der beiden den Garten hinten zur Landschaft im Hintergrund abgrenzenden Palmenbäume werden von spiralartig angeordneten breiten Schriftbändern umschlungen. Auf deren sichtbaren Vorderseiten ist ein äußerst selten und an entlegener Stelle überlieferter lateinischer Text in insgesamt sechs fünfzeiligen Schriftfeldern eingetragen, die in der Abfolge von links oben nach rechts unten zu lesen sind:

---

[35] Zwei x-förmig verschränkte Unterarme mit faustartig geschlossenen Händen. Es handelt sich um das Wappen der Kölner Adelsfamilie von Hardefust, *de duro pugno*, der nach alter Überlieferung Bruno entstammen soll. Vgl. vor allem zwei Holzschnitte zu Beginn und am Ende der „Vita s[an]c[t]i Brunonis" des Petrus Blomevenna, Köln [ca. 1516], [VD 16 B 5476]; http://reader.digitale-sammlungen.de/resolve/display/bsb11288035.html.

[36] Hier wohl als Anspielung auf die Kartause Engelgarten zu verstehen.

[37] Die Bibelzitate des Stichs werden zunächst wortgetreu und mit der (zumeist) angefügten Quellenangabe versehen. Darunter folgen das ganze Zitat im Wortlaut der Vulgata sowie die korrekte Quellenangabe in eckigen Klammern. Die jeweils übereinstimmenden Worte der Textzitate auf dem Kupferstich werden kursiv wiedergegeben.

Te Sanctum Brunonem laudamus.
Te Patronum piissimum confitemur.
Te amabilem Patrem omnis Carthusia veneratur.
Tibi omnes cellæ, & universæ solitudines.
Tibi omnes filii Carthusiani incessabili voce proclamant:

Pater, Pater, Pater, ora pro nobis.
Plena est omnis terra boni odoris sanctitatis tuæ.
Te deuotus Carthusianorum Chorus,
Te Eremitarum laudabilis numerus,
Te Anachoretarum candidat(us) laudat exercitus.

Per te orbem terrarum sancta laudat Ecclesia
Patrem eximiæ pietatis.
Laudandum tuum magnum, & sanctissimum propositum.
Sancta quoque perpetua carnium abstinencia.
Tu exemplum pœnitentiæ.

Tu ad relinquendum seculum non horruisti solitudinis vmbraculum.
Tu, devicto mundi aculeo, invenisti sequentib(us) te viam cælorum.
Tu in regno Dei sedes.
Te ergo quæsumus, famulis tuis subueni, quos ad sodalicium tuum elegisti.
Æterna fac precibus tuis gloriâ munerari.

Salvos fac filios tuos oratione iugi, & benedic posteritati tuae.
Et rege eos, & conserua eos vsque in æternum.
Per singulos dies deprecamur te.
Et in te laudamus nomen Dei
In seculum, & in seculum seculi.

Dignare Domne, die isto precibus tuis nos custodire.
Fiat salutifera protectio tua super nos,
quemadmodum nos amasti.
In tuis ergo precibus speramus, ne
confundamur in æternum.

Wie aus dem Wortlaut ersichtlich, handelt es sich bei diesen Inschriften um einen zusammenhängenden Hymnus *De Sancto Brunone*, in dem sich die Beter bzw. Sänger, Angehörige des Ordens, an ihren Stifter wenden, ihn verehren und rühmen, aber auch um seinen Beistand anflehen.

Somit wird durch die auffällig platzierten, auch vergleichsweise deutlich lesbaren Zeilen erkennbar, dass der Gesang der Kartäuser auch den Widmungsempfänger des Blattes bzw. Leser des Textes zur Verehrung des „heiligen“[38] Bruno anregen soll.

---

[38] „Bruno wurde nie formell heiliggesprochen, die Verehrung wurde aber 1514 von Papst Leo X. für den Orden und 1622 [sic!] von Papst Gregor XV. für die ganze Kirche anerkannt. Erst durch Papst Clemens X. erhielt das Fest 1674 allgemeine Verbindlichkeit.“; vgl. Schäfer, Art. „Bruno“ (wie Anm. 18).

6. Huldigung und Ordenspropaganda?

Soweit wir bisher wissen, hat dieser Text im erhaltenen Schriftgut der Kartäuser der vier deutschen Ordensprovinzen keinen unmittelbaren Niederschlag gefunden, sodass davon ausgegangen werden muss, dass der Text – vielleicht über den Weg der Ordensvisitationen – nach Franken, wohl auch in die Kartause Engelgarten, gelangt ist.

Erste Spuren des Canticums *De Sancto Brunone* finden sich in einem spanischen Druck aus Valencia von 1624, der einem Spanischen Anonymus der Kartause Porta Coeli in Valencia zugeschrieben wird.[39] Er trägt den bezeichnenden Titel: „Fiestas que el convento de la cartuxa de Nuestra Señora de Porta Cœli de Valencia hizo en 24 de setiembre año 1623 al Patriarca San Bruno; y las que se hicieron en la santa metropolitana iglesia de Valencia en 6 de octubre del mismo año; con el sermón que predicó el M. R. P. Fr. Miguel Guerau...“; Valencia, [Felipe] Mey, 1624.[40] Es handelt sich dabei um das *Oficio del Glorioso Patriarca, San Bruno,* das unter Papst Gregor XV. am 17. Februar 1623 für die ganze Kirche anerkannt wurde[41] und am 24. September 1623 wohl zum ersten Mal in der Kartause Porta Coeli in Valencia und am 6. Oktober desselben Jahres in der Kathedrale von Valencia abgehalten wurde.[42]

Handschriftlich überliefert ist der Text mit Melodie auch in Ms. E. 52 des Civico Museo Bibliografico Musicale in Bologna[43], das nicht genau datiert werden kann. Er ist auch Bestandteil der „Novena al Glorioso Patriarca San Bruno Fundador de la Orden de la Cartuja, por un devoto del Santo“; Burgos 1901, S. 61f.[44]

Ausgehend von der päpstlichen Anerkennung des Kults des hl. Bruno für die gesamte Kirche im Jahre 1623 wird sich der Text des Bruno-Offiziums wohl rasch in den Kartäuserniederlassungen verbreitet haben. Damit ist es zumindest wahrscheinlich, dass der Text auch bald in den fränkischen Kartausen bekannt wurde. Nicht ausgeschlossen ist, dass das Canticum *De Sancto Brunone* nicht zuletzt auch über Leypolts Kupferstich im Sinne einer gezielten Ordenspropaganda weiteren Kreisen bekanntgemacht werden sollte.

---

39 Nouvelle Bibliographie Cartusienne. Cartusiana. Seconde édition revue, corrigée et augmentée par une équipe de chercheurs sous la Direction des Chartreux de Sélignac. Deuxième partie: Religieux Chartreux, Grande Chartreuse 2007, unpag. [„Anonyme espagnol de Porta Coeli (1623)“].

40 José Rodriguez (O.SS.T.), Biblioteca valentina, Valencia 1747, S. 463f.; dort auch biographische Hinweise zu F. Miguel Guerau (S. 464).

41 Alban Butler, Leben der Väter und Märtyrer nebst anderen vorzüglichen Heiligen, Bd. 14, Mainz 1825, S. 220–255, bes. S. 253.

42 Pascal May i Usó, Academias y justas literarias en la Valencia barocca: teoria y prática de una convención, Kassel 1996, S. 288.

43 Antonio Lovato, Teoria e prassi de canto certosino. Il ms. E.52 del Civico Museo Bibliografico Musicale di Bologna, in: Sine musica nulla disciplina. Studi in onore di Giulio Cattin, Padova 2006, S. 241–290, hier S. 267f.

44 Digitalisat: http://bibliotecadigital.jcyl.es/i18n/catalogo_imagenes/grupo.cmd?path=10073038 (letzter Zugriff: 02.06.2018).

7. Offene Fragen

Kommen wir zurück auf die Frage nach der möglichen Intention, die der ungewöhnlichen Verbindung zwischen dem Bamberger Bischof Johann Georg Fuchs von Dornheim in seiner Funktion als Würzburger Dompropst und der Kartause Engelgarten zugrunde liegt. Die auf die Jahre zwischen 1629 und 1633 einzugrenzende Entstehungszeit des Blattes deckt sich mit einer Zeit hoher Blüte der Kartause, die jedoch bereits 1631 durch die Einnahme und Plünderung des Klosters, durch den gewaltsamen Tod einiger seiner Mönche sowie durch die Profanierung der einstmals prächtig ausgestatteten Kirche ein jähes Ende genommen hatte.[45] Die Worte aus Psalm 118, die Bruno zu Gott spricht: „O bonitas, quando facies persequentibus me iudicium", wird man am ehesten mit der Situation der Kartause Engelgarten zur Zeit ihrer schwedischen Besetzung in Verbindung bringen können. Wenn einerseits in der Darstellung auf das Leben des Ordensgründers und auf das segensreiche Wirken der Kartäuser, andererseits durch Brunos Flehen zu Gott auf die aktuellen Bedrohungen des Klosters und seiner Insassen aufmerksam gemacht wird, kann die Widmung des Blattes an den Bamberger Fürstbischof Johann Georg Fuchs von Dornheim, der gleichzeitig – und bis an sein Lebensende – auch als Dompropst in Würzburg fungierte, wohl am ehesten als Aufforderung zum Schutz der Kartause während ihrer Besetzung durch die schwedischen Truppen gewertet werden. Ob der Widmungsträger dieser Aufforderung nachkam, ist nicht belegt und umso weniger wahrscheinlich, als sich Johann Georg bald nach der Einnahme seines eigenen Bistums durch die Schweden am 11. Februar 1632[46] nach Spital am Pyhrn geflüchtet hatte und dort am 19. März 1633 im Exil verstarb.[47]

Zu Beginn unserer Überlegungen konnte Johann Leypolt ausgehend vom Wortlaut der Widmungsinschrift als mutmaßlicher Stifter und gleichzeitig als Stecher des Blattes in Betracht gezogen werden. Dennoch bleiben einige Fragen ungeklärt: Kann man wirklich davon ausgehen, dass Leypolt die Ausführung des aufwendigen und programmatischen Stiches allein aus eigenem Antrieb, also ohne die Initiative oder Mitwirkung eines nicht direkt genannten Auftraggebers und ohne eine ihm zur Verfügung stehende zeichnerische oder gestochene Vorlage, unternommen hat?

Eine wie auch immer geartete persönliche Beziehung zwischen Leypolt und Johann Georg Fuchs von Dornheim als Bischof von Bamberg oder als Propst des Würzburger Domstifts ist nicht nachzuweisen. Zwar finden sich in Leypolts Kupferstichwerk einige Blätter, die einen engeren Bezug zu Bamberg

---

45 Koller (Hg.), Kartäuser in Franken (wie Anm. 20), S. 97f., vgl. auch Bernhard Sicken, Dreißigjähriger Krieg (1618–1648), in: Ulrich Wagner (Hg.), Geschichte der Stadt Würzburg, Bd. II: Vom Bauernkrieg 1525 bis zum Übergang an das Königreich Bayern 1814, Stuttgart 2001, S. 101–125, bes. S. 108; Christian Leo, Würzburg unter schwedischer Herrschaft 1631–1633. Die „Summarische Beschreibung" des Joachim Ganzhorn. Edition und historische Einordnung. Mit einem Beitrag von Winfried Romberg (Quellen und Forschungen zur Geschichte des Bistums und Hochstifts Würzburg 74), Würzburg 2017, passim.

46 Weiß, Das exemte Bistum Bamberg 3 (wie Anm. 11), S. 417.

47 Johannes Kist, Fürst- und Erzbistum Bamberg. Leitfaden durch ihre Geschichte von 1007 bis 1960, Bamberg 1962 (3. Aufl.), S. 102f.; Weiß, Das exemte Bistum Bamberg 3 (wie Anm. 11), S. 417f.

erkennen lassen, so etwa Leypolts Huldigungsblatt zur Wahl Johann Gottfrieds von Aschhausen zum Bischof von Bamberg (1609)[48], ein undatiertes Emblematisches Blatt zur Weihe eines Bamberger Fürstbischofs[49] und das Titelblatt zu Christoph Clavius' Opera Mathematica (1612).[50] Aber nur das postume Bildnis des Jacob Baur von Eysseneck[51] mit ausdrücklicher persönlicher Widmung Leypolts an die Familie des bereits drei Jahre zuvor Verstorbenen ist während der Regierungszeit des Bischofs Johann Georg entstanden.

Damit dürfte Leypolt den Kupferstich nicht als ausdrückliche Huldigung für Johann Georg Fuchs von Dornheim in seiner Eigenschaft als Bischof von Bamberg verstanden haben. Das komplexe ikonographische Programm des Blattes verfolgt wohl eher die Absicht, die Kartause Engelgarten und die kartäusische Spiritualität dieser klösterlichen Einrichtung gerade zu dem Zeitpunkt in den Blick zu nehmen, als das Kloster durch äußere Anfeindungen und Kriegsereignisse besonders bedroht wurde. Deshalb ist die Frage zu stellen, ob persönliche Beziehungen zwischen Johann Leypolt und dem Kartäuserkloster Engelgarten bestanden, die die eigenwillige Gestaltung des Huldigungsblattes hätten befördern können.

Eine solche scheint in das Jahr 1607 zurückzureichen. In diesem Jahr hatte Leypolt das gestochene Titelbild eines viel beachteten Führers zu den Kirchen, Pilgerstationen und Reliquien der Stadt Köln ausgeführt, den Erhard Winheim als Mönch der Kartause Engelgarten in Würzburg wohl während eines zeitweiligen Aufenthalts in der Kölner Kartause verfasste (Abb. 10).

Das Werk erschien unter dem Titel „SACRARIVM AGRIPPINÆ | Hoc est | DESIGNATIO ECCLESIARVM COLONI | ensium: Præcipuarum Reliquiarum: Quarundam | ibidem Antiquitatum memorabilium, una cum Peregri | natione; quam uocant Romana [...]. Ab olim oculato teste, nunc Wirceburgi | Cartusiano, F. Erhardo Winheim Albimœnio collecta. | CVM CONSENSV SVPERIORVM ET PRIVILEGIO | Sacræ Cæsareæ Maiestatis. | COLONIAE | Sumptibus Bernhardi Gualteri | Anno Domini 1607."[52]

---

48 Dombrowski/Maier/Müller (Hg.), Julius Echter Patron der Künste (wie Anm. 5), Kat. 19.10, S. 349f.; vgl. Winfried Romberg, Die Bildnisse Bischof Johann Gottfrieds I. von Aschhausen (1575–1622), in: Würzburger Diözesangeschichtsblätter 74 (2012), S. 513–541, bes. S. 519–532 (siehe oben, Anm. 10).

49 Unveröffentlicht; Bamberg, Staatsbibliothek, Msc.Hist.176: Stammbuch des Hanns Ludwig Pfinzing von Henfenfeld, fol. 94v; für den Hinweis auf dieses Blatt sowie für weiterführende Informationen danke ich Herrn Prof. Dr. Werner Taegert (Bamberg) sehr herzlich.

50 Dombrowski/Maier/Müller (Hg.), Julius Echter Patron der Künste (wie Anm. 5), Kat. 19.12, S. 351 mit Abb. Das Titelblatt der fünfbändigen, in Mainz verlegten und gedruckten Ausgabe des im Bambergischen geborenen Christoph Clavius zeigt das Wappen des Auftraggebers Bischof Johann Gottfried von Aschhausen sowie die beiden Bistumsheiligen Heinrich und Kunigunde; weitere bambergische Bezüge sind im Titelblatt nicht erkennbar. Vgl. Ausstellungskatalog Bamberg 2008: Zählen, Messen, Rechnen. 1000 Jahre Mathematik in Handschriften und frühen Drucken, Petersberg 2008, Kat.-Nr. 2.2, S. 32–34, Abb. S. 33.

51 Dombrowski/Maier/Müller (Hg.), Julius Echter Patron der Künste (wie Anm. 5), Kat. 19.16, S. 354 mit Abb.

52 VD 17 12:116375P. Digitalisat: http://dfg-viewer.de/show/?set[mets]=http%3A%2F%2Farchive.thulb.uni-jena.de%2Fhisbest%2Fservlets%2FMCRMETSServlet%2FHisBest_derivate_00005587%3FXSL.Style%3Ddfg. Vgl. Anke D. Sievers, Köln von seiner schönsten Seite. Das Kölner Stadtpanorama in Drucken vom 15. bis zum Ende des 18. Jahrhunderts in den Graphischen Sammlungen des Kölnischen Stadtmuseums und in der Kreissparkasse Köln, Köln 1997, S. 45, Kat.-Nr. 17 mit Abb.

Abb. 10: *Erhard Winheim: Sacrarium Agrippinae. Köln 1607. Titelkupferstich von Johann Leypolt. Köln, Kölnisches Stadtmuseum, Graphische Sammlung, Inv.-Nr. A I 2/27.*

Das Titelblatt des kleinformatigen, aber umfangreichen Bandes ist mit *Johannes leÿpolt fecit* bezeichnet und zeigt unter einer in eine halbmondförmige Vignette über dem eigentlichen Titelrahmen eingefügten Panoramaansicht der Stadt Köln (ca. 30 × 73 mm) eine Reihe kleiner Darstellungen der beiden legendären Stadtgründer und Schutzherren sowie der wichtigsten in der Stadt verehrten Heiligen, darunter auch Bruno, der Gründer des Kartäuserordens.[53] Leypolt dürfte den Titelkupferstich wohl auf Anregung des Erhard Winheim für den in Köln tätigen Verleger und Drucker Bernhard Wolter (Walter, Gualther[i]us)[54] beigesteuert haben. Angesichts der Handels- und Transportmöglichkeiten der Zeit kann die Kupferplatte durchaus in Würzburg gestochen und für den Druck nach Köln vermittelt worden sein. Für eine Kölner Werkstatt Johann Leypolts finden sich keine Nachweise.[55]

Abb. 11: *Johann Leypolt. Martyrium der Kartäuser von Roermond (1608). Bamberg, Staatsbibliothek, 22/L.r.o.266-m.*

Abb. 12: *Stichvorlage aus Vergestanus (1587 u. ö.). http://diglib.hab.de/drucke/tq-1300a/start.htm?image=00003.*

Leypolts Vertrautheit mit kartäusischen Bildthemen zeigt sich ein Jahr später erneut mit einer Buchillustration, die das Martyrium der Zwölf Kartäuser von Roermond durch fanatische Kalvinisten zeigt (Abb. 11).[56] Der Stich findet sich als einzige Illustration auf Seite 27 in Arnold Havens' „Historica Relatio Duodecim Martyrum Cartusianorum, Qui Ruræmundæ in Ducato Geldriæ

53 Dass es sich bei der kleinen Darstellung nicht, wie ebenfalls hätte naheliegen können, um den Kölner Erzbischof Bruno (Brun) und Gründer mehrerer Klöster der Stadt handelt, geht aus den Attributen, den zu Füßen Brunos liegenden Krummstab und Mitra sowie Kreuz und Fontäne, und aus der charakteristischen Ordenstracht Brunos eindeutig hervor (siehe oben, Anm. 8).

54 Christoph Reske, Die Buchdrucker des 16. und 17. Jahrhunderts im deutschen Sprachgebiet. Auf der Grundlage des gleichnamigen Werkes von Josef Benzing, Wiesbaden 2015 (2. Aufl.), S. 498f.

55 Vor allem wegen des Titelblattes zum „Sacrarium Agrippinae" hält Johann Jacob Merlo Johann Leypolt noch für einen Kölner Künstler; vgl. Johann Jacob Merlo, Nachrichten von dem Leben und den Werken Kölnischer Künstler, Köln 1850, S. 259.

56 F. Gijsbertus Hesse O.F.M., De Martelaren van Roermond, een bronnenstudie, in: Limburg's Jaarboek XVII (1911), S. 170–209, 264–290; K. Pansters (red.), Het Geheim van de Stilte. De Besloten Wereld van de Roermondse Kartuizers, Zwolle 2009, Kat. No. 40a, 40b, 41 u. ö. – Nach Gérald Chaix, Réforme et contre-réforme catholiques. Recherches sur la Chartreuse de Co-

Anno M.D.LXXII. Agonem suum fœliciter compleverunt."[57] Der Text wurde ohne Angabe des Druckortes vermutlich in Würzburg 1608 veröffentlicht, ist aber satzidentisch auch in Köln erschienen.[58] Aus demselben Jahr liegt auch eine Edition des Textes mit dem Erscheinungsort Gent 1608 vor, die ebenfalls Leypolts Kupferstich auf S. 27 enthält.[59]

Eine direkte Einflussnahme Erhard Winheims ist in diesem Fall nicht zu erkennen. Da die mit *I: leopolt fecit herb:* bezeichnete Martyriumsdarstellung allerdings eine etwas ältere Bildvorlage (Abb. 12)[60] leicht verändert wiedergibt, ist es zumindest nicht ausgeschlossen, dass Winheim Leypolt eine in der Bibliothek der Kartause Engelgarten vorhandene oder über den Autor Arnold Havens persönlich vermittelte Vorlage[61] zur Verfügung gestellt und die gestochene Platte wiederum an die Kölner Kartäuser weitergereicht haben könnte, wohin wohl einige der das Martyrium von 1572 überlebenden Kartäuser von Roermond geflüchtet waren.[62]

Überhaupt scheinen sich verschiedene Konventualen der Kartause Engelgarten um 1608 mit neuen Ausgaben der Viten von Kartäusermärtyrern im Zeitalter der nachreformatorischen Konfessionskriege des 16. Jahrhunderts in England und den Niederlanden beschäftigt und teilweise neue Ausgaben älterer Texte herausgegeben und für den Druck vorbereitet zu haben.

So liegt etwa eine Neuausgabe von Maurice Chauncys „Innocentia, Et Constantia Victrix; Sive Commentariolus; De vitæ ratione, et Martÿrio 18. Cartusianorum; qui in Angliæ Regno, sub Henrico octauo, ob Ecclesiæ defensionem, et nefarÿ Schismatis detestationem, crudeliter trucidati sunt. Edita Primum á R.P.F. Mauricio Chancæo, Anglo, eiusdem Ordinis, pari fide ac Pietate; Nunc recensita, distincta et mendis purgata, in Cartusiâ, Horti Angelorum, Wircebugi, in Orientali Franconiâ. Anno M.D.C.VIII. Permißu Superiorum"[63] vor,

---

logne au XVIe siècle (Analecta Cartusiana 80), 3 Bde., Salzburg 1981, S. 387, handelt es sich dabei um eine „sorte de réponse posthume aux crimes symboliques commises par les troupes du prince d'Orange, et une réplique aux martyrologues protestants."

57 Digitalisat: http://reader.digitale-sammlungen.de/de/fs1/object/display/bsb10789539_00094.html.

58 Die Schmuckrahmen zur Hervorhebung von Initialen auf den Seiten *2r und S. 1 kommen bereits im „Sacrarium Agrippinae" vor. – Satzidentisch, doch mit einem anderen Titelblatt versehen, ist eine weitere Ausgabe in Gent bei Gualterius Manilius 1608 erschienen. Eine Faksimile-Ausgabe der (mutmaßlich) Kölner Ausgabe des Titels liegt vor in: Analecta Cartusiana 242, hg. von James Hogg / Alain Girard / Daniel Le Blévec, Salzburg 2007.

59 Gandaui, Apud Gualtérum Manilium. Anno 1608. Digitalisat; https://books.google.be/books?vid=GENT900000014791&printsec=frontcover#v=onepage&q&f=false.

60 R. V. (i.e. Richardus Vergestanus): Theatrum Crudelitatum Haereticorum nostri temporis. Antwerpiæ, Apud Adrianum Huberti, Anno M.D.LXXXVII (1587). Digitalisat des Exemplars Wolfenbüttel, Herzog August Bibliothek, M: Tq 1300a: http://diglib.hab.de/drucke/tq-1300a/start.htm?image=00003.

61 Vergestanus, Theatrum Crudelitatum Haereticorum (wie Anm. 60), S. 61. Die Bildüberschrift des Antwerpener Kupferstichs *Horrenda inhumanitatis genera à Geusijs* [i.e. Geusen] *Belgicis peracta,* der wie die zahlreichen weiteren Kupferstiche des Werkes dem Verfasser selbst zugeschrieben wird, wird nicht übernommen; vgl. Stefan Laube in: http://www.theatra.de/repertorium/ed000151.pdf (letzter Zugriff 29.05.2018), dort S. 2.

62 Vergestanus, Theatrum Crudelitatum Haereticorum (wie Anm. 60), S. 60; Chaix, Réforme et contre-réforme catholiques (wie Anm. 56), Bd. 1, S. 387.

63 http://www.mdz-nbn-resolving.de/urn/resolver.pl?urn=urn:nbn:de:bvb:12-bsb10932543-0; vgl. Historia aliquot martyrum Anglorum maxime octodecim Cartusianorum: sub Rege Herico Octavo ob fidei confessionem et summi Pontificis iura vindicanda interemptorum; a Mauritio Chauncy; nunc ad exemplar primae editionis Moguntinae anno 1550 excusae a monachis

die gleichzeitig sowohl in Würzburg[64] als auch in Köln[65] und Gent[66] erschien. An der Ausgabe beteiligt ist der Würzburger Kartäuser Fr. Simon Weisser (gest. 1609)[67], der die mit *Wirceburgi, ex Cartusia Horti Angelorum [...], Anno reparatae salutis M. DC. IIX. Octauo Kalendarum aprilis die* datierte, dem *Reverendissimo et Serenissimo Principi ac Domino, D. Maximiliano Archiduci Austriæ [...]* gewidmete *Epistola dedicatoria* unterzeichnet. An dieser Ausgabe ist Johann Leypolt sowohl mit dem Titelbild, einem Wappenbild des Erzherzogs Maximilian III. (Vorderösterreich) und der Darstellung der Versuchung des Londoner Kartäusers Fr. Wilhelmus Tynzbi (Tynbigh, Tynbygh) Hibernus beteiligt.[68]

Vielfach sind die Viten der Kartäusermönche von London (Mauritius Chauncy) und Roermond (Arnold Havens) trotz individueller Paginierung gemeinsam überliefert[69], sodass ein direkter Überlieferungszusammenhang[70] erkennbar wird, der wohl auf eine gemeinsame Herausgabe beider Texte in Würzburg zurückgeführt werden kann und die Mitwirkung Johann Leypolts an der Ausstattung plausibel erklärt.[71]

Cartusiae S. Hugonis in Anglia denuo edita. Monstrolii 1888, S. XXIXf.; James Hogg, Passio XVIII Cartusianorum in Anglia Martyrum a Domno Mauritio Chauncy: A Critical Study of the Manuscripts (Analecta Cartusiana 86), Salzburg 1998.

64 VD 17 23:240516D. Dort ist als Erscheinungsort „[Würzburg] 1608" angegeben. Zu dieser Ausgabe vgl. Maurice Chauncy, Historia aliquot Martyrum Anglorum maxime octodecim Cartusianorum sub rege Henrico Octavo ob fidei confessionem et summi pontificis jura vindicanda interemptorum, hg. von [Victor-M. Doreau], Montreuil-sur-Mer 1888, S. XXIXf.

65 Die Kölner Edition des Textes von 1608 erwähnt auch Anne Dillon, Michelangelo and the English Martyrs, Farnham 2012, S. 37 Anm. 67. Für das Exemplar Augsburg, Staats- und Stadtbibliothek, Th L 122 wird „Colonia Agrippinae, Gualterus, 1608" angegeben. Diese Kölner Ausgabe des Textes ist bis S. 77 text- und satzidentisch, aber um einen Zusatz gegenüber der vermutlich Würzburger Ausgabe desselben Jahres erweitert.
Digitalisat: http://reader.digitale-sammlungen.de/de/fs1/object/display/bsb11288044_00001.html. Siehe auch: John Clark, Arnold Havens O.Cart. on the English Carthusian Martyrs, in: John Clark / Peter Cunich (ed.), The various versions of the Historia aliquot Martyrum Anglorum maxime octodecim Cartusianorum sub rege Henrico Octavo ob fidei confessionem et Summa Pontificis jura vindicanda interemptorum, by Dom Maurice Chauncy, Bd. 1, Salzburg 2007 (Analecta Cartusiana, 86:1).

66 Maurice Chauncy, Commentariolus de vitæ ratione et martyrio octodecim Cartusianorum qui in Anglia sub Rege Henrico VIII [...] Una cum nova historica elation [sic!] duodecim martyrum Cartusianorum Ruræmundensium [...] auctore V. P. Arnoldo Havensio, 2 pts (Ghent, 1608); vgl. Dillon, Michelangelo (wie Anm. 65), S. 37 Anm. 69; A. F. Allison / D. M. Rogers, The Contemporary Printed Literature of the English Counter-Reformation between 1558 and 1640. Volume I: Works in Languages other than English (vol. 1) Routledge / New York 1989 (1st Edition), Vol. 1, no. 239. Ein Exemplar dieser Ausgabe konnte leider nicht eingesehen werden.

67 Theodor Petreius / Aubertus Miraeus, Bibliotheca Cartvsiana, Siue, Illvstrivm Sacri Cartvsiensis Ordinis Scriptorvm Catalogvs. Auctore F. Theodoro Petreio [...] Accesservnt Origines omniu[m] Orbem Cartvsiarvm, quas eruendo publicauit [...] Avbertvs Miraeus, Köln [Hieratus] 1609, S. 261f. (recte: S. 273f.); Ph. Emil Ullrich, Die Kartause Engelgarten in Würzburg, in: Archiv des Historischen Vereins von Unterfranken und Aschaffenburg 40 (1898), S 61. Digitalisat: https://gdz.sub.uni-goettingen.de/id/PPN561415498?tify={"panX":0.28,"panY":0.677, "view":"info","zoom":0.442}.

68 Zu den beiden Illustrationen vgl. Dillon, Michelangelo (wie Anm. 65), S. 37.

69 So z. B. in den Exemplaren in Bamberg, SB, 22/L.r.o. 266-m, München, BSB, V. ss. c. 50, und Augsburg, Staats- und Stadtbibl., Th L 122 mit Th L 122#Beibd.; vgl. auch Petreius / Miraeus, Bibliotheca Cartvsiana (wie Anm. 67), S. 17.

70 Vgl. Paul Freher, Theatrum Virorum Eruditione Clarorum, Nürnberg 1688, S. 535, wo ebenfalls die gemeinsame Überlieferung beider Texte *cui adiunctum est [...]* hervorgehoben wird.

71 In diesem Zusammenhang sei ergänzend darauf hingewiesen, dass die Mönche der Kartause Engelgarten bereits spätestens seit 1606 mit der Herausgabe und dem Druck kartäusischer Texte

Zur Rolle, welche die Würzburger Kartäuser im Zusammenhang mit der Herausgabe bzw. Druckvorbereitung des Textes einnahmen, teilt Stanislas Autore mit: „Duo sunt notanda circa istam editionen Havensianam. Primum est, quod D. Arnoldus Havensis laborem suum concessit Cartusianis Herbipolensibus ut cum æneis figuris illustratum evulgarent alio præfixo titulo, atque Archiduci Maximiliano Austriæ dedicarent“[72], was wohl nichts anderes bedeutet, als dass Arnold Havens sowohl die von ihm überarbeitete Fassung von Chauncys Beschreibung des Martyriums der Londoner Kartäuser[73] als auch seinen eigenen Bericht vom Martyrium der Kartäuser von Roermond der Ordensniederlassung in Würzburg für eine illustrierte Ausgabe[74] zur Verfügung stellte, wobei alle enthaltenen Kupferstiche – Titel, Wappen und Illustration(en) – von Johann Leypolt gestochen und signiert wurden. Die Kupferstiche wurden in die Kölner Ausgaben der genannten Werke übernommen.

Das bislang eher zufällig anmutende Beziehungsgeflecht zwischen Johann Leypolt, dem Kartäuserorden und Erhard Winheim in den Jahren 1607 und 1608 lässt sich freilich in späteren Jahren etwas konkretisieren.[75] Auch wenn

---

beschäftigt waren. In diesem Jahr wurde Louis de la Tours (Torrianus) 1597 erstmals in Köln publizierte Versdichtung „Generales omnes ordinis cartusiani a Divo Brunone […] carmine numerali descripti“ in einer verbesserten, wohl auch drucktechnisch anspruchsvolleren Neuauflage vorgelegt, von der sich heute allerdings kein Exemplar nachweisen lässt. Petreius/Miraeus, Bibliotheca Cartvsiana (wie Anm. 67), S. 235 vermerkt dazu: „[…] hinc P.P. nostri Herbipolenses suis expensis correctiori elegantioriq(ue) typo idem illud CARMEN VVirceburgi apud Georgium Fleischmannum recudi curarunt, anno nimirum M.D.C.VI.“ Diese frühe Bemerkung entspricht dem noch heute gültigen Forschungsstand; vgl. auch Nouvelle Bibliographie Cartusienne (wie Anm. 39), Bd. 2, unpag. („Louis de La Tour“), und James Hogg, „Dom Louis de La Tour: A Carthusian Poet“, in: Analecta Cartusiana 244, Salzburg, 2006, S. 83; http://www.cartusiana.org/files/De%20La%20Tour.PDF (letzter Zugriff 02.06.2018).

72 Dom Stanislas Autore, Scriptores Sacri Ordinis Cartusiensis: A–C, Vol. 2: Anonymi Scriptores quorum opera teutonice vel belgice sunt exarata – Fr. Bernardus Tarin y Juaneda (Analecta Cartusiana 200:2), Salzburg 2003, hier zitiert nach James Hogg, in: Analecta Cartusiana 242, S. VI.

73 Havens schreibt dazu in der „Epistola Dedicatoria“ seiner „Historica Relatio“ (wie Anm. 57), Bl. *5r: „Cæteru(m) propter argumentum affinitatem recognoui etia(m) historiam Martyrij Angelorum Cartusianoru(m), antea quidem editam; sed qua(m) recude(n)dam putaui mutato limatoq(ue) aliquantulum stilo. Præsertim quod eius vix Exemplaria amplius apud bibliopolas extarent.“

74 Zur Illustrierung der beiden Märtyrerberichte äußert sich der Würzburger Kartäuser Simon Weisser beiläufig in seiner „Epistola dedicatoria“ zur Ausgabe von Chancys „Innocentia, Et Constantia Victrix“ (s.o. Anm. 63), Bl. *4r/v: „[…] ut Historiæ quidem, ut ab Auctore ipso scripta erat, pars una plurimum illustraretur; Altera, quæ de Nostris Martyribus tractabat, pænè obscuraretur; primis præsertim Exemplaribus deficientibus, & in Bibliothecas repositis, nec denuò prælo commißis; quod ut auidi Nouitatis sont omnes ferè; prima historiæ parte aucta & renouata, tanquam tota, plerique contenti essent.“

75 Von untergeordneter Bedeutung, aber gleichwohl bemerkenswert ist in diesem Zusammenhang ein kleiner, nur 110 × 80 mm messender Kupferstich, der unikal in der Sammelhandschrift Würzburg, Universitätsbibliothek, M.ch.f.264, fol. 112r, überliefert ist. Hans Thurn bezeichnet den aus insgesamt zwölf einzelnen Darstellungen zusammengesetzten und mit einer Bildumschrift sowie einzelnen Bildlegenden versehenen, unten rechts mit *I[ohann] L[eypolt] F:[ecit]* gezeichneten Einblattdruck als „Kupferstich d. 17. Jhs. über Bruno und den Kartäuserorden“; Hans Thurn, Bestand bis zur Säkularisierung: Erwerbungen und Zugänge bis 1803 (Die Handschriften der Universitätsbibliothek Würzburg, Bd. 5), Wiesbaden 1994, S. 88. Die Beschriftung des unveröffentlichten Blattes beginnt auf der oberen Rahmenleiste mit *Ordinis Cartusiensis Origo, cum eiusdem adiunctis quibusdam Illustribus Personis.* Dargestellt ist in der oberen Bildzone der Ordensgründer Bruno zwischen zwei kleinen zusammengehörigen Bildchen zur Gründung der Kartause Engelgarten *(Oretur pro cartus[ia] Herbipolensi ad hortum angelo-*

wir nur wenige Informationen über den Lebensweg Erhard Winheims haben[76], so wissen wir zumindest, dass Fr. Erhard Winheim aus Weißmain am 2. Februar 1595 in der Kartause Engelgarten „feierlich Profeß abgelegt“ hatte.[77] Seit dieser Zeit lebte er, mit einigen kürzeren Unterbrechungen in den Kartausen Ilmbach und Köln, in seiner Professkartause Engelgarten. Dort geriet er wegen ordenskritischer Aussagen in seinen Schriften mit seinen Vorgesetzten zeitweise in Kritik.[78] Nach der Ermordung des Priors P. Bruno Linder im Oktober 1631[79] im Zuge der Besetzung der Kartause durch die Schweden wurde er von 1631 bis 1635 dessen Nachfolger als Prior und starb am 15. April 1639 als Prokurator der Kartause Engelgarten.[80]

8. Ergebnis

Wenn wir, wie oben dargelegt, die Entstehung des Huldigungsblattes für Johann Georg Fuchs von Dornheim im Zusammenhang mit den Geschehnissen um die Einnahme des Klosters 1631 durch die Schweden in Verbindung gebracht und vermutet haben, das Huldigungsblatt könne dazu gedient haben, die Bedeutung des Kartäuserordens und das Schicksal des Klosters in der Zeit der schwedischen Besetzung nachdrücklich zu betonen, fiele die Entstehung des Blattes in das Priorat Erhard Winheims. Vor allem von ihm hätten Anregungen für die spezifisch kartäusische Ausrichtung der emblematischen Bildikonographie des Kupferstiches in Verbindung mit einem nachdrücklichen Hinweis auf die eigene Klostergeschichte ausgehen können. Auch die Aufnahme des gesamten Hymnus *De Sancto Brunone* ins Bild und ebenso die Auswahl der auf die Wasser- und Brunnenmetaphorik bezogenen Bibelzitate setzt nach Ansicht des Verfassers die Mitwirkung eines theologisch versierten Mitglieds der Kartause Engelgarten an der programmatischen Bildgestaltung voraus – also eben

rum dicta), darunter in der Mitte ein Stammbaum mit den herausragenden Persönlichkeiten des Kartäuserordens, flankiert von zwei Kartäusernonnen sowie u. a. weiteren Szenen aus der Vita Brunonis. Damit ist ein weiterer Bezug zwischen Leypolt und der Kartause Engelgarten gegeben. Der eher ungelenke Kupferstich, der stilistisch durch seine Kleinteiligkeit am ehesten an das Titelblatt des „Sacrarium Agrippinae“ erinnert, ist in wesentlichen Teilen durch Anregungen aus Holzschnitten in den „Statuta ordinis Cartusiensis a domno Guigone priore Cartusiae edita“, Basel: Amerbach, Petri und Froben, 1510 [VD 16 G 4071], inspiriert, aber deutlich auf die Kartause Engelgarten ausgerichtet. Somit spricht vieles dafür, dass der Basler Druck der Statuta in der Bibliothek des Kartäuserklosters Engelgarten vorlag und Leypolt offensichtlich bekannt war. Ein Exemplar dieses Statutendruckes aus der Kartause Ilmbach befindet sich heute in der Universitätsbibliothek Würzburg, Sign. 35/A 10.12.

76 Frühe Informationen zu Erhard Winheim liefern Petreius/Miraeus, Bibliotheca Cartvsiana (wie Anm. 67), S. 89.

77 Ullrich, Kartause Engelgarten 1898 (wie Anm. 67), S. 53; ders., Kartause Engelgarten 1899 (wie Anm. 31), S. 73.

78 Ullrich, Kartause Engelgarten 1899 (wie Anm. 31), S. 73f.; Erik Soder von Güldenstubbe, Die fränkischen Kartausen. Würzburg, in: James Hogg/Alain Girard/Daniel Le Blévec (Hg.), Kartäusische Kunst und Architektur mit besonderer Berücksichtigung der Kartausen Europas (Analecta Cartusiana 207), Bd. 1, Salzburg 2006, S. 59–119, bes. S. 113.

79 Siehe oben, Anm. 45.

80 Ullrich, Kartause Engelgarten 1899 (wie Anm. 31), S. 74.

vielleicht den Prior Erhard Winheim, von dem wir bisher nur wenig wissen. Johann Leypolt wäre damit nur für die graphische Umsetzung des nur scheinbar enigmatischen Bildprogramms verantwortlich zu machen. Das Blatt selbst scheint die Zielsetzung zu verfolgen, auch in finsteren Zeitumständen nicht von der Sorge um den Schutz und den Fortbestand der Kartause abzulassen sowie die Pflege der kartäusischen Liturgie in der Würzburger Ordensniederlassung Engelgarten zu fördern.

Würzburg. Hexen. 1626/1629

Robert Meier

Eine Welle von Prozessen in den Jahren 1626 bis 1630 markiert den Höhepunkt der Hexenverfolgungen im Alten Reich. Für das Hochstift Würzburg geht die Forschung von 900 Opfern aus.[1] Die Zahl stammt aus einer nach eigener Angabe 1659 in Bamberg gedruckten „Neuen Zeitung", die ausschließlich in einem Druck von 1743 überliefert ist. Was ist von ihr zu halten?

Nach einer geläufigen Unterscheidung zwischen Literatur und Geschichte beschreibt die Geschichte, was war, und die Literatur, was gewesen sein könnte. Zur Klärung der Frage, „was war", bezieht sich die Geschichtsschreibung auf „Quellen". Darunter versteht man Relikte vergangener Zeiten, die die jeweilige Gegenwart dann deutet und interpretiert. Das Geschäft der Historiker wird heute meist als „Kontextualisierung" beschrieben: Man erklärt und deutet, indem man Quellen in ihren Kontext stellt. Bei der Analyse wird häufig zwischen „Überrest" und „Tradition" unterschieden. Letzteres sind Relikte, die entstanden sind, um aufbewahrt und überliefert zu werden, erstere sind aus Gründen entstanden, die nicht in erster Linie auf Aufbewahrung und Überlieferung zielen. Dass verschiedene Quellen unterschiedlichen Wert haben für die Frage, „was war", braucht in einer Zeit der *fake news* kaum erklärt zu werden. Im Folgenden möchte ich die Quellen zu den Hexenprozessen dieser Jahre durchsehen. Dabei soll es weniger um Vollständigkeit als um Problematisierung gehen.

Natürlich glauben die Historiker schon lange nicht mehr, sagen zu können, „was war" oder mit Rankes Formulierung „wie es eigentlich gewesen".[2] Auch historische Texte ordnen sich ein in große Narrative, anhand derer die Geschichte erzählt wird. Aber diese Narrative dürfen nicht in Konflikt zu den Quellen geraten. *Gegen* die Quellen geht Geschichtsschreibung nicht.[3]

Folgende Abkürzungen werden verwendet:
DAW = Diözesanarchiv Würzburg
StAL = Staatsarchiv Ludwigsburg
StAWü = Staatsarchiv Würzburg
StAWt = Staatsarchiv Wertheim

[1] Für das Hochstift Würzburg werden diese 900 Opfer üblicherweise mit 300 aus einem Tagebucheintrag des Jahres 1616 kombiniert, sodass sich eine Summe von 1200 ergibt. So zuletzt Gerd Schwerhoff, Hexenverfolgungen in der frühneuzeitlichen Germania Sacra, in: Dietmar Schiersner/Hedwig Röckelein (Hg.), Weltliche Herrschaft in Geistlicher Hand. Die Germania Sacra im 17. und 18. Jahrhundert (Studien zur Germania Sacra, Neue Folge 6), Berlin/Boston 2018, S. 297 – 327, bes. S. 301. Zu dem Tagebucheintrag vgl. Robert Meier, Alles anders als gedacht? Bischof Julius Echter und die Hexenverfolgung, in: Historisches Jahrbuch der Görres-Gesellschaft 135 (2015), S. 559–568.

[2] Vgl. Achim Landwehr, Die anwesende Abwesenheit der Vergangenheit. Essay zur Geschichtstheorie, Frankfurt a.M. 2016.

[3] Anhand der Geschichte von Ehrenbergs Neffen, der von seinem Onkel aus Fanatismus als Hexer hingerichtet worden sein soll, habe ich zu zeigen versucht, wie literarische Elemente mit der

1. Flugschriften und Lieder

Die Zahl von 900 Opfern stammt aus einem Band der „Bibliotheca sive Acta et Scripta magica“ von Eberhard David Hauber aus dem Jahr 1743.[4] Hauber war lutherischer Theologe und Superintendent der Grafschaft Schaumburg. Er verstand sich als entschiedener Gegner der Hexenprozesse, die in der Aufklärung ins Zentrum konfessioneller Polemik rückten. Der Druck bei Hauber gibt an, eine Bamberger Druckschrift mit dem Titel „Neue Zeitung“ aus dem Jahr 1659 wiederzugeben.[5] Mit der Angabe, er sei „Mit Bewilligung des Bischoffs und gantzen Thum-Capitels in Druck gegeben“[6] gibt sich der Text einen offiziösen Anstrich, wobei der Leser davon ausgeht, dass hier Bischof und Domkapitel Bamberg gemeint sind. Denn die Ereignisse in Bamberg bilden den inhaltlichen Schwerpunkt.[7] Der Bischof von Bamberg habe 600 Hexen und Zauberer verbrennen lassen, heißt es einleitend, und dann: „Auch hat der Bischoff im Stift Würzburg über die neun hundert verbrennen lassen.“ Die Forschung nimmt als Entstehungsjahr dieser Schrift das Jahr 1629 an. Das genannte Jahr 1659 kommt schon allein deswegen nicht in Frage, weil es in diesem Jahr weder in Bamberg noch in Würzburg Hexenprozesse gab. Eine Untersuchung zu den Vorlagen von Haubers „Bibliotheca“, die es immerhin auf 36 Bände brachte, fehlt.

Es gibt noch eine weitere Flugschrift, die in anekdotischer Form von den Ereignissen der Hexenprozesse in Bamberg und Würzburg berichtet. Auch hier ist kein originales Exemplar mehr nachweisbar. Arthur Bechtold hat sie 1940 nach einem Exemplar aus Hannover gedruckt, das dort heute nicht mehr vorhanden ist.[8] Auch dieser Text besteht aus einer Kombination von Ereignissen und Zahlen aus Bamberg und Würzburg. Wie steht es um den Quellenwert der beiden Druckschriften: Wer hat diese Texte verfasst? Woher stammen die Informationen? Welche Absichten wurden verfolgt? Wir wissen es nicht. Eine Kontextualisierung ist nur in dem Sinne möglich, dass diese Flugschriften

---

Zeit als historische Wahrheit wahrgenommen werden; Robert Meier, Literatur und Geschichte – Jakob Wassermanns Junker Ernst und das Problem der Quellen, in: Eric Hilgendorf / Daniel Osthoff / Martina Weis-Dalal (Hg.), Vernunft gegen Hexenwahn. Beiträge zu Jakob Wassermanns Erzählung „Der Aufruhr um den Junker Ernst“, Würzburg 2017, S. 77–93.

4 Eberhard David Hauber, Bibliotheca, acta et scripta magica, 31. Stück, Lemgo 1743, S. 441–449; digitaler Volltext der Bayerischen Staatsbibliothek: http://www.mdz-nbn-resolving.de/urn/resolver.pl?urn=urn:nbn:de:bvb:12-bsb10927294-2.

5 Hauber selbst nennt als Jahr 1659. Vgl. zu dieser Druckschrift Harald Schwillus, „Neue Zeitung: Von sechshundert Hexen, Zauberern und Teuffels-Bannern“. Eine Flugschrift über die Bamberger und Würzburger Hexenprozesse des frühen 17. Jahrhunderts, in: Würzburger Diözesangeschichtsblätter 53 (1991), S. 231–237, mit einer Edition des Textes.

6 Hauber, Bibliotheca (wie Anm. 4), S. 441.

7 Schwillus, Neue Zeitung (wie Anm. 5), S. 232, fasst den Würzburg betreffenden Teil folgendermaßen zusammen: „Die bloße Aufzählung der angeblichen Hexenuntaten reichert er mit einer legendenhaften Erzählung über die Erscheinung eines verbrannten Mädchens an, das trotz der für sie gelesenen Messen nicht vor der Hölle gerettet werden konnte. Dies war wohl als Abschreckung gedacht […].“ Schwillus konstatiert insgesamt eine „pädagogische Ausrichtung“ des Textes.

8 Beiträge zur Geschichte der Würzburger Hexenprozesse, in: Frankenkalender 53. Jg. (1940), S. 121–129; vgl. Schwillus, Neue Zeitung (wie Anm. 5), S. 231. Bechtold druckt S. 121 das Titelblatt der Flugschrift ab und verweist auf die Königliche und Provinzialbibliothek Hannover, „In einem Sammelband, Sign. Ua 1364“. Nach Auskunft der Gottfried-Wilhelm-Leibniz-Bibliothek 2018 ist dies tatsächlich eine Signatur der Bibliothek. Es handelt sich um einen Sammelband, dieser ist aber verschollen.

anzeigen, dass schon früh eine mediale Rezeption der Ereignisse stattfand.[9] Ihr Aussagewert zur Frage, was tatsächlich geschah, ist gering.

Dasselbe gilt für drei weitere Druckschriften. „Im Thon, wie man die Dorothea singet" soll der Text einer „Druten-Zeitung" vorgetragen werden, der in Versform Ereignisse vor allem in Bamberg, aber auch in Würzburg beschreibt.[10] Diese Flugschrift datiert sich selbst auf 1627. Aus Würzburg wird die Verbrennung von sechs Hexen nach der Kiliani-Messe erwähnt und der Fall des Wirts im Falkenhaus beschrieben, der seine Seele dem Teufel verschreibt. In einer weiteren Flugschrift mit der Druckangabe Würzburg 1628, zu singen auf die Melodie von „Hilf Gott, daß mir's gelinge", ist der soziale Aspekt sehr deutlich: Hexenprozesse erwischen die Reichen, und das zu Recht.[11] Interessanterweise werden hier auch Beispiele aus der Würzburg benachbarten Grafschaft Wertheim erwähnt. Dieser Flugschrift sehr ähnlich ist eine dritte mit der Druckangabe 1627, die zusätzlich ein Bekenntnis der Hexen über ihre Untaten enthält.[12]

Die Vorgänge in Würzburg und Bamberg haben mit insgesamt fünf zeitnahen Flugschriften (sieht man von der Quellenproblematik bei Hauber einmal ab) eine erhebliche Resonanz im Flugschriftenmarkt gehabt. Die fränkischen Hexenprozesse dieser Jahre waren also von Anfang an auch ein Medienphänomen.

2. Private Schreiben

Mehrere zeitgenössische Briefe thematisieren die Würzburger Prozesse. Auch hier sind die Originale verloren, die Überlieferung erfolgt durch Abschriften in Sammelhandschriften. Auf den August 1629 datiert sich ein Brief, der von extremen, alle Standesgrenzen sprengenden Hexenverfolgungen in Würzburg berichtet.[13] Der Verfasser des Briefs nennt sich nicht. In der Literatur hat sich

---

9 Zur Druckschriftenpublizistik über Hexen vgl. Harald Sipek, „Newe Zeitung" – Marginalien zur Flugblatt- und Flugschriftenpublizistik, in: Hexen und Hexenverfolgung im deutschen Südwesten, hg. von Sönke Lorenz im Auftrag des Badischen Landesmuseums Karlsruhe, Aufsatzband, Ostfildern 1994, S. 85–92, sowie ders. im zugehörigen Katalogband, Verbreitung der Hexenidee in Flugblättern und Flugschriften, S. 113–121. Hier heißt es, das Medium Flugschrift sei vom Wesen her „affirmativ und aufwieglerisch", nicht „neutral berichtend". „Deshalb ist das Flugblatt als Quelle auch weniger dazu geeignet, die ‚Realität' der Hexenverfolgung zu zeigen, als vielmehr dazu, die öffentliche Meinung und den Umgang mit den Prozessen deutlich zu machen." (S. 113) Sipek konnte etwa 120 Flugblätter und Flugschriften zur Hexenproblematik ermitteln.

10 Druck bei Wolfgang Behringer, Hexen und Hexenprozesse in Deutschland, München 2010 (7. Aufl.), Nr. 164 S. 250f., Abbildung bei: ders., Hexenverfolgung in Bayern, Abb. 11 S. 313, und Hubert Drüppel, Hexenprozesse, in: Ulrich Wagner (Hg.), Geschichte der Stadt Würzburg, Bd. II: Vom Bauernkrieg 1525 bis zum Übergang an das Königreich Bayern 1814, Stuttgart 2004, S. 492–505, Abb. 154 S. 495. Die Flugschrift wurde bereits 1852 mit Bildmaterial gedruckt bei C. Heffner / D. Reuß, Würzburg und seine Umgebungen. Ein historisch-topographisches Handbuch, Würzburg 1852, S. 156ff.

11 vd17: 23:253382Z, das Exemplar stammt aus Wolfenbüttel, datiert auf 1629. Eine Frau, heißt es, habe 300 Fuder Wein im Keller und will trotzdem lieber Hexe sein.

12 vd17: 23:293541Q, das Exemplar stammt aus Wolfenbüttel.

13 Das Schreiben ist in zwei Abschriften überliefert: 1. Bayerische Staatsbibliothek cgm 1254 fol. 144r–v, zuverlässig gedruckt von Friedrich Leitschuh, Beiträge zur Geschichte des Hexenwesens in Franken, Bamberg 1883, hier S. 17–19. Digitaler Volltext der Staatsbibliothek Bamberg: http://nbn-resolving.de/urn:nbn:de:bvb:22-dtl-0000004660. Leitschuh fehlt Seite 19 eine

aber eingebürgert, als Verfasser den Würzburger Kanzler Dr. Johann Brandt[14] anzunehmen, von dem sonst nichts zur Hexenfrage bekannt ist. Hubert Drüppel äußert Zweifel an der Authentizität und spricht vom „angeblichen" Kanzlerbrief. Drüppel analysiert den Brief: „Der Brief kann also nicht, wie er vorgibt, unmittelbar nach den Hinrichtungen der exemplarisch erwähnten Personen geschrieben worden sein; der unbekannte Verfasser schöpfte aus seinem Gedächtnis, nicht aus frischem Erleben. Doch in den Umrissen trifft das Gesamtbild, das er entworfen hat, auf die Würzburger Zustände zu."[15] In dem Brief heißt es, in der Stadt seien 400 Beschuldigte von Hinrichtung bedroht.

Dass die Prozesse in Würzburg die Standesgrenzen übersprangen (auch adelige Herren und etwa 40 Kleriker waren betroffen, dazu unten mehr)[16] galt schon Zeitgenossen als bemerkenswert. Ein Bürgermeister aus Westfalen bezeichnete genau dies 1630 ebenfalls in einem Brief als „Wirtzbuergisch werck".[17] Die Würzburger Prozesse erregten Aufsehen und wurden als besonders wahrgenommen. Neben dieser Erwähnung in Westfalen gibt es noch ein Schreiben der elsässischen Stadt Hagenau aus dem Jahr 1631 nach Würzburg.[18] Den Hagenauern war zu Ohren gekommen, in Würzburg habe man erfolgreich Hexenprozesse geführt, und sie wollten wissen, wie man das gemacht hatte.

Es sind diese zwei Schreiben, die immer wieder angeführt werden, wenn es um die weite Resonanz der Würzburger Prozesse geht. „Als ‚wirtzbürgisch werck' lösten die fränkischen Exzesse die Trierer Verfolgungen in der Wahrnehmung der Zeitgenossen ab [...]", heißt es im Katalog der Speyerer Hexenausstellung von 2009.[19] Diese soziale Besonderheit hatte bereits das Hauber-Flugblatt thematisiert: In Würzburg seien „etliche München und Pfaffen, auch

---

komplette Zeile der Handschrift in der Abschrift: „[...] und gesagt, mann soll die / schreiben in das buch der verdampten, welches als dann geschehen / durch einen notari, so mir und meinen gesellen gar wohl bekannt [...]." 2. Druck bei Chroust: Aus Würzburgs dunkelster Zeit, in: Archiv für Unterfranken und Aschaffenburg 69 (1629), S. 432–465. Chroust gibt an, den Brief aus den Berichten des frz. Residenten in Würzburg in den Archives du ministère des affaires étrangères in Paris abgeschrieben zu haben. Als Signatur gibt er an: Allemagne nro. 65 Bl. 4. In dem Brief ist die Rede von mehr als 400 Verdächtigen.

14 Dr. Johann Brandt wurde 1599 Hofrat und war von 1617 bis 1637 Kanzler; vgl. Christian Leo, Würzburg unter schwedischer Herrschaft 1631–1633. Die „Summarische Beschreibung" des Joachim Ganzhorn (Quellen und Forschungen zur Geschichte des Bistums und Hochstifts Würzburg 74), Würzburg 2017, S. 153 Anm. 8. Bei Hansjürgen Reuschling, Die Regierung des Hochstifts Würzburg 1495–1642. Zentralbehörden und führende Gruppen eines geistlichen Staates, Würzburg 1984, S. 337, folgende Angaben zu Dr. Johann Brandt: * 1566/67, Rat 1599, Kanzler 1617, 1630 Amtmann Remlingen, † 1637.

15 Drüppel, Hexenprozesse (wie Anm. 10), S. 498.

16 Julius Gottfried von Reitzenstein, Julius Schliederer von Lachen (Scholaster an St. Burkard), Eberhard Adolf von Fischborn (Kanonikus an Stift Haug) und Hektor Hieronymus Christoph von Rotenhan (Hofpage); vgl. Winfried Romberg (Bearb.), Das Bistum Würzburg 7: Die Würzburger Bischöfe 1617–1684 (Germania Sacra, Dritte Folge 4, Die Bistümer der Kirchenprovinz Mainz), Berlin / New York 2011, S. 206, mit Angaben zu den Quellen. Ein weiteres adeliges Opfer war der Edelknabe von Redwitz; StAL, B 262 Bü 95, Schreiben aus Würzburg an den Deutschordensadministrator, 1628 Mai 10, http://www.landesarchiv-bw.de/plink/?f=2-607948-13.

17 Gedruckt bei Behringer, Hexen (wie Anm. 10), Nr. 173 S. 265.

18 StAWü, 25/377 fol. 173–174, Schreiben der Stadt Hagenau mit Datum 27.01.1631 an Philipp Adolph von Ehrenberg.

19 Rita Voltmer, Reichskündig exempel und wirtzbürgisch werck. Zur Dynamisierung von Hexenjagden, in: Hexen. Mythos und Wirklichkeit, Begleitband zur Ausstellung im Historischen Museum der Pfalz Speyer, München 2009, S. 159–167, hier S. 166.

viel vornehme Herren, Bürgermeister und Raths-Personen angeben, deren Theil schon verbrannt" heißt es hier.[20]

Mit dem Hagenauer Schreiben an Fürstbischof Philipp Adolph von Ehrenberg (1623–1631) haben wir die erste Quelle in diesem Aufsatz, die sich eindeutig als „Überrest" bezeichnen lässt. Die Stadt Hagenau schrieb in den üblichen amtlichen Formen der Zeit, sozusagen mit Brief und Siegel, das Schreiben ist im Original erhalten und dürfte sich seit 1631 in Kanzlei und Archiv des Hochstifts Würzburg befunden haben. Es verdient vollen Glauben. Die Hagenauer verfolgten sicher nicht den Zweck, eine besonders schwere Hexenverfolgung in Würzburg zu konstruieren. Sie wollten wissen, wie man so etwas macht. Der Quellenwert ist damit ausgesprochen hoch.

3. Die Liste

Nun verlassen wir den Bereich des amtlichen Schriftguts wieder und kommen auf die Würzburger Hexenliste zu sprechen. Diese Liste hat wie keine zweite Quelle die Wahrnehmung der Prozesse aus der Ehrenberg-Zeit geprägt. Auch sie wurde 1745 vom bereits erwähnten Eberhard David Hauber in seiner „Bibliotheca magica" gedruckt.[21] Im 19. Jahrhundert hat Wilhelm Gottlieb Soldan sie dann in seine höchst wirkungsmächtige „Geschichte der Hexenprozesse" (1843) übernommen und heute steht die Liste, wiederum aus der Soldan-Fassung übernommen, als *Verzeichnis der Hexen-Leut, so zu Würzburg mit dem Schwert gerichtet und hernacher verbrannt Worden* als wikisource im Internet.[22] Beigegeben sind Scans aus der Erstausgabe von Soldan – der Druck der Liste bei Soldan wird im world wide web zu einer authentisch wirkenden Quelle.

Wie sieht es mit ihrem Quellenwert aus?

Zunächst muss man sich fragen, ob die Liste überhaupt echt ist. Anders als die amtlichen handschriftlichen Unterlagen hat sie keine Form, die etwas über ihre Entstehung aussagen würde. Die Liste wäre leicht zu fälschen bzw. sie könnte sich als etwas ausgeben, was sie nicht ist. Aber die historische Kritik zeigt, dass diese Liste kein reiner fake ist. In einer Handschrift der Staats-

---

[20] Vgl. Hauber, Bibliotheca (wie Anm. 4), S. 447.

[21] Eberhard David Hauber, Bibliotheca magica, Lemgo 1745, S. 808–814 (Digitalisat der Bayerischen Staatsbibliothek: http://www.mdz-nbn-resolving.de/urn/resolver.pl?urn=urn:nbn:de:bvb:12-bsb10927290-0). Weitere Drucke: Heffner/Reuß, Würzburg (wie Anm. 10), S. 177–183, eingeleitet von der Formel „Einer handschriftlichen Chronik entnehmen wir nachstehenden Bericht [...]" (bei Hauber fehlt diese Vorweg-Bemerkung, er beginnt direkt mit der Überschrift und kommentiert am Ende: „Vorstehende Verzeichnis ist von sichern und hohen Händen gekommen [...]"). Heffner/Reuß haben einige Abweichungen von Hauber: beim 5. Brand fehlt Herrn Neunecks Vögtin, im 23. Brand haben sie „Brennerbacher Hof" statt „Brembacher Hof" bei Hauber, beim 29. Brand „Junker Fleischbaum" statt „Junker Fischbaum". Man könnte vermuten, dass ihnen ein anderer Textzeuge der Liste vorlag als der Druck bei Hauber. Aber die Verwandtschaft beider Listen ist sehr eng, beide haben auch den gleichen Fehler beim Kleriker Christoph Berger (Heffner/Reuß) bzw. Barger (Hauber), der in den Verlassenschaftsakten des DAW richtig Rüger heißt. Ein Druck der Liste aus Hauber auch bei Arthur Bechtold, Aus dem alten Würzburg. Beiträge zur Kulturgeschichte der Stadt, Würzburg 1940, S. 171–186.

[22] https://de.wikisource.org/wiki/Verzeichnis_der_Hexen-Leut,_so_zu_W%C3%BCrzburg_mit_dem_Schwert_gerichtet_und_hernacher_verbrannt_Worden (letzter Zugriff: 02.07.2018).

bibliothek München findet sich eine Liste mit 20 Namen unter der Überschrift „Aus Würtzburg von 28. Octobris 1627“, weiter spricht der Text von 63 Hingerichteten zum angegebenen Zeitpunkt.[23] Beides passt zu unserer Liste. Harald Schwillus konnte eine weitere Liste bei den Unterlagen im Diözesanarchiv Würzburg finden. Diese „Designatio der hingerichten Geistlichen und deren auf sie ergangene Gerichtsunkosten“[24] hält auch den Zeitraum der Brände fest: 1. Brand 15. Mai 1627 bis zum 42. Brand am 30. August 1629, dann werden die Namen hingerichteter Geistlicher zu jedem Brand angeführt. Damit gibt es drei voneinander unabhängige Quellen, die sich gegenseitig beglaubigen. Zudem hat Arthur Bechtold 1940 eine ganze Reihe von Personen der Liste aus anderen Quellen verifiziert[25], und Harald Schwillus konnte feststellen, dass die Angaben in der Liste mit denen in den Verlassenschaftsakten der Kleriker im Diözesanarchiv Würzburg zusammenpassen, und die Liste aus diesen Unterlagen ergänzen.[26] Hans-Wolfgang Bergerhausen hat 2016 zwei Pfründnerinnen des Armenhauses Zum Gabler als Prozessopfer identifiziert, auch sie finden sich in der Liste.[27]

Die Liste entspricht also dem, was sie zu sein vorgibt. Aber was ist dies eigentlich? Welche Angaben enthält die Liste?

Die Liste enthält Angaben zu insgesamt 162 Opfern, die den Bränden 1 bis 29 zugeordnet sind. Die einzelnen Brände sind nicht datiert. Männer und Frauen sind in ähnlicher Zahl betroffen. Die Liste dürfte annähernd vollständig sein: Von den in der *designatio* genannten Geistlichen fehlt lediglich ein einziger. Acht Ratsherren oder Ratsherrenwitwen sind betroffen, Wohlhabende sind auffällig stark vertreten und die Zahl der Wirte (zusammen mit den Becken: 8) ist hoch. Mindestens 23 Kinder sind unter den Hingerichteten, als „Fremde“ (meist ohne Namen) bezeichnet werden mindestens 25. Dies ist ein Hinweis auf die Entstehung der Liste: Üblicherweise entstanden derartige Listen in der Verwaltung, um Übersichten für die Bestellung von Kuratoren über Kinder und Vermögen von Hingerichteten zu haben. Dies ist hier offenkundig nicht der Fall, weil Angaben wie „fremde Frau“ oder „altes Weib“ dann keinen Sinn machen würden. Vermutlich ist die Liste also nicht innerhalb der Hochstifts-

---

23 Codex cgm 1253 der Bayerischen Staatsbibliothek München. Die Handschrift umfasst vor allem Abschriften von Einzelstücken zu Reichs- und Religionssachen. Kursorische Beschreibung der Handschrift, die aus Ulmer Provenienz des 17. Jahrhunderts stammen soll, im Handschriftenkatalog der Bayerischen Staatsbibliothek: http://daten.digitale-sammlungen.de/bsb00008214/image_197.

24 DAW, Verlassenschaftsakten Fasc. 2, Schriftstück 2.

25 Bechtold, Würzburg (wie Anm. 21), S. 171–186.

26 Harald Schwillus, „Der bischoff läßt nit nach, bis er die gantze statt verbrennt hat“. Bemerkungen zu der 1745 veröffentlichten Liste der unter Fürstbischof Philipp Adolf von Ehrenberg wegen angeblicher Hexerei hingerichteten Menschen, in: Würzburger Diözesangeschichtsblätter 49 (1987), S. 145–154.

27 In Stadtarchiv Würzburg, Ratsbuch 324 findet sich eine Liste der 1613–1628 verstorbenen Pfründner, unter ihnen auch zwei Hexen im Jahr 1627: „Kunigunda Teuffelin den 15. May mit dem schwerd gericht und verbrand wegen hexerei, Barbara Schenckin den 29. dis ebenmesig gericht und verbrandt.“ Dies nach Hinweisen von Hans-Wolfgang Bergerhausen; vgl. auch ders., Das Armenhaus zum Gabler (Gabrielspflege) in Würzburg, in: Mainfränkisches Jahrbuch 68 (2016), S. 151–174, bes. S. 164. Diese Quelle bestätigt auch den 15. Mai als Datum des ersten Brandes. Eine Frau Teufel ist dort zwar nicht vermerkt, sie dürfte sich aber hinter einem der ersten Spitznamen der Liste verbergen. Dagegen erscheint eine „Schenkin“ als Nr. 8 der Liste, wodurch man den 2. Brand nun auf den 29. Mai datieren kann.

Verwaltung entstanden. Auffällig ist ferner, dass sich im Herbst 1628, als es viele Opfer aus den Würzburger Kanonikerstiften gibt, kaum noch Anonyme in der Liste finden. Vielleicht kannte der Verfasser sich hier aus, und die Liste wurde im Umkreis der Stifte erstellt. Andererseits fällt auch auf, dass zahlreiche Klerikernamen in der Liste im Vergleich zur sicher zeitnahen *designatio* stark verschrieben sind.[28] Ist sie vielleicht deutlich nach den Ereignissen entstanden? Aber warum bricht sie dann um den 30. Brand herum ab? Diese Fragen müssen offenbleiben. Abschließend noch eine andere Beobachtung: Wie Hans-Wolfgang Bergerhausen festgestellt hat, waren die betroffenen Kleriker ausschließlich Angehörige der Stifte, Pfarrklerus und Orden sind überhaupt nicht betroffen.[29] Es geht also um die Stadtgesellschaft, nicht um den Klerus. Betroffen sind auch einige Frauen aus diesem Umfeld (die Haushälterin des Dompropsts, die Haushälterin des Domherrn Neuneck, die Köchin des Domherrn Mengersdorf).

Die Liste bricht etwa mit Brand 30 ab. Weitere Quellen geben als Gesamtzahl der Brände in der Stadt Würzburg 42 an.[30] Wie hoch war die Gesamtopferzahl? Die durchschnittliche Opferzahl der ersten 29 Brände lag nach der *designatio* bei 5,6, was hochgerechnet bei 42 Bränden 235 Opfer ergäbe. Der Würzburger Benediktiner Gropp nennt in seiner „Wirtzburgischen Chronik“ aus dem Jahr 1748 die Zahl 219, die er „in einem alten, zu selbiger Zeit geschriebenen Hand-Büchlein Gefunden“ haben will.[31] Dieselbe Zahl 219 hat auch Theophil Francks „Kurtzgefaßte Geschichte des Franckenlandes und dessen Haupt-Stadt Würtzburg“, gedruckt in Frankfurt 1755.[32] Gropp und Franck sind nicht wirklich zeitnah an den Ereignissen, aber zusammen mit den anderen Quellen (insbesondere der *designatio*) wird man als derzeitigen Kenntnisstand festhalten können: Die Größenordnung von etwa 230 Opfern in der Stadt Würzburg dürfte richtig sein.

---

[28] DAW, Verlassenschaftsakten Fasc. 2, Schriftstück 2. Einige Beispiele: Schwart statt Nikolaus Schwert (Chorherr Haug, 28. Brand), David Hans statt David Haas (Chorherr Neumünster, 26. Brand), Lorenz Stüber statt Lorenz Stauber (Vikar Neumünster, 24. Brand); Christoph Barger statt Christoph Rüger (Vikar Neumünster, 23. Brand).

[29] Hans-Wolfgang Bergerhausen, Die Hexenverfolgungen in Würzburg 1590–1630. Eine Interpretation, in: Markus Mergenthaler / Margarete Klein-Pfeuffer (Hg.), Hexenwahn in Franken, Dettelbach 2014, S. 84–97, bes. S. 94.

[30] Z.B. in der zeitnah entstandenen Abrechnung in StAWü, Geistliche Sachen 61/1240 Bl. 3 (s.u. Anm. 100 und 135).

[31] „Der neu erwehlte Bischoff fande das Ihm anbefohlene Land und Bisthum, so viel dessen Geistliche Sachen betrifft, hie und dort noch mit Irr-Lehren und der verdammlichen Hexerey und Zauber-Kunst beschmitzet; welches Unkraut er auszurotten sich besonders bemühete, hierdurch aber viele Verdrießlichkeiten und Beschwernussen sich über den Hals zöge; die er alle standhafftig überwunden. [...] Im Jahr 1627 fienge er an die verdammliche Zauber-Kunst und Hexerey mit Feuer und Schwerd zu vertilgen, und hat im 42 wider dieselbe fürgenommenen Executionen, die ich alle in einem alten, zu selbiger Zeit geschriebenen Hand-Büchlein gefunden, 219 Personen allerley Stands, Alters und Geschlechts hinrichten lassen.“; Ignaz Gropp, Wirtzburgische Chronick deren letzteren Zeiten, Bd. 1, Wirtzburg 1748, S. 402, http://www.mdz-nbn-resolving.de/urn/resolver.pl?urn=urn:nbn:de:bvb:12-bsb10347297-9.

[32] Digitalisat der Bayerischen Staatsbibliothek unter http://www.mdz-nbn-resolving.de/urn/resolver.pl?urn=urn:nbn:de:bvb:12-bsb10386883-2. Franck gibt weiter an, ihm liege ein „Tage-Büchlein“ aus dem Jahr 1627 vor, in das jemand „genau und sorgfältig“ die Namen der Personen eingetragen habe. Franck macht keine Angaben zur Zahl der Brände und nennt keine Namen, er beschränkt sich auf die Geschichte der „Prügelbäckin“, einer Kupplerin, die mit Zauberei arbeitet: „Die meisten solcher Eheleute hätten hernach wie Hunde und Katzen zusammengelebt, und seyen viele derselben elendiglich ums Leben gekommen.“ (S. 415).

4. Amtliche Unterlagen: Beginn der Verfahren

Damit verlassen wir nun endgültig die gedruckten und die später entstandenen Quellen und kommen zu denjenigen Quellen, die in direktem Zusammenhang mit den Verfahren entstanden sind. Die Regierungszeit Ehrenbergs beginnt mit einem quellenkundlichen Problemfall: 1623 wurde Barbara Schubert aus Trappstadt in der Würzburger Zent Königshofen als Hexe hingerichtet.[33] Dies berichtete Josef Sperl 1972 und bezog sich dabei auf eine Anweisung aus Würzburg an die Amtskellerei Königshofen, die Kosten für die Verbrennung zu übernehmen. Sperl gibt als Quelle eine im Archiv des Germanischen Nationalmuseums Nürnberg liegende Akte der Amtskellerei Königshofen an.[34] Die Unterlagen der Amtskellerei Königshofen sind vor einigen Jahren an das Staatsarchiv Würzburg gekommen. Die Akte lässt sich dort ziemlich sicher identifizieren, die Anweisung habe ich dann allerdings nicht finden können. Wie soll man mit einer solchen Angabe umgehen? Da Sperl in seinen Publikationen korrekt mit den Quellen arbeitet, würde ich auch den Fall Schubert für authentisch halten. Auf die Amtskellerei Königshofen komme ich noch zurück.

Weitere Hexenprozesse aus den Jahren 1623 und 1624 sind nicht bekannt.

Aus dem Jahr 1625 findet sich ein Verhörprotokoll von Ursula Mayer im Staatsarchiv Würzburg.[35] Ihr Prozess wird in der Literatur meist als erster Hexenprozess der Ehrenberg-Jahre angeführt.[36] Er hat allerdings mit Würzburg nichts zu tun, sondern stammt aus Eichstätt.[37] Andere Hinrichtungen aus dem Jahr 1625 sind meines Wissens nicht bekannt. Ein Verdachtsfall aus der Zent Königsberg endete mit Bürgschaftsstellung[38] und in der Stadt Würzburg sind für das Jahr 1626 Ermittlungen belegt, aber keine Hinrichtungen.[39]

---

33 Josef Sperl, Hexenbrennen 1627, in: Am Kornstein 16 (1972), [1–3] (Beilage der „Blätter für Heimatkunde“ für Königshofen und das Grabfeld, die v. a. aus Artikeln von Josef Sperl bestand).

34 Sperl nennt sogar die Signatur: Fasz. 12 (Prozeßsachen). Über diesen Eintrag lässt sich die Akte heute eindeutig im Staatsarchiv Würzburg identifizieren (StAWü, Würzburger Archivalien 1933). Eine Barbara Schubert aus Trappstadt konnte ich nicht in der Akte finden.

35 Es handelt sich um ein separat gebundenes Faszikel in der Akte StAWü, Misc. 1954 II mit der Paginierung 149–174. Das Protokoll trägt den Titel: „Prothocollum der Matthes Mayerin, beygefangen den 7. Januarii anno etc. 1625, iustificiert den 3. Februarii anno 1625 etc.“

36 So Drüppel, Hexenprozesse (wie Anm. 10), S. 496 mit Verweis auf StAWü, Misc. 1954 II und auf Otto Dürr, Philipp Adolph von Ehrenberg, Quakenbrück 1935. Auf Dürr verweist auch Elmar Weiß, Die Hexenprozesse im Hochstift Würzburg, in: Peter Kolb/Ernst-Günter Krenig (Hg.), Unterfränkische Geschichte, Bd. 3: Vom Beginn des konfessionellen Zeitalters bis zum Ende des Dreißigjährigen Krieges, Würzburg 1995, S. 327–361, bes. S. 337. Im Fall des 12-jährigen Mädchens aus Escherndorf, den Dürr aus den Würzburger Konsistorialprotokollen beschreibt, ist allerdings von Hinrichtung keine Rede, vielmehr wurde beschlossen, „daß man sie in der Religion unterweisen und danach bessern möge“ (Dürr, Ehrenberg [s. o.], S. 104), der zweite von Dürr für das Jahr 1625 angegebene Fall ist der der Ursula Mayer mit Bezug auf StAWü, Misc. 1954 II.

37 Die Zuweisung nach Eichstätt ist über einige Ortsnamen (z. B. Obermässing) und den Tanzplatz Schottwiese eindeutig, der Fall Ursula Mayer ist aus den Eichstätter Prozessen bekannt (z. B. https://de.m.wikipedia.org/wiki/Hexenverfolgung_im_Hochstift_Eichstätt, hier Nr. 158). In der Akte befinden sich weitere Prozesse aus Eichstätt, die fälschlich Würzburg zugeschrieben wurden; vgl. Robert Meier, Die frühen Hexenprozesse des Fürstbischofs Julius Echter (1573–1617). Mit einer Kritik an Lyndal Ropers „Hexenwahn“, in: Würzburger Diözesangeschichtsblätter 79 (2016), S. 145–156.

38 StAWü, Gebrechenamt FG 924, Fall Barbara Lang aus Goßmannsdorf (Haßberge, Ortsteil von Hofheim), März – August 1625. Barbara Lang hatte bereits 1617 in Hexereiverdacht gestanden, 1625 geht es auch um Schadenszauber (sie soll Raupen auf Bäume gehext haben).

39 Der vermutlich 1626 inhaftierte Domkanoniker Balthasar Tonsor wurde 1630 freigelassen. Drüppel, Hexenprozesse (wie Anm. 10) verweist S. 496 Anm. 45 auf die Würzburger Dom-

Auch auf dem Land gab es 1626 Verfahren. Sie beginnen mit einem Bericht des Heidingsfelder Amtmanns an Ehrenberg vom 12. Mai 1626, der „Geisveit" (also der Ziegenhirt Vitus) stehe wegen Fruchtverderbens und verdächtiger Reden im Verdacht der Hexerei.[40] Ehrenberg reagierte am 15. Mai mit einer Anweisung an den Heidingsfelder Amtmann, den „Geisveit" vorzuladen und ihm dergleichen „ärgerliche reden" und abergläubisches Handeln zu untersagen. Die Würzburger Zentrale bremste, ein Hexenprozess wurde nicht geführt.[41] Aber dies änderte sich nun. Im Juni 1626 meldete der Schultheiß des zur Zent Rothenfels gehörenden Ortes Hafenlohr Verdachtsmomente gegen Margaretha Daub: Niemand durfte ihre Kühe melken, ihre Magd ist lahm geworden, einem Lehrjungen hat sie das Bockreiten beigebracht und sie steht schon lange im Verdacht der Zauberei.[42] Am 22. Juni 1626 kam die Weisung aus Würzburg, Frau Daub weiter zu verhören, wenn nötig mit Beinschrauben zu foltern und darüber nach Würzburg zu berichten. Dieser Bericht ist auf den 30. Juni datiert: Unter der Folter gestand Frau Daub. Wenige Tage darauf wurde sie tot aufgefunden. Die an den Folgen der Folter verstorbene Margaretha Daub aus Hafenlohr ist das erste namentlich bekannte Opfer der nun beginnenden Prozesswelle im Hochstift Würzburg. Ein Urteil liegt bei ihr indes nicht vor. Aber die Rothenfelser Verfahren gingen im August 1626 weiter. Nach mehreren Verhaftungen wurde der Würzburger Hofrat Dr. Christoph Faltermaier nach Rothenfels geschickt, um dort Verhöre und Konfrontierungen durchzuführen.[43] Das Verfahren wurde dem Rothenfelser Zentgericht aus der Hand genommen, Faltermaier agierte (wie später auch in Freudenberg)[44] als Hexenkommissar.

Dass es Ende August in Rothenfels zu Hinrichtungen kam, wissen wir aus einem Schreiben des Kurmainzer Amtmanns im nahe gelegenen Lohr an die Weltlichen Räte in Mainz.[45] Dieses Schreiben gibt auch einen Hinweis, woher der Verfolgungsdruck kam: Wegen der Schäden durch den Frost in diesem Jahr reagieren die Untertanen sehr empfindlich, schreibt der Amtmann, und

---

kapitelsprotokolle 1630 fol. 75 sowie auf Elmar Weiß, Würzburger Kleriker als Angeklagte in Hexenprozeßen in den Jahren 1626–1630, in: Mainfränkisches Jahrbuch 40 (1988), S. 70–94. Weiß zitiert S. 89 ausführlich aus einer Eingabe Tonsors im Domkapitelsprotokoll 1630 fol. 75.

40 StAWü, Hist. Saal 25/377. Die aus 192 Bl. der Provenienz Zentrale Würzburg bestehende Akte ist betitelt: „Koeniglich Bayerisches Archiv Würzburg, Hexen-Processe unter Fürstbischof Philipp Adolph von Ehrenberg", auf dem alten Deckblatt ist vermerkt „Würzburg K. Kreisarchiv Local VI. Lit O N. 3 (Hexenprocesse)". Zum „Geisveit" hier fol. 1–5.

41 StAWü, Hist. Saal 25/377 fol. 5: „[...] das solches alles nuhr ein gemeine baurenregel und daraus nicht bößes wider ihne hirtten zuvermuthen."

42 „solche zauberische suspiciones in gmeinem geschrey"; StAWü, Hist. Saal 25/378, Provenienz Zentgericht Rothenfels. Die Akte ist grob chronologisch formiert.

43 StAWü, Hist. Saal 25/378. Einige Namen von Angeklagten: Margaretha Emmerich, Appolonia Schreiner aus Zimmern, Ursula Himmel, Witwe Barthel Hölein (58 Jahre), Appolonia die alte Glaserin aus Rothenfels (ca. 64), Hans Schwind Schäfer aus Winheim, Witwe Klaus Meinlich (ca. 50), Dorothea Kunkel (ca. 50, Rothenfels), Ottilia Michel (ca. 50, Rothenfels), Margaretha Diel (52, Rothenfels). Dr. iur. Christoph Faltermaier war seit 1604 Würzburger Rat, wurde 1637 Amtmann in Prosselsheim und starb 1650; Reuschling, Regierung (wie Anm. 14), S. 338f.

44 Bei seiner Tätigkeit bei den Hexenprozessen in Freudenberg ab Februar 1629 wird Faltermaier auch in den Quellen als „Commissar" bezeichnet; StAWt-G Rep. 102 Nr. 756.

45 StAWü, G 18889, die etwa acht cm starke Akte der Provenienz Mainzer Weltliche Räte enthält Unterlagen zu Lohr von August 1626 bis Oktober 1627, darunter auch zwei Suppliken von Untertanen, in denen die Obrigkeit aufgefordert wird, die Hexen entschiedener zu verfolgen. Der Mainzer Amtmann in Lohr ist Hans Ludwig von Kerpen.

beschuldigen Obrigkeit und Beamten, wenn „nit stracks wieder dieselbe procedirt wirdt“. Rat Faltermaier habe verlauten lassen, dass auch Kurmainzer Untertanen aus Lohr und Wombach in Verdacht stünden. Soll er deswegen in Würzburg nachfragen?, möchte der Amtmann von seinen Vorgesetzten in Mainz wissen. Das Urteil in Rothenfels sprachen dann, genau wie wir es aus den Verfahren der Echterzeit kennen, die Schöffen des Zentgerichts vor Ort. Ehrenberg bestätigte im November 1626 die durch die Zentschöffen ausgesprochenen acht Todesurteile als „dem rechten allerdings gemeß“ und setzte den Hinrichtungstag fest.

Im Oktober 1626 begannen Untersuchungen gegen Balthasar Müller aus Wechterswinkel. Die umfangreichen Unterlagen bestehen aus den üblichen Korrespondenzen der Würzburger Kanzlei mit dem Zentgericht vor Ort, der Ausgang ist unklar.[46] Ebenfalls im Oktober 1626 berichteten Keller und Zentgraf aus Arnstein über Hexereibezichtigungen. Hans Göbel aus Kaisten bezichtigte seine Frau, den Platzregen bei anstehender Saat gemacht und damit großen Schaden angerichtet zu haben, und der 13-jährige Hans Günther aus Brebersdorf wollte einen Hexentanz beobachtet und selbst an Hexenflügen teilgenommen haben.[47] Ehrenberg bzw. die Würzburger Kanzlei ordneten an, beide zu inhaftieren und zu verhören. Wie in Rothenfels schickte Würzburg einen Hofrat zu den Verfahren: Am 5. Dezember 1626 heißt es, Dr. Zierer komme nach Arnstein, und dem Keller wird aufgetragen, ein Haus für die Tortur vorzubereiten.[48] Schließlich lagen acht Geständnisse vor. Am 23. Dezember 1626 wies Ehrenberg die Arnsteiner Beamten an, die Aussagen den Zentschöffen vorzulegen „umb verfassung der urtel“. Wie in Rothenfels akzeptierte Ehrenberg dann diese Urteile als rechtmäßig und setzte den Termin der Hinrichtung fest. Schließlich gab es im Oktober 1626 auch die ersten Inhaftierungen in Freudenberg, am 10. Dezember folgten dort neun Hinrichtungen.[49]

Was können wir festhalten? Aus den ersten drei Jahren von Ehrenbergs Pontifikat sind kaum Hexenprozesse bekannt. Das änderte sich im vierten Jahr. Dabei begannen alle bekannten Verfahren mit aus dem Land kommenden Meldungen über Verdachtsfälle. Der weitere Ablauf war wie aus der Echterzeit bekannt: Formal führten die lokalen Zentgerichte die Verfahren und fällten Urteile, aber sie taten dies in enger Abstimmung mit der Würzburger Kanzlei. Diese steuerte die Verfahren auch direkt durch die Entsendung von Juristen der Kanzlei, die vor Ort tätig wurden. Letzteres erfolgte systematischer als unter Echter, weshalb es Sinn macht, von „Hexenkommissaren“ zu sprechen.

---

46 Unterlagen in StAWü, Hist. Saal 25/377 fol. 6–9, 26–29, 32, 185–189.

47 StAWü, Hist. Saal 25/377 fol. 10–25, 30, 34, 37–41. Die Verfahren sind detailliert dargestellt bei Ottmar Seuffert, Arnstein und der Werngrund. Die Entwicklung einer Würzburger Amtsstadt vornehmlich im 16. Jahrhundert (Mainfränkische Studien 48), Würzburg 1990, S. 338–341.

48 StAWü, Hist. Saal 25/377 fol. 30.

49 Zehrkosten für Eva Kuntzmann, Frau Hans Glock und Frau Hans Bechtold ab 14.10.1626 in StAWt-G Rep. 102 Nr. 756. Am 11./12.11.1626 war Dr. Faltermaier zur Prozessführung in Freudenberg und rechnete Kosten ab. Die Freudenberger Prozesse sind untersucht worden von Paul Mayer, Hexenverfolgung in Freudenberg am Main. Eine Dokumentation, o. O. 2005 (als Typoskript im Staatsarchiv Wertheim, Bibliothekssignatur O Fre 49). Zum Zusammenhang früherer Freudenberger Prozesse mit denen benachbarter Kurmainzer Orte vgl. Robert Meier, 50 tote Hexen. Ein Beitrag zur Genese der Vorstellung vom Hexenverfolger Julius Echter, in: Jahrbuch für fränkische Landesforschung 75 (2015) (erschienen 2016), S. 115–128.

Was hatte sich im Jahr 1626 geändert? In der Literatur wird auf Einquartierungen, auf Hunger, Pest und schlechtes Wetter verwiesen.[50] Die Bevölkerung gab den Hexen die Schuld und forderte von den Obrigkeiten, tätig zu werden. Ehrenberg selbst schildert die Lage seiner Untertanen in einem Schreiben an den Würzburger Gesandten in Wien als wegen der Einquartierungen desolat. Frost im Frühjahr habe sie „vollents ins eußerste verderben" geführt. Im Amt Lauda seien der Hexerei verdächtige Personen angegriffen worden, eine alte Frau habe man totgeschlagen, eine zweite liege im Sterben. Auch der Würzburger Beamte in Lauda sei fast totgeschlagen worden. Man habe ihm gesagt: „wofern man hirinnen, nemblich mit außreutung der hexerei, kein einsehens haben werde, sie weder unser noch unserer beamten schonen wollen." Ehrenberg fürchtet, „dieses angeblasene feuer" werde weiter um sich greifen.[51] Aufruhr und Selbstjustiz durch eine Bevölkerung also, die von der Obrigkeit verlangt, Hexenprozesse zu führen.[52]

Auch in den benachbarten Kurmainzer Orten Miltenberg und Lohr und im benachbarten Bamberger Ort Zeil wurden 1626 Hexenprozesse geführt.[53] Und in der westlich angrenzenden Grafschaft Wertheim, in der es in diesen Jahren keine Prozesse gab, galten die Rothenfelser Prozesse manchem als vorbildlich: Der Wertheimer Georg Kaltdorf verdächtigte seinen Lehrjungen der Zauberei und drohte ihm an, ihn nach Rothenfels zu bringen, ihn dort auf Hexenmale untersuchen zu lassen und ihn gegebenenfalls auf eigene Kosten verbrennen zu

---

[50] Zusammenfassend hierzu Weiß, Hexenprozesse (wie Anm. 36), S. 337f.

[51] StAWü, Hist. Saal 28/404, Schreiben Ehrenbergs an den Würzburger Gesandten Christoph Erbermann von Bibelheim in Wien, 10.06.1626, fol. 361–365. Die Stelle im Zusammenhang: „Und besorgen wir unß zum höchsten, weilen unsere underthanen durch den nechsthin vorgangenen frost vollents ins eußerste verderben gesetzt worden, und gern anitzo mit dem brodt, wan sie es nur haben könten, vorlieb nehmen, wofern sie mit kriegsvolckh für dißmahlen bey so grosen jammer, elent und hungersnoth, weithers belegt und betrangt werden sollten, dieselben zu einem allgemeinen ufstandt und solchen desperaten resolution erweckht werden mögten, die wir zu hindertreiben nit mechtig genugsamb sein könten." Damit sei in einigen Herrschaften und auch im Amt Lauda und in Grünsfeld „ein zimblicher anfang darzu gemacht worden, in deme sie versucht, unser und unserer beambten, die der zauberey halben beschraite personen nit allein aigenthettiger weiß angriffen, und dieselben zur verhafft nehmen, sondern [365r/365v] haben auch bereit zwey alte weiber mit stämen, die eine gleich todt und die andere bies ufm todt, die schwerlich mit dem leben darvon kommen wirdt, geworffen [...]", den Würzburger Keller in Lauda hätten sie fast ebenfalls totgeschlagen und haben diesem ausdrücklich gesagt, „wofern man hirinnen, nemblich mit außreutung der hexerei, kein einsehens haben werde, sie weder unser noch unserer beamten schonen wollen." Er hat bereits den von Lüschwitz nach Lauda und Grünsfeld geschickt, der zur Geduld mahnen und mitteilen soll, „daz wir uf dergleichen verdächtige personen zu inquiriren albereit befelch haben ergehen lassen."

[52] Von ähnlichen Vorgängen wird in der Literatur für 1627 auch aus dem domkapitelischen Ort Ochsenfurt berichtet; vgl. dazu zuletzt Manfred Hinkelmann, Hexenwahn und Hexenprozesse in Ochsenfurt, in: Mergenthaler/Klein-Pfeuffer, Hexenwahn (wie Anm. 29), S. 134–153.

[53] Zu Zeil vgl. Britta Gehm, Die Hexenverfolgung im Hochstift Bamberg und das Eingreifen des Reichshofrates zu ihrer Beendigung (Rechtsgeschichte und Zivilisationsprozess, Quellen und Studien 3), Hildesheim u.a. 2012 (2. Aufl.). Zu Kurmainz: Horst Gebhard, Hexenprozesse im Kurfürstentum Mainz des 17. Jahrhunderts (Veröffentlichungen des Geschichts- und Kunstvereins Aschaffenburg 31), Aschaffenburg 1991 (2. Aufl.); Herbert Pohl, Hexenglaube und Hexenverfolgung im Kurfürstentum Mainz. Ein Beitrag zur Hexenfrage im 16. und beginnenden 17. Jahrhundert (Geschichtliche Landeskunde 32), Stuttgart 1998 (2. Aufl.); Elmar Weiß, Erzstift Mainz (südwestdeutsche Gebiete), in: Sönke Lorenz/Jürgen Michael Schmidt (Hg.), Wider alle Hexerei und Teufelswerk. Die europäische Hexenverfolgung und ihre Auswirkungen auf Südwestdeutschland, Ostfildern 2004, S. 339–354.

lassen.[54] Im Dezember 1627 wandten sich die Lohrer an ihren Landesherrn in Mainz: Nach Hexenfällen im Würzburgischen erwarten sie energisches Vorgehen gegen die Hexen.[55] 1628 wurden die Wertheimer tatsächlich selbst aktiv. Am 30. April schrieben sie an den Mainzer Amtmann in Miltenberg, damit der ihnen die Namen der in den dortigen Prozessen bezichtigten Hexen aus der Grafschaft Wertheim nenne.[56] Um die Verfahren wollten sie sich dann selbst kümmern. Aus der zweiten Jahreshälfte 1628 gibt es zwei weitere Beispiele für die Wahrnehmung der Würzburger Hexenprozesse im Nachbarterritorium Grafschaft Wertheim. Zum einen schrieb Graf Wolfgang Ernst an seinen Rat Bünting: Man soll sich an der Hexenverfolgung in Würzburg ein Vorbild nehmen. Der Graf formuliert die Hoffnung, dass „man weiter und ad capturam wird schreiten können".[57] Zum anderen formulierten die Wertheimer eine Bittschrift an ihre Obrigkeit, mit Hexenprozessen zu beginnen, in der sie sich ausdrücklich auf Würzburg bezogen.[58] In Wertheim baute sich, auch durch die Vorgänge im Nachbarterritorium, ein Verfolgungsdruck auf, der Anfang 1629 zu ersten Festnahmen und im Mai zu Hinrichtungen führte.[59]

Damit zurück zu den Würzburger Prozessunterlagen. Aus dem Jahr 1627 sind 16 Hinrichtungen in Marktheidenfeld belegt.[60] Im Juni 1627 zeigt ein Vater den 12-jährigen Hans Merkle aus Zellingen an: Er soll seinen achtjährigen Sohn zur Hexerei verführt haben. Merkle ist Waise, er nimmt mit anderen Kindern magische Handlungen vor, weitere Vorwürfe sind Gottesabsage und Marienverleugnung. Mehrfach wird ein rot gekleideter Mann mit rotem Bart erwähnt, der Teufel.[61] Am 19. Juni nimmt der aus Würzburg geschickte Hofrat Licentiat Zierer[62] zusammen mit Keller und Zentgraf aus Karlstadt ein Proto-

---

[54] Im Mai 1627 wandte sich Hans Seidenspinner aus Reicholzheim, der für das Lehrgeld seines Neffen bei Kaltdorf gebürgt hatte, deswegen an die Wertheimer Kanzlei. Der Neffe hatte die Lehre vorzeitig beendet, weil Kaltdorf ihn schlecht behandelt und der Zauberei beschuldigt hatte: „[…] weiln sein lehrmeister in hart an seinen ehren angegriffen, und ihn mit der zauberey ernstlichen bezichtiget, mit androhung, er wolle ihn naher Rottenfelß führen, ihn alda besichtigen lassen und so er deßwegen etwaß der zauberey halben an ihme befinden werde, wolle er ihne auff seinen eignen kosten verbrennen lassen, damit ein solches in der statt auch angehen mögte […]."; StAWt-G Rep. 102 Nr. 8451.

[55] StAWü, G 18889. Aus demselben Monat in dieser Akte auch eine gemeinsame Supplik gleichen Inhalts der Orte Partenstein, Rodenbach, Neuendorf, Nandenbach, Lohrhaupten und Wombach.

[56] StAWü, Gericht Miltenberg 691, p. 85/86: Schreiben von Schultheiß, Rentmeister, Rat und Bürgerschaft Wertheim. Sie haben bei ihren Herren mehrfach gebeten, „die hexische inquisition undt proceß allhiesigen orts ahn handt zu nehmen", und jetzt ist ihnen bewilligt worden, die in den benachbarten Territorien denunzierten Hexen aus der Grafschaft festzunehmen. Sie bitten deshalb den Mainzer Amtmann Johann Görtz von Sintzig, ihnen die Namen zukommen zu lassen.

[57] StAWt-G Rep. 102 Nr. 2352.

[58] StAWt-G Rep. 102 Nr. 743, 1628 Dezember 24, mit Unterschriften von 14 Wertheimer Bürgern.

[59] Vgl. Robert Meier, 1628 Wertheim. Eine Stadt in Krieg und Hexenverfolgung, Dettelbach 2015.

[60] StAWü, Hist. Saal 25/378. Hier findet sich ein undatiertes Blatt mit der Aufschrift „Hexereisachen von Heidenfelt" mit 16 Namen, zu denen sämtlich Todesurteile ergangen sind. Ein weiteres auf 1627 datiertes Blatt hält die Urteile gegen diese 16 vor Gericht stehenden Personen fest. Nicht alle Verurteilten stammen aus Marktheidenfeld: Anna Eichel aus Erlach, Konrad Droll, Ex-Schultheiß Roden, Anna Umpfenbach aus Neustadt. An den Verfahren ist neben Würzburg auch Castell beteiligt, sodass ein Bezug zur Zent Remlingen (zu der Marktheidenfeld gehörte) möglich scheint.

[61] StAWü, Hist. Saal 25/377 fol. 50.

[62] Veit Zierer, Licentiat, 1616 Rat, stirbt 1631 beim Sturm der Schweden auf die Festung; Reuschling, Regierung (wie Anm. 14), S. 341. Zierer war 1616 von Echter nach Gerolzhofen geschickt

koll auf.[63] Merkle wird nach Würzburg ins Juliusspital gebracht. In weiteren Verhören gibt er an, der Teufel habe ihn nachsprechen lassen: „Hie knie ich auf dem mist und verleugne den herrn Jesum Christ“ und „Leuer, leuer, Löffelstühl, alte weiber esßen viel“.[64] Merkle scheint die Verfahren überlebt zu haben. Ein letztes Verhör „auf befelch celsissimi“, also auf Anweisung Ehrenbergs persönlich, datiert auf den 4. Januar 1629.[65] Merkle leugnet alles und hat gebeichtet. Er wird seinen Vormündern mit der Ermahnung zurückgegeben, ihn beschulen zu lassen.

Im Fall Hans Merkles wurde das Verfahren also von der Zent auf dem Land abgezogen und der Beschuldigte nach Würzburg gebracht. Vor welches Gericht kam er in Würzburg?

5. Das Gericht in Würzburg

Vor den Jahren 1626/27 sind keine Hexereiprozesse gegen Bürger oder Beisassen der Residenzstadt Würzburg bekannt. Trotzdem wurden Hexenprozesse in der Stadt geführt: Das Stadt-, Sal- und Brückengericht war nicht nur das für Stadt und Umgebung zuständige Kriminalgericht, sondern Julius Echter hatte immer wieder den Anspruch erhoben, dieses Gericht sei eine Art Oberzent und Berufungsinstanz für ganz Unterfranken.[66] Echter hatte auch selbst Hexereiverfahren vor diesem Gericht durchführen lassen. Dafür wurden die Beschuldigten nach Würzburg gebracht. Betrachten wir Verfahren aus dem Jahr 1603, um Zusammensetzung und Funktionsweise dieses Gerichts zu verstehen.

1603 kamen eine ganze Reihe von Frauen aus Lauda und Umgebung vor das Würzburger Brückengericht. Die Verfahren begannen, nachdem Würzburger Untertanen von Kurmainzer Hingerichteten (aus Königshofen) besagt worden waren.[67] Im Staatsarchiv Wertheim liegt eine Zusammenstellung Würzburger Provenienz vermutlich des 18. Jahrhunderts, in der es heißt: „In der Laudaer Amtsrepositur finden sich 2 Rescripte von Bischof Julius wegen Zauberei-Untersuchungen, das erste vom 4. April 1603, wo es heißt: Wir werden beständig berichtet, daß unsere Unterthanen in unserem Amt Lauda von unter-

worden, um dort die Tätigkeit des Zentgrafen zu untersuchen; vgl. Robert Meier, Die Hexenprozesse in der Würzburger Zent Gerolzhofen 1616–1618, in: Mainfränkisches Jahrbuch 69 (2017) (erschienen 2018), S. 365–384.

63 StAWü, Hist. Saal 25/377 fol. 52.

64 StAWü, Hist. Saal 25/377 fol. 182/183.

65 StAWü, Hist. Saal 25/377 fol. 53.

66 Zum Würzburger Brückengericht, das 1603 weitgehend mit dem Stadtgericht identisch war, vgl. Hubert Drüppel, Ratsverfassung und städtisches Gerichtswesen, in: Wagner (Hg.), Geschichte Würzburg, Bd. II (wie Anm. 10), S. 232–253, bes. S. 249f.; Dietmar Willoweit, Gericht und Obrigkeit im Hochstift Würzburg, in: Kolb / Krenig (Hg.), Unterfränkische Geschichte, Bd. 3 (wie Anm. 36), S. 219–249; Friedrich Merzbacher, Die Hexenprozesse in Franken, Würzburg 1970 (2. Aufl.) , S. 80–82; Hermann Knapp, Die Zenten des Hochstifts Würzburg. Ein Beitrag zur Geschichte des süddeutschen Gerichtswesens und Strafrechts, 2 Bde., Berlin 1907, hier Bd. 2 S. 108–116 und 199–218.

67 Unterlagen dazu sowie Briefwechsel von Echter mit dem Mainzer Amtmann in Tauberbischofsheim finden sich in StAWü, Miscell. 1954 I und II, StAWü, Hist. Saal 25/374 sowie im Ratsbuch 409 im Stadtarchiv Würzburg.

schedlichn personen, die zum teil justificirt und verbrannt worden, wegen des abscheulichen ... lasters der der zauberei besagt sind worden ...".[68] Und weiter: In dem Rescript würden sieben Frauen und drei Männer namentlich benannt und angeordnet, diese heimlich zu fangen und nach Würzburg zu bringen.[69] Ein ähnliches Schreiben zur Überführung von der Hexerei Beschuldigten aus dem Amt Jagstberg richtete Echter im Sommer 1603 an Graf Wolfgang von Hohenlohe.[70]

Zu den Verfahren gegen die Frauen aus Lauda gibt es eine ganze Reihe von Verhörprotokollen. Untergebracht waren die Frauen im Würzburger Stockmeisterhaus an der Alten Mainbrücke, geführt wurden die Prozesse vom Würzburger Brückengericht. Vorsitzender war der bei fast allen Verhören anwesende fürstbischöfliche Hofschultheiß, ferner nahmen häufig die Würzburger Hofräte Dr. Mayer[71], Dr. Brandt[72] und Schliederer[73] teil, dazu kam eine Reihe von Schöffen aus den Reihen der Würzburger Bürger.[74] Die Verfahren erfolgten in enger Abstimmung mit der fürstbischöflichen Kanzlei. Die Würzburger Kanzlei – so die häufigste Bezeichnung in den Quellen – war zugleich Regierung und oberstes Gericht im Hochstift Würzburg. Ein einziger Protokollband zu ihrer Tätigkeit ist bekannt, in dem recht deutlich wird, dass der Fürstbischof (hier also Julius Echter) häufig persönlich an den Sitzungen teilnahm und dann auch die Entscheidung vorgab.[75]

In einem Schreiben an den „Fürstlichen Malefitzschreiber Hansen Jacob Rößler etc."[76] heißt es, der „hochbekümmerte" Schultheiß von Lauda habe beim Fürsten angesucht, seine Frau besuchen zu dürfen, der habe ihn aber

---

68 StAWt ohne Signatur.

69 Aus den genannten Unterlagen lassen sich folgende Namen entnehmen: Anna Hahn, genannt die Ofenmacherin, Frau des Kirchners von Lauda (Urteil liegt vor); Regina Göbel, genannt die Kannengießerin, aus Lauda (Urteil liegt vor); Veronika Rüger, genannt die Strohschneiderin, aus Kützbrunn (Urteil liegt vor); Amalei Hufnagel, Frau des 1600 verstorbenen Schultheißen und Zentgrafen Melchior Hufnagel; Anna Stärr, 77 Jahre, seit 14 Jahren Amme; Barbara Brennfleck, Frau des Laudaer Schultheißen Johann Brennfleck; Dörlein Schemer (wird aus der Haft entlassen); Walburga Steinbach; Margaretha Eubich, aus Lauda; „die alte Schubertin". Bei den drei zuerst Genannten wird man davon ausgehen können, dass sie hingerichtet wurden. Literatur zu den Verfahren: Karl Schreck, Lauda. Schicksale einer ehemaligen fränkischen Oberamtsstadt, Lauda 1973.

70 Hohenlohe Zentralarchiv Neuenstein, WE 10 Schubl. 35 Fasc. 17. Im Hintergrund könnten hier Zentstreitigkeiten stehen: Graf Wolfgang lehnte das Ansinnen zunächst unter Verweis auf die im „Dachsberger Zentrevers" festgelegten Aufgaben und Zuständigkeiten der Zent ab.

71 Dr. Kaspar Mayer, Kanzler in Salzburg, „kommt 1601 auf Empfehlung Herzog Maximilians von Bayern als Hofrat nach Würzburg", scheidet 1605 wieder aus; Reuschling, Regierung (wie Anm. 14), S. 338.

72 Zu Dr. Brandt s. o. Anm. 14.

73 Hans Schliederer von Lachen, aus rheinischem Adel. Erscheint im Soldbuch 1585, Kanzleimitglied bis 1604, † 1605; Reuschling, Regierung (wie Anm. 14), S. 318.

74 In Stadtarchiv Würzburg, Ratsbuch 409 werden namentlich als Schöffen im Fall der Ofenmacherin genannt: Seiner, Jung, Sauer, Dain, Falk, Zeller, Christianus (evtl. Christian Agricola), Mühsam und Hegwein. Alle diese Namen erscheinen auch unter den Praesentes bei den Verhörprotokollen in StAWü, Misc. 1954 II.

75 Universitätsbibliothek Würzburg, M.ch.f. 466 Kanzleiprotokoll, 11.06.1603 – 31.05.1606. Hexenmaterien finden sich nach kursorischer Durchsicht in dem Band kaum, mit einer Ausnahme vom 06.09.1605, fol. 196v: Bürgermeister und Rat Iphofen berichten, dass sie die Wagnerin gegen Bürgschaft freilassen wollen, es wolle aber niemand für sie bürgen „aus uhrsach jederman weiß, daz sie von ihren zauberey nit werde ablassen, were am besten, daz sie ausgeschafft werde, damit andere nit durch sie nit verfurt werden. C[onclusum]: sol ausgeschafft werden."

76 Reuschling, Regierung (wie Anm. 14), S. 344: Jakob Rößler, Malefizschreiber 1608–1620.

„zur cantzley gewisen".[77] Mindestens zwei Mal befasste sich die Kanzlei selbst mit den Verfahren und ließ sich Protokolle vortragen, wobei die Namen der anwesenden Räte eigens vermerkt wurden.[78] Anmerkungen oder Weisungen der Räte sind in beiden Fällen nicht zu erkennen.

Wie sieht es nun mit der Tätigkeit des Stadt- und Brückengerichts in der Ehrenberg-Zeit aus?

Ein erstes Verhörprotokoll findet sich beim Fall des Sohnes von Michael Winter aus Dipbach, der 1627 mit dem Bericht des Ortsschultheißen beginnt. Bei Konfrontierungen im Juni 1627 sind als Anwesende im Protokoll genannt: Oberschultheiß, Leschwitz, Faltermaier, Zierer, Dürr, Malefizschreiber.[79] Sehen wir vom Malefizschreiber und dem Oberschultheißen[80] als Vorsitzendem ab, werden ausschließlich Hofräte als Mitglieder genannt.[81] Dasselbe gilt für weitere Protokolle aus den Jahren 1627/28.[82] Bei Untersuchungen im Juliusspital, wo es eine Welle von Verdachtsfällen gegen Kinder gab, ist häufig der Spitalverwalter unter den Anwesenden, ansonsten lassen sich sämtliche im Gericht Beteiligten mit zwei Ausnahmen als Hofräte der Würzburger Kanzlei zuweisen.[83] Dreimal ist auch die Rede von „Stadtgerichts-Assessoren", die an den Urteilen beteiligt sind, auch dies sind sicher Juristen.[84] In einem Schreiben an den Administrator des Deutschen Ordens heißt es 1628, Aussagen hätten den Assessoren des Stadt- und Brückengerichts vorgelegen.[85]

Die Bürger, die 1603 noch als Schöffen im Brückengericht saßen, sind 1627 verschwunden. Im benachbarten Hochstift Bamberg war die Entwicklung ähnlich.[86] In den Jahren 1627/28, auf dem Höhepunkt der Prozesswelle, saßen

[77] StAWü, Misc. 1954 II p. 50.

[78] StAWü, Misc. 1954 II p. 26 und Stadtarchiv Würzburg, Ratsbuch 409, bei der Ofenmacherin Nr. 11. In Ratsbuch 409 sind bei dieser Gelegenheit folgende Ratsmitglieder genannt: Demantstein, Wambold, Brandt, Kobold, Fabritius, Müller, Gilckens, Meyer, Schleeret. Bis auf Müller sind alle Räte bei Reuschling, Regierung (wie Anm. 14) nachgewiesen.

[79] StAWü, Hist. Saal 25/377 fol. 42–49.

[80] Ursprünglich saß der Oberschultheiß dem Brückengericht vor und der Hofschultheiß der Zent. Zu unserem Zeitpunkt war das Zentgericht aber schon im Brückengericht aufgegangen (s. o. Anm. 66). Oberschultheiß war Sigmund Joachim Truchsess von Henneberg; vgl. Reuschling, Regierung (wie Anm. 14), S. 326: * 1572, 1616 Rat und Oberschultheiß in Würzburg, bleibt dies bis zu seinem Tod: „Er wird am 14. Oktober 1631 in der Hofkapelle auf dem Marienberg von den heranstürmenden Schweden erschlagen."

[81] Johann Gerhard von Lüschwitz, Rat 1619; vgl. Reuschling, Regierung (wie Anm. 14), S. 353f.; Dr. Philipp Dürr, immatrikuliert Würzburg 1611, 1620 Rat, wird nach StAWü, Standbuch 797 S. 32 wegen der Hexenverfolgung Kapuziner; vgl. Reuschling, Regierung (wie Anm. 14), S. 358.

[82] Ein weiteres Beispiel aus dem November 1628: Beim Conclusum anwesend sind der Kanzler, Oberschultheiß, Dr. Faltermeier, Dr. Rottenberger, Dr. Fabritius, Dr. Schilling; StAWü, Hist. Saal 25/377 fol. 131v.

[83] Die beiden Ausnahmen sind Geltmann und Lachmann, die sich nicht in den Ratslisten bei Reuschling, Regierung (wie Anm. 14) finden lassen.

[84] Bei der 12 Jahre alten Anna Reus aus Hofheim ist vermerkt: „NB: die stattgericht assessores haben dieses Annalein propter aetatem ad poenam ordinariam nit condemnirn wollen. Begert alhie bei seinem stieffvatter zu verbleiben." Weiter: „Conclusum: solle mit dem schwert hingerichtet werden."; StAWü, Hist. Saal 25/377 fol. 71–72. Weitere Urteile der Stadtgerichts-Assessoren aus dem November 1627 in derselben Akte fol. 113 und 123.

[85] StAL, B 262 Bü. 95, Schreiben Ehrenbergs vom 23.05.1628; http://www.landesarchiv-bw.de/plink/?f=2-607948-4.

[86] In Bamberg gab es wie in Würzburg für die Hochgerichtsbarkeit ein Zentgericht, in dem im 16. Jahrhundert Ratsherren saßen. Aber der bischöfliche Stadtherr behielt die Kontrolle: Die Ratsherren mussten über die Prozesse ans fürstbischöfliche Malefizamt berichten und wurden schließlich entmachtet, indem Deputierte des Malefizamts die Verfahren beaufsichtigten und anleiteten. Johannes Staudenmaier spricht von der „Herrschaftstechnik der Abordnung

in Würzburg im zuständigen Gericht (fast) ausschließlich fürstbischöfliche Hofräte, Mitglieder der Kanzlei also. Hier müsste nun weiter untersucht werden, ob es sich um ein Spezifikum der Hexenprozesse handelt, oder ob dies für alle Verfahren am Brückengericht gilt. Untersuchungen zur Besetzung des Gerichts fehlen. Es sei noch angemerkt, dass anders als in Bamberg in Würzburg Ratsmitglieder nur vereinzelt in die Hexenprozesse gerieten.[87]

6. Sondergerichtsbarkeit?

Seit Wolfgang Mährle in Prozessen der Fürstpropstei Ellwangen aus den Jahren 1611–1618 die Etablierung einer besonderen, nur für das *crimen exceptum* Hexerei zuständigen Gerichtsbarkeit als entscheidendes Kriterium für die Ausweitung der Prozesse genannt hat, wird dies als Vorbild für die anderen fränkischen Territorien betrachtet.[88] Ich bin da eher skeptisch. Hinweise auf Verbindungen nach Ellwangen (etwa durch Rätetransfers) oder überhaupt irgendwelche Erwähnungen dieser Verfahren in Würzburg gibt es nicht. Wie oben gezeigt, saßen auch 1603 schon Mitglieder der Kanzlei in diesem Gericht, und auch die Funktion des vorsitzenden Schultheißen blieb dieselbe. Welche Hinweise auf eine besondere Justiz für die Hexenprozesse in Würzburg gibt es?

Im Verfahren des Würzburger Hofrats Friedrich Burkhard werden in den Quellen „Deputierte" erwähnt, hinter denen man ein besonderes Gericht vermuten könnte. Burkhard war in Hexereiverdacht geraten und hatte die Stadt nach seiner Anklage im Juni 1627 fluchtartig verlassen. Burkhard erhob beim Reichskammergericht in Speyer Klage gegen den Fürstbischof „und dero Fürstl. Gnaden hierzu deputirte vier Räthe".[89] Waren diese vier deputierten

von Hofräten", durch die „das Malefizamt im Rahmen der Verfolgungen die Befugnisse der Zentgerichte deutlich zurück" gedrängt habe; Johannes Staudenmaier, Der Rat der Stadt Bamberg zwischen Gegenreformation und Hexenverfolgungen, in: Historischer Verein Bamberg, Bericht 146 (2010), S. 139–164, hier S. 152.

87 In der *Liste* stehen acht Ratsherren und Ratsherrenwitwen. Die Familie des Stadtrats Stolzenberger mit vier Kindern wurde ebenso ausgelöscht wie die des Ratsvogts Gering, der ebenfalls vier Kinder hatte. Ein später flüchtiger Ratsherr Caspar Kirchner wird von Nikolaus Schwert beim Hexenschmaus am Rennweg gesehen; DAW Verlassenschaftsakten Fasc. 1 Nr. 3. 1627 ist die Hinrichtung des Ratsherrn Baunach belegt; Sterbematrikel der Dompfarrei, 18.08.1627; DAW, Kirchenbuch der Dompfarrei, Signatur des Digitalisats 5691; Bechtold (wie Anm. 8), S. 123. 1628 die Hinrichtung des Ratsherrn Martin Weidenbusch; ebd., S. 123 mit Verweis auf Stadtarchiv Würzburg, Ratsprotokoll, 20.12.1628.

88 Wolfgang Mährle, Fürstpropstei Ellwangen, in: Sönke Lorenz/Jürgen Michael Schmidt (Hg.), Wider alle Hexerei und Teufelswerk. Die europäische Hexenverfolgung und ihre Auswirkungen auf Südwestdeutschland, Ostfildern 2004, S. 377–386. Zuletzt 2018 zustimmend zitiert von Schwerhoff, Hexenverfolgungen (wie Anm. 1), S. 307. „Auch Würzburg, das allerdings noch einer näheren Untersuchung harrt, und Bamberg waren durch die Sondergerichtsbarkeit gekennzeichnet", schreibt Schwerhoff S. 323. Dass es meiner Meinung nach in der Zeit des Würzburger Fürstbischofs Julius Echter überhaupt keine Ansätze zu einer besonderen Gerichtsbarkeit in Hexenprozessen gab, habe ich in an anderer Stelle dargelegt; vgl. Robert Meier, Strafjustiz auf dem Land. Die Tätigkeit der Zent Remlingen in der Zeit des Fürstbischofs Julius Echter mit besonderer Berücksichtigung der Hexenprozesse, in: Mainfränkisches Jahrbuch 2015, S. 143–166.

89 StAWü, Hist. Saal 25/377 fol. 79: gedruckte Vorladung Burkhards vor das Stadt- und Brückengericht mit Schilderung des Sachverhalts. Das Schriftstück ist gedruckt bei: Bergerhausen, Hexenverfolgungen (wie Anm. 29), S. 95.

Räte eigens für den Fall Burkhard eingesetzt worden, oder haben wir es hier mit einem besonderen Gericht für Hexenprozesse zu tun? Für letzteres spricht ein Schreiben Ehrenbergs an den Deutschordensadministrator vom 8. April 1628: Ein neunjähriger Junge aus Markelsheim, der in Würzburg die Neumünster-Schule und die der Jesuiten besucht hatte, war als Hexer verdächtig. Dies war Ehrenberg, wie er schreibt, „von unsern deputirten rhäten" berichtet worden.[90] Das Verfahren selbst führten dann aber auch in diesem Fall offenbar die Assessoren des Stadt- und Brückengerichts durch.[91] Vielleicht trifft man den Sachverhalt, wenn man in den „Deputierten" eine besondere Untersuchungskommission sieht.[92]

Burkhard hatte jedenfalls diese Richter „recusiert", also abgelehnt, das Reichskammergericht gab ihm recht und erließ ein Mandat an Ehrenberg *de administranda iustitia* nach gemeinem Recht und der Halsgerichtsordnung, und zwar „anstatt deren von ihme in der Supplication recusirten Richtern". Ehrenberg kam der Aufforderung nach: Mit dem vorliegenden Schreiben wurde Burkhard unterm 22. Mai 1628 an das Stadt- und Brückengericht geladen. Wie immer man die „Deputierten" beurteilt, eins zeigt der Vorgang doch klar: Ehrenberg hielt sich an die Aufforderung des Reichskammergerichts.[93] Selbst aus dem November 1628, auf dem Höhepunkt der Verfahren, als die Klerikerhinrichtungen bereits angelaufen waren, gibt es ein Protokoll aus dem Juliusspital, in dem auf eine Anklage verzichtet wird, weil man die Besagung nicht eindeutig zuweisen könne.[94] Ein weiteres Protokoll hält fest, dass ein der Hexerei besagtes Mädchen mit den Kindern konfrontiert wird, die es bei Hexentänzen gesehen haben. Später heißt es über dieses Mädchen: „Aus Celsissimi befelch ist freitags den 12. january anno 1629 dieße persohn uf ein geschworne urphedt deß landts verwiesen worden."[95] Es kam also gegen Urfehde frei. Im ersten Fall wurde das Verfahren gar nicht erst eröffnet, der zweite endete nicht mit Hinrichtung.

---

[90] StAL, B 262 Bü. 95, Schreiben Ehrenbergs vom 08.04.1628 (http://www.landesarchiv-bw.de/plink/?f=2-607948-8). Ganz ähnlich waren in Bamberg „deputirte commissarii" der Malefizkommission in Hexenprozessen tätig; Staudenmaier (wie Anm. 86), S. 152.

[91] StAL, B 262 Bü 95, Schreiben Ehrenbergs vom 23.05.1628 (http://www.landesarchiv-bw.de/plink/?f=2-607948-4). Der Junge wurde auf Wunsch Ehrenbergs vom Deutschordens-Zentgrafen in Markelsheim inhaftiert und nach Würzburg überstellt, wo er hingerichtet wurde.

[92] Vgl. auch Voltmer, Reichskündig exempel (wie Anm. 19), S. 159–167, S. 166: „Auch hier [= in Würzburg] übernahm eine Sonderkommission die Organisation der Verfahren, in denen Teufelspakt und Teilnahme am Hexensabbat, weniger aber der Schadenszauber im Mittelpunkt standen."

[93] Zur Stellung des Reichskammergerichts zu den Hexenprozessen vgl. Peter Oestmann, Hexenprozesse am Reichskammergericht (Quellen und Forschungen zur höchsten Gerichtsbarkeit im Alten Reich 31), Köln/Weimar/Wien 1997. Die Verfahrensunterlagen zum Fall Burkhard/Ehrenberg sind bis heute nicht aufgetaucht.

[94] StAWü, Hist. Saal. 25/377 fol. 131–132, Oktober/November 1628: Aussagen von Kindern über einen „Wölfflein in der Männerpfründnerstube". Conclusum 11.11.1628 auf fol. 131v: Kanzler, Oberschultheiß, Dr. Faltermeier, Dr. Rottenberger, Dr. Fabritius, Dr. Schilling: „Demnach man in der persohn so denunciret vergwist sein mus und versichert auf welche die denunciationes gehen [...]", dies liege aber hier nicht vor, „und man also nit aigentlich weis, wer der besagte sey [...] also sollen die zwo alte denunciationes fallen, ins künfftig aber ihrer vor- und zunahmen besser in obacht gehalten werden."

[95] StAWü, Hist. Saal 25/377 fol. 103–106, Oktober 1628: Verhöre der „Margaretlein mit dem bösen Hals" im Juliusspital. Anwesend: Fabritius, Geltmann, Lachmann, Protocollist.

Die erhaltenen Prozessunterlagen deuten m. E. also nicht auf einen Zusammenbruch der Justiz in dem Sinn hin, dass es zu Sonderverfahren gekommen wäre, die in jedem Fall mit Hinrichtung endeten.[96] Sie sind allerdings, geht man von den mehr als 200 Opfern der Liste aus, vom Umfang her marginal. Zu den allermeisten Verfahren gibt es überhaupt keine Prozessunterlagen. Was bedeutet dieses Schweigen der Quellen? Sozusagen instinktiv vermutet man, an der Vertuschung der Verfahren interessierte Kleriker hätten die Unterlagen im Nachhinein vernichtet. Aber diese Vermutung geht wohl in die Irre. Eine andere Erklärung setzt bei der Entstehung der Unterlagen an: Bei den mit Schöffen besetzten Zentgerichten war Schriftlichkeit bei den Verfahren nicht entscheidend und eine ordentliche Registratur- und Archivbildung fand nicht statt. In der Überlieferung der Zenten Remlingen und Rothenfels, von denen als einzigen Würzburger Zenten Material in größerem Umfang erhalten ist, finden sich keine Verfahrensakten. Wenn es beim Stadt- und Brückengericht genau so war, wäre das Schweigen der Überlieferung gar nicht verwunderlich. Dann gibt es keine Aktenüberlieferung, weil es keine Aktenbildung gab. Erhalten hätten sich dann nur Überlieferungssplitter, die in das Schriftgut der Kanzlei gelangt waren – Kontakte gab es ja, wie oben gezeigt, genug. Auch hier kommt man also wieder darauf zurück, dass eine Untersuchung zur Überlieferung und Arbeitsweise des Stadt- und Brückengerichts sinnvoll wäre. Dessen Protokolle könnten sich übrigens komplett erhalten haben: Im Bestand „Rössnerbücher“ des Staatsarchivs Würzburg findet sich eine ganze Serie mit dem Titel „Protokollbücher des Stadtgerichts zu Würzburg“ auch zu unserem Zeitraum. Den Inhalt dieser Protokollbücher hat nach meiner Kenntnis noch niemand untersucht.[97]

7. Die Klerikerprozesse

In den Verfahren in der Stadt Würzburg wurden mehr als 40 Kleriker vor allem der großen Würzburger Stifte hingerichtet.[98] Die ganz überwiegende Mehrzahl der Opfer stammte dabei aus Stift Haug und aus dem Neumünster, also den beiden Stiften, die vor allem Würzburger Bürgern vorbehalten waren, während das adelig geprägte St. Burkard ebenso wie das Domstift deutlich weniger betroffen war. Angehörige der Klöster finden sich ebenso wenig unter den Opfern wie der Pfarrklerus der Stadt. Es ging also nicht um die Kleriker als Stand an sich, sondern vor allem um den mit der Stadtgesellschaft am engsten verwobenen Teil von ihnen.

---

[96] Merzbacher, Hexenprozesse (wie Anm. 66), S. 122 schreibt: „Wenngleich auch die Wut gegen Hexen und Zauberer im Volke übergroß gewesen ist, so beobachtete man im großen und ganzen im Stifte Würzburg in den Untersuchungen die gebräuchlichen Rechtsvorschriften.“ Der Begriff „processus extraordinarius“ kommt in Merzbachers Register nicht vor.

[97] Für den Hinweis auf diese Protokollbände danke ich Frau Dr. Renate Schindler vom Stadtarchiv Würzburg. Die Signaturen der Protokollbände der Ehrenberg-Jahre sind StAWü, Rössnerbuch 1421 (Laufzeit nach der Angabe im Findbuch 1619–1628) und Rössnerbuch 1423 (1629–1631). Aus Zeitgründen konnte ich für diesen Aufsatz keine Einsicht in diese Bände nehmen.

[98] Harald Schwillus, Kleriker im Hexenprozeß. Geistliche als Opfer der Hexenprozesse des 16. und 17. Jahrhunderts in Deutschland, Würzburg 1992; Weiß, Würzburger Kleriker (wie Anm. 39).

Es beginnt allerdings gleich mit einer Ausnahme. Im September 1627 wurde Domvikar Johann Schwerdt im Rahmen der am Stadtgericht laufenden Prozesse denunziert und die geistlichen Räte verlangten vom Domkapitel, ihn festzusetzen. Im November ging es dann bereits um seinen Nachlass. Danach ergab sich eine fast einjährige Prozesspause, bevor von Oktober 1628 bis Februar 1629 der Schwerpunkt der Klerikerhinrichtungen lag.

Auf welchem Weg erreichten die Prozesse die Gruppe der Kleriker? Bei Nikodemus Hirsch, einem Kanoniker an Neumünster, scheint eine erste Bezichtigung am 14. September 1628 durch einen 12-jährigen Jungen erfolgt zu sein.[99] Am 30. September sagt die Wäscherin Sabina Schöttel aus, sie habe Hirsch beim Kreuz hinter dem Bruderhof mit einer Frau tanzen sehen. Hirsch beharrt auf seiner Unschuld, woraufhin er zunächst mit 315 Rutenstreichen gefoltert wird. Als auch dies nichts hilft, wird Hirsch geschoren und in den Bock gespannt. Nun erfolgt das Geständnis: Zur Hexerei verführt wurde er in Escherndorf, er berichtet von feierlichen Hexenessen am Würzburger Rennweg, beleuchtet von Fackeln mit blauem Licht. Er berichtet auch von Hexentreffen am Markt bei der Kapelle, am Hafenmarkt und beim Liechtensteiner Hof. Hirsch hat die Hexerei in Dettelbach gebeichtet, ohne Erfolg, das Beichtsakrament hat nicht geholfen, der Teufel kam wieder. Hirsch beschreibt Messen, an denen der Teufel teilnahm.

Gegen Nikolaus Schwert, Kanoniker an Stift Haug, lagen bei Einleitung des Verfahrens sieben Denunziationen vor, darunter die von seiner Magd.[100] Schwert gibt an, die Magd habe Geld von ihm haben wollen. Bei Konfrontierungen wird Schwert als Teilnehmer bei Hexentänzen erkannt. Die Kleriker besuchen dieselben Hexentanzplätze wie alle anderen Hexen auch, in Würzburg werden immer wieder der Sanderwasen und der Nikolausberg genannt. Der Teufel nähert sich ihm in Gestalt einer Jungfrau und verspricht, ihm „allerlei wollust zu verschaffen".

Soviel zu den Klerikerprozessen. Die überlieferten Protokolle zeigen die üblichen Elemente des Hexenprozesses mit Gottesabsage und Teufelsbund. Sexuelle Elemente scheinen ebenso regelmäßig vorzukommen wie Hostienschändungen (etwa durch Treten der Hostien mit den Füßen). Derartige Verdachtsmomente dürften als ungeheurer Skandal empfunden worden sein. Vielleicht liegt hier ein Grund, warum bei den Klerikern relativ umstandslos gefoltert wurde (bei Heinrich Betz gleich am ersten Prozesstag). Und die Vermögen der wohlhabenden Stiftsherren dürften der Grundstock der hohen Summe von konfisziertem Vermögen der wegen Hexerei Hingerichteten sein, die bei 70 330 Gulden lag, davon 69 127 aus der Stadt Würzburg.[101]

Welches Gericht war hier tätig? Zunächst mussten die Kleriker durch ein geistliches Gericht aus dem Klerikerstand entlassen, sie mussten *degradiert* werden.[102] Abgesehen von Generalvikar und Fiscal (dem Ankläger) kam dann

[99] Folgendes aus: DAW, Verlassenschaftsakten Fasc. 1 Nr. 4.
[100] Folgendes aus: DAW, Verlassenschaftsakten Fasc. 1 Nr. 3.
[101] StAWü, Geistliche Sachen 61/1240.
[102] Zum Geistlichen Gericht siehe zuletzt Leo, Schwedische Herrschaft (wie Anm. 14), S. 158. Beim Verfahren gegen Nikolaus Schwert, das von Generalvikar, Fiscal und Dr. Ganzhorn geführt wird, bezeichnen sich die Beteiligten selbst als „geistliches Gericht".

bei den Verfahren das gleiche Personal zum Einsatz wie beim weltlichen Stadt- und Brückengericht.[103]

8. Verfolgungstreibende Faktoren

Im Zentrum des Geschehens findet sich immer wieder Dr. Christoph Faltermaier, der sich in der Würzburger Verwaltung zum Fachmann für Hexenprozesse entwickelte. Bereits 1611 lässt er sich bei einem Hexenprozess in Remlingen nachweisen[104], 1626 war er als Kommissar in Rothenfels und Freudenberg tätig. Faltermaier war ein Schwager des Bamberger Rats Dr. Vasoldt, der als Spezialist für Hexenprozesse nach Mergentheim berufen wurde.[105] Auch Faltermaier machte seine Karriere in der Würzburger Verwaltung offenbar über das Thema Hexenprozesse. Er ist sicher als „Experte der Verfolgung" anzusprechen, die die Forschung auch in anderen Regionen als verfolgungstreibende Kraft ausgemacht hat, übrigens unabhängig von der Konfession.[106]

Ebenfalls nicht konfessionell geprägt war ein anderer Aspekt, der sich auch bei den Verfahren der Ehrenberg-Zeit zeigt: Die Durchsetzung von Gerichtsrechten gegen andere Gewalten, um so zu einem möglichst geschlossenen staatlichen Zugriff innerhalb des Territoriums zu kommen.[107] In Franken war dies wegen der vielen kleinen Herrschaften, insbesondere der ritterschaftlichen Enklaven, besonders konfliktträchtig. Aus der Ehrenberg-Zeit ist ein Konflikt aus der Rhön dokumentiert: 1628 hatte der Burggraf von Thundorf, Hans Ott von Schaumberg, der in Besitz der Zent Maßbach war, Hexen verbrennen lassen, unter ihnen Magdalena Spies aus Poppenlauer. Der Würzburger Vogt in Poppenlauer berichtete darüber nach Würzburg. Ehrenberg antwortete ihm, solche Fälle gehörten nach Würzburg ans Landgericht des Herzogtums Franken (damit war das Brückengericht in seiner Funktion als Oberzent gemeint), weshalb der Vogt die Legate aus dem Testament der Spies nach Würzburg anweisen solle. Wende Hans Ott von Schaumberg dagegen Gewalt an, soll dies sofort nach Würzburg berichtet werden.[108] Im Streit mit Würzburg um

---

[103] Beim Verfahren gegen Heinrich Betz aus dem Oktober 1628 werden als anwesend genannt: Generalvikar Dr. Riedner – Dr. Johann Riedner war mindestens von 1625–1631 Generalvikar in Würzburg, Nachweise bei Romberg (Bearb.), Bistum Würzburg 7 (wie Anm. 16) –, der Fiscal, Faltermaier und Erthal – Johann Christoph von Erthal, 1613 Rat, später Amtmann in verschiedenen Orten, derselbe ist auch Protokollant im geistlichen Gericht; Reuschling, Regierung (wie Anm. 14), S. 324. Am nächsten Tag sind dabei: Generalvikar, Fiscal, Dr. Ganzhorn – zu Dr. Joachim Ganzhorn vgl. Leo, Schwedische Herrschaft (wie Anm. 14), S. 152–159, der Jurist Ganzhorn war ab spätestens 1607 Mitglied der Hofkanzlei –, Faltermaier, Erthal. Am 07.09.1628 sind anwesend: Faltermaier, Dr. Schilling, Malefizschreiber.

[104] StAWt-G Rep. 102 Nr. 6178. Zu Faltermaier vgl. oben Anm. 43 und 44.

[105] StAL, B 262 Bü 110; http://www.landesarchiv-bw.de/plink/?f=2-607963). Literatur: Weiß, Hexenprozesse (wie Anm. 36), S. 341; Schwerhoff, Hexenverfolgungen (wie Anm. 1), S. 320.

[106] Vgl. dazu den Abschnitt „Unternehmer und Experten der Verfolgung" bei Schwerhoff, Hexenverfolgungen (wie Anm. 1), S. 318–322.

[107] Vgl. etwa die Beiträge in: Johannes Dillinger/Jürgen Michael Schmidt/Dieter R. Bauer (Hg.), Hexenprozess und Staatsbildung. Witch-Trials and State-Building (Hexenforschung 12), Bielefeld 2008.

[108] StAWü, Hist. Saal 25/377 fol. 81, Konzept Philipp Adolfs von Ehrenberg. Weitere Korrespondenz in dieser Sache in derselben Akte fol. 57–58, 61, 80a und 102 (hier geht es um Valtin

die Rechte an der Zent Maßbach konnte Schaumberg seine Verfügungsgewalt demonstrieren, indem er Hexenprozesse führte. Ähnliche Streitigkeiten, hier wegen einer Zent im Besitz der von Thüngen, wegen des Besitzes hingerichteter Hexen, werden aus Gemünden berichtet.[109]

Zuständigkeitsfragen bei Hexenprozessen waren auch Herrschaftsfragen. Das wird die Neigung der Amtleute vor Ort erhöht haben, entsprechende Verdachtsfälle zu melden – ein verfolgungstreibender Aspekt.

9. Was wollte Ehrenberg?

Im Juli 1627 veröffentlichte Ehrenberg ein Mandat, in dem er die Verfolgung und Bestrafung von Hexen ankündigte. Das Mandat ist amtliches Schriftgut, es hat aber mit den Flugschriften gemeinsam, dass es sich an eine Öffentlichkeit wendet. Im Sinne unserer Ausgangsunterscheidung zwischen Literatur und Geschichte steht es der Literatur nahe. Der Landesherr gibt sich hier als energischer Hexenbekämpfer. Die Hexerei sei „das Laster aller Laster", das viele andere Untaten nach sich ziehe, er spricht von einer „Göttliche[n] anweisung [...] zu gentzlicher Außreutung dieses Ubels", wozu er verpflichtet sei, damit Gott nicht das ganze Land für die Taten der Hexen strafe, „wieviel weniger wir uns abschaffung eines so erschröcklichen Ubels, dessen ernstliche Leibs: und Lebensstraffung in heyliger Göttlicher Schrifft so ernstlich gebotten, angelegen seyn liessen".[110] Krieg, Hunger und Pest werden als Strafen Gottes für Laster der Menschen gedeutet, und wenn die Obrigkeit nicht gegen die Hexen vorgehe, dann werde Gott das ganze Land mit Schwefel und Feuer verbrennen wie einst Sodom und Gomorrha. Welcher Verbrechen machen sich die Hexen noch schuldig? Das Mandat führt an: Abfall von Gott und „Abtrinnigkeit von dem christlichen Glauben", außerdem verbinden sie sich mit Ketzerei[111] und von der katholischen Kirche verdammten Ansichten wie der Wiedertäuferei. Schließlich kommen noch weltliche Verbrechen dazu: Die Hexen begehen Ehebruch mit dem Teufel, fügen mit Gift Mensch und Vieh Schaden zu, sie verüben Totschlag, Diebstähle und weitere schreckliche Untaten. Die Delikte sind, typisch für die Hexerei, sowohl theologisch als auch weltlich-juristisch fundiert.

Fuchs, den der Burggraf wegen Hexerei inhaftiert hat, 1628). Ein weiteres Schreiben aus dem September 1628 zu Poppenlauer in: StAWü, Würzburger Archivalien 1842. Zur Würzburger Zent Maßbach vgl. Knapp (wie Anm. 66), hier Bd. 1, S. 798–811. Knapp schreibt S. 799: „1609 Streit zwischen W[ürzburg] u[nd] Schaumberg, Sperrung der Zent durch W[ürzburg]", „1620 fallen Ebertshausen, Ballingshausen, Stundingshausen, Hoppach, Stadtlauringen, Jeusingen, Reinhardshausen von Schaumberg an W[ürzburg]".

[109] StAWü, Hist. Saal 25/377 fol. 184; StAWü, Würzburger Archivalien 1842.

[110] Universitätsbibliothek Würzburg, Franc. 1592,1/101, 28.07.1627. Teilabdruck bei Weiß, Würzburger Kleriker (wie Anm. 39), S. 72. Dieses Mandat ist schon bei Soldan-Heppe wiedergegeben.

[111] „Ketzerei" erscheint als juristischer Begriff in der Bamberger Halsgerichtsordnung, wurde von dort in die Brandenburgische Halsgerichtsordnung 1516 übernommen (Art. 130) und erscheint noch in deren revidierter Variante aus dem frühen 18. Jahrhundert; vgl. Merzbacher, Hexenprozesse (wie Anm. 66), S. 71 und 75. Man muss den Begriff hier folglich nicht zwingend als antiprotestantischen konfessionellen Kampfbegriff deuten.

Derartige Mandate zeigen eine Norm an, die man nicht automatisch mit der Praxis gleichsetzen darf.[112] Die heutige Forschung deutet die – in vielen Bereichen sehr zahlreichen – Mandate der Frühen Neuzeit vor allem als Versuch, einen kommunikativen Raum zwischen Obrigkeit und Untertanen zu schaffen. Es ging nicht darum, die in den Mandaten formulierten Normen eins zu eins in die Realität umzusetzen. Trotzdem zeigt dieses Mandat Ehrenbergs seinen Willen, die Hexerei konsequent zu bekämpfen. Soweit wir wissen, haben seine Vorgänger dergleichen Mandate nicht erlassen. Einerseits reagierte das „von oben" ergangene Mandat auf den Verfolgungsdruck „von unten", indem es demonstrierte, dass die Obrigkeit etwas gegen die Hexen unternahm, andererseits dürfte es die Verfolgungsstimmung in der Bevölkerung weiter stimuliert haben. Das Mandat war ein verfolgungstreibender Faktor.

In einem zweiten Teil regelte das Mandat die Konfiskation von Vermögen der Hinterbliebenen zur Deckung der Prozesskosten. Dazu erging noch ein eigenes Mandat. Waren Kinder da, sollte der fünfte Teil des Vermögens an die Obrigkeit fallen, gab es nur Verwandte zweiten Grades, die Hälfte.[113] Bei diesen Regelungen sollte es auch bleiben, wenn die tatsächlichen Verfahrenskosten höher waren. So jedenfalls beschied Ehrenberg eine Frage des Amtes Schlüsselfeld im Februar 1628, in dem vorgeschlagen wurde, bei Vermögenden einen höheren Teil des Vermögens einzuziehen, um so auch die Prozesskosten bei Ärmeren decken zu können. Ehrenberg lehnte dies ab.[114]

Am Beispiel Wertheim wurde schon gezeigt, wie das Würzburger Vorgehen auf die Nachbarn ausstrahlte. Ein weiteres Beispiel hierfür ist der Deutsche Orden, dessen Hauptsitz Mergentheim mit zugehörigem Territorium sich ebenfalls in Würzburgs Nachbarschaft befand. Am 21. März 1628 beschrieb Ehrenberg in einem Schreiben an den Administrator des Deutschen Ordens Johann Caspar seinen festen Willen, das Laster der Hexerei zu bekämpfen.[115]

Dem Nachbarn galt dieser Willen Ehrenbergs, dem Übel der Hexerei zu begegnen und insbesondere die verführten Kinder wieder auf den rechten Weg zu bringen, als vorbildlich. Am 17. Juli 1628 schrieb er an Ehrenberg und berichtete von seinem festen Willen, das „hochschädliche und abscheuliche laster der hexerei auß unserem gebieth gleich deroselben und anderer benachbarten chur- und fürsten gern exterminirn und […] außreuthen zue lassen." Deshalb solle Ehrenberg ihm die Namen mitteilen, falls von den in Würzburg

112 Jürgen Schlumbohm, Gesetze, die nicht durchgesetzt werden – ein Strukturmerkmal des frühneuzeitlichen Staates?, in: Geschichte und Gesellschaft 23 (1997), S. 647–663.

113 Universitätsbibliothek Würzburg, Franc. 1592,1/100 und 102, Drucke vom 14.06.1627 und 28.07.1627. Waren Verwandte zweiten Grades vorhanden, sollte die Hälfte des Vermögens konfisziert werden. Nach Deckung der Kosten eventuell verbleibende Überschüsse sollten in Stiftungen zu Gunsten des Seelenheils der Hingerichteten investiert werden.

114 StAWü, Hist. Saal 25/377 fol. 76–78.

115 „Mihr mögen Euer Liebden freündtlich nit verhalten, waß maßen daß abscheüliche laster der hexerey in unserm anbefohlenen stifft und hertzogthumb Franckhen, insonderheit aber unser residentz statt Wirtzburg dermaßen leider eingewurtzlet, daß auch gar die blüende jugent sowohl in den schulen alß außerhalb derselben hierzue heüffig verführt und verlaitet werden, dannenhero wihr unß, wie solchem übel bei zeiten zu begegnen, und die unschuldig verführte Kinder wider zu recht gebracht, billig angelegen sein laßen […]."; Schreiben Ehrenbergs an den Deutschordensadministrator, 21.03.1628, StAL, B 262 Bü. 95; http://www.landesarchiv-bw.de/plink/?f=2-607948-9.

verbrannten Hexen Untertanen des Deutschen Ordens besagt worden seien.[116] In seiner Antwort spricht Ehrenberg vom „löblichen intent“ des Administrators. Er habe, schreibt er, in der Stadt Würzburg und in den Ämtern Anweisung gegeben, Besagungen von Untertanen des Deutschen Ordens diesem zu melden. Bislang seien aber, abgesehen vom in Würzburg hingerichteten Sohn des Johann Bernhard Reichardt aus Markelsheim, keine weiteren Besagungen bekannt.[117] Bei diesem Reichardt handelt es sich um einen neunjährigen Knaben, der Fall ist oben schon beschrieben worden. Ehrenberg erreichte beim Deutschen Orden, dass er in Markelsheim festgenommen und nach Würzburg überstellt wurde.[118] Dieser Fall ist eindeutig „von oben“ initiiert: Ehrenberg interveniert beim Deutschen Orden wegen der Auslieferung eines neunjährigen Jungen, der in Würzburg der Hexerei bezichtigt worden war. Nach der Exekution gratulierten sich die beiden Obrigkeiten gegenseitig zur „heilsamen Beförderung der Justiz“.

Ehrenberg galt dem Administrator jedenfalls als Vorbild bei der Hexenverfolgung. Einen Rechtsfachmann auf diesem Gebiet besorgte er sich dann aber nicht in Würzburg, sondern in Bamberg. Von dort kam, vermittelt durch den Würzburger Kapuziner Remigius, schließlich der als Schwager Faltermaiers bereits erwähnte Dr. Ernst Vasoldt nach Mergentheim und führte zahlreiche Prozesse.[119] In der Akte finden sich auch Schreiben des Bamberger Bischofs, der seinen Rat Vasoldt sozusagen nach Mergentheim abordnet und das Ziel der Aktion, die Verfolgung der Hexerei, ebenfalls unterstützt.[120]

Der Quellenwert dieser Schreiben ist hoch. Es sind amtliche Schreiben in eindeutigen Formen, mit denen zwei Landesherren miteinander korrespondieren. Für die Augen Dritter waren sie nicht vorgesehen, folglich sind sie irgendwelcher Manipulationsversuche nicht verdächtig. Und für ihre Unversehrtheit garantiert das Archiv, in dem sie sich seit dem Ende des Deutschordensstaates befinden.

10. Ein Fazit zu den amtlichen Quellen

Die aus den Prozessen stammenden Unterlagen zeigen, soweit erkennbar, einen Beginn der Prozesswelle durch Verdichtung von Hexengerüchten und Denunziationen auf dem Land im Jahr 1626. 1627 erreichten die Verfahren dann auch die Residenzstadt Würzburg. Hinrichtungen in der Stadt in diesem Jahr sind

---

[116] StAL, B 262 Bü. 110. Die Akte ist vollständig digitalisiert: http://www.landesarchiv-bw.de/plink/?f=2-607963-1.

[117] http://www.landesarchiv-bw.de/plink/?f=2-607963-8, 20.07.1628.

[118] Die Akte StAL, B 262 Bü. 95 ist vollständig digitalisiert: http://www.landesarchiv-bw.de/plink/?f=2-607948-1.

[119] Karin Wohlschlegel, Deutschordenskommende Mergentheim, in: Lorenz / Schmidt (Hg.), Wider alle Hexerei (wie Anm. 88), S. 387–402. Wohlschlegel zählt für die Jahre 1628 bis 1631 136 Verhaftungen und 122 Hinrichtungen. Zu den Mergentheimer Hexenprozessen vgl. auch Elmar Weiß, Thomas Schreiber – ein Streiter gegen den Hexenwahn in Mergentheim, in: Mainfränkisches Jahrbuch 38 (1986), S. 131–141.

[120] Alle Schreiben in dieser Akte StAL, B 262 Bü. 110.

auch durch einen Eintrag im Kirchenbuch der Dompfarrei belegt.[121] Was das Gericht betrifft, fand im Vergleich zur Echterzeit eine Verschiebung hin zu den professionellen Juristen der Kanzlei statt.

Die vorgestellten Unterlagen stammten sämtlich aus den Gerichtsprozessen. Der Zweck ihrer Entstehung waren die Verfahren selbst. Sie waren nicht für die Öffentlichkeit bestimmt, wollten niemandes Meinung außerhalb der Verwaltung beeinflussen und zielten auch nicht auf eine Wirkung in der Nachwelt. Die Amtlichkeit führt zu einer bestimmten Form, und diese Form kann als Bestätigung dessen dienen, was in den Unterlagen steht. Die Form bestätigt sozusagen die Umstände der Entstehung dieser Schreiben, die Form beglaubigt den Kontext. Deshalb haben sie aus der Sicht des Historikers einen hohen Quellenwert für die Frage, was tatsächlich geschah. Diese Unterlagen sind des Verdachts der Fälschung oder nachträglichen Veränderung unverdächtig.

Eine andere Frage ist die der Vollständigkeit. Die Überlieferung der Würzburger Ämter und Zenten ist so gut wie vollständig verloren, und auch die Kanzleiüberlieferung ist sicher nicht vollständig. Ziemlich sicher ausschließen kann man dagegen größere Verluste durch Kriegseinwirkung im Zweiten Weltkrieg. Und dies aufgrund einer Quelle mit einer merkwürdigen Entstehungsgeschichte: Heinrich Himmler verfolgte den Plan, sämtliche Hexenprozesse zu dokumentieren. In diesem Rahmen entstand 1936/37 eine Übersicht und Analyse sämtlicher im Staatsarchiv Würzburg liegender Hexenquellen. Eine Verfilmung dieser Unterlagen befindet sich heute im Bestand R 58 im Bundesarchiv Berlin-Lichterfelde, und eine Durchsicht zeigt: Die damals vorhandenen Prozessakten und sonstigen Unterlagen sind fast alle heute noch vorhanden.[122]

Neu aufgefundene Quellen können das Bild dramatisch ändern, wie die Zent Königshofen zeigt. Hier ging man bislang immer von neun Opfern aus, alle aus der zweiten Jahreshälfte 1627.[123] Nun waren Unterlagen aus Amt und Zent Königshofen in die Sammlungen des Germanischen Nationalmuseums Nürnberg gelangt, von wo sie vor wenigen Jahren ins Staatsarchiv Würzburg gekommen sind. Der Würzburger Archivar Jens Martin konnte in diesen Unterlagen ein Konzept des Amtes identifizieren, das auf den 29. August 1627 datiert ist und eindeutig von 50 Hingerichteten spricht.[124] Der Würzburger Amtmann in Königshofen hatte Kuratoren für das Vermögen der Hingerichteten bestellt und verlangte nun von Würzburg Hinweise, wie er weiter vor-

---

[121] „Anno 1627 in parochia cathedralis ecclesia Herbipolensis obierunt in Christo personae 65 exceptis combustis veneficiis" heißt es hier; DAW, Kirchenbuch der Dompfarrei S. 41, Signatur des Digitalisats 5691.

[122] Die wichtigsten Signaturen zur Ehrenberg-Zeit sind Bundesarchiv R58/9756/3064 und Bundesarchiv R58/9756/3750. In beiden Fällen ist ein Verzeichnis der benutzten Akten vorangestellt, dann folgt eine Art Feinverzeichnung. Von den angeführten Akten sind, soweit ich sehe, lediglich zwei den Kriegsereignissen 1945 zum Opfer gefallen: StAWü, Misc. 2886 (Fall Anna Rauch aus Großlangheim, 1606) und StAWü, Admin. 18781/857 (Unterpropst von Wechterswinkel, ohne Datum). Alle anderen Unterlagen dürften heute noch vorhanden sein; vgl. Wolfgang Behringer, NS-Historiker und Archivbeamte im Kampf mit den Quellen. Das Beispiel der Archive Bayerns, in: Sönke Lorenz u. a. (Hg.), Himmlers Hexenkartothek. Das Interesse des Nationalsozialismus an der Hexenverfolgung, Bielefeld 2000 (2. Aufl.), S. 165–176.

[123] Sperl, Hexenbrennen 1627 (wie Anm. 33).

[124] StAWü, Würzburger Archivalien 1842. Den Hinweis auf diese Akte verdanke ich Jens Martin vom Staatsarchiv Würzburg.

gehen sollte. Dazu schreibt er an Rat Dr. Rottenberger mit der Bitte, die Sache in der Kanzlei zu besprechen. Diese 50 Opfer, die offenbar mehrheitlich aus dem Zentort Ipthausen stammen, waren bislang gar nicht bekannt.[125] Wieder handelt es sich um ein amtliches Schreiben mit hohem Quellenwert. Muss man nun auch in anderen Zenten mit derart vielen bislang unbekannten Opfern rechnen? Schwer zu sagen. Vielleicht in einzelnen Fällen. Aber das generelle „Hochrechnen“ verbietet sich, weil Untersuchungen der letzten Jahre gezeigt haben, dass die Intensität der Prozesse in den einzelnen Zenten höchst unterschiedlich war.[126]

Gehen wir also von den Verfahren aus, zu denen es originale Prozessunterlagen gibt oder die sich aus amtlichen Unterlagen erschließen lassen. 59 Opfer in Königshofen[127], 48 in Freudenberg[128], 16 in Marktheidenfeld[129], acht in Rothenfels[130], 17 in Arnstein[131], mindestens vier im Amt Schlüsselfeld[132], eine unbekannte Anzahl in der Stadt Volkach[133] sowie aus dem Amt Homburg.[134] Dazu kommen die etwa 230 in Würzburg hingerichteten Opfer.[135] Rechnet man noch mit einer erheblichen Dunkelziffer, würde eine Schätzung aufgrund des Aktenmaterials nach heutigem Kenntnisstand wohl von einer Zahl um 450 ausgehen.

Abschließend ein Blick auf eine weitere amtliche Quelle, eine Rechnung. Rechnungsunterlagen machen, so furchtbar das ist, einen Großteil der Hexenquellen aus. Nach der Hinrichtung mussten Prozesskosten beglichen und hinterbliebene Kinder versorgt werden, Gläubiger und Verwandte machten ihre Ansprüche am Erbe geltend. In Würzburg hat sich eine Rechnung der Kuratoren über die konfiszierten Hexen-Güter erhalten, wobei als Datum nachträg-

[125] In dem Schreiben werden folgende Namen genannt (alle aus Ipthausen): Matthes Storch und Frau, Ehepaar Kutscher, Witwe Peter Lorr mit drei Töchtern.

[126] Vgl. v. a.: Robert Meier, Die Hexenprozesse in der Würzburger Zent Gerolzhofen 1616–1618, in: Mainfränkisches Jahrbuch 69 (2017) (erschienen 2018), S. 365–384.

[127] Wie Anm. 123 und 124.

[128] Die Zahl ist aus Mayer, Hexenverfolgung (wie Anm. 49), S. 57 übernommen, der sich auf Aktenmaterial stützt.

[129] StAWü, Hist. Saal 25/378.

[130] StAWü, Hist. Saal 25/378; vgl. Weiß, Hexenprozesse (wie Anm. 36), S. 338, gibt aufgrund derselben Quelle die Zahl 38 an.

[131] Zu Arnstein findet sich in der Literatur häufig die Angabe von 17 Prozessopfern im Jahr 1627. Sie geht zurück auf eine Stelle bei Anton Schumm, Geschichte der Kirche Maria-Sondheim bei Arnstein in Unterfranken, Würzburg 1893, der S. 45 schreibt: „Seind das 1627er Jahr 26 Personen, Alt und Jung, samt Filial auch, in Gott verschieden und 17 Personen Vulcano (dem Feuergotte) geopfert worden.“ Als Quelle gibt Schumm an „Sterbematr. von 1627“. Zwar habe ich einen entsprechenden Eintrag in den digitalisierten Arnsteiner Kirchenbüchern im DAW nicht finden können, halte Schumms Angabe aber für hinreichend gesichert. Sein Text benutzt eindeutig auch Archivmaterial, und es gibt keinen Grund anzunehmen, warum diese Angabe nicht stimmen sollte.

[132] StAWü, Hist. Saal 25/377 fol. 76, es geht um Kostenfragen nach Hinrichtungen, Februar 1628. Als hingerichtet werden erwähnt Jobst Rang, seine Ehefrau und zwei Töchter.

[133] StAWü, Hist. Saal 25/377 fol. 54–56, es geht um Kuratorenbestellung bei bereits justifizierten Hexen, August 1627.

[134] Hier gibt es einen Schriftwechsel zur Bestellung von Kuratoren über das Vermögen von Hingerichteten; StAWü, Hist. Saal 25/377 fol. 65–67. Eine Zahl lässt sich nicht erschließen.

[135] In der Literatur wird meist auch Gerolzhofen angeführt, weil sich in der Akte StAWü, Hist. Saal 25/377 fol. 59–60 15 Hingerichtete aus Gerolzhofen finden. Sie lassen sich aber über die Opfernamen und den Zentgrafen Valentin Hausherr, der 1618 im Gefängnis starb, sicher in die Jahre 1616/17 datieren.

lich „1627 bis Lucie 1629“ eingefügt wurde.[136] Die Übersicht dürfte zeitgenössisch sein. Solche Abrechnungen entstanden, weil die Kuratoren nachweisen mussten, was sie mit den Geldern getan hatten.

Die Summe der konfiszierten Gelder ist mit 70338 Gulden gewaltig. 69127 davon stammen aus Würzburg und 677 aus Volkach, Ostheim und Karlstadt. Für die Stadt Würzburg ist dies ein Hinweis, dass viele Reiche betroffen waren, und für das Land werden mit Ostheim und Karlstadt zwei Orte erwähnt, aus denen es ansonsten überhaupt keine Quellen gibt. Ein Indiz für eine Dunkelziffer unbekannter Verfahren auf dem Land.

In der Rechnung ist dann die Verwendung des Geldes angegeben. Nach Begleichung der Prozesskosten wurden 19502 Gulden gegen Zins verliehen, 10500 gingen an die Universität, 9730 an die Jesuiten und diverse Klöster. Dies widerspricht offensichtlich der Regelung in Ehrenbergs Mandat, nicht zur Kostendeckung benötigtes Geld in milde Stiftungen zu Gunsten des Seelenheils der Hingerichteten anzulegen.

11. Das Ende der Prozesse

Aus dem Oktober 1628 sind Verhöre des „Margaretlein mit dem bösen Hals“ überliefert. Margaret leugnet. Sie wird mit anderen Kindern konfrontiert, die sie auf Hexentänzen gesehen haben wollen. Das Verfahren endet im Januar 1629 nicht mit Hinrichtung, sondern mit Landesverweisung auf Befehl von Ehrenberg persönlich.[137]

Im Mai 1629 reichte der Sternwirt Valentin Wolf eine Liste mit Kosten ein, die ihm bei der Verpflegung von Hexereiverdächtigen entstanden waren. (Dies war das übliche Verfahren: Die Obrigkeiten ließen die Inhaftierten aus Wirtshäusern versorgen.) Dabei handelt es sich ausdrücklich um ehemals inhaftierte, aber wieder freigelassene Personen.[138] Soweit die Herkunft sich erkennen lässt, stammten sie aus Untereisenheim, Randersacker, Schlüsselfeld, Gemünden, Zellingen, Oberschwarzach und Stadtvolkach. Die Herkunft führt nochmals auf die Frage, wieso in diesen Würzburger Verfahren zahlreiche nicht

[136] StAWü, Geistliche Sachen 61/1240. Als Bl. 3 hier auch eine Übersicht über Ausgaben des Hofschultheißen, der 6120 Gulden von den Kuratoren empfangen hat: 1205 Gulden für Gerichtskosten bei 42 Bränden, 1610 Gulden für Kosten im Gefängnis in der Münze, 25 Gulden für „das geplenck uf dem Sanderwasen“, 841 für die verführten Kinder, 120 für das Gefängnis im alten Hofschneiders Haus hinter St. Stephan. 3602 Gulden hat er für Zahlungen an „examinatorn und malefizschreiber“ von Trinitatis 1627 bis Lucie 1629 (30.05.1627 bis 13.12.1629) erhalten. In dieser Akte auch weitere Drucke der Konfiskationsmandate.

[137] StAWü, Hist. Saal 25/377, fol. 103–106. Hier fol. 104v der Eintrag: „Aus Celsissimi befelch ist freitags den 12. january anno 1629 dieße persohn uf ein geschworne urphedt deß landts verwiesen worden.“

[138] StAWü, Hist. Saal 25/377 fol. 140–142. An Namen werden genannt: Kunigunde Deil, Margaretha Beundler und Eva Ulrich von Untereisenheim, Barbara Horn von Randersacker, vier Jungen der Anna Englert von Untereisenheim(?), Jörg Holzhammer, zwei Töchter von Jobst Strohm aus Schlüsselfeld, Margaretha Honecker aus dem Juliusspital, Anna Englert von Untereisenheim, Anders Wagner, Sohn eines Pfeiffers, Agatha Reusch aus Gemünden, Appolonia Derim aus dem Juliusspital, Johann Merkle aus Zellingen, zwei Brüder Deublein aus Oberschwarzach und Jovanda Ullrich aus Stadtvolkach.

aus Würzburg stammende Angeklagte vorkommen. Gelang es Ehrenberg im Rahmen der Hexenprozesse, die seit dem 16. Jahrhundert geforderte Funktion des Würzburger Gerichts als Oberzent für das gesamte Hochstift tatsächlich durchzusetzen? Wie gesehen gibt es Gegenbeispiele (Königshofen, Arnstein), aber immerhin könnte der Satz eine Tendenz bezeichnen. Staatsbildung durch Hexenprozesse wäre dann der übergeordnete Aspekt.[139] Wenn dies stimmt, bräuchte man die Dunkelziffer der Verfahren in den Zenten auf dem Land nicht allzu hoch ansetzen.

Im Sommer 1629 klagte Burkhart Stein aus Gemünden vor einem nicht genannten Schöffengericht gegen Julius Heinrich Hügel, weil der ihn der Hexerei bezichtigt hatte.[140] Das Gericht gab der Klage statt. Hügel wandte sich an Ehrenberg. Der blieb bei dem Urteil, minderte aber die von Hügel zu zahlende Geldstrafe auf die Hälfte. Die Hexereibezichtigung führte also nicht zu einem Hexenprozess, sondern zu einem Verfahren gegen den Bezichtiger wegen übler Nachrede. Im Juli 1629 berichten Schultheiß und Zentgraf aus Grünsfeld über Hexereibeschuldigungen durch ein zwölfjähriges Mädchen nach Würzburg.[141] Wie dieser Fall weiterging, ist nicht bekannt. Aus dem Oktober 1629 datieren schließlich die letzten Hinrichtungen in Freudenberg.[142]

Die Würzburger Hexenprozesse endeten im Laufe des Jahres 1629. Man braucht also nicht anzunehmen, Ehrenberg habe sich an Bamberg orientiert, wo das Eingreifen des Kaisers 1630 die Verfahren beendete.[143]

Schließlich gibt es noch einen Zaubereifall aus dem Jahr 1630: Nikolaus Speth aus Dettelbach steht im Verdacht der Zauberei.[144] Nach Verhören in Dettelbach wurde er offenbar nach Würzburg gebracht. Auch hier ist der Ausgang nicht bekannt. Und im Juni 1630 wurde die alte Hirtin aus Euerdorf als Hexe bezeichnet. Verhöre und Protokolle wurden nach Würzburg geschickt.

---

[139] Ein anderer könnte auch die Funktion des Juliusspitals als für das ganze Hochstift zuständige Waisenhaus sein.

[140] StAWü, Hist. Saal 25/377 fol. 143–152, 157–160.

[141] StAWü, Hist. Saal 25/377 fol. 153–156. Margaretha Schürk (genannt die Schäferin, weil ihr Mann Schäfer ist) soll zu ihr gesagt zu haben, sie wolle sie was lehren, sie dürfe nicht mehr beten und auch kein Kreuz mehr machen. Am andern Tag trifft sie die Schäferin wieder, hinterher ist ihr seltsam im Kopf. Zentgraf und Keller haben sich wegen des Leumunds der Schäferin erkundigt: Sie geht nicht häufiger als drei oder viermal jährlich zum Gottesdienst, „so were sie auch von jugent auff der hexerei halber verdechtig gehalten worden". Und der Pfarrer verdächtigt sie, sonntags die Kinder aus der Kinderlehre fernzuhalten und selbst Schule zu halten. Auf diesen Fall beziehen sich die Unterlagen in Himmlers Hexenkartothek (Bundesarchiv R58/9730/1044). Anders als in der Verzeichnung angegeben, gibt es hier zu Grünsfeld keine 18 Karten, sondern nur zwei (Mutter und Tochter Schürk).

[142] Am 06.03.1629 gab es in Freudenberg den 6. Brand mit sechs Opfern, am 05.10.1629 den 7. Brand mit fünf Opfern und am 30.10.1629 wurde im 8. und letzten Brand die Frau des ehemaligen Amtsverwesers Nikolaus Löhr wegen Hexerei hingerichtet. Für Frau Löhr reiste eigens der Miltenberger Pfarrer an, um sie in den Tod zu begleiten. Über seine Kosten erstellte er eine eigene Rechnung. Alle Quellen in: StAWt-G Rep. 102 Nr. 756.

[143] So zuletzt Bergerhausen, Hexenverfolgungen (wie Anm. 29), S. 95.

[144] StAWü, Hist. Saal 25/377 fol. 161–171. Ein Verhörprotokoll vom 25.05.1630 schließt mit dem Beschluss, Speth solle im Stockhaus verbleiben bis zur Zusammenkunft der Herren Räte. Es geht wohl vor allem um Briefe mit magischer Kraft („wider hauen und stechen"), Speth hat einen, andere wollen auch einen, man bekommt sie beim alten Schulmeister von Bibergau. Außerdem soll Speth gesagt haben, wenn man dem Rindvieh eine weiße Brennnesselwurzel anhänge, gehe es einem überallhin nach.

In einem Konzept Ehrenbergs heißt es, Beweise seien nicht zu erkennen. Diejenigen, die die Beschuldigungen aufgebracht hatten, sollten als Injurianten wie üblich bestraft werden.[145] Damit war man wieder zur Behandlung von Hexereivorwürfen wie beim Heidingsfelder Geisveit im Frühjahr 1626 zurückgekehrt.

12. Zusammenfassung

Aus den ersten dreieinhalb Jahren von Ehrenbergs Pontifikat gibt es so gut wie keine Nachrichten über Hexenprozesse. Das Verfolgen von Hexen lag also auch bei ihm weder in der Natur des Bischofsamtes noch war es in seiner psychischen Disposition angelegt. Es brauchte äußere Anlässe, damit im Hochstift Würzburg Hexenprozesse in größerem Umfang geführt wurden. Diese Anlässe waren Wetterereignisse des Frühjahrs 1626 und der daraus resultierende Druck aus der Bevölkerung, mit der Verfolgung von Hexen zu beginnen.

Für die von 1626 bis 1629 dauernde Prozesswelle im Hochstift Würzburg fällt es derzeit schwer, die widersprüchlichen Befunde der einzelnen Quellensparten zu integrieren. Die Darstellungen in den Flugschriften haben Rezeption und Wahrnehmung der Ereignisse bis heute geprägt, seit der Mitte des 18. Jahrhunderts ergänzt durch die damals erstmals gedruckte „Liste“. Die Forschung sollte demgegenüber die anderen Quellen stärker gewichten.

Und die Zahl 900? Von welcher Opferzahl würden wir ausgehen, wenn es den Druck der Flugschrift mit dieser Zahl aus dem Jahr 1743 nicht gäbe? Ich schlage vor, die 900 durch 450 zu ersetzen. Kenntnisstand Juli 2018.

[145] StAWü, Hist. Saal 25/377 fol. 172.

Georg Adam Büttner (1714–1779) – Pfarrer, Generalvikar und Verfasser eines deutsch-türkischen Wörterbuchs

Elmar Hochholzer

1. Eine neue Dissertation entdeckt den in Sommerach geborenen Priester und Turkologen Georg Adam Büttner[1]

Es ist erstaunlich, dass in der Vergangenheit und vereinzelt auch heute noch gewöhnliche Geistliche neben ihrer Seelsorgearbeit die Zeit und Muße für bemerkenswerte Leistungen auf wissenschaftlichem oder publizistischem Gebiet aufbringen konnten und können. Zu erinnern ist für den Bereich der Diözese Würzburg zum Beispiel an die fleißigen Geschichtsforscher August Amrhein (1847–1934)[2], Anton Ruland (1809–1874)[3], Georg Burkhard Link (1815–1901)[4], Karl Barthels (1907–1990)[5], Wilhelm Büttner (1885–1974)[6] oder an den Journalisten und Schriftsteller Max Rößler (1911–1992)[7], um nur einige wenige Weltgeistliche zu nennen. Frei von irgendwelchem karrierebedingten Zwang zu Veröffentlichungen und ohne Streben nach akademischer Anerkennung sind ihrem außergewöhnlichen Interesse und immensen Fleiß viele Publikationen zu verdanken, die besonders im Bereich Geschichte die Forschung bereicherten und vielfach heute noch Gültigkeit besitzen.

In die Reihe dieser tüchtigen und wichtigen, aber oft unterschätzten und vernachlässigten Wissenschaftler gehört gewiss Pfarrer Georg Adam Büttner, der von 1714 bis 1779 lebte. Über ihn kann die Klerikerdatenbank des Diözesanarchivs Würzburg nur ein knappes Gerüst von Lebensdaten vorlegen.[8] Doch tatsächlich ist seine Vita gekennzeichnet durch eine beachtliche wissen-

---

1 Ausgangs- und Bezugspunkt dieses Artikels ist die in kroatischer Sprache verfasste und veröffentlichte Dissertation: Marta Andrić, Rukopisna ostavština na turksom jeziku svećenika Gjure Adama Büttnera (deutsch: Der handschriftliche Nachlass in türkischer Sprache des Priesters Georg Adam Büttner), Zagreb 2015, 366 Seiten (mit Abbildungsteil bzw. Faksimiles der Handschrift).

2 I(vo) F(ischer), Dem Andenken des Nestors der fränkischen Geschichtsforscher, in: Würzburger Diözesangeschichtsblätter 3 (1935), S. 109 (mit nachfolgendem Werkverzeichnis).

3 Thomas Sauer, Anton Ruland (1809–1874). Ein Beitrag zur Geschichte der katholischen Restauration in Bayern (Schriftenreihe zur bayerischen Landesgeschichte 103), München 1995.

4 Josef Schott, Pfarrer Georg Burkhard Link, in: Festschrift zur 1200-Jahr-Feier des Klosters Neustadt am Main, hg. von der Festgemeinschaft, Neustadt a. M. 1969, S. 55–58.

5 Simone Schmidt, Pfarrer Karl Josef Barthels 1907–1990, in: Diener im Weinberg des Herrn. Priesterpersönlichkeiten aus zwölf Diözesen, München 2008, S. 10–14.

6 Theodor Kramer, Msgr. W. Büttner zum Gedächtnis, in: Würzburger Katholisches Sonntagsblatt Nr. 11 vom 17.03.1974; [o. V.], Gedenkschrift anlässlich des 25. Todestages von Herrn Monsignore Dr. Dr. Wilhelm Büttner, Würzburg 1999.

7 Ulrich Bausewein, Msgr. Dr. Max Rößler 1911–2008, in: Diener im Weinberg des Herrn. Priesterpersönlichkeiten aus zwölf Diözesen, München 2008, S, 185–188.

8 Als Quelle wird „Religionsfreund, 1823, Nr. 63" angegeben. Ich bedanke mich bei den Damen und Herren des Diözesanarchivs Würzburg für unbürokratische Hilfestellungen.

schaftliche Leistung und Rarität. Sie wäre wahrscheinlich weiter unbekannt geblieben, hätte nicht im Jahr 2015 eine Dissertation in Buchform aus Kroatien das Gemeindearchiv Sommerach erreicht. Übersetzt lautet der Titel: *Der handschriftliche Nachlass in türkischer Sprache des Priesters Georg Adam Büttner.* Ein beigelegter, erläuternder Brief der Verfasserin drückt die Hoffnung aus, „dass dieses Buch zur Auswertung dieses wertvollen und interessanten Priesters und Philologen beitragen wird", der in Sommerach geboren wurde.[9]

Die Autorin der an der Philosophischen Fakultät in Zagreb angenommenen und dort auch publizierten Doktorarbeit ist die diplomierte Ethnologin und Turkologin Marta Andrić. Ihr Werk ist auf Kroatisch erschienen, enthält aber eine vierseitige Zusammenfassung in Englisch. Die Arbeit konzentriert sich von ihrer Zielsetzung her weniger auf Biographisches oder Historisches als vielmehr auf den Wert und die Aussagekraft des von Georg Adam Büttner zusammengestellten deutsch-türkischen Wörterbuches und die damit verbundenen philologischen Fragen hinsichtlich der Entwicklung der türkischen Sprache. Das Wörterbuch ist in dem Buch editorisch mit abgedruckt. Um Büttners bislang unbekanntes Lebenswerk auch hierzulande bekannter zu machen, hat Marta Andrić auf Anfrage dankenswerterweise einige weitere Seiten ihres Buches, die für die Einschätzung des Geistlichen und seiner Leistung bedeutsam erscheinen, aus dem Kroatischen ins Englische übersetzt und zusätzliche Fragen beantwortet.

2. Georg Adam Büttners Lebensweg

Georg Adam Büttner wurde laut Eintrag in der Taufmatrikel der Pfarrei Sommerach am 3. September 1714 als Sohn des Büttners bzw. Fassbinders („vietor") Christoph und seiner Frau Maria Felizitas Büttner in der Pfarrkirche zu Sommerach getauft. Den Vornamen verdankt er seinem Paten Johann Georg Adam Volckenstein, Lehrer („ludimoderator") in Volkach.[10] Geboren muss er also mindestens einen Tag zuvor sein, weil kaum anzunehmen ist, dass Geburts- und Tauftag zusammenfallen. August Falkenstein, der von 1924 bis 1963 in Sommerach als Pfarrer wirkte und in allen dort liegenden Pfarrmatrikeln einige historische Notizen und Ergänzungen zu manchen der aufgezeichneten Personen hinterließ, fügte dem Eintrag in der Sommeracher Taufmatrikel mit Bleistift hinzu: „NB. Wurde 20.9.1738 Wzbg. z. Priester geweiht und später Generalvikar in Jugoslawien."[11] Vermutlich hatte Pfarrer Falkenstein diese Information aus der von Franz Georg Benkert in Würzburg herausgegebenen Zeitschrift „Religions-Freund für Katholiken".[12] Im Jahrgang 1823, Heft 63

9 Der Autor dieses Beitrags betreut ehrenamtlich das Gemeindearchiv Sommerach.

10 Diözesanarchiv Würzburg, Amtsbücher aus Pfarreien 4553 Fiche 4, S. Matrikelführende Stelle Sommerach, Bd. 2, Bild 17. Für Hilfe beim zweiten, schwer lesbaren Vornamen der Mutter Büttners bedanke ich mich bei P. Franziskus Büll OSB, Münsterschwarzach.

11 Diözesanarchiv Würzburg, Amtsbücher aus Pfarreien 4553 Fiche 4, S. Matrikelführende Stelle Sommerach, Bd. 2, Bild 17.

12 Beitrag zu den Biographien verdienter und merkwürdiger Männer aus Franken, in: Der Religions-Freund für Katholiken, hg. von Franz Georg Benkert, 2. Jahrgang, 1823, Nr. 63, Würzburg 1823, Sp. 1003f.

findet sich ein knapper Beitrag über Pfarrer Büttner, der die wichtigsten Stationen seines priesterlichen Lebens auflistet.[13]

Nichts ist darüber zu erfahren, wie Georg Adam Büttner zu seiner Berufung kam. Sie wird aber ihren üblichen Lauf genommen haben. Der Ortspfarrer von Sommerach, damals der Benediktinermönch Ildephons Nötscher aus dem Kloster Münsterschwarzach, erkannte wohl seine Begabung und schickte ihn nach Würzburg auf das fürstbischöfliche jesuitische Gymnasium.[14] Obwohl schriftliche Nachweise fehlen, darf aufgrund seiner weiteren Studien angenommen werden, dass er dort den üblichen fünfjährigen Unterricht absolviert hat. Dabei standen die humanistischen Sprachen im Mittelpunkt, also die „studia inferiora". Dann folgte ein dreijähriger Philosophieunterricht, die „studia superiora". Im Jahr 1730 finden wir Georg Adam Büttner dann immatrikuliert an der Universität Würzburg, und zwar als „poeta", er studierte also an der Artistenfakultät. Sein sozialer Status wird als „pauper" angegeben.[15] Der Eintritt in die philosophischen Klassen war verbunden mit der Immatrikulation an der Universität. Drei Jahre später trat er am 10. November 1733 in das dortige Priesterseminar ein, empfing 1734 die Niederen Weihen, wurde 1736 Subdiakon, ein Jahr später Diakon und schließlich am 20. September 1738 in Würzburg zum Priester geweiht.[16]

Es folgten Kaplansstellen in Frankenwinheim und Ebenhausen, bis er Hauskaplan wahrscheinlich bei Johann Alexander von Rotenhan (1710–1791) in Untermerzbach wurde.[17] Er gehörte ja der katholischen Linie der Rotenhan an und war Eigentümer der Herrschaft Merzbach (Untermerzbach, Lkr. Haßberge) und fürstbischöflich bambergischer Obersthofmeister, Geheimrat und Oberamtmann in Höchstadt an der Aisch.[18] Dann kam die entscheidende Wende in Büttners Leben. Er wechselte 1743/44 auf den Balkan, um als Pfarrer nach Zemun, einem Vorort des heutigen Belgrad, zu gehen. Dieser Entschluss ist gewiss im Zusammenhang mit der Lockerung des Auswanderungsverbotes durch den Fürstbischof von Bamberg und Würzburg, Friedrich Karl von Schönborn (1729–1746), zu sehen. Er hatte nämlich im Zuge seiner Tätigkeit als Reichsvizekanzler in Wien neben dem Erwerb von Würden auch umfang-

---

13 Der knappe Beitrag im „Religions-Freund" (wie Anm. 12) beruht auf mehreren Quellen, die nicht angegeben werden.

14 Beitrag zu den Biographien (wie Anm. 12), Sp. 1003.

15 Sebastian Merkle (Hg.), Die Matrikel der Universität Würzburg, Teil 1, 2. Hälfte, München/Leipzig 1922, S. 584, Nr. 14463.

16 Beitrag zu den Biographien (wie Anm. 12), Sp. 1003; hier wird fälschlicherweise „1758" als Jahr der Priesterweihe angegeben.

17 Nachricht von Herrn Georg Adam Büttner Pfarrer zu Semlin des Bisthums Sirmien Archidiaconen und Vicarius Generalis, in: Litteratur des katholischen Deutschlands, zu dessen Ehre und Nutzen, hg. von katholischen Patrioten, Bd. 3, Coburg 1780, S. 383.

18 Es heißt zwar nur „Hauskaplan beim Freiherrn von Rotenhan" im „Religions-Freund" Sp. 1004 (wie Anm. 12), aber es kann wohl nur die katholische Linie Untermerzbach (Lkr. Haßberge) gemeint sein. Zu Johann Alexander von Rot(t)enhan, der 1774 in den erblichen Grafenstand erhoben wurde und ein zweites „t" in den Namen zwecks Unterscheidung von der anderen Rotenhan'schen Linie einfügte, vgl. Isolde Maierhöfer, Historischer Atlas Bayern. Teil Franken. Ebern, Reihe I, Heft 15, München 1964, S. 49–58, bes. S. 51; Marion Dubler (Hg.), Schlosspark Untermerzbach. Historische Analyse. Dokumentation. Denkmalbewertung, 2013, S. 22; im Internet abrufbar unter: issuu.com/mariondubler/auszug.2013 (letzter Zugriff: 28.02.2018).

reichen Allodialbesitz und Lehen im Königreich Ungarn erhalten.[19] Und dazu gehörte auch seit 1728 Zemun.[20] In diese Ländereien auf dem Balkan zog es zahlreiche Siedler, die es auch seelsorgerisch zu betreuen galt.

3. Georg Adam Büttners Wirken in Zemun, Diözese Sirmium (Srijem), dem Grenzgebiet zwischen osmanischem und habsburgischem Reich

Was Büttner zum Umzug in die fernen österreichisch-ungarischen Lande veranlasste, ist nicht bekannt. Jedenfalls scheint er freiwillig erfolgt zu sein; denn die Zeitschrift „Litteratur des katholischen Deutschlands“ spricht zeittypisch wohl etwas übertrieben und überhöht davon, dass der Geistliche „von wahrem Eifer für die Sache Gottes und aus Begierde für die Religion sein Leben zu lassen, von dem Fürst und Bischoffen Friderich Karl höchstseligen Gedächtnisses um die Erlaubnis angehalten hat, nach Semlin zu gehen, und alldort die Seelsorge zu übernehmen“.[21] Semlin ist der alte Name für das heutige Zemun, einem Stadtbezirk von Belgrad, gelegen auf der Halbinsel vor der Mündung der Save in die Donau.[22] Wer sich aber aus der beschaulichen Enge der fränkisch-katholischen Provinz in eine kulturell fremde und stark befestigte Grenzstadt zwischen dem Habsburger und dem Osmanischen Reich wagte, musste nicht nur religiösen Eifer, sondern auch eine Portion Mut und Abenteuerlust mitbringen; denn die Zukunft besonders hinsichtlich einer möglichen Expansion des Osmanischen Reichs lag im Ungewissen. Dazu brauchte es wohl auch eine gewisse geistige Offenheit zu einem solch risikoreichen Schritt. Immerhin war Büttner der erste Diözesanpriester in Zemun nach dem Abzug der Türken aus Zemun 1739. Der Ort lag damals in der Diözese Sirmium (kroatisch: Srijem). Dieser kirchliche Sprengel wurde noch 1773 mit der Diözese Bosnia und Djakovo (kroatisch: Đakovo, ungarisch: Diakovar) vereinigt unter der lateinischen Bezeichnung „Dioecesis Bosniensis seu Diakovensis et Sirmiensis“, wobei Djakovo (bzw. Đakovo) das neue Zentrum des Bistums wurde.[23] Von 1963 bis 2008 nannte sich das Bistum Bosna (Djakovo) i Srijem. Papst Benedikt XVI. erhob 2008 Bosna (Djakovo), das bis dahin zum Erzbistum Zagreb gehörte, zum Erzbistum mit der Bezeichnung Erzbistum Đakovo-Osijek.[24]

Vielleicht hatte Büttner die Aufgeschlossenheit und den Mut zu Neuem bei seinem Regens im Würzburger Priesterseminar, Johann Caspar Barthel (1697–1771), gelernt. Der überregional anerkannte Professor für kanonisches Recht der frühen Aufklärungszeit führte ab 1727 als Regens im Priesterseminar die Alumnen in das Studium der Kirchengeschichte und des Kirchenrechts ein.

---

[19] Winfried Romberg (Bearb.), Das Bistum Würzburg 8: Die Würzburger Bischöfe von 1684–1746 (Germania Sacra, Dritte Folge 8), Berlin u.a. 2014, S. 553.

[20] Andrić, Rukopisna (wie Anm. 1), S. 17.

[21] Nachricht (wie Anm. 17), S. 383.

[22] Zemun war in der NS-Zeit berüchtigt wegen des Konzentrationslagers Sajmište auf dem ehemaligen Messegelände.

[23] Marta Andrić, E-Mail vom 15.12.2016.

[24] Wikipedia-Eintrag: Bistum Syrmien, Zugriff am 12.02.2018; vgl. auch Annuario Pontificio per l'anno 2007, Città del Vaticano 2007, S. 223.

Barthel, ein Gegner der Jesuiten, betonte die eigenständigen und geschichtlich erwachsenen Rechte der deutschen Reichskirche und gilt als einer der Wegbereiter des späteren „Febronianismus“, einer Bewegung, die für die Selbstständigkeit der deutschen Kirche eintrat.[25] Unter ihm ist anscheinend das Priesterseminar in Würzburg „zur Schule der Bewusstseinsveränderung“, ja zu einer „Musterschule“ der Aufklärung geworden.[26] Barthel hinterließ offenbar „bei seinen Schülern grundsätzlich tiefe und nachhaltige Eindrücke“.[27]

Wie sehr dieser Gelehrte auch Georg Adam Büttner geprägt hatte, geht aus einem in gutem Latein geschriebenen Brief hervor, den er Johann Caspar Barthel 1748 aus Zemun (Semlin) schickte.[28] Er habe gehört, so Büttner nach den einleitenden Worten voller Ehrerbietung, dass Barthel Mitglied des Kapitels von Stift Haug geworden sei.[29] Er hoffe, diese Berufung stelle eine Erleichterung nach seinem bisherigen schweren Amt (als Regens) dar. Sie möge ein ruhiger und sicherer Hafen mit Gottes Hilfe für viele weitere Jahre sein. Dass ihm Johann Caspar Barthel sehr viel für das priesterliche Leben mitgab, ist Büttners Bemerkung zu entnehmen, dass er Barthel als seinen geistlichen Ziehvater und seine maßgebliche Bezugsperson sehe („velut spirituali meo parenti ac Patrone praecipuo“).[30]

Gleichzeitig meldet Büttner seinem ehemaligen Lehrer, und das wird auch der Hauptzweck des Schreibens gewesen sein, dass er am 20. August 1748 von seinem Ortsbischof als Generalvikar der Diözese Sirmium ernannt und eingesetzt worden sei. Das diesbezügliche Dekret fügte er als Kopie seinem Schreiben bei. Vermutlich wollte Büttner diese Berufung über den einflussreichen Johann Caspar Barthel in seiner Heimatdiözese Würzburg bekannt machen und sie wurde offenbar dort registriert.[31] Gleichwohl betont Georg Adam Büttner in seinem Schreiben, dass er diese Würde und dieses Amt nicht erstrebt habe, vielmehr sei er mit dem Amt eines Pfarrers sehr zufrieden gewesen, einer Aufgabe, die allein schon die Kräfte eines Menschen voll beanspruche. Aber dem Wunsch und der Anordnung seines Ortsbischofs habe er sich nicht verweigern können und so versuche er, die neue Aufgabe mit Gottes Hilfe so gut wie möglich zu erfüllen.[32] Büttner blieb aber weiterhin gleichzeitig Pfarrer in Zemun. Nachrichten über seine Seelsorgearbeit sind bislang nicht bekannt, solange sein ganzer Nachlass und die Visitationsakten noch nicht ausgewertet sind. Doch dürfte sie nicht leicht gewesen sein. Immerhin war das damalige Zemun die fra-

[25] Bestes Lebensbild bei Friedrich Merzbacher, Johann Caspar Barthel (1697–1771), in: Würzburger Diözesangeschichtsblätter 39 (1977) S. 183–201; Romberg, Würzburger Bischöfe (wie Anm. 19), S. 533f.

[26] Anton Schindling, Die Julius-Universität im Zeitalter der Aufklärung, in: Peter Baumgart (Hg.), 400 Jahre Universität Würzburg. Eine Festschrift (Quellen und Beiträge zur Geschichte der Universität Würzburg 6) Neustadt a. d. Aisch 1982, S. 77–127, bes. S. 87f.

[27] Merzbacher, Barthel (wie Anm. 25), S. 197.

[28] Epistula Prima, in: Nachricht (wie Anm. 17), S. 386f.

[29] Damit ist wohl Barthels Berufung in das Kapitel von Stift Haug in Würzburg 1743 gemeint.

[30] Epistula Prima, in: Nachricht (wie Anm. 17), S. 386.

[31] Das geht aus der Würdigung Büttners im „Religions-Freund“ (wie Anm. 12) hervor.

[32] Epistula Prima, in: Nachricht (wie Anm. 17), S. 386: „Equidem hujusmodi dignitatem aut officium numquam quaesivi, nec ambivi, solo ac simplici officio Parochi contentissimus; et cujus etiam sola amplissima obligatio totius hominis conatum exigit; nihilominus tamen, quia illustrissimus ac Reverendissimus Episcopus meus motu proprio suaque sponte pro me dispusuit, Ejusdem gratiosissimae ac dispositioni contrariari non potui“.

gile Schnittstelle zwischen dem islamisch-osmanischen Reich und dem christlich geprägten österreichisch-ungarischen Kaiserreich geworden.[33]

Im Mittelalter noch war Zemun eine eigenständige Stadt an der Südgrenze des Königreichs Ungarn, aber an Bedeutung stets von der am anderen Donauufer gelegenen Festung Belgrad übertroffen. Dies blieb auch so während der Zugehörigkeit zum Osmanischen Reich von 1541 bis 1718.[34] Der Frieden von Belgrad vom 18. September 1739 beendete den 7. Russisch-Österreichischen Türkenkrieg (auch 4. Russischer Türkenkrieg bzw. 7. Österreichischer Türkenkrieg genannt). Dabei verlor Österreich die meisten seiner Erwerbungen aus dem Frieden von Passorowitz vom 21. Juli 1718 wieder an das Osmanische Reich. Als sich die habsburgischen Truppen aus Belgrad zurückziehen mussten, stabilisierte sich die Lage an der Donau und der Savemündung. Zemun, von vielen Deutschen bewohnt, wurde zu einer Grenzfestung und Zollstation genau gegenüber dem osmanischen Belgrad.[35] Um 1740, nach der Übergabe dieser Stadt an die „Türken", war sie fast leer, füllte sich aber danach wieder mit Muslimen aus den verschiedensten Regionen an.

Das gegenüber liegende Zemun wurde nun zur Durchgangsstation von Personen unterschiedlicher Herkunft und Kulturen. Deutsche und Serben aus Belgrad, Handwerker aus Serbien und Bosnien, besonders aus Mazedonien und anderen „türkischen" Gebieten, kamen nach Zemun oder passierten es. In diesem Grenzgebiet lebten Menschen, die keine großen Geschäftsleute waren und gewiss nicht reich. Selbst Janitscharen, die Elitesoldaten des Osmanischen Reiches, mussten in Belgrad sogar zusätzlich als Handwerker arbeiten, weil ihr Sold zu niedrig war. Auch der Handel lag in den Händen von durchreisenden Geschäftsleuten, die in Gaststätten wohnten.[36]

Der Strom von Menschen und der Austausch von Waren zwischen Zemun und Belgrad und umgekehrt, also zwischen der Habsburger-Monarchie und dem Osmanischen Reich, war stark ausgeprägt. Wollten Besucher der Balkanhalbinsel die Stadt Zemun betreten, mussten sie sich oft erst einer manchmal wochenlangen „Quarantäne" in der Stadt unterziehen. Waren und Briefe „aus der Levante und der Türkey" wurden geräuchert und an die Luft gelegt, „um die Ansteckung der Pest zu verhindern".[37] Trotz mancher Versuche auf türkischer und österreichischer Seite, die Lage an der Grenze zwischen Save und Donau zu stabilisieren und Konflikte zu vermeiden, gab es immer wieder ernste Vorfälle, die die höchsten Stellen der beiden Reiche beschäftigten. Vor allem aber hatte sich dort eine kriminelle Halbwelt eingenistet, die typisch für Grenzgebiete ist mit Spionen, Dieben, Geld- und Warenschmugglern, Gangs, Pferdedieben und sogar Sklavenhändlern, die besonders die Küste von Zemun bevölkerten.[38]

---

[33] Johannes Hübners Reales Staats- Zeitungs- und Conversations-Lexicon, Leipzig 1795 (26. Aufl.), Sp. 2699.
[34] Nach Wikipediaeintrag „Zemun"; im bekannten Volkslied „Prinz Eugen, der edle Ritter", wird Semlin als Lagerplatz vor der Befreiung Belgrads erwähnt.
[35] Nach Interneteintrag, Wikipedia, „Zemun".
[36] Andrić, Rukopisna (wie Anm. 1), S. 18.
[37] Johannes Hübners Lexicon (wie Anm. 33), Sp. 2699.
[38] Andrić, Rukopisna (wie Anm. 1), S. 18.

Es waren mithin ärmliche und sehr unsichere Lebensbedingungen in einem multiethnischen und damit natürlich auch vielsprachigen und nicht ganz leichten Umfeld, in dem Georg Adam Büttner als Seelsorger wirkte. Er selbst wohnte in einem nicht sehr großen Pfarrhaus mit einem Kaplan, seinen beiden Schwestern und einem Diener.[39] Seelsorgearbeit bedeutete also, ein Amt auszuüben mit Sorgfalt und mit Blick auf Nichtkatholiken, um Irritationen oder gar Konflikte zu vermeiden. Ob aber der Pfarrer aus Franken besonders den Muslimen mit Toleranz gegenüber ihrer Religion begegnete, ist kaum anzunehmen angesichts der Zeitumstände, der kirchlichen Lehrmeinung und seiner die Mentalität prägenden Ausbildung. Sein einflussreichster Lehrer im Priesterseminar zu Würzburg, der oben erwähnte Kanonist Johann Caspar Barthel, trat zwar für religiöse Offenheit ein, aber nur für die geduldeten christlichen Konfessionen nach den Beschlüssen des Westfälischen Friedens von 1648.[40] Daraus leitete der Professor eine gewisse Toleranz nach territorialstaatlichen Vorgaben ab. Der Islam aber galt für Barthel und für andere katholische Autoren seiner Zeit als ein Irr- oder Unglaube und der katholischen Religion in keiner Weise gewachsen. Er sei aber unter bestimmten Umständen zu dulden, wobei die eventuelle Gewährung von Toleranz nach den Vorstellungen Barthels vom Willen des zu Tolerierenden abhänge.[41]

Dass die Seelsorgepraxis angesichts der besonderen Lage seiner Pfarrei und seines täglichen Umgangs Georg Adam Büttner zu religiöser Toleranz inspiriert hat, ist aus seinem Wörterbuch nicht abzuleiten.[42] Vielmehr passte er sich dem Nebeneinander der Religionen und den unterschiedlichen Gegebenheiten der Grenzstadt an. So schreibt er, dass er die Krankenkommunion immer verborgen tragen musste wegen der unterschiedlichen Ethnien und Nationen, wie Türken – ein Sammelbegriff für Menschen islamischen Glaubens in dem Vielvölkerstaat auf dem Balkan –, Juden, „Schismatikern", womit er wohl orthodoxe Christen meinte, und anderen, um zu vermeiden, dass das heilige Sakrament missachtet werden könnte.[43] Aber er pochte auch auf die Durchsetzung bestimmter Rechte für Katholiken. Etwa dass nach vorheriger Anmeldung die Stadtverwaltung im Vorfeld von Fronleichnam eine Anweisung erlassen sollte an die dort lebenden „Türken", während der Fronleichnamsprozession ihre Häuser nicht zu verlassen. Die Anhänger der christlichen Ostkirchen sollten bei dieser Gelegenheit von der Obrigkeit angewiesen werden, die Kopfbedeckung abzunehmen und sich hinzuknien beim Anblick der Monstranz mit der geweihten Hostie.[44]

Obwohl, wie Marta Andrić schreibt, „das ganze Milieu nicht angenehm und leicht war, so war es doch anregend für den polyglotten Büttner", denn

---

39 Ebd.

40 Matthias J. Fritsch, Religiöse Toleranz im Zeitalter der Aufklärung. Naturrechtliche Begründung – konfessionelle Differenzen (Studien zum achtzehnten Jahrhundert 28), Hamburg 2004, bes. S. 272–275. In Barthels Denken, das von „philanthropia" geprägt war, zeigen sich „deutlich die Spannungen zwischen aufgeklärten und traditionellen Momenten" und Toleranz dürfe nur „im Notfall" zugestanden werden (S. 281). Vgl. auch Andreas Fischer, Toleranz für das Fremde? Die deutsche Aufklärung und der Islam, Bd. 1., Niederstedt 2010, S. 208–215.

41 Fischer, Toleranz (wie Anm. 40), S. 220.

42 Mitteilung von Marta Andrić (E-Mail vom 24.11.2016),

43 Andrić, Rukopisna (wie Anm. 1), S. 17.

44 Ebd.

es kam seinem ausgeprägten Interesse an Sprachen entgegen, für die er offensichtlich auch die nötige Begabung und Hingabe mitbrachte.[45] Der Geistliche konnte oder verstand Latein, Italienisch und Französisch. Türkisch ergab sich für den Seelsorger wohl zwangsläufig angesichts der sprachlichen Vielfalt in seiner Pfarrei. Sein Nachruf erwähnt, dass er eine „orientalische Sprache" gelernt habe, um „fremdländische Seelen für den Himmel zu gewinnen". Diese Sprachkenntnisse habe er besonders beim Beichthören von Armeniern, die aus der Türkei durch die habsburgischen Gebiete zogen, und bei der christlichen Glaubensunterweisung anwenden können.[46] Inwieweit und wie ihm die beabsichtigte seelsorgerlich-missionarische Arbeit in seinen 25 Jahren in Zemun als Pfarrer, seit 1746 auch als Archidiakon und ab 1748 als Generalvikar, gelang, ist nicht nachprüfbar.[47]

Nachdem Büttner in der Militärstadt Zemun am 9. Mai 1779 versehen mit den Sterbesakramenten gestorben war, verfasste der Kuratus des Lazaretts von Semlin (Zemun), Thomas Micklausich, an das Stiftskapitel in Würzburg einen Nachruf mit der Bitte um ein Gebet für den Verstorbenen.[48] Darin beschreibt er Georg Adam Büttner als einen seeleneifrigen, äußerst anspruchslosen und überaus großherzigen Mensch besonders den Armen gegenüber. Bei seinem Tod soll er nichts außer einer unverheirateten, armen und kranken Schwester hinterlassen haben.[49]

4. Büttners wissenschaftliches Erbe: das deutsch-türkische Wörterbuch

Das entspricht nicht ganz den Tatsachen, denn laut einer Bücherliste, die nach seinem Tod angefertigt wurde, umfasste seine stattliche Bibliothek mindestens 311 Bücher, die unter anderem in Venedig, Prag, Wien, Paris, Zagreb, Trnava (Slowakei), Tübingen und anderen wichtigen europäischen Städten gedruckt worden waren.[50] Daraus kann man den Schluss ziehen, dass Büttner nicht nur ein Bücherfreund war, sondern die Stadt Zemun für ihn trotz der prekären politischen, sozialen und religiösen Umstände keinesfalls seine offenbar weitgespannten Interessen hemmte. Er bildete sich auch weiter, wobei der Schwerpunkt seiner Neigungen offenbar vornehmlich auf sprachlichem Gebiet lag. Denn der Geistliche hinterließ der Nachwelt ein wichtiges immaterielles Erbe, neben kleineren handschriftlichen Bänden mit religiösen und linguistischen Unterweisungen und zwei Listen mit Sprichwörtern in türkischer Sprache, vor

---

45 Ebd.

46 Nachricht von Herrn Georg Adam Büttner (wie Anm. 17), S. 387.

47 Laut Religions-Freund (wie Anm. 12), Sp. 1003 soll er erst 1748 Archidiakon geworden sein. Darin wird auch behauptet, dass sich Büttner die „neueren orientalischen Sprachen" angeeignet habe, was im Widerspruch zur Todesanzeige (Nachricht [wie Anm. 17], S. 387) steht, wo nur von einer „orientalischen Sprache" die Rede ist.

48 Nachricht von Herrn Georg Adam Büttner (wie Anm. 17), S. 387f. (Epistula Secvnda). – Im „Religions-Freund" (wie Anm. 12), Sp. 1003 ist dieser Nachruf in deutscher Übersetzung inhaltlich fast wörtlich übernommen worden mit ein paar Fehlern.

49 Nachricht (wie Anm. 17), S. 388. Tatsächlich waren es gemäß den Visitationsakten seine beiden unverheirateten Schwestern und ein Kaplan, die bei ihm wohnten (siehe oben Anm. 39).

50 Andrić, Rukopisna (wie Anm. 1), S. 18.

allem ein deutsch-türkisches Wörterbuch auf handgeschriebenen 128 Blättern, die lange Zeit unbeachtet in der Diözesanbücherei der Diözese Đakovo und Srijem lagen.[51]

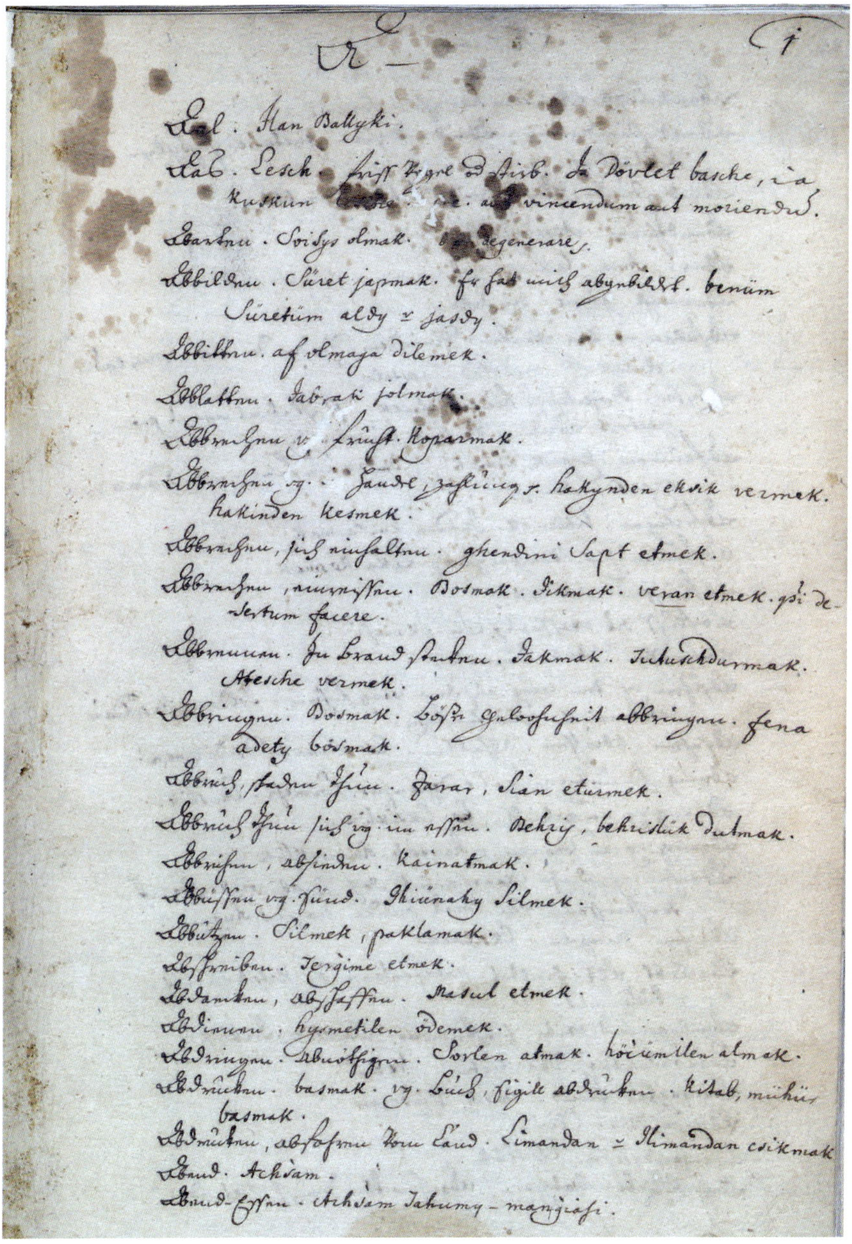

Abb. 1: *Beginn des Wörterbuchs mit „Aal" (Foto: Marta Andrić).*

[51] Gerade die Überreste seiner Bibliothek deuten auf Büttners großes philologisches Interesse; ebd., S. 27.

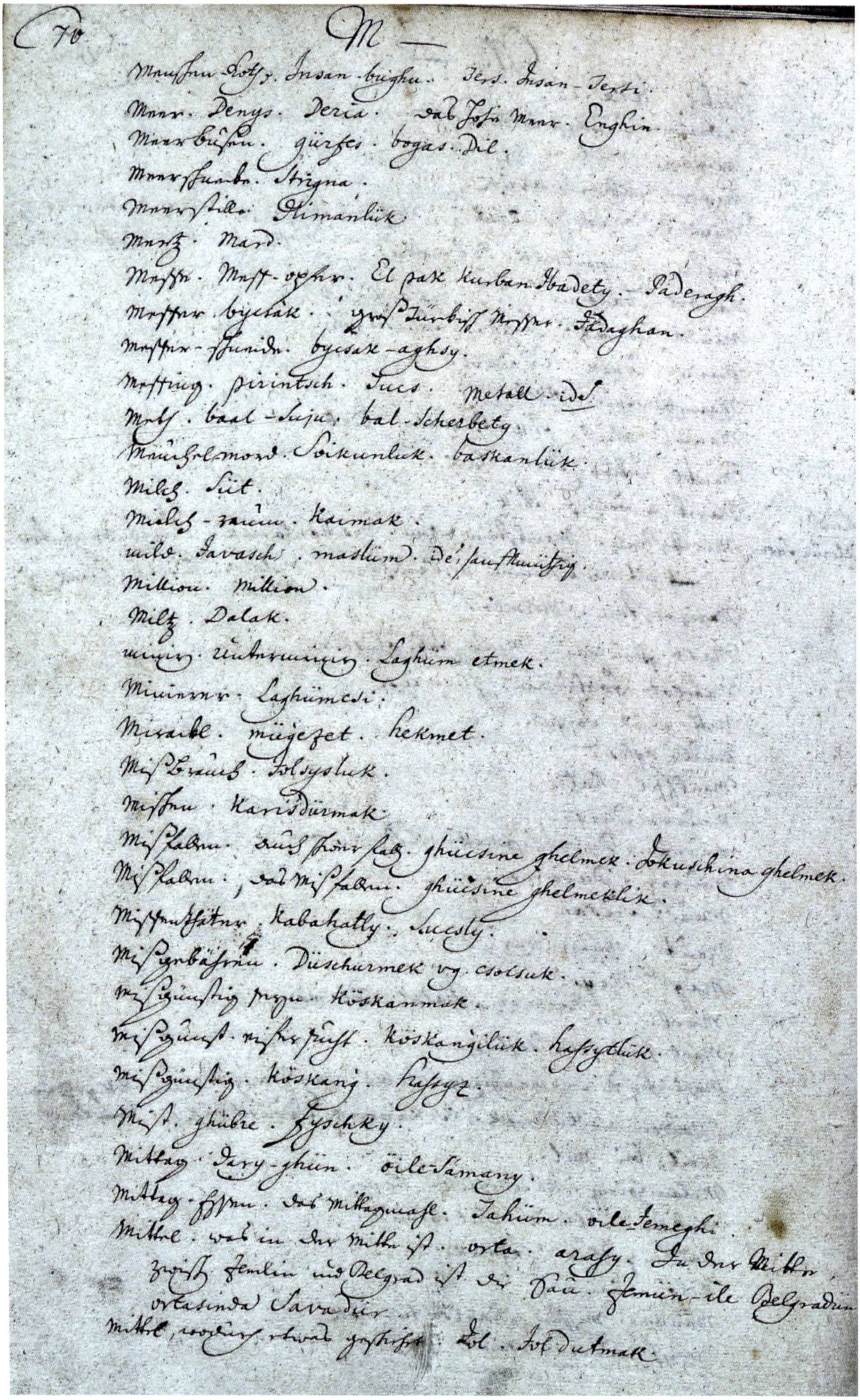

Abb. 2: *Buchstabe „M“ (Foto: Marta Andrić).*

Dessen wissenschaftlicher Wert ist immerhin so hoch einzuschätzen, dass es Marta Andrić 2015 als Gegenstand einer Dissertation diente. Das handgeschriebene Nachschlagewerk trägt den Titel: „Türkische[s] Wörter-Buch oder Dictionarium Seu Vocabularium" und ist von der Autorin vollständig ediert worden.[52] Bei der Analyse des gesammelten Wortschatzes ging es der Autorin vornehmlich um dessen philologische Einordnung im Hinblick auf Vorlagen des Wörterbuches, auf Sprachstand und Entwicklung des Türkischen. Büttner hatte das Nachschlagewerk nicht aus Deutschland mitgebracht, sondern er stellte es in Zemun handschriftlich zusammen, worauf etwa die regionaltypischen Eigenheiten und Ortsnamen hindeuten. Gleichwohl nimmt Marta Andrić an, dass Georg Adam Büttner schon mit gewissen Grundkenntnissen des Türkischen auf den Balkan gekommen war. Er war offenbar Autodidakt, denn sein Türkisch kann als „angelernt" bezeichnet werden, weil seine türkischsprachigen Quellen offensichtlich Bücher oder sprachliche Lehrwerke waren und weniger die lebende Sprache an sich oder ein bewusster Sprachunterricht. Er muss sich aber über einen längeren Zeitraum mit dieser Fremdsprache beschäftigt haben.[53]

Dennoch ist Büttners Türkisch keineswegs archaisch, was häufig der Fall ist, wenn Autoren einfach ihre Vorgänger kopierten. Vielmehr bildet sein Werk laut Marta Andrić einen bestimmten Sprachzustand ab, indem er „sein" Türkisch den Tendenzen seiner Zeit angepasst hatte. Natürlich unterscheidet sich das von Büttner festgehaltene Türkisch von der heutigen Sprech- und Schreibweise. Das gegenwärtige Türkisch ist viel weiter von Büttners Aufzeichnungen entfernt als etwa das Deutsch des 18. Jahrhunderts vom heutigen Sprachgebrauch. Als Turkologen das Wörterbuch erstmals vor einigen Jahrzehnten zugänglich gemacht wurde, waren sie geradezu begeistert, weil durch Büttners Dokumentation des Türkischen es möglich wurde, die Entwicklung der Phonologie dieser Sprache zu verfolgen, was schier unmöglich wäre bei Texten in osmanisch-arabischen Schriftzeichen.[54]

Büttner folgte bei der Zusammenstellung seines Wörterbuchs dem Beispiel anderer, damals zugänglicher deutsch-türkischer Nachschlagewerke, die in nicht geringem Maße in Mitteleuropa im Umlauf waren. Er bediente sich auch ihrer hinsichtlich der Auswahl der deutschen Begriffe, die er dann ins Türkische übertrug, wobei er eine Anzahl von Wörtern unübersetzt ließ.[55] Augenscheinlich benutzte Büttner die Grammatik des bekannten Orientalisten Meninski (1623–1698)[56] und diejenige des Jesuiten und Linguisten Holdermann (1694–1730), die 1730 in Istanbul erschienen war.[57] Es scheint auch sicher, dass Büttner das arabische Alphabet nicht beherrschte, in dem das Türkische damals geschrieben wurde; erst 1928 wurde bekanntlich offiziell die

52 Ebd., S. 135–239.
53 Ebd., S. 131 und 28.
54 Ebd., S. 27.
55 Ebd., S. 29.
56 François de Meninski, Complementum Thesauri linguarum orientalium, seu onomasticum Latino-Turcico-Arabico-Persicum, 4 Bde., Wien 1680–1687 (auch François Mesgnien genannt).
57 Jean-Baptiste Holdermann, Grammaire turque ou methode courte et facile pour apprendre la langue turque, Konstantinopel 1730.

lateinische Schreibweise in der Türkei eingeführt. Büttners Wiedergabe des Türkischen beruht auf der deutschen (lateinischen) Schreibweise seiner Zeit. Man könne laut Marta Andrić sein Wörterbuch als die phonetische Umsetzung der türkischen Sprache in der Art und Weise, wie er sich die Ausdrücke und Worte vornehmlich durch Zuhören und Lesen bis dahin angeeignet hatte, charakterisieren.[58]

Dabei transkribierte er die Worte und Ausdrücke nach der Lautung, wie sie in Zemun und in Westrumelien, also in den osmanischen Gebieten vornehmlich auf dem Balkan, gebräuchlich war. Allerdings ist es nach Ansicht der Turkologin Andrić auffällig und bemerkenswert, dass sich in Büttners Nachschlagewerk auch Einträge finden, die das Istanbuler Idiom der damaligen Zeit wiedergeben. Das bedeutet, dass der Geistliche in seiner Pfarrei Zemun Kontakt mit Sprechern aus Istanbul hatte, weil nicht anzunehmen ist, dass Büttner selbst in Istanbul gewesen ist. Nach Andrić könnte es möglich sein, dass er die Istanbuler Sprachvarianten von den Armeniern, die über die Hauptstadt des osmanischen Reiches nach Zemun gelangten, aufgeschnappt haben könnte.[59] Durch die Art der Überarbeitung vieler Worte und der Transkriptionen gelang es Büttner schließlich, ein eigenständiges Wörterbuch zu verfassen. Er lieferte damit gleichzeitig den Beweis, dass sein Türkisch ein so hohes Sprachniveau erreicht hatte, um ein solch großes Werk vollständig meistern zu können.[60]

Unbekannt bleibt, wann und in welchem Zeitraum genau das Wörterbuch in Zemun entstanden ist und wie er die Zeit für diese Fleißarbeit fand neben seiner Seelsorgearbeit. Es enthält alphabetisch geordnet circa 3700 Einträge in dem Deutsch und der Schreibung der damaligen Zeit am linken Rand einer Seite und den Entsprechungen in Türkisch unmittelbar danach, beginnend mit „Aal“ und endend mit „Zwiebel, kleine“. Die alphabetische Ordnung wird anscheinend nur einmal unterbrochen, und zwar bei den Buchstaben U und V.[61] Unklar bleibt auch die Anordnung nach „Instrument“; denn dort erscheinen zuerst die türkischen Worte und nicht, wie üblich, die deutschen; es scheint, als handele es sich dabei um Beispiele für unterschiedliche türkische Instrumente, wie Gitarre, Pfeife oder türkische Trompete („Cymbal“).[62]

Büttner hielt nicht nur einzelne Wörter fest, sondern oft auch zu deren besserem Verständnis, besonders bei Worten mit Bedeutungsschwankungen, den sprachlichen Kontext. Er gab dann Beispielsätze und auch Erklärungen in lateinischer Sprache. Die aufgelisteten Worte und die Beispielsätze müssen auch als ein wichtiges sprachliches Dokument des 18. Jahrhunderts und als eine Fundgrube der speziellen Lebenswirklichkeit im heutigen Kroatien nah an der Grenze zu Serbien angesehen werden. In vielen aufgezeichneten Wör-

---

58 Andrić, Rukopisna (wie Anm. 1), S. 132.

59 Darauf deutet ihrer Meinung nach (E-Mail vom 24.11.2016) auch der Nachruf in: Nachricht (wie Anm. 17), S. 397 hin, wonach er „die orientalische Sprache“ gelernt habe, um Armeniern, die aus der Türkei nach Zemun kamen, die Beichte abzunehmen und sie im christlichen Glauben zu unterweisen: „Vt extraneas coelo lucrari posset animas, linguam orientalem percepit, hac saepius Armenos ex Turcia ad partes Caesareas transeuntes in confessionali exaudiens, et in doctrina christiana erudiens.“

60 Andrić, Rukopisna (wie Anm. 1), S. 29.

61 Vgl. Edition ebd., S. 222f. und 226f.

62 Vgl. Edition ebd., S. 185.

tern und Ausdrücken spiegeln sich vor allem die Seelsorgetätigkeit des Georg Adam Büttner, aber auch die Art seines Umgangs mit den Menschen und ihrer Umwelt und natürlich auch persönliche Beobachtungen, Erfahrungen oder Einstellungen des Pfarrers.

Wie gezielt Büttner offenbar türkische Entsprechungen für die Seelsorgepraxis in seinen Worteinträgen und Beispielsätzen ausgewählt hat, geht aus folgenden Beispielen hervor, die manchmal wie Versatzstücke für eine Predigt oder Belehrung klingen[63]: Ablass der Sünden, Ablass-Pfennig, Christmonat, Donnerkeil, fromm, Fürbitte, Beichte, Buße, Reue, Fegefeuer, fleischliche Lüste, böse Neigungen, Fleischtag, abtöten, Andacht, Apostel, Glocke, Papst, „Dreyfaltigkeit, ein Gott, drey Personen". Beim Eintrag „empfangen" in der Bedeutung von „schwanger werden" übersetzt er den Merksatz: „Christus ist empfangen worden im Leib der reinesten Jungfrau Maria durch Wirckung des H. geistes". Weitere Beispiele aus dem theologisch-seelsorgerlichen Bereich: „Gottes gebott können nicht verleugnet, nit umgestossen werden", „es ist Gottes gewalt oder vermögen, diese Welt in einem Augenblick zu vernichten", „liege täglich dem gebet und guten werken ob", „von der Sünd kommt viel Schaden her". Er übersetzt Worte wie etwa Martyrer, Totenbahre, Teufel austreiben, Messe, Glaubensartikel, rechtgläubig, Rauchfass, Schutzengel, Teufel, Todsünde. Andere Worteinträge entstammen dem häuslichen Bereich, wie etwa Bratpfanne, Fingerhut, schlachten, Bratwurst (vielleicht eine Reminiszenz an seine fränkische Herkunft), Mehlspeis, Meerrettich, Fleischbrühe, geräuchert, Pökelfleisch, Zitronensaft, Aprikosen, Granatapfel, Knoblauch, Kürbis, eingemachte Oliven, Weintrauben, Treber, „von viel wein trincken entspringt die trunckenheit", Tabak. Büttner vergisst auch nicht, seinen Namen ins Türkische zu übersetzen.

Daneben werden einige Vertreter der dortigen Tierwelt aufgelistet: u.a. Fledermaus, Flöhe, Ratte, Stier (mit zwei Bedeutungen: ein junges männliches Rind und „starker Jüngling"), Nachteule, Nachtigall, Ameisen. Aus dem medizinischen Bereich stammen: Arznei, Blattern, Grind, Grätze, Gries- oder Steinschmerzen, Seitenstechen, „Stuhlgang nit haben", Rotlauf, Scharlach, Pest. Nicht zuletzt enthält das Wörterbuch Begriffe, die die Lebenswirklichkeit und Zustände seiner umtriebigen Stadt beschreiben: Amtsschreiber, Audienz, Accis (Zoll), Vogelfang, Obrist, Überfall, „crepieren wie ein Viehe", duellieren, steinigen, köpfen, Mord, Mordbrenner, Frauenhaus (des Großfürsten), Hurenhaus, Hurenwirt, Hurenkind, Knabenschänder, „Radbrechung" (rädern), Kirchenasyl („Wan ein überthäter in den Kirch-hof fliehet, ist er sicher oder frey"). Das Wortfeld „Todt" umfasst sogar elf Einzeleinträge.

Besondere Aufmerksamkeit verdienen Beispielsätze; denn oft geben sie Büttners Alltag in der Seelsorge und die Beobachtungen seiner Umwelt in besonderer Weise wieder: „Ich kann der Hemmet nit wechseln, ich hab keins mehr": „ich verstehe, begreiff, dass die Sonn gleich einer stück Kugel läufft"; „Es ist mir in [der] kirch zu lachen ankommen; mich eingehalt, hab verbis-

---

63 Sie sind in moderner deutscher Schreibweise aufgeführt mit Ausnahme der in Anführungszeichen wiedergegebenen Wörter, Ausdrücke oder Phrasen, ohne jeweils auf die genauen Fundstellen hinzuweisen aus Gründen der Vereinfachung und Übersichtlichkeit.

sen"; „ich bin raubern mit harter Müh entgangen", „gestern ist zu Belgrad eine lüderliche That geschehen"; „sie haben ihn so sehr geschlagen, dass sein Leib ganz blau worden ist"; „in der Mitte zwischen Zemlin und Belgrad ist die Sau" (Save); „die Donau ist gefroren"; „in diesem dorff seynd thails deutschen thails raitzen" (Serben); „zu Belgrad hat sich was zugetragen daß 2 regimenter mit einander angefangen zu streit(en), zu krieg"; „er hat verdient, daß man ihn ein/ aufgefangen, soll nit ohne Pass gehen"; „das Volck, sobald es die soldaten gesehen, hat sich zerstreut".

Büttners Beobachtungen und auch Vorbehalte im Zusammenleben mit Osmanen sind folgenden Beispielsätzen zu entnehmen: „Der erfunden hat, daß die Türcken in Semlin wohnen sollen, den sol Gott dafür bestrafen"; „die Türcken beschweren die Christen sehr"; „der Pascha zu Belgrad gehet unbekannter weiß herum"; „Francken seyed bey weitem gescheiter alß die Türcken"; „aus der Türcken üblen betragen kann ein krieg entstehen"; „viele Türcken knöpfen ihr brust nit zu"; „einem Christen ist verbotten beym Türcken was grüns zu tragen" (Grün ist die Farbe des Propheten); „weiße schleyer, so die Türckische weiber ums gesicht binden"; „den Türcken ist der wein nit erlaubt, verbotten"; „der Pascha hat vollmacht aller orten den menschen hin zu richten, am leben zu strafen"; „Anatolia ist der Türcken erbland". Ob man aus dem Eintrag „seuffzen" und dem Beispielsatz „das seufzen nach Vaterland, Heimwehe" Büttners eigene Situation oder Befindlichkeit im fernen österreichisch-ungarischen Königreich (Slawonien) herauslesen kann?

Büttners Wörterbuch stellt also nicht nur ein sprachliches Nachschlagewerk aus dem 18. Jahrhundert dar, sondern präsentiert sich auch als eine kleine Sammlung von Alltagssituationen und der Lebenswirklichkeit in einer gespaltenen und gefährlichen Stadt. Es diente ihm zweifelsohne vor allem bei seiner Arbeit in der Seelsorge, in der er seinen Glauben zu propagieren und verteidigen hatte, und beim Zurechtkommen im bürgerlichen Leben als ausreichendes und nützliches Instrument der Verständigung. Er übersetzt beispielsweise die „unterschiedliche weiß zu grüßen" über den Tag hinweg und die Fragen „wie steht's oder geht's?", oder „was man beim Niesen" sagt.[64] Aber ob Georg Adam Büttner durch die Arbeit an seinem Wörterbuch und durch die Auseinandersetzung mit der Fremdsprache und der Begegnung mit Menschen auch zu einem tieferen Verständnis der türkisch-osmanischen Kultur, seiner Menschen und der Religion vorgedrungen ist, kann nicht verifiziert werden.

Das ist aber aufgrund der wenigen, oben zitierten Beispielsätze, die diese Alltagsproblematik berühren, wenig wahrscheinlich und es wäre auch ungewöhnlich.[65] Er war als ein überzeugter, katholischer, mit Vorurteilen behafteter Geistlicher ein Produkt seiner zutiefst katholisch-christlich normierten Sozialisierung, in der religiöse Toleranz in unserem modernen Sinne kaum Platz hatte, auf den Balkan gekommen. Sicherlich auch mit dem Vorsatz, seinem Glauben den gebührenden Platz wieder zu verschaffen und eine Art Missionsarbeit in einer muslimischen Umgebung zu betreiben. Bemerkenswert ist immerhin sein Beispielsatz samt jeweiliger Übersetzung im Wörterbuch unter dem Eintrag

---

64 Vgl. Edition bei Andrić, Rukopisna (wie Anm. 1), S. 179.
65 Mitteilung Marta Andrić (E-Mail vom 24.11.2016).

„vier“, der möglicherweise auch seine persönliche Einschätzung wiedergibt: „vier ding den Vorzug haben; der Frank[en] oder Lateiner verstand. Die Wissenschaft der Araber. Der Indianer Reichtum, der Türck[en] pracht; 4. Schrifft oder bücher“, womit er die heiligen Schriften meinte, also das Evangelium und den Koran.[66]

Georg Adam Büttner hat sein Wörterbuch in einer schwungvoll-markanten, flüssigen und leicht nach rechts geneigten Schrift in damaliger Manier zu Papier gebracht. Geht man von Abbildungen im Buch und von einigen Scans aus, die Marta Andrić zur Verfügung stellte, dann sind die Buchstabenformen nicht immer durchgängig konsistent und auch manchmal nicht leicht zu entziffern oder auseinanderzuhalten. Deshalb ist es verständlich und zu vernachlässigen, dass sich bei der Transkription mancher der mehr als 3000 deutschen Worte und der Beispielsätze durch eine Bearbeiterin, die keine deutsche Muttersprachlerin ist, ein paar wenige Lese- oder Druckfehler eingeschlichen haben. Beim Eintrag „Eidam“ muss es sicher Tochtermann oder Dochtermann und nicht „hochtermann“ heißen; „Evangelium“ statt „Evangelius“; stinkend „wie ein Aas“ und nicht „wie ein Aab“ (wenn man die türkische Entsprechung übersetzt); die Einträge „Obrihter“ und die entsprechenden Komposita müssen „Obrister“ heißen; der Beispielsatz nach „träncken“ sollte heißen „orth das Viehe zu träncken“ statt „das Virhe“; rechtgläubig statt „rachtglaubig“. Auch bei der Transkription von lateinischen Ausdrucken haben sich anscheinend Flüchtigkeitsfehler ergeben.

Etwas problematisch ist die Titelseite des Wörterbuchs, die auf dem Buchcover abgedruckt ist. Nach „Türckische[s] Wörter-Buch oder Dictionarium seu Vocabularium“ folgt mit etwas Abstand: „Honorate, pretiose ~ aestimate, Eximie Amice! Rayetlü, hür metlü, sadakatly dostüm“. Es ist zumindest unsicher, ob diese Zeilen auch von Büttner selbst stammen und zum Titel gehören, wie Marta Andrić annimmt. Sadakatli (heutige Schreibweise) bedeutet treu, dostum meint Freund und riayet heißt Achtung, Respekt. Also beginnt die türkische Zeile etwa so: Sehr geehrter, [...], treuester oder bester Freund. Sie ist in einem Zug geschrieben. Die lateinische Zeile darüber („Honorate ...“) ist danach, nicht davor geschrieben worden, und zwar als einzelne Wörter, nicht als eine einheitliche Zeile. Das Ganze wirkt deshalb wie ein Versuch, die türkischen Wörter eines nach dem anderen zu übersetzen. Aus irgendeinem Grund wollte also der Schreiber der lateinischen Wörter die türkische Zeile in das Lateinische übersetzen, und zwar Wort für Wort. Deshalb entsteht nicht der Eindruck, dass diese lateinische Zeile eine Ergänzung zum Titel („Dictionarium“) ist, sondern eher behelfsweise aufgeschrieben ist oder eine Sprachprobe darstellt. Vielleicht hatte der Schreiber (Büttner?) gerade kein Papier zur Verfügung und notierte die Zeilen auf dem Titelblatt. Händegleichheit ist vielleicht zu vermuten, obwohl die unteren Zeilen in Latein und Türkisch in anderer, hellerer Tinte und auch mit etwas anderem Duktus geschrieben sind und einen Nachtrag darstellen.[67]

---

[66] Vgl. Edition bei Andrić Rukopisna (wie Anm. 1), S. 217.

[67] Für fachmännischen Rat bedanke ich mich sehr bei Herrn StD Justus Finkel, Schwarzach / Main.

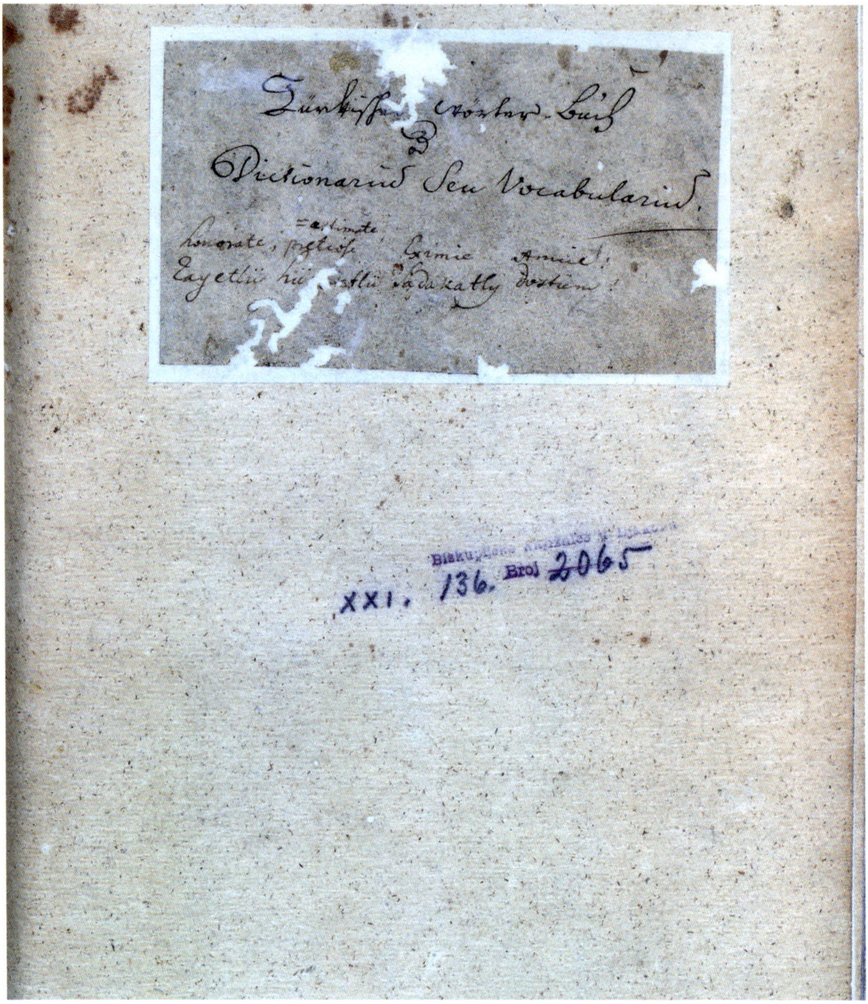

Abb. 3: *Titelblatt des Wörterbuchs (Foto: Marta Andrić).*

5. Resümee

Die marginalen Einwände hinsichtlich der Transkription können das Verdienst und den großen Wert der Untersuchung der Turkologin Marta Andrić nicht schmälern. Sie hat einen bislang unbekannten einfachen Geistlichen der Diözese Würzburg dem Vergessen entrissen und ihn nun auch in seiner Heimat bekannt gemacht. Ferner hat die Autorin das opus magnum des fränkischen Pfarrers und Amateurs im besten Sinne des Wortes auf wissenschaftlich fundierte Weise philologisch analysiert und eingeordnet. Durch die Würdigung seines Werkes und die Edition hat sie das Wörterbuch der Forschung und der interessierten Öffentlichkeit bereitgestellt. Ihrer zusammenfassenden Einschätzung nach war Büttner nicht bloß ein einfacher Kleriker, sondern ein fleißiger und polyglotter Zeitgenosse, ja sogar ein Turkologe, auch wenn er sich die Kenntnisse und Fähigkeiten auf autodidaktischem Wege angeeignet hatte.

Auch wenn sein Wörterbuch primär angelegt gewesen sein mag zum Zwecke der Seelsorge, so sei doch die Hauptmotivation für diese fleißige Arbeit die Leidenschaft für Fremdsprachen gewesen, glaubt die Verfasserin. Aus wissenschaftlicher Sicht ist ihrem Urteil nach Büttners handgeschriebenes Wörterbuch „eine wirkliche Seltenheit“ und „einzigartig für Kroatien“.[68] Auch diene es als ein weiteres wichtiges Arbeitsinstrument, um die Entwicklungslinien der türkischen Sprache bis in die Gegenwart zu verfolgen. Büttners Wörterbuch ist ihrer Einschätzung nach das Produkt eines überaus eifrigen, sprachlich sehr interessierten und bescheidenen Pfarrers neben seiner schwierigen Seelsorgetätigkeit. Dabei gelang Georg Adam Büttner aus Sommerach am Main ein bislang übersehener Beitrag zur Kultur einer wichtigen Sprache. Wer sein deutsch-türkischen Wörterbuch sorgfältig durchblättert, wird besonders in den Beispielsätzen persönlich gefärbte Eindrücke aus der Alltagswirklichkeit und des Zusammenlebens in einer unruhigen, multiethnischen Stadt nah an der Grenze zwischen christlichem Abendland und dem osmanischen Großreich in der zweiten Hälfte des 18. Jahrhunderts entdecken.

Abb. 4: *Die heutige Pfarrkirche von Zemun, erbaut bald nach Pfarrer Büttners Tod (Foto: Marta Andrić).*

[68] Andrić, Rukopisna (wie Anm. 1), S. 131 und E-Mail Marta Andrić vom 24.11.2016.

Nikolaus Casseder – ein vergessener katholischer Priester und aszetischer Schriftsteller

Zum 250. Geburtstag mit einer Würdigung seiner literarischen Arbeit

Joachim Schnürle

> *„Mit keinem, er sei Protestant oder Katholik, würde ich aber so gern meine letzten Stunden in religiösen Gesprächen beschließen, als mit unserm herrlichen Freunde Casseder.“*[1]

Über das Leben und Wirken des fränkischen Priesters Nicolaus Casseder gibt es nur zwei verwertbare biographische Skizzen, die auch Grundlage des unten folgenden Überblicks über sein Leben sind.[2] Obwohl Casseder zu seinen Lebzeiten als beeindruckender Prediger galt und auch als Gelehrter gesehen wurde, schwand das Interesse an ihm rasch nach seinem Tod. Nach dem 19. Jahrhundert sucht man ihn vergebens in biographischen Sammelwerken oder literaturgeschichtlichen Bibliographien. Eine Ausnahme bildet lediglich die Deutsche Biographische Enzyklopädie[3], die den bayerischen Priester in einem kleinen Absatz kennt. Das eingangs genannte Zitat bekundet auch etwas von der Wirkung, die die Person Casseders auf Freunde und Predigthörer hatte. Man schätzte ihn als Christen, als Ratgeber, sicherlich auch als Beichtvater und in der Seelenführung, die ebenso wie seine schriftstellerische Arbeit von einer Begeisterung für Christus und das Christentum geprägt war.

Hier nun soll ein kurzer Überblick über das Leben von Nicolaus Casseder gegeben werden. Der Schwerpunkt soll dann aber auf dem literarischen Schaffen von Casseder liegen. Dabei wird sich zeigen, dass das Leben dieses an sich eher unbedeutenden „Landgeistlichen“ literarische Früchte getragen hat, die weiterer Beachtung wert sind und seine geistlichen Anliegen auch heute noch aktuell sind.

---

1 Zitat in: Erinnerungen aus meinem Leben in biographischen Denksteinen und andern Mittheilungen, Erster Band: E. T. W. Hoffmann und F. G. Wetzel, hg. von Z. Funck. Leipzig 1836, S. 296. Ebd. wird noch eine Anmerkung angegeben: „Der verewigte treffliche Mann war unser gemeinschaftlicher, vertrauter Freund, und gegenseitige Besuche hatten öfters zwischen uns statt“. Es handelt sich bei Zacharias Funck um das Pseudonym für Carl Friedrich Kunz (1785–1849), der sich als Weinhändler, Verleger und Schriftsteller in Bamberg 1807 niederließ.

2 Franz Karl Felder / Franz Joseph Waitzenegger (Hg.), Gelehrten- und Schriftsteller-Lexikon der deutschen katholischen Geistlichkeit, Bd. 3, Landshut 1822, S. 65–67. Johann Georg Meusel / Georg Christoph Hamberger, Das Gelehrte Teutschland, oder Lexikon der jetzt lebenden teutschen Schriftsteller, Bd. 10, Lemgo 1829, S. 484f.

3 Deutsche Biographische Enzyklopädie, Bd. 2, London / Paris 1995, S. 293; Hinweis in Deutsches Biographisches Archiv 182, S. 320–325.

1. Lebensgang

Nikolaus Casseder wurde am Tag seines Namensgebers, dem 6. Dezember, 1767 in Bamberg geboren. Somit wurde er in eine Zeit hineingeboren, die von wechselnden Strömungen im katholischen Geistesleben geschüttelt wurde. In seinen Kindheits- und Jugendjahren herrschte der Zwiespalt zwischen aufklärerischen Tendenzen auf den Kanzeln und einer noch vom Barock geprägten Volksfrömmigkeit. Von seinen Eltern ist nicht viel bekannt – sie gehörten dem Bürgerstand an und waren in der Volksfrömmigkeit verankert. Der Vater war Tüncher, also Malermeister.[4] Als gottesfürchtige Eltern lag ihnen die religiöse Erziehung ihres Sprösslings am Herzen. Sie ermöglichten ihm den Besuch des Gymnasiums in seiner Geburtsstadt Bamberg. Von mehreren Seiten soll er zum Studium der Philosophie ermuntert worden sein.

Nach dem Studium der Philosophie trat Nikolaus Casseder im Herbst 1785 dem Orden der Kapuziner in Bamberg bei. Dieser Orden war seit 1636 in Bamberg ansässig, gegründet von Georg Franziskus Hazfeld, dem damaligen Bischof von Würzburg. Die Brüder betrieben eine Tuchmacherei seit den Gründungsjahren und besorgten die Seelsorge und hielten Gottesdienst in der St. Martin-Pfarrkirche. Zudem waren sie Beichtväter bei den Englischen Fräulein.[5] Am 25. September 1791 erhielt Casseder die Priesterweihe. Bereits in dieser frühen Zeit wurde er ein vortrefflicher Kanzelredner genannt, weshalb er dann auch ab 1798[6] als Missionsprediger in Friesenhausen berufen wurde. Casseder wurde der Name Beatus Bambergensis beigelegt, was Hinweise auf seinen vorbildlichen Lebenswandel und seine Predigt- und Seelsorgetätigkeit gibt. Weitere Berufung 1799 als Hofprediger des Fürsten von Hohenlohe, der auf ihn aufmerksam geworden war und als Katechet in Bartenstein.

Aufgrund der Säkularisation des Jahres 1804 aus dem klösterlichen Stand entlassen, ging er 1805 nach Bamberg als Hauslehrer zu Freiherr von Guttenberg. Dort wurde er vom bischöflichen Generalvikariat zum Domprediger in Übergangsstellung berufen. Nach Ablegung des Examens im Priesterseminar in Bamberg konnte er dann 1806 in die Diözesangeistlichkeit aufgenommen werden. In der Folge wurde der junge Priester nach Baunach als Kooperator oder Kaplan gesandt. Dort erhielt er dann am 8. März 1808 seine erste Pfarrstelle.

Auf sein Gesuch wechselte er im Oktober 1811 nach Eltmann in Franken. Der Wechsel in die kleinere Gemeinde wurde von ihm angestrebt, um mehr Mußestunden zu seiner literarischen Arbeit zu gewinnen. Zu Beginn des 19. Jahrhunderts gab er ganz im Sinne der neu erstarkten katholischen Bewegung und deren Hinwendung zu mittelalterlicher und mystischer Theologie einige Werke der alten Kirchenlehrer und Mystiker der katholischen Kirche neu heraus. In seinem 56. Lebensjahr tauschte er mit Johann Josef Moelter die Pfarrstellt in Eltmann gegen dessen Stelle an der Heilig-Geist-Gemeinde in

---

4 Heinrich Joachim Jäck, Zweites Pantheon der Literaten und Künstler Bambergs vom XI. Jahrhunderte bis 1843, Bamberg 1843, S. 15.

5 Christine Riedl-Valder, Die Kapuziner in Bamberg – Prediger und Tuchmacher; https://www.hdbg.eu/kloster/web/index.php/detail/geschichte?id=KS0499 (letzter Zugriff: 02.08.2018).

6 Jäck, Zweites Pantheon (siehe Anm. 4), S. 15, nennt 1794.

Schweinfurt, deren dritter Pfarrer er damit wurde – „schon kränklich bei seiner Ankunft starb er schon nach sechs Wochen am 31. Dez. 1823[7]; er setzte die Kirche zu seinem Haupterben ein, und legte so den Grund zu dem Kirchenfond".[8] Dabei handelte es sich um ein Vermächtnis von 1 900 Gulden, das er seiner letzten Gemeinde hinterließ.

2. Bamberger Romantik

In Bamberg sammelte sich zu Beginn des 19. Jahrhunderts ein Kreis von romantisch gesinnten Literaten und Medizinern. Das kleine Städtchen konnte zu dieser Zeit um 17 000 Einwohner vermelden und wurde durch diesen Kreis zu einem kulturellen Angelpunkt mit europäischer Ausstrahlung. Schon zuvor kam es unter den Fürstbischöfen Lothar Franz (1693–1729) und Friedrich Carl von Schönborn (1729–1746) zu einer kulturellen Blüte, die nun weiter wirkte. Ein Motor der Bewegung war der Weinhändler und Verleger Carl Friedrich Kunz (1785–1849), um den sich Schrifsteller wie Karl Friedrich Gottlob Wetzel (1779–1819) und E. T. A. Hoffmann sammelten. Hinzu gesellten sich zu den Treffen bei Kunz Mediziner des Bamberger Krankenhauses wie Friedrich Adalbert Marcus (1753–1816). In den Gesprächen bei Wein und Anregungen durch die umfangreiche Privatbibliothek waren Entwicklungen der Medizin und das neue Erstarken der katholischen Bewegung die Themen. Kontakte bestanden zu Gotthilf Heinrich Schubert (1780–1860) und Johann Arnold Kanne (1773–1824)[9], was die irenische Gesinnung in Bezug auf die Konfession des Kreises verdeutlicht. Aber auch streng katholische Elemente waren vorhanden in dem adeligen Priester und Wunderheiler Fürst Alexander von Hohenlohe (1794–1849) und in Nicolaus Casseder, die ihre Interessen für

---

[7] Über das Sterbedatum gibt es unterschiedliche Angaben. Die Deutsche Biographische Enzyklopädie, Bd. 2, S. 293, nennt den 31.12.1850 als Sterbedatum, was vielleicht aufgrund von Werkausgaben Casseders im Jahr 1849 geschlossen wurde. Das Datum vom 31.12.1823 findet sich bei Meusel/Hamberger, Das Gelehrte Teutschland (wie Anm. 2), S. 484 und in: Chronik der Heilig-Geist-Gemeinde in Schweinfurt MEMORABILIA parochiae [...] (Manuskript), begonnen 1846 von Pfarrer Franz Xaver Himmelstein, Doktor der Philosophie, zuvor Domkaplan in Würzburg, seit 1842/43 in Schweinfurt. Dies erklärt auch, dass die im Vorwort von: Drei Büchlein das innere Leben betreffend: Selbstgespräche des Gerlach Petri, der zweite Kempis genannt. Das Büchlein Albert's des Großen, wie man Gott anhangen soll. Des Eremiten Blacherna dreihundertfünfundsechzig Fragen vom Freunde und dem Geliebten; Nebst zwei geistlichen Liedern des Johannes Rusbroch. Übersetzt und bearbeitet von Nikolaus Casseder, Frankfurt a. M. 1824 erwähnten weiteren literarischen Pläne von Casseder mit einer weiteren Ausgabe von Werken des Ruusbroec, die dieser 1822 niederschrieb, nicht mehr ausgeführt wurden (vgl. Anm. 36).

[8] Chronik der Heilig-Geist-Gemeinde in Schweinfurt (wie Anm. 7). Vgl. Florian Herzog, Die Pfarrer und Kapläne der Pfarrei Heilig Geist Schweinfurt, in: Erich Schneider/Uwe Müller (Hg.), Spurensuche 1806–2006 – 200 Jahre Pfarrei Heilig Geist 200 Jahre Katholiken in Schweinfurt, Schweinfurt 2007, S. 201.

[9] Schubert und Kanne widmete Casseder auch die Schriften des Makarius: „Den würdigen und vortrefflichen Männern Herrn Dr. Schubert und Herrn Professor Kanne mit innigster Hochachtung gewidmet vom Uebersetzer". Diese Widmung auf der unpaginierten recto-Seite des Blattes nach dem Titelblatt entsprechend [I]. Vgl. Schriften des heiligen Makarius des Großen aus Egypten / nach der von J. G. Pritius im Jahre 1698 in Leipzig gedruckten griechisch= und lateinischen Ausgabe / übersetzt und mit einer Vorrede begleitet / von / Nikolaus Casseder, Pfarrer zu Eltmann im Untermainkreise des Königreichs Baiern, Bamberg, Kunz, 1819–1820.

die aszetische Tradition des Katholizismus einbrachten und die Verbindung von christlichem Heil und körperlicher Heilung aus ihrer priesterlichen Sicht vertraten.

Die Bibliothek erweiterte Kunz unter Beteiligung E.T.A. Hoffmanns zu einem privaten Leseinstitut, welches er in den Folgejahren zu Bayerns größter kommerzieller Leihbibliothek ausbaute. Das Leseinstitut verfügte über 15 000 Bände. Seinen Geschäften fügte er 1814 noch eine Verlagsbuchhandlung an, sodass er auch ein bedeutender Verleger wurde. Unter dem Pseudonym Zacharias Funck war Kunz auch selbst schriftstellerisch tätig.[10]

3. Geistliche Anliegen des Priesters

Nikolaus Casseder hatte ein großes Interesse, durch die Arbeit an der Seele des Einzelnen weitreichende Wirkungen zu erzielen. Durch sein Engagement in der Seelsorge und Seelenführung, also auch gerade in der Zuwendung zum einzelnen Menschen, erwartete er nichts weniger als eine Hebung der sozialen und kirchlichen Strukturen. Er sieht eine Besserung der kirchlichen Verhältnisse und der Frömmigkeit des Einzelnen allein auf dem Wege des Gebets gegeben und in der Pflege einer innerlichen Spiritualität. Dies motiviert den Priester auch zu seinen schriftstellerischen Arbeiten, zu seiner Herausgabe von alten Erbauungsschriften:

Nun aber ist dieses Suchen bei Gott, dieses Hinwenden des Herzens, der Sehnsucht und des innigsten Verlangens nach Ihm ein und dasselbe, was wir alle mit dem gewöhnlichen Worte „Beten zu Gott" bezeichnen. Daraus erhellet nun deutlich genug, daß uns die wahre Weisheit und die ächte Vollkommenheit einzig nur werden könne auf dem Wege und mittelst des Gebetes; und daß dies Wahrheit sey, finden wir die Beweise und die Zusicherung dessen unwidersprechlich in der heiligen Schrift.[...][11]

Durch diesen kindlichen Wandel vor Gott, durch dieses „Beten ohne Aufhören", wie Paulus selbst fordert, haben die Verfasser gegenwärtiger drei Büchlein, die hier dem Gott-gesinnten Leser vorliegen, die wahre Weisheit des Herrn, diese höchste einzige Gabe von oben sich errungen.[...][12]

Hier wird deutlich, dass der Priester zu diesem Ziel geistliche Literatur als Hilfe sieht. Er sucht Beweise und Zusicherung in der Heiligen Schrift, die ihm Maßstab und Richtschnur darstellt. Diese ist ihm Grundlage alles geistlichen Lebens. Doch auch Zeugen aus der Kirchengeschichte hört er dazu und möchte diese wieder neu zu Gehör bringen – gerade auch in einer Zeit, die von einer auf praktische Volks-Bildung und Ethik geprägten Predigt im Sinne der

---

10 Karl Klaus Walther, Carl Friedrich Kunz. Ein literarischer Unternehmer aus Bamberg, hg. vom Lehrstuhl für Neuere Deutsche Literaturwissenschaft, Otto-Friedrich-Universität Bamberg, Bamberg 1994. Zur Bamberger Romantik in Bezug auf die Medizin vgl. Guido Flatten, Die Entwicklung eines ganzheitlichen Bildes des Menschen in der Heilkunde der Romantik und seine Bedeutung für die Gegenwart, Herzogenrath 1990, S. 142–150.

11 Nikolaus Casseder, Drei Büchlein [...] (wie Anm. 7), S. V.

12 Ebd., S. VI.

Aufklärungsepoche getränkt ist. Nicht als Zeitvertreib oder wegen eines literarischen Interesses betätigt er sich als Herausgeber dieser Schriften, sondern mit dem seelsorgerlichen Ziel, den einzelnen Christen zum Gebet und damit zur Gottesbegegnung zu leiten und zu motivieren. Aus diesem Hintergrund ist sein literarisches Schaffen entstanden – Schätze, die er selbst gefunden hat in alten Schriften, möchte er seinen Mitchristen an die Hand geben und öffentlich verfügbar machen.

4. Lernen in Gottes Schule

Der frühere Kapuziner-Mönch sieht sich auch in den späteren Jahren, obwohl schon anerkannt als ein „Gelehrter und Schriftsteller", wie das Lexikon von Felder und Waitzenegger ankündigt, in das er im Jahr 1822[13] aufgenommen ist, weiterhin als Schüler Christi. Das möchte er auch weiterhin bleiben, ein Schüler, ein Lernender und kein Fertiger. In einem der von ihm veröffentlichten Vorworte, zu Johannes Taulers Nachfolgung des Armen Lebens Christi, wird dies weiter ausgeführt:

Der liebe Gott, zu Dem ich geflehet habe, hat mich als Seinen armen, lehrbegierigen Schüler in eine reiche und große Schule gesendet, in welcher man allezeit und alle Tage unaussprechliche und hohe Wunder erlernen kann: nur muß man aus Liebe zu dieser segensvollen Schule durchaus und ganz allen Dingen entsagen; denn will sich Einer dem liebenswürdigen Lehrer dieser Schule übergeben, so muß er seiner selbst und aller Kreaturen ledig seyn. In dieser edlen Schule trägt der würdige Lehrmeister aus dem höchsten und vortrefflichsten Buch täglich diese Lehre vor, Wir sollen in gänzlicher Verzichtleistung unseres Eigenwillens, und in vollkommener Hingabe in den allerliebsten Willen Gottes standhaft und unveränderlich uns einergeben, so daß es uns nicht nur gleich gelten, sondern auch lieb und angenehm seyn soll, in welche Lage immer der Herr uns zu versetzen beliebe: ob in Besitz oder in Mangel und Nothdurft; ob wir als Weise oder als Unweise angesehen werden, daß wir nicht begehren, nichts wünschen und nichts wollen, als einzig den Willen und die Anordnung unseres lieben Meisters [...].[14]

Dazu sollen die Schriften dienen: zu einem Sinn der Demut, einem Sinn zu Lernen in Gottes Schule. Dabei werden Begriffe der mystisch-aszetischen Literatur verwendet, die zu Beginn des 19. Jahrhunderts eher selten geworden sind wie: „dem eigenen entsagen", „seiner selbst und aller Kreaturen ledig seyn". Der Priester möchte diese Tugenden neu beleben und so seine Mitchristen zu neuer Hingabe an „unseren lieben Meister" bewegen. Dazu sind ihm die Schriften der alten Meister hilfreich geworden. Er möchte diese Lesefrüchte der mystisch-aszetischen Literatur neu verbreiten sowohl für seine Priesterkollegen wie auch für jeden Christen – selbst über Konfessionsgrenzen hinweg, wie aus dem Bamberger Freundeskreis zu erahnen ist.

---

[13] Vgl. Anm. 2.
[14] Nikolaus Casseder, Johann Taulers Nachfolge des Armen Lebens Christi, Lucern 1823, S. [III]–IV.

5. Literarisches Schaffen von Nicolaus Casseder

Neben dem äußeren Lebensgang und den geistlichen Anliegen von Casseder soll nun eine Würdigung seines literarischen Schaffens folgen, das zu seiner Zeit Beachtung fand, inzwischen aber nahezu vergessen ist. Es handelt sich bei seiner schriftstellerischen Tätigkeit, die ihn ja auch bewogen hatte, eine kleinere Pfarrei anzunehmen, meist um Übersetzungen von Texten einiger Kirchenlehrer und Mystiker der alten Kirche und des Mittelalters. Teilweise handelt es sich um Schriften, von denen bereits frühere deutsche Übersetzungen oder Übertragungen vorhanden waren, teils auch um Erstübersetzungen.

Sein erstes Werk, das im Druck erschienen ist, ist eine Dissertation, die er im Jahr 1794 gehalten hat: *Vera Dei religio secundum capita sua praecipua / [praes.]: Rainhardus [d. i. Johannes Erhard]. [Resp.]: Beatus [d. i. Nikolaus Casseder], Rainhardus „Cronacensis“ 1794, Bambergae 1794. 19 S.*[15]

In der Disputation wendet er sich an einen Kapuziner aus Kronach, Johannes Erhard, mit dem Namen Rainhardus, der später im Kapuzinerkloster in Karlstadt bei Würzburg lebte.[16]

Von Bedeutung sind dann die folgenden Übersetzungen, die ab dem Jahr 1819 im Druck erschienen sind, also gerade vier Jahre vor seinem frühen Tod. Dies verdeutlicht eine Vorarbeit für die veröffentlichten Werke. Mit den vorhandenen Ausgaben ist das Interessenspektrum nicht komplett erschöpft. Wie aus Anmerkungen in den Vorworten herauszulesen ist, hatte der Priester noch weitere Editionspläne, die dann durch seinen Tod nicht mehr zustande kamen. Die von ihm vorgelegten Editionen sollen nun nach der kirchengeschichtlichen Epoche, aus der sie stammen, chronologisch vorgestellt werden. Dabei wird als Überschrift der Autor der Erbauungsschrift genannt bzw. nach Epochen mehrere Autoren zusammengefasst dargestellt. Deutlich wird dabei die Liebe Casseders für aszetische Schriftsteller aus verschiedenen Abschnitten der Kirchengeschichte.

5.1 Makarius / Symeon

Begonnen wird die Reihe seiner Übersetzungen mit einer Ausgabe eines wichtigen Werkes der Alten Kirche. Eine Schrift mit 50 Homilien wurde traditionell Makarius dem Ägypter zugeschrieben. Seit Beginn des 20. Jahrhunderts werden die Schriften Symeon aus Mesopotamien zugeordnet, der zum Ende des 4. nachchristlichen Jahrhunderts lebte. Um die traditionelle Zuschreibung an Makarius zu wahren, werden die Homilien oft unter dem Namen Makarius-Symeon genannt.[17] Die Homilien hatten einen großen Einfluss auf den deutschen Pietismus. Die Ausgabe von Casseder wird traditionell Makarius zugeschrieben.[18]

---

[15] Vorhanden Metropolitankapitel Bamberg, Signatur 0122/Bbg. 1952.

[16] Hinweis in: Schematismus der Diözese Würzburg, Würzburg 1826, S. 88.

[17] Siehe Hermann Dörries, Symeon von Mesopotamien, 1941 und ders., Die Theologie des Makarios Symeon, Göttingen 1978.

[18] Schriften des heiligen Makarius (wie Anm. 9).

Die Homilien wurden seit dem ausgehenden 17. Jahrhundert mehrmals neu ediert. Casseder gibt als seine Vorlage die Ausgabe von Johann Georg Pritius (1662–1732)[19] von 1698 in Leipzig an. Diese protestantische Edition steht in der Gefolgschaft der „Neu-Entdeckung" durch den radikalpietistischen Protestanten Gottfried Arnold (1666–1714). Kurz nach der Edition von Casseder wurde von einem weiteren bayerischen katholischen Theologen im Jahr 1839 eine neue Ausgabe vorgenommen, nämlich von Magnus Jocham (1808–1893)[20], Pfarrer und Professor der Moraltheologie in Freising. „Als mystisch-asketisches Buch genossen sie einen hohen Ruf und waren sehr verbreitet. Die kirchliche Bearbeitung bietet einen größtenteils orthodoxen Aufriß des inneren Lebens, das über Reue und Askese zur mystischen Vereinigung mit Gott führen soll."[21] Zu früheren Ausgaben der Homilien des Makarius/Symeon vergleiche man das Handbuch der theologischen Literatur, hauptsächlich der protestantischen.[22]

5.2 *Johannes Tauler, Johannes vom Kreuz*

In den Jahren 1820 bis 1822 wurden von Casseder zwei Pseudo-Tauleriana veröffentlicht, die er auch in traditioneller Weise dem großen Dominikaner-Prediger Johannes Tauler (1300–1361)[23] zuschreibt. Es handelt sich um *Das Buch der geistigen Armut*, das in den Druckausgaben unter dem Titel *Johann Taulers Nachfolgung des armen Lebens Christi* bekannt wurde. Im Druck erschien es erstmals 1621 – bearbeitet und veranlasst von Mitgliedern eines Kreises von Schwenckfeldischen Dissidenten in Straßburg und Tübingen.[24] Daniel Sudermann (1550–1631) hat dazu eine Handschrift von 1448 aus der Bibliothek der Johanniter in Straßburg benutzt.[25] Es werden Themen der patristischen Theologie aufgenommen wie die Lehre von den gestuften Erkenntniskräften der Seele und das anthropologische Verständnis des Bildes Gottes in der Seele des Menschen. Deutlich wird die Nähe zu Meister Eckhardt im Kreisen um den Gedanken der Gottesgeburt in der Seele des Gläubigen.[26]

---

[19] Zu Johann Georg Pritius (* 22.09.1662 in Leipzig, † 24.08.1732), einem lutherischen Geistlichen und Freund Speners vgl. Hermann Dechant, Art. „Pritius, Johann Georg", in: Allgemeine Deutsche Biographie 26 (1888), S. 602–604.

[20] Vgl. Philipp Schäfer, Art. „Jocham, Magnus", in: Biographisch-Bibliographisches Kirchenlexikon, Bd. III (1992), Sp. 125–128, Jakob Lauchert, Art. „Jocham, Magnus", in: Allgemeine Deutsche Biographie 50 (1905), S. 676–679.

[21] Karl Mühlek, Art. „Makarius der Ägypter, auch der Große oder der Ältere genannt", in: Biographisch-Bibliographisches Kirchenlexikon, Bd. V (1993), Sp. 596–597.

[22] Georg Benedikt Winer, Handbuch der theologischen Literatur hauptsächlich der protestantischen nebst kurzen biographischen Notizen über die theologischen Schriftsteller, Leipzig 1838 (3. Aufl.), Teil I, Sp. 897.

[23] Louise Gnädinger, Johannes Tauler. Lebenswelt und mystische Lehre, München 1993.

[24] Ulrich Bubenheimer, Rezeption und Produktion nonkonformer Literatur in einem protestantischen Dissidentenkreis des 17. Jahrhundert, in: Religiöse Devianz und christlich geprägte Gesellschaften. Vom hohen Mittelalter bis zur Frühaufklärung, Würzburg 1999, S. 107–125, dort mit Abdruck von Frontispiz und Titelblatt des Druckes von 1621.

[25] Gnädinger, Johannes Tauler (wie Anm. 23), S. 423.

[26] Ebd., S. 424.

Das als *Medulla Animae* überlieferte Textcorpus mit dem Titel Divinae institutiones aut doctrinae entspricht einer geistlichen Verhaltensanweisung. Es geht weniger um die Vereinigung des Menschen mit Gott.[27]

Die von unserem Priester gewählten Werke sind im Abstand von etwa einem Jahr von ihm zum Druck befördert worden:

Johann Tauler's Nachfolgung des armen Lebens Christi / bearb. und hrsg. von Nikolaus Casseder, Frankfurt a. M. 1821[28],

Johann Tauler's Medulla animae oder von der Vollkommenheit aller Tugenden und sämmtliche Briefe desselben. Nach der lateinischen Ausgabe des L. Surius. Nebst zehn Briefen gleichen Inhalts des heiligen Johannes vom Kreuz, Frankfurt a. M. 1822.[29]

Mit aufgenommen in den zweiten Band sind Briefe, die mit den Schriften Johannes Taulers überliefert sind, heute aber auch als Pseudo-Taulerana gewertet werden. Diese haben „durchweg ethisch-aszetischen Charakter und lassen das Thema der mystischen Einheit des Menschen mit Gott, wie es in den authentischen Tauler-Predigten jeweils den Ziel- und Höhepunkt bildet, und alle spekulativen Denkwege einfach weg. Da und dort klingen Motive der unio mystica zwar an [...] doch steht das Ideal des unauffälligen, stillen Frommen im Vordergrund."[30]

Sowohl in der katholischen wie später der protestantischen Literatur finden sich immer wieder neue Ausgaben dieser Werke, die einen asketischen Zug tragen. Beigegeben wurden von unserem früheren Kapuziner-Mönch noch Briefe von Johannes vom Kreuz (1542–1591), dem berühmten spanischen Karmeliten, der als Beschreibung der „Mystischen Nacht" von weiterer geistesgeschichtlicher Bedeutung blieb.

5.3 Gerlach, Ruysbrook, Albertus Magnus, Lullus

Eine Zusammenstellung mit mehreren Traktaten aus der Zeit des Mittelalters ist erst posthum erschienen. Im Vorwort wird als Zeitpunkt der Vorredenerstellung der Herbstmonat 1822 genannt. Die Veröffentlichung fiel dann in das Jahr nach Casseders Tod. Er nennt sich dort als der Übersetzer, möchte also nicht als inhaltlich beteiligt vorgestellt werden. Er sieht sich als Dolmetscher von zeitlosen Gedanken des Christentums:

Drei Büchlein das innere Leben betreffend: Selbstgespräche des Gerlach Petri, der zweite Kempis genannt. Das Büchlein Albert's des Großen, wie man Gott anhangen soll. Des Eremiten Blacherna dreihundertfünfundsechzig Fragen vom Freunde und dem Geliebten; Nebst zwei geistlichen Liedern des Johannes Rusbroch. Übersetzt und bearbeitet von Nikolaus Casseder, Frankfurt a. Main, 1824.

---

[27] Ebd.
[28] Im Vorwort wird als Datum angegeben: Geschrieben im Ostermonate 1820.
[29] Im Vorwort wird als Datum genannt: Mai Monathe 1821.
[30] Gnädinger, Johannes Tauler (wie Anm. 23), S. 422.

Das bekannteste in die Sammlung aufgenommene Werk ist das oft aufgelegte *De adhaerendo Deo,* das über lange Zeit Albertus Magnus (1205–1280) zugeschrieben wurde, inzwischen jedoch als Werk des Benediktiners Johannes von Kastl (um 1350 bis nach 1426) anerkannt ist.[31] Dieses Werk ist insbesondere in seiner lateinischen Urschrift weit verbreitet und auch bis ins 20. Jahrhundert immer wieder gedruckt und übersetzt worden. Im 20. Jahrhundert sind mehrere deutsche Übertragungen herausgegeben worden, teilweise schon unter der Zuschreibung an Johannes von Kastl, teilweise auch noch im Jahr 1944 Albertus Magnus zugerechnet.[32]

Eine Schrift stammt aus dem Umfeld der Devotio moderna – „der zweite Kempis". Schon diese Zuschreibung zeigt, dass es sich um ein aszetisches Werk in der Art der Nachfolge Christi des Thomas von Kempen handelt. Nämlich die Selbstgespräche (Soliloquia) des Gerlach Peters (1378–1411). Dieser gehörte als Laie zu den Brüdern vom Gemeinsamen Leben in Windesheim.[33]

Als letztes der drei „Büchlein" folgt eine Sentenzensammlung des katalanischen Ramon Llull (ca. 1232–1316). Dieser war ein wichtiger Vertreter der frühen katalanischen Literatur. Die geistlichen Aphorismen sind den Dialogen des Hohenliedes Salomos nachempfunden. Die Übersetzung von Casseder ist die erste deutsche Übersetzung. Seit dem frühen 20. Jahrhunderts kam es zu einem zunehmenden Interesse an Ramon Llull in Deutschland. Eine Darstellung der deutschsprachigen Ausgaben der Aphorismen mit einem Vorschlag zur Einteilung der Bibliographie konnte ich in der Zeitschrift für Katalanistik im Jahr 2010 darstellen.[34]

In der Einführung zu den Aphorismen wird das aszetisch-geistliche Anliegen des Übersetzers deutlich, das seine schriftstellerische Tätigkeit kennzeichnete: „Endlich glaubte ich dem freundlichen Leser ein angenehmes Geschenk zu bringen mit dem eben so seltenen als schönen und sinnreichen Büchlein ‚vom Freunde und dem Geliebten', welches auf jeden Tag des Jahres einen kurzen Spruch der Liebe Gottes und des Menschen zu Ihm uns zu erwägen giebt; in jedem einzelnen dieser dreihundert fünf und sechzig Sätze wird der theilnehmende Leser Stoff genug zum Gebete und Beschauung finden, denn in jedem spricht nichts, denn die Liebe, und zwar von der Liebe, und so mag sich das Büchlein den zweien vorhergehenden, vorzüglich aber dem innigen Gerlach Petri anschließen."[35]

---

[31] Vergleiche zu Johannes von Kastl: Herbert Grundmann, Art. „Johannes von Kastl", in: Religion in Geschichte und Gegenwart, Bd. 3, Tübingen 1959 (3. Aufl.), Sp. 816. Zur Verfasserfrage grundlegend ist Martin Grabmann, Mittelalterliches Geistesleben, Bd. 1, München 1926, S. 487–524.

[32] Johannes de Castello, Wie man Gott anhangen soll, Paderborn 1923; Albertus Magnus, Von der Vereinigung mit Gott, Münster 1904; ders., Die Einung mit Gott, Olten 1944.

[33] Ernst Barnikol, Art. „Gerlach Peters", in: Religion in Geschichte und Gegenwart, Bd. 2, Tübingen 1958 (3. Aufl.), Sp. 1431; Hellmut Zschoch, Art. „Gerlach Peters", in: Religion in Geschichte und Gegenwart, Bd. 3, Tübingen 2000 (4. Aufl.), Sp. 745. Dessen gesammelte Werke Gerlaci Petri Opera omnia (Corpus Christianorum Continuatio Mediaeualis, CLV), hg. von Mikel M. Kors, Turnhout, Brepols, 1996.

[34] Joachim Schnürle, Die Überlieferungstradition von Aphorismen „vom Freund und dem Geliebten" des Ramon Llull in deutscher Sprache im 18. und 19. Jahrhundert, in: Zeitschrift für Katalanistik 23 (2010), S. 179–200.

[35] Casseder, Drei Büchlein [...], (wie Anm. 7), S. XII.

Es handelt sich also hier um ein Sammelwerk mit Traktaten, die in der Zeit der Scholastik des Mittelalters und im Übergang zur rheinländischen Devotio moderna entstanden sind.

Angefügt hat Nikolaus Casseder noch zwei Lieder des Jan van Ruusbroec (1293–1381). Jan van Ruusbroec gilt zusammen mit Hadewijch als bedeutendster Autor mittelniederländischer Sprache. Seine Traktate richteten sich vor allem an Geistliche, die des Lateinischen nicht mächtig waren.

Im Vorwort gibt der Pfarrer von Eltmann die Aussicht in Bezug auf Jan von Ruusbroec: „Giebt Gott Gesundheit und Leben, so wird sich in Kurzem Gelegenheit darbieten, in einer Bearbeitung seiner Schriften über diesen Herrlichen das Gebührende umständlicher zu sagen.“[36] Die zwei Lieder, die sich über vier Druckseiten erstrecken[37], sind somit als eine Kostprobe der Schriften des Ruusbroec zu verstehen, die Appetit auf weitere Schriften in Übersetzung anregen sollen. Dazu kam es dann aber nicht mehr aus der Hand Casseders.

5.4 *Bonaventura*

Ebenfalls erst nach dem Tod unseres Schriftsteller-Priesters erschien eine Übersetzung von kleineren Schriften, die dem heiligen Kirchenlehrer Bonaventura zugeschrieben werden. Das Vorwort ist mit Mai=Monathe 1822 unterzeichnet. Die Entstehungszeit der Übersetzung ist also wie die *Drei Büchlein* im Jahr vor dem Tod anzusiedeln.

Sieben kleinere Schriften des heiligen Kirchenlehrers Bonaventura / aus dessen sämmtlichen Werken genommen, übers. und mit einer Vorrede begleitet von Nikolaus Casseder.[38]

Wie zu den Liedern des Ruusbreoc wird hier in Aussicht gestellt: „[...] sollte es euch lieb und erwünscht seyn, so soll, wenn Gott Gesundheit gibt und Leben, eine zweite, größere Schrift des gottseligen Vaters (meint Bonaventura) folgen.“[39]

Folgende geistliche Traktate des Bonaventura sind in die Sammlung aufgenommen worden, wobei es sich teilweise auch um Pseudo-Bonaventura handelt:

Die Entflammung der Liebe
Die fünf Feste des Kindes Jesu[40]
Der Baum des Lebens
Selbstgespräche
Drei und zwanzig Lektionen in der Schule Gottes
Zwei Sendschreiben
Das Büchlein von der Vollkommenheit des Lebens.[41]

---

36 Ebd., S. XIV.
37 Ebd., S. [316]–319.
38 Nikolaus Casseder, Sieben kleinere Schriften des heiligen Kirchenlehrers Bonaventura / aus dessen sämmtlichen Werken genommen, übers. und mit einer Vorrede begleitet von Nikolaus Casseder, Frankfurt 1824.
39 Ebd., S. XXVI.
40 De quinque festivitatibus pueri Jesu (um 1257).
41 Casseder, Sieben kleinere Schriften (wie Anm. 38), S. XXVII.

6. Würdigung der schriftstellerischen Arbeit

Bei seiner literarischen Arbeit fällt auf, dass es sich um Kompilationen alter Werke und Übersetzungen handelt. Die von ihm bearbeiteten Autoren stammen aus der alten Kirche und dem Mittelalter, womit er sich einer Tendenz seiner Zeit mit einer neuen Hinwendung zum Mittelalter und besonders zu mystischer Literatur anschloss. Dies ist als eine Reaktion auf die Aufklärung und die Säkularisation zu verstehen, die den Wunsch nach einer neuen Innerlichkeit erwachen ließ. Neue Impulse für das religiöse Leben erwartete man durch die Verbreitung von den bewährten mystischen Schriften der früheren Zeiten. Nikolaus Casseder möchte selbst ein Lernender bleiben und preist die Schule Gottes, die Schule Christi an. Als Hilfsmittel sieht er neben der Heiligen Schrift das Lesen und Betrachten von geistlichen Traktaten des Mittelalters, und auch die Alte Kirche bietet Hilfsmittel, wie er diese in den Homilien des Makarius / Symeon findet. Eine persönliche Spiritualität ist unabdingbar auf dem Weg der Gottsuche und Gotteserkenntnis. Demut ist ihm eine notwendige Tugend auf dem Weg der Gottesbegegnung. Das Gebet, ja das „Beten ohne Aufhören" ist für ihn ein Schlüssel zu wahrer Weisheit. So erhofft er sich die Besserung der kirchlichen Verhältnisse und der Frömmigkeit des Einzelnen – in der Pflege einer innerlichen Spiritualität. Dies motiviert den Priester zu seinen schriftstellerischen Arbeiten, zu seiner Herausgabe von alten Erbauungsschriften.

„Gell, der Pfarrer hat schon recht, die wollen uns Stück für Stück unseren Glauben nehmen."

Widerspruch und Opposition katholischer Frauen des Bistums Würzburg im nationalsozialistischen Kirchenkampf

Tobias Haaf

Gewidmet meiner Mutter Rose-Marie Haaf[1]
zum 80. Geburtstag
** 22. Juni 1938*

1. Kirchenkampf im „rabenschwarzen Gau"

Am 12. Juli 1933, nur fünfeinhalb Monate nach der Ernennung Adolf Hitlers zum Reichskanzler am 30. Januar, klagte Bischof Matthias Ehrenfried[2] in einem privaten Schreiben: „Ich weiß nicht, ob in den letzten vierzehn Tagen ein anderer Bischof Bayerns so viel durchgemacht wie ich um der Kirche wegen. In meiner Diözese sind die meisten Geistlichen (von allen Diözesen) in Schutzhaft genommen worden. Es waren einmal über 40. Der Ernst der Lage war so groß, dass ich meine Visitation unterbrechen und nach Würzburg zu Dauerberatungen zurück musste. Dazu wurden einige meiner Geistlichen wirklich körperlich misshandelt. Einer wurde von einigen SA-Leuten[3] in das Braune

---

1 Meine Mutter, seit 43 Jahren Mitglied im Katholischen Frauenbund, spielte in jungen Jahren in der Theatergruppe der Pfarrei Mariä Geburt, war Gründungsmitglied des Höchberger Kirchenchores und tat Dienst in der Pfarrbücherei. 30 Jahre lang leitete sie den Seniorenkreis der Pfarrei Mariä Geburt, wofür sie mit einer Urkunde des Würzburger Bischofs Dr. Friedhelm Hofmann ausgezeichnet wurde. Sie versah Kirchenputzdienste und war Kommunion- und Firmmutter, Caritas-Sammlerin, Pfarrgmeinderätin, Lektorin und Mitarbeiterin im sozial-karitativen Arbeitskreis. Bis heute leistet sie Besuchsdienste im Altenheim. Für ihr ehrenamtliches kirchliches und soziales Engagement wurde ihr die Silberne Gemeindeplakette des Marktes Höchberg verliehen. Meine Geschwister Margarete, Anette, Martin und ich danken ihr für ihre tiefe Mutterliebe und stete Fürsorge. In Liebe und Dankbarkeit ist ihr dieser Aufsatz gewidmet.

2 Vgl. Max Domarus, Bischof Matthias Ehrenfried und das Dritte Reich, Würzburg 1998; Klaus Wittstadt, Bischof Matthias Ehrenfried im Spiegel seiner Hirtenbriefe, in: Würzburger Diözesangeschichtsblätter 41 (1979), S. 203–216; ders., Bischof Matthias Ehrenfried. Seine Vorschläge zur Priesterausbildung während der Zeit des Dritten Reiches, in: Würzburger Diözesangeschichtsblätter 50 (1988), S. 395–404; ders., Ein Bischof in schwerer Zeit. Das Wirken Bischof Matthias Ehrenfrieds im Dritten Reich, in: Würzburger Diözesangeschichtsblätter 57 (1995), S. 407–420; ders., Würzburger Bischöfe 742–1979, Würzburg 1979, S. 85–89 sowie Wolfgang Weiß, „Es ist wieder einmal die große Stunde des Christentums". Bischof Ehrenfried und Bistum Würzburg im Jahr 1945, in: Verena von Wiczlinski (Hg.), Kirche in Trümmern? Krieg und Zusammenbruch 1945 in der Berichterstattung von Pfarrern des Bistums Würzburg, Würzburg 2005, S. 49–74.

3 Zu Aufbau und Organisation der Sturmabteilung (SA) vgl. Peter Longerich, Die braunen Bataillone. Geschichte der SA, München 1989.

Haus[4] geschleppt und dort mit Peitschen geschlagen. Dann stellte sich heraus, dass der betreffende Geistliche gar nicht auf der Liste der Zuinhaftierenden stand und nur auf eigenmächtiges Vorgehen einzelner SA-Leute hin verhaftet und geschlagen wurde. [...] Vor 14 Tagen wollten sie auch mich in Haft nehmen. Es war alles bereits disponiert. Bei den Haussuchungen fanden sie in Gunzenhausen bei meinem Kursgenossen Götz einen Brief von mir vor, den sie beschlagnahmten. Darin hatte ich – etwa am 15. März – mit der Überreichung meines Hirtenbriefes auch einige kritische Bemerkungen über die neue Bewegung gemacht. Nur durch das Eingreifen des Polizeidirektors, der für die Verhaftung des Bischofs die Zustimmung Münchens als erforderlich hielt – diese traf aber nicht ein –, bin ich frei geblieben."[5] Der Hintergrund der Verhaftungswelle, die über die Priester der Diözese Würzburg hereingebrochen ist, war eine konzertante Aktion gegen Geistliche, die mit der *Bayerischen Volkspartei* (BVP)[6] sympathisiert, Parteiarbeit geleistet oder ein Parteiamt bekleidet hatten. Von den 142 katholischen Priestern, die im Sommer 1933 in ganz Bayern wegen ihrer Nähe zur BVP in Schutzhaft genommen worden waren, stammten 42 aus der Diözese Würzburg.[7]

Die hohe Zahl inhaftierter Priester ist ein Indikator dafür, dass im Gau Mainfranken, dem Gauleiter und Regierungspräsident Dr. Otto Hellmuth vorstand, der Kampf gegen die katholische Kirche hart geführt wurde.[8] Bereits 1933 brachen in Unterfranken und darüber hinaus Konflikte zwischen Einparteienstaat und Kirche auf, die in verschiedenen Ausprägungen und mit unterschiedlicher

---

4 Bei dem *Braunen Haus* handelte es sich um das Palais der Baronesse von Thüngen in der Würzburger Herrenstraße, die den Keller der SA zur Verfügung stellte. Vgl. Werner Dettelbacher, 100 Jahre Fränkische Gesellschaftsdruckerei – Echter Würzburg 1900 bis 2000, Würzburg 2000, S. 41.

5 Zitiert nach Domarus, Bischof Matthias Ehrenfried (wie Anm. 2), S. 41f.

6 Vgl. Renate Höpfinger, Die Gründung der Bayerischen Volkspartei. Anmerkungen zu Sebastian Schlittenbauer, in: Zeitschrift für bayerische Landesgeschichte 63 (2000), S. 185–197; Klaus Schönhoven, Die Bayerische Volkspartei 1924–1932 (Beiträge zur Geschichte des Parlamentarismus und der politischen Parteien 46), Düsseldorf 1972 sowie ders., Zwischen Anpassung und Ausschaltung. Die Bayerische Volkspartei in der Endphase der Weimarer Demokratie 1932/1933, in: Historische Zeitschrift 224 (1977), S. 340–378.

7 Vgl. Klaus Wittstadt (Bearb.), Die kirchliche Lage in Bayern nach den Regierungspräsidentenberichten 1933–1943, Bd. VI: Regierungsbezirk Unterfranken 1933–1944 (Veröffentlichungen der Kommission für Zeitgeschichte, Reihe A: Quellen 31), Mainz 1981, S. XLIX und 8–10. – Zu der Aktion gegen die Abgeordneten der BVP vgl. weiterhin den Zeitungsbericht im *Fränkischen Volksblatt* Nr. 152 vom 08.07.1933; Helmut Witetschek (Bearb.), Die kirchliche Lage in Bayern nach den Regierungspräsidentenberichten 1933–1943, Bd. II: Regierungsbezirk Ober- und Mittelfranken (Veröffentlichungen der Kommission für Zeitgeschichte, Reihe A: Quellen 8), Mainz 1967, S. 11f.; Karl Schwend, Die Bayerische Volkspartei, in: Erich Matthias / Rudolf Morsey (Hg.), Das Ende der Parteien 1933, Düsseldorf 1960, S. 455–519 sowie Norbert Frei, Der Führerstaat. Nationalsozialistische Herrschaft 1933–1945, München 1996, S. 73. – Nach Klaus Schönhoven, Der politische Katholizismus in Bayern unter der NS-Herrschaft, in: Bayern in der NS-Zeit, Bd. 5, München / Wien 1983, S. 541–646, bes. S. 578, befanden sich auf dem Höhepunkt der Polizeiaktion gegen die BVP über 2000 Mandatsträger und Funktionäre der Partei in Haft.

8 Zum Kirchenkampf im Bistum Würzburg und den Konflikten, die zwischen den Geistlichen und Gläubigen auf der einen und den lokalen Funktionsträgern von Regierung, Partei und Polizei auf der anderen Seite in den Jahren 1933 bis 1945 in der Diözese Würzburg aufgebrochen sind und ausgetragen wurden, vgl. die Quellenstudie von Tobias Haaf, Von volksverhetzenden Pfaffen und falschen Propheten. Klerus und Kirchenvolk im Bistum Würzburg in der Auseinandersetzung mit dem Nationalsozialismus (Quellen und Forschungen zur Geschichte des Bistums und Hochstifts Würzburg 61), Würzburg 2005.

Vehemenz bis 1945 ausgetragen wurden[9]: die Zerstörung der katholischen Parteienlandschaft[10], die den neuen Machthabern den Vorwand bot, gegen den *politischen Katholizismus* und gegen *politisierende Geistliche* vorzugehen; die Gleichschaltung der Presse und ihre Instrumentalisierung für polemische Attacken gegen die Kirche[11]; die Streitigkeiten um die Fronleichnamsprozession und die Ausgestaltung religiös-kultischer Feiern[12]; die Spannungen zwi-

---

[9] Klaus Gotto/Hans Günther Hockerts/Konrad Repgen, Nationalsozialistische Herausforderung und kirchliche Antwort. Eine Bilanz, in: Klaus Gotto/Konrad Repgen (Hg.), Die Katholiken und das Dritte Reich, Mainz 1990, S. 173–190, hier S. 178, erläutern, der „Angriff auf die Kirche" sei „nicht als offener Frontalangriff mit einem einzigen Schlag [erfolgt], auch nicht mit gleichbleibenden Methoden, sondern sukzessiv, mit ständig wechselnder Intensität, mit verdeckten Zielsetzungen, verbrämenden Rechtfertigungen und unter ständiger Rücksichtnahme auf die Zweckmäßigkeiten der allgemeinen Politik". Ausgehend von dieser treffenden Analyse unterscheiden sie auf S. 178f. drei „Phasen der nationalsozialistischen Herausforderung": In einer ersten Phase bis 1935/36 sei es um die „Schleifung der ‚Außenwerke' der Kirche" gegangen. Ziel des Regimes in dieser Phase sei es gewesen, „die organisatorischen Wirkungsmöglichkeiten der Kirche jenseits der reinen Seelsorge auszuschalten". Zu dieser Position muss jedoch angemerkt werden, dass in Bayern die staatspolizeiliche Aufhebung der katholischen Jugendverbände erst im Jahr 1938 erfolgte und der Kampf gegen die Bekenntnisschule besonders vehement 1937 ausgefochten wurde. Auch das Autorenkolleg weist auf die „zum Teil" erst „spätere Beseitigung" der „Außenbastionen" hin. Weshalb es dennoch die Zeitschranke 1935/36 anlegt, wird nicht recht klar. In einer zweiten Phase, „zeitlich etwa von 1936 bis 1940 anzusetzen", habe der Nationalsozialismus die „Kirche in ihrer Substanz" treffen wollen und versucht, „die Kirche auf eine in seiner Sicht belanglose ‚Jenseitsbetreuung' zu reduzieren". Worin nach dieser Einschätzung der entscheidende Unterschied zu der nationalsozialistischen Zielsetzung und Stoßrichtung aus Phase eins liegen soll, bleibt unscharf. In einer dritten Phase, die sich „ungefähr mit der Zeit des Krieges" decke, sei es „nicht mehr allein um die Verteidigung der Kirche und des Christentums, sondern auch der allgemeinen Menschenrechte" gegangen. Gegen diese Position spricht, dass die Kirche auch schon vor dem Krieg mit den NS-Menschenrechtsverletzungen konfrontiert wurde, wie sie sich etwa in dem *Gesetz zur Verhütung erbkranken Nachwuchses* 1933 oder in dem Novemberpogrom 1938 manifestierten. Eine Phaseneinteilung weist nach Auffassung des Verfassers immanente Schwächen auf und zieht Grenzen, die künstlich anmuten und der historischen Wirklichkeit nicht gerecht werden, weshalb er in der von ihm vorgelegten Quellenstudie Von volksverhetzenden Pfaffen (wie Anm. 8) einer systematischen Darstellung den Vorzug gegeben hat.

[10] Das Ende der BVP zeichnen die Beiträge von Schönhoven, Zwischen Anpassung und Ausschaltung (wie Anm. 6) und Schwend, Die Bayerische Volkspartei (wie Anm. 7) nach. Die Zentrumspartei in den Jahren 1932 und 1933 ist Gegenstand der Untersuchungen von Detlef Junker, Die Deutsche Zentrumspartei und Hitler 1932/33. Ein Beitrag zur Problematik des politischen Katholizismus in Deutschland (Stuttgarter Beiträge zur Geschichte und Politik 4), Stuttgart 1969; Rudolf Morsey, Der Untergang des politischen Katholizismus. Die Zentrumspartei zwischen christlichem Selbstverständnis und „Nationaler Erhebung" 1932/33, Stuttgart/Zürich 1977 sowie Martin Schumacher, Zwischen „Einschaltung" und „Gleichschaltung". Zum Untergang der Deutschen Zentrumspartei 1932/33, in: Historisches Jahrbuch 99 (1979), S. 268–303. – Zu Opposition und Verweigerung aus dem Lager der 1933 aufgelösten katholischen Parteien vgl. Günter Buchstab/Brigitte Kaff/Hans-Otto Kleinmann (Hg.), Christliche Demokraten gegen Hitler. Aus Verfolgung und Widerstand zur Union, Freiburg i. Br. 2004. Die Herausgeberschrift wurde vom Verfasser rezensiert in: Würzburger Diözesangeschichtsblätter 68 (2006), S. 403f.

[11] Vgl. das bei Haaf, Von volksverhetzenden Pfaffen (wie Anm. 8) auf S. 24–28 beschriebene massive Vorgehen der Nationalsozialisten gegen Domkapitular Heinrich Leier, den Hauptschriftleiter des katholischen *Fränkischen Volksblatts.* Vgl. hierzu auch Klaus Wittstadt, Domkapitular Heinrich Leier 1876–1948. Der Hauptschriftleiter des Fränkischen Volksblattes im Kampf gegen den Nationalsozialismus, in: Würzburger Diözesangeschichtsblätter 39 (1977), S. 255–274. – Zur Gleichschaltung der Presse allgemein vgl. die Untersuchungen von Norbert Frei, Nationalsozialistische Eroberung der Provinzpresse. Gleichschaltung, Selbstanpassung und Resistenz in Bayern (Studien zur Zeitgeschichte 17), Stuttgart 1980 sowie Oron J. Hale, Presse in der Zwangsjacke 1933–1945, Düsseldorf 1965. – Zu den publizistischen Attacken gegen die katholische Kirche in der unterfränkischen NS-Presse vgl. Thomas Reuß, Öffentlichkeit und Propaganda. Nationalsozialistische Presse in Unterfranken 1922–1945 (wegfurter beiträge zur geschichte des ganz normalen lebens), Bad Neustadt 1988, S. 163–202.

[12] Vgl. Haaf, Von volksverhetzenden Pfaffen (wie Anm. 8), S. 135–250.

schen den katholischen Jugendorganisationen und der Hitlerjugend (HJ)[13]; die zwangsverordnete Sterilisierung „zur Verhütung erbkranken Nachwuchses"[14], die eine kirchliche Stellungnahme forderte.[15]

Wegen der restriktiven Religionspolitik der Nationalsozialisten konnte es nicht ausbleiben, dass Bischof, Klerus und Gläubige sich dem Kirchenkampf stellen mussten. Sie traten aus der Rolle des Angegriffenen in die des weltanschaulichen Verteidigers und wurden so in den Augen des Regimes zu politischen Angreifern. Nach dem Normen- und Kontinuitätenbruch von 1933 trat der Gegensatz von nationalsozialistischer Ideologie und christlichem Glauben immer deutlicher zu Tage. Auch die anfangs betont pseudoreligiöse Phraseologie der neuen Staats- und Parteiführung konnte hierüber nicht lange hinwegtäuschen. So hielt Hans Schemm[16] einen Tag, nachdem er das Kultusministerium übernommen hatte, am 18. März 1933 den Mitarbeiterinnen und Mitarbeitern eine programmatische Rede, in der er sie auf die neue Zeit einschwor: „Jeder der Versammelten müsse sich über die letzten und höchsten Ziele des menschlichen Seins klarwerden und damit eine bejahende Stellung zum Leben und zu

---

[13] Vgl. ebd., S. 103–116 sowie Karl-Werner Goldhammer, Katholische Jugend Frankens im Dritten Reich. Die Situation der katholischen Jugendarbeit unter besonderer Berücksichtigung Unterfrankens und seiner Hauptstadt Würzburg, Frankfurt a. M. 1987. – Zu der Behinderung und Ausschaltung kirchlicher Jugendarbeit in Unterfranken vgl. weiterhin Diözesanarchiv Würzburg, Dokumentation Deutsche Zeitgeschichte, Kasten 7, 4. Nationalsozialismus (1933–1945), 4.2: Bekämpfung katholischer Jugendverbände und -erziehung 1936/37; Kasten 9, 4. Nationalsozialismus (1933–1945), 4.8: Ausschaltung konfessioneller Jugendverbände; Kasten 11, 4. Nationalsozialismus (1933–1945), 4.14.2: Widerstand und Verfolgung, katholische Jugend sowie Kasten 14, 4. Nationalsozialismus (1933–1945), 4.16.2: Beschränkung/Bekämpfung/Auflösung katholischer Jugendvereine durch die NSDAP. – In Kasten 14 hält die Dokumentation unter dem Gliederungspunkt 4.16.2 darüber hinaus wichtige Informationen zu der Arbeit der konfessionellen Jugendvereine in der Diözese Würzburg und zu ihrem Selbstverständnis bereit: Es finden sich Tätigkeitsberichte der kirchlichen Gruppen für Jungen und Mädchen, Vereinssatzungen und Rundbriefe. – Über die Arbeit der nationalsozialistischen Jugendorganisationen in Unterfranken informiert Gliederungspunkt 4.16.11 in Kasten 16 der Dokumentation. Hier sind Tätigkeitsberichte der HJ und des BDM zusammengetragen, Verordnungsblätter der Reichsjugendführung sowie verschiedene Spottgedichte und Sprechchöre.

[14] Das *Gesetz zur Verhütung erbkranken Nachwuchses* vom 14.07.1933 (Reichsgesetzblatt 1933 I, S. 529), das den Weg frei gab für die zwangsweise Sterilisierung von mindestens 400 000 Personen, wurde fortgeschrieben in einer Ausführungsverordnung vom 05.12.1933 (Reichsgesetzblatt 1933 I, S. 1021), dem *Gesetz zum Schutze der Erbgesundheit des deutschen Volkes* vom 18.10.1935 (Reichsgesetzblatt 1935 I, S. 1246) und einer ergänzenden Durchführungsverordnung vom 29.11.1935 (Reichsgesetzblatt 1935 I, S. 1419). – Ausführlich informieren über die nationalsozialistische Sterilisationspolitik Gisela Bock, Zwangssterilisation im Nationalsozialismus. Studien zur Rassenpolitik und Frauenpolitik (Schriften des Zentralinstituts für sozialwissenschaftliche Forschung der Freien Universität Berlin 48), Opladen 1986; Udo Benzenhöfer, Zur Genese des Gesetzes zur Verhütung erbkranken Nachwuchses, Münster 2006 und Sonja Endres, Zwangssterilisation in Köln 1934–1945 (Schriften des NS-Dokumentationszentrums 16), Köln 2009. – Die Rolle der Mediziner beleuchten kritisch die Untersuchungen von Astrid Ley, Zwangssterilisation und Ärzteschaft. Hintergründe und Ziele ärztlichen Handelns 1934–1945 (Kultur der Medizin 11), Frankfurt a. M. 2004 und Stefanie Westermann/Richard Kühl/Dominik Groß (Hg.), Medizin im Dienst der „Erbgesundheit". Beiträge zur Geschichte der Eugenik und Rassenhygiene (Medizin und Nationalsozialismus 1), Münster 2009.

[15] Zur Reaktion von Bistumsleitung und Klerus der Diözese Würzburg vgl. Haaf, Von volksverhetzenden Pfaffen (wie Anm. 8), S. 251–265.

[16] Vgl. Franz Kühnel, Hans Schemm. Gauleiter und Kultusminister 1891–1935 (Nürnberger Werkstücke zur Stadt- und Landesgeschichte 37), Nürnberg 1985; Rudolf Endres, Art. „Schemm, Hans Heinrich Georg", in: Neue Deutsche Biographie 22 (2005), S. 662f. sowie Hermann Rumschöttel, Geschichte des bayerischen Kultusministeriums von der Errichtung bis zum Ende des Zweiten Weltkriegs, in: Bayerisches Staatsministerium für Unterricht, Kultus, Wissenschaft und Kunst (Hg.), Tradition und Perspektive. 150 Jahre Bayerisches Kultusministerium, München 1997, S. 45–101, bes. S. 85–92.

seinen göttlichen Aufgaben einnehmen, d. h. im Gegensatz zu den zerrütteten und vernichtenden Tendenzen einer vergangenen liberalistisch-marxistischen Zeit die große nationalsozialistische Parole anerkennen: Hin zum Ganzen, Hin zur Volksgemeinschaft, Hin zur Gemeinschaft mit Gott."[17] Selbst die *Nationalsozialistische Deutsche Arbeiterpartei* (NSDAP) legte in Punkt 24 ihres Parteiprogramms ein verschleierndes Bekenntnis zum „positiven Christentum" ab: „Die Partei als solche vertritt den Standpunkt eines positiven Christentums, ohne sich konfessionell an ein bestimmtes Bekenntnis zu binden."[18] Bischof Matthias Ehrenfried hinterfragte kritisch in seinem Fastenhirtenbrief 1935, dem er den Titel „Das positive Christentum" gegeben hatte: „Hat sich nicht der neue Staat auf den Boden des positiven Christentums gestellt und den beiden christlichen Konfessionen seinen Schutz zugesichert? Gewiss. Aber im Gegensatz dazu überschwemmen Wochen- und Monatsschriften, Bücher und Broschüren das Land, in welchen das Christentum bekämpft und abgelehnt wird. Die einen wollen es angeblich von allem Orientalischen und Jüdischen reinigen; andere es durch eine arteigene deutsche Religion ersetzen. Wieder andere stoßen sich an Schuld und Sühne, an Kreuz und Gnade in der Lehre des Christentums – sie bezeichnen dies als negatives Christentum –; sie anerkennen nur die heldenhaften Züge im Christentum und im Leben Christi, das nennen sie positives Christentum. Dabei wird Christus seiner Gottheit entkleidet und die Kirche ihrer göttlichen Sendung beraubt."[19] Auf nationalsozialistischer wie kirchlicher Seite musste man zur Einsicht gelangen: „Nationalsozialistische und christliche Auffassungen sind unvereinbar"[20], wie Reichsleiter Bormann in einem Rundschreiben an die Gauleiter am 9. Juni 1941 feststellte.

Je heftiger der katholische Glaube attackiert und je mehr das kirchliche Leben eingeschränkt wurde, desto entschiedener hielten die unterfränkischen Katholiken dagegen. In den katholisch geprägten Bauerndörfern bekamen in erster Linie die Ortsgruppenleiter der NSDAP diese Opposition zu spüren. Durch ihre permanenten Angriffe gegen die angesehenen Pfarrgeistlichen machten sie sich bei der kirchengebundenen Bevölkerung verhasst und waren nicht selten isoliert. Daher war auch ein verbreitetes und immer wiederkehrendes Motiv in den Berichten der NSDAP-Meldestellen im Gau und Regierungsbezirk Mainfranken das von der „schwarz eingestellte[n] Bevölkerung"[21] und den „trostlosen Verhältnissen [...] im rabenschwarzen Gau".[22] Wenngleich dieser Topos

---

[17] Zitiert nach Kühnel, Hans Schemm (wie Anm. 16), S. 288.

[18] Zitiert nach Johann Neuhäusler, Kreuz und Hakenkreuz. Der Kampf des Nationalsozialismus gegen die katholische Kirche und der kirchliche Widerstand, München 1946, Teil II, S. 202.

[19] Zitiert nach Wittstadt, Bischof Matthias Ehrenfried (wie Anm. 2), S. 209.

[20] Zitiert nach Klaus Gotto / Konrad Repgen (Hg.), Kirche, Katholiken und Nationalsozialismus, Mainz 1980, S. 140.

[21] Staatsarchiv Würzburg, Gestapoakten, Nr. 1397, fol. 22 (Akte von Kaplan Richard Heßler).

[22] In seinem Bericht vom 18.06.1934 informierte der Stützpunktleiter von Buch die NSDAP-Gauleitung über die erschwerten Bedingungen seiner Arbeit in den „rabenschwarzen Gemeinde[n] für die Ausbreitung des Nationalsozialismus". In der Gemeinde Buch ließen sich von 204 Einwohnern lediglich 28 für die Partei werben; von 627 Einwohnern in Bieberehren 32, von 1 171 in Röttingen 41. Besonders in den Auseinandersetzungen zwischen Kirche und Nationalsozialismus war der Stützpunktleiter persönlichen Angriffen ausgesetzt. Nicht ohne ein gerüttelt Maß an Theatralik und Selbstdarstellung führt er Klage: „Als wir aber den Kampf gegen die politisierende Geistlichkeit aufnehmen mussten, stand unter Führung des Pfarrers die ganze schwarze Gesellschaft gegen uns auf. Die Hetze, die gegen uns getrieben wird, ist zurzeit so schamlos und

nicht selten der Selbststilisierung der „Frontkämpfer u. Nationalsozialisten"[23] diente und den eigenen Heroismus im „erdrückenden Kampfe für unsere Bewegung"[24] und im zähen Ringen mit den „schwarzen Fanatiker[n]"[25], den „Schwarzen und Pfaffen"[26] unterstreichen sollte, so charakterisiert er doch treffend die gesellschaftlichen Verhältnisse im überwiegend ländlich geprägten Unterfranken und spiegelt die Sozialstruktur des Regierungsbezirks wider, in dem der katholische Bevölkerungsanteil im Jahr 1933 bei 80,6 Prozent lag.[27] Im Bistum Würzburg, dessen Gebiet weitgehend mit den politischen Grenzen des Regierungsbezirks Unterfranken zusammenfiel, war der Zusammenhalt zwischen Gläubigen und Priestern groß, insbesondere im geschlossenen katholischen Sozialmilieu, das in den unterfränkischen Bauerndörfern vorherrschte.[28]

In der kirchlichen Statistik nahmen die Diözesen Bayerns und unter ihnen Würzburg innerhalb der deutschen Diözesen eine Vorrangstellung ein, was

---

heftig, dass es nicht mehr möglich ist, uns zu behaupten (außer wir dürfen dreinhauen!), wenn wir nicht energische Unterstützung bei der Gau- bezw. Kreisleitung finden.
In dem erdrückenden Kampfe für unsere Bewegung wende ich mich an meinen Gauleiter und *bitte dringend, in unserer Sache persönlich bei ihm vorsprechen zu dürfen* [i.O. gesperrt], damit endlich einmal die Entscheidung gefällt wird u. wir Hilfe finden.
Wir durchleben in dem rabenschwarzen Gau, insbesondere hier in Buch, Burgerroth und Bieberehren, jene Jahre, wie sie unsere alten Kämpfer vor der Machtergreifung mitmachen mussten. Es ist unglaublich, was sich unsere Leute gefallen lassen müssen. Es fehlt nur noch das eine, dass man sie verprügelt. Aber wir sind stolz darauf diesen Kampf führen zu dürfen und werden keine Zugeständnisse unseren Gegnern machen, wenn wir auch von Seiten der Behörde nicht immer die gewünschte Unterstützung finden. [...] Ich bitte deshalb meinen Gauleiter nochmals dringend, alsbald bei ihm vorsprechen zu dürfen, um ihm persönlich die Vorkommnisse und Verhältnisse zu schildern, die sich in einem Bericht nicht darstellen lassen.
Ferner versichere ich ihm, weiterhin unentwegt den Kampf gegen die schwarzen Wühler zu führen und unsere Aufbauarbeit fortzusetzen, umso mehr noch als verantwortlicher Ortsgruppenleiter der Ortsgruppe Bieberehren, mit deren Führung ich von der Kreisleitung beauftragt wurde. Was ich bin, will ich ganz sein, selbst im zermalmenden Sturz!"; Staatsarchiv Würzburg, NSDAP Gau Mainfranken, Nr. 7, Mappe: Ochsenfurt 1929–1942.

23 Staatsarchiv Würzburg, Gestapoakten, Nr. 18083, fol. 8 (Akte von Pfarrer Wilhelm Zufraß).

24 Vgl. Anm. 22.

25 Staatsarchiv Würzburg, Gestapoakten, Nr. 5586, fol. 43 (Akte von Kaplan Hugo Lang).

26 Bericht des Ortsgruppenleiters der NSDAP Allersheim vom 12.10.1941, in: Staatsarchiv Würzburg, NSDAP Gau Mainfranken, Nr. 7, Mappe: Ochsenfurt 1929–1942.

27 Nach dem Kirchlichen Handbuch XIX (1935/36), S. 183 gehörten 1933 im Regierungsbezirk Unterfranken 80,6 % der katholischen, 18,0 % der evangelischen, 1,1 % der jüdischen und 0,3 % einer anderen oder keiner Religion an.

28 Wie das katholische Sozialmilieu im Bistum Würzburg auf die Konfrontation mit dem Nationalsozialismus reagierte und welche Konflikte zwischen Priestern, Gläubigen und Nationalsozialisten ausgetragen wurden, beleuchtet die Quellenstudie von Haaf, Von volksverhetzenden Pfaffen (wie Anm. 8). – Vgl. weiterhin Klaus Wittstadt, Kirche im Widerstand gegen den Nationalsozialismus. Christliche Glaubenshaltung im Dritten Reich nach Regierungspräsidentenberichten und Gestapoakten, in: Würzburger Diözesangeschichtsblätter 37/38 (1975), S. 627–656; ders., Domkapitular Heinrich Leier (wie Anm. 11); Johannes Merz, Der Protest gegen die Schulkreuzentfernungen 1941 in Unterfranken. Zum Hintergrund kirchlicher Verteidigung gegen Maßnahmen des nationalsozialistischen Regimes, in: Würzburger Diözesangeschichtsblätter 52 (1990), S. 409–437; Herbert Schott, Die Visitationsreise des Würzburger Bischofs Matthias Ehrenfried in das Dekanat Münnerstadt 1936. Eine Quellenedition, in: Würzburger Diözesangeschichtsblätter 62/63 (2001), S. 719–754; Tobias Haaf, „Den Pfarrer zur Strecke bringen". Hugo Stöhr, Pfarrer von Rannungen und Dekan von Münnerstadt. Eine Priesterbiographie aus der nationalsozialistischen Zeit Unterfrankens, in: Würzburger Diözesangeschichtsblätter 65 (2003), S. 259–336; ders., „Die Äusserungen des Angeklagten haben den öffentlichen Frieden gestört". Die Verurteilung des Waldbrunner Pfarrers Josef Fröhlich durch das Sondergericht Bamberg 1935. Eine Quellenedition, in: Würzburger Diözesangeschichtsblätter 68 (2006), S. 323–350; ders., „Der Angeklagte gehört offenbar zu den politisierenden Geistlichen". Die Verurteilung des Rimparer Kaplans Friedrich Thein durch das Sondergericht Bamberg 1936. Eine Quellenedition, in: Würzburger Diözesangeschichtsblätter 70 (2008),

schlaglichtartig ein Blick auf die Osterkommunion der Jahre 1939 bis 1942 belegt: So lag der Prozentwert der unterfränkischen Katholiken, die ihrer Osterpflicht nachgekommen sind, 1939 bei 69,52[29], 1940 bei 65,65[30], 1941 bei 64,8[31] und 1942 bei 64,1[32]. Dagegen belief sich der Reichsdurchschnitt 1939 auf 58,77[33], 1940 auf 54,1[34], 1941 auf 53,0[35] und 1942 auf 51,9 Prozent.[36] Auch die Prozentsätze aus der Nachbardiözese Bamberg reichten nicht an die Würzburger Werte heran. Von einhundert Katholiken empfingen hier 1939 rechnerisch 57,12 die Osterkommunion[37], 1940 waren es 54,22[38], 1941 52,5[39] und 1942

S. 261–283; Stefan Menz, Suspendierung und Verbannung. Konrad Hoos (1892–1982) und seine Abberufung aus Aschaffenburg als Beispiel für das Herausdrängen geistlicher Lehrkräfte aus dem Religionsunterricht im Dritten Reich. Eine Quellenedition der Gestapoakte, in: Würzburger Diözesangeschichtsblätter 70 (2008), S. 285–298; Tobias Haaf, „Die Verfehlung des Angeklagten ist grober Natur". Die Rolle des Sondergerichts Bamberg bei der Disziplinierung unterfränkischer katholischer Geistlicher, in: Würzburger Diözesangeschichtsblätter 71 (2009), S. 43–107; vgl. auch die weiteren Beiträge von Ulrich Bausewein, Elmar Hochholzer, Oskar Klemmert, Johanna Konrad-Brey, Wolfgang Weiß und Christoph Weißmann zum Thema „Das Bistum Würzburg im NS-Staat", in: Würzburger Diözesangeschichtsblätter 71 (2009), S. 11–161, die Ergebnis der Tagung „Der ‚schwarze Gau'. Das Bistum Würzburg unter nationalsozialistischer Herrschaft" waren, die der Würzburger Diözesangeschichtsverein in Zusammenarbeit mit der Katholischen Akademie Domschule und dem Diözesanarchiv Würzburg am 14./15.11.2008 durchgeführt hat; Tobias Haaf, „Der Vorgenannte hat staatsabträgliche Reden geführt". Das Sondergericht Würzburg als Instanz der Disziplinierung und Strafverfolgung in den Jahren 1942 bis 1945, in: Würzburger Diözesangeschichtsblätter 72 (2010), S. 551–576; ders., „Das Verbot führen sich die Sammlerinnen ziemlich stark zu Gemüte". Die Auflösung des „Frauenhilfswerkes für Priesterberufe" in der Diözese Würzburg im September 1939, in: Würzburger Diözesangeschichtsblätter 73 (2011), S. 399–412; ders., „Mißbrauch vaterländischer Melodien zu kirchlichen Zwecken". Kaplan Hermann Schebler von Holzkirchhausen und die Auseinandersetzungen wegen einer Papsthymne mit weltlicher Melodie 1939, in: Würzburger Diözesangeschichtsblätter 75 (2012), S. 221–240; Matthias Leineweber, Seliger Georg Häfner. Ein Märtyrerpriester widersteht dem Nationalsozialismus, in: Würzburger Diözesangeschichtsblätter 75 (2012), S. 179–220; Tobias Haaf, „... eine Verhöhnung der anordnenden Behörden". Witz und Ironie als Waffe und Ventil in der Auseinandersetzung mit dem Nationalsozialismus in Unterfranken, in: Würzburger Diözesangeschichtsblätter 76 (2013), S. 343–369; ders., „Erfüllet gerade in Notzeiten euere Pflichten gegen das Vaterland!". Der Würzburger Diözesanklerus vor der Herausforderung des Zweiten Weltkrieges, in: Würzburger Diözesangeschichtsblätter 77 (2014), S. 247–276; ders., „... eine einzige Anklage gegen die neue Zeit". Die Predigt des Bad Brückenauer Stadtpfarrers Anton Orgeldinger am Silvesterabend des Jahres 1935, in: Würzburger Diözesangeschichtsblätter 78 (2015), S. 503–511; ders., „Dazu habe ich mich als Seelsorger verpflichtet gefühlt". Die Verurteilung des Dipbacher Pfarrers Dr. Gottfried Eder durch das Sondergericht Bamberg 1940. Eine Quellenedition, in: Würzburger Diözesangeschichtsblätter 79 (2016), S. 295–315; ders., „Angesichts einer solchen erdrückenden Last von staatsabträglichen, ja staatsfeindlichen Handlungen und rednerischen Entgleisungen...". Das gegen Benefiziat Otto Schmitt in Kleinostheim am 1. September 1937 verhängte Schulverbot. Eine Quellenedition, in: Würzburger Diözesangeschichtsblätter 80 (2017), S. 329–373; ders., „Wenn der Pfarrer nicht fortkommt, geht in Waldbrunn alles drunter und drüber". Pfarrer Josef Fröhlich in der Auseinandersetzung mit den nationalsozialistischen Partei-, Polizei- und Justizstellen, in: Cherusker-Blätter 99 (2018), S. 75–85; interessante Perspektiven bietet auch Georg Häfner 1900–1942. Eine historische Dokumentation des Diözesanarchivs Würzburg, Würzburg 2011.

29 Kirchliches Handbuch XXII (1943), S. 329.

30 Ebd., S. 313 und 329.

31 Kirchliches Handbuch XXIII (1944–51), S. 393.

32 Ebd., S. 397.

33 In diesen Wert sind die Zahlen aus dem Dekanat Osnabrück nicht eingerechnet. – Kirchliches Handbuch XXII (1943), S. 330.

34 Kirchliches Handbuch XXIII (1944–51), S. 417.

35 Ebd.

36 Ebd.

37 Kirchliches Handbuch XXII (1943), S. 329.

38 Ebd.

39 Kirchliches Handbuch XXIII (1944–51), S. 393.

51,8.[40] Die Zahlen aus dem Reich und aus dem benachbarten Bamberg lagen also über zehn Prozentpunkte hinter den Zahlen aus Würzburg.

Traditionell wählten die Katholiken Unterfrankens die BVP, in der Geistliche teilweise wichtige Funktionen ausübten und hohe Parteiämter bekleideten.[41] Mit einem Stimmenanteil von 43,6 Prozent ging sie noch aus der Reichstagswahl am 5. März 1933 als stärkste politische Kraft hervor. Wenngleich die NSDAP auch in Unterfranken Stimmengewinne verzeichnen konnte, blieb das unterfränkische Ergebnis zehn Prozentpunkte hinter dem Reichsdurchschnitt zurück. Im Reich erzielte die NSDAP 43,9 Prozent, im katholisch geprägten Unterfranken dagegen konnte sie nur 33,9 Prozent der Stimmen auf sich vereinen.[42] Untersuchungen zur Konfessionszugehörigkeit in Relation zum Wahlverhalten haben gezeigt, dass vor allem das katholische Milieu in „gut kirchlichen ländlich-kleinstädtischen Gebiete[n]" weitgehend immun war gegen die Wahlversprechen der NSDAP und „Hitler nie an die Macht gekommen wäre, wenn die Deutschen so wie die katholische Minderheit (etwa ein Drittel der Bevölkerung) gewählt hätten".[43]

2. Oppositionelles Verhalten katholischer Frauen

In zentralen Konfliktfeldern zwischen nationalsozialistischer Ideologie und katholischer Lehre standen die kirchlich gebundenen Frauen in der vordersten Verteidigungslinie, fiel ihnen nach dem traditonellen Rollenbild doch maßgeblich die Aufgabe der religiösen Erziehung und Beheimatung der Kinder zu.[44] Aber auch ihre Verwurzelung im Glauben und ihr oftmals geradezu trotziges Festhalten an der *praxis pietatis* bargen Konfliktpotenzial.[45] Unter den Bedingungen totalitärer Herrschaft weckte ein bewusstes Katholischsein bereits Oppositionsverdacht.

2.1 Katholische Frauenorganisationen

Gläubige Frauen besuchten nicht nur regelmäßig die Gottesdienste, begingen die Feste des liturgischen Jahres und pflegten das Gebet in der Familie, sondern engagierten sich auch in den katholischen Frauenorganisationen. Noch im Juni

---

40 Ebd., S. 397.

41 Vgl. Frei, Der Führerstaat (wie Anm. 7), S. 73 sowie Ulrich von Hehl u.a. (Bearb.), Priester unter Hitlers Terror. Eine biographische und statistische Erhebung (Veröffentlichungen der Kommission für Zeitgeschichte, Reihe A: Quellen 37), Mainz 1998, S. 239.

42 Zu den Wahlen und dem Wahlverhalten in Unterfranken vgl. die grundlegende Untersuchung von Peter Spitznagel, Wähler und Wahlen in Unterfranken 1919–1969. Versuch einer Analyse der Wählerstruktur eines Regierungsbezirks auf statistischer Grundlage nach den Erhebungen der Volkszählungen 1925, 1950, 1961 und 1970 (Quellen und Forschungen zur Geschichte des Bistums und Hochstifts Würzburg 32), Würzburg 1979.

43 Peter Claus Hartmann, Der katholische Kampf und Widerstand gegen den Nationalsozialismus in München (1922–1945), in: Zeitschrift für bayerische Landesgeschichte 80 (2017), S. 245–290, hier S. 264f.

44 Zu den Streitfragen von Kindererziehung und Schulbildung im Bistum Würzburg während des Dritten Reichs vgl. Haaf, Von volksverhetzenden Pfaffen (wie Anm. 8), S. 40–134.

45 Vgl. ebd., S. 135–250.

1941 schildert der Ortsgruppenleiter der NSDAP Poppenlauer in einem ausführlichen Bericht an die Kreisleitung in Bad Kissingen die engagierte Tätigkeit der katholischen Müttervereine im Dekanat Münnerstadt und muss feststellen: „Die Wirkung spürt unsere Frauenschaft, die viel über Fernbleiben gewisser Frauen von den Pflichtabenden klagt.“[46] Besonders in ländlich geprägten Räumen konnten die NS-Frauenorganisationen nur schwer Fuß fassen und mit den katholischen Müttervereinen oder dem Katholischen Frauenbund konkurrieren. Mitte 1934 beklagt ein Lagebericht des Chefs des Sicherheitsamtes des Reichsführers SS[47]: „Auf dem Gebiete weiblicher Organisationen macht sich katholische Regsamkeit besonders geltend. An zahlreichen Orten in katholischen Gegenden übertrifft die Mitgliederzahl der katholischen Frauen- und Jungfrauenvereine bei weitem den Mitgliederbestand der NS-Frauenschaft, des BDM usw.“[48] In der Gemeinde Breitenbrunn stellte die Gendarmerie Stadtprozelten zu Jahresbeginn 1941 umfangreiche Ermittlungen wegen eines Gebetskreises junger Frauen im Alter zwischen 16 und 18 Jahren an. Der Kreisleiter der NSDAP Marktheidenfeld/Karlstadt hatte Kaplan Peter Klement im Verdacht, diesen „politisch-konfessionellen Bund von Mädchen“ gegründet zu haben. Die Mädchen rekrutiere Klement „samt und sonders aus dem B.d.M.“.[49]

Bis zu ihrer staatspolizeilichen Auflösung erfreuten sich auch die Marianische Jungfrauenkongregation und das Frauenhilfswerk für Priesterberufe im Bistum Würzburg großer Beliebtheit und erfuhren starken Zuspruch. 1938 verbot die Gestapo München die Marianischen Jungfrauenkongregationen, da diese sich „in stärkstem Maße auch außerkirchlich, also weltlich betätigt [hätten]“. Besonders die Führungsspitze des katholischen Mädchenbundes sei „zu rein politischen und staatsfeindlichen Aufgaben geschult und herangezogen [worden]“.[50] 1939 verbot der Reichsführer SS und Chef der Deutschen Polizei im Reichsinnenministerium Heinrich Himmler das Frauenhilfswerk für Pries-

---

46 Staatsarchiv Würzburg, Gestapoakten, Nr. 15472, fol. 58 (Akte von Dekan Hugo Stöhr).

47 Die *Schutzstaffel der NSDAP* war 1925 von Adolf Hitler als eine Art Leibgarde gegründet worden und unterstand zunächst der *Sturmabteilung* (SA). 1934 wurde sie zu einer eigenständigen Gliederung der *NSDAP* erhoben. Sie erlangte die Kontrolle über das Polizeiwesen, wurde zum wirksamsten Unterdrückungsinstrument der Nationalsozialisten und war verantwortlich für den Betrieb der Konzentrationslager. Vgl. hierzu Hans Buchheim u. a., Anatomie des SS-Staates, München 2005; Bastian Hein, Elite für Volk und Führer? Die Allgemeine SS und ihre Mitglieder 1925–1945, München 2012; Christian Ingrao, Hitlers Elite. Die Wegbereiter des nationalsozialistischen Massenmordes, Berlin 2012; Reinhard Rürup (Hg.), Topographie des Terrors. Gestapo, SS und Reichssicherheitshauptamt auf dem „Prinz-Albrecht-Gelände“. Eine Dokumentation, Berlin 1993 sowie Gordon Williamson, Die SS. Hitlers Instrument der Macht. Die Geschichte der SS von der Schutzstaffel bis zur Waffen-SS, Klagenfurt 2001.

48 Heinz Boberach (Bearb.), Berichte des SD und der Gestapo über Kirchen und Kirchenvolk in Deutschland 1934–1944 (Veröffentlichungen der Kommission für Zeitgeschichte, Reihe A: Quellen 12), Mainz 1971, S. 16f.

49 So der Kreisleiter in einer Meldung an den Marktheidenfelder Landrat vom 17.03.1941, in: Staatsarchiv Würzburg, Gestapoakten, Nr. 4091.

50 Als Begründung für das Verbot vom 20.01.1938 führt die Gestapo München an: „Die Marianische Jungfrauenkongregation in einer Pfarrei in Nürnberg hat sich seit Jahren unter Überschreitung des ihr zustehenden Aufgabengebietes in weitgehendstem Maße mit Veranstaltungen weltlicher und volkssportlicher Art befasst. Weiter hat der Präses des Vereins die Vorstandschaft bis herab zu den Gruppenführerinnen der M.J.K. laufend mit staatsfeindlichem Material versehen, das staatsfeindlichen Erörterungen diente. Ferner wurde die M.J.K. besonders in ihrem Führerkreis zu rein politischen und staatsfeindlichen Aufgaben geschult und herangezogen.
Darüber hinaus musste das Gesamtverhalten der M.J.K. verschiedentlich beanstandet werden. Wiederholt konnte auch festgestellt werden, dass sich die Kongregation mit rein weltlichen

terberufe, eine von Frauen getragene Gebets- und Hilfsbewegung, die 1926 auf Initiative von Prinzessin Maria Immaculata, Herzogin zu Sachsen, in Freiburg im Breisgau gegründet worden war, erst 1935 in der Diözese Würzburg eingeführt wurde, rasch aber eine derart positive Entwicklung nahm, dass dort 1939 435 Ortsgruppen und Filialen existierten.[51] Unmut und Kritik der Förderinnen sprechen aus einem Bericht des Gendarmerie-Hauptwachtmeisters von Bad Neustadt an der Saale über die Auflösungsaktionen in Hohenroth, Salz und Bad Neustadt, wo Anna Wetteskind, Anna Müller und Else Bertges der Gebets- und Hilfsgemeinschaft vorstanden: „Das Verbot führen sich die Sammlerinnen ziemlich stark zu Gemüte. Die Mitgliedslisten wurden sehr ungern herausgegeben. Bei Bekanntgabe des Verbots an die Sammlerinnen wurde ich unter anderem auch gefragt, ob die Gendarmerie jetzt nichts Dringenderes zu tun habe."[52] Die staatspolizeiliche Aufhebung des Frauenhilfswerks für Priesterberufe illustriert das ausgeprägte katholische Sozialmilieu[53] im Bistum Würzburg, über das sich ein dichtes Netz von Orts- und Filialgruppen legte, und bezeugt das hohe Ansehen und Sozialprestige, das die Geistlichkeit bei den

---

Dingen, so mit Gesellschaftsspielen, dann mit der Durchführung von ‚Geselligen Abenden' befasste.
Damit ist einwandfrei erwiesen, dass sich die M.J.K. in stärkstem Maße auch außerkirchlich, also weltlich betätigt. Sie hat damit ihr eigentlich religiöses Aufgabengebiet verlassen und sich auf ein Betätigungsgebiet begeben, das ihr satzungsgemäß nicht zusteht. Die Organisation war daher aufzulösen und zu verbieten."; Abschrift des Beschlusses der Gestapo München durch die Gestapo Würzburg vom 22.01.1938, in: Diözesanarchiv Würzburg, Gestapoakten, Repertorium Gau Mainfranken, Kasten 1, Faszikel I, 3) Auflösung der Marianischen Jungfrauenkongregation – allgemeine Bestimmungen.

51 Vgl. Diözesanarchiv Würzburg, Gestapoakten, Repertorium Gau Mainfranken, Kasten 1, Faszikel I, 14) Ortsvereine des Frauenhilfswerkes für Priesterberufe und Vorstände sowie Haaf, „Das Verbot führen sich die Sammlerinnen ziemlich stark zu Gemüte" (wie Anm. 28).

52 Diözesanarchiv Würzburg, Gestapoakten, Repertorium Gau Mainfranken, Kasten 4, 5) Neustadt/Saale-Bezirksamt, c) Auflösung des Frauenhilfswerkes für Priesterberufe im Bezirk Neustadt 1939.

53 Rainer M. Lepsius, Demokratie in Deutschland. Soziologisch-historische Konstellationsanalysen. Ausgewählte Aufsätze (Kritische Studien zur Geschichtswissenschaft 100), Göttingen 1993 umschreibt auf S. 38 den Begriff Milieu „als Bezeichnung für soziale Einheiten, die durch eine Koinzidenz mehrerer Strukturdimensionen wie Religion, regionale Tradition, wirtschaftliche Lage, kulturelle Orientierung, schichtspezifische Zusammensetzung der intermediären Gruppen gebildet werden", und erklärt weiter: „Das Milieu ist ein sozio-kulturelles Gebilde, das durch eine spezifische Zuordnung solcher Dimensionen auf einen bestimmten Bevölkerungsteil charakterisiert wird." Lepsius unterscheidet ein katholisches Sozialmilieu, ein konservatives Milieu, ein bürgerlich-protestantisches Milieu und ein sozialistisches Milieu. – Zu der Milieutheorie und ihrer Anwendung auf die Verhältnisse im Dritten Reich vgl. weiterhin Doris Kaufmann, Katholisches Milieu in Münster. Politische Aktionsformen und geschlechtsspezifische Verhaltensräume (Düsseldorfer Schriften zur Neueren Landesgeschichte und zur Geschichte Nordrhein-Westfalens 14), Düsseldorf 1984; Herbert Kühr, Katholische und evangelische Milieus. Vermittlungsinstanzen und Wirkungsmuster, in: Dieter Oberndörfer u.a. (Hg.), Wirtschaftlicher Wandel, religiöser Wandel und Wertwandel. Folgen für das politische Verhalten in der Bundesrepublik Deutschland, Berlin 1985, S. 245–261; Karl-Egon Lönne, Katholizismus-Forschung, in: Geschichte und Gesellschaft 26 (2000), S. 128–170, bes. S. 160–170; Wilfried Loth, Integration und Erosion. Wandlungen des katholischen Milieus, in: ders. (Hg.), Deutscher Katholizismus im Umbruch zur Moderne (Konfession und Gesellschaft 3), Stuttgart u.a. 1991, S. 266–281 oder Cornelia Rauh-Kühne, Katholisches Milieu und Kleinstadtgesellschaft. Ettlingen 1918–1939, Sigmaringen 1991. – Gerhard Paul/Klaus-Michael Mallmann, Milieus und Widerstand. Eine Verhaltensgeschichte der Gesellschaft im Nationalsozialismus, Bonn 1995 sowie Detlef Schmiechen-Ackermann (Hg.), Anpassung, Verweigerung, Widerstand. Soziale Milieus, Politische Kultur und der Widerstand gegen den Nationalsozialismus in Deutschland im regionalen Vergleich (Schriften der Gedenkstätte Deutscher Widerstand, A, 3), Berlin 1997 untersuchen den Zusammenhang von Milieu und Widerstand gegen den Nationalsozialismus.

kirchlich gebundenen Frauen genoss.[54] Zudem legen die Quellen Zeugnis ab von dem engen Zusammenhalt der Pfarrgeistlichen und katholischen Frauen der Diözese Würzburg.[55] Mehrfach finden sich in den polizeilichen Berichten Hinweise darauf, dass sich Priester und Förderinnen gegenseitig in Schutz nahmen. So beteuerten immer wieder Förderinnen bei ihrer polizeilichen Vernehmung: „Der hies. Pfarrer hatte mit der Sache nichts zu tun."[56] Und Pfarrer Eduard Brendel von Unterleinach ist nur einer der Priester, die sich schützend vor die Förderinnen stellten. Auf Befragen gab er an: „Richtig ist, daß die Führung des Vereins vollständig in meinen Händen lag und meine Köchin nur der Form halber als Leiterin gemeldet war."[57] Somit dokumentieren einzelne Vernehmungsniederschriften den Schulterschluss von Klerus und kirchlich gebundenen Frauen in Unterfranken gegen die kirchenfeindlichen Übergriffe durch die Nationalsozialisten.

2.2 *Verdrängung der Ordensfrauen*

Besonders konfliktträchtig war der Bereich Schule und Erziehung.[58] Die restriktiven Maßnahmen des nationalsozialistischen Machtapparats, die auf die Zurückdrängung jeglicher kirchlicher Einflussnahme auf die Bildung und Erziehung der Kinder und Jugendlichen abzielten, provozierten zuallerst den Widerspruch katholischer Mütter, waren sie nach ihrem Selbstverständnis und dem tradierten Familienbild doch hierfür letztverantwortlich.[59] Daher überrascht es nicht, dass sich vielerorts kirchlich gebundene Frauen an die Spitze des Protests setzten, als die Nationalsozialisten 1936 damit begannen, die klösterlichen Lehrerinnen aus den Schulen zu verdrängen. Diese standen bei der Bevölkerung in hohem Ansehen und ihr Rückhalt war groß[60], garantierten sie doch

---

[54] Zur Opposition kirchlich gebundener Frauen aus dem Bistum Würzburg gegen die nationalsozialistischen Übergriffe auf die Religion vgl. Bernhard Zittel, Formen und Motive des kirchlichen Widerstandes im Dritten Reich aus der Sicht der Geheimberichte des Regierungspräsidenten von Unterfranken, in: Würzburger Diözesangeschichtsblätter 37/38 (1975), S. 601–625, bes. S. 624; weiterhin Haaf, „Den Pfarrer zur Strecke bringen" (wie Anm. 28), S. 304 sowie die zahlreichen Hinweise bei Haaf, Von volksverhetzenden Pfaffen (wie Anm. 8).

[55] Die Quellen aus nationalsozialistischer Zeit belegen diesen Zusammenhalt von Priestern und Gläubigen im Bistum Würzburg vielfach. Vgl. hierzu Wittstadt, Kirche im Widerstand (wie Anm. 28); Merz, Der Protest (wie Anm. 28); Haaf, „Den Pfarrer zur Strecke bringen" (wie Anm. 28); ders., „Die Äusserungen des Angeklagten haben den öffentlichen Frieden gestört" (wie Anm. 28); ders., „Der Angeklagte gehört offenbar zu den politisierenden Geistlichen" (wie Anm. 28); ders., „Die Verfehlung des Angeklagten ist grober Natur" (wie Anm. 28); ders., „Dazu habe ich mich als Seelsorger verpflichtet gefühlt" (wie Anm. 28); ders., „Angesichts einer solchen erdrückenden Last von staatsabträglichen, ja staatsfeindlichen Handlungen und rednerischen Entgleisungen…" (wie Anm. 28) oder ders., Von volksverhetzenden Pfaffen (wie Anm. 8), passim.

[56] Diözesanarchiv Würzburg, Gestapoakten, Repertorium Gau Mainfranken, Kasten 2, 5) Bad Kissingen-Bezirksamt, d) Auflösung des Frauenhilfswerkes für Priesterberufe im Landkreis Bad Kissingen 1939/40.

[57] Diözesanarchiv Würzburg, Gestapoakten, Repertorium Gau Mainfranken, Kasten 5, 4) Würzburg-Bezirksamt, c) Auflösung des Frauenhilfswerkes für Priesterberufe im Bezirk Würzburg 1939.

[58] Vgl. Haaf, Von volksverhetzenden Pfaffen (wie Anm. 8), S. 40–134.

[59] Vgl. in diesem Zusammenhang die Ermittlungen gegen Pfarrer Johann Kötzner in Haßfurt wegen eines Einkehrtags für Mütter und junge Frauen zum Thema „Die religiöse Kindererziehung auf den verschiedenen Stufen der Entwicklung", in: Staatsarchiv Würzburg, Gestapoakten, Nr. 4533.

[60] 1936, als die staatlich initiierte Zurückdrängung der Frauenorden einsetzte, wirkten von den fünfzehn im Bistumsgebiet ansässigen weiblichen Orden und Instituten besonders die Englischen Fräulein (mit fünf Lokal- und zwei Filialhäusern), die Franziskanerinnen aus dem Mut-

eine prägende religiöse Sozialisation der Kinder in Kindergarten und Schule.[61] In einem gemeinsamen Hirtenbrief vom Juni 1936, der in teilweise scharfer Diktion sachliche und rechtliche Argumente erörterte, die einer Entlassung der Klosterfrauen entgegenstanden, bezogen die bayerischen Bischöfe Stellung gegen das staatliche Vorgehen gegen die Frauenorden. In den Quellen ist belegt, dass dieser Hirtenbrief gerade bei kirchlich gebundenen Frauen auf große Resonanz stieß. Aus Versbach, wo Pfarrer Johann Hermann sich gegenüber dem Gendarmeriehauptwachtmeister geweigert hatte, den Hirtenbrief herauszugeben, ist überliefert: „Am Sonntag, dem 21. Juni 36 wurde von der Kanzel ein Hirtenbrief der Bay. Bischöfe verlesen, worin heftige Angriffe gegen den Staat geführt wurden. [...] Hauptsächlich bei den Frauen findet er dabei fruchtbaren Boden[62] und erreicht damit im Zusammenhang mit dem H.Brief [Hirtenbrief] *über die Jugendbewegung*[63], dass viele Eltern schwer zu bewegen sind, ihre Kin-

---

terhaus St. Maria Stern in Augsburg (mit 44 Filialen an 28 Orten), die Franziskanerinnen aus dem Mutterhaus Dillingen (mit 36 Filialen an 28 Orten), die Armen Schulschwestern von „Unsere Liebe Frau" aus dem Mutterhaus München (mit 21 Filialen an 19 Orten), die Diözesan-Kongregation der Töchter des Allerheiligsten Erlösers (mit dem Mutterhaus in Würzburg und 385 Filialen an 266 Orten), die Kongregation der Dienerinnen der hl. Kindheit Jesu (mit dem Mutterhaus in Würzburg-Oberzell und 71 Filialen an 56 Orten), die Ursulinen (in Würzburg und Bad Kissingen) und die Ritaschwestern (mit dem Mutterhaus in Würzburg und 9 Filialen an 6 Orten) in der Erziehung und Unterweisung der Kinder und Jugendlichen in Betreuungseinrichtungen und Schulen. Vgl. Schematismus der Diözese Würzburg (1936), S. 127–162.

61 Evi Kleinöder, Der Kampf um die katholische Schule in Bayern in der NS-Zeit, in: Georg Schwaiger (Hg.), Das Erzbistum München und Freising in der Zeit der nationalsozialistischen Herrschaft, 2 Bde., München/Zürich 1984, Bd. 1, S. 596–638 gibt auf S. 609–613 einen Überblick über die Verdrängung der klösterlichen Lehrkräfte aus den Schulen. – Zu den Verhältnissen in Unterfranken vgl. Haaf, Von volksverhetzenden Pfaffen (wie Anm. 8), S. 40–60.

62 In den Auseinandersetzungen zwischen Nationalsozialismus und katholischer Kirche lässt sich immer wieder die Beobachtung anstellen, dass Frauen besonders emotional reagierten und vehement die kirchlichen Interessen verteidigten. Vgl. die zahlreichen Hinweise bei Haaf, Von volksverhetzenden Pfaffen (wie Anm. 8) sowie Zittel, Formen und Motive (wie Anm. 54), S. 624. – Mareile Tihany-Lätzel, Mädchen und Frauen im „Quickborn". Katholische Jugend und weibliche Identität im ersten Drittel des 20. Jahrhunderts, in: Würzburger Diözesangeschichtsblätter 59 (1997), S. 205–257 versucht eine Annäherung an das Selbstverständnis kirchlich gebundener katholischer Mädchen und Frauen. – Christel Wickert (Hg.), Frauen gegen die braune Diktatur. Widerstand und Verfolgung im nationalsozialistischen Deutschland, Berlin 1995 untersucht verschiedene Formen von Verweigerung, Dissens und Widerstand von Frauen im Dritten Reich. – Dagmar Reese/Carola Sachse, Frauenforschung zum Nationalsozialismus. Eine Bilanz, in: Lerke Gravenhorst/Carmen Tatschmurat (Hg.), TöchterFragen. NS-Frauen-Geschichte, Freiburg 1990, S. 73–106 und Christina Herkommer, Frauen im Nationalsozialismus – Opfer oder Täterinnen? Eine Kontroverse der Frauenforschung im Spiegel feministischer Theoriebildung und der allgemeinen historischen Aufarbeitung der NS-Vergangenheit, München 2005 führen in zentrale Fragestellungen der Frauenforschung zum Nationalsozialismus ein.

63 In einem Hirtenwort, das am Weißen Sonntag, dem 19.04.1936, von den Kanzeln verlesen wurde, setzte sich Bischof Ehrenfried mit der seit Jahresbeginn forcierten Werbung für die nationalsozialistischen Jugendorganisationen auseinander und appellierte an die Eltern: „Wo aber auf Grund örtlicher Verhältnisse oder einzelner Persönlichkeiten keine Gewähr dafür zu erkennen ist, dass Glaube und kirchliche Gesinnung der Kinder in den nationalen Verbänden unversehrt bewahrt und betätigt werden kann, verstößt die Anmeldung der Kinder zu solchen Verbänden und deren Belassung in denselben gegen die Glaubens- und Gewissenspflicht der katholischen Eltern."; Würzburger Diözesanblatt Nr. 11 vom 15.04.1936, S. 81f. – Im Monatsbericht der Bayerischen Politischen Polizei vom 01.05.1936 findet sich eine Bewertung der Stellungnahme Ehrenfrieds: „Die Einstellung der katholischen Kirche zur HJ ist in den letzten bischöflichen Verlautbarungen über den Beitritt zur HJ sehr deutlich ausgedrückt worden. Von den bisher bekannt gewordenen Verlautbarungen ist wohl die schärfste die des Bischofs von Würzburg, die im Würzburger Diözesanblatt vom 15.04.1936 (Nr. 11) veröffentlicht ist."; Bayerisches Hauptstaatsarchiv München, Abt. II: Geheimes Staatsarchiv München, MA, Ministerium des Aeußeren, Akten der Bayerischen Staatskanzlei, Nr. 106687.

der zu H.J. + S.A. zu schicken. Abhilfe wäre eine dringende Notwendigkeit."[64] Und aus der Gemeinde Rimpar, in der Pfarrer Franz Bötsch wirkte, berichtete die NSDAP-Ortsgruppe, bei den Frauen, auf die der Hirtenbrief „verheerend" gewirkt habe, verstärke sich der Eindruck: „Gell, der Pfarrer hat schon recht, die wollen uns Stück für Stück unseren Glauben nehmen."[65]

In einigen Orten initiierten betroffene Eltern[66], allen voran Mütter, denen die Ordensschwestern Garantinnen der religiösen Erziehung ihrer Kinder waren, Unterschriftensammlungen und richteten Petitionen an die verantwortlichen Stellen. Dies nahm das Reichskirchenministerium[67] zum Anlass, am 16. Oktober 1936 zu deklarieren: „Abstimmungen der Erziehungsberechtigten über schulpolitische und schulorganisatorische Fragen sind unvereinbar mit den Auffassungen des autoritären nationalsozialistischen Staates. So wenig die autoritäre Kirche daran denkt, der Kirchengemeinde bei Bestellung der Pfarrgeistlichkeit irgendein Wahlrecht oder Mitbestimmungsrecht einzuräumen, so wenig kann der autoritäre Staat die Bestellung oder Belassung von Lehrkräften dem wirklichen oder beeinflussten Willen der Erziehungsberechtigten überantworten."[68]

Mütter und Väter in Unterfranken sprachen sich dennoch mit ihrer Unterschrift für den Verbleib der Klosterfrauen in den Volksschulen aus. Unter dem 28. November 1936 informiert die Gendarmeriestation Steinach an der Saale das Bezirksamt Bad Kissingen: „Wie bereits am 5. November 1936 unter Nr. 1978 berichtet wurde, war man anfangs November über den nunmehr

---

[64] Bericht der NSDAP-Ortsgruppe Versbach vom 22.06.1936, in: Diözesanarchiv Würzburg, NSDAP Kirchenakten, Versbach, Hirtenbrief 1936/37.

[65] Aus dem Bericht der NSDAP-Ortsgruppe vom 22.06.1936, in: Diözesanarchiv Würzburg, NSDAP Kirchenakten, Rimpar, Hirtenbrief 1936/37.

[66] Initiative zeigten betroffene Eltern. In den Gemeinden, wo eine Ordensschwester in der Schule wirkte, stieß die Maßnahme der Regierung auf Unverständnis und Widerspruch. Wo keine klösterliche Lehrkraft unterrichtete, waren die Betroffenheit und das Engagement weit weniger groß; vgl. Staatsarchiv Würzburg, Sammlung Schumacher, 7/4: Abbau der klösterlichen Lehrkräfte, fol. 1–39. – Bezeichnend ist die Meldung eines Spitzels, der die Verlesung des Hirtenbriefes der bayerischen Bischöfe vom 21.06.1936 in der Rottendorfer Pfarrkirche überwachte: Viele Gottesdienstbesucher hätten geschlafen, „nachdem von den Maßnahmen des Unterrichtsministeriums die Gemeinde Rottendorf nicht betroffen werde". Das gegen die nationalsozialistischen Jugendverbände gerichtete Hirtenwort des Würzburger Bischofs vom 19.04.1936 dagegen habe „größere Missstimmung" hervorgerufen; Bericht der NSDAP-Ortsgruppe vom 22.06.1936, in: Diözesanarchiv Würzburg, NSDAP Kirchenakten, Rottendorf, Pfarrer Karl Schnabel 1936/37/41. – Der Bericht eines Zellenleiters attestiert auch der Unterpleichfelder Bevölkerung ein gewisses Desinteresse, „weil eine klösterliche Lehrkraft nicht vorhanden ist". Zwar trage die „ununterbrochene Hetze" der „ständigen Hirtenbriefe" Unruhe in die Gemeinde, in den Wirtschaften aber werde „aus Mangel an Interesse" nicht über den Abbau der Klosterschwestern gesprochen. Eine Einschränkung jedoch macht der Zellenleiter: „Ich möchte aber nicht wissen, was in dieser Beziehung wieder hintenherum geschieht." So würden „bei verschiedenen Stellen" Erkundigungen in dieser Frage eingeholt; Diözesanarchiv Würzburg, NSDAP Kirchenakten, Unterpleichfeld, Pfarrer Bruno Greubel 1937.

[67] Vgl. Heike Kreutzer, Das Reichskirchenministerium im Gefüge der nationalsozialistischen Herrschaft (Schriften des Bundesarchivs 56), Düsseldorf 2000.

[68] In einem Sammelrundschreiben vom 18.01.1937 zitiert die Gestapo München den Erlass des Reichskirchenministers und erklärt, die „von kirchlichen Stellen veranlassten Abstimmungen zur Beibehaltung der klösterlichen Lehrkräfte in Bayern" hätten ihn erforderlich gemacht. Abschließend ordnet die Staatspolizeileitstelle an: „Über alle ähnlichen Fälle von Abstimmungen über schulpolitische oder schulorganisatorische Fragen, insbesondere Abstimmungen zur Erhaltung der Bekenntnisschulen, ist jeweils zu berichten."; Staatsarchiv Würzburg, Sammlung Schumacher, 12/3: Sammelrundschreiben der Gestapo-Leitstelle München: Allgemeine politische Anordnungen und Anweisungen 1937–40, fol. 6; vgl. Staatsarchiv Würzburg, Sammlung Schumacher, 8/4: BPP Sammelrundschreiben 1935–1937, fol. 57.

bestimmten Abbau der hies. Schulschwestern sehr empört. Demzufolge wurden auch Bittgesuche zur Erhaltung der Schulschwestern seitens des Bundes der Kinderreichen in Steinach a. d. Saale an das Bezirksamt Bad Kissingen und an weitere Behördenstellen gesandt. Aus dem gleichen Anlasse erklärten auch 15 Mitglieder der NS.-Frauenschaft ihren bedingten Austritt aus derselben. Auch sonst wurden noch Unterschriften gesammelt, welche als Bittgesuche zur Beibehaltung der Schulschwestern behördlich eingereicht wurden.[69]

Wegen dieser Unterschriftensammlungen usw. war die Kreisleitung wiederholt dahier und hat die Unterschriftengeber zur Verantwortung gezogen. Seit dieser Zeit sind Kritiken über die vorliegenden Verhältnisse nicht mehr wahrzunehmen. Dagegen ist, besonders in Frauenkreisen, eine große Niedergeschlagenheit und Mutlosigkeit festzustellen. Die infolge der jüngsten Ereignisse hervorgerufene politische Interesselosigkeit dürfte nur eine vorübergehende Erscheinung sein."[70] In Höchberg zogen „die den kirchlichen Kreisen nahestehenden Frauen" in „eine[r] Art Demonstration" vor den Bürgermeister. Die etwa 30 bis 40 besorgten Mütter verlangten Auskunft darüber, „ob mit dem Abbau der katholischen Schulschwestern in Höchberg auch die Aufhebung der Kleinkinderbewahranstalt geplant sei."[71]

Die Mehrheit der betroffenen Eltern und die teilnahmsvolle katholische Bevölkerung beantworteten die staatlichen Maßnahmen gegen die geistlichen Lehrerinnen in der ihnen eigenen Weise, indem sie besonderen religiösen Eifer an den Tag legten[72], Geschlossenheit demonstrierten[73], politische Veranstal-

---

[69] In einem Schreiben an die Regierungen vom 24.02.1937 legte der bayerische Kultusminister Adolf Wagner die veränderte gesetzliche Lage dar und stellte fest, „Abstimmungen der Erziehungsberechtigten auf Belassung der klösterlichen Lehrkräfte an den öffentlichen Volksschulen" seien „gegenstandslos geworden" und könnten nicht länger geduldet werden, „da der Abbau der klösterlichen Lehrkräfte jetzt nicht mehr vom Willen der Eltern abhängt, sondern seit der Gesetzesänderung allein in das freie staatliche Ermessen gestellt ist"; Staatsarchiv Würzburg, Landratsamt Obernburg, 210/1/24.

[70] Staatsarchiv Würzburg, Sammlung Schumacher, 7/4: Abbau der klösterlichen Lehrkräfte, fol. 19.

[71] Diesen Vorfall zeichnet der Regierungspräsident in seinem Monatsbericht vom 08.01.1937 nach; vgl. Wittstadt (Bearb.), Die kirchliche Lage (wie Anm. 7), S. 100. – Den öffentlichen Protest fürchteten die NS-Behörden besonders. So hatte die Gestapo München in einem Rundschreiben am 26.10.1936 verfügt: „Ein Sonderfall gibt Veranlassung darauf hinzuweisen, dass falls irgendwie versucht werden sollte, staatliche Maßnahmen im Zuge des Abbaues klösterlicher Lehrkräfte an staatlichen Volksschulen oder Volkshauptschulen durch Schulstreiks oder ähnliche Kundgebungen zu behindern, unverzüglich, nötigenfalls fernmündlich hierher zu berichten ist, damit von hier aus die erforderlichen und wirksamen Schritte eingeleitet werden können."; Staatsarchiv Würzburg, Sammlung Schumacher, 12/2: Sammelrundschreiben der Gestapo-Leitstelle München: Allgemeine politische Anordnungen und Anweisungen 1936, fol. 102; vgl. Staatsarchiv Würzburg, Sammlung Schumacher, 8/4: BPP Sammelrundschreiben 1935–1937, fol. 47.

[72] Der Monatsbericht der unterfränkischen Regierung vom 08.12.1936 verzeichnet zwar, die „Erregung wegen des Abbaues der katholischen Schulschwestern" mache sich „nach außen hin nicht mehr in dem Maße wie früher bemerkbar", muss aber ebenso registrieren: „In der negativen Einstellung eines Teils der katholischen Bevölkerung zum Staate ist keine Änderung eingetreten. Bei diesem Bevölkerungsteil konnte in der Stadt Schweinfurt in letzter Zeit eine außergewöhnlich rege Tätigkeit auf religiösem Gebiet unter Führung der Geistlichkeit beobachtet werden."; Wittstadt (Bearb.), Die kirchliche Lage (wie Anm. 7), S. 97.

[73] Unter dem 08.08.1936 klagt das unterfränkische Regierungspräsidium: „Auf innerpolitischem Gebiet waren noch die Auswirkungen der Verlesung des Hirtenbriefes über die Aufhebung der Klosterschulen zu verspüren. In einer Reihe von Gemeinden, die der Würzburger Bischof auf seiner Firmungsreise besuchte, war der Schmuck der Häuser besonders reich und die Absicht, die damit verfolgt wurde, klar erkennbar."; Wittstadt (Bearb.), Die kirchliche Lage (wie Anm. 7), S. 91: vgl. weiterhin Haaf, Von volksverhetzenden Pfaffen (wie Anm. 8), S. 135–196.

tungen mieden[74] und großzügig für die Klöster und Orden spendeten, während sie sich bei nationalsozialistischen Sammlungen zurückhielten.[75] Am 7. November 1936 vermerkt das unterfränkische Regierungspräsidium: „Auch vermag sich die bäuerliche Bevölkerung immer noch nicht mit dem Abbau der Schulschwestern abzufinden. Der Unmut über die Verhältnisse hat sich in manchen Gemeinden in der geringen Beteiligung an den Umzügen anlässlich des Erntedankfestes und mancherorts auch in der geringen Gebefreudigkeit zum Winterhilfswerk deutlich gezeigt."[76] Bei den Caritassammlungen dagegen spendeten die Gläubigen nach ihren Möglichkeiten. In einigen Pfarreien wurden die Spendengelder der sogenannten „Pfarrcaritas" ganz oder teilweise dazu verwendet, die am Ort verbliebenen Ordensschwestern, die ohne Pensionsanspruch aus dem Schuldienst entlassen worden waren, zu unterstützen.[77]

Die staatlichen Restriktionsmaßnahmen gegen die Frauenorden und ihr Wirken im Bildungs- und Erziehungswesen hatten mit der Entlassung der Klosterfrauen aus den Volksschulen einen ersten Höhepunkt, nicht aber ihren Endpunkt erreicht.[78] Aus den mittleren und höheren Mädchenschulen wur-

---

74 Eltern hielten ihre Kinder von den Heimabenden der HJ zurück und besuchten selbst keine Parteiveranstaltungen; vgl. Haaf, Von volksverhetzenden Pfaffen (wie Anm. 8), S. 45 und 52.

75 Der Bericht der Gendarmeriestation Waldbüttelbrunn über eine „Kanzelabkündigung des kath. Pfarrers Franz *Fleischer* [i. O. fett] von Greußenheim" mit Datum vom 27.11.1937 belegt, dass es gängige Praxis von Bistumsführung und -klerus war, für die Orden kirchliche Sammlungen durchzuführen, nachdem ihnen Sammlungen von Haus zu Haus untersagt worden waren: „Am Sonntag, dem 21. ds. Mts. gab Pfarrer Fleischer von Greußenheim beim Frühgottesdienst vor der Predigt einen schriftlichen bischöflichen Erlass über eine Kollekte zugunsten der Orden bekannt, die heute nicht mehr wie früher von Haus zu Haus Sammlungen zur Unterhaltung der Orden vornehmen lassen dürfen. Hiezu bemerkte Fleischer, die Leute hätten früher Naturalien gegeben, die sie heute nicht mehr geben dürfen. Sie sollen nun bei der Kollekte, die heute vorgenommen werde, so viel geben, als der Wert der früher gegebenen Naturalien ausmache.
Diese Kollekte wurde dann während des daran anschließenden Gottesdienstes in der Kirche mittels Klingelbeutels vorgenommen.
Die Bemerkung des Fleischer ist geeignet, das Sammelergebnis in Greußenheim zu beeinträchtigen. Ohne Bemerkung des Fleischer hätten die Kirchenbesucher schließlich nur den gewöhnlichen Klingelbeutelbetrag – 5 Pfg. – gegeben.
In diesem Falle wurden bestimmt größere Beträge gegeben, die dem Winterhilfswerke entgehen bezw. entzogen werden. Bei der national gesinnten Bevölkerung wurde die Bemerkung des Fleischer missbilligt."; Diözesanarchiv Würzburg, NSDAP Kirchenakten, Greußenheim, Pfarrer Fleischer 1937. – Das hohe Spendenaufkommen bei kirchlichen Kollekten bestätigt der Monatsbericht der unterfränkischen Regierung vom 10.10.1938: „Am Sonntag, dem 24. September wurde in den Kirchen des Amtsbezirkes Würzburg und wohl auch andernorts eine Caritassammlung durchgeführt. Der Erfolg soll ein außerordentlich guter gewesen sein. In Bergtheim ging der Pfarrer [Joseph Kolb] selbst mit einem Körbchen von Kirchenstuhl zu Kirchenstuhl. In dem Körbchen sollen viele Fünfmarkstücke gelegen sein, außerdem auch zahlreiche kleine Päckchen, die wahrscheinlich noch größere Beträge enthielten. Es geht daraus hervor, einen wie großen Einfluss die Geistlichkeit noch immer bei ihren Gläubigen hat."; Wittstadt (Bearb.), Die kirchliche Lage (wie Anm. 7), S. 142.

76 Ebd., S. 95.

77 Im Januar 1939 wurde Pfarrer Karl Umenhof von Schweinheim wegen der monatlichen Sammlung der Pfarrcaritas polizeilich vernommen und gab zu Protokoll: „Die Mitgliedsbeiträge werden verwendet für Arme und insbesondere Kranke der Pfarrei, Beihilfe für Erstkommunikanten und in letzter Zeit auch als Beihilfe für die teilweise in Schweinheim verbliebenen abgebauten Klosterlehrerinnen." Am 31.01.1939 stellt die Gestapo Würzburg fest, dass hier kein Vergehen gegen das Sammlungsgesetz vorliege und daher kein polizeiliches Einschreiten möglich sei; vgl. Staatsarchiv Würzburg, Gestapoakten, Nr. 16265.

78 Für das Bistum Würzburg steht eine umfassende systematische Untersuchung des staatlichen Vorgehens gegen die Frauenorden noch aus. Bei Theodor Kramer, Die Kongregation der Töchter des Allerheiligsten Erlösers 1866–1966. Eine Chronik, Würzburg 1966 sind auf den S. 44–55 die Maßnahmen des Regierungspräsidenten und der politischen Gemeinden gegen die Kongre-

den sie ebenso herausgedrängt wie aus den Kindergärten, der ambulanten und stationären Alten- und Krankenpflege oder den Kursen für Haushaltung, Handarbeit und Nähen.[79] Ihren Platz nahmen weltliche Schwestern der *Nationalsozialistischen Volkswohlfahrt* (NSV) ein[80], was immer wieder den Unmut kirchlich gebundener Kreise weckte: „Als kürzlich der Bürgermeister von Estenfeld, Landkreis Würzburg, den Klosterschwestern kündigte[81], um den von ihnen geführten Kindergarten in die Hand der NSV zu übergeben, war eine heftige Stellungnahme, besonders durch die Frauen, gegen die Maßnahme zu erkennen", verzeichnet der Monatsbericht der Regierung von Unterfranken am 11. August 1939.[82] Und der Monatsbericht vom 11. April 1941 hält fest: „Die kürzliche Anordnung über die unterrichtliche Tätigkeit der Ordensschwestern stößt auf dem Lande teilweise auf Schwierigkeiten, soweit als die Ordensschwestern Unterricht in Handarbeit für die schulentlassenen Mädchen oder Nachhilfe- und Vorbereitungsunterricht zum Übergang in höhere Schulen erteilen. Dieser zusätzliche Unterricht wird, wie man aus Elternkreisen hört, mit Rücksicht auf die immer mehr im Rückgang befindlichen Leistungen der Volksschulen als sehr angebracht und kaum entbehrlich angesehen. Mehrfach sind Mütter kinderreicher Familien beim Landrat mit dem Wunsche vorstellig geworden, man möge auf die eine oder andere Weise die Ausbildung ihrer heranwachsenden Tochter in der Handarbeit sicherstellen."[83]

In der Außenwirkung erzielten die Nationalsozialisten mit ihren Aktionen gegen die Orden das von ihnen kalkulierte Ergebnis. Der Einfluss, den Ordensfrauen und -männer auf das öffentliche Leben genommen hatten, schwand mehr und mehr. In der kirchlichen Binnenwirkung aber konnten die NS-Zwangsmaßnahmen der Wertschätzung der Orden keinen Abbruch tun. Mehr noch: Die Gläubigen solidarisierten sich mit den Ordensangehörigen und begegneten behördlichen Anordnungen mit wachsender Skepsis.

---

gation in den nationalsozialistischen Jahren zusammengetragen; vgl. hierzu auch Erik Soder von Güldenstubbe, Blüten und Dornen. Wegstationen der Schwestern des Erlösers, in: Festschrift 125 Jahre Kongregation der Schwestern des Erlösers 1866–1991, Würzburg 1991, S. 19–50. – Die 1998 erschienene Festschrift zum 250-jährigen Bestehen des Instituts der Englischen Fräulein und der Maria-Ward-Schule in Aschaffenburg schildert auf S. 104–114 die Unterrichtstätigkeit der Ordensfrauen unter den Bedingungen nationalsozialistischer Herrschaft. Am 05.04.1941 endete nach beinahe 200 Jahren der Unterricht der Englischen Fräulein in Aschaffenburg.

79 Ein Beispiel von vielen gibt Schwester Maria Konkordia Zöller. In Euerfeld erteilte sie Handarbeits- und Nähunterricht. Da keine Genehmigung vorlag, stellte der Kitzinger Landrat 1941 den verbotenen Unterricht ein; vgl. Staatsarchiv Würzburg, Gestapoakten, Nr. 18047. – Zu der amtlichen Vorgehensweise gegen die Ordensleute vgl. auch Staatsarchiv Würzburg, Gestapoakten, Nr. 1442 (Pater Willibald Heuler OSB), Nr. 4209 (Schwester Anselma Knauer), Nr. 4682 (Pater Basilius Konrad OSB), Nr. 4927 (Pater Wilfried Kraus OSB), Nr. 5911 (Pater Nikolaus Leis OSB), Nr. 6276 (Schwester Thiadildis Lippert), Nr. 6938 (Schwester Josefa Mark), Nr. 7135 (Pater Ludolf Mayer OSB), Nr. 13314 (Pater Hieronymus Schönekäs OESA), Nr. 14975 (Pater Vinzenz Statzner OSB), Nr. 15220 (Pater Eleutherius Stellwag OSB), Nr. 16020 (Pater Chrysostomus Trabert OESA), Nr. 16525 (Pater Georg Weber OSB) oder Nr. 16713 (Pater Romuald Weidner OSB).

80 Wie die *Mainfränkische Zeitung* in Nr. 12 vom 15.01.1938 berichtete, existierten zu Jahresbeginn 1938 im Gau Mainfranken 69 Gemeindestationen der von der NSV betreuten NS-Schwesternschaft.

81 Nach Kramer, Die Kongregation (wie Anm. 78), S. 47 wirkten im Estenfelder Kindergarten Ordensfrauen, die der Kongregation der Töchter des Allerheiligsten Erlösers angehörten.

82 Wittstadt (Bearb.), Die kirchliche Lage (wie Anm. 7), S. 160f.

83 Ebd., S. 180f.

2.3 *Kirchliche Umzüge und Fahnen*

Das Vorgehen gegen die klösterlichen Lehrkräfte hatte Klerus und Kirchenvolk aufhorchen lassen und sie sensibilisiert für staatliche Einschränkungen auf religiösem Gebiet. Umso entschiedener hielten die Gläubigen an den sichtbaren Ausdrucksformen ihres Katholisch-Seins fest. So erfreuten sich Wallfahrten, Bittgänge und Prozessionen großen Zuspruchs. In Waldaschaff kamen Gläubige der Bitte des Pfarrers Andreas Nötscher nach, „dass die Leute möglichst an ‚Maria Himmelfahrt' (15.8.42) nicht arbeiten sollten". Wenngleich „Mariä Himmelfahrt" seinen Status als gesetzlichen Feiertag verloren hatte und zu den sogenannten *abgewürdigten* Festen[84] zählte, hielt Pfarrer Nötscher dennoch eine nicht genehmigte Wallfahrt ab: „Die anlässlich des Festes ‚Maria Himmelfahrt' nach Maria Buchen stattfindenden Wallfahrten wurden auch in diesem Jahre von einer ganzen Anzahl Personen durchgeführt. Die Teilnehmer der Wallfahrten waren meist Frauen." Noch 1943 machte der Gendarmerieposten Münnerstadt der Geheimen Staatspolizei Würzburg Meldung: „Die Bevölkerung von Münnerstadt hat sich fast restlos an der Froleichnamsprozession beteiligt. Es ist mit 80–85 % zu rechnen. Schätzungsweise waren es an Männern: 250, an Frauen: 430, an Jugendlichen (Knaben und Mädchen): 300. Wehrmachtsangehörige in Uniform waren es 8, 5 Panzergrenadiere, die zur Zeit im Arbeitseinsatz bei Bauern untergebracht sind. [...] Allgemein wurde das Bedauern zum Ausdruck gebracht, dass es die Prozession nicht mehr sei wie früher."[85] Dazu trugen maßgeblich die rigiden Beflaggungsvorschriften der Nationalsozialisten bei, die immer wieder Spannungen hervorriefen und über die sich die Gläubigen hinwegsetzten.

Abb. 1:
Häuserschmuck zur Würzburger Fronleichnamsprozession Mitte der 1930er Jahre ohne nationalsozialistische Fahnen und Symbole (Foto: Diözesanarchiv Würzburg, Fotosammlung, Fronleichnamsprozession).

---

[84] Vgl. hierzu Haaf, Von volksverhetzenden Pfaffen (wie Anm. 8), S. 152–167.
[85] Staatsarchiv Würzburg, Sammlung Schumacher, 4/3, fol. 36.

Abb. 2:
Fronleichnamsprozession Mitte der 1930er Jahre in Würzburg (Foto: Diözesanarchiv Würzburg, Fotosammlung, Fronleichnamsprozession).

Anlässlich der Firmungsreise des Bischofs Matthias Ehrenfried im Juli 1936[86] kam es zu zahlreichen Verstößen gegen das *Reichsflaggengesetz*.[87] Die Gläubigen wussten sich in Übereinstimmung mit ihren Pfarrgeistlichen, wenn sie zu Ehren dieses hohen Besuchs ihre Häuser in den Kirchenfarben schmückten.[88] Sie setzten sich über amtliche Empfehlungen und polizeiliche Weisungen hinweg und zogen demonstrativ die weiß-gelbe Kirchenfahne und die weiß-rote Bistumsfahne auf. Die zahlreichen Berichte, die über die Visitationsreise Bischof Ehrenfrieds vorliegen, veranschaulichen, dass unter den Voraussetzungen eines weitgehend geschlossenen katholischen Milieus der Nationalsozialismus im Widerstreit von passiver Loyalität gegenüber dem Staat und emotionaler Bindung an Bischof und Klerus nicht den Sieg vor der Kirche davontragen konnte. Pointiert haben das aufgebrachte Katholiken so auf den Punkt gebracht: „Wenn man uns das Aushängen von Kirchenfahnen zum

---

86 Vgl. die Artikel über den Firmbesuch des Bischofs im *Würzburger Katholischen Sonntagsblatt* vom 26.07.1936, S. 508f. sowie vom 06.09.1936, S. 603.

87 Das Regierungspräsidium berichtet am 08.08.1936: „In einer Reihe von Gemeinden, die der Würzburger Bischof auf seiner Firmungsreise besuchte, war der Schmuck der Häuser besonders reich und die Absicht, die damit verfolgt wurde, klar erkennbar. Der Flaggen Erlass des Reichs- und Preußischen Ministers des Innern vom 10.6.1936 wurde geflissentlich missachtet; es wurde in der Hauptsache mit weiß-gelben und weiß-roten Fahnen beflaggt, die aus diesem Anlass zum Teil neu beschafft wurden. Das Flaggen mit den Kirchenfahnen wurde von den Geistlichen hauptsächlich mit dem Hinweis propagiert, dass der Erlass des StMd Innern sich nicht auf rein kirchliche Feiern beziehe. Der Bischof brachte in seiner Ansprache seine Freude darüber zum Ausdruck, dass die Pfarrangehörigen so mutig seien und die Kirchenfahne herausgehängt hätten. Bedauerlich ist, dass sich auch Parteigenossen über den Flaggen Erlass hinweggesetzt haben. Da der Erlass keine Strafvorschrift enthält und für sich allein auch keine Rechtsgrundlage für eine Beschlagnahme der Fahnen bietet, sind die Behörden ziemlich hilflos; es bleibt ihnen schließlich nichts anderes übrig, als die Provokation zu übersehen. In der Gemeinde Burglauer kam es sogar zu Bedrohungen der Gendarmerie. Der Haupträdelsführer wurde in Schutzhaft genommen."; Wittstadt (Bearb.), Die kirchliche Lage (wie Anm. 7), S. 91. – Vgl. in diesem Kontext Diözesanarchiv Würzburg, Dekanat Münnerstadt Visitationsrelation 1936; Staatsarchiv Würzburg, Sammlung Schumacher, 4/2 und 8/2: Katholische Kirchenfahnen sowie die Monatsberichte des Vorstandes des Bezirksamtes Bad Kissingen vom 29.07.1936, der Hauptstation Bad Kissingen vom 25.07.1936, der Gendarmeriestation Maßbach vom 23.07.1936 und der Gendarmeriestation Poppenlauer vom 24.07.1936, in: Staatsarchiv Würzburg, Bezirksamt/Landratsamt Bad Kissingen, Nr. 1154 und 1213; vgl. weiterhin Schott, Die Visitationsreise (wie Anm. 28).

88 So berichtet der Bürgermeister über den Bischofsbesuch in Theinfeld, der dortige Ortspfarrer habe die Bevölkerung aufgefordert, in den Kirchenfarben zu flaggen. Er übernehme dafür die Verantwortung; vgl. Staatsarchiv Würzburg, Sammlung Schumacher, 8/2: Katholische Kirchenfahnen, fol. 1.

Bischofsempfang verbietet, dann hängen wir unsere weißen Betttücher heraus, um dem Bischof unsere Treue zu bezeugen!“[89]

Und eine Frau aus der Gemeinde Theinfeld[90], die von der Gendarmerie veranlasst worden war, die Kirchenfahne einzuholen, sie nach Abrücken der Polizei aber sogleich wieder gehisst hatte, entgegnete dem Bürgermeister, der sie neuerlich aufforderte, die Fahne einzuziehen: „Die Fahne bleibt heraus, das geht euch einen Dreck an, da habt ihr nicht hineinzureden, das ist eine religiöse Angelegenheit und hat mit Politik nichts zu schaffen.“[91] Diese ungestüme Äußerung einer aufgebrachten Katholikin und der dezidierte Hinweis der Frau auf das Unpolitische ihrer Aktion belegen ein Zweifaches. Zum einen: Das demonstrative Aufziehen der Kirchenfahne wurde von den nationalsozialistischen Staats- und Parteidienststellen sehr wohl als Politikum aufgefasst. Zum anderen: Die Motivation der katholischen Frau erwuchs nicht einer grundsätzlichen staatsverneinenden Haltung, sondern speiste sich aus einer tiefen Verwurzelung im religiösen Leben. Wo der Einparteienstaat diese Wurzeln zu kappen drohte, entzündete sich der Wille zu Opposition und Widerspruch.

2.4 *Schulkreuzentfernungen*

Die schärfste Gegenwehr der unterfränkischen katholischen Landbevölkerung provozierte die Verdrängung der Kruzifixe aus den öffentlichen Schulen im Frühjahr und Sommer 1941. Kirchengebundene Frauen setzten sich im gesamten Bistum Würzburg an die Spitze der Protestbewegung, was nicht allein aus der Kriegssituation heraus zu erklären ist. Vielmehr handelten die Frauen oftmals noch deutlich affektgeladener als die ihrerseits stark kirchengebundenen Männer, die in der Agrarwirtschaft tätig waren und aufgrund *kriegswirtschaftlicher Erfordernisse* nicht zum Militärdienst eingezogen waren, sondern als Landwirte Dienst an der *Heimatfront* taten. Gerade die Gottesdienstbesucherinnen reagierten äußerst emotional, wurden sie in ihrem Dorf mit der Entfernung der Schulkreuze konfrontiert. Der Kreisleiter der NSDAP Ochsenfurt schilderte in einem Bericht an den Regierungspräsidenten und Gauleiter Otto Hellmuth die Reaktionen der Zuhörer auf die Verlesung des gemeinsamen Hirtenworts des bayerischen Episkopats vom 17. August 1941, worin dieser Stellung zur Schulkreuzfrage bezogen hatte: „Die Gegenüberstellung von Wehrmacht und Partei, die Unterschiebung, dass die Abwesenheit der Männer benützt werden soll, um die Konfessionen in ihren Rechten zu beschneiden,

---

[89] Staatsarchiv Würzburg, Sammlung Schumacher, 4/2, fol. 38.

[90] In der Gemeinde Theinfeld hatten 23 der 33 Häuser Kirchenfahnen aufgezogen. Alle Ortschaften, die Bischof Ehrenfried auf seiner Visitationsreise im Dekanat Münnerstadt besuchte, hatten mehrheitlich mit der weiß-gelben Kirchenfahne geflaggt; deutlich weniger Anwesen zeigten die weiß-rote Bistumsfahne oder die weiß-blaue Landesflagge. Die Reichsflagge mit dem Hakenkreuz war sehr selten gehisst. So trugen beispielsweise in Windheim von 45 Haushalten 24 Kirchenfarben, in Rannungen von 200 Haushaltungen 85 (zusätzlich waren hier noch zwei weiß-blaue Fahnen aufgezogen). In Rothhausen hatten alle katholischen Familien in den Kirchenfarben geflaggt – mit Ausnahme des Lehrers. Ein ähnliches Bild gab die Gemeinde Rottershausen ab, wo nur der Ortsbauernführer und der Zellenleiter der NSDAP die Hakenkreuzfahne gehisst hatten; vgl. Staatsarchiv Würzburg, Sammlung Schumacher, 8/2: Katholische Kirchenfahnen.

[91] Ebd., fol. 1.

der neuzeitliche und noch schlimmere ‚Kindsmord von Bethlehem' und die neuzeitliche ‚Christenverfolgung' stellen so gefährliche Redewendungen und Argumente dar, dass nachteiliger Einfluss auf die Stimmung und Haltung der Bevölkerung außer Zweifel steht.

Wie mir meine Ortsgruppenleiter berichten, haben viele Frauen in den Kirchen geweint, die Männer haben sehr bedenklich dreingesehen. Nach den Gottesdiensten haben sich Gruppen, die offensichtlich tief beeindruckt über den Hirtenbrief gesprochen haben, gebildet.

Wie sich beobachten lässt, werden auch die gutwilligen, aber nicht 100 %ig sattelfesten Parteigenossen immer mehr kopfscheu. Auch die zuverlässigen Parteigenossen werden bedenklich, da es ihnen nicht erklärlich erscheint, dass derartige öffentliche Hetzarbeit vom Staate geduldet wird. Sie gewinnen allmählich den Eindruck, dass die nationalsozialistische Staatsführung nicht stark genug ist, um derartige unheilvolle Einflüsse zu unterbinden.

Ich halte es für höchste Zeit, dass eindeutig den konfessionellen Verrätern in Deutschland das Handwerk gelegt wird. Andernfalls wird die Arbeit der NSDAP immer mehr ein Kampf gegen Windmühlen. Wir haben seit Kriegsbeginn weltanschaulich nicht nur nicht neuen Boden gewonnen, sondern ungeheuer verloren. Dies wird sich allmählich immer mehr in der gesamten Bevölkerung auswirken. Nicht nur, dass die Sammlungen katastrophal zurückgehen, auch sonst stößt die NSDAP immer mehr auf Unverständnis.

Einen großen Schlag gegen die volksverhetzenden Pfaffen könnten wir stimmungsmäßig viel leichter verarbeiten und ertragen als deren ständige und systematische Wühlerei."[92]

Dekan Konrad Weigand in Hendungen wurde beim Bürgermeister vorstellig und protestierte öffentlich von der Kanzel herab, weil die Lehrerin der Volksschule das Schulkreuz von seinem angestammten Platz abgenommen, es an die Seite gehängt und an dessen Stelle das Bild Adolf Hitlers gehängt hatte. Wegen dieser Vorkommnisse wurde der Geistliche am 21. Juli 1941 von der Gestapo Würzburg einbestellt und verhört. Im Anschluss an seine Vernehmung wurde Dekan Weigand in Polizeihaft genommen. Das Reichssicherheitshauptamt in Berlin wurde angerufen, ihn in ein Konzentrationslager einzuweisen.[93] Die Verhaftung des Pfarrers rief eine Demonstration hervor, an der sich überwiegend Frauen beteiligten: „Aus Anlass der Festnahme des Pfarrers Weigand ist

---

[92] Bericht des Kreisleiters der NSDAP Ochsenfurt vom 13.10.1941, in: Staatsarchiv Würzburg, NSDAP Gau Mainfranken, Nr. 7, Mappe: Ochsenfurt 1929–1942. Vgl. auch den Samstagsbericht der NSDAP-Kreisleitung Ochsenfurt vom 21.08.1941 über die Verlesung des Hirtenbriefes vom 17.08.1941, in: Staatsarchiv Würzburg, NSDAP Gau Mainfranken, Nr. 17 sowie den Monatsbericht des unterfränkischen Regierungspräsidiums vom 10.09.1941, in: Wittstadt (Bearb.), Die kirchliche Lage (wie Anm. 7), S. 189.

[93] Vgl. Staatsarchiv Würzburg, Gestapoakten, Nr. 9996. Es handelt sich um die Gestapoakte von Leo Reder, der am 01.08.1941 „schärfstens" verwarnt wurde, da er – nachdem ihm nicht erlaubt worden war, den inhaftierten Pfarrer Weigand zu sprechen – in Hendungen verbreitet hatte, um den Pfarrer stünde es schlimm, er werde wahrscheinlich nach Dachau kommen. – Zum System der nationalsozialistischen Konzentrationslager vgl. die Untersuchungen von Wolfgang Benz / Barbara Distel (Hg.), Der Ort des Terrors. Geschichte der nationalsozialistischen Konzentrationslager, 9 Bde., München 2004–2009; Wolfgang Sofsky, Die Ordnung des Terrors. Das Konzentrationslager, Frankfurt a. M. 1997 sowie Klaus Drobisch / Günther Wieland, Das System der NS-Konzentrationslager 1933–1939, Berlin 1993.

in Hendungen in der Bevölkerung eine Unruhe entstanden. Am 28.7.41 morgens sind über 50 Frauen des Ortes zu dem Bürgermeister gekommen, haben dort demonstriert und dem Bürgermeister zugeschrieen, falls der Pfarrer nicht sofort in Freiheit gesetzt werde, würden sie in Zukunft keine Milch mehr abliefern, keine landwirtschaftlichen Arbeiten mehr verrichten und ihre Mutterehrenkreuze fortwerfen.[94] Außerdem würden sie in den nächsten Tagen bei dem Landrat in Mellrichstadt selbst demonstrieren."[95]

Anna Reußenzehn, die Wortführerin der Demonstration für die Freilassung des Pfarrers, schilderte bei ihrer Vernehmung durch die Geheime Staatspolizei[96] Würzburg am 29. Juli 1941 die Ereignisse näher: „Ich bin in meiner Jugend schon sehr religiös erzogen worden und habe diese Erziehung bis heute bei-

---

[94] Vgl. Haaf, Von volksverhetzenden Pfaffen (wie Anm. 8), S. 207 Anm. 745.

[95] Bericht der Gestapo Würzburg vom 12.08.1941, in: Staatsarchiv Würzburg, Gestapoakten, Nr. 9996. – Der Monatsbericht der Regierung von Unterfranken vom 13.08.1941 hält fest: „Am 21.7.41 wurde der katholische Pfarrer Konrad Weigand in Hendungen, Landkreis Mellrichstadt, festgenommen. Er soll in seiner Predigt am 29.6.41 in der Pfarrkirche in Hendungen abfällige Bemerkungen über die Entfernung der Schulkreuze gemacht und dies als bolschewistische Tat bezeichnet haben. Ferner soll er die Bevölkerung aufgefordert haben, ihn zu unterstützen, dass die Kruzifixe ihren bisherigen Ehrenplatz beibehalten. Am 25.7.41 wurde von mehreren Gemeindeangehörigen an den Landrat das Ersuchen gestellt, sich für die Freilassung des Pfarrers Weigand einzusetzen. Am 28.7.41 haben sich 50 Frauen im Hof des Bürgermeisters in Hendungen angesammelt und die Freilassung des Pfarrers Weigand verlangt mit der Drohung, dass sie andernfalls nichts mehr arbeiten, nichts mehr abliefern, die Mutterkreuze fortwerfen und im Demonstrationszug auch vor das Landratsamt Mellrichstadt ziehen werden. Mit der Feststellung des Tatbestandes ist die Geheime Staatspolizei befasst, die auch bezüglich des Pfarrers Weigand Antrag auf Einweisung in ein Konzentrationslager stellen will."; Wittstadt (Bearb.), Die kirchliche Lage (wie Anm. 7), S. 186f.

[96] § 1 Artikel 1 des *Gesetzes über die Geheime Staatspolizei* vom 10.02.1936 führte aus: „Die Geheime Staatspolizei hat die Aufgabe, alle staatsgefährlichen Bestrebungen im gesamten Staatsgebiet zu erforschen und zu bekämpfen, das Ergebnis der Erhebungen zu sammeln und auszuwerten, die Staatsregierung zu unterrichten und die übrigen Behörden über wichtige Feststellungen auf dem Laufenden zu halten und mit Anregungen zu versehen."; zitiert nach Rürup, Topographie des Terrors (wie Anm. 47), S. 58. – Da auch die Aktivitäten von Geistlichen oft als „staatsabträglich" und „staatsfeindlich" geahndet wurden, war die Gestapo „ein besonderer Gehilfe der Partei bei der Bekämpfung der katholischen Kirche", wie es Klaus Wittstadt formulierte; Wittstadt, Domkapitular Heinrich Leier (wie Anm. 11), S. 259. John S. Conway, Die nationalsozialistische Kirchenpolitik. Ihre Ziele, Widersprüche und Fehlschläge, München 1969 charakterisiert auf S. 192f. das Vorgehen der Gestapo gegen missliebige Priester folgendermaßen: „Die Gestapo konnte weitgehend selbst entscheiden, welche ‚politischen' Aktionen der Geistlichen ein polizeiliches Einschreiten erforderten, und sie bestand auf ihrem Recht, ‚unmittelbar' einzugreifen, wenn die Sicherheit des Staates bedroht schien. In ihren lokalen Maßnahmen war sie oftmals strenger, als es die Anweisungen vorsahen, und Einschüchterungs- und Terrorakte wurden als das einzig adäquate Mittel zur Abschreckung der ‚politischen' Opposition deklariert." – Zu Einrichtung, Organisation und Einsatz der Gestapo vgl. weiterhin Carsten Dams / Michael Stolle, Die Gestapo. Herrschaft und Terror im Dritten Reich, München 2009; Martin Faatz, Vom Staatsschutz zum Gestapo-Terror. Politische Polizei in Bayern in der Endphase der Weimarer Republik und in der Anfangsphase der nationalsozialistischen Diktatur (Studien zur Kirchengeschichte der neuesten Zeit 5), Würzburg 1995; Robert Gellately, Die Gestapo und die deutsche Gesellschaft. Die Durchsetzung der Rassenpolitik 1933–1945, Paderborn u. a. 1994; Hans-Joachim Heuer, Geheime Staatspolizei. Über das Töten und die Tendenzen der Entzivilisierung (Materiale Soziologie 4), Berlin 1995 sowie Friedrich Wilhelm, Die Polizei im NS-Staat. Die Geschichte ihrer Organisation im Überblick, Paderborn 1997. – Mit dem Spannungsverhältnis von populärer Einschätzung und faktischer Macht der Gestapo und der Problematik der Entstehung der Gestapo-Mythen und ihrer Übernahme in die Forschung haben sich ausführlich Klaus-Michael Mallmann und Gerhard Paul auseinandergesetzt; vgl. Klaus-Michael Mallmann / Gerhard Paul, Allwissend, allmächtig, allgegenwärtig? Gestapo, Gesellschaft und Widerstand, in: Zeitschrift für Geschichtswissenschaft 41 (1993), S. 948–999 sowie dies., Die Gestapo. Mythos und Realität, Darmstadt 1995.

behalten. Ich besuche, so oft ich Zeit dazu habe, meine Kirche. Mit Pfarrer Weigand pflegten meine Familienangehörigen und ich keinen weiteren Verkehr. Der Geistliche kam lediglich in unsere Wohnung, wenn jemand von uns erkrankt war.

In der vergangenen Woche wurde nun in meinem Ladengeschäft erzählt, dass Pfarrer Weigand wegen Entfernung des Kruzifixes bezw. in der Angelegenheit des Kruzifixes bei der Geheimen Staatspolizei in Würzburg habe vorsprechen müssen. Da Pfarrer Weigand in der Folgezeit nicht mehr in Hendungen erschienen ist, wurde von der Bevölkerung allgemein angenommen, dass er festgenommen wurde. [...] Seit 27.7.1941 trage ich mich mit dem Gedanken, man müßte doch etwas um die Freilassung des Pfarrers Weigand unternehmen. Nach dem Abendgottesdienst am 27.7.1941 faßte ich dann den Entschluß, am 28.7.1941 zu Bürgermeister Hartung zu gehen und diesen zu ersuchen, er möge Schritte bezüglich der Freilassung des Weigand unternehmen. Am 28.7.1941, gegen 7 Uhr, begab ich mich dann, und zwar ohne vorher mit einer anderen Person über diese Angelegenheit zu sprechen, zu dem Bürgermeister. Auf dem Wege zur Wohnung des Bürgermeisters begegnete mir jedoch meine Schwägerin Ida Reußenzehn und zu dieser sagte ich, dass ich soeben auf dem Wege zum Bürgermeister sei und dass ich diesen bitten wolle, dass er bezüglich der Entlassung des Pfarrers Weigand Schritte unternehmen wolle. Meine Schwägerin begab sich sodann mit mir zum Bürgermeister. Weitere Personen, insbesondere Frauen, sind mir auf dem Wege dorthin nicht begegnet, es haben sich auch keine weiteren Frauen vor dem Anwesen bezw. im Anwesen des Bürgermeisters aufgehalten. Dem Bürgermeister sagte ich bezw. fragte ihn, ob er nicht dazuhelfen könne, dass Pfarrer Weigand wieder nach Hendungen zurückkäme. Der Bürgermeister erklärte mir darauf, ich sollte mich beruhigen, er hätte bereits in dieser Sache Schritte unternommen, es ginge alles seinen Gang. Durch die Auskunft des Bürgermeisters war ich wieder beruhigt und wollte schließlich die Wohnung des Bürgermeisters wieder verlassen. In diesem Augenblick sah ich eine Anzahl von Frauen in dem Hofe des Bürgermeisters stehen und ein Teil von diesen Frauen begab sich davon in das Zimmer des Bürgermeisters. Auch im Hausplatz stand alles voll von Frauen. Mir ist erinnerlich, dass sich in dem Zimmer des Bürgermeisters die Babette Breun, Rosa Blum, Maria Bach und Regina Simon aufgehalten haben. Diese Frauen ersuchten ebenfalls den Bürgermeister, er möge Schritte bezüglich der Freilassung des Pfarrers unternehmen. Der Bürgermeister sagte auch zu diesen Frauen, dass er bereits bei dem Landrat bezüglich der Angelegenheit mit Weigand vorgesprochen habe.

Inzwischen ist dann der Bauer Ludwig *Neugebauer* [i. O. gesperrt] gekommen und erklärte, er komme im Auftrage der Frauen der unteren Dorfgemeinde und fordere, dass etwas zur Freilassung des Pfarrers unternommen werde, andernfalls werde die untere Dorfgemeinschaft nach 3 Tagen nicht mehr auf das Feld gehen und keine Milch mehr abliefern. Dies haben vermutlich die im Hof stehenden Frauen gehört, denn es wurde sofort gerufen, die obere Dorfgemeinschaft werde das gleiche tun. Zur gleichen Zeit sagte Frau Maria Bach, sie lege ihr Mutterkreuz hier ab, sie hätte ein anderes Kreuz. Ob sie das Mutterkreuz auf den Tisch hingelegt hat, weiß ich nicht, in der Hand hatte sie dieses. Andere Frauen, die in der Nähe standen, sagten auf die Aeusserung der Bach hin, sie würden ihr Mutterkreuz auch ablegen. Dass die Frauen gesagt haben, sie würden ihr Mutterkreuz ablegen, wenn der Pfarrer innerhalb 3 Tagen nicht freigelassen würde, habe ich nicht gehört. Zweifellos dürfte die Androhung, dass sie das Mutterkreuz ablegen, mit der Freilassung des Pfarrers in Beziehung gestanden sein."[97]

Sein öffentlicher Protest brachte Konrad Weigand eine mehrmonatige Haftstrafe ein, die er teilweise im Konzentrationslager Dachau verbüßen musste.[98] Wegen ihrer Parteinahme für den inhaftierten Pfarrer wurden 21 Personen von der Gestapo verhört. Der 12-jährige Edgar Kaiser, der den Ministrantendienst in der Pfarrkirche Hendungen versah, gab zu Protokoll: „Als Ministrant bin ich auch verpflichtet, zum jeweiligen Gottesdienst die Glocken zu läuten. Sonst war abends bei uns kein Gottesdienst. Seitdem aber unser Herr Pfarrer weg ist, findet ein solcher statt, und zwar wird jeden Abend ein Rosenkranz gebetet, damit unser Pfarrer bald wiederkommt."[99] Fünf der Vernommenen, darunter Anna Reußenzehn, Maria Bach und Ludwig Neugebauer, wurden gegen Unterschrift staatspolizeilich „ernstlich verwarnt" und es wurde ihnen „bei der geringsten neuerlichen Beanstandung mit strengsten staatspolizeilichen Maßnahmen, gegebenenfalls mit längerer Schutzhaft" gedroht.[100]

Auf den katholischen Bauerndörfern Unterfrankens liefen die Protestaktionen gegen die Schulkreuzentfernungen[101] zumeist nach demselben Muster ab: In den meisten Fällen hatte der Schulleiter, weitaus seltener der Bürgermeister, das Schulkreuz entfernt. Oftmals wurde das Kruzifix im Zuge von Renovierungsarbeiten abgenommen und dann nicht wieder angebracht. Damit bewegte man sich ganz im Rahmen der Weisungen des Kultusministers Adolf Wagner[102], der in seinem Erlass vom 23. April 1941 empfohlen hatte, die Kreuze im Zuge von Filmvorführungen, Tüncherarbeiten oder sonstigen Renovierungen unauffällig und „allmählich" aus den Schulen zu verbannen.[103] Wagner war sich der Unpopularität dieser Maßnahme also durchaus bewusst, hatte aber

---

97 Auszug aus dem Verhörprotokoll vom 29.07.1941, in: Staatsarchiv Würzburg, Gestapoakten, Nr. 10470.

98 Zunächst wurde Weigand in Polizeihaft genommen, die vom 21.07.1941 bis zum 18.09.1941 dauerte. Am 19.09.1941 dann wurde er in das Konzentrationslager Dachau überführt, wo er bis zum 07.01.1942 inhaftiert war. Anschließend wurde er bis zum 16.04.1942 in Schutzhaft genommen; vgl. Staatsarchiv Würzburg, Gestapoakten, Nr. 9996 (Leo Reder) sowie Nr. 1352 (Johann Hess).

99 Verhör durch die Gestapo Würzburg am 29.07.1941, in: Staatsarchiv Würzburg, Gestapoakten, Nr. 10470.

100 Vgl. Staatsarchiv Würzburg, Gestapoakten, Nr. 8550 (Ludwig Neugebauer), Nr. 9996 (Leo Reder), Nr. 10470 (Anna Reußenzehn) und Nr. 16724 (Schwester Konradine Weigand). Die Personalakte von Maria Bach ist vernichtet.

101 Vgl. hierzu Merz, Der Protest (wie Anm. 28) sowie Haaf, Von volksverhetzende Pfaffen (wie Anm. 8), S. 220–250.

102 Vgl. Winfried Müller, Gauleiter als Minister. Die Gauleiter Hans Schemm, Adolf Wagner, Paul Giesler und das Bayerische Staatsministerium für Unterricht und Kultus 1933–1945, in: Zeitschrift für bayerische Landesgeschichte 60 (1997), S. 973–1021.

103 Vgl. das Schreiben des Bezirksschulrats in Bad Neustadt vom 23.06.1941, in: Staatsarchiv Würzburg, Gestapoakten, Nr. 8550. – Der Monatsbericht der Regierung von Unterfranken vom 11.06.1941 schildert, Bischof Ehrenfried habe anlässlich einer Firmpredigt in Gemünden geäußert, „es sei eine neue Vorschrift gekommen, er habe sie gelesen, wonach die Kruzifixe aus den Schulen entfernt werden müssen und zwar bei günstiger Gelegenheit, etwa wenn die Schule getüncht worden sei"; Wittstadt (Bearb.), Die kirchliche Lage (wie Anm. 7), S. 183.

nicht die Massivität der erfolgten Gegenwehr vorhergesehen. In erster Linie waren es Frauen, die bei der Schulleitung vorstellig wurden, um die Wiederanbringung der Kreuze zu erreichen. Die Zahl der Demonstrierenden differierte zwischen wenigen Einzelpersonen[104] und über einhundert Personen[105], wobei nicht allein betroffene Elternteile unter den Beschwerdeführenden auszumachen waren. Nicht nur der Schulleiter, auch der Bürgermeister und sogar der Landrat wurden angegangen, allerdings weit weniger häufig. Der Primärhass der aufgebrachten Menge richtete sich jedoch gegen den Lehrer, da er als Protagonist in der Schulkreuzfrage angesehen wurde. Die Bevölkerung vermutete in der Abnahme der Schulkreuze zuallererst einen kirchenfeindlichen Akt der Lehrerschaft.[106] Nicht selten sah sich der Dorflehrer daher scharfen persönlichen Attacken ausgesetzt und musste der Pression der Menge nachgeben, wie ein Bericht aus der Gemeinde Theilheim belegt: „Aus Anlass der Beseitigung der Kruzifixe aus den Schulen ist es in mehreren Gemeinden zu unliebsamen Zwischenfällen gekommen. Der Schulleiter von Theilheim (Landkreis Würzburg) hat am 18.8.41, als die Schulsäle neu getüncht und instandgesetzt worden waren, die Wiederverbringung der entfernten Kruzifixe in die Schule unterlassen. Am Sonntag, dem 24.8. kam der Ortsgeistliche[107] während der Predigt auf diesen Vorgang zu sprechen und soll den 18.8. als den schwärzesten Tag für die Gemeinde Theilheim bezeichnet haben. Nach dem Gottesdienst versammelte sich eine große Anzahl von Dorfbewohnern, hauptsächlich Frauen, vor dem Schulhaus und verlangte von dem anwesenden Schulleiter, der zugleich Ortsgruppenleiter ist, die Wiederverbringung der Kruzifixe in die Schulsäle. Die protestierende Menge, die mittlerweile auch vier Kruzifixe aus den umliegenden Häusern herbeigeschafft hatte, fing an, auf den Schulleiter in drohender Haltung einzudringen, so dass dieser sich gezwungen sah, sich in den Hauseingang zurückzuziehen. Andere Personen schafften in der Zwischenzeit Leitern herbei, um auf diese Weise in die verschlossenen Schulsäle zu gelangen.

---

[104] So protestierten in Neubrunn drei Personen gegen die Entfernung des Schulkreuzes; vgl. das Schreiben der katholischen Expositur Holzkirchhausen vom 24.07.1941, in: Diözesanarchiv Würzburg, Dokumentation Deutsche Zeitgeschichte, Kasten 24, 4. Nationalsozialismus (1933–1945), 4.18 Sammlung Dr. Schebler, 4.16.4: Verlautbarungen des Bischöflichen Ordinariats Würzburg. – In Allersheim waren es acht Personen; vgl. den Bericht des Ortsgruppenleiters der NSDAP Allersheim vom 12.10.1941, in: Staatsarchiv Würzburg, NSDAP Gau Mainfranken, Nr. 7, Mappe: Ochsenfurt 1929–1942 sowie Staatsarchiv Würzburg, Gestapoakten, Nr. 3521. – 13 Einwohner nahmen in Kürnach Stellung gegen die Abnahme des Kruzifixes; vgl. Staatsarchiv Würzburg, Gestapoakten, Nr. 13467. – In Ebertshausen protestierten etwa 15 Frauen; vgl. Staatsarchiv Würzburg, Gestapoakten, Nr. 13030 und Nr. 17833 sowie Wittstadt (Bearb.), Die kirchliche Lage (wie Anm. 7), S. 185.

[105] In Eibelstadt forderten rund einhundert Frauen die Wiederanbringung des Schulkreuzes; vgl. Wittstadt (Bearb.), Die kirchliche Lage (wie Anm. 7), S. 190f. – In Großheubach protestierten eine Gruppe von über einhundert Personen, eine Schülergruppe und eine Delegation aus Soldaten; vgl. Staatsarchiv Würzburg, Gestapoakten, Nr. 2424, Nr. 15531 und Nr. 15534 sowie Wittstadt (Bearb.), Die kirchliche Lage (wie Anm. 7), S. 194f. – Etwa 120 Frauen und einige Männer verlangten in der Gemeinde Nüdlingen die Rückkehr des Kreuzes in die Unterrichtsräume; vgl. Staatsarchiv Würzburg, Gestapoakten, Nr. 11825.

[106] Vgl. Haaf, Von volksverhetzenden Pfaffen (wie Anm. 8), S. 238 Anm. 853.

[107] Pfarrer Adam Hetterich, 1927 zum Priester geweiht, nahm im März 1941 seine Seelsorgetätigkeit in Theilheim bei Würzburg auf. Hetterich wurde verdächtigt, die Menge zu der Protestaktion für die Wiederanbringung des Schulkreuzes aufgewiegelt zu haben; vgl. Staatsarchiv Würzburg, Gestapoakten, Nr. 1404.

Der Schulleiter wurde mit Schmährufen und Beleidigungen überhäuft, und es bedurfte offenbar nur eines kleinen Anstoßes, um es zu Tätlichkeiten kommen zu lassen. Unter der Menschenmenge haben sich auch Parteigenossen, darunter auch ein Altparteigenosse, befunden. Der Hitlerjugendführer soll sich auch unrühmlich hervorgetan haben. Unter dem Druck der Menge wurden die Kruzifixe wieder in die Schulsäle verbracht. Unter Absingung des Liedes ‚O heiliges Kreuz sei uns gegrüßt' löste sich die Versammlung in einer förmlichen Kreuzzugsstimmung auf. Der Landrat in Würzburg wurde am 25.8. durch den Schulleiter von dem Vorfall in Kenntnis gesetzt. Die Geheime Staatspolizei wurde vom Landrat verständigt."[108]

In den Auseinandersetzungen wandten die Demonstranten verschiedene Druckmittel an, ihr Ziel der Wiederanbringung der Schulkreuze zu erreichen: Frauen drohten damit, ihre Mütterehrenkreuze zurückzugeben[109] oder aus der NS-Frauenschaft[110] auszutreten. Eltern solidarisierten sich im Schulstreik oder kündigten an, ihre Kinder so lange vom Unterricht fernzuhalten, bis das Kreuz wieder im Schulsaal angebracht werde.[111] In Sulzbach am Main erkundigte sich

---

[108] So weit der Monatsbericht der Regierung von Unterfranken vom 10.09.1941, in: Wittstadt (Bearb.), Die kirchliche Lage (wie Anm. 7), S. 190.

[109] Über die Demonstration in Großheubach im Oktober 1941 heißt es in dem Regierungspräsidentenbericht vom 11.11.1941: „Am Sonntag, dem 12. Oktober kam es in Großheubach, Landkreis Miltenberg, wegen der Entfernung der Kruzifixe aus den Schulen zu einer Demonstration. Eine große Anzahl von Frauen, darunter auch mehrere Männer, begaben sich im Anschluss an den Gottesdienst vor das Rathaus und verlangten unter Drohungen und abfälligen Äußerungen die Wiederanbringung der Kruzifixe. Unter anderem fiel die Äußerung: ‚Wenn die Kruzifixe aus den Schulen entfernt werden, brauchen wir auch keine Mütterkreuze!' Dem Bürgermeister gelang es, die Menge zu beruhigen und sie zum Abzug zu bewegen."; ebd., S. 194f. – Wie aus dem Monatsbericht der Regierung vom 11.07.1941 hervorgeht, drohten in Ebertshausen fünfzehn Frauen die Rückgabe ihrer *Mütterehrenkreuze* an; vgl. ebd., S. 185. – Über die Abholung des in der Schule von Gaubüttelbrunn entfernten Kreuzes schreibt der Sohn einer Zeitzeugin: „Die Frauen holten das Schulkreuz ab und warfen ihr Mutterehrenkreuz auf das Pult. Meine Mutter hatte trotz 5 Kinder damals kein Ehrenkreuz erhalten, weil mein Vater ein ‚Schwarzer' war. Meine Mutter erhielt als Frau des ‚Schwarzen' das Kreuz in die Hand gedrückt. Die Frauen trugen das Kreuz in die Kirche, beteten die hl. fünf Wunden und gingen ergriffen schweigend nach Hause."; Diözesanarchiv Würzburg, Gestapoakten, Repertorium Gau Mainfranken, Kasten 5, 4) Würzburg-Bezirksamt.

[110] In der Gemeinde Eckartshausen drohten die Mitglieder der NS-Frauenschaft mit ihrem geschlossenen Austritt, sollte das Kruzifix abgenommen werden; vgl. Wittstadt (Bearb.), Die kirchliche Lage (wie Anm. 7), S. 185.

[111] Am 11.06.1941 führt die unterfränkische Regierung in ihrem Monatsbericht aus: „Eine ungünstige Aufnahme findet auch die Anordnung über die Beseitigung des kirchlichen Bilderschmuckes aus den Schulen, die schon vielerorts bekannt geworden ist. In der Gemeinde Aura (Landkreis Gemünden) hat der Lehrer und Schulleiter dem Bürgermeister unter Beigabe eines Briefes die verpackten, bisher in den Schulsälen untergebrachten Kruzifixe durch Schüler übersandt mit dem Bemerken, dass die Kruzifixe im Auftrag des Bezirksschulamtes aus den Schulen entfernt werden müssten. Der Bürgermeister berichtet: ‚Die Gemeindeeinwohner hätten von der Entfernung der Kruzifixe gehört, seien zum Bürgermeister gegangen und hätten von ihm verlangt, dass er die Kruzifixe zur Wiederanbringung in den Schulen herausgebe. Der Bürgermeister hat das verweigert, worauf sie sich auch zum Lehrer begeben hätten. Dieser habe ihnen eine Entschließung bekannt gegeben. Die Eltern sind darauf in den Schulstreik getreten und erklärten, dass sie ihre Kinder so lange nicht mehr in die Schule schicken werden, bis die Kruzifixe wieder angebracht seien.' Durch das Eintreten des Landrates konnte der Streik alsbald gütlich beigelegt werden."; ebd., S. 182. – Ebenso hielten in Sulzbach mehrere Eltern ihre Kinder vom Schulunterricht fern; vgl. Staatsarchiv Würzburg, Gestapoakten, Nr. 13929, fol. 7. – Auch in anderen Gemeinden wurden Schulstreiks durchgeführt oder zumindest angedroht; vgl. Wittstadt (Bearb.), Die kirchliche Lage (wie Anm. 7), S. 185 sowie die Stellungnahme des Reichsstatthalters in Bayern und Chefs der Reichskanzlei Lammers: „Staatsminister Wagner wollte mit seinem Kruzifix Erlass auf seine Weise der von Reichsleiter Bormann herausgegebenen Lehre, dass

Barbara Hasenstab „im Beisein ihres mitgebrachten schulpflichtigen Kindes" beim Lehrer, „ob der Herrgott in der Schule wäre". Als sie hören musste, „dass das Kruzifix nicht aufgehängt sei, ging sie mit ihrem Kinde fort und erklärte, ihr Kind komme erst wieder zur Schule, wenn das Kruzifix wieder an seinem Platze sei. Das Kind wurde noch am gleichen Vormittag auf Anordnung der Schulbehörde polizeilich in den Unterricht gebracht."[112] Monika Dölger, die Frau des Sulzbacher Bäckers, suchte die Privatwohnung des Hauptlehrers auf und stellte ihn zur Rede, „warum das Kruzifix aus der Schule entfernt worden sei". Vor der Gendarmerie Obernburg gab dieser zum Zwischenfall an: „Als ich sie mit dieser Frage an die Bezirksschulbehörde verwies, erklärte sie mir, dass sie aus der NS-Frauenschaft austrete. Als sie weiter heftig werden wollte, wies ich sie aus dem Haus. Bemerken möchte ich hier, dass Frau Dölger bis jetzt überhaupt noch kein Kind zur Schule gehen hat."[113]

Schulkinder wurden von ihren Eltern und Religionslehrern angewiesen, den *Deutschen Gruß* zu verweigern.[114] In manchen Ortschaften warnte die Bevölkerung, sie werde die Abgabe landwirtschaftlicher Erzeugnisse einstellen und den Männern und Söhnen an der Front die „bolschewistische Tat"[115] der Kreuzabnahme schreiben.[116] Solche Androhungen sprengten die lokale Dimension des Konflikts und wirkten sich nicht nur auf die Stimmungslage vor Ort negativ aus[117], sondern zielten auf eine Breitenwirkung, die gerade während des Krieges unerwünscht war. Einbußen bei der landwirtschaftlichen Produktion und eine Gefährdung der Kampfmoral der Frontsoldaten konnten die Nationalsozialisten nicht riskieren. Daher versuchten sie durch verschiedene Dis-

---

Nationalsozialismus und Christentum unvereinbare Gegensätze seien, sichtbare Auswirkungen verschaffen und hat damit Demonstrationen, Schulstreiks und Unruhen anderer Art im ganzen Land ausgelöst."; Bayerisches Hauptstaatsarchiv München, Abt. II: Geheimes Staatsarchiv München, Reichsstatthalter, Nr. 157.

[112] Staatsarchiv Würzburg, Gestapoakten, Nr. 13929, fol. 7.

[113] Ebd.

[114] Vgl. ebd., fol. 6.

[115] Mit dieser diffamierenden Äußerung kritisiert Pfarrer Weigand in Hendungen die Verdrängung des Schulkreuzes; vgl. Wittstadt (Bearb.), Die kirchliche Lage (wie Anm. 7), S. 186. In Holzkirchhausen entrüsteten sich Frauen gegenüber dem Dorflehrer, der das Kreuz abgenommen hatte: „Da wird gegen den Bolschewismus geredet und hier wird das Kreuz beseitigt!"; zitiert in einem Schreiben der katholischen Expositur Holzkirchhausen vom 24.07.1941, in: Diözesanarchiv Würzburg, Dokumentation Deutsche Zeitgeschichte, Kasten 24, 4. Nationalsozialismus (1933–1945), 4.18 Sammlung Dr. Schebler, 4.16.4: Verlautbarungen des Bischöflichen Ordinariats Würzburg. – Pfarrer Emil Ruf von Karsbach wurde staatspolizeilich verwarnt und Unterrichtsverbot wurde ihm angedroht, weil er im Juli 1941 in einer Predigt ausgeführt haben soll: „Unsere Soldaten bekämpfen in Russland den Bolschewismus und hier holt man aus den Schulen die Kreuze heraus, ist das etwas anderes?"; Staatsarchiv Würzburg, Gestapoakten, Nr. 11516. – Bereits 1937 hatte der Bischof von Würzburg in seinem Hirtenwort zum 26. Dezember angeprangert: „Ist es nun nicht ein furchtbarer Widerspruch: Daheim in Deutschland rufen viele: Hinweg mit dem Kreuze Christi, und draußen im blutigen Weltkrieg kämpften und starben unsere Helden mit dem Kreuz, sie ruhen unter dem segnenden Schatten dieses Kreuzes! Wir müssen diesen Widerspruch ablehnen. Um des Christkindes willen bleiben wir allezeit dem Kreuze treu und opferbereit. In Not und Tod!"; Diözesanarchiv Würzburg, Mandate, Kasten 10, D IX/31.

[116] Diese Drohungen stießen Beschwerdeführerinnen der Gemeinden Eichelsbach, Großheubach, Hendungen und Nüdlingen aus; vgl. Staatsarchiv Würzburg, Gestapoakten, Nr. 2424, Nr. 8550, Nr. 9996, Nr. 10470, Nr. 11825, Nr. 16724 und Nr. 17978 sowie Wittstadt (Bearb.), Die kirchliche Lage (wie Anm. 7), S. 186f.

[117] Vgl. Staatsarchiv Würzburg, SD-Hauptaußenstelle Würzburg, Nr. 23 sowie Wittstadt (Bearb.), Die kirchliche Lage (wie Anm. 7), S. 192 und 196.

ziplinarmaßnahmen wie Parteiausschluss[118], Verhöre[119], staatspolizeiliche Verwarnungen[120] oder Schutzhaft[121] die Unruhestifter an die Kandare zu nehmen.

Der Erfolg der Protestaktionen blieb dennoch nicht aus. In den weitaus meisten Fällen erreichten die Beschwerdeführenden ihr Ziel: Die Kreuze wurden wieder in den Schulen angebracht.[122] Der bayerische Kultusminister Wagner sah sich gezwungen, den weit verbreiteten und in ihrer Massivität unerwarteten Protesten gegen die Entfernung der Schulkreuze Rechnung zu tragen, indem er am 28. August 1941 eine Stoppverordnung erließ, wonach jede weitere Aktion gegen die Kruzifixe zu unterbleiben hatte.[123] Vor allem die „Protestäußerungen der weiblichen frommen Opposition in den Dörfern" hatte ihn hierzu gezwungen, wodurch „der Nimbus der Unbesiegbarkeit der NS-Staatsallmacht schweren Schaden"[124] erlitten hatte. Reichsstatthalter Epp konstatierte in einem Schreiben an Hans Heinrich Lammers, Chef der Reichskanzlei, die „äußeren Unruhezeichen" seien auf den Stopperlass Wagners hin zwar „abgeflaut", warnte aber zugleich: „Das weitaus Schlimmere, die innere Verheerung der Menschen und damit die Aufrichtung einer geistigen Widerstandsfront, ist geblieben."[125]

2.5 *Abnahme der Kirchenglocken*

Eine deutliche Missstimmung, die sich in einzelnen Gemeinden sogar in Protestkundgebungen entlud, riefen 1941 auch die Runderlasse des Reichswirtschaftsministeriums und des Reichsinnenministeriums hervor, wonach alle Kirchenglocken im Eigentum der Kirchenstiftungen ohne Vorverhandlungen mit der Kirchenbehörde abgegeben werden mussten. Lediglich eine läutfähige Glocke bis zu einem Gewicht von 25 Kilogramm durfte in den Kirchenge-

---

[118] Beteiligten sich Parteimitglieder an den Protesten gegen die Kreuzentfernungen aus den Schulen, kam es vor, dass die Kreisleitung sie durch einstweilige Verfügung aus der NSDAP ausschloss. Vgl. hierzu das Schreiben des Kreisleiters der NSDAP Ochsenfurt vom 13.10.1941, in: Staatsarchiv Würzburg, NSDAP Gau Mainfranken, Nr. 7, Mappe: Ochsenfurt 1929–1942.

[119] Vgl. Staatsarchiv Würzburg, Gestapoakten, Nr. 8550 (Ludwig Neugebauer), Nr. 9996 (Leo Reder), Nr. 10470 (Anna Reußenzehn) und Nr. 16724 (Schwester Konradine Weigand).

[120] Vgl. ebd.

[121] In der Gemeinde Allersheim wurden fünf „Haupträdelsführer" verhaftet. Über drei der fünf Männer wurde eine eintägige Schutzhaft verhängt; zwei Männer waren drei Tage inhaftiert; vgl. das Schreiben des stellvertretenden Gauleiters vom 05.12.1941, in: Staatsarchiv Würzburg, NSDAP Gau Mainfranken, Nr. 7, Mappe: Ochsenfurt 1929–1942.

[122] Vgl. Merz, Der Protest (wie Anm. 28), S. 424.

[123] Vgl. Bayerisches Hauptstaatsarchiv München, Abt. II: Geheimes Staatsarchiv München, Reichsstatthalter, Nr. 157. – Der Monatsbericht des unterfränkischen Regierungspräsidiums vom 11.11.1941 führt hierzu aus: „Auf kirchenpolitischem Gebiet hat die Stoppverordnung hinsichtlich der Entfernung der Kruzifixe aus den Schulen beruhigend gewirkt. Fest steht jedenfalls, dass die große Mehrheit, insbesondere der ländlichen Bevölkerung, durchaus auf Seiten der Kirche steht, was bei der Entfernung der Kruzifixe aus den Schulzimmern einiger Gemeinden oder bei polizeilichen Maßnahmen gegen katholische Pfarrer deutlich in Erscheinung trat. Die Bevölkerung ergreift hier einseitig die Partei der Geistlichen, wobei diese selbstverständlich alles tun, um als Märtyrer ihres Glaubens zu erscheinen."; Wittstadt (Bearb.), Die kirchliche Lage (wie Anm. 7), S. 193.

[124] Marita A. Panzer, „Volksmütter". Frauen im Dritten Reich 1933–1945, in: Bayerische Landeszentrale für politische Bildungsarbeit (Hg.), Frauenleben in Bayern. Von der Jahrhundertwende bis zur Trümmerzeit, München 1993, S. 234–319, hier S. 318.

[125] Bayerisches Hauptstaatsarchiv München, Abt. II: Geheimes Staatsarchiv München, Reichsstatthalter, Nr. 157; vgl. auch Wittstadt (Bearb.), Die kirchliche Lage (wie Anm. 7), S. 190 Anm. 11.

meinden verbleiben.[126] Dagegen bezogen die Gläubigen eindeutig Stellung, wobei die Proteste wiederum vielerorts von Frauen angeführt wurden.

In dem Bericht der Regierung von Unterfranken über den Monat November 1941 heißt es: „Die zur Zeit im Gange befindliche Beschlagnahme der Kirchenglocken und ihre Abnahme und Ablieferung für Heereszwecke kommt insofern zeitlich nicht günstig, als die Erregung über die Entfernung der Kruzifixe aus den Schulen noch nicht ganz abgeklungen ist. Weite Kreise der Bevölkerung erblicken in der Glockenbeschlagnahme wieder eine Maßnahme gegen die Religion, auch wenn sie von der Wehrmacht ausgeht. Man will nicht glauben, dass diese Maßnahme notwendig ist, wo wir doch eine ungeheure Beute an Kanonen und Kriegsmaterial gemacht haben. Soeben wird mir mitgeteilt, dass es in Gernach, Landkreis Gerolzhofen, aus Anlass der Glockenabnahme zu einem Volksauflauf gekommen ist. Vor der Kirche versammelten sich zunächst 20 bis 30 und später mehrere hundert Frauen, die in drohender Haltung die Glockenabnahme unmöglich machten und ihre Mütterkreuze[127] auf den Boden warfen. Auf Anweisung des Reichssicherheitsamtes werden die Rädelsführer festgenommen. Die Glockenablieferung wird nunmehr mit polizeilichem Zwang durchgeführt werden."[128]

Es kam einer symbolischen Zeichenhandlung gleich und war ein deutliches Signal des Protests, wenn aufgebrachte Frauen den Systemschützern ihr *Mütterehrenkreuz* vor die Füße warfen, gingen bei dieser Auszeichnung nationalsozialistische Ideologie und Pflichterfüllung für Volk und Vaterland doch Hand in Hand: „Wie das Frontkämpferkreuz dem Manne, der sein Leben mit der Waffe in der Hand für das Vaterland eingesetzt hat, verliehen wird, so wird durch dies sichtbare Zeichen der Mutter, die dem Volke vier und mehr Kinder gegeben hat, der Dank für ihre persönliche Einsatzleistung öffentlich zum Ausdruck gebracht. Die Auswahl hierfür obliegt dem örtlichen Hoheitsträger der Partei, der dabei zu würdigen hat, ob die Mutter auch die Vorbedingung eines im Allgemeinen einwandfreien Verhaltens unter dem Gesichtspunkt nationalsozialistischer Weltanschauung erfüllt."[129]

---

[126] Vgl. Würzburger Diözesanblatt Nr. 24 (1941), S. 153 und Nr. 25 (1941), S. 165. – Bereits im März 1940 hatte man erwogen, die Bronzeglocken für Kriegszwecke einzuziehen; vgl. Wittstadt (Bearb.), Die kirchliche Lage (wie Anm. 7), S. 510. – Pfarrer Keith in Elsenfeld nahm von der Kanzel aus Stellung: „Das sei wohl die Strafe und der Fluch Gottes dafür, dass die Elsenfelder zu wenig in die Kirche gingen und oft zu spät kämen. Bald würden sie einsehen, was sie verscherzt hätten, wenn die Glocken nicht mehr läuten könnten."; Vernehmungsniederschrift des Bürgermeisters und Ortsgruppenleiters vom 07.04.1940, in: Staatsarchiv Würzburg, Gestapoakten, Nr. 3417. – Pater Petrus Leisner OSB, Pfarrvikar in Gernach, wurde am 21.12.1941 durch die Gendarmerie vorgeladen und verhört, weil er sich der Anordnung des Bürgermeisters widersetzt hatte, in der Sonntagsmesse am 07.11.1941 ein Schreiben zu der Glockenabnahme zu verlesen und am 05.12.1941 die Bevölkerung in dieser Frage aufzuklären.; vgl. Staatsarchiv Würzburg, Gestapoakten, Nr. 5916. – Pfarrer Edwin Beck von Stadtprozelten wurde 1942 angezeigt und durch die Gendarmerie vernommen, weil er sich geweigert hatte, den Kirchturmschlüssel herauszugeben, damit die Glocken abgenommen werden konnten; vgl. Diözesanarchiv Würzburg, Fragebogen A, Edwin Beck.

[127] Vgl. Diözesanarchiv Würzburg, Dokumentation Deutsche Zeitgeschichte, Kasten 23, 4. Nationalsozialismus (1933–1945), 4.18 Sammlung Dr. Schebler, 4.13: Mütter-Ehrenkreuz 1941.

[128] Wittstadt (Bearb.), Die kirchliche Lage (Anm. 7), S. 196.

[129] Diözesanarchiv Würzburg, Dokumentation Deutsche Zeitgeschichte, Kasten 23, 4. Nationalsozialismus (1933–1945), 4.18 Sammlung Dr. Schebler, 4.13: Mütter-Ehrenkreuz 1941.

Abb. 3: *Verleihung des Mütterehrenkreuzes Ende der 1930er Jahre im Arbeiterlager Wolfsmünster (Foto: Privatbesitz, Leihgabe von Tanja und Marco Weber, Gräfendorf).*

Wo sich Widerspruch gegen die *Metallmobilisierung*[130] in der unterfränkischen Bevölkerung regte, waren es vornehmlich Frauen, die energisch gegen die Abnahme der Kirchenglocken protestierten. Erst auf Einlenken des Ordinariats konnte die aufgebrachte Bevölkerung wieder beruhigt werden.[131]

2.6 *Solidarität mit Priestern*

Vielfach ist in den zeitgeschichtlichen Quellen zum NS-Kirchenkampf im Bistum Würzburg der enge Schulterschluss zwischen kirchlich gebundenen Frauen und ihren Ortspfarrern belegt. Priester genossen ein hohes Sozialprestige, waren Autoritäts-, Respekts- und Vertrauenspersonen. Ein bemerkenswerter Fall aus Waldaschaff dokumentiert exemplarisch den Zusammenhalt von Priestern und Gläubigen, der sogar stärker sein konnte als Familienbande: Ein Bautechniker, der zum Straßenbau im Osten abkommandiert worden war, verbrachte 1940 seinen Osterurlaub in seiner Heimatgemeinde Waldaschaff. Zu Hause erzählte er Frau und Kind von den „Greueltaten der Polen", die er aus eigener Anschauung, mehr aber noch „aus den Zeitungen" kannte.[132] Da widersprach ihm seine 13-jährige Tochter: „Der Pfarrer Nötscher hat uns im Religionsunterricht (8.4.40) erzählt, dass die Polengreueltaten gar nicht wahr seien, die wären nur gemacht worden, um die eigenen Schandtaten zuzudecken."[133] Der aufgebrachte Vater brachte den Vorfall zur Anzeige und erklärte seiner Tochter, „daß es eine Gemeinheit wäre, den Kindern so etwas weiß zu machen, so ein Lump, dem gehörte der Hals abgeschnitten."[134] Regierungspräsident Otto Hellmuth attestierte Pfarrer Nötscher, „dass ihm das Gefühl für einen gegenwartsnahen Unterricht und jedes völkische Empfinden und damit die

[130] Zum Beitrag der Bistumskirchen an der „Metallmobilisierung" vgl. Diözesanarchiv Würzburg, Mandate, Kasten 10, D IX/74, 77 und 107.
[131] Vgl. Würzburger Diözesanblatt Nr. 24 (1941), S. 153 und Nr. 25 (1941), S. 165 sowie Wittstadt (Bearb.), Die kirchliche Lage (wie Anm. 7), S. 198.
[132] Staatsarchiv Würzburg, Gestapoakten, Nr. 8770, fol. 187.
[133] Ebd., fol. 184.
[134] Ebd.

Eignung als deutscher Erzieher mangelt.“[135] Aufgrund dieser „groteske[n] Verwerflichkeit des Denkens und Fühlens“[136] entzog er dem Geistlichen die Zulassung zur Erteilung des Religionsunterrichts. Das angestrebte Verfahren wegen Vergehens gegen das *Heimtückegesetz* musste jedoch eingestellt werden, da sowohl die Ehefrau als auch die Tochter des Bautechnikers erklärten, sie könnten sich an nichts mehr erinnern.[137] Kirchlich gebundene Frauen gaben sich in den Strafverfahren gegen katholische Geistliche des Bistums Würzburg nicht als Belastungszeuginnen her.

In dieselbe Richtung weisen die Äußerungen einer Bauersfrau aus Rannungen bei einem Verhör durch den Gendarmerieposten Maßbach. Die Frau wird geschildert als „katholisch und streng religiös“. Anstatt eine Aussage gegen Pfarrer Hugo Stöhr[138] zu machen, stellt sie sich unwissend, schützt auf diese Weise ihren Ortsgeistlichen und gibt zu Protokoll: „Sie sei sehr vergessen und wisse heute nichts mehr. Sie sei schon zweimal operiert worden und könne nichts mehr merken. [...] Auch auf die zur Stärkung ihres Gedächtnisses mitgeteilten Einzelheiten könne sie heute keine bestimmten Angaben mehr machen.“[139]

Als ein Beamter der Gendarmerie Neuses am Sand im Juni 1939 in Kirchschönbach gegen Pfarrer Dr. Hans Stadler wegen einer unerlaubten Sammlung Ermittlungen anstrengte, hielt nicht einmal die NS-Frauenschaftsleiterin als Zeugin her. Der Gendarmeriebeamte protokollierte: Als diese „hörte, dass ich wegen Pf. Dr. Stadler fragte, erklärte sie mir, dass sie da keine Angaben mache. Sie wisse von nichts mehr. Sie habe in nächster Zeit 2 Kinder in die Schule gehen und würde deshalb nichts sagen.“ Daraufhin stellte der Polizist sie zur Rede und echauffierte sich, wen er „da eigentlich noch fragen solle“, „wenn sie schon als NS Frauenschaftsleiterin so für den Pfarrer eingestellt sei.“[140]

Auch Kaplan Hugo Lang in Wülfershausen, der berüchtigt war, mit „einer echten jesuitischen Schläue [...] seine Hetze gegen den Staat zu führen“, war nicht recht beizukommen, da er „seine Hetze“ vor allem in der Volkschristenlehre trieb, „wo in der Hauptsache nur Frauen und Kinder anwesend sind“. Die Gendarmerie Unsleben musste feststellen: „Von den Frauen und Kindern ist nichts herauszubekommen.“[141]

---

[135] Ebd., fol. 205.
[136] Ebd., fol. 215.
[137] Vgl. ebd., fol. 188, 202 und 217. – Der Regierungspräsident bedauert in seinem abschließenden Bericht vom 08.12.1942: „Leider hat die einzige Belastungszeugin versagt, so dass das gegen Pfarrer Nötscher eingeleitete Strafverfahren eingestellt werden musste. Wegen des verhältnismäßig längere Zeit zurückliegenden Vorganges wurde von dort kein Sicherungsgeld verhängt. Von einer Verwarnung möchte ich absehen, da ich den Vorfall bereits bei der Begründung des Widerrufs verwendet habe. (RE. v. 7.9.1942 Nr. 6406 a 169, 172). Es bleibt somit nichts anderes übrig, als bei einer künftigen Zuwiderhandlung gegen Nötscher mit den schärfsten staatspolizeilichen Mitteln vorzugehen.“; ebd., fol. 232.
[138] Zu Dekan und Pfarrer Hugo Stöhr vgl. Haaf, „Den Pfarrer zur Strecke bringen“ (wie Anm. 28).
[139] Staatsarchiv Würzburg, Gestapoakten, Nr. 15472, fol. 96.
[140] Staatsarchiv Würzburg, Gestapoakten, Nr. 14863, fol. 6.
[141] Staatsarchiv Würzburg, Gestapoakten, Nr. 5586, fol. 17.

Abb. 4: *Aufnahme vor dem Portal der Rannungener Pfarrkirche anlässlich der Feier des Silbernen Priesterjubiläums von Pater Gottfried Stürmer OSB im Jahr 1941. Links vom Jubilar steht Pfarrer Ludwig Ort, rechts von ihm Dekan und Pfarrer Hugo Stöhr. Vorn im Bild sind die „Primizbräutchen" Ida Hofmann und Edeltraud Erhard zu sehen (Privatbesitz, Leihgabe von Studiendirektor a. D. Alfred Memmel, Rannungen).*

Die gegnerischen Lager standen ebenso in Neuendorf fest, wo 1937 im Anschluss an eine öffentliche Filmvorführung im Gasthaus ein offener Streit zwischen Kreisleiter Hedler der NSDAP Lohr-Gemünden und Kaplan Rudolf Keith ausbrach, der tumultuarische Szenen hervorrief.[142] Der Streit hatte sich entzündet, nachdem der Kreisleiter die staatliche Genehmigung zur Vorführung des Missionsfilms „Die schwarze Schwester" der Diözesanfilmstelle als Beleg dafür verstanden wissen wollte, „dass Staat und Bewegung der kath. Kirche nichts in den Weg legten, soferne sie sich auf ihre religiöse Tätigkeit beschränkte; dass es also Lüge sei, wenn man davon erzähle, dass die Kirche verfolgt würde."[143] Kreisleiter Hedler gab am 29. September 1937 vor der

[142] Vgl. Staatsarchiv Würzburg, Gestapoakten, Nr. 3417, fol. 9–14.
[143] Ebd., fol. 9.

Gestapo Würzburg zu Protokoll, Rudolf Keith habe „durch unsinnige konfessionelle aufpeitschende Zwischenrufe" die Menge aufgewiegelt. So habe er beispielsweise mit Blick auf die Situation im Rheinland, wo angeblich „kein kath. Geistlicher mehr Religionsunterricht in den Schulen erteilen" dürfe, „mit fanatisierender Stimme" in den Saal gerufen: „Wie lange wirds noch dauern und es kommt auch hier so weit."[144] NSDAP-Kreisleiter Hedler mahnte daraufhin „zur Einigkeit und Unterordnung spezieller Wünsche unter das Gemeinwohl". Vor der Gestapo führte er weiter aus: „Ein grosser Teil der Anwesenden hatte auch Einsicht. Jedoch eine Gruppe von Frauen und jungen Mädchen umstanden fanatisiert ihren Geistlichen, der durch seine Unwahrhaftigkeit und unbeherrschte Haltung den Vorfall heraufbeschworen hatte."[145] Keiths Pfarrköchin gab schließlich das Signal zum Aufbruch und die „durch den Geistlichen aufgeputschten Besucher" verließen den Saal. Nachdem Rudolf Keith trotz umfangreicher Ermittlungen keiner strafrechtlich relevanten Tat überführt werden konnte, wurde er aufgrund seines „Verhaltens dem Kreisleiter Hedler gegenüber" am 12. April 1938 durch das Bezirksamt Lohr am Main „streng verwarnt".[146]

Ein bemerkenswertes Zeichen der Solidarität mit ihrem Pfarrer Hans Spielmann von Weisbach, der in Würzburg und Berlin-Tegel insgesamt neun Monate inhaftiert war und sich vor dem Volksgerichtshof wegen „Wehrkraftzersetzung und Feindbegünstigung" verantworten musste, weil er in einem privaten Gespräch im Sommer 1943 Partei für verfolgte Juden ergriffen hatte[147], setzte die Bauersfrau Hilde Kleinhenz. Am 2. März 1944 richtete sie, die wegen eines schweren Lungenleidens in stationärer Behandlung war, nachstehendes Bittgesuch „An den Herrn Chef der Geheimen Staatspolizei in Würzburg":

„Es kommt heut eine schwer kranke Frau und Mutter und möchte in ihrer letzten Kraft Fürbitte einlegen für ihren Seelsorger Hans Spielmann von Weisbach.

Ich lieg nun schon ¼ Jahr hier im Hilfskrankenhaus. Als ich 3 Monat daheim lag, war es gerade dieser Mann, der sich meiner mit den kleinen Kinder[n] angenommen hat, er hat auf so viel verzichtet, um in unserer Familie, wo der Mann an der Front steht und niemand hatte, die größte Not zu lindern.

Ja auch sonst war er so gut, war jemand von Schmerz tief gebeugt, so war er es, der ihn wieder tröstete.

Ach wir alle sind ja nur arme Menschen und denken u. sprechen gleich einmal etwas, obwohl das Herz gar nicht dabei ist. Es gibt immer wieder Menschen, die darauf ausgehen, dem anderen die Zunge zu heben, um ihn in den Abgrund zu bringen.

Daß [sic!] wissen auch Sie als hoher Beamter, daß bei studierte[n] Menschen die Nerven wieder abgespannter sind als wie bei uns Bauerleut. Als arme Frau weiß ich auch, daß Sie Ihre Vorschriften haben, doch haben Sie ein Herz, Sie sind vielleicht der einzige Mann, wo da helfen kann.

---

[144] Ebd.
[145] Ebd.
[146] Ebd., fol. 23.
[147] Vgl. Haaf, Von volksverhetzenden Pfaffen (wie Anm. 8), S. 328f.

Der Herrgott wird es Ihnen lohnen!

Ich kann nicht mehr, ach erfüllen Sie meine Bitte, er wird bestimmt daheim in jeder Gefahr seine Pflicht tun.

Mit deutschem Gruss
und Ergebenheit
gez. Frau Hilde Kleinhenz
z.Zt. Hilfskrankenhaus Heidenfeld"[148]

Besonders registrierten es die nationalsozialistischen Partei- und Polizeistellen, wenn sich Gläubige wegen einer drohenden Verhaftung ihres Ortsgeistlichen zusammenscharten[149] oder sich aus Anlass seiner Rückkehr aus dem Gefängnis zu einem feierlichen Zug formierten. Diese Verhaltensweisen waren ein sichtbares Zeugnis der Solidarität mit den Priestern und ein klares Signal der Ablehnung der gegen sie verhängten Sanktionen. Am Abend des 17. April 1941 bestellten Beamte der Gendarmerie Stadtprozelten und der Geheimen Staatspolizei Würzburg Kaplan Peter Klement ein und verhörten ihn „wegen seines fortgesetzten staatsabträglichen Verhaltens" im Gemeindezimmer. „Als dies bekannt wurde, sammelte sich gegen 21 Uhr vor dem Gemeindezimmer in Breitenbrunn eine größere Menschenmenge an, zirka 40 Einwohner von Breitenbrunn, zumeist Frauen, die der Ansicht waren, daß nunmehr ihr Kaplan, wie sie sich teilweise ausdrückten, verhaftet werden solle. Zu Drohungen oder Ausschreitungen irgendwelcher Art ist es dabei nicht gekommen. Offensichtlich wollten dieselben ihr Mitgefühl dem Kaplan zum Ausdruck bringen. Nachdem die Vernehmung des Kaplans beendet [war] u. dieser das Gemeindezimmer verließ, zerstreute sich wieder die Menge", heißt es im Polizeibericht vom 24. April 1941 an den Marktheidenfelder Landrat.[150]

Zu einer Menschenansammlung kam es ebenfalls am Abend des 15. Dezember 1941 vor dem Schraudenbacher Pfarrhaus, wo Beamte der Gestapo Würzburg eine Hausdurchsuchung durchführten und Kaplan Oswald Franz wegen verbotener Abschriften der Predigten des Bischofs von Münster Clemens August Graf von Galen[151] und eines Flugblatts zur staatspolizeilichen Auflösung der Benediktinerabtei Münsterschwarzach[152] verhörten. Die näheren Umstände, die zur „Demonstration anlässlich des Abtransports des Kaplans" geführt haben, schildert die Gestapo Würzburg in ihrem Bericht an die Staatspolizeistelle Nürnberg-Fürth vom 20. Dezember 1941 folgendermaßen: „Während der Vernehmung des Kaplans Franz sammelten sich auf der dunklen Ortsstrasse vor dem Pfarrhaus einige Jugendliche und Frauen an. Nach der Vernehmung

---

148 Staatsarchiv Würzburg, Gestapoakten, Nr. 14771, fol. 76f.

149 Vgl. Wittstadt (Bearb.), Die kirchliche Lage (wie Anm. 7), S. 114f.

150 Bericht Nr. 571 der Gendarmerie Stadtprozelten vom 24.04.1941, in: Staatsarchiv Würzburg, Gestapoakten, Nr. 4091.

151 Vgl. Markus Trautmann / Christiane Daldrup / Verona Marliani-Eyll (Hg.), „Endlich hat einer den Mut zu sprechen." Clemens August von Galen und die Predigten vom Sommer 1941 – kommentiert und illustriert, Münster 2012; Ludger Grevelhörster, Kardinal Clemens August Graf von Galen in seiner Zeit, Münster 2014 sowie Heinrich Portmann, Kardinal von Galen. Ein Gottesmann seiner Zeit, Münster 2016.

152 Vgl. Jonathan Düring, Wir weichen nur der Gewalt. Die Mönche von Münsterschwarzach im Dritten Reich, 2 Halbbde. (Münsterschwarzacher Studien 45), Münsterschwarzach 1997 sowie Elmar Hochholzer, Die Benediktinerabtei Münsterschwarzach unter dem Hakenkreuz, in: Würzburger Diözesangeschichtsblätter 71 (2009), S. 109–125.

wurde dem Kaplan eröffnet, dass er in Polizeihaft genommen und sofort nach Würzburg gebracht werde. In wenigen Minuten war der Kaplan zur Abfahrt bereit. Als die beiden Beamten Göß und Keil mit ihm das Pfarrhaus verliessen, trat ihnen in der Dunkelheit ein älterer Mann, der am nächsten Tage als der Landwirt und Altsitzer Johann *Rumpel* [i. O. gesperrt] festgestellt wurde, entgegen. Da von der Strasse her vereinzelt hysterisches Weinen, Schluchzen und verschiedene Rufe zu hören waren, fragte KS. [Kommissar] Göß den Rumpel, was los sei. Rumpel erwiderte: ‚Nichts.' Anschliessend rief er sehr erregt: ‚Das ganze Dorf steht da und will wissen, was mit dem Kaplan los ist.[‘] Vor dem Pfarrhofe konnten in der Dunkelheit etwa 30–35 Personen, in der Mehrzahl Frauen, bemerkt werden, die verschiedene Zurufe gebrauchten. KS. Keil hielt ihnen entgegen: ‚Glauben sie, der Kaplan kommt nicht fort, wenn es sein muss und sie sich hierherstellen?‘ Worauf Rumpel in grosser Erregung rief: ‚Das wollen wir einmal sehen, der Kaplan bleibt da!‘ KS. Göß ermahnte die Demonstranten zur Vernunft. In der Folge waren aber noch weitere Rufe wie: ‚Dafür gibt es Benzin, wenn jemand zum Arzt muss, ist keines da‘ und: ‚die gehören an die Front‘, womit die Beamten gemeint wurden; ferner: ‚unsere Väter und Söhne fallen, legt Euch vor den Wagen‘ usw. zu hören. Die einzelnen Rufer waren in der Dunkelheit nicht festzustellen. Der Kaplan selbst ermahnte beim Einsteigen in den Dienstwagen die Demonstranten ebenfalls zur Vernunft. Bei der Abfahrt trat dann noch eine unbekannte Person gegen den Kraftwagen.

Johann *Rumpel* [i. O. gesperrt], der durch seine Äusserungen: ‚Der Kaplan bleibt da‘ die schon vorhandene Erregung der Demonstranten noch gesteigert hatte, wurde am 16.12.1941 ebenfalls in Polizeihaft genommen. Weitere Schreier und die Person, die gegen den Wagen trat, waren bis jetzt nicht namentlich zu ermitteln. Rumpel bestreitet, die Äusserung: ‚Das wollen wir einmal sehen, der Kaplan bleibt da‘ gebraucht zu haben, ist jedoch durch die Wahrnehmung der Beamten und die Aussagen einer Zeugin überführt. Er will nur infolge der Erregung und des Verhaltens der Frauen selbst so erregt geworden und erst, als die Beamten aus dem Pfarrhaus kamen, an den Platz gekommen sein. Bis jetzt waren über ihn hier keine Vorgänge vorhanden. Ein Abdruck seiner Vernehmungsniederschrift liegt mit der Bitte um Kenntnisnahme bei. Rumpel hat angeblich früher keiner politischen Organisation als Mitglied angehört. Er ist auch jetzt weder Mitglied der NSDAP. noch einer anderen NS.-Organisation. Ich bitte um Weisung, wie lange Rumpel in Polizeihaft zu belassen ist, oder ob gegen ihn Antrag auf Anordnung von Schutzhaft gestellt werden soll.“[153]

Pfarrer Anton Fiedler, der wegen kritischer Predigtäußerungen 22 Tage inhaftiert war, bekundeten die Angehörigen seiner Pfarrei ihre Solidarität, indem sie ihm einen feierlichen Empfang bereiteten, nachdem er seine Haft verbüßt hatte. Über die Rückkunft Anton Fiedlers liegt ein detaillierter Bericht des Ortsgruppenleiters der NSDAP Faulbach vor: „Wie mir von zuverlässiger Seite mitgeteilt wurde, hat *Fiedler* [i. O. gesperrt] am 20.3.42 vormittags von Würzburg aus bei der Firma Josef Anton Hartmann in Faulbach seine

[153] Bericht vom 20.12.1941, in: Staatsarchiv Würzburg, Gestapoakten, Nr. 11541.

Ankunft telefonisch mitgeteilt. Wie ein Lauffeuer war dies sofort in der ganzen Gemeinde bekannt. Ich selber konnte sehen, wie vor allem fast die gesamte Schuljugend am Abend 20 Uhr zum Bahnhof ging. Auch die Teilnahme der Frauen und Mädchen war sehr gross und ist die Zahl mit 100 nicht übertrieben. Natürlich fehlten auch die Männer nicht. Bei der Ankunft am Bahnhof war Fiedler sehr freundlich und fragte die Kinder: ‚Gell, ihr seid doch froh, dass ich wieder gekommen bin?' Nun gings mit einem Zug, wie der Hirt mit seinen Schafen, zum Pfarrhaus. Dort sprach Fiedler die Worte: ‚Ich danke euch, euer Gebet hat mir geholfen, dass ich wieder gekommen bin.'

Ich hatte um 20.30 Uhr eine Gemeindeversammlung einberufen und alle Haushaltungsvorstände geladen. Ich musste meiner Empörung einigermassen dadurch Luft verschaffen, indem ich mein Befremden über den nicht genehmigten und verbotswidrigen Umzug der Leute zum Ausdruck gab.

Ich erklärte, dass ich es nicht verstehen kann, dass es gerade diejenigen Menschen sind, die in früheren Jahren Kirche und Pfarrer bekämpften. Wir dagegen führten keinen Kampf gegen die Kirche und ihre Einrichtungen, sondern sorgten dafür, dass die innere Einheit des Volkes durch Eingriffe von Geistlichen nicht gestört wird. Als ich erwähnte, dass 1932 bei einer Versammlung der Bayer. Volkspartei Pfarrer Fiedler mich persönlich angriff und erklärte, ich sei nur Hitleranhänger, weil ich glaube, Hitler würde mir helfen. Wem damals zuerst geholfen wurde, das wären die Pfarrer gewesen und der grossen Zahl der Arbeitslosen. Wäre der Nationalsozialismus nicht gekommen, dann wäre der Bolschewismus über Deutschland hereingebrochen und die Zustände in Russland haben uns gezeigt, wo die Pfarrer hingekommen sind. Bei diesen Ausführungen stand der *Pg.* [Parteigenosse; i.O. unterstrichen] Karl Dümig von Faulbach auf und erklärte, dies gehöre nicht hierher und er verbiete sich das. Auf dessen Äusserungen hin entstand ein Tumult und machten mehrere Frauen Anzeichen, den Saal zu verlassen, nachdem Dümig zuerst gegangen war. [...] Im übrigen kann beobachtet werden, dass die Leute glücklich sind, ihren Pfarrer wieder zu haben, das bewies der Besuch der Vorstellung der Gaubühne am Sonntag."[154]

Gerade die Solidaritätsbekundungen gläubiger Frauen aus Unterfranken und ihre Parteinahme für die ins Visier der Nationalsozialisten geratenen Pfarrgeistlichen bestätigen das Urteil von Christoph Kösters: „Die Pfarrseelsorge wirkte als religiös-mentale Barriere gegen die nationalsozialistische Weltanschauung, wie umgekehrt das Kirchenvolk dem Seelsorgeklerus Rückhalt für seine Opposition bot."[155]

---

[154] Zitiert im Bericht der Kreisleitung der NSDAP Marktheidenfeld / Karlstadt vom 26.03.1942, in: Staatsarchiv Würzburg, NSDAP Gau Mainfranken, Nr. 7, Mappe: Marktheidenfeld / Karlstadt 1933–1942.

[155] Christoph Kösters, Katholisches Milieu und Nationalsozialismus, in: Karl-Joseph Hummel / Michael Kißener (Hg.), Die Katholiken und das Dritte Reich. Kontroversen und Debatten, Paderborn 2010, S. 145–165, hier S. 164.

3. Schlussbetrachtung

Seit das Institut für Zeitgeschichte in München mit seinem Forschungsprojekt „Widerstand und Verfolgung in Bayern 1933–1945", dessen Ergebnisse in der Reihe „Bayern in der NS-Zeit"[156] zwischen 1977 und 1983 vorgelegt wurden, einen Paradigmenwechsel[157] in der Historiographie zum Dritten Reich eingeleitet hat, indem es vorrangig Dokumente der unteren Ebene staatlicher Meldestellen ausgewertet, sozial- und mentalitätsgeschichtliche Fragen aufgespürt und die NS-Zeit so gleichsam „von unten"[158] dokumentiert hat, rücken immer stärker der Alltag im Nationalsozialismus, seine Auswirkungen auf die Lebenswelt des Einzelnen und verschiedene Milieus sowie das Verhalten unterschiedlicher Bevölkerungsgruppen und gesellschaftlicher Schichten in den Fokus des Forschungsinteresses. Die NS-Frauenforschung problematisiert hierbei Rollenbilder, Rollenkonflikte und Identitätskrisen und beschreibt Handlungsräume und Verhaltensmuster in Abgrenzung oder Nähe zum totalitären Regime.[159] Die Zugehörigkeit zu einer bestimmten sozialen Gruppe prägte entscheidend das individuelle Verhalten.

Für die kirchlich gebundenen katholischen Frauen im ländlichen Unterfranken lässt sich sagen, dass sie in der nationalsozialistischen Herausforderung ein besonderes Beharrungsvermögen an den Tag gelegt und mit Entschlossenheit an ihren Glaubensüberzeugungen festgehalten haben. Die katholisch sozialisierten Frauen des Bistums Würzburg achteten die Seelsorger ihrer Pfarrei nicht nur als Respektspersonen und Autoritäten, für sie waren die Geistlichen zumeist auch besondere Vertrauenspersonen, die ihnen bei der Verwirklichung

---

[156] Martin Broszat u. a. (Hg.), Bayern in der NS-Zeit, 6 Bde., München/Wien 1977–1983.

[157] Vgl. Martin Broszat/Elke Fröhlich/Falk Wiesemann (Hg.), Bayern in der NS-Zeit, Bd. 1: Soziale Lage und politisches Verhalten der Bevölkerung im Spiegel vertraulicher Berichte, München/Wien 1977. – Gerhard Paul, Die widerspenstige „Volksgemeinschaft". Dissens und Verweigerung im Dritten Reich, in: Peter Steinbach/Johannes Tuchel (Hg.), Widerstand gegen den Nationalsozialismus, Bonn 1994, S. 395–410, hier S. 401, registriert: „Entgegen der älteren Kirchengeschichtsschreibung, die primär auf das Verhalten des deutschen Episkopats gegenüber dem Nationalsozialismus abhob, zeichnet sich in den letzten Jahren ein Paradigmawechsel in den Untersuchungen des Verhältnisses der Katholiken zum Dritten Reich ab, die sich verstärkt dem durchaus ambivalenten Verhalten in den konkreten Milieuzusammenhängen zuwenden."

[158] Martin Broszat erläutert auf S. 13 seines Vorworts zu Bd. 1 der Reihe Bayern in der NS-Zeit (wie Anm. 157): „Die Auswahl des in der Dokumentation ausgebreiteten Klein-Geschehens und die vorrangige Berücksichtigung von Dokumenten der unteren Ebene staatlicher und nichtstaatlicher Dienststellen folgt nicht einem lokalgeschichtlichen Spezial- oder Episoden-Interesse, sondern will das Strukturelle in seiner konkreten Ausformung zeigen. Vom jeweils konkreten Aggregatzustand sozialer und kultureller Verhältnisse her können der sozialgeschichtliche Bedingungshintergrund nationalsozialistischer Herrschaft und ihrer relevanten Gegenkräfte ebenso wie ihre gesellschaftliche Funktion in vielen Fällen ohne abstrakte theoretische Überhöhung anschaulich zur Evidenz gebracht werden. Die Dokumentation der NS-Zeit ‚von unten' bietet die Möglichkeit, das Strukturelle ‚erzählend' auf dem Wege exemplarischer regionaler und lokaler Kleingeschichten darzustellen."

[159] Vgl. oben Anm. 62 sowie Dorothee Klinksiek, Die Frau im NS-Staat, Stuttgart 1982; Rita Thalmann, Frausein im Dritten Reich, München 1987; Sybille Steinbacher (Hg.), Volksgenossinnen. Frauen in der NS-Volksgemeinschaft, Göttingen 2007; Kathrin Kompisch, Täterinnen. Frauen im Nationalsozialismus, Köln 2008; Franka Maubach, Die Stellung halten. Helferinnen der Wehrmacht im Einsatz. Erfahrungsräume und Lebensgeschichten, Göttingen 2009; Nicole Kramer, Volksgenossinnen an der Heimatfront. Mobilisierung, Verhalten, Erinnerung, Göttingen 2011 und Massimiliano Livi, Gertrud Scholtz-Klink. Die Reichsfrauenführerin. Politische Handlungsräume und Identitätsprobleme der Frauen im Nationalsozialismus am Beispiel der „Führerin aller deutscher Frauen", Münster 2005.

eines christlichen Lebensideals und der religiösen Erziehung ihrer Kinder halfen und sie nicht nur an allen entscheidenden Lebenswendepunkten wie Eheschließung, Taufe der Kinder oder Krankheit begleiteten, sondern liturgisch mit den Festen des kirchlichen Kalenders durch das ganze Jahr führten. Die Feste des Kirchenjahres gaben den Rhythmus vor. Die Sonntagspflicht wurde ernst genommen, die Feiertagsruhe eingehalten und in den Familien wurde das tägliche Gebet gepflegt. Die katholischen Frauenorganisationen erfreuten sich großer Beliebtheit, ebenso wie Prozessionen, Wallfahrten, Exerzitien oder andere geistliche und katechetische Angebote. Kurzum: Der Lebensalltag katholisch geprägter Frauen war durchdrungen von Glaube, Religion und Volksfrömmigkeit.[160]

Vielfach ist in den Quellen zur Erforschung des Kirchenkampfs im Bistum Würzburg die tief verwurzelte Religiosität katholischer Frauen belegt.[161] In Breitenbrunn verweigerte der Gemeindeschreiber 1941 zwei Frauen die Ausstellung einer Kennkarte, die 1938 als „allgemeiner polizeilicher Inlandausweis“ eingeführt worden war.[162] Der Gemeindeschreiber informierte die Gedarmerie Stadtprozelten, es sei offensichtlich, „daß die Kennkarte den beiden Frauen nur zum Besuch von Exerzitien oder einer religiösen Schulung dienen solle, zumal die beiden Frauen als stark religiös veranlagte Personen bekannt seien.“[163] Der NSDAP-Kreisleiter von Marktheidenfeld unterrichtete daraufhin am 15. Mai 1941 den dortigen Landrat, Kaplan Peter Klement habe „auch die Missionierungs- und Schulungsarbeit bei den Frauen in verstecktester Weise aufgenommen.“[164]

In den Berichten der nationalsozialistischen Polizei- und Parteistellen ist zudem dokumentiert, dass die besondere Religiosität oftmals einherging mit einer hohen Emotionalität. Für Sonntag, den 22. März 1942, ordnete Bischof Matthias Ehrenfried die Verlesung eines Hirtenbriefes an, der sich wegen seiner scharfen Diktion nicht im Gesamtepiskopat hatte durchsetzen können.[165] Der

---

[160] Vgl. Haaf, „Das Verbot führen sich die Sammlerinnen ziemlich stark zu Gemüte“ (wie Anm. 28) sowie ders., Von volksverhetzenden Pfaffen (wie Anm. 8), S. 135–250.

[161] Vgl. ebd., passim.

[162] Reichsgesetzblatt 1938 I, S. 913.

[163] Bericht der Gendarmerie Stadtprozelten Nr. 791 vom 29.04.1941, in: Staatsarchiv Würzburg, Gestapoakten, Nr. 4091.

[164] Bericht des Kreisleiters vom 15.05.1941, in: ebd.

[165] Antonia Leugers, Gegen eine Mauer bischöflichen Schweigens. Der Ausschuss für Ordensangelegenheiten und seine Widerstandskonzeption 1941 bis 1945, Frankfurt a. M. 1996 spricht auf S. 261 von einer „notorische[n] Uneinigkeit des Episkopats im Vorfeld und bei der Durchführung der Hirtenbriefaktion“. Innerhalb des deutschen Bischofskollegiums gab es zwei Lager: Das um Bischof Preysing forderte ein entschiedeneres Eintreten für die allgemeinen Menschenrechte, das um Kardinal Bertram war stärker auf einen Modus Vivendi mit der – wie man glaubte – rechtmäßigen Obrigkeit bedacht, um die Seelsorge aufrechterhalten zu können. Über die verschiedenen Positionen der Bischöfe in der Frage der Veröffentlichung des strittigen Hirtenworts vom März 1942 informiert Leugers auf den Seiten 260–274. – Zu den Richtungskämpfen innerhalb des deutschen Episkopats vgl. weiterhin dies., Adolf Kardinal Bertram als Vorsitzender der Bischofskonferenz während der Kriegsjahre 1939–1945, in: Archiv für Schlesische Kirchengeschichte 47 (1989), S. 1–29; dies., „Heiligste Pflicht zwingt uns zu sprechen...“. Kirchenpolitische Kontroversen im deutschen Episkopat um den geplanten Hirtenbrief von 1941, in: Dieter R. Bauer/Abraham P. Kustermann (Hg.), Gelegen oder ungelegen – Zeugnis für die Wahrheit. Zur Vertreibung des Rottenburger Bischofs Johannes Baptista Sproll (Hohenheimer Protokolle 28), Stuttgart 1989, S. 111–141 sowie Georg Denzler/Volker Fabricius, Christen und Nationalsozialisten. Darstellung und Dokumente (Die Zeit des Nationalsozialismus), Frankfurt a. M. 1993, S. 112–117.

Pastoralbrief prangerte nicht nur die restriktive NS-Kirchenpolitik an, sondern klagte die „gottverliehenen Rechte des Menschen“ ein und mahnte: „Jeder Mensch hat *das natürliche Recht auf das Leben* [i. O. unterstrichen] und die zum Leben notwendigen Güter. Der lebendige Gott, der Schöpfer alles Lebens, ist allein Herr über Leben und Tod.

Mit tiefem Erschrecken hat das christlich-deutsche Volk es vernommen, dass auf Anordnung staatlicher Stellen zahlreiche geisteskranke Menschen, die den Heil- u. Pflegeanstalten anvertraut waren, als sogenannte ‚unproduktive Volksgenossen‘ ums Leben gebracht sind. Zur Zeit wird durch einen behördlich empfohlenen Film, der die Bedenken der Gewissen durch Erweckung von Mitleid beschwichtigen will, für die Freigabe der Tötung unheilbar Kranker in weitesten Kreisen Propaganda gemacht.

Wir deutschen Bischöfe werden nicht nachlassen, gegen die Tötung Unschuldiger Verwahrung einzulegen. Niemand ist seines Lebens sicher, wenn nicht unangetastet dasteht: ‚Du sollst nicht töten!‘“[166]

Weiterhin wurden öffentlich „das natürliche Recht auf persönliche Freiheit“[167], „das natürliche Recht auf den Besitz u. den Gebrauch rechtmäßig erworbenen Eigentums“[168] sowie das natürliche Recht des Menschen „auf Schutz seiner Ehre gegen Lüge und Verleumdung“[169] eingefordert. Der Ortsgruppenleiter der NSDAP Wülfershausen schildert der Kreisleitung in seinem Bericht vom 23. März 1942 eindrücklich die Reaktion der Gläubigen und insbesondere der Gottesdienstbesucherinnen: „In meiner 100 %igen katholischen Ortsgruppe war der Erfolg ein katastrophaler. Die Vgs. [Volksgenossen] sind einfach aufs Tiefste deprimiert. Als wir am Nachmittag zur Jugendfeier aufmarschierten, zeigte sich kein Vg. auf der Straße, die Fenster waren verschlossen und ohne Anteilnahme von Erwachsenen – mit Ausnahme der Politischen Leiter und der Lehrerschaft – musste die Feier sich abwickeln. Die Menschen, vor allem die Frauen sind derart beeindruckt, dass sie uns auf unserem Heimweg flohen wie eine Krankheit. Es wird mit Angst auf die Gegenmaßnahmen gewartet.“[170] Und der Bericht des mainfränkischen Regierungspräsidiums über die allgemeine politische Lage im Monat März 1942 stellt fest, die Verlesung trage nicht dazu bei, „die allgemeine Stimmung zu heben“, und äußert die Befürchtung,

---

[166] Diözesanarchiv Würzburg, Mandate, Kasten 10, E II/27.

[167] Näher heißt es hierzu in dem Hirtenwort: „Wir deutschen Bischöfe protestieren gegen jede Missachtung der persönlichen Freiheit. Wir verlangen gerichtliche Nachprüfung aller Strafmaßnahmen u. Freilassung aller Volksgenossen, die ohne Nachweis einer mit Freiheitsberaubung bedrohten Straftat ihrer Freiheit beraubt sind.“; ebd.

[168] Durch „Gewaltakte“ seien „viele kirchliche Besitzungen und besonders Ordenshäuser“ enteignet worden: „Wir Bischöfe legen namens des katholischen Volkes, dem unsere Ordensleute entstammen, gegen diese Verletzung des natürlichen Eigentumsrechtes Verwahrung ein und verlangen die Rückgabe des widerrechtlich beschlagnahmten u. vielfach eingezogenen Gutes. Wir protestieren gegen jene Willkürakte auch um des Gemeinwohls willen u. als Verteidiger der Grundlagen der von Gott gewollten Sozialordnung. Denn was heute kirchlichem Besitz widerfährt, kann morgen jedem rechtmäßigen Eigentum widerfahren.“; ebd.

[169] Mit Blick auf die Diffamierung von Priestern und Ordensleuten wird allgemeiner formuliert: „Wir Bischöfe protestieren gegen alle derartigen Verletzungen der Wahrheit und Gerechtigkeit und fordern wirksamen Ehrenschutz für jeden Volksgenossen, auch für die glaubenstreuen Katholiken und die katholischen Ordensleute.“; ebd.

[170] Der Bericht der Ortsgruppe Wülfershausen wird zitiert in einem Schreiben der Kreisleitung der NSDAP Marktheidenfeld / Karlstadt an die Gauleitung vom 26.03.1942, in: Staatsarchiv Würzburg, NSDAP Gau Mainfranken, Nr. 17.

„dass der Hirtenbrief in vielen Briefen an unsere Soldaten Anlass zu Ausführungen geben wird, die sich auf die Kampfstimmung nachteilig auswirken."[171] Eine Korrespondenz zwischen der Ortsgruppe der NSDAP Giebelstadt und der Kreisleitung Ochsenfurt bestätigt, „die Folgen der Hetze, die diese Gottesstreiter ausgestreut haben, sind nicht ausgeblieben. Die Leute in den katholischen Ortschaften sind wirklich viel verbissener geworden und der schlechte Einfluss macht sich bei allen Gelegenheiten bemerkbar."[172] Ein im Felde stehender Unteroffizier aus Sulzdorf wurde der „Zersetzung des Heeres"[173] beschuldigt und vor einem Feldgericht zu dreieinhalb Jahren Gefängnis verurteilt, weil er Äußerungen aus dem Hirtenbrief vom März 1942 unter den Soldaten verbreitet hatte. Seine 67-jährige Mutter hatte ihm einen emotionalen Brief ins Feld geschrieben, der die Kernaussagen des Hirtenbriefs zusammenfasste und in der Feststellung gipfelte: „Bis Ihr vom Krieg nachhause kommt, soll die Religion ausgerottet sein."[174] Die Mutter „wurde ebenfalls unter Anklage der Zersetzung des Heeres gestellt", woraufhin sich der Ortsgruppenleiter der NSDAP Giebelstadt gegenüber der Ochsenfurter Kreisleitung empörte, „nicht diese alte Frau und Mutter ist schuld, die 4 Söhne draußen stehen hat, sondern der Pfarrer und diese gehören samt und sonders aufgehängt, dann bekommen wir auch Ruhe." Er bestellte den Sulzdorfer Ortspfarrer Karl Hofmann auf das Gemeindezimmer und machte ihm heftige Vorhaltungen, weil er den Hirtenbrief verlesen hatte, der „in der Kriegszeit Landes- und Hochverrat gewesen [sei]."[175]

Neben ihrer religiösen Verwurzelung und ihrer emotionalen Bindung an Glaube und Religion war es vor allem der Auftrag, die eigenen Kinder religiös zu erziehen, den katholisch sozialisierte Frauen angenommen und sehr ernst genommen haben, der Konflikte mit dem NS-Erziehungsapparat heraufbeschworen und die Mütter in ihrer Abwehrhaltung gegenüber dem Nationalsozialismus bestärkt hat. Im traditionellen Familienleitbild[176], das im katholischen Sozialmilieu Unterfrankens vorherrschend war, fiel der Mutter die Rolle der religiösen Erziehung ihrer Kinder zu. Nachdem Leitbilder „sich immer langsamer als die gesellschaftlichen Realitäten"[177] wandeln, wohnt diesen immer auch ein gewisses Beharrungsvermögen inne. Als der „wegen seiner antinationalsozialistischen Einstellung bekannte" Kaplan Alois Rauch[178] in

---

[171] Monatsbericht der Regierung von Unterfranken vom 11.04.1942, in: Wittstadt (Bearb.), Die kirchliche Lage (wie Anm. 7), S. 201.

[172] Bericht der NSDAP-Ortsgruppe Giebelstadt an die Kreisleitung Ochsenfurt vom 13.10.1942, in: Staatsarchiv Würzburg, NSDAP Gau Mainfranken, Nr. 7, Mappe: Ochsenfurt 1929–1942.

[173] Vgl. in diesem Zusammenhang Bernward Dörner, „Der Krieg ist verloren!". „Wehrkraftzersetzung" und Denunziation in der Truppe, in: Norbert Haase/Wolfgang Paul (Hg.), Die anderen Soldaten. Gehorsamsverweigerung, Desertion und Wehrkraftzersetzung im Zweiten Weltkrieg, Frankfurt a.M. 1995, S. 105–122.

[174] Bericht der NSDAP-Ortsgruppe Giebelstadt vom 13.10.1942, in: Staatsarchiv Würzburg, NSDAP Gau Mainfranken, Nr. 7, Mappe: Ochsenfurt 1929–1942.

[175] Ebd.

[176] Vgl. Sabine Diabaté/Detlev Lück, Familienleitbilder. Identifikation und Wirkungsweise auf generatives Verhalten, in: Zeitschrift für Familienforschung 26 (2014), S. 49–70.

[177] Barbara Elisabeth Fulda, Leitbilder. Vorstellungen vom idealen Leben, in: Randolf Rodenstock/Neşe Sevsay-Tegethoff (Hg.), Werte – und was sie uns wert sind. Eine interdisziplinäre Anthologie, München 2018, S. 151–163, hier S. 157.

[178] Staatsarchiv Würzburg, Gestapoakten, Nr. 9915, fol. 33.

Kleinblankenbach an den „Wehrübungen der Jugend während des sonntägigen Gottesdienstes Anstoß" nahm, die „auf Anordnung der Jugendführung des Deutschen Reiches" seit September 1939 durchgeführt wurden, blieb die Reaktion der Gottesdienstbesucher nicht aus, wie aus dem Bericht des Gendarmeriepostens Schöllkrippen an den Landrat in Alzenau vom 6. Oktober 1939 hervorgeht: „Mit seiner Kritik an diesen Übungen, welche nicht zuletzt auch ein[en] Angriff auf die Anordnung der Jugendführung des Deutschen Reiches bildet, versucht Rauch zweifellos bei der an der Wehrmachtsausbildung beteiligten Jugend und auch bei deren Eltern Gewissenskonflikte hervorzurufen und um dadurch auch die Jugend von dem befohlenen Dienst abzuhalten. Wie festgestellt wurde, hat Rauch dadurch tatsächlich eine gewisse Unruhe unter den Volksgenossen in Groß- und Kleinblankenbach hervorgerufen und wurden von besonders strengreligiösen Eltern der beteiligten Jugend den mit der Durchführung dieser Wehrmachtsausbildung betrauten HJ-Führern wegen der Abhaltung der Übungen während des Gottesdienstes Vorwürfe gemacht. Wie weit sich der unheilvolle Einfluß des Rauch bemerkbar macht, dürfte aus einer Äußerung der 55 Jahre alten Landwirtehefrau Klodilde [sic!] Behl, geb. Lorenz, in Großblankenbach zu entnehmen sein, welche am Sonntag, den 24.9.39 in der Wohnung des Bürgermeisters Lorenz Fleckenstein in Großblankenbach erklärte, daß ihr Sohn in die Kirche gehen müsse, selbst wenn sie nach Dachau komme."[179]

Wenn die Katholikinnen Unterfrankens während des Dritten Reichs an der Sonntagspflicht und den *abgewürdigten* Feiertagen[180] festhielten, trotz Verbots die Kirchenfahne[181] hissten oder die Wiederanbringung der Kreuze[182] in öffentlichen Gebäuden forderten, geschah das aus *einem* Motiv: „Der religiöse Widerstand erwachte, als der Staat selbst zu einem pseudoreligiösen Gebilde wurde."[183]

Nirgends wurden Adaption und Okkupation christlicher Symbole und Riten durch die Nationalsozialisten augenfälliger zum Ausdruck gebracht als in der Verdrängung kirchlicher Feiertage durch staatliche Feiern, der Kirchenfahnen durch die Hakenkreuzflagge oder des Kruzifixes durch das Hitlerbild. Früh hatten die Nationalsozialisten die Integrationskraft der christlichen Riten, Symbole und kultischen Feiern erkannt und zunächst versucht, die kirchlichen Vorbilder zu imitieren, um sie schließlich überflüssig zu machen und abzulösen.[184] Dieser nationalsozialistische Verdrängungs-Mechanismus, der auf die

---

[179] Ebd.

[180] Vgl. Haaf, Von volksverhetzenden Pfaffen (wie Anm. 8), S. 135–175.

[181] Vgl. ebd., S. 175–196.

[182] Vgl. ebd., S. 220–250.

[183] Hans Maier, Christlicher Widerstand im Dritten Reich (Akademiebibliothek 12), Hamburg 1994, S. 20.

[184] In aller Deutlichkeit wird dies in einem Schreiben des Informationsdienstes der Reichsjugendführung Berlin vom 28.10.1936 zur Sprache gebracht: „Zuletzt darf aber nicht vergessen werden, dass von der in 2000 Jahren erprobten systematischen Methodik der Kath. Kirche zu lernen ist. – Denn man schlägt jeden Gegner am besten mit seiner eignen Waffe. Zunächst müssten unsere Führer sich die seelenkundlichen diplomatischen Fähigkeiten aneignen, die beispielsweise den Jesuiten zu eigen sind. – Natürlich nur die höhere Führerschaft, die größtenteils leider heute noch der kath. Geistlichkeit unterlegen scheint. – Es taucht die Frage auf, ob nicht 2 verschiedene Schulungswege zu schaffen sind, einmal für die Führer, dann für die Gefolgschaft. – Während die Führer hochpolitisch, psychologisch und umfassend zu schulen sind, müsste der Masse doktrinär und dogmatisch der Nationalsozialismus in *primitivster Form* [i. O. unterstrichen]

Reduktion und Negation kirchlicher Einflussnahme auf das öffentliche gesellschaftliche Leben abzielte, führte nicht zum gewünschten Erfolg. Letztlich erfochten Staat und Partei im Stellungskrieg zwischen nationalsozialistischen und christlichen Festen, Symbolen und Ritualen nur Pyrrhussiege und „blieb eine grundsätzliche Distanz zwischen der katholischen Kirche und dem neuen Regime unübersehbar".[185]

Alle Restriktionsmaßnahmen konnten das kirchliche Leben nicht lahmlegen, sondern steigerten dagegen noch Renitenz und Gegnerschaft.[186] „Gesellschaftliche Verweigerung als elementarste Form widerständigen Verhaltens" war hierbei zumeist „eine unmittelbare Reaktion auf den Anspruch des NS-Regimes, alle Lebensbereiche in seine Rassen- und Kriegspolitik zu integrieren."[187] Gerade die Eingriffe in den ureigenen kircheninternen Bereich, die Übergriffe auf die Ausdrucksformen des religiösen Kults und die Angriffe auf die katholische Schul- und Kindererziehung erbrachten nicht die von den Nationalsozialisten intendierte Unterordnung, sondern provozierten den Widerspruch von Geistlichen und Laien – und unter ihnen vor allem der Frauen. Dass es ihnen hierbei nicht allein um die „Schauseite" des katholischen Glaubens ging, belegen die andauernden und teils heftigen Auseinandersetzungen in der Frage der christlichen oder nationalsozialistischen Erziehung und Bildung ihrer Kinder.[188] Für beide Seiten – Kirche wie Nationalsozialismus – stand viel auf dem

---

eingeimpft werden. – Dazu ist notwendig, dass unsere Schulung für die Masse wenigstens ein über das andere Mal in *kultisch-religiöser Form* [i. O. unterstrichen] vorgeht. Ein bestimmter Ritus der Heimabende und Heimschließung mit Gedenken der Toten (Märtyrer) der Bewegung, der Millionen Volksgenossen in Russland, einer regelmäßigen Lesung aus ‚Mein Kampf' als der Bibel der Bewegung und aus dem Programm als unserem Neuen Testament (oder unseren 10 Geboten) unter Absingung unserer neuen getragenen Lieder, dem Heil auf den Führer, dem Ein- und Ausmarsch einiger Fahnen, und all das *regelmäßig* [i. O. unterstrichen] und in gleicher Form, aber verschiedenen Inhaltes, ist notwendig.
Die Bewegung hat bereits in den Versammlungen der Kampfzeit mit der Eröffnung, dem Fahneneinmarsch, dem 3fachen Heil und Horst Wessel-Lied die Ansätze eines solchen Ritus entwickelt. Ob es nicht auch richtig wäre, auf diesem Wege fortzufahren? Auch der Gottesdienst der Konfession ist in der Form ja stets gleich, nur das Thema wechselt. Man sage nicht, dass diese starre Form je gerade den Tod der Kirchen herbeiführe.
1. Man gehe in eine Kirche. 80 % der Besucher sind unter 25 Jahren; und von diesen 80 % sind $^2/_3$ Männer, also keineswegs alte Weiber. Selbst wenn die Kirche stürbe, läge das keineswegs an ihrer Form, die sich ja 2000 Jahre bewährt hat, sondern an dem Inhalt, der heute überlebt ist. Nicht der Ritus drängt die Leute aus der Kirche, im Gegenteil, ihm verdanken die Konfessionen, dass sie überhaupt noch bestehen. Nein, der Stoff, der im Ritus behandelt wird, interessiert nicht mehr, ist als unwahr und erlogen erwiesen, von der Wissenschaft überholt und wird deshalb vom Volke abgelehnt. – Wie stabil müsste ein System stehen, das dieselben psychologisch richtigen und erfolgreichen Methoden auf die wahrhaftigste, neuzeitlichste und wissenschaftlichste Weltanschauung anwendet? –
2. Für die breite Masse sind nun einmal Dogmen und Formen notwendig, an die sich auch der einfachste Mann klammern kann. Nicht nur, dass das nun heute einmal durch Jahrhunderte lange Gewohnheit Gesetz geworden ist, und man die einen Dogmen des Volkes nur nehmen kann, wenn man ihm andere gibt. – Es kommt dazu, dass eine bestimmte Schicht von jeder auch der klarsten Weltanschauung nur die Oberfläche versteht und deshalb der Inhalt in kürzesten und primitivsten Formeln vorgesetzt werden muss."; Dözesanarchiv Würzburg, Dokumentation Deutsche Zeitgeschichte, Kasten 7, 4. Nationalsozialismus (1933–1945), 4.2: Bekämpfung katholische Jugendverbände und -erziehung 1936/37.

185 Winfried Speitkamp, Jugend in der Neuzeit. Deutschland vom 16. bis zum 20. Jahrhundert, Göttingen 1998, S. 230.

186 Vgl. Haaf, Von volksverhetzenden Pfaffen (wie Anm. 8), S. 135–250.

187 Christl Wickert, Frauen zwischen Dissens und Widerstand, in: Wolfgang Benz / Walter H. Pehle (Hg.), Lexikon des deutschen Widerstandes, Frankfurt a. M. 1994, S. 141–156, hier S. 144.

188 Vgl. Haaf, Von volksverhetzenden Pfaffen (wie Anm. 8), S. 40–134.

Spiel: die Sozialisation der kommenden Generation und die Weitergabe prägender und verhaltensbestimmender Wertmaßstäbe und Weltdeutungsmuster. Die kirchlich gebundenen Katholikinnen Unterfrankens waren nicht bereit, den Nationalsozialisten hier das Feld zu überlassen und tatenlos zuzusehen, wie ihre Kinder indoktriniert und auf die NS-Ideologie eingeschworen wurden. Auch die Eskalation in der Schulkreuzfrage[189] verdeutlicht, dass es um weit mehr ging als um äußere Zeichen der Religion. Die Abnahme und Verdrängung der Kruzifixe transzendierte den Konflikt: Gläubige Katholikinnen sahen darin nicht nur einen Angriff auf *das* christliche Zentralsymbol, sondern auf den Religionsstifter selbst. Die Entfernung der Kreuze aus Schulen und Rathäusern war in ihren Augen ein Sakrileg und ein blasphemischer Angriff auf den Sohn Gottes.[190] Nimmt man den Begriff des Symbols ernst, so ist anzuerkennen, dass das Symbol, wenngleich es nicht mit dem Symbolisierten in eins gesetzt werden darf, doch mit diesem untrennbar verbunden ist. Das Symbol steht für mehr ein als für das, was unmittelbar vorhanden und greifbar ist.[191] Das Kreuz, das den Gläubigen immer vor Augen stand im Herrgottswinkel der Wohnstuben, in öffentlichen Gebäuden, als Feldkreuz auf den Fluren oder wenn sie sich zum Gebet bekreuzigten, war ihnen sichtbares Zeichen der unsichtbaren Gegenwart Gottes. Das Kreuz war also nicht nur Bild für das Heilige, sondern gleichsam Manifestation des Heiligen selbst.[192] Hier

---

[189] Vgl. Merz, Der Protest (wie Anm. 28) sowie Haaf, Von volksverhetzenden Pfaffen (wie Anm. 8), S. 220–250.

[190] So argumentieren auch die Bischöfe Bayerns in ihrem Hirtenwort vom 17.08.1941: „Noch einen Punkt müssen wir Bischöfe berühren, die Entfernung des Kreuzes aus den Schulen, die zum Teil schon durchgeführt wurde, zum Teil in den gegenwärtigen Schulferien geschehen soll. Ohne Übertreibung können wir sagen: Überall dort, wo die Maßnahme bekannt oder gar durchgeführt wurde, ging ein Schrei des Entsetzens durch unser Volk, Eltern und Kinder, Jung und Alt. Es haben sich Scenen abgespielt, die an die Zeiten der ersten Christenverfolgungen erinnern. Schon das Verbot des Schulgebetes, aber noch mehr die Entfernung des Kreuzes, wird nicht bloß als Schmerz, sondern auch als Schmach empfunden, weil das Kreuz Sinnbild der christlichen Religion ist. Jede Entehrung des Kreuzes ist auch eine Missachtung der christlichen Religion. Wer das Kreuz aus der Schule entfernt, entfernt das Christentum aus der Schule. Am Kreuze hat in unsagbarer Liebe derjenige sein Blut vergossen und sein Leben hingegeben, der da ist Christus, der Sohn des lebendigen Gottes. Es gibt kein Kreuz ohne Christus; und es gibt keinen Christus ohne den Vater; und es gibt für uns keine Religion ohne den Glauben an den Vater und den Sohn und den Heiligen Geist. […] Das Kreuz ist uns kein Zeichen äußerer Propaganda, es ist uns die innere Verpflichtung auf den Geist Jesu Christi, des Stifters unserer christlichen Religion, der in heldenhafter Charakterfestigkeit mit dem letzten Blutstropfen eingestanden ist für jedes Wort, das über seine Lippen gekommen ist."; Diözesanarchiv Würzburg, Mandate, Kasten 10, E I/16 und 21.

[191] Vgl. Wilhelm Heinen (Hg.), Bild – Wort – Symbol in der Theologie, Würzburg 1968; Manfred Lurker, Die Botschaft der Symbole. In Mythen, Kulturen und Religionen, München 1992; Alfons Rosenberg, Ursymbole und ihre Wandlung. Einführung in das Symbolverständnis, Freiburg i. Br. 1992; Basilius Doppelfeld, Symbole. Bilder des Lebens – christlich gedeutet, Münsterschwarzach 2005 sowie Christoph Dohmen/Christoph Wagner (Hg.), Religion als Bild – Bild als Religion. Beiträge einer internationalen Tagung (Regensburger Studien zur Kunstgeschichte 15), Regensburg 2012.

[192] Die Dominanz des sinnlich Erfahrbaren im Bild war Kennzeichen des katholischen Glaubens bis zum Zweiten Vatikanischen Konzil und ist bis heute ein Merkmal der Volksfrömmigkeit geblieben. Die evangelische Glaubenspraxis dagegen ist weit weniger von bildlich-sinnlichen Symbolen geprägt, was in der Dominanz des Schriftprinzips *sola scriptura* begründet liegt. Die Tendenz zur Konkretion im Bild birgt die Gefahr eines Verstoßes gegen das Grundverständnis von Transzendenz, die nicht in einem konkreten Gegenstand eingeholt werden kann, sondern ohne Bild und Gestalt ist. Inwieweit aber die katholischen Gläubigen damals – um mit Karl Jaspers zu sprechen – „den Schritt von der Sklaverei unter der Leibhaftigkeit" zur „Freiheit in

liegt die eigentliche Ursache begründet für die gesteigerte Sensibilität gläubiger Frauen und die Affektgeladenheit des Konflikts. Kein anderer Konflikt, auch nicht die NS-Verbrechen gegen die Menschlichkeit[193] oder der rassische Antisemitismus[194] der Nationalsozialisten, konnte das Potenzial einer „auf festem christlichen Fundament stehenden Volksopposition"[195] derart aktivieren wie die Schulkreuz-Affäre.

Wenn katholische Frauen vehement die Wiederanbringung der Schulkreuze forderten, demonstrativ an den *abgewürdigten* kirchlichen Feiertagen festhielten, gegen die Verdrängung der Ordensfrauen remonstrierten oder für sanktionierte Priester eintraten, war dies öffentlicher Ausdruck ihrer Missbilligung der nationalsozialistischen Übergriffe auf das kirchliche Leben. Mochten ihre Motive hierbei unterschiedlichster Natur gewesen sein: Anhänglichkeit an lieb gewonnene Gewohnheiten, Freude an der festlichen Liturgie, an Schauspiel und Gepränge, Wunderglaube, Traditionalismus, Respekt vor Autoritäten, tiefe Verbundenheit, Frömmigkeit oder religiöse Suche – unter den Konditionen totalitärer Herrschaft bedeuteten ihr Festhalten und Eintreten ein Bekenntnis der Treue zur katholischen Kirche einerseits und eine deutliche Reserve gegenüber dem Gleichschaltungsdruck von Staat und Partei andererseits. Dieses Bekenntnis war eine Positionsbestimmung innerhalb der *communio sanctorum* und außerhalb der *Bewegung*, die „eine tiefere Loyalität zum ‚Dritten Reich' verhinderte"[196], gegen die einseitige Vereinnahmung durch die NS-Weltanschauung gerichtet war und somit zu einer öffentlichen und in diesem Sinne politischen Angelegenheit wurde.

Das oppositionelle Verhalten der Frauen reichte hierbei von punktuellen Unmutsäußerungen über die offensichtliche Missachtung staatlicher Anordnungen bis hin zu Demonstrationen und Protestaktionen wie dem Hinschleudern des *Mütterehrenkreuzes*. Das weitgehend geschlossene katholische Milieu Unterfrankens bildete „eine Zone sozial breiter Nichtanpassung gegenüber dem umfassenden Verfügungsanspruch des NS-Staates"[197], in der diese Opposition gedeihen konnte.

---

den Raum der Chiffren" bereit waren zu gehen, ist fraglich; zitiert nach Heinrich Fries, Fundamentaltheologie, Köln 1985, S. 218.

[193] Vgl. Haaf, Von volksverhetzenden Pfaffen (wie Anm. 8), S. 251–377.

[194] Vgl. ebd., S. 279–331.

[195] So bewertet Klaus Wittstadt die Haltung der unterfränkischen Gläubigen, in: ders. (Bearb.), Die kirchliche Lage (wie Anm. 7), S. XL.

[196] Speitkamp, Jugend in der Neuzeit (wie Anm. 185), S. 230.

[197] Werner K. Blessing, „Deutschland in Not, wir im Glauben…". Kirche und Kirchenvolk in einer katholischen Region 1933–1949, in: Martin Broszat/Klaus-Dietmar Henke/Hans Woller (Hg.), Von Stalingrad zur Währungsreform. Zur Sozialgeschichte des Umbruchs in Deutschland, München 1989, S. 3–111, hier S. 109.

Mit Himmel und Hölle für einen Lehrstuhl

Vom Würzburger Privatdozenten für Dogmatik zum Bamberger Professor für Altes Testament – die nationalsozialistische Wissenschaftskarriere des Johann Baptist Walz (1894–1966)

Jochen Krenz

„Nun aber steht fest, [...] dass es eine Hauptaufgabe ist, gerade die Theologen, die noch vielfach *innerlich* abseits stehen, auch im Herzen für die Aufbauarbeit des Staates zu gewinnen[,] und hier könnte ich als Professor mehr erreichen wie in der blossen Vertretung als Privatdozent."

Johann Baptist Walz, 5. Oktober 1933

Die hier vom Würzburger Privatdozenten und Bamberger Priester Johann Baptist Walz 1933 geäußerte Anregung, die Herzen der Theologen für den NS-Staat zu gewinnen, kann wohl als ein ganz besonderer Versuch eines Brückenschlages zwischen als völlig gegensätzlich angesehenen Ideologien bezeichnet werden.[1] Der Beitrag untersucht eine theologische Wissenschaftskarriere vor und nach 1945 darauf, ob die dort auftauchenden Vorgänge einen exemplarischen Charakter für sich beanspruchen können. Er nimmt dabei eine ganz besondere Gemengelage in den Blick, denn die Philosophisch-Theologischen Hochschulen und die Theologischen Fakultäten bilden ein wissenschaftspolitisches Umfeld, das sich durch die Verflechtung von staatlichen und kirchlichen Einflusssphären noch einmal komplexer darstellt, als es bei anderen Fakultäten zum Zeitraum der NS-Herrschaft ohnehin der Fall ist. Bei der Berufung des Würzburger Dogmatikers Johann Baptist Walz nach Bamberg ist nicht nur das

[1] Vgl. für die zeitgeschichtliche Diskussion um die Bewertung des spannungsgeladenen Verhältnisses zwischen katholischer Kirche und NS-Regime z. B. den Forschungsüberblick von Christoph Kösters, Katholische Kirche im nationalsozialistischen Deutschland – Aktuelle Forschungsergebnisse, Kontroversen und Fragen, in: Rainer Bendel (Hg.), Die katholische Schuld? Katholizismus im Dritten Reich zwischen Arrangement und Widerstand (Wissenschaftliche Paperbacks 14), Münster/Hamburg/London 2002, S. 21–42. Bereits der Untertitel des Sammelbandes zeigte 2002 auf, dass zurückliegende wissenschaftliche Urteile das Verhalten der Kirche oder des Katholizismus' „zwischen [den Polen] Arrangement und Widerstand" zu verorten suchten. Kösters, ebd., S. 39f. stellt als Interpretationsmuster der „[b]reit nachgewiesen[en] [...] These, daß es der katholischen Kirche weitgehend gelang, ihren religiös begründeten Selbstbehauptungsanspruch [...] gegen die ideologischen Zumutungen und gewalttätigen Pressionen der Diktatur zu behaupten", die in der Forschungsgeschichte „immer wieder" auftauchenden „Hinweise auf Anpassungs- und Brückenbauversuche, strukturelle und auch mentale Schnittmengen mit den Nationalsozialisten" gegenüber. Ein letztlich „zu eindimensionales Verständnis von einem resistenten katholischen Milieu" sei so in den letzten Jahrzehnten „zurecht relativiert" (ebd., S. 40) worden.

Agieren kirchlicher Vertreter im Hintergrund zu beobachten, sondern auch das – u. a. an obigem Einleitungszitat zu erkennende – Eingehen auf vermutete Ansprüche des NS-Staates durch Walz selbst.

Die Studie analysiert dabei sowohl die institutionelle Seite, beleuchtet also die spezifische Situation der Bamberger Philosophisch-Theologischen Hochschule und anderer – insbesondere der Würzburger – theologischer Fakultäten sowie ihres Agierens mit staatlichen und kirchlichen Stellen, als auch den biographischen Aspekt der Person Johann Baptist Walz', der aufgrund seiner Aussagen von 1933 nach 1945 sowohl im staatlichen bzw. akademischen wie kirchlichen Bereich zu einer Persona non grata wurde. An Walz' wissenschaftlichem Werdegang lassen sich somit Karrierestrategien herausarbeiten, mit denen ein wissenschaftlicher Aufstieg im Schnittpunkt zahlreicher miteinander verflochtener Akteure, nämlich des staatlich-universitären Wissenschaftssystems, der Kirche und ihres konkordatär abgesicherten Einflusses sowie der Bestrebungen der NS-Wissenschaftspolitik, geplant, angegangen und nach dem Zusammenbruch der NS-Terrorherrschaft aufgrund der Walz kompromittierenden Fakten zwangsweise beendet wurde.

1. Die allgemeine Situation der Bamberger Philosophisch-Theologischen Hochschule in den Dreißiger Jahren

Die Philosophisch-Theologische Hochschule Bamberg ging aus dem königlich bayerischen Lyzeum hervor, das sich als Relikt der 1647 gegründeten fürstbischöflichen Universitas Ottoniano Fridericiana über den Umbruch der Säkularisation gerettet hatte.[2] Man sah sich in Bamberg im Strom einer beinahe tausendjährigen christlich-humanistisch geprägten Bildungstradition, als die Wogen des „tausendjährigen Reiches" auch über die Heinrichsstadt Bamberg zu schwappen begannen. Auch wenn sich das Bamberger Erzbistum als abwehrenden Damm gegen den neuen Ungeist verstanden haben dürfte, oszillieren die Einschätzungen des damaligen Erzbischofs Jacobus von Hauck (1861–1943) zwischen den extremen Wertungsansätzen als Gestalt eines entschlossenen Widerstandes bzw. als Vertreter einer von Harmoniesucht geprägten bischöflichen politischen Naivität.[3] Die Bamberger Philosophisch-

---

2 Für weitere Hinweise auf die Vorgeschichte der Bamberger Hochschule und deren Geschick in der Zeit des NS-Regimes (dort auch mit weiterführenden Literaturangaben) vgl. Jochen Krenz, Die Philosophisch-Theologische Hochschule Bamberg, in: Dominik Burkard / Wolfgang Weiß (Hg.), Katholische Theologie im Nationalsozialismus, Bd. 1/1: Institutionen und Strukturen, Würzburg 2007, S. 361–394.

3 Vgl. für diese Einschätzungen beispielhaft Bruno Neundorfer, Art. „Hauck, Jacobus von", in: Erwin Gatz (Hg.), Die Bischöfe der deutschsprachigen Länder 1785 / 1803 bis 1945. Ein biographisches Lexikon, Berlin 1983, S. 292f. bzw. Georg Denzler, Jacobus von Hauck (1861–1943), in: Josef Urban (Hg.), Die Bamberger Erzbischöfe. Lebensbilder, Bamberg 1997, S. 285–308. Vgl. daneben auch Bruno Neundorfer, Das Priesterseminar in der Zeit des Erzbischofs Jacobus v. Hauck, in: Michael Hofmann / Wolfgang Klausnitzer / Bruno Neundorfer (Hg.), Seminarium Ernestinum. 400 Jahre Priesterseminar Bamberg, Bamberg 1986, S. 198–226 sowie Thomas Breuer, Verordneter Wandel? Der Widerstreit zwischen nationalsozialistischem Herrschaftsanspruch und traditionaler Lebenswelt im Erzbistum Bamberg (Veröffentlichungen der Kommission für Zeitgeschichte, Reihe B: Forschungen 60), Mainz 1992.

Theologische Hochschule diente vorwiegend der Ausbildung des Bamberger Diözesanklerus und wurde jährlich von etwa 150 – zumeist männlichen – Studierenden besucht. Zum Zeitpunkt der *Machtergreifung* Hitlers im Januar 1933 umfasste die Philosophisch-Theologische Hochschule Bamberg sechs Professoren im aktiven Dienst in der theologischen und vier in der philosophischen Abteilung, von denen einer, der Naturwissenschaftler Peter Maier (1889–1940), bis Ende 1936 das Amt des Rektors ausübte. Doch schon vor Amtsantritt des Rektors Benedikt Kraft (1888–1963) im Januar 1937 zeichnete sich ab, dass die neuen Herren der Bamberger Hochschule nicht freundlich gesonnen waren.

Bereits im Jahr 1934 hatten die katholischen Bischöfe Bayerns bzw. vatikanische Stellen sich auf eine Auszehrung und im schlimmsten Falle Aufhebung der Philosophisch-Theologischen Hochschulen Bayerns einzustellen.[4] Unter Verweis auf die finanziellen Nöte des Staates stellten die staatlichen Stellen den – ideologisch durchaus nicht unerwünschten – Abbau der bayerischen theologischen Ausbildungsstätten als unumgängliche Notwendigkeit dar.[5] Ein Eingehen auf die dagegen erhobenen bischöflichen Einwendungen oder eine wie auch immer geartete Kompromissbereitschaft bezüglich der Erhaltung der als wegzufallend anvisierten Stellen war von Seiten der neuen Machthaber

---

4 Für einen Überblick über den Briefwechsel zwischen den bayerischen Bischöfen und den zuständigen bayerischen bzw. Reichsbehörden vgl. Krenz, Bamberg (wie Anm. 2), S. 375–387 bzw. jüngst Jochen Krenz, Baumeister eines „Bamberger Brückenschlags“? Die Wissenschaftskarriere des Philosophieprofessors Vinzenz Rüfner (1899–1976) und dessen Gedanken über Gemeinschaft, Staat und Recht vor und nach der Zeit des NS-Regimes, in: Dominik Burkard / Wolfgang Weiß (Hg.), Katholische Theologie im Nationalsozialismus, Bd. 2/1: Disziplinen und Personen: Moraltheologie und Sozialethik, Würzburg 2018, S. 989–1035, bes. S. 991f.; auch für die folgenden Angaben sowie weitere Literaturhinweise sei hiermit auf diese Ausführungen verwiesen. Vgl. daneben auch die im Archiv des Erzbistums Bamberg aufbewahrten Unterlagen unter der Signatur III/15c (Hochschule vor dem Zweiten Weltkrieg) sowie den Ordner zur „Auflösung Phil. Theol. Hochschule 1934–1937“.

5 Für die ideologische Unerwünschtheit dieser Hochschulen vgl. z.B. die im Archiv des Erzbistums Bamberg III/15c ausschnittsweise archivierte Klage des Völkischen Beobachters über die sogenannten bayerischen „Zwerghochschulen“ vom 07.11.1931 (gemeint waren die PTH) und ein Schreiben des Erzbischofs von Hauck an den bayerischen Ministerpräsidenten vom 11.12.1931, welche belegen, dass die Bamberger PTH den Ärger der Partei schon vor 1933 auf sich gezogen hatte; für die Vorgänge allgemein vgl. daneben Dieter Albrecht (Hg.), Der Notenwechsel zwischen dem Heiligen Stuhl und der deutschen Reichsregierung I, Von der Ratifizierung des Reichskonkordats bis zur Enzyklika ‚Mit brennender Sorge‘ (Veröffentlichungen der Kommission für Zeitgeschichte, Reihe A: Quellen 1), Mainz 1965, S. 398–401 (Anhang Nr. 6). Die Note des bayerischen Gesandten Otto von Ritter zu Groenesteyn (1864–1940) an Kardinalstaatssekretär Eugenio Pacelli (1876–1958, für das Leben Pius' XII. vgl. z.B. Hugo Altmann, Art. „Pius XII.“, in: BBKL 7 [1994], Sp. 682–699) vom 11.02.1934 (s. ebd.) fasste die Überlegungen des Kultusministers Hans Schemm (1891–1935) über die Zukunft der Philosophisch-Theologischen Hochschulen zusammen (vgl. hierfür Schemms 17-seitiges Schreiben vom 24.11.1933 unter VI 40257 in: BayHStA München MK 40221).Vgl. zu Schemm auch die Bemerkungen bei Winfried Müller, Das Bayerische Staatsministerium für Unterricht und Kultus: Verwaltung und Personal im Schatten der NS-Politik, in: Hermann Rumschöttel/Walter Ziegler (Hg.), Staat und Gaue in der NS-Zeit, Bayern 1933–1945 (Zeitschrift für bayerische Landesgeschichte; Reihe B Beiheft 21), München 2004, S. 197–215, bes. S. 197–199 sowie Michael Unger, Biogramme, in: ebd., S. 739–759, hier S. 753 (Hans Schemm) oder Ernst Klee, Das Personenlexikon zum Dritten Reich. Wer war was vor und nach 1945?, Frankfurt a.M. 2003, S. 530; zum letzten bayerischen Gesandten in Rom Jörg Zedler, Bayern und der Vatikan. Eine politische Biographie des letzten bayerischen Gesandten am Heiligen Stuhl Otto von Ritter (1909–1934) (Veröffentlichungen der Kommission für Zeitgeschichte, Reihe B: Forschungen 125), Paderborn 2013.

vermutlich zu keinem Zeitpunkt vorgesehen. Stattdessen nutzte man jede sich bietende Gelegenheit für Kürzungsmaßnahmen und ging dabei vorwiegend die philosophischen Abteilungen der Philosophisch-Theologischen Hochschulen an, weil die Bischöfe in ihrer Dialogbereitschaft eingestanden hatten, dass der Gymnasialunterricht diese Fächer bereits abdecke. Allerdings sollte sich der staatliche Stellenschnitt nicht allein auf diese Abteilungen beschränken: 1935 und 1936 erhielten die Rektoren der bayerischen Philosophisch-Theologischen Hochschulen jeweils Ankündigungen, dass Stellenaufhebungen künftig unumgänglich seien, was bei Ruhestandsversetzungen in den meisten Fällen auch in die Tat umgesetzt wurde. Der Überfall auf Polen und der damit von Deutschland entfesselte Zweite Weltkrieg gaben dem Staat dann freilich die ‚Argumente' an die Hand, um auf einen Schlag in allen bayerischen Philosophisch-Theologischen Hochschulen sämtliche Lichter zu löschen. Mit einem Rundschreiben vom 9. Oktober 1939 teilte das Bayerische Staatsministerium für Unterricht und Kultus (VI 61190) den Rektoren mit, dass die Gebäude für die Dauer des Krieges für ‚kriegsnotwendige Zwecke' beschlagnahmt seien. Sämtliche Bemühungen des Erzbischofs Jacobus von Hauck und des Rektors Benedikt Kraft, eine Wiedereröffnung im Laufe des Krieges zu erreichen, liefen ins Leere. Bis zur Wiederaufnahme des Lehrbetriebs am 22./23. Oktober 1945 blieb die Bamberger Philosophisch-Theologische Hochschule im Grunde nur auf dem Papier bestehen. Dies führte zu der skurrilen Situation, dass das dortige Lehrpersonal zwar weiterhin sein Gehalt bezog, aber keinerlei Lehrverpflichtungen nachgehen konnte, da die Hochschule geschlossen und deren Gebäude beschlagnahmt waren.[6] Dies war dem NS-Regime offenbar allerdings immer noch lieber, als einen regulären philosophisch-theologischen Lehrbetrieb in Bamberg zu dulden.

Von einer besonderen Zuneigung ‚der' katholisch geprägten Philosophisch-Theologischen Hochschule zu den staatlichen bzw. von der Partei bestimmten Stellen kann man – wollte man eine erste generalisierende Einschätzung vornehmen – wohl nicht sprechen[7], was im umgekehrten Fall sicherlich genauso zutrifft – der Katholizismus galt den Nationalsozialisten als weltanschaulicher Gegner. Von Seiten damaliger Hochschulangehöriger wird betont, dass die Philosophisch-Theologische Hochschule, ihre Dozenten und die Studentenschaft ein relativ geschlossener, nicht nationalsozialistisch infiltrierter Kreis

---

6 Vgl. mit weiteren Hinweisen Krenz, Bamberg (wie Anm. 2), S. 387–391.

7 Vgl. hierfür einige der Belege bei Georg Denzler, Widerstand ist nicht das richtige Wort. Katholische Priester, Bischöfe und Theologen im Dritten Reich, Zürich 2003, bes. S. 103–106. Als ein weiteres Einzelbeispiel vgl. den Halbmonatsbericht der Regierung vom 01.–15.01.1934 in: Helmut Witetschek (Hg.), Die kirchliche Lage in Bayern nach den Regierungspräsidentenberichten 1933–1943, [Bd.] II Regierungsbezirk Ober- und Mittelfranken (Veröffentlichungen der Kommission für Zeitgeschichte, Reihe A: Forschungen 8), Mainz 1967, S. 19f. (Nr. 17, Ansbach, 19.01.1934), hier S. 19: „Man vermeidet [von Seiten des Klerus insgesamt] wohl alles, was Anstoß erregen könnte; ebenso sorgfältig hütet man sich aber auch, irgend welche Sympathien für den nationalsozialistischen Staat zu äußern. So war es bezeichnend, daß bei der Antrittsrede des Rektors der philosophisch-theologischen Hochschule in Bamberg am 12. ds. Mts. mit keinem Wort des Staates oder seines Führers gedacht wurde." Zur besagten Amtsantrittsrede vgl. Phil[osophisch]-Theol[ogische] Hochschule Bamberg, Zehnjahresbericht 1931–1941, Bamberg 1942 [im Folgenden: Zehnjahresbericht], S. 11.

gewesen sei.[8] Diese nachträgliche Selbstbeschreibung (oder Selbststilisierung) schließt aber nicht aus, dass einzelne Angehörige der Hochschule sich in einer Grauzone bewegten, die aus heutiger Sicht als problematisch zu werten ist: Und im Falle Bambergs heißt dies vor allem zwei Namen ins Gespräch zu bringen, die schon im Vorfeld aufgrund ihrer Berufung während der zweiten Hälfte der Dreißiger Jahre und der damit verbundenen besonderen Umstände aufgefallen sind: Die Professoren Vinzenz Rüfner und Johann Baptist Walz.

2. Zwei Bamberger Kuriosa der (Nicht-)Berufungspolitik in der NS-Zeit

Um die Bedeutung dieser zwei etwas aus dem Rahmen des Üblichen fallenden Berufungen zu verdeutlichen, sei hier zunächst ein Überblick über den Lehrkörper der Hochschule in den Dreißiger Jahren gegeben: Die zwei Sektionen bzw. Abteilungen der Philosophisch-Theologischen Hochschule Bamberg umfassten zehn Hochschulprofessuren. Die theologische Abteilung bestand aus sechs Disziplinen (bzw. deren Vertretern), die philosophische Abteilung zählte vier Professuren.[9] Erste offene Stellen ergaben sich schon 1934 in der theologischen Abteilung mit der Emeritierung des Kirchenrechtlers Peter Wilhelm Lex und einer Wegberufung, nämlich der des Alttestamentlers Johann

---

[8] Vgl. z. B. die bei Denzler, Widerstand (wie Anm. 7) gesammelten Aussagen ehemaliger Studierender auf den S. 93–95, 103–106 oder 107–109.

[9] Vgl. für eine ausführliche biographische Übersicht – auch hinsichtlich einzelner Lehrbeauftragter etc. – die Erläuterungen mit Hinweisen auf die entsprechenden Unterlagen bei Krenz, Bamberg (wie Anm. 2), S. 365–374. Bei den zehn Professuren handelte es sich um folgende Stellen: Die theologische Abteilung bestand aus sechs Disziplinen (bzw. deren Vertretern):
- eine ordentliche Hochschulprofessur für Kirchengeschichte und Patrologie (Prof. Dr. theol. Ludwig Fischer, 1920–1955; Lebensdaten: 1890–1957);
- eine außerordentliche Hochschulprofessur für alttestamentliche Exegese, Einleitung in das Alte Testament, biblische Archäologie und biblisch orientalische Sprachen (Prof. Dr. theol. Johann Fischer, 1925–1934; Lebensdaten: 1881–1956);
- eine ordentliche Hochschulprofessur für neutestamentliche Exegese und biblische Hermeneutik (Prof. Dr. theol. Benedikt Kraft, 1930–1955; Lebensdaten: 1888–1963);
- eine ordentliche Hochschulprofessur für katholisches Kirchenrecht sowie für bayerisches Verfassungs- und Verwaltungsrecht (Prof. Dr. theol. Peter Wilhelm Lex, 1912–1934; Lebensdaten: 1872–1954);
- eine außerordentliche Hochschulprofessur für Dogmatik (Prof. Dr. phil. Dr. theol. Artur Landgraf, 1924–1947; 1937–1939 allerdings beurlaubt und ab 1947 als Bamberger Weihbischof Honorarprofessor; Lebensdaten: 1895–1958) und
- eine außerordentliche Hochschulprofessur für Moral- und Pastoraltheologie (Prof. Dr. theol. Michael Müller, 1927–1939; dann Versetzung nach Würzburg; Lebensdaten: 1889–1970).

Die philosophische Abteilung zählte vier Professuren, wobei im Jahr 1934 einer aus ihrer Mitte das Amt des Rektors ausübte:
- eine ordentliche Hochschulprofessur für Chemie und beschreibende Naturwissenschaften (der Rektor der Philosophisch-Theologischen Hochschule Bamberg, Prof. Dr. phil. Peter Maier, 1921–1936; Lebensdaten: 1889–1940);
- eine ordentliche Hochschulprofessur für Philosophie (Prof. Dr. theol. Dr. phil. Christoph Scherer, 1914–1936; Lebensdaten: 1871–1942);
- eine ordentliche Hochschulprofessur für Pädagogik, Katechetik und Kunstgeschichte (Prof. Dr. theol. Heinrich Mayer, 1918–1946; Lebensdaten: 1881–1957) und
- eine außerordentliche Hochschulprofessur für Religionsphilosophie und Apologetik (Prof. Dr. theol. Dr. phil. Ludwig Faulhaber, 1925–1958; Lebensdaten: 1893–1963).

Fischer nach Braunsberg, der auf verschlungenen Wegen auch in Bamberg wieder tätig werden sollte.[10] Zwei weitere Fälle, in denen Stellen frei wurden, ergaben sich 1936 – und dieses Mal in der philosophischen Abteilung – mit dem Ausscheiden der Professoren Christoph Scherer (Philosophie – Ausscheiden aus Altersgründen) und Peter Maier (Chemie und beschreibende Naturwissenschaften – Abbau der Professur, wie von den neuen Machthabern bereits angekündigt, vgl. oben in Kap. 1). Die Versetzung des Moraltheologen Michael Müller nach Würzburg zum 1. April 1939 war bereits eine Maßnahme, welche die im Herbst 1939 erfolgte Schließung der Philosophisch-Theologischen Hochschule Bamberg für diesen Lehrstuhl gleichsam antizipierte, denn Verhandlungen über eine Neubesetzung wurden von staatlicher Seite gar nicht mehr zugelassen bzw. (auch in Würzburg) nicht geführt.[11] Die Vorgänge um die freiwerdenden Stellen von 1934 bzw. 1936, die schließlich jeweils beide Abteilungen betrafen, sollen im Folgenden allerdings genauer untersucht werden.

2.1 *Die selbst von den NS-Behörden nicht zu bestreitende Bedeutung der Philosophie für die Theologie – die Berufung Vinzenz Rüfners*

Die erste auffällige Neubesetzung fand in der philosophischen Abteilung statt, als zum 1. Juli 1937 als neuer außerordentlicher Professor für Philosophie der Laie Vinzenz Rüfner als Nachfolger des im September 1936 ausgeschiedenen Philosophen Christoph Scherer nach Bamberg berufen wurde. Diese Professur in der philosophischen Abteilung wurde also gemäß der bischöflichen Kompromissvorschläge aus den Vorjahren wiederbesetzt, während die andere im November 1936 erledigte Professur derselben Abteilung, die Hochschulprofessor für Chemie und beschreibende Naturwissenschaften, im wahrsten Sinne des Wortes ‚erledigt', nämlich durch den Erlass aus dem Berliner Reichsministerium für Wissenschaft, Erziehung und Volksbildung abgebaut wurde.[12] Im Falle Rüfners kam es also entgegen der ideologisch begründeten Sparbemühungen der NS-Behörden, die auf ein allmähliches ‚Austrocknen'

---

[10] Vgl. für Johann Fischers (1881–1956) Werdegang und dessen Rückberufung in fränkische Gefilde, nämlich nach Würzburg, Wolfgang Weiß, Die Katholisch-Theologische Fakultät Würzburg, in: Burkard/Weiß (Hg.), Katholische Theologie, Bd. I/1 (wie Anm. 2), S. 277–326, bes. S. 306f.

[11] Die Berufung Müllers nach Würzburg erfolgte unter dem ausschließlichen Kriterium, einen Professor, dessen Wirkungsstätte im Falle der bereits angedachten Schließung der PTH Bamberg wegfallen würde, ‚kostenneutral' auf einer anderen Planstelle zu verwenden; vgl. hierfür auch Weiß, Würzburg (wie Anm. 10), S. 307. Auch der Personalakt Michael Müllers (1889–1970) im Universitätsarchiv Würzburg (PA 380) lässt in keiner Weise erkennen, dass die Versetzung nach Würzburg andere Gründe gehabt haben könnte als die damit für den Staat verbundenen Stellen-/Kosteneinsparungen. Für den Bamberger (und Würzburger) Moraltheologen Michael Müller vgl. Jochen Krenz, Michael Müller, in: Burkard/Weiß (Hg.), Katholische Theologie, Bd. 2/1 (wie Anm. 4), S. 783–789.

[12] Der Zehnjahresbericht 1931–1941 vermerkte bei dem 1889 geborenen Professor Peter Maier, dass dieser infolge des Abbaus der Professur in Ruhestand versetzt wurde; vgl. Zehnjahresbericht (wie Anm. 7), S. 3. Vgl. daneben auch die im Archiv des Erzbistums Bamberg aufbewahrten Unterlagen unter der Signatur III/15c (Hochschule vor dem Zweiten Weltkrieg) sowie den Ordner zur „Auflösung Phil. Theol. Hochschule 1934–1937", hier insbesondere das Schreiben vom 12.03.1936 (V I a 228N) sowie für weitere Details wie oben bei Anm. 4 (und 5) erläutert.

der Philosophisch-Theologischen Hochschulen hinausliefen und in der unter dem Vorwand des ‚Kriegsausbruchs' veranlassten Schließung der Hochschule kulminierten, zu einer Nachfolgeregelung, da die Bedeutung des Faches Philosophie als eines wesentlichen Pfeilers der Priesterausbildung selbst von den NS-Behörden offensichtlich nicht einfach wegdiskutiert werden konnte.

2.2 *Eine ganz undogmatische Rochade ums Alte Testament – die Berufung Johann Baptist Walz'*

Während auf die erste freiwerdende Stelle in der theologischen Abteilung – nämlich die des Kirchenrechtlers Peter Wilhelm Lex – kein Nachfolger berufen, sondern wohl im Zuge der Umsetzung der bereits anvisierten ‚Sparbemühungen' des Staates lediglich ein Lehrauftrag ausgeschrieben wurde, kam es im Fall des Alten Testamentes zu einer mehr als kurios anmutenden Regelung: Vom Wintersemester 1934/35 bis zum Sommersemester 1936 vertrat diesen gleichfalls zunächst nicht wiederbesetzten Lehrstuhl der Würzburger Privatdozent Josef Ziegler.[13] Zum 1. Oktober 1937 wurde nach einer längeren Odysee der *Dogmatiker* Johann Baptist Walz auf den Bamberger Lehrstuhl für *Altes Testament* berufen. Eben dieser auf die Professur für *Altes Testament* berufene Walz vertrat vom 29. November 1937 bis zum 31. Juli 1939 allerdings die *Dogmatik* (!) in Bamberg, während das Fach *Altes Testament* seit der Rückkehr Johann Fischers aus Braunsberg nach Würzburg ab dem 2. November 1936 bis zum Sommersemester 1939 von Würzburg aus vertreten wurde.[14] Schon diese bloße Zusammenstellung der ‚nackten Fakten' zeigt, dass in diesem Fall offensichtlich mit ganz außergewöhnlichen Umständen zu rechnen ist.

Rüfner und Walz bieten sich für eine genauere Betrachtung auf geradezu paradigmatische Weise an, da beide etwa gleich alt waren – also derselben Generation angehörten – und beide im gleichen Jahr, nämlich 1937, in der Hochphase der nationalsozialistischen Herrschaft, nach Bamberg berufen wurden: Rüfner zum 1. Juli und kurz danach Walz zum 1. Oktober. Während Rüfner als Nachfolger des Philosophen Scherer zur philosophischen Abteilung der Hochschule gezählt wurde, war Walz als Nachfolger des nach Braunsberg berufenen Alttestamentlers Fischer der theologischen Abteilung zugeordnet. Vinzenz Rüfner (1899–1976) war Laie, verheiratet und Mitglied der NSDAP. Johann Baptist Walz (1894–1966) war Priester und nicht Parteimitglied. Während es dem Parteigenossen Rüfner jedoch gelang, trotz seiner Parteimitgliedschaft, wenn auch im Berufungsverfahren, als Entlasteter aus dem Spruchkammerverfahren hervorzugehen und 1948 zum Ordinarius aufzusteigen, wurde der Priester Walz, der kein Parteimitglied war, nach 1945 aufgrund der ihn kompromittierenden Unterlagen in den Ruhestand versetzt.

---

[13] Vgl. dazu Zehnjahresbericht (wie Anm. 7), S. 5. Ziegler wurde am 15.03.1902 im unterfränkischen Tauberrettersheim geboren und am 28.03.1933 zum Privatdozenten an der Theologischen Fakultät der Universität Würzburg ernannt. Ziegler starb am 01.10.1988. Zu seiner Person vgl. nähere Angaben im Beitrag von Weiß, Würzburg (wie Anm. 10), S. 306 Anm. 174 und 309f. sowie (o. Hg.), Kürschners Deutscher Gelehrten-Kalender 1992 (16. Ausgabe; Bd. 2), Berlin/New York 1992 , S. 4274.

[14] Vgl. Zehnjahresbericht (wie Anm. 7), S. 4f.

An diesen zwei ‚Bamberger Schicksalen' lässt sich also exemplarisch aufzeigen, in welcher Weise im Jahre 1937 ein wie auch immer geartetes ‚nationales Engagement' für die Berufung auf eine einer Philosophisch-Theologischen Hochschule zugehörigen Professur nötig war und inwiefern dies nach 1945 zum Stolperstein werden konnte – oder eben nicht wurde. Denn eine Fortsetzung der im Jahr 1937 mit der Berufung auf eine Professur gekrönten Hochschulkarriere gelang nach 1945 nur Vinzenz Rüfner[15], während Johann Baptist Walz nach 1945 seinen Hut nehmen musste.

3. Johann Baptist Walz (1894–1966): Priester, nicht Parteimitglied und (entlassener) Dogmatiker – oder: von der Verführungsgewalt der Wissenschaft und Heimatliebe

3.1 Eine frustrierende wissenschaftliche Odysee während der Zwanziger und Dreißiger Jahre

Johann Baptist Walz[16] wurde am 18. Juli 1894 in Reundorf bei Bamberg in nicht gerade großbürgerlichen Verhältnissen geboren. Von 1908 bis 1915 besuchte er das Bamberger Neue Gymnasium, wo er 1916 das Reifezeugnis erhielt. Danach nahm Walz als Kanonier des zweiten bayerischen Fußartillerie-Regiments Metz am Ersten Weltkrieg teil. Nach einer Reihe schwerer Erkrankungen, einer Blinddarm- folgte eine Bauchfellentzündung, hinzu kamen eine Lungen- und Rippenfellentzündung, wurde er 1917 dienstuntauglich gestellt und trat in das Bamberger Priesterseminar ein. Seine Priesterweihe erfolgte am 1. Februar 1920, danach war er nur für kurze Zeit als Kaplan in Schnaittach tätig. In den Jahren 1920/21 und 1922 war er zu Studienzwecken an die Universität Würzburg beurlaubt, wo er am 8. Juli 1922 mit einer Arbeit über „Die Sichtbarkeit der Kirche" promoviert wurde.[17] Nach einer Kur im deutschen Kriegerheim Davos setzte Walz seine Studien an den Universitäten München, Freiburg, Bonn und Münster fort, bevor er sich am 26. Juli 1927 in Würzburg im Fach Dogmatik habilitierte.[18]

Wie bei vielen seiner zeitgleich arbeitenden Wissenschaftlerkollegen zeigen die Akten, dass Walz im Verlauf der Zwanziger Jahre vergebens eine Stellung suchte, die seinen wissenschaftlichen Neigungen entsprechen würde: Eine wahre Fülle von Bewerbungsschreiben[19] belegt, dass Walz sich dabei verzwei-

---

[15] Die beinahe als exemplarisch anzusehenden Karrierestrategien des Philosophen Vinzenz Rüfner vor und nach 1945 sind 2018 erst ausführlich rekonstruiert worden bei Krenz, Baumeister (wie Anm. 4).

[16] Vgl. für den Lebenslauf von Johann Baptist Walz die Angaben in diversen Personal- bzw. Fragebögen in seinem Personalakt BayHStA München MK 44617, im Universitätsarchiv Bamberg Rep. V A 136 (Akte Walz) sowie im Archiv des Erzbistums Bamberg, Bestand 3103/881 (Personalakt Walz).

[17] 1924 veröffentlicht als: Johann Baptist Walz, Die Sichtbarkeit der Kirche. Ein Beitrag zur Grundfrage des Katholizismus, Würzburg 1924.

[18] Veröffentlicht: Johann Baptist Walz, Die Fürbitte der Heiligen. Eine dogmatische Studie, Freiburg 1927.

[19] Vgl. BayHStA München MK 44617: Bereits am 09.12.1922 sandte Walz aus Reundorf eine erste „[e]rgebenste Bitte um Vormerkung für Anstellung als Lehrer an einer bayer. Hochschule

felt nach jedem Strohhalm reckte, der ihm passend erschien.[20] So bewarb er sich nicht nur um freie Lehrstühle des Faches Dogmatik, sondern, so könnte man zugespitzt fast sagen, um jeden beliebigen irgendwo frei werdenden bayerischen theologischen Lehrstuhl: Nachdem Walz es 1928 mit der Dogmatik-Professur an der Regensburger Hochschule versucht hatte[21], kam 1929 die Bamberger Dogmatik in sein Visier.[22] Im gleichen Jahr bewarb Walz sich dann noch um die Professur für Kirchengeschichte in Augsburg[23] und im Jahr dar-

(Lyzeum)" an das Münchner Ministerium. Am 06.06.1924 ließ er sich ein Führungszeugnis (Lfd. Nr. 3571) des Bamberger Generalvikariats ausstellen (Dies bescheinigte Walz, dass er „echt priesterlichen, untadeligen Lebenswandel mit gewissenhafter Pflichterfüllung vereinigt". Da seine „angegriffene Gesundheit eine Verwendung in der Seelsorge kaum zulässt", wünschte man seinen „Bemühungen um Erreichung einer Hochschulprofessur für Dogmatik & Apologetik ~~Religionslehrerstelle~~ [sic!] besten Erfolg").

[20] Vgl. BayHStA München MK 44617 das offenbar durch ein Bittschreibens von Walz mit beigefügtem Lebenslauf an den Bamberger Professor Lex initiierte Schreiben Lex' vom 23.01.1929 nebst dem dadurch ausgelösten Briefwechsel zwischen Innen- und Kultusministerium (Schreiben des Innenministeriums vom 05.02.1929, Nr. 6641 d 8). Walz hoffte als Inhaber eines ‚Beamtenscheines' aufgrund seiner Kriegsverletzungen um Berücksichtigung bei der Einstellung, *„nachdem man für den Staat die schwersten Opfer gebracht und und* [sic!] *nach der Rückkehr vom Krieg nur mit viel grösseren Opfern – und Schwierigkeiten die genannten Studien erfüllen konnte als andere Nichtkriegsteilnehmer"* (i. O. unterstrichen). Unter sonst gleichen Verhältnissen schien es dem (BVP-)Staatsminister des Innern, Karl Stützel (1872–1944), damals „nicht unbillig", Walz wegen seiner Kriegsbeschädigung „besonders zu berücksichtigen." Zu Karl Stützel vgl. Joachim Lilla, Art. „Stützel, Karl", in: ders., Staatsminister, leitende Verwaltungsbeamte und (NS-)Funktionsträger in Bayern 1918 bis 1945, URL: https://verwaltungshandbuch.bayerische-landesbibliothek-online.de/stuetzel-karl (19.09.2012 – letzter Zugriff: 16.06.2018) sowie Thomas Forstner, Art. „Staatsministerium des Innern (Weimarer Republik und NS-Zeit)", publiziert am 22.05.2006; in: Historisches Lexikon Bayerns, URL: http://www.historisches-lexikon-bayerns.de/Lexikon/Staatsministerium des Innern (Weimarer Republik und NS-Zeit) (letzter Zugriff:: 16.06.2018) und Thomas Fürst, Karl Stützel. Ein Lebensweg in Umbrüchen: Vom Königlichen Beamten zum Bayerischen Innenminister der Weimarer Zeit (1924–1933), Frankfurt 2007.

[21] Vgl. BayHStA München MK 44617: Abschrift eines Schreibens des Regensburger Bischofs Michael Buchberger (1874–1961) vom 29.12.1928 an Kultusminister Franz Xaver Goldenberger (1867–1948) über das laufende Berufungsverfahren: Von vier Bewerbern um die Professur der Dogmatik und Apologetik war Walz der letzte; „wieder erst in bedeutendem Abstand" zum Drittplatzierten. Buchbergers Wunsch, den Zweitplatzierten Albert Lang gegenüber Michael Schmaus zu bevorzugen, kam Goldenberger am 04.01.1929 nicht nach (Schreiben VI 42), war sich aber in „der Beurteilung der Eignung des Privatdozenten Dr. Walz für eine Professur" durchaus einig mit dem Bischof. Für Buchberger vgl. Paul Mai, Art. „Buchberger", in: LThK^{3} 2 (1994), Sp. 748; zu Goldenberger vgl. Lydia Großpietsch, Art. „Staatsministerium für Unterricht und Kultus (Weimarer Republik)", publiziert am 02.11.2006; in: Historisches Lexikon Bayerns, URL: http://www.historisches-lexikon-bayerns.de/Lexikon/Staatsministerium für Unterricht und Kultus (Weimarer Republik) (letzter Zugriff:: 16.06.2018).

[22] Vgl. BayHStA München MK 44617: Schreiben des Bamberger Erzbischofs vom 21.01.1929 an Kultusminister Franz Xaver Goldenberger. Walz hatte sich ausweislich seines an Lex gesandten Lebenslaufes (vgl. Anm. 20) bereits 1924 und 1925 Hoffnungen auf die Bamberger Professur gemacht, die sich mit der Berufung Landgrafs allerdings zerschlugen. Im Kontext einer zeitweilig im Raume stehenden Berufung Landgrafs nach Prag betonte Erzbischof von Hauck, dass Walz „alle Voraussetzungen für einen tüchtigen Dogmatikprofessor erfüllt." Hauck versuchte sich für den aus seinem Bistum stammenden Walz einzusetzen: Als ältester Privatdozent verdiene Walz insbesondere auch aufgrund seiner Kriegsbeschädigung Berücksichtigung („Eine Uebergehung würde denselben allzu hart treffen."). Aus diesem Plan wurde allerdings nichts, als Landgraf den Prager Ruf ablehnte und in Bamberg blieb (vgl. Abschrift zu VI 3037.3599.4993.5014.9452 vom 14.03.1929). Aufgrund der Beurlaubung Landgrafs für dessen Washingtoner Lehrauftrag übernahm Walz 1929/30 zumindest dessen Bamberger Lehrstuhlvertretung; vgl. z. B. Erzbischöfliches Ordinariat Bamberg (Hg.), Schematismus der Geistlichkeit des Erzbistums Bamberg 1940. Bamberg 1940, S. 29 bzw. Universitätsarchiv Bamberg Rep. V A 136: Schreiben des Staatsministers Goldenberger an die PTH Bamberg (VI 37804) vom 04.10.1929.

[23] Vgl. BayHStA München MK 44617: München, 24.10.1929 – Abschrift (ohne Aktenzeichen) einer Mitteilung Goldenbergers an den Augsburger Bischof Maximilian Joseph von Lingg:

auf um die Professur für Neues Testament in Bamberg.[24] Walz ließ offenbar nichts unversucht, um sich im Ministerium bekannt zu machen[25] und schien, das schimmert sogar aus den Akten durch, in diesen Bemühungen nahezu keinen Adressaten[26] ausgelassen zu haben. Deutlich wurde Letzteres mit Anbruch der Hitler-Herrschaft in Bayern.

3.2 *Der Aufstieg des Nationalsozialismus als* die *Chance für den persönlichen Aufstieg*

Mit einem Rechtfertigungsschreiben, das Ende März 1933 abgefasst worden sein muss[27], versuchte Walz sich nach der Machtübernahme der Nazis für eine Stelle zu empfehlen, nachdem alle Bemühungen seinerseits in der Weimarer Zeit gescheitert waren. Er betonte seine guten Noten, seinen Kriegseinsatz und die daraufhin geschehenen Zusicherungen staatlicherseits, ihn für eine freie Stelle vorzumerken. Doch trotz all dieser für ihn sprechenden Punkte seien stets andere Bewerber bevorzugt worden. In diesem Schreiben ist die Bitterkeit des Kriegsteilnehmers Walz über die bisherige Erfolglosigkeit förmlich mit Händen zu greifen.[28] Er beklagte sich über zahlreiche Ungereimtheiten und eine (bloß) ihn betreffende Ungleichbehandlung im Zuge der von ihm durchlaufenen Bewerbungsverfahren.[29] Und nun zeigte es sich, dass Walz offensicht-

---

Neben anderen bewarb sich auch Walz um die Kirchengeschichtsprofessur. Walz erschien Goldenberger wegen seiner „allzu ausschließlich" dogmatischen Arbeiten allerdings für einen Kirchengeschichtslehrstuhl kaum geeignet. Für Lingg (1842–1930) vgl. Manfred Berger, Art. „Lingg, Maximilian (Max Joseph) Ritter von", in: BBKL 23 (2007), Sp. 1028–1040.

[24] Vgl. BayHStA München MK 44617: Abschrift des Schreibens aus dem Kultusministerium an Erzbischof von Hauck vom 31.03.1930. Walz erschien Kultusminister Goldenberger als ungeeignet für dieses Arbeitsfeld und derselbe erwog die – dann auch erfolgte – Übertragung der Professur an Benedikt Kraft.

[25] Im Münchner Akt BayHStA München MK 44617 findet sich ein von Walz selbst eingesandtes Exemplar seiner *Kurzen praktischen Anleitung zur Verwaltung des Buß- und Ehesakramentes* (erstmals veröffentlicht im Selbstverlag Würzburg 1932) nebst einer wohlwollenden Besprechung von Lex.

[26] Im Akt BayHStA München MK 44617 finden sich aus der Weimarer Zeit diverse Bittgesuche an (BVP-) Landtagsabgeordnete sowie an das Ministerium direkt.

[27] Vgl. BayHStA München MK 44617: (anscheinend hektographiertes) maschinenschriftliches Schreiben von Walz vom 31.03.[1933 – handschriftlicher Eintrag], abgestempelt mit der Nummer 13985. Vgl. auch im Folgenden, die Kursivierungen sind i. O. Unterstreichungen. Handschriftlich angefügt auf dem Schreiben ist eine Bestätigung aus Bamberg vom 24.03.1933, mit der Walz' Gesuch unterstützt und seine nationale Einstellung beglaubigt wurde.

[28] Beim Bewerbungsverfahren um die Bamberger Dogmatikprofessur 1924 wurde bekanntlich ein anderer Bewerber (Professor Landgraf) ausgewählt, „welcher kein Kriegsteilnehmer, kein Kriegsbeschädigter war und auch die deutschen Hochschulprüfungen nicht abgelegt, sondern in Rom studiert hatte. Ich bin der gleichen Ueberzeugung, die erfreulicherweise in jüngster Zeit unser sehr verehrter Herr Stahlhelmführer im Rundfunk äusserte, dass Kriegsteilnehmer andern Bewerbern gegenüber Vorzug verdienen, falls sie die erforderlichen Bedingungen erfüllen."

[29] 1925 wurde Walz, seiner Schilderung zufolge, auf Empfehlung des Erzbischofs von Hauck die Bamberger Apologetikprofessur in Aussicht gestellt. Trotz der Vormerkung von 1924 verlangte man dann von ihm allerdings eine Habilitation, die in dieser kurzen Zeit nicht fertigzustellen war, weshalb (Professor) Faulhaber die Stelle erhielt. Als Walz nach Fertigstellung seiner Habilitation sich 1928/29 um die Dogmatikprofessur in Regensburg bewarb, wurde dagegen ein Nichthabilitierter berufen (Albert Lang), während seine Bewerbung 1925 eben an diesem Kriterium noch scheiterte. Nie wurde er bei den Bewerbungen um freie Stellen berücksichtigt, während der Dogmatiker Dr. Egenter 1930 beispielsweise für die Moralprofessur nach Passau berufen wurde; zu Richard Egenter (1902–1981) vgl. Anton Landersdorfer, Die Philosophisch-

lich bereit war, ‚Himmel' und – im wahrsten Sinne des Wortes – auch ‚Hölle' in Bewegung zu setzen, um eine Stelle zu erhalten: Er entschied sich gleich mancher seiner bis dato erfolglosen Kollegen, die nationale Karte zu spielen und stilisierte sich zum Märtyrer der Bewegung, indem er das erlittene Unrecht nun, nach der ‚Machtergreifung', auf seine ‚allseits bekannte nationale Einstellung' zurückführte: „Mein Kampf um eine Lebensexistenz hat sich nun besonders auch dadurch verschärft, dass ich [gemeint: gegen mich!] infolge meines *Zusammenarbeitens mit dem Bamberger Tagblatt, einer durchaus national eingestellten Zeitung,* bereits seit längerer Zeit von gewissen geistlichen Kreisen eine Hetze gegen mich unternommen wird [...]. *Schon lange lange* [sic!] *sehnte ich den Tag herbei, an dem das Deutsche Volk wieder national empfindet und auch in Dankbarkeit derjenigen gedenkt, die in des Vaterlandes schwerster Zeit Gesundheit und Leben für es geopfert haben.*"[30]

Offenbar infolge dieses Schreibens wurde Walz mit der Vertretung des erkrankten Dogmatikers Johannes Muth in Freising[31] betraut.[32] Diese Lehrstuhlvertretung schien Walz aber offensichtlich nicht ausreichend zu sein, denn mit einem Schreiben vom 5. Oktober 1933 an den NS-Staatsminister Hans Schemm[33] erinnerte er an das pensionsreife Alter und den schlechten Gesundheitszustand seines Vorgängers und seine noch immer nicht erfolgte Ernennung zum Professor. Deshalb drängte er – unter Betonung seiner „nationalsozialistischen Einstellung" und mit dem explizit herausgestellten Angebot, „die Theologen, die noch vielfach *innerlich* abseits stehen, auch im Herzen für die Aufbauarbeit des Staates zu gewinnen" – darauf, als etatmäßiger Professor für das Wintersemester 1933/34 ernannt zu werden.[34] Daraufhin verließ

Theologische Hochschule Passau, in: Burkard/Weiß (Hg.), Katholische Theologie, Bd. I/1 (wie Anm. 2), S. 445–465, bes. S. 447; zu Albert Lang (1890–1973) vgl. Karl Hausberger, Die Philosophisch-Theologische Hochschule Regensburg, in: ebd., S. 467–490, bes. S. 469.

30 Vgl. BayHStA München MK 44617: (anscheinend hektographiertes) maschinenschriftliches Schreiben von Walz vom 31.03.[1933 – handschriftlicher Eintrag], abgestempelt mit der Nummer 13985. Für die ganz ähnliche Herangehensweise seines im gleichen Jahr nach Bamberg berufenen Hochschulkollegen Vinzenz Rüfner vgl. Krenz, Baumeister (wie Anm. 4)!

31 Vgl. zu Johannes B. Franz Muth (1868–1933) und die Freisinger Situation den Beitrag von Monika Nickel, Die Philosophisch-Theologische Hochschule Freising, in: Burkard/Weiß (Hg.), Katholische Theologie, Bd. I/1 (wie Anm. 2), S. 419–443, bes. S. 436f.

32 BayHStA München MK 44617: Schreiben Schemms (VI 23130) vom 08.06.1933 an das Freisinger Rektorat.

33 Vgl. zu Schemm auch die Bemerkungen bei Müller, Staatsministerium (wie Anm. 5), S. 197–199 sowie Michael Unger, Biogramme, in: Rumschöttel/Ziegler (Hg.), Staat (wie Anm. 5), S. 739–759, bes. S. 753 (Hans Schemm).

34 BayHStA München MK 44617: Privatschreiben Walz' (Bamberg, 05.10.1933 – eingegangen: 06.10.1933 – AZ: VI 47664 A. II). In dem „[m]it treuem Hitlergruss" unterzeichneten Schreiben an den ‚hochwohlgeborenen' Herrn Staatsminister sprach Walz von „fortwährenden Hetzereien, die man seit mehreren Jahren in theologischen Kreisen wegen meiner nationalsozialistischen Einstellung gegen mich unternimmt. Diese Hetzereien, welche darauf abzielen, mir die Anstellung zu hintertreiben, würden sicherlich verschwinden und wirkungslos werden, wenn ich jetzt ernannt werde. Als etatmäßiger Professor kann ich auch viel besser und erfolgreicher im Geiste des Nationalsozialismus wirken." Dieses Angebot konkretisierte er dann noch: „Nun aber steht fest, wie mir Herr Sonderkommissar Hager, Bayreuth, auf Grund seiner reichen Erfahrungen erzählte und wie ich selbst bei den Kollegen wahrnehmen musste, dass es eine Hauptaufgabe ist, gerade die Theologen, die noch vielfach *innerlich* abseits stehen, auch im Herzen für die Aufbauarbeit des Staates zu gewinnen[,] und hier könnte ich als Professor mehr erreichen wie in der blossen Vertretung als Privatdozent." (kursiv = i. O. unterstrichen). Zum NS-Funktionär Heinrich Hager (1893–1941) vgl. Joachim Lilla, Art. „Hager, Heinrich", in: ders.: Staatsminister,

das Münchner Kultusministerium am 11. Oktober 1933 ein Schreiben an den Freisinger Rektor, in dem derselbe aufgefordert wurde, der Pensionierung des Besagten mit sanftem Druck nachzuhelfen.[35] Am 13. Oktober 1933 vertröstete Minister Schemm Walz und verwies auf die vor einer Neuernennung nötige Erledigung der Professur.[36] Zugleich versuchte Walz allen nur denkbaren möglichen Hindernissen zu begegnen und sandte Anfang November ein Schreiben ans Ministerium, in dem er zustimmende Zitate zu seinen bisherigen Publikationen aus bischöflichem Munde kompilierte und damit etwaigen Einwänden von kirchlicher Seite zuvorzukommen versuchte.[37]

Offenbar befürchtete Walz aber, auf den letzten Metern vor dem Erreichen des Ziels durch – aus seiner Sicht – unfaire ‚Quertreibereien' zu Fall gebracht zu werden, denn in einem nochmaligen Schreiben an Schemm vom 13. November ‚erinnerte' er Schemm daran, dass Kardinal Faulhaber offenbar einen Grabmann-Schüler (den Freisinger Dr. Engelhardt) bevorzugen wolle.[38] Um jedes Risiko auszuschalten, erwirkte Walz am 22. November 1933 sogar noch ein Schreiben Kardinal Faulhabers, in dem dieser ‚auf wiederholtes schriftliches und persönliches Ersuchen' Walz' erklärte, dass gegen Walz keine Einwendungen zu erheben seien.[39] Nachdem Walz sich nach diesen ‚Vorarbeiten' vermutlich fast am Ziel seiner Träume angelangt glaubte, kann man sich gut vorstellen,

---

leitende Verwaltungsbeamte und (NS-)Funktionsträger in Bayern 1918 bis 1945, URL: https://verwaltungshandbuch.bayerische-landesbibliothek-online.de/hager-heinrich (25.11.2015 – letzter Zugriff: 16.06.2018).

35 BayHStA München MK 44617: Abschrift des Staatsministeriums ohne Aktenzeichen vom 11.10.1933 (gez. Ministerialrat Dr. Müller) an den Freisinger Rektor: „Euer Hochwohlgeboren wollen Herrn Professor Muth alsbald in geeigneter Weise nahelegen, um seine Emeritierung nachzusuchen. Sollte Professor Dr. Muth dem in nächster Zeit nicht entsprechen, so müßte seine Ruhestandsversetzung gemäß Art. 187 Abs. IV. Satz 2 erwogen werden."

36 BayHStA München MK 44617: Schreiben Schemms (VI 47664) an Walz vom 13.10.1933 als Antwort auf dessen Eingabe vom 05.10.1933. Eine Ernennung könne erst erfolgen, wenn die Professur erledigt sei. Er, Schemm, habe die Emeritierung bereits eingeleitet. Verfügt werde sie nach Eingang der Rückäußerung des Genannten.

37 BayHStA München MK 44617: Schreiben Walz' an Schemm, Bamberg, 02.11.1933 (Eingang: 03.11.1933). Das Schreiben schloss: „Mit herzlichem Dank und mit den besten Wünschen für Ihr stetes Wohlergehen und Ihr so segensreiches Wirken für das deutsche Vaterland, bin ich mit treuem Hitlergruss Ihr ergebenster *Dr. Joh. Bapt. Walz*". Schon einige Tage zuvor erreichte das Ministerium ein vermutlich von Walz veranlasstes Schreiben des Erzbischöflichen Generalvikariats Bamberg, in dem man von Bamberger Seite erklärte, dass einer Ernennung Walz' als Professor an der PTH Freising nichts entgegenstehe, man diese sogar begrüße; vgl. Schreiben Nr. 8139 aus dem Bamberger Generalvikariat vom 30.10.1933: Generalvikar Dr. Wolkenau; für den von 1875–1967 lebenden Karl Wolkenau vgl. die Angaben zu dessen Nachlass NL 16 unter https://archiv.erzbistum-bamberg.de/bestaende-001/nachlaesse/nachlaesse-nl/nl2-nl29 (letzter Zugriff: 16.06.2018).

38 BayHStA München MK 44617: Schreiben Walz' an Schemm aus Bamberg vom 13.11.1933 (Eingang: 14.11.1933). Vgl. diesen Vorgang aus Sicht Kardinal Faulhabers im Beitrag von Nickel, Freising (wie Anm. 31), S. 436 bei der dortigen Anm. 74 (Faulhaber zeigte sich über dieses Vorgehen „befremdet", insbesondere auch, da der Stelleninhaber Muth „‚[…] den peinlichen Eindruck haben müsste, man rechne ihn bereits zu den Toten'"). Walz' Bitterkeit und Enttäuschung werden wiederum deutlich angesichts seiner Ausführungen über Engelhardt, der jünger und kein Kriegsteilnehmer sei. Nur der Minister könne ihn jetzt noch retten und direkt berufen, sonst seien die Intrigen erfolgreicher gegen ihn, der aufgrund seiner nationalen Einstellung sowieso schon angefeindet werde. Das Schreiben schloss wiederum mit ‚treuem Hitlergruß'. Zu Michael Kardinal Faulhaber (1869–1952) vgl. z.B. Walter Ziegler, Art. „Faulhaber, Michael v.", in: LThK[3] 3 (1995), Sp. 1197 oder Klaus Fitschen, Art. „Faulhaber, Michael von", in: BBKL 24 (2005), Sp. 602–615.

39 BayHStA München MK 44617: Schreiben Kardinal Faulhabers vom 22.11.1933 mit Begleitschreiben Walz' an das Kultusministerium vom 23.11.1933.

dass ihn fast einen Monat später der Eingang eines Schreibens aus München wie einen Schlag traf: Das Schreiben betraf seine Behauptung, für seine nationale Einstellung verhetzt worden zu sein, und ließ an Deutlichkeit nichts zu wünschen übrig:

„Die Ministerialakten lassen solche gegen Sie gerichtete Schritte nicht ersehen, im Gegenteil befinden sich bei den Akten Empfehlungsschreiben der ehemaligen Abgeordneten der Bayerischen Volkspartei Rieß [Riess], Hans Müller und Schlittenbauer [aus dem Jahre 1929]. Auch die theol. Fakultät der Universität Würzburg berichtet, daß [dass] ihr Ihre nationalsozialistische Einstellung ganz unbekannt gewesen sei. Sie wollen mitteilen, auf welche Tatsachen sich Ihre Meinung stützt [...]. Dem Ministerium ist berichtet worden, dass Sie Ihre gedruckten Arbeiten unaufgefordert an Geistliche versenden und dann Zahlung unter Drohung fordern. Sie wollen auch hiezu [sic!] Stellung nehmen."[40]

Nachdem Walz sich von seinem ersten Schock erholt hatte, verfasste er am Weihnachtstag 1933 ein Verteidigungsschreiben, in dem er seine Sicht der Dinge darlegte[41]: Die ‚Hetze klerikaler Kreise' versuchte Walz durch zwei Jahre zuvor angeblich gefallene ‚drohende Äußerungen' zu belegen.[42] Er betonte, dass er nie BVP-Mitglied gewesen sei und dass gegen die Bitte eines Schwerkriegsbeschädigten um Unterstützung bei damaligen maßgeblichen Persönlichkeiten heute wohl nichts eingewendet werden könne. Da er innerhalb der theologischen Fakultät der Universität Würzburg nie über Politik sprach, sei durchaus verständlich, dass man dort keine Erinnerungen an seine nationale Einstellung habe. Den Vorwurf bezüglich der mittels Drohungen vertriebener Bücher erklärte er damit, dass er die von ihm verfassten Bücher dem Verlag zum Vertrieb überlassen und auf diesen keinen Einfluss ausgeübt habe, was er sich durch ein Schreiben des Verlags zusätzlich bestätigen ließ.[43] Walz' Schreiben schloss:

„Zum Schluss möchte ich noch bemerken, dass mir meine seit Jahren bestehende nationalsozialistische Einstellung vor einiger Zeit von kompetenter

---

[40] BayHStA München MK 44617: Schreiben Schemms (VI 57238) an Walz vom 20.12.1933 (nebst Entwurf bzw. Abschrift vom 20.12.1933; in der Abschrift fehlen die [eingeklammerten] Satzbestandteile, die in die erste Vorlage noch hineinkorrigiert wurden). Für die Viten der oben erwähnten BVP-Landtagsabgeordneten vgl. die Datenbank des Hauses der Bayerischen Geschichte unter http://www.hdbg.de/parlament/content/index.html (letzter Zugriff: 16.06.2018).

[41] BayHStA München MK 44617: Schreiben Walz' an das Kultusministerium vom 25.12.1933 (Eingang am 27.12.1933) als Antwort auf Schreiben VI 57238 vom 20.12.1933. Vgl. auch im Folgenden.

[42] U.a.: „‚Wenn der Walz mit dem Bamberger Tagblatt so weiter macht, dann bekommt er überhaupt keine Stelle mehr.'"; BayHStA München MK 44617: Schreiben Walz' an das Kultusministerium vom 25.12.1933.

[43] BayHStA München MK 44617: Einschreiben des Verlagsdirektors Schrödter (Verlag Fränkisches Volk – Bamberger Tagblatt; dazu vgl. Anm. 44) aus Bamberg vom 26.01.1934 (Eingang im Ministerium: 27.01.1934): Der Verlagsdirektor führte aus, dass Walz dem Verlag zwei Bücher überließ, die vom Verlag über das Adressverzeichnis des Schematismus unaufgefordert nebst beiliegender Zahlkarte versandt wurden. Schrödter resümierte: „Herr Professor Dr. Walz hat also auf den Versand der Bücher sowohl, als auch auf die Mahnungen nicht den geringsten Einfluss ausgeübt. Wir bedauern aufs Tiefste, dass man eine[m] Schwerkriegsbeschädigten, der nur im Interesse der Wissenschaft die Bücher in selbstlosester Weise ohne jede Entschädigung geschrieben, solche ganz zu unrecht erhobenen Vorwürfe macht." Walz wertete die ihm vom Verlag mitgeteilte Tatsache, dass einige Pfarrer die Büchersendungen aufgrund der Absenderangabe (das als Nazi-Organ angesehene Bamberger Tagblatt) ungeöffnet zurückgesandt hatten, zugleich als Beleg für seine Rücksetzung aufgrund seiner nationalen Einstellung.

Seite bestätigt worden ist, von Herrn *Sturmbannführer und Stadtrat Eichmeister Schäfer, Bamberg,* in einem an Herrn Staatsminister am 13. Nov. 1933 gerichteten Schreiben (‚Herr Dr. Walz ist mit seit Jahren als Nationalsozialist bekannt'). Das Gleiche könnten auch Herr *Verlagsdirektor vom ‚Fränkischen Volk – Bamberger Tagblatt' Schrödter* und Herr *Standartenführer und Bürgermeister Zahneisen, Bamberg,* bestätigen. Mit deutschem Gruss, *Dr. Joh. Baptist Walz.*"[44]

3.3 *Walz' nicht unangefochtene Stellung in der Fachwelt und dessen Beurteilung an der Würzburger Theologischen Fakultät*

Damit war Walz' Kampf um eine Stelle aber noch nicht ausgestanden. Die in den Akten versammelten Briefwechsel zeigen noch heute, dass Walz an seinem Ziel trotz all seiner Bemühungen und der wiederholten Betonung seiner ‚nationalsozialistischen Einstellung' noch lange nicht angekommen war, da sich gegen Walz auch zum Teil massiver Widerstand von anderer Seite aufbaute. Die Bitte von Walz vom 22. Oktober 1934, nach all den Jahren als Privatdozent und Lehrstuhlvertreter den Titel eines außerordentlichen Professors führen zu dürfen, führte zu allerlei weiteren Verwicklungen, die zeigen, dass Walz weder wissenschaftlich noch persönlich unumstritten war: Da die von Walz beantragte Amtsbezeichnung noch nie gegen den Willen der betreffenden Fakultät verliehen worden sei und da deren Dekan Sebastian Merkle bereits zuvor gegen Walz „sehr scharf Stellung genommen hat[te]"[45], wollte man die Würzburger Theologische Fakultät nicht um eine formelle Stellungnahme auffordern, sondern von deren stillschweigender Zustimmung ausgehen, wenn sie sich nicht äußere. Diesen Gefallen tat Merkle den Befürwortern Walz' allerdings nicht: Er führte gegen Walz dessen „kaum das Mittelmaß erreichenden wissenschaftlichen Leistungen" an und äußerte sich mit vernichtenden Worten über dessen in Freising kaum geschätzte Leistungen als Dozent.[46] Daraufhin erging aus

---

[44] BayHStA München MK 44617: Schreiben Walz' an das Kultusministerium vom 25.12.1933 (kursiv = i.O. unterstrichen, mit Ausnahme der Signatur Walz'). Zum Bamberger NS-Oberbürgermeister, MdL und MdR Lorenz Zahneisen (1897–1950) vgl. u.a. die Datenbank beim Haus der Bayerischen Geschichte unter http://www.hdbg.de/parlament/content/persDetail.php?id=2581 (letzter Zugriff: 16.06.2018); für das DNVP-nahe Bamberger Tagblatt vgl. mit weiteren Hinweisen Stefan Knoch, Art. „Bamberger Tagblatt (1834-1945)", publiziert am 01.12.2014; in: Historisches Lexikon Bayerns, URL: http://www.historisches-lexikon-bayerns.de/Lexikon/Bamberger_Tagblatt_(1834-1945) (letzter Zugriff: 16.06.2018); zu dessen Verlagsdirektor Emil Schrödter (* 05.06.1883 Herzberg a.d. Elster; † 28.01.1961 Bamberg) und zu Anton Schäfer (* 19.05.1873 Gangolfsberg, Gemeinde Oberelsbach, Lkr. Rhön-Grabfeld; † 14.06.1954 Bamberg) vgl. Stadtarchiv Bamberg, archivierte Meldekartei (C 9, Nr. 58a); freundliche Mitteilung von Winfried Theuerer / Stadtarchiv Bamberg vom 16.07.2018.

[45] BayHStA München MK 44617: Schreiben Walz' an das Kultusministerium vom 22.10.1934. Anfrage an das Rektorat der Universität Würzburg aus dem Ministerium (V 53057) vom 06.11.1934 (dort das Zitat). Zur Rolle Sebastian Merkles (1862–1945) als Quasi-Doyen der Fakultät und dessen nicht unproblematischem Wirken während der NS-Zeit vgl. Weiß, Würzburg (wie Anm. 10), S. 278–281.

[46] Universitätsarchiv Bamberg Rep. V A 136: vgl. die Antwort des Würzburger Rektorats (Aktenzeichen 2308) mit der abschriftlichen Stellungnahme des Dekans der Theologischen Fakultät, Merkle, vom 17./19.11.1934: „Sie [die Theologische Fakultät] mußte damals wegen der kaum das Mittelmaß erreichenden wissenschaftlichen Leistungen des Genannten den Antrag auf Verleihung jener Amtsbezeichnung ablehnen. Sie müßte es heute erst recht. Seine Vertretung in

München die Anfrage nach Freising, ob die Angaben aus Würzburg über die Unzufriedenheit der Studierenden mit Walz zutreffend seien.[47] Der Freisinger Rektor Johann Nepomuk Espenberger nannte die Würzburger Vorwürfe am 3. Dezember 1934 „nicht zu halten“ und „im Wesentlichen unrichtig“, wenngleich sich aus den Zeilen herauslesen lässt, dass Walz nicht gerade zu den feurigsten und mitreißendsten Dozenten gezählt werden konnte.[48] Die Verleihung des Titels erfolgte dann am 11. Dezember 1934[49], womit jedoch noch keine Berufung auf eine feste Planstelle verbunden war.[50] Wie aus den geschilderten Vorgängen klar zu erkennen ist, blieb Walz weder in fachlicher noch in persönlicher Hinsicht unangefochten.

Bevor der weitere Werdegang und das Schicksal von Walz geschildert werden sollen, erfolgt nun zunächst ein Blick auf die diversen Gutachten, die sich im Zusammenhang mit Walz' Ringen um eine feste Anstellung in seinen Akten

---

Freising hat das ungünstige Urteil nur bestätigt. Aus sicherer Quelle weiß die Fakultät, daß die Unzufriedenheit mit dem Vertreter bei den Hörern ganz elementar ist. Das will viel heißen, nachdem der letzte Inhaber der dortigen Dogmatikprofessur auch nicht gerade als hervorragend galt.“ / „Ich habe s.Z. *vor* der Betrauung des Dr. Walz mit dem Lehrauftrag auf seine völlige Unzulänglichkeit aufmerksam gemacht, und ich halte es für meine Pflicht, dies heute abermals zu tun auch auf die Gefahr hin, daß meine Warnung abermals nicht beachtet wird. Die theologische Fakultät legt, um späteren Vorwürfen vorzubeugen, Wert auf die Feststellung, daß die geplante Beförderung des Dr. Walz ohne ihre Mitwirkung erfolgt. gez. Sebastian Merkle.“ Die von Merkle angesprochene vorherige Stellungnahme datiert aus dem Jahr 1933 und bezog sich auf den Wechsel Walz' nach Freising, dazu ausführlicher in den folgenden Absätzen!

47 BayHStA München MK 44617: Anfrage des Ministeriums (V 57706) an das Freisinger Rektorat vom 26.11.1934.

48 Universitätsarchiv Bamberg Rep. V A 136: Schreiben des Freisinger Rektors Johann Nepomuk Espenberger (Nr. 680) vom 03.12.1934: „Nach Zeugen, die es wissen können und müssen, entspricht die Information der theol. Fakultät in Würzburg über die ganz elementare Unzufriedenheit der Hörer mit Herrn Privatdozenten Dr. Walz nicht den Tatsachen. Sie ist im Wesentlichen unrichtig. Von den Vorlesungen des Privatdozenten wurde mir gesagt, man habe an ihrem Inhalt nichts auszusetzen und die Darstellungsweise sei klar und deutlich. Von der Vortragsweise hörte ich, sie sei etwas ruhig oder – von anderer Seite – sie sei etwas monoton oder trocken. Auch hänge der Dozent manchmal etwas zusehr [sic!] an seinem Diktat. Letzteres ist aber sehr leicht begreiflich, da der Herr Privatdozent noch immer an der vollen Ausarbeitung seiner 6-stündigen Wochenvorlesung steht und darum noch nicht alles so frei vortragen kann wie ein Dozent, der das Genannte schon hinter sich hat. [...] Nach allem also, was ich erfuhr, ist die Information der theolog. Fakultät in Würzburg nicht zu halten. Ich halte Herrn Privatdozent Dr. Walz für sehr talentiert und fleißig und strebsam. gez. Prof. Dr. Espenberger Joh. Nep. zZ. Rektor.“ Zu Espenberger (1876–1954) vgl. Nickel, Freising (wie Anm. 31), S. 423. Vgl. dazu aber die aus dem gleichen Jahr stammende, im Kontext der Diskussion um die Erhaltung der Freisinger Hochschule, hier insbesondere der Dogmatikprofessur, geschriebene Bitte des Regenten des Freisingers Seminars, Dr. Johann Westermayr, vom 09.02.1934 (Brief Nr. 48) zu Gunsten Walz', in der dessen hervorragende Charaktereigenschaften und große Lehrgabe gelobt werden; zu Westermayr (1884–1950) vgl. Alfred Gleissner, Art. „Westermayr, Johann Baptist“, in: LThK[3] 10 (2001), Sp. 1119.

49 BayHStA München MK 44617: Schreiben des Staatsministeriums V 59749.

50 Die von Walz angestrebte Ernennung zum Nachfolger Muths wurde ‚aus grundsätzlichen Erwägungen‘ nie ausgesprochen. Denzler, Widerstand (wie Anm. 7), S. 99 vermutete, dass diese ‚grundsätzlichen Erwägungen‘ auf die Aufhebung aller staatlichen Philosophisch-Theologischen Hochschulen Bayerns gerichtet waren. Diese Vermutung war bezüglich Freisings zutreffend, wie einem Schreiben des Staatsministeriums (VI 31022/33340/33920) an das Berliner Reichsministerium für Wissenschaft, Erziehung und Volksbildung – adressiert an Prof. Dr. Weber, d.h. Werner Weber (1904–1976) – vom 13.08.1936 zu entnehmen ist, worin ausgeführt wird, dass man unter den im Schreiben an Walz damals angeführten ‚grundsätzlichen Erwägungen‘ die geplante Aufhebung der PTH Freising verstand, die man noch geheim halten wollte. Zu dem Berliner Empfänger aus dem Reichserziehungsministerium, Werner Weber, vgl. Dominik Burkard, Kirchenpolitik in der Wissenschaftspolitik?. Akteure und Faktoren, in: Burkard/Weiß (Hg.), Katholische Theologie, Bd. I/1 (wie Anm. 2), S. 55–103, bes. S. 58.

angesammelt haben. Das Protokoll der Würzburger Theologischen Fakultät über Walz' Habilitationsakt vom 27. Juli 1927[51] zeigte zwar nicht gerade überschwängliche Begeisterung für den Kandidaten, unterstützte aber mit fünf Stimmen bei einer Enthaltung dessen Antrag vom 2. Juni 1926.[52] Auch das dem Habilitationsakt beiwohnende Senatsmitglied fand am Vortrag formal nichts auszusetzen[53], was sich so auch im Antrag des Senats vom 12. August 1927 an das Kultusministerium niederschlug.[54] Walz wurde daraufhin am 7. September 1927 als Privatdozent zugelassen.[55]

Im Zuge der bereits geschilderten Vorgänge um die Versetzung Walz' als Lehrstuhlvertreter nach Freising erstellte man im Kultusministerium einen eigenen maschinenschriftlichen Bericht mit Auszügen aus den „Urteile[n] über die wissenschaftlichen Leistungen des Privatdozenten Dr. Walz".[56] Das Gutachten des Alttestamentlers Johannes Hehn über die Habilitation von Walz übermittelte dessen besten Eindruck von Walz' Fähigkeiten und Fleiß und auch Merkle beschrieb zwar „mannigfache Anzeichen von Eile" in der Habilitationsschrift, die er mit den drückenden Verhältnissen des Verfassers entschuldigte, weshalb Merkle damals auch angesichts Walz' Gesundheitszustandes von einer insgesamt achtenswerten Leistung sprach. Der Münchner Zusammenstellung lässt sich auch entnehmen, dass von Bamberger Seite (Professor Lex) im Zuge der Diskussion um die Berufung Landgrafs nach Prag eine

---

51 Universitätsarchiv Bamberg Rep. V A 136 (interne Nummer 6).

52 Universitätsarchiv Bamberg Rep. V A 136 (interne Nummer 6): Der Habilitationsakt fand am 26.07.1927 statt. Mit fünf Stimmen bei einer Enthaltung – der Franz Gillmanns (1865–1941), zu dems. vgl. Weiß, Würzburg (wie Anm. 10), S. 283f. – sprach man über Walz' Vortrag über den Kirchenbegriff Bellarmins folgendes Urteil aus: „‚Bei dem Habilitationsvortrag über das Thema: ‚der Kirchenbegriff Bellarmins' zeigte der Habilitand eine befriedigende Beherrschung des Stoffes, eine entsprechende Gewandtheit in der Vorstellung, einen leicht verständlichen Vortrag.'" Nach Ausführungen über die Verteidigung der Thesen („Walz zeigte sich gut vorbereitet") folgte das Fazit: „Die Fakultät erkennt an, daß Walz, der an den Folgen sehr schwerer Kriegsbeschädigung lange Zeit zu leiden hatte, mit seltenem Eifer an seiner theologischen Fortbildung gearbeitet hat; sie gibt sich der Erwartung hin, daß er als wissenschaftlicher Forscher und akademischer Lehrer seinen Mann stellen [sic!] wird. Deshalb bittet sie den akademischen Konvent, dem hohen Staatsministerium die Erteilung der Venia legendi für das Fach der Dogmatik an Herrn Dr. J.B. Walz zu empfehlen.' Wunderle, z.Z. Dekan." Zu Georg Wunderle (1881–1950) vgl. Weiß, Würzburg (wie Anm. 10), S. 283.

53 Universitätsarchiv Bamberg Rep. V A 136 (interne Nummer 8): Bericht des Professors Carl Joseph Gauß von der Universitäts-Frauenklinik an den Akademischen Senat vom 01.08.1927: „Seine [Walz'] Ausführungen waren klar, fliessend, interessant und auch für den Laien verständlich. Die Verteidigung der Thesen zeigte zwar in einigen Punkten eine gewisse Starrheit der Anschauung, war im übrigen aber geschickt und bestimmt. Ich halte ihn – zugleich im Namen des durch Reise verhinderten Herrn Prof. Knapp – für befähigt zum akademischen Lehrer. *Gauß*" (kursiv = i.O. Unterschrift); zu Gauß (1875–1957) vgl. Liselotte Buchheim, Art. „Gauß, Carl Joseph", in: Neue Deutsche Biographie 6 (1964), S. 107f.

54 Universitätsarchiv Bamberg Rep. V A 136 (interne Nummer 9): Antrag des Akademischen Senats (Nr. 695) vom 12.08.1927: „In dem dreiviertelstündig, völlig frei gehaltenen Vortrag über das Thema ‚Der Kirchenbegriff Bellarmins' zeigte der Habilitand eine befriedigende Beherrschung des Stoffes, entsprechende Gewandtheit in der Darstellung, sowie die Fähigkeit, einen leicht verständlichen Vortrag zu halten." Auch bei der Thesenverteidigung „erwies er sich gut vorbereitet und bekundete im ganzen hinlängliche Gewandtheit bei der Erwiderung auf die erhobenen Einwände."

55 Universitätsarchiv Bamberg Rep. V A 136: Schreiben des Kultusministeriums vom 07.09.1927 (V 37408).

56 Vgl. BayHStA München MK 44617: Urteile über die wissenschaftlichen Leistungen des Privatdozenten Dr. Walz (masch. – handschriftliches Datum: 30.11.1933); vgl. ebd. auch für die folgenden Zitate im Text!

Nachfolge von Walz ‚freudigst' begrüßt worden wäre.[57] Aus aktuellem Anlass wurde im Herbst 1933 anlässlich der Zusammenstellung dieser Auflistung nochmals ein Gutachten des Professors Martin Grabmann über Walz angefordert.[58] Grabmann zeichnete Walz darin weniger als Forscherpersönlichkeit, denn als Lehrenden (mit der Formulierung: „mit einem gewissen didaktischen Geschick"!), wobei er diese Empfehlung noch dazu auf die bloße Verwendung an einer Philosophisch-Theologischen Hochschule einschränkte.[59] Dieser Zusammenstellung, der das Grabmann-Gutachten beigefügt war, folgte Ende November 1933 noch ein Urteil Merkles, das nun – im Gegensatz zum Protokoll des Habilitationsakts – freilich an Deutlichkeit nichts zu wünschen übrig ließ: Merkle bescheinigte Walz darin, „Themata [zu behandeln], die bei Luthers zeitgenössigen [sic!] Gegnern verständlich wären, heute aber entschieden anachronistisch anmuten" und schloss: „Walz hat durchaus nicht das Zeug zum akademischen Lehrer; für ihn wäre es schon übergenug, wenn er als Religionslehrer an einer Mittelschule angestellt würde..."[60]

Infolge dessen wandte sich das Kultusministerium nach Erhalt des Rechtfertigungsschreibens von Walz vom 25. Dezember 1933[61] mit Schreiben vom 3. Januar 1934 erneut an das Würzburger Rektorat mit dem Auftrag, Walz' Rechtfertigung Dekan Merkle zur „baldigen Stellungnahme" vorzulegen.[62]

---

[57] Angesichts des Schicksals der vielen vergeblichen Bewerbungen Walz' wird allerdings auch eine Äußerung von Seiten des Erzbischofs kolportiert, der zufolge es „doch etwas auffallend [war], daß seine Gesundheit zur Übernahme auch der leichtesten Stellen zu schwach war, dagegen das angestrengteste Studium erlaubte"; vgl. BayHStA München MK 44617: Urteile über die wissenschaftlichen Leistungen des Privatdozenten Dr. Walz (masch. – handschriftliches Datum: 30.11.1933). Zum Alttestamentler Johannes Hehn (1873–1932) vgl. Friedrich Wilhelm Bautz, Art. „Hehn, Johannes", in: BBKL 2 (1990), Sp. 652.

[58] Vgl. BayHStA München MK 44617: Gutachten Grabmanns über Walz (Freiburg, 10.10.1933). Dieses findet sich auch in der Auflistung erwähnt, der auch Wertungen aus einem früheren Gutachten Grabmanns vom 21.07.1924 (Vergleich zwischen Landgraf und Walz anlässlich der Ausschreibung der Bamberger Dogmatik-Professur) zu entnehmen sind. Zu Martin Grabmann (1875–1949) vgl. Friedrich Wilhelm Bautz, Art. „Grabmann, Martin", in: BBKL 2 (1990), Sp. 280f. Außerdem ein Gutachten Biglmeiers vom 13.10.1929 bezüglich des Verfahrens um die Kirchengeschichtsprofessur in Dillingen. Zu Andreas Bigelmeier (1873–1962) vgl. die Hinweise bei Weiß, Würzburg (wie Anm. 10), S. 285.

[59] Vgl. BayHStA München MK 44617: Gutachten Grabmanns über Walz (Freiburg, 10.10.1933): „Herr Dr. Walz zeigt in seinen Veröffentlichungen weniger den Drang nach selbstständiger Forschung, er greift nicht schwierige Probleme auf, er zieht es vor, die bisherigen Forschungsergebnisse mit anerkennenswerter Sorgfalt geordnet darzustellen." / „Indessen möchte ich meinen, dass er aufgrund seiner literarischen Leistungen imstande ist, Theologiestudierenden, welche sich später der Seelsorge widmen, mit einem gewissen didaktischen Geschick brauchbare und ausreichende Vorlesungen zu geben." Von einer besonderen Vorliebe Grabmanns für Walz zeugen diese Äußerungen nicht, eher trifft das Gegenteil zu – er urteilte, dass dessen Leistungen in der eigentlichen Forschung denen anderer jüngerer Gelehrter „erheblich zurück" blieben. Hinzu kam, dass er Walz für die Forschungstätigkeit an einer universitären Fakultät ausdrücklich nicht empfahl („abraten"), und – beinahe unausgesprochen – einen Einsatz von Walz an einer PTH konzedierte. Das harte persönliche Schicksal von Walz erwähnte Grabmann (für dessen Gesuch sprächen allerdings einige „rein menschliche Gründe"), wollte dies aber nicht in eine wissenschaftliche Beurteilung einfließen lassen.

[60] Vgl. BayHStA München MK 44617 die Beifügung des Urteils Merkles vom 30.11.1933 (Aktenzeichen im Münchner Akt VI 3206 AII): „Man hat Walz s.Zt., obwohl seine Habilitationsschrift alles zu wünschen übrig liess, aus reinem Mitleid, weil er sich als schwer kriegsbeschädigt ausgab, als Privatdozenten zugelassen... Auch seine weiteren Arbeiten sind durchaus unbedeutend und behandeln Themata, die bei Luthers zeitgenössigen [sic!] Gegnern verständlich wären [...]."

[61] Vgl. oben bei Anm. 41–44.

[62] Universitätsarchiv Bamberg Rep. V A 136: Schreiben des Kultusministeriums vom 03.01.1934 (Abschrift ohne Nr.) an das Würzburger Rektorat. Unterzeichner war ein Ministerialrat Dr. Müller.

Daraufhin verfasste Merkle am 12. Januar 1934 eine nochmalige Stellungnahme, in der er an seiner Ablehnung Walz' aus wissenschaftlicher Sicht festhielt.[63] Diese Position erneuerte Merkle im November 1934, als es um die Verleihung des Titels eines außerordentlichen Professors an Walz ging – und löste damit eine Anfrage des Ministeriums in Freising über die Haltung der Studierenden Walz gegenüber aus.[64] Zusammenfassend muss man wohl urteilen, dass Walz seine Fachkollegen nicht gerade durch wissenschaftliche Brillanz zu überzeugen vermochte. Selbst wenn man ihm ein – allerdings nur gewisses – didaktisches Geschick zusprach, so wollten seine Fachkollegen ihn doch nicht an einer Universität, höchstens an einer Philosophisch-Theologischen Hochschule eingesetzt sehen, selbst wenn sie nicht soweit gingen wie der Würzburger Kirchenhistoriker Merkle, der sich Walz höchstens als Lehrer an einer Mittelschule vorstellen konnte...

3.4 Walz' Ernennung in Bamberg dank der Protektion durch die neuen Machthaber und den Erzbischof

Doch trotz dieser für Walz nicht gerade günstigen Gutachten behielt er seine Stellung als Lehrstuhlvertreter in Freising, wurde zum Führen des Titels eines außerordentlichen Professors berechtigt und 1937 dann nach Bamberg auf eine Planstelle berufen, als zweite Neubesetzung einer frei gewordenen Professur an der dortigen Philosophisch-Theologischen Hochschule in den Dreißiger Jahren. Walz schien sich durch die Betonung seiner nationalen Einstellung und seine auf die Angriffe folgenden Einlassungen im Ministerium einen Namen gemacht zu haben, ja mehr noch: Man gewinnt aufgrund der Aktenlage durch-

---

[63] Universitätsarchiv Bamberg Rep. V A 136: Stellungnahme Merkles vom 12.01.1934: „Das Schreiben des Dr. Walz an das Staatsministerium für Unterricht und Kultus vom 25.XII.33, das ich soeben erhalte, läßt ihn und seine Reden in wesentlich besserem Lichte erscheinen, berührt [handschriftlich verbessert, ursprgl.: beweist] aber das auf seine *wissenschaftlichen* [i. O. unterstrichen] Qualitäten gehende Urteil unserer Fakultät wenig. Von seiner nationalsozialist. Einstellung hatte diese umsoweniger eine Ahnung, als sie wußte, daß er sich ‚an maßgebende Persönlichkeiten der B.V.P.' gewandt hatte, um eine Professur zu bekommen. Und wenn sie jene Ahnung gehabt hätte, so wäre dies ohne jeden Einfluß auf seine der Fakultät allein zustehende wissenschaftliche Beurteilung geblieben." Nach einer Polemik gegen einen Professorenkollegen, den ehemaligen BVP-Obmann und jetzigen NSDAP-Anhänger Ludwig Ruland („eine allzu bewegliche Charakteranlage"), fuhr Merkle fort, dass Walz' literarische Leistungen, vor allem im Vergleich mit dessen Dozentenkollegen Ranft, „allzu schwach" gewesen seien: „Schon als Privatdozenten hatte man ihn s.Z. nur aus Mitleid mit dem vermeintlich schwer Kriegsbeschädigten empfohlen. Von seinem Habilitationsakt – dem ich leider, ich weiß nicht mehr infolge welcher Abhaltung, nicht anwohnte – sagte mir nachher ein sehr urteilsfähiger Kollege, er sei ‚unter allem Luder' gewesen: Der Vortrag habe im wesentlichen aus einem Artikel des Kirchenlexikons bestanden, bei der Disputation sei der Habilitand hilflos wie ein Kind gewesen. Hätte ich das miterlebt, meinte der Kollege, so wäre ich sicher gegen seine Zulassung gewesen." Merkles Urteil schloss mit dem vernichtenden Fazit: „Wenn die Bescheidenheit seiner Leistungen auch in seiner Selbsteinschätzung und seinen Ansprüchen sich geltend machte, hätte er sich nicht um Lehrstühle für verschiedene Fächer beworben. [...] Zu allen weiteren Aufschlüssen stets gerne bereit! Euerer Magnifizenz ergebenster gez. Merkle z.Z. Dekan." Merkles Stellungnahme wurde am 17.01.1934 nach München übersandt (Nr. 531). Zu Ludwig Ruland (1873–1951) vgl. Weiß, Würzburg (wie Anm. 10), S. 282f. („Die wohl peinlichste Gestalt unter den Würzburger Theologieprofessoren"; ebd., S. 282).

[64] Vgl. oben bei Anm. 46 und die dadurch ausgelöste Anfrage des Ministeriums nach Freising über die von Merkle berichtete Unzufriedenheit der dortigen Studierenden mit Walz' Vorlesungen wie bei Anm. 46–48!

aus den Eindruck, dass man ihn dort protegierte. Auch wenn immer wieder Stimmen aufkamen, die sich gegen Walz aussprachen[65], schlug man von Seiten des Münchner Ministeriums andere Töne an. Deutlich wird diese Protektion Walz' in einem Schreiben des Münchner Ministeriums vom 13. August 1936 an das Berliner Reichsministerium für Wissenschaft, Erziehung und Volksbildung[66], in dem ein für Walz äußerst ungünstiger Passus der Vorlage[67] im abgesandten Exemplar zu dessen Gunsten doch etwas geglättet und am Ende über den im Brief geäußerten Vorschlag, Walz auf die vakante Professur für Altes Testament in Bamberg zu berufen, resümiert wird[68]: „Er selbst könnte gegen eine solche Berufung keine Einwendungen erheben, weil er sich selbst wiederholt als geeignet für *jede* Professur bezeichnet hat."[69] Dieser Vorschlag wurde vom damaligen nationalsozialistischen Staatsrat Ernst Boepple am 18. September wiederholt[70] und in Berlin aufgegriffen[71], woraufhin Walz zum 1. Oktober 1937 auf die Professur für Altes Testament nach Bamberg berufen und sofort darauf als Lehrstuhlvertreter für Dogmatik benannt wurde.[72] In dieser Konstellation – als ein Dogmatik dozierender Professor für Altes Testament – lehrte Walz dann bis zur Schließung der Bamberger Hochschule 1939.[73]

---

[65] In den Akten BayHStA München MK 44617 findet sich beispielsweise ein Auszug eines Schreibens des Rektors der PTH Passau, Max Heuwieser (1878–1944; zu ihm vgl. Landersdorfer, Passau [wie Anm. 29], S. 447 u. ö.), vom 25.03.1936 mit der dringenden Bitte, ihnen nicht Walz zu schicken, da er aus fachlicher Sicht dort unerwünscht sei.

[66] Vgl. BayHStA München MK 44617: Schreiben des Kultusministeriums (VI 31022 / 33340 / 33920) vom 13.08.1936. Vgl. auch im Folgenden bis einschließlich Anm. 69. Unterzeichnet wurde das Schreiben von (Ministerialrat) Dr. Müller.

[67] „Denn Walz wird ganz überwiegend abfällig beurteilt."

[68] „Denn Walz wird überwiegend ungünstig beurteilt."

[69] Vgl. BayHStA München MK 44617: Schreiben des Kultusministeriums (VI 31022 / 33340 / 33920) vom 13.08.1936, Hervorhebung i. O.

[70] Vgl. BayHStA München MK 44617: Abschrift eines Schreiben Boepples (VI 43170) an das Reichsministerium für Wissenschaft, Erziehung und Volksbildung in Berlin vom 18.09.1936 mit dem Vorschlag, Walz auf die Bamberger Professur für Altes Testament zu ernennen. Zum späteren Staatssekretär Ernst Boepple (1887–1950) vgl. Unger, Biogramme (wie Anm. 5), S. 739f. bzw. Müller, Staatsministerium (wie Anm. 5), S. 211.

[71] Vgl. BayHStA München MK 44617: Schreiben aus dem Berliner Reichserziehungsministerium (Abs.: Werner Weber, wie oben bei Anm. 50) aus Berlin vom 14.12.1936 nach München und Schreiben Webers aus Berlin vom 11.01.1937 an den Münchner Ministerialrat Müller mit Bericht über eine Berlinfahrt Walz', auf der ihm die Bamberger Berufung berichtet wurde (was Walz mit gemischten Gefühlen aufgenommen habe). Vgl. auch das Schreiben aus München nach Berlin (VI 56988) mit Konkretisierung der Rochade (Walz auf den Lehrstuhl AT mit Vertretung der Dogmatik für Landgraf) vom 26.10.1937.

[72] Vgl. BayHStA München MK 44617: Schreiben aus dem Reichsministerium für Wissenschaft, Erziehung und Volksbildung (W P Nr. 2721) vom 09.11.1937 mit der Beauftragung Walz' für Dogmatik; Schreiben (unterzeichnet: i.V. Zschintzsch) aus dem gleichen Berliner Ministerium (W I p 326/37) vom 10.11.1937 mit der Ernennung Walz' zum planmäßigen ao. Professor (vom ‚Führer und Reichskanzler' ausgefertigt am 05.11.1937) und die Schreiben aus München nach Bamberg (VI 61495 über die Dogmatik-Vertretung vom 16.11.1937 und die von Boepple unterzeichnete Benachrichtigung über die Ernennung VI 62621 vom 26.11.1936). Walz antwortete mit einem handschriftlichen Dankschreiben („Heil Hitler!") am 29.11.1937.

[73] Vgl. BayHStA München MK 44617: Mit Schreiben aus dem Kultusministerium (VI 15465) wurde Rektor Kraft am 18.03.1939 mitgeteilt, dass Professor Landgraf weiterhin beurlaubt bleibe und Professor Walz weiterhin die Dogmatik vertreten könne. Der bisherige Vertreter für Altes Testament, der (mittlerweile) Würzburger Professor Johann Fischer, könne wegen der Würzburger Beanspruchungen allerdings das Fach AT nicht mehr in Bamberg vertreten. Walz sollte entscheiden, ob er auch Altes Testament lehren wolle, sonst bliebe das Fach unbesetzt (gezeichnet: Mezger). Am 26.03.1939 ließ Walz daraufhin dem Rektorat mitteilen, dass er aufgrund seiner schweren Erkrankung, des Ausbruchs seines alten Kriegsleidens, sich nicht in der Lage sehe, zwei Disziplinen zu vertreten (vgl. die Erklärung von Walz vom 26.03.1939

Das in diesen Vorgängen erkennbar werdende und ebenso beachtliche wie beharrliche Faible der Münchner Stellen für Walz wird vielleicht etwas erklärbarer, wenn man in die Betrachtung mit einbezieht, dass auch der Bamberger Erzbischof Jacobus von Hauck sich mehrmals im Zuge von Stellenbesetzungen, wenn auch in anderen (fachlichen) Zusammenhängen, für seinen Bamberger Diözesanen Walz eingesetzt hatte.[74] Es war also offenbar eine aus heutiger Sicht etwas abstrus erscheinende Mischung aus der vorherigen, zum Teil für ganz andere Fachgebiete bzw. Stellen erfolgten, erzbischöflichen Fürsprache für Walz und Walzens nach 1933 verstärktem Insistieren auf seiner nationalen Zuverlässigkeit, die ihn 1937 in den Augen der NS-dominierten Kultusbürokratie als ‚reif' erschienen ließen, die Bamberger AT-Professur zu übernehmen. In diesem Moment, also angesichts des Freiwerdens einer aus ministerieller Sicht wohl als geeignet angesehenen Stelle, griff man staatlicherseits den vorherigen Einsatz des Erzbischofs auf, um eine – auch aufgrund ihres (im Ministerium aktenkundigen) lautstarken Auftretens und der damit einhergehenden Stilisierung als NSDAP-Anhänger – parteipolitisch genehm erscheinende Person trotz der nicht unbedingt günstigen Beurteilungen der Fachwelt mit einer ‚irgendwie passenden' Stelle zu versehen. Fachliche Aspekte scheinen bei dieser Berufung dagegen eine untergeordnete bzw. überhaupt keine Rolle gespielt zu haben für das Ministerium.

Doch selbst nachdem Walz auf diese Weise seine Stelle erhalten hatte, ließ er die (Münchner) Ministeriumsstellen nicht in Ruhe. Gleich nach seiner Ernennung stellte er einen Antrag auf Angleichung seines Besoldungsdienstalters[75],

---

in Universitätsarchiv Bamberg Rep. V A 136). Einen Vermittlungsvorschlag Krafts, wenigstens drei Stunden wöchentlich das AT zu vertreten, lehnte Walz daher ab.

[74] Vgl. hierfür mehrere der im Archiv des Erzbistums Bamberg unter der Signatur III/15c (Hochschule vor dem Zweiten Weltkrieg) aufbewahrten Dokumente, z. B. den handschriftlichen Entwurf des Erzbischofs im Umfeld eines am 31.03.1930 verfassten Schreibens des bayerischen Kultusministers Goldenberger im Zuge der Berufung Benedikt Krafts auf die Bamberger Professur für Neues Testament, für die sich Walz auch ins Gespräch gebracht hatte, oder den vorhergehenden Briefwechsel zwischen dem Erzbischof und einem Landtagsabgeordneten, vermutlich dem Bamberger Stimmkreis-(BVP-)Abgeordneten Ludwig Rieß (1878–1935; zu ihm vgl. die Landtags-Datenbank http://www.hdbg.de/parlament/content/persDetail.php?id=1798&popH=614.4000000000001 – letzter Zugriff: 17.06.2018) vom 02.02.1930 bzw. explizit ausgesprochen in einem Schreiben des Berliner Reichsministeriums für Wissenschaft, Erziehung und Volksbildung im Vorfeld der Bamberger Berufung Walz' vom 21.11.1936 (W I p 2027/36 II): Der Erzbischof habe sich bereits früher für Walz eingesetzt und der Minister teile die Auffassung, dass Walz ein verbeamteter Professor werden müsse. Die in Bamberg einzig denkbare Konstellation für Walz, nämlich dessen Berufung auf die Professur für Altes Testament, sei „die einzige Möglichkeit, die für das Fach des Alten Testaments an der dortigen Hochschule bereits seit geraumer Zeit bestehende Lücke zu schließen, da andere Kandidaten hierfür nicht zur Verfügung stehen." (Dies dürfte wohl eher eine Schutzbehauptung gewesen sein, da man langfristig eher auf eine Art ‚Austrocknung' der Philosophisch-Theologischen Hochschulen sann, vgl. oben in Kap. 2.) Der auf der Rückseite notierte handschriftliche Entwurf der Antwort von Haucks vom 01./02.12.1936 ließ keine Einwendungen bezüglich der Lehre und des Lebenswandels Walz' erkennen und verlieh der Freude über die für das kommende Jahr zu erwartende Berufung Walz' nach Bamberg und damit die Wiederbesetzung der Bamberger AT-Professur Ausdruck, wenngleich der Erzbischof angesichts der von ihm zugleich ausgedrückten Tatsache, dass das Alte Testament gar nicht Walz' Fachgebiet sei, zugleich den Namen des Würzburger AT-Privatdozenten Joseph Ziegler (vgl. oben Anm. 13) ins Gespräch brachte, wohl auch um das eigentlich betroffene, durch Walz aber gar nicht abgedeckte, Fach Altes Testament bei dieser Berufung irgendwie nicht unberücksichtigt bleiben zu lassen.

[75] Vgl. BayHStA München MK 44617: Antrag Walz' vom 06.12.1937 mit der Bitte, das auf den 01.10.1935 festgesetzte Dienstalter wegen der Vertretung der Freisinger Professur auf das Som-

dem er einen Antrag auf zusätzliche Berücksichtigung seiner Kriegsbeschädigung folgen ließ. Unter Einschaltung der Nationalsozialistischen Kriegsopferversorgung, in der Walz Mitglied war[76], versuchte Walz während des Krieges mehrmals, seine ruhegehaltsfähige Dienstzeit neu festsetzen zu lassen.[77] Beim Studium der Münchner Akten erlangt man mit der Zeit den Eindruck, dass es Walz damit gelang, manchem Münchner Ministerialen gewaltig auf die Nerven zu gehen.[78] Zugleich aber wird offensichtlich, dass es immer noch Stellen gab, die hinter ihm standen: Ein erster Entwurf aus München anlässlich des Antrags Walz' zur Neufestsetzung der ruhegehaltsfähigen Dienstzeit war von der Eingangsformulierung für Walz eher weniger günstig gehalten[79], das anscheinend endgültige Schreiben wurde dann in einem neutraleren Tonfall eingeleitet.[80] Mit seinem Versuch, endgültig einen Lehrstuhl für Dogmatik zu erhalten, drang Walz dagegen nicht durch.[81]

3.5 *Walz' Stellung nach Kriegsende und dessen Entfernung von der Hochschule*

Obgleich Walz nach Kriegsende ‚approved' wurde[82], zeichnete sich schon früh ab, dass hier ein Problem auf die Hochschule zukommen könnte. So hatte Rektor Kraft in einem Gespräch mit einem Vertreter des Ministeriums im Juli 1945 zu erkennen gegeben, dass er „zum wenigsten" eine Beförderung von Rüfner

---

mersemester 1933 zurückzudatieren. Dem Antrag schloss sich das Kultusministerium prinzipiell an (ein durch den Kultusministerialen Mezger unterzeichnetes Schreiben VI 66267 vom 16.12.1937 nach Berlin, von wo auch eine positive Antwort erfolgte; Antwort Berlins vom 07.01.1938, W P Nr. 3230/37, gez. Schwarz).

76 Vgl. Universitätsarchiv Bamberg Rep. V A 136: Personalbogen Walz: „Mitgliedschaft in nationalen Verbänden: N.S. Kriegsopferversorgung vom 1.10.1933 Nr. 1151531. N.S. Lehrerbund seit 1.6.1934."

77 Erstmals geschah dies am 26.01.1940, dann erneut am 05.04.1941; vgl. den Briefwechsel in BayHStA München MK 44617.

78 Vgl. BayHStA München MK 44617 die Bemerkung (kurze Aktennotiz bzw. dienstliche Mitteilung) zur Rückgabe der Rentenakten von Walz zum Vorgang VI 32537 vom 03.06.1938: Aus den Versorgungsakten ergebe sich, dass Walz „nicht kriegsdienstbeschädigt, sondern friedensbeschädigt ist, dass er jede sich irgendwie bietende finanzielle Möglichkeit auszuschöpfen versteht, dass er in einigen Schreiben an die Versorgungsbehörden recht eigenartige Auffassungen vertreten hat." (I.A. Mezger).

79 Vgl. BayHStA München MK 44617: Beim Vorgang VI 7279 bemerkte der Referent in leicht mokantem Tonfall unter Verweis auf den Aktenvermerk vom 03.06.1938 zu Nr. VI 32537 (vgl. vorige Anm. 78), dass Walz nicht schwerkriegsbeschädigt, sondern friedensdienstbeschädigt sei.

80 Vgl. BayHStA München MK 44617: Schreiben VI 7279 vom 08.03.1940 wurde neutraler eingeleitet, „Dr. Walz, der friedensdienstbeschädigt ist", und ist unterschrieben durch den Ministerialbeamten von Jan; zum hochrangigen Münchner Ministerialen Siegfried Gustav von Jan (1881–1970) vgl. Krenz, Bamberg (wie Anm. 2), S. 388f. Anm. 90.

81 Vgl. BayHStA München MK 44617 die Antwort des Reichswissenschaftsministeriums vom 08.10.1940 (W P Nr. Walz 2 d), mit der Formulierung des bearbeitenden Beamten Frey, dass Walz aufgrund der derzeitigen Schließung der PTH „hinreichend Muße für eine Umstellung auf das Fach ‚Alte Testament'" bleibe. Diese wurde im Bescheid des Münchner Kultusministerium nach Bamberg (VI 50253) vom 23.10.1940 aufgegriffen (I.A. Stengel): „Da ferner die Phil.theol. Hochschule Bamberg z.Zt. geschlossen sei, verbleibe Professor Walz hinreichend Muße für eine Umstellung auf das Fach Altes Testament."; vgl. Universitätsarchiv Bamberg Rep. V A 136; Eingang in Bamberg am 25., Abschrift an Walz am 29.10.1940.

82 Vgl. BayHStA München MK 72935: Antwortschreiben Bambergs vom 06.02.1947 auf das Münchner Rundschreiben VI 3602 vom 03.02.1947 (Übersicht über Lehrpersonal mit Bestätigung der Militärregierung etc.).

und Walz als „nicht entsprechend“ ansehen würde.[83] Richtig ins Rollen kam die Causa Walz mit einem Schreiben des Kultusministers Franz Fendt vom 30. November 1945, in dem es als „untragbar“ bezeichnet wurde, „daß heute ein Professor an einer theologischen Hochschule unterrichtet, der sich wie Dr. Walz aktiv zum Nationalsozialismus eingestellt hat.“[84] Da Walz bereits eine Zulassung von der Militärregierung hatte, bat Fendt den seit dem Tode Jacobus von Haucks 1943 als Erzbischof amtierenden Joseph Otto Kolb, Walz in den Kirchendienst zu übernehmen, damit eine unehrenhafte Entlassung vermieden werden könne.[85]

Anlässlich dieses Schreibens kam es im Bamberger Rektorat am 19. Dezember 1945 zu einer Zusammenkunft zwischen Rektor Kraft und Erzbischof Joseph Otto, vermutlich wurde zwei Tage später auch Walz selbst zu der Angelegenheit befragt. Dabei zeigte es sich, dass sich der Erzbischof weiterhin für Walz einzusetzen gedachte.[86] Kraft lehnte dies dagegen ab, da er den Erzbischof

---

[83] Vgl. Universitätsarchiv Bamberg Rep. V A 136: masch.schriftl. Aktenvermerk vom 22.12.1945 „Erzbischof: *Walz* – ~~Reinwald~~“ [Walz: gesperrt, Reinwald: handschriftlich durchgestrichen].

[84] Vgl. BayHStA München MK 72935: Abschrift eines Schreibens (VIII/92) des Staatsministers Dr. Fendt an Erzbischof Joseph Otto Kolb (1881–1955; seit dem Tode Jacobus von Haucks 1943 Erzbischof von Bamberg; vgl. Josef Urban, Art. „Kolb, Joseph Otto“, in: BBKL 4 (1992), Sp. 324–327) vom 30.11.1945. Die entscheidenden Passagen lauteten: „Inzwischen wurden die Akten des ao. Professors für Dogmatik Dr. Johann Baptist Walz durchgesehen. Dabei finden sich in einem Schreiben des Dr. Walz am 5. Oktober 1933 an den damaligen Minister Schemm folgende Sätze: ‚Ich habe zu Bayreuth anläßlich einer Unterredung eingehend Herrn Staatsminister aufmerksam gemacht auf die fortwährenden Hetzereien, die man seit mehreren Jahren in theologischen Kreisen wegen meiner nationalsozialistischen Einstellung gegen mich unternimmt. Diese Hetzereien, welche darauf abzielen, mir die Anstellung zu hintertreiben, würden sicherlich verschwinden und wirkungslos werden, wenn ich jetzt ernannt werde. Als etatmäßiger Professor kann ich auch viel besser und erfolgreicher im Geiste des Nationalsozialismus wirken.‘ [...] Dr. Walz konnte aufgrund solcher Angaben seinerzeit seine Anstellung an der phil.-theol. Hochschule Bamberg erreichen, trotz großer Bedenken, die in fachlicher Hinsicht gegen ihn bestanden. Es ist aber untragbar, daß heute ein Professor an einer theologischen Hochschule unterrichtet, der sich wie Dr. Walz aktiv zum Nationalsozialismus eingestellt hat. Da Walz, wie eingangs erwähnt, von der Militärregierung bereits zugelassen ist, möchte ich wenn möglich davon absehen, ihn ohne weiteres zu entlassen, zumal er den Akten nach schwer lungenleidend ist. Ich bitte daher Euer Exzellenz zu erwägen, ob Dr. Walz nicht in den Kirchendienst übernommen werden könnte. Er würde dann von mir vor die Wahl gestellt werden, entweder in den Kirchendienst zurückzutreten oder aber entlassen zu werden.“ In einem Entwurf zu diesem Schreiben (vgl. BayHStA München MK 72961; VI 25173 vom 30.11.1945) wurde die Passage „der sich wie Dr. Walz aktiv zum Nationalsozialismus eingestellt hat“ offensichtlich verbessert aus der ursprünglichen Formulierung „der sich bereits für die Zeit vor 1933 zum Nationalsozialismus bekannt hat“. Zum bayerischen SPD-Kultusminister Franz Fendt (1892–1982) vgl. u.a. Fritz Schäffer, Art. „Bekenntnisschule“, publiziert am 30.06.2006; in: Historisches Lexikon Bayerns, URL: http://www.historisches-lexikon-bayerns.de/Lexikon/Bekenntnisschule (letzter Zugriff: 16.06.2018).

[85] Als mögliche Nachfolger brachte Fendt den Breslauer Professor Bernhard Poschmann (1878–1955, zu dems. vgl. Frank Sobiech, Art. „Poschmann, Bernhard“, in: BBKL 23 [2004], Sp. 1123–1127) und einen jungen Geistlichen, den 1947 dann tatsächlich auch auf die Dogmatikprofessur berufenen Dr. Paul Bayerschmidt, ins Gespräch. Vgl. zu Bayerschmidts Ernennung: Erzbischöfliches Ordinariat Bamberg (Hg.), Schematismus der Geistlichkeit des Erzbistums Bamberg 1949, Bamberg 1949, S. 20 (* 02.07.1903 in Nürnberg, Priesterweihe am 01.08.1926, Ernennung zum ao. Professor für Dogmatik am 01.12.1947; † 1965).

[86] Vgl. Universitätsarchiv Bamberg Rep. V A 136: maschinenschriftlicher Aktenvermerk vom 22.12.1945 „Erzbischof: *Walz* – ~~Reinwald~~“ [Walz: gesperrt, Reinwald: handschriftlich durchgestrichen]: „2 Die Besprechung ergibt, daß sich der Erzbischof für Walz in dem Sinn verwenden will, daß Walz weder Nationalsozialist noch aktiv tätig war. Es seien lediglich naive Redensarten, auf Grund derer Walz sich in seinem Existenzkampf eine Position sichern wollte.* Auch Schäfer, *fügt Walz bei,* [kursiv = handschriftlicher Nachtrag] habe oberflächlich geschrieben

bereits im Frühsommer 1945 auf die politische Stellung von Walz aufmerksam gemacht habe.[87] In einem Schreiben ans Ministerium vom 21. Dezember 1945 versuchte der Erzbischof dann zwar, sich für Walz zu verwenden und dessen Verhalten aus einer „politisch-naiven, unkritischen Beobachtung" der Zeit heraus zu erklären, doch dieser Einsatz blieb vergeblich.[88]

Walz versuchte zwar noch, sich mit mehr als unbeholfenen Verteidigungsschriften[89] und unter Verweis auf seine Kriegsverletzung aus dem Ersten Weltkrieg im Ministerium zu rehabilitieren, aber offensichtlich hatte er dort den Bogen überspannt und konnte auf keine Befürworter mehr zählen. Am Jahresende 1946 musste dann anscheinend alles Schlag auf Schlag gehen: Mit einem Telegramm kündigte Rektor Kraft am 20. Dezember 1946 Walz' Antrag

---

und Walz lediglich als Nationalsozialisten angesehen, da dieser seine Schriften im Schrödter-Verlag drucken ließ und deshalb von Klerusseite angefeindet worden sei." Die mit * bezeichnete Beifügung findet sich am Ende angefügt: „* Walz dachte politische [sic!] ‚naiv und unkritisch, zumal der damalige Nationalsozialismus seine wahren Ziele tarnte.'" Zu Schäfer vgl. die Passage im Schreiben Walz' bei Anm. 44!

87 Vgl. Universitätsarchiv Bamberg Rep. V A 136: maschinenschriftlicher Aktenvermerk vom 22.12.1945 „Erzbischof: *Walz* – ~~Reinwald~~" [Walz: gesperrt, Reinwald: handschriftlich durchgestrichen]: „Aber auch damals erklärte der Erzbischof, daß gegen Walz nichts vorliege und dieser lediglich dumme Redensarten gemacht habe. – Auf Befragen empfehle ich auch Walz, nicht nach München zu gehen, sondern die Angelegenheit dem Erzbischof zu überlassen, da nur dieser vom Minister benachrichtigt sei." Der Verfasser dieses Aktenvermerks war vermutlich Rektor Kraft, wenngleich in Punkt 5 vom Rektor in der Er-Form geschrieben wird. Auch bei Denzler, Widerstand (wie Anm. 7), S. 99f. wird das Schreiben in dieser Form interpretiert.

88 Vgl. BayHStA München MK 44617: Schreiben des Erzbischofs an Kultusminister Fendt (Nr. 114.45) vom 21.12.1945: Walz sei ihm, Erzbischof Kolb, seit der Gymnasialzeit bestens bekannt. Seine Schul- und Studienleistungen seien stets herausragend gewesen. Keinesfalls könne Walz als Nazi bezeichnet werden. Er habe sich nie eine Spur vom Glauben entfernt. Die in den Schreiben von 1933 gefallenen Bemerkungen erklärte sich der Erzbischof mit Walz' Naivität. Das Schreiben schloss mit der Erklärung Kolbs, dass Walz für den Kirchendienst ungeeignet sei, da er in einer Privatkapelle zelebriere. Ursprünglich sah Kolb sogar noch vor, Walz das Alte Testament(!) lesen zu lassen; vgl. BayHStA München MK 72961: Antwort VI 16635 A.II. des Staatsministeriums an Erzbischof Joseph Otto vom 09.08.1945: Bei einer Fachänderung von Walz sei angesichts seines Alters und Gesundheitszustandes „wenig Erfreuliches zu erwarten." Mit dem Schreiben wurde auf den Brief des Erzbischofs vom 23.07.1945 reagiert, in dem er im Falle der Neueröffnung der PTH für Dogmatik Landgraf und Walz für AT vorschlug; vgl. Krenz, Bamberg (wie Anm. 2), S. 388. Auf diese Absage vom 09.08.1945 reagierte Erzbischof Kolb mit Bedauern; vgl. BayHStA München MK 72961: Schreiben des Erzbischofs Nr. 31/45 vom 01.09.1945: Zwar war Kolb bekannt, dass Walz mehr für Dogmatik eingenommen war: „Aber ebenso genau wußte ich, daß derselbe seit Jahren mit größter Hingabe sich auf die Professur des Alten Testamentes vorbereitete". Kolbs im gleichen Schreiben (31/45 vom 01.09.1945) geäußerter Wunsch zur Besetzung der Moralprofessur mit dem Dozenten Dr. Schneider – vgl. Krenz, Bamberg (wie Anm. 2), S. 388f. – wurde entsprochen, nicht aber seinem Einsatz für Walz.

89 Vgl. z. B. HStA München MK 44617: Schreiben Walz' an das Kultusministerium vom 20.12.1945 bzw. in einem Ergänzungsschreiben vom 28.12.1945: In geradezu rührender Weise versuchte Walz mit dieser Ergänzung die Punkte zu betonen, die ihn aus seiner Sicht als Nazigegner auszeichneten: Er ging nie in ein Dozentenlager, hielt Gottesdienste für Kriegsgefangene und gab einem französischen Kaplan Essen, was verboten war. Zudem steckte er französischen und polnischen Kriegsgefangenen Zigarren zu, „um ihr hartes Los etwas zu mildern." Er ließ außerdem auch russischen Mädchen durch einen Lagerführer Essen zukommen und grüßte – wohl als Gipfel des Widerstandes gedacht – öffentlich im Postamt Frensdorf mit „Grüß Gott", was ihm einen Tadel der örtlichen Parteiverantwortlichen eintrug. Zudem berief Walz sich auf eine Reihe von ihm während der Kriegsjahre gehaltener wissenschaftlicher Vorträge über das Alte Testament vor einer Gruppe regimekritischer Bamberger Honoratioren, mit der er gegen die NSDAP-Ideologie argumentierte. Unter Punkt 7 hob Walz hervor, dass er mit „dem Führer [sic!] der Bamberger Juden persönlich befreundet" war und einige Dinge über die Theologie des Alten Testamentes ausgearbeitet hatte, die schwerlich mit der damals erwünschten Sicht auf das Judentum übereingekommen wären.

auf Versetzung in den Ruhestand an.[90] Dieser wurde am 31. Januar 1947 von Kultusminister Alois Hundhammer genehmigt[91], obgleich Walz durch Einsendung eines Rechtfertigungsschreibens des Oberlandesgerichtspräsidenten Dr. Lorenz Krapp versuchte, das Blatt fünf nach zwölf noch zu seinen Gunsten zu wenden.[92]

Im Münchner Akt von Walz, der im Übrigen vergleichbare eingesehene Akte seiner Bamberger Kollegen um Längen schlägt, finden sich auch danach noch weitere Zeugnisse eines regen Briefwechsels: Walz versuchte kurz vor der Versetzung in den Ruhestand eine weitere Anrechnung von Dienstzeiten zu erreichen[93] und sandte in den folgenden Jahren weitere Belege für seine antinationalsozialistische Einstellung nach.[94] Der Spruchkammerentscheid vom 29. April 1947 bezeichnete Walz als nicht Betroffenen.[95] Am 20. Dezember 1948 stellte Walz dann einen formellen Antrag auf Reaktivierung und reichte infolgedessen ein weiteres elfseitiges Rechtfertigungsschreiben ein.[96] Im Zuge dieses letzten Aufbäumens für seine Bamberger Professur wurde behördenintern eine Art Tischvorlage erstellt, die Walz' Haltung zum Nationalsozialismus folgendermaßen charakterisierte: Gleich eingangs wurde betont, dass es wohl als absolute Seltenheit angesehen werden müsse, wenn ein Geistlicher und Professor sich zu einem Zeitpunkt, an dem andere Geistliche gegen die Nazis zu kämpfen hatten, sich diesen derart naiv und unkritisch angebiedert habe.

---

[90] Vgl. BayHStA München MK 44617: Telegramm vom 20.12.1946: „Professor Walz bit[t]et wegen Krankheit um Pensionierung Unterlagen folgen = Rektor Kraft." Mit Schreiben vom 18.12.1946 bat Walz aufgrund seiner gesundheitlichen Lage um die Versetzung in den Ruhestand, das fachärztliche gutachterliche Zeugnis vom 18.12.1946 stellte eine Verschlechterung seines durch den Kriegsschaden ohnehin angespannten Gesundheitszustandes fest (Dr. med. G. H. Schneider).

[91] Universitätsarchiv Bamberg Rep. V A 136: Urkunde zum Schreiben VI 58213 vom 31.01.1947. Zu Alois Hundhammer (1900–1974) vgl. u. a. Oliver Braun, Konservative Existenz in der Moderne. Das politische Weltbild Alois Hundhammers (1900–1974), München 2006.

[92] Vgl. BayHStA München MK 44617: Schreiben des Oberlandesgerichtspräsidenten Dr. Lorenz Krapp vom 03.01.1947 mit der Feststellung, Walz habe einem Bamberger antinazistischen Freundeskreis angehört. Durch eine Schilderung der Bamberger Lage um 1933–1934 versuchte Krapp die damalige außergewöhnliche Situation plastisch darzustellen, in der zeitweise selbst Persönlichkeiten wie Generalvikar Adam Senger, die zu diesem Zeitpunkt von der Notwendigkeit einer Kooperation zwischen Nationalsozialisten und Kirche ausgingen, ein Einvernehmen noch erhofften. So gingen 1933 die NS-Stadträte Bambergs offiziell, 1934 immerhin noch mit einer Delegation bei der Fronleichnamsprozession mit. Auch Krapp hob die Vorträge Walz' heraus, mit denen er wirklich gegen Rosenberg und „Wahnlehren des Nazismus" argumentiert habe. Krapps Schreiben schloss mit der Hoffnung, dass Walz „uns als Zierde unserer heimischen Hochschule weiter gesichert bleibe." Zu Lorenz Alexander Krapp (1882–1947) vgl. u. a. die Landtagsdatenbank http://www.hdbg.de/parlament/content/persDetail.php?id=3072 (letzter Zugriff: 16.06.2018) oder Reinhard Böttcher / Wolfgang Köster, Lorenz Krapp (1882–1947), Jurist und Politiker (Veröffentlichungen der Gesellschaft für fränkische Geschichte Reihe VII A, Fränkische Lebensbilder, Bd. 17), Neustadt a. d. Aisch 1998, S. 299–306. Zum Bamberger Generalvikar und Weihbischof Adam Senger (1860–1935) vgl. mit weiteren Hinweisen Breuer, Wandel (wie Anm. 3), S. 14.

[93] Vgl. BayHStA München MK 44617: Schreiben Walz' vom 30.01.1947.

[94] Vgl. BayHStA München MK 44617: Neben einem weiteren Schreiben des Oberlandesgerichtspräsidenten Krapp finden sich weitere Bestätigungen von Erzbischof Joseph Otto und eine eidesstattliche Erklärung Schäfers (dazu s. Anm. 44 und 86), mit der er die Bezeichnung Walz' als Nazi als unterschobene Erfindung bezeichnete.

[95] Vgl. BayHStA München MK 44617.

[96] Vgl. BayHStA München MK 44617.

Damit habe Walz „den Boden korrekter Haltung und pol[itischer] Treue zugunsten seiner persönlichen Vorteile weitgehend verlassen. Ich bezweifle nicht, daß Prof. Walz kein Nationalsozialist war, ich bezweifle aber, daß bei ihm Gegner des Nationalsozialismus zuverlässige Zuflucht und aufrichtige Seelenbetreuung gefunden hätten."[97]

3.6 *Walz' letzte Jahre zwischen Heroldsbach und Herold seiner selbst*

Die letzten Jahre bis zu seinem Tod am 13. Mai 1966[98] verbrachte Walz als Privatgelehrter. Als solcher setzte er sich für die – kirchlich nicht anerkannten – Marienerscheinungen im Bambergischen Heroldsbach ein.[99] Einer Aktennotiz von 1959 zufolge wurden ihm Auflagen erteilt, wie er im Rahmen einer allfälligen liturgischen Beteiligung bei Beerdigungen zu verfahren habe, unter anderem wurde ihm explizit untersagt, sich auf Gespräche mit Heroldsbachern einzulassen.[100] Seine Personalakte im Archiv des Erzbistums Bamberg lässt durchscheinen, wie isoliert Johann Baptist Walz in diesen Jahren gewesen sein muss und wie sehr ihn das, beispielsweise im Gefolge des Zweiten Vatikanischen Konzils, verstimmt hatte.[101] Wohl vergebens versuchte er am Abend seines Lebens noch, den Eindruck zu hinterlassen, bedeutend gewesen zu sein, und sich wenigstens einen gewissen Nachruhm zu sichern.[102]

---

[97] Vgl. BayHStA München MK 44617: Vorlage vom 10.03.1949 (Referat 16d) zu Nr. V 12196. Mit Schreiben V 12196 teilte Kultusminister Hundhammer Walz am 28.03.1949 mit, dass das Gesuch vom 20.12.1948 nicht in Betracht gezogen werden könne.

[98] Erzbischöfliches Ordinariat Bamberg (Hg.), Schematismus des Erzbistums Bamberg 1967, Bamberg 1967, S. 329.

[99] Vgl. hierzu die Bemerkungen bei Denzler, Widerstand (wie Anm. 7), S. 100 und Archiv des Erzbistums Bamberg, Bestand 3103/881 – Personalakt Johann Baptist Walz.

[100] Archiv des Erzbistums Bamberg, Bestand 3103/881 – Personalakt Johann Baptist Walz.

[101] Archiv des Erzbistums Bamberg, Bestand 3103/881 – Personalakt Johann Baptist Walz: In einem Schreiben vom 30.06.1964 äußerte Walz beispielsweise ‚ernste Bedenken gegen moderne antikirchliche Strömungen', was er auch dem Nuntius mitteilte. Die Nuntiatur wandte sich prompt am 26.09.1964 an die Bamberger Stellen, woraufhin Weihbischof Johannes Lenhardt am 06.10.1964 einen abwiegelnden Brief verfassen musste, der auf die Problematik der Person Walz' einging; zu Johannes Lenhardt (1899–1966) vgl. mit weiteren Literaturhinweisen Krenz, Bamberg (wie Anm. 2), S. 371f.; daneben findet sich im Akt Walz ein ganz ähnlich gelagerter, vor Walz im Grunde warnender Briefwechsel Lenhardts mit Wiener erzbischöflichen Stellen.

[102] Interessanterweise steht als Autorangabe unter einem Bericht des *Fränkischen Tags* vom 18.07.1959 („Universitätsprofessor Walz 65 Jahre. Jahrzehntelange Forschung im Dienste des Glaubens") das Kürzel „(Dr. W.)". Auffällig ist, dass Walz im Kürschner einer Art ‚Damnatio Memoriae' schon zu Lebzeiten verfällt: vgl. Werner Schuder (Hg.), Kürschners Deutscher Gelehrten-Kalender 1966 (10. Ausgabe; Bd. 2), Berlin 1966, S. 2830 und gleichfalls nicht erwähnt im Nekrolog bei Werner Schuder (Hg.), Kürschners Deutscher Gelehrten-Kalender 1970 (11. Ausgabe; Bd. 2), Berlin 1970, S. 3439. Noch erwähnt wird Walz dagegen bei Gerhard Lüdtke (Hg.), Kürschners Deutscher Gelehrten-Kalender 1940/41 (6. Ausgabe; Bd. 2), Berlin 1941, S. 1025 (u. a. verzeichnet ist sein Beitrag fürs LThK² „Alleinseligmachend"). In Werner Schuder (Hg.), Kürschners Deutscher Gelehrten-Kalender 1961 (9. Ausgabe; Bd. 2 O–Z), Berlin 1961, S. 2199f. fehlt unter Walz bereits der Eintrag von Johann Baptist Walz.

4. Johann Baptist Walz: Ein ehrgeizgetriebener Rechtsschwenk vor 1945 und das exemplarische Ende einer Karriere danach? – Eine abschließende Bilanz

Die Vita von Walz kann exemplarisch die ganze Tragik jener Kriegsgeneration aufzeigen, die durch ihre Enttäuschung über den Verlust ihrer Jugend zwischen 1914 und 1918 und die aus ihrer Sicht ausbleibende gesellschaftliche Anerkennung ihres Einsatzes auf Spuren geführt wurde, die sie – wäre die Geschichte anders verlaufen – vielleicht nicht betreten hätte. Trotz aller im Laufe seines Lebens gesammelten hervorragenden schulischen und Studienleistungen vermochte Walz es nicht, sich in den 1920er Jahren für eine Professur zu empfehlen, aber dies wohl auch, weil die Erträge seiner akademischen Arbeiten von der Fachwelt als inhaltlich unbedeutend(er) eingeschätzt wurden. Die Verbitterung über die – seiner Meinung nach – erlittenen Ungerechtigkeiten ließ ihn, der als ehemaliger Frontkämpfer ohnehin deutschnational eingestellt war, politisch völlig unkritisch werden, wodurch es nach 1933 zu einer aus heutiger Sicht unerträglichen Anbiederung an die neuen Machthaber kam, um den beruflichen Sprung in den akademischen Olymp endlich zu schaffen. Wohlmeinende Stimmen nach 1945, die u.a. im Zuge des Entnazifizierungsverfahrens auftauchten, mögen darin beschwichtigend lediglich den Ausdruck einer heute kaum mehr nachvollziehbaren politischen Naivität Walzens erblickt haben. Walz' Perspektive des über die Niederlage 1918 enttäuschten Kriegsteilnehmers, seine generationstypische nationale Einstellung[103] und die daraus resultierende Begeisterung über Deutschlands 1933 vermeintlich wiederhergestellte nationale Ehre, welche Johann Baptist Walz, allerdings im Verbund mit seinem offenbar brennenden Ehrgeiz, zu dieser Anbiederung an die Nationalsozialisten getrieben hatten, teilte er allerdings mit vielen seiner deutschen Zeitgenossen.

In dieser Disposition (oder Anfälligkeit) für nationale Parolen, aber auch in der allzu unkritischen Bereitschaft, mögliche – gar christlich grundierte – Bedenken oder Reserven den Nazis gegenüber zugunsten seiner akademischen Ambitionen hintanzustellen, unterschied er sich allerdings in Nichts von vielen seiner Generations- und Professorenkollegen. Sein Verhalten unterschied sich auch nicht nennenswert von dem mit ihm im Jahre 1937 gleichfalls auf eine Bamberger Professur berufenen Kollegen Vinzenz Rüfner, der es allerdings vermochte, das Entnazifizierungsverfahren unbeschadet, ja gar mit einer Beförderung gekrönt, zu überstehen, obwohl Rüfner als Parteigenosse zunächst als Mitläufer – und damit im Vergleich mit dem nicht der NSDAP angehörenden Walz als stärker verstrickt – eingestuft wurde.[104] Walz dagegen, der im Entnazifizierungsverfahren als ‚nicht Betroffener' bezeichnet wurde, musste 1947 – nach dem Auftauchen seiner ihn belastenden Korrespondenz

---

[103] Thomas Forstner, Priester in Zeiten des Umbruchs. Identität und Lebenswelt des katholischen Pfarrklerus in Oberbayern 1918 bis 1945, Göttingen 2013, S. 216f. verortet Walz in der Gruppe der ‚soldatisch-national' eingestellten Professoren und bezeichnet ihn als Nationalisten, aber nicht als überzeugten Nationalsozialisten, wenngleich er ebd., S. 214 hinführend konzediert, dass Walz „dem Nationalsozialismus ausgesprochen positiv gegenüber[gestanden]" habe.

[104] Für das Geschick Rüfners vgl. ausführlich Krenz, Baumeister (wie Anm. 4).

mit dem Ministerium aus dem Jahre 1933 – endgültig gehen. Sicherlich nicht ganz unzutreffend ist die Einschätzung des Ministeriums vom Frühjahr 1949, der zufolge Walz kein überzeugter Nazi, wohl aber ein naiver Opportunist war.[105]

Ob das so unterschiedliche Ende der zwei Bamberger ‚Hauptbelasteten' lediglich mit zufälligen Unterschieden in Charakter und Benehmen dieser beiden Persönlichkeiten zusammenhing, kann heute kaum mehr geklärt werden. Im Falle Rüfners scheinen Verbindungen aus dessen Bonner Zeit, wohin er während des Krieges als Ersatz für einen von dort an die Front einberufenen Philosophieprofessor abgeordnet wurde, nach 1945 den Ausschlag gegeben zu haben, die akademische Karriere – nach einer gewissen Bamberger ‚Karenzzeit' – im Rheinland fortzusetzen.[106] Obwohl diese Bonner ebenso wie eine zweite Versetzung nach Freiburg im Breisgau 1943 im Grunde durch Rüfners eigenes Drängen auf berufliche Weiterbeschäftigung nach der mit dem Kriegsausbruch als Vorwand herangezogenen Schließung der Bamberger Hochschule 1939 angestoßen wurde, gelang es Rüfner nach 1945, diese beiden außer-Bamberger akademischen Einsätze als eine Art fast lebensbedrohliche Vergeltungsmaßnahme des Regimes aufgrund seiner ‚bekannten antinationalsozialistischen Einstellung' darzustellen[107], von der sich in den Akten bis 1945 allerdings keine Spur finden lässt. Eher das Gegenteil war der Fall, denn ganz wie Walz stilisierte auch Rüfner sich als begeisterter Anhänger des neuen Regimes, was Rüfner allerdings, anders als Walz, nach 1945 nicht zum Verhängnis wurde. Rüfner nämlich kam mit seiner Narration des von Anfang an erbitterten NS-Gegners, allen aktenkundigen (Selbst-)Zeugnissen hohnsprechend, durch alle Instanzen der Nachkriegszeit. Dagegen ist an den aufbewahrten Akten zu Walz auffällig, dass sie angesichts der – selbst heute noch anhand der Aktenlage durchaus greifbaren – Penetranz Walzens immer wieder auch eine gewisse Distanzierung seiner Person gegenüber überliefern.[108]

---

[105] Vgl. oben Anm. 97 – BayHStA München MK 44617: Vorlage vom 10.03.1949 (Referat 16d) zu Nr. V 12196. Parteimitglied war Walz nicht. Eine Übersicht über seine Mitgliedschaften aus Bamberg vom 01.11.1938 (Universitätsarchiv ebd.) listet auf: NS Dozentenbund der Universität Würzburg ‚seit Gründung durch Staatsminister Schemm' (im Fragebogen vom 02.08.1945 in BayHStA München MK 44617 wird daraus ein Pflichtmitglied – Pflicht unterstrichen – mit der Erläuterung: „Erhielt keine Mitgliedskarte; seit 1935 keinen Beitrag mehr gezahlt. Keine Teilnahme an Versammlungen."); NS Kriegsopferversorgung seit 01.10.1933; NS Volkswohlfahrt seit 01.07.1936 (in Freising); Reichsluftschutzbund seit 1934 und NS Winterhilfswerk ‚seit Beginn'. Auch die studentischen Berichte bei Denzler, Widerstand (wie Anm. 7), S. 103f. und 105 erwähnen mit ausdrücklichem Bezug auf Walz, dass dieser kein NS-Gedankengut äußerte.

[106] Vgl. hierfür die Schilderungen bei Krenz, Baumeister (wie Anm. 4), bes. bei den dortigen Anm. 134 und 138. Der Dekan der Philosophischen Fakultät der Rheinischen Friedrich-Wilhelms-Universität Bonn, Hans Herter (1899–1984; zu ihm vgl. Hans-Paul Höpfner, Die Universität Bonn im Dritten Reich: Akademische Biographien unter nationalsozialistischer Herrschaft, Bonn 1999, S. 427f.), scheint hier eine gewisse Rolle gespielt zu haben, da er sich schon während des Krieges – unter steter Hervorhebung der nationalen Zuverlässigkeit Rüfners und dessen (vom Katholizismus!) „ganz unbeengte[r] und auf der Höhe der modernen Forschung stehende[r] Philosophie" – mehrfach in Schreiben nach Berlin für ihn eingesetzt hatte; vgl. z. B. Herters Schreiben vom 18.03.1943 in Bundesarchiv Berlin (ehem. BDC) R 4901 – Personalakten Vincenz [sic!] Rüfner.

[107] Vgl. hierfür die Schilderungen bei Krenz, Baumeister (wie Anm. 4), u. a. bei der dortigen Anm. 136 u. ö.

[108] Vgl. z. B. oben bei Anm. 78 oder ein im Walz-Akt (Universitätsarchiv Bamberg Rep. V A 136) aufbewahrter Zeitungsausschnitt über die Ernennung von Walz zum Professor 1937: Der erste

Als exemplarischer für die ungebrochene Kontinuität deutscher akademischer Karrieren vor und nach 1945 ist sicherlich der Werdegang von Vinzenz Rüfner anzusehen. Das Exempel Johann Baptist Walz stellt mit dem erzwungenen Ende einer akademischen Laufbahn nach 1945 wohl eher die – auch zahlenmäßige – Ausnahme unter den deutschen Karrieristenviten dieser Zeit dar. Zuspitzend könnte man allerdings beinahe resümieren, dass der exemplarische Charakter seines Geschicks vielmehr in der Ungeschicklichkeit zu sehen ist, mit der ein – formal betrachtet – weit weniger mit dem Regime verstrickter Charakter, der – anders als sein Kollege (und Parteigenosse) Rüfner – auch keine die NS-Diktatur (zumindest indirekt) verherrlichende Publikation[109] hinterlassen hatte, nach 1945 über seine in München archivierten anbiedernden Altlasten stolperte. Dass in Bamberg mit Walz ausgerechnet die Person gehen musste, deren gesamtes Handeln ausweislich der Akten von manchen offenbar als zu brachial – oder vielmehr noch: als zu plump – empfunden wurde, während andere ihre Karrieren ungebrochen fortsetzen konnten, wirft so allerdings auch ein bezeichnendes Schlaglicht auf die bei der akademischen Denazifizierung nach 1945 angewandten Prinzipien und die darin zu erkennende Konsequenz des Handelns der staatlichen Stellen.

Was den institutionellen, wissenschaftspolitischen Aspekt der hier untersuchten akademischen Karriere des Johann Baptist Walz während der NS-Zeit anbelangt, so muss festgehalten werden, dass mit seiner Berufung nach Bamberg 1937 ausweislich der Aktenlage keine innertheologischen Richtungsstreitigkeiten entschieden oder bestimmte, dem NS-Staat gegebenenfalls eher genehme, theologische Schulen gestärkt werden sollten. Mit seiner Indienstnahme waren offenbar keine ministeriellen Präferenzen für eine bestimmte theologische Ausrichtung verknüpft. Hierin ähnelt das staatliche Handeln in gewisser Weise dem im Falle der Versetzung des Bamberger Moraltheologen Michael Müller nach Würzburg zu beobachtenden Vorgehen, denn Anlass hierzu waren keine theologisch motivierten Hintergründe, sondern schlichtweg der Wunsch, eine Planstelle einzusparen.[110]

Satz des Artikels lautete: „Der Führer und Reichskanzler hat den Dozenten n.b.a.o. Professor Dr. Johann Baptist *Walz* an der Universität Würzburg unter Berufung in das Beamtenverhältnis auf Lebenszeit zum planmäßigen außerordentlichen Professor an der Phil.-Theol. Hochschule Bamberg ernannt." Der Artikel führte alle Lebensstationen an, die aus Sicht von Walz vermutlich wichtig gewesen sein dürften: Die Abiturnote (I), der Status des Schwerkriegsbeschädigten oder die Promotion summa cum laude. Als Herkunftsort des Artikels gibt ein handschriftlicher Eintrag an: St. Heinrichsblatt Nr. 50 aus dem Jahr 1937, S. 840 nebst der Notiz: „Von ihm selbst geschrieben und eingesandt. Ebenso in der ‚Bayer. Ostmark' v. 4.12.37 Nr. 283." Vgl. auch die diesbezüglich aufschlussreichen Beobachtungen oben bei Anm. 102! Auch im Personalakt BayHStA München MK 44617 findet sich eine undatierte Notiz eines Sachbearbeiters, ihn künftig mit Anfragen von Seiten Walz' zu verschonen.

109 Vgl. für die verwickelten Auseinandersetzungen um das 1937 von Rüfner publizierte, die „neue[...] Staatsgestaltung des autoritären Führerstaates" als „Verwirklichung des *kanonisch-kirchlichen* und zugleich des *germanischen* Dienstgedankens" preisende Werk *Gemeinschaft, Staat und Recht,* das trotz solcher Passagen parteiamtlich in Ungnade fiel, heutigen Einordnungen zufolge aber durchaus als NS-affin bezeichnet werden kann, die Darstellungen bei Krenz, Baumeister (wie Anm. 4), Kapitel III.7 und IV; für das Zitat vgl. Vinzenz Rüfner, Gemeinschaft, Staat und Recht (Die Philosophie, ihre Geschichte und ihre Systematik; Abteilung XV), Bonn 1937, S. 162.

110 Vgl. oben bei Anm. 11.

Im Unterschied dazu allerdings wurde bei der Berufung von Walz eine Planstelle aufgefüllt und nicht eingespart, und in diesem Fall sind vermutlich doch noch weitergehende ‚strategische' Überlegungen darin auszumachen, dass man von Seiten der NS-Kultusbürokratie (oder zumindest der nationalsozialistischen Ministeriumsleitung) offensichtlich, und dies aufgrund der ganzen Eingaben vermutlich auch nicht ganz ohne Grund, glaubte, mit Walz einen Parteigänger auf jeden Fall der nationalen Sache und damit vermutlich auch einen Anhänger des Nationalsozialismus auf einen solcherart ‚verdienten' Lehrstuhl zu hieven.

Wollte man es wagen, ein wenig spitzzüngig über weitere Hintergründe zu spekulieren, so könnte man im Falle Walz' der NS-Ministeriumsspitze vielleicht gar unterstellen, mit seiner Berufung den Versuch unternommen zu haben, die theologischen Institutionen gleichsam durch Inkompetenz zu unterwandern. Walz wäre dann als nützlicher Idiot der Nazis anzusehen, der deren Abneigung gegenüber der Theologie als eine Art ‚berufener Strohmann' kaschieren sollte[111] – allerdings lassen sich für eine solche Vermutung keine Belege in den eingesehenen Akten finden, weshalb diese etwas zynische Spekulation kaum als Ausfluss eines wirklich planmäßig angegangenen Vorgehens der NS-Ministeriumsspitze betrachtet werden kann. Für die Annahme, dass es letztlich völlig sachfremde Erwägungen waren, die ihn auf seine Bamberger Professur brachten, spricht allerdings auch fernab aller hypothetischen Mutmaßungen die Tatsache, dass es in seinem Fall doch mit Händen zu greifen ist, dass er – selbst nach damaligen Maßstäben und Usus – als Dogmatiker für einen Lehrstuhl für Altes Testament im Grunde keinerlei oder wenn überhaupt, dann nur wenig vertiefte fachliche Voraussetzungen mitbrachte. Selbst wenn darin nicht die explizite Absicht gelegen haben mag, das Gebäude der Bamberger wissenschaftlichen Theologie durch einen porösen Eckstein ins Wanken zu bringen, so ist doch offensichtlich, dass es im Falle von Walz nicht das ausgewiesene Expertentum für alttestamentliche Exegese oder biblische Archäologie und auch nicht eine sonstige theologisch-wissenschaftliche Exzellenz oder das Brillieren in der Lehre gewesen waren, die ihn auf seinen Bamberger Posten gebracht hatten.

Für die nationalsozialistische Spitze des Münchner Ministeriums handelte es sich wohl schlichtweg darum, im Falle einer nicht abwendbaren Wiederbesetzung einer – aufgrund der konkordatären Abmachungen nicht ohne Konflikte zu streichenden – theologischen Planstelle diese, wenn man schon keinen neuen verbeamteten Theologen vermeiden konnte, wenigstens einem Theologen zuzuschanzen, der im Sinne des neuen Regimes als national zuverlässig gelten konnte. Dass in Gestalt von Johann Baptist Walz 1937 ein Kandidat zur Verfügung stand, der im Ministerium (gefühlt) bereits seit Urzeiten hef-

---

[111] Im Falle Rüfners wies Claudia Schorcht, Philosophie an den bayerischen Universitäten 1933–1945, Erlangen 1990, S. 286 darauf hin, dass es „keineswegs unüblich" war, katholische Philosophen zur Verringerung ihres universitären Wirkungskreises und Einflusses aus taktischen Gründen an eine katholische PTH zu versetzen. Diese Annahme verbietet sich aber im Falle von Walz aufgrund der dem Ministerium bekannten und im Grunde fast durchweg negativen Einschätzung seiner wissenschaftlichen Leistungen.

tig antichambriert und seine nationale Einstellung – verstärkt noch seit dem Jahr 1933 – lauthals vorgetragen hatte und zusätzlich vom zuständigen Ortsbischof protegiert wurde, wog in dieser Situation für die Entscheidungsträger ganz offensichtlich mehr als die Tatsache, dass dessen fachliche Expertise zum zu vergebenden Posten gar nicht passte und von Fachkollegen zudem wenig günstig beurteilt wurde. Mit der Berufung von Walz hatte man gleichsam zwei Fliegen mit einer Klappe geschlagen – der Erzbischof und Walz waren zufriedengestellt und von beiden erhoffte man sich deshalb wohl, dass sie im Falle potenzieller Konflikte auch künftig ‚die Klappe hielten'.

Aber abseits der immer wieder vorgetragenen Forderungen nach Einsparungen und der da, wo es möglich war, auch stets umgesetzten Stellenkürzungen lässt sich im Falle der Philosophisch-Theologischen Hochschule Bamberg gerade an der Causa Walz keine umfassendere, auf die akademische Theologie bezogene wissenschaftspolitische Strategie der NS-Kultusbürokratie erkennen. Und es ist im Rückblick so tragisch wie charakteristisch für dessen Schicksal und Ausstrahlung, dass Johann Baptist Walz auch für diese Erkenntnis als Exempel herhalten muss.

Der Neubeginn der Geschichtswissenschaft an den Universitäten München und Würzburg 1945

Peter Herde

Ich möchte vorausschicken, dass ich mich auf die Historiker der Philosophischen Fakultäten München und Würzburg beschränken muss. Die Kirchenhistoriker der Katholisch-Theologischen Fakultäten und die Rechtshistoriker der Juristischen Fakultäten behandle ich ebenso wenig wie die Medizinhistoriker der Medizinischen Fakultäten und die Historiker der Naturwissenschaften der Naturwissenschaftlichen Fakultäten.

Die „Befreiung vom Nationalsozialismus und Militarismus" – so der Name des entsprechenden Gesetzes vom 5. März 1946[1] – begann bereits 1945: am 28. April 1945 hatten die amerikanischen Stabschefs General Eisenhower mit dem Erlass JC 1067 beauftragt, besonders auf dem Gebiet der Erziehung alle Nationalsozialisten aus wichtigen Ämtern zu entfernen.[2] In der Potsdamer Erklärung vom 2. August 1945 wurde ebenfalls die Entlassung von Nationalsozialisten aus allen öffentlichen und halböffentlichen Ämtern angeordnet[3], und besonders einschlägig war eine Direktive der amerikanischen Militärregierung vom 21. September 1946, in der angeordnet wurde, dass auf dem Gebiet der Bildung und der Jugendaktivitäten alle Personen zu entlassen seien, die nicht die Eigenschaften besaßen, die zum Aufbau der Demokratie notwendig waren, selbst wenn sie nicht der NSDAP beigetreten und von Spruchkammern als Mitläufer oder als entlastet eingestuft worden waren.[4] Die Spruchkammerverfahren, in Niethammers Worten die „Mitläuferfabrik"[5], fanden vielfach

---

1 Gesetz zur Befreiung vom Nationalsozialismus und Militarismus, hg. von Erich Schullze, München 1947 (2. Aufl.).

2 Directive to C-I-C of U.S. Forces of Occupation Regarding Military Government of Germany, Part I,6,c; Report of the Tripartite Conference of Potsdam, Germany, A. Political Principles, in: Hajo Holborn, American Military Government: Its Organization and Policies, Washington, D.C. 1947, App. XII, S. 160.

3 Ebd., App. XII, S. 198.

4 AG 014.12-2 (LD). Zitiert in Korrespondenz der Militärregierung. Vgl. Peter Herde, Kontinuitäten und Diskontinuitäten im Übergang vom Nationalsozialismus zum demokratischen Neubeginn. Die gescheiterten Berufungen von Hermann Heimpel nach München (1944–1946) und von Franz Schnabel nach Heidelberg (1946–1947) (Hefte zur bayerischen Landesgeschichte, hg. von der Kommission für bayerische Landesgeschichte bei der Bayerischen Akademie der Wissenschaften 5), München 2007, S. 45. Diese Arbeit erschien auch in: Helmut Knüppel u. a. (Hg.), Wege und Spuren. Verbindungen zwischen Bildung, Wissenschaft, Kultur, Geschichte und Politik. Festschrift für Joachim-Felix Leonhard (Schriftenreihe des Wilhelm-Fraenger-Instituts Potsdam 10), Berlin 2007, S. 691–788. Ich zitiere im Folgenden die Buchausgabe. Vgl. allgemein: Earl F. Ziemke, The U.S.Army in the Occupation of Germany, 1944–1946, Washington, D.C. 1975; Lutz Niethammer, Die Entnazifizierung in Bayern. Säuberung und Rehabilitierung unter amerikanischer Besatzung, Frankfurt a.M. 1972; unveränderter Nachdruck unter dem Titel: Die Mitläuferfabrik. Die Entnazifizierung am Beispiel Bayerns, Berlin 1982.

5 Vgl. Anm. 4.

erst 1947 und 1948 statt; bekanntlich wurden dabei im ersten und besonders in einem zweiten Verfahren von den oft mit rechtsunkundigen Mitgliedern besetzten Kammern auf der Basis von „Persilscheinen“ auch aktive Nationalsozialisten nicht selten milde behandelt und eingestuft.

An der Universität München wurden Ende 1945 und Anfang 1946 von der Militärregierung folgende Historiker entlassen: die Ordinarien Helmut Berve, Karl Alexander von Müller und Ulrich Crämer, dazu der Privatdozent Fritz Rudolf Wüst (nicht verwandt mit dem NS-Rektor Walther Wüst).[6] Mit Berve verließ ein renommierter Althistoriker, der vor allem durch seine Prosopographie des Alexanderreiches sowie zahlreiche andere Arbeiten zur griechischen und römischen Geschichte bekannt geworden war, den Lehrstuhl.[7] Politisch hatte er vor 1933 dem Nationalsozialismus ferngestanden, nach der „Machtergreifung“ nach den Worten von Theodor Litt in Leipzig „mit einer Wuppdizität sondergleichen den Umschwung ins nazistische Lager vollzogen“, die nationalsozialistische Bildungspolitik voll vertreten und die Rassenlehre und andere Elemente der NS-Ideologie in seine Publikationen einfließen lassen. Im Februar 1940 war er zum Rektor der Universität Leipzig ernannt worden.[8] Doch bereits 1942 hatte es ihn zur Universität München zurückgezogen, wo er von seinem Lehrer Walter Otto promoviert und habilitiert worden war. Die Fakultät unter dem Dekanat des Altphilologen Franz Dirlmeier, einem aktiven Nationalsozialisten, der jedoch sowohl auf politische als auch auf wissenschaftliche Standards achtete[9], setzte ihn am 13. Mai 1942 an die erste Stelle der Berufungsliste für den Lehrstuhl für Alte Geschichte als Nachfolger Ottos.[10] Dann jedoch zeigte es sich, dass unter dem verbrecherischen System der Kampf der Seilschaften und das Prinzip *homo homini lupus* besonders stark ausgeprägt war. Das Amt Rosenberg und der NS-Dozentenbund bevorzugten den Drittplatzierten Hermann Bengtson als „voll auf dem Boden des Nationalsozialismus stehenden“ Kandidaten und lehnten Berve als dem Liberalismus verhaftetes ehemaliges Mitglied eines Rotary Clubs und als „die Lebenswärme des neuen rassenkundlich-biologischen Strebens“ entbehrenden Gelehrten ab.[11]

---

[6] Herde, Kontinuitäten (wie Anm. 4), S. 23.

[7] Über Berve vgl. Karl Christ, Helmut Berve (1996–1979), in: ders., Neue Profile der Alten Geschichte, Darmstadt 1990, S. 125–187; Stefan Rebenich, Alte Geschichte in Demokratie und Diktatur. Der Fall Helmut Berve, Chiron 31 (2001), S. 457–496; Linda Marie Günther, Helmut Berve, Professor in München 1943–1945, in: Jakob Seibert (Hg.), 100 Jahre Alte Geschichte an der Ludwig-Maximilians-Universität München (1901–2001) (Münchner Universitätsschriften, Ludovico-Maximilianea, hg. von Laetitia Boehm, Forschungen 19), Berlin 2002, S. 69–105.

[8] Über Berves Verhalten in Leipzig vgl. Helmut Heiber, Universität unterm Hakenkreuz, Teil II: Die Kapitulation der Hohen Schulen. Das Jahr 1933 und seine Themen, München u.a. 1994, S. 119ff.

[9] Volker Losemann, Nationalsozialismus und Antike. Studien zur Geschichte des Faches Alte Geschichte (Historische Perspektiven 7), Hamburg 1977, S. 71ff., 104, 135ff.; Michael H. Kater, Das „Ahnenerbe“ der SS 1935–1945. Ein Beitrag zur Kulturpolitik des Dritten Reiches (Studien zur Zeitgeschichte 6), München 2001 (3. Aufl.), passim; Maximilian Schreiber, Altertumswissenschaften im Nationalsozialismus. Die Klassische Philologie an der Ludwig-Maximilians-Universität, in: Elisabeth Kraus (Hg.), Die Universität München im Dritten Reich. Aufsätze, Teil I (Beiträge zur Geschichte der Ludwig-Maximilians-Universität München 1), München 2006, S. 181–248, hier S. 220ff.

[10] Universitätsarchiv München, Sen-I-160.

[11] Leiter der Dozentenschaft an Rektor 30.05.1942; ebd. Dort auch weitere Korrespondenz in dieser Sache. Dazu Heiber, Universität (wie Anm. 8), S. 121f.; Günther, Berve (wie Anm. 7), S. 79ff. Über Bengtsons wissenschaftliches und politisches Profil jetzt sehr kritisch Stefan Rebenich,

Am 6. März wurde Berve dennoch vom Reichserziehungsministerium berufen. Nach Kriegsende war er angesichts seiner politischen Vergangenheit nicht zu halten und wurde am 12. Dezember 1945 auf Anordnung der amerikanischen Militärregierung entlassen. Zum gleichen Datum entlassen wurde der Privatdozent für Alte Geschichte Fritz Rudolf Wüst, ebenfalls Schüler von Otto, der zwar Parteimitglied seit der partiellen Aufhebung der Aufnahmesperre im Jahre 1937 war, aber keineswegs mit Berve vergleichbare Publikationen und Aktivitäten im Dritten Reich aufzuweisen hatte. Er erhielt 1948 die Lehrbefugnis zurück, verzichtete aber 1962 auf seine *venia legendi* und konzentrierte sich auf seine Tätigkeit im Höheren Schuldienst.[12]

Die Neubesetzung des Lehrstuhls für Alte Geschichte ließ lange auf sich warten. Wie damals vielfach üblich, verzögerte der Dekan, der Ägyptologe Alexander Scharff, die Angelegenheit, um in der Hoffnung auf bessere Zeiten Berve die Stelle offenzuhalten. Den Lehrstuhl vertraten der 78-jährige Breslauer Emeritus Ernst Kornemann († 4. Dezember 1946) und Hermann Strasburger. Danach musste die Fakultät tätig werden: der Ruf erging an den in England in ärmlichen Verhältnissen lebenden jüdischen Emigranten Victor Ehrenberg, der ihn aber aus politischen und moralischen Gründen ablehnte. Wiederum verzögerte die Fakultät monatelang die Neubesetzung des Lehrstuhls und versuchte, Berve zurückzuholen, dessen Entnazifizierung jedoch erst im Juli 1948 erfolgte, worauf er als apl. Professor seine Tätigkeit an der Universität München wiederaufnehmen konnte. Die von der Fakultät am 27. Oktober eingereichte Liste führte Herbert Nesselhauf vor dem Heidelberger Hans Schaefer (ebenfalls Parteimitglied seit 1937) und als Drittplatzierten Alexander Schenk Graf von Stauffenberg, den Bruder des Hitler-Attentäters auf, der wohl aus politischen Gründen unter Übergehung der beiden vor ihm Platzierten vom Ministerium den Ruf erhielt und am 30. April 1948 zum ordentlichen Professor für Alte Geschichte ernannt wurde.[13]

Die Sache wurde jedoch weiterhin dadurch kompliziert, dass sich auch Hermann Bengtson in München aufhielt; er war verständlicherweise nicht auf seinen Lehrstuhl in Jena in der sowjetischen Besatzungszone zurückgekehrt.

Hermann Bengtson (1909–1989), in: Katharina Weigand (Hg.), Münchner Historiker zwischen Politik und Wissenschaft. 150 Jahre Historisches Seminar der Ludwig-Maximilians-Universität (Beiträge zur Geschichte der Ludwig-Maxmilians-Universität München 5), München 2010, S. 281– 308. Wesentlich positiver: Jakob Seibert, Hermann Bengtson. Professor in München 1.3.1966–30.9.1977, in: ders. (Hg.), 100 Jahre Alte Geschichte (wie Anm. 7), S. 160–171.

12 Vgl. Tanja Susanne Scheer, Fritz Rudolf Wüst, Dozent und apl. Professor in München 1949–1979, in: Seibert (Hg.), 100 Jahre Alte Geschichte (wie Anm. 7), S. 128–136.

13 Wolfgang Günther, Alexander Schenk Graf von Stauffenberg, Professor in München 30.4.1948–27.1.1964, in: Seibert (Hg.), 100 Jahre Alte Geschichte (wie Anm. 7), S. 106–127. Über die Berufungsverhandlungen ebd., S. 114ff. Über Stauffenberg die Personalakten des Kultusministeriums Bayerisches Hauptstaatsarchiv München, E-II-3229, der Universität München im Universitätsarchiv München, die Lehrstuhlakte des Kultusministeriums Bayerisches Hauptstaatsarchiv München, MK 72583 und der Personalbogen Stauffenberg des Reichserziehungsministeriums im Bundesarchiv Berlin-Lichterfelde. Dazu bes. Peter Hoffmann, Claus Schenk Graf von Stauffenberg und seine Brüder, Stuttgart 2004, passim; Karl Christ, Hellas. Griechische Geschichte und deutsche Geschichtswissenschaft, München 1990, passim; ders., Der andere Stauffenberg. Der Historiker und Dichter Alexander von Stauffenberg, München 2008; Peter Herde, Geschichtswissenschaft in Würzburg vom Nationalsozialismus zum demokratischen Neubeginn, in: Würzburger Diözesangeschichtsblätter 75 (2012) (Festgabe für Peter Baumgart zum 80. Geburtstag), S. 99–132, bes. S. 108–112.

Auch Bengtson war Schüler von Otto; bei seiner Habilitation 1939/40 hatte der damalige Dekan (ab November 1940 Rektor) Walther Wüst, hoher SS-Funktionär und Freund Himmlers, aus formalen Gründen Schwierigkeiten gemacht, obschon Dozenten- und Studentenbundführer Bengtson als vorbildlichen Nationalsozialisten empfohlen hatten. Dieser bemühte sich um eine Umhabilitation, die ihm 1949 ermöglicht wurde. Gegenüber dem George-Schüler und Außenseiter v. Stauffenberg hat er sich nach Aussagen von Zeitzeugen korrekt verhalten; dagegen sah sich von Stauffenberg der Kritik Berves ausgesetzt, der wie Bengtson ohne feste Einkünfte seinen Lebensunterhalt aus den Honoraren für seine Publikationen bestreiten musste. Das Kultusministerium versuchte danach, Berve und Bengtson an andere bayerische Universitäten zu vermitteln. Bei Berve scheiterte dieser Versuch 1952 in Würzburg nicht zuletzt am Widerstand des Romanisten Franz Rauhut, der als Münchner Dozent unter dem NS-Regime gelitten hatte.[14] So wurde Berve 1954 auf den Erlanger althistorischen Lehrstuhl berufen; auf den Würzburger kam am 1. Oktober 1952 Bengtson.

In der Mediävistik war ein Ordinariat für Geschichte – so die traditionelle Bezeichnung, die von der Militärregierung gern akzeptiert wurde, da sie der amerikanischen Bezeichnung *professor of history* ohne nähere Umschreibung entsprach – mit dem Hilfswissenschaftler Rudolf von Heckel besetzt, der in der NS-Zeit eine völlig weiße Weste bewahrt hatte, aber schwer lungenkrank war und bereits am 29. März 1947 starb.[15] An den Versuchen einer Neubesetzung des Lehrstuhls für Mittelalterliche Geschichte war er 1946 jedoch noch beteiligt. Sein eigener Lehrstuhl wurde, zum Extraordinariat herabgestuft, zur Versorgung des Ortsnamenforschers Ludwig Steinberger, einem Sozialdemokraten und Bekannten des Ministerpräsidenten Hoegner aus gemeinsamem Schweizer Exil, benutzt und erst nach dessen Emeritierung 1952 mit Peter Acht für historische Hilfswissenschaften neu besetzt; der Lehrstuhl wurde dann 1959 wieder ein Ordinariat. Der Lehrstuhl für Mittelalterliche Geschichte war seit der Zwangsemeritierung des rechtsliberalen und dem Nationalsozialismus freundlich gegenüberstehenden Monarchisten Max Buchner im Jahre 1941 vakant.[16] Er war nach Art. 4 § 2 des Konkordats zwischen Bayern und dem Heiligen Stuhl von 1924 mit einem Katholiken zu besetzen. Bei den Versuchen einer Neubesetzung 1942 bis 1945 hielten sich weder die Universität

---

[14] Man setzte ihn gar nicht auf die Liste vom 17.12.1951; Bayerisches Hauptstaatsarchiv München, MK 72583, und begründete dies damit, dass man in Würzburg die Tradition Enßlins (spätrömische Geschichte) fortsetzen wolle, was dann freilich mit der Berufung von Bengtson nicht eingehalten wurde. Zu Rauhut vgl. Frank-Rutger Hausmann, „Vom Strudel der Ereignisse verschlungen". Deutsche Romanistik im Dritten Reich (Analecta Romanica Heft 61), Frankfurt a. M. 2000, passim.

[15] Vgl. den Nachruf von Johannes Spörl, Rudolf von Heckel, Historisches Jahrbuch der Görresgesellschaft 62–65 (1949), S. 931ff. Über die Geschichte des Lehrstuhls in der folgenden Zeit vgl. Peter Herde, Peter Acht (11. Juni 1911 – 7. Mai 2010). Ein „Hilfswissenschaftler" vom Kaiserreich über die Weimarer Republik und den Nationalsozialismus bis zum demokratischen Wiederaufbau, Archiv für Diplomatik 58 (2012), S. XVII–XXXIII.

[16] Vgl. Peter Herde, Max Buchner (1881–1941) und die politische Stellung der Geschichtswissenschaft an der Universität Würzburg 1925–1945, in: Peter Baumgart (Hg.), Die Universität Würzburg in den Krisen der ersten Hälfte des 20. Jahrhunderts. Biographisch-systematische Studien zu ihrer Geschichte zwischen dem Ersten Weltkrieg und dem Neubeginn 1945 (Quellen und Forschungen zur Geschichte des Bistums und Hochstifts Würzburg 63), Würzburg 2002, S. 183–251, bes. S. 245.

noch das bayerische Kultusministerium und das Rechserziehungsministerium an diese Konkordatsbestimmung; Berufungen der Protestanten Hermann Aubin, Otto Brunner, Walther Holtzmann, Hans Walter Klewitz und des aus der katholischen Kirche ausgetretenen (und später zur evangelischen Kirche übergetretenen) Theodor Mayer waren jedoch gescheitert.[17] Zuletzt hatte die Fakultät im März 1944 eine neue Liste mit Aubin an erster, Hermann Heimpel an zweiter und Heinz Zatschek an dritter Stelle vorgelegt, die jedoch vom NS-Rektor Wüst und dem Führer der NS-Dozentenschaft Ernst Bergdolt geändert wurde: sie setzten den durch seine Blut-und-Boden-Publikationen bekannten Heimpel, für den es Zeit wurde, sich aus Straßburg ins Altreich zu begeben, an die erste Stelle, da man bei Aubin eine jüdische Versippung seiner Ehefrau festgestellt hatte. Wegen der Kriegsereignisse Ende 1944 und Anfang 1945 kam jedoch eine Berufung Heimpels nicht mehr zustande.[18]

Erstaunlicherweise ging die Fakultät, als die Besetzung des Lehrstuhls Ende Dezember 1945 wieder auf der Tagesordnung stand, von der alten, von der NS-Universitätsspitze „gereinigten" Liste mit Heimpel, der sich häufig in München aufhielt, an erster Stelle aus, obschon der „jüdisch" belastete Aubin ebenfalls zur Verfügung stand.[19] Die Konkordatsregelung sollte auf den durch die Entlassung v. Müllers vakanten Lehrstuhl für Neuere Geschichte übertragen werden, um den Protestanten Heimpel auf den Mittelalter-Lehrstuhl berufen zu können. Entschiedener Förderer von Heimpel war der 78-jährige Walter Goetz, der sich nach seiner Zwangsemeritierung in Leipzig nach München zurückgezogen hatte und 1946 nach der Wiedereröffnung an der Universität Lehrveranstaltungen abhielt. Aber auch die beiden Mitglieder der katholischen Görresgesellschaft, der reaktivierte 76-jährige Emeritus Heinrich Günter, der die NS-Zeit ohne Makel überstanden hatte, und von Heckel, bei dem Heimpel einst studiert hatte und der mit ihm freundschaftliche Beziehungen pflegte[20], traten für Heimpel ein, dessen hohe wissenschaftliche Qualifikation unbestritten war. Seine Berufung scheiterte am Verbot der Militärregierung vom 19. Februar 1946[21], der der Professor der „Reichsuniversität" Straßburg von vornherein verdächtig sein musste und von dessen das NS-Regime huldigenden Schriften die Druckerschwärze noch kaum getrocknet war.[22] Heimpel

[17] Herde, Buchner (wie Anm. 16), S. 246ff. Zu Mayers Kirchenaustritt vgl. seinen Fragebogen der Militärregierung vom 19.08.1945, Archiv der Monumenta Germaniae Historica, München, B 707. Vgl. Peter Herde, Mittelalterforschung in der Bundesrepublik Deutschland 1945–1970, in: Maria Stuiber/Michele Spadaccini (Hg.), Bausteine zur deutschen und italienischen Geschichte. Festschrift zum 70. Geburtstag von Horst Enzensberger, Bamberg 2014, S. 175–218, bes. S. 193f.

[18] Herde, Buchner (wie Anm. 16), S. 247ff; Herde, Kontinuitäten (wie Anm. 4), S. 18ff.

[19] Ebd., S. 23ff.

[20] Hermann Heimpel, Aspekte. Alte und neue Texte, hg. von Sabine Krüger, Göttingen 1995, S. 144ff.

[21] Kultusministerium an Rektor der Universität München 04.03.1946, Bayerisches Hauptstaatsarchiv München, MK 69705.

[22] Über Heimpels Verbeugungen vor dem Regime vgl. Ursula Wolf, Litteris et patriae. Das Janusgesicht der Historie (Frankfurter Historische Abhandlungen 37), Stuttgart 1996, S. 250ff.; Karen Schönwalder, Historiker und Politik. Geschichtswissenschaft im Nationalsozialismus, Frankfurt a.M./New York 1992, S. 61, 224f., 248, 254, 259, 261; Klaus P. Sommer, Eine Frage der Perspektive? Hermann Heimpel und der Nationalsozialismus, in: Tobias Kaiser u.a. (Hg.), Historisches Denken und gesellschaftlicher Wandel. Studien zur Geschichtswissenschaft zwischen Kaiserreich und deutscher Zweistaatlichkeit, Berlin 2004, S. 199ff.

wurde der Erlass der Militärregierung durch den Rektor zweifellos übergeben, wie das Kultusministerium es angeordnet hatte, und die Mitglieder der Kommission, vor allem Goetz, waren über das Verbot der Militärregierung selbstverständlich informiert.[23] Dennoch verschwieg Heimpel später diesen eindeutigen Sachverhalt und behauptete, seine Berufung nach München sei aus konfessionellen Gründen gescheitert.

Obschon die Militärregierung im weiteren Verlauf des Jahres 1946 scharf gegen die Universität vorging und 33 weitere Professoren entließ (darunter den katholischen Dogmatiker Michael Schmaus, jedoch keinen weiteren Historiker)[24], versuchten der Dekan Scharff, Goetz und die Mitglieder der Görresgesellschaft Günter und von Heckel die Berufung Heimpels durchzusetzen. Am 20. September 1946 erstellte die Fakultät eine neue Dreierliste mit Heimpel an erster, Walther Holtzmann an zweiter Stelle, beide Protestanten, und dem Katholiken Johannes Spörl an dritter Stelle.[25] Bereits einen Tag später suchte Scharff den Ministerpräsidenten Hoegner auf und bat ihn, sich bei der Militärregierung um eine Zurücknahme des Verbots einer Berufung Heimpels einzusetzen.[26] Der Dekan konnte sich dabei der beiden zuständigen hohen Beamten im Kultusministerium sicher sein: des Staatssekretärs Dr. Hans Meinzolt und des Hochschulreferenten Günter Olzog. Aus taktischen Gründen hatte Hoegner den evangelischen Oberkirchenrat, hohen Wehrmachtsoffizier und Vertrauten des evangelischen Landesbischofs Hans Meiser – wegen seines Antisemitismus seit einiger Zeit wieder im Rampenlicht der Öffentlichkeit – zum Staatssekretär im Kultusministerium berufen. Bei der Militärregierung galt dieser wegen seiner Vergangenheit als Nationalist und Militarist. Er und der 27-jährige Oberleutnant Olzog (später Münchner Verleger), der damals noch keine juristische Ausbildung besaß, den Meinzolt aber dennoch zum Hochschulreferenten gemacht hatte, sollen nach Ansicht der *Education Branch* der *Internal Affairs and Communications Division* der Militärregierung das Kultusministerium unter dem Minister Franz Fendt (SPD) beherrscht und ehemalige Nationalsozialisten protegiert haben.[27]

Aber das alles nutzte in der Sache Heimpel nichts. Denn erschwerend kam hinzu, dass Franz Schnabel, der auf den Lehrstuhl für Neuere Geschichte berufen werden sollte, die Übertragung der Konkordatsbindung auf diesen Lehrstuhl ablehnte, da er nach Demütigungen politischer und konfessioneller Art

---

[23] Patrick Bahners, in: Frankfurter Allgemeine Zeitung 01.12.2008, S. 37, wirft mir vor, „einen Verstoß gegen die quellenkritische Logik" begangen zu haben, da ich nicht nachgewiesen habe, dass der Rektor der Universität München Heimpel, wie vom Kultusministerium angeordnet, die Zweitschrift der Entschließung der Militärregierung wirklich übergeben habe. Das ist abwegig, da Heimpel damals ständig in München war, im Rektorat und bei Goetz ein- und ausging und über den erneuten Versuch von Goetz u. a., die selbstverständlich über das Verbot der Militärregierung informiert waren, Bescheid wusste, dieses durch eine neue Liste und durch einen Besuch des Dekans Scharff beim Ministerpräsidenten Hoegner zu unterlaufen. Mit ähnlichen „Argumenten" könnte man mir vorwerfen, nicht nachgewiesen zu haben, dass Heimpel das ihm übergebene Verbot der Militärregierung gelesen habe.

[24] Herde, Kontinuitäten (wie Anm. 4), S. 45ff.

[25] Bayerisches Hauptstaatsarchiv München, MK 69705; vgl. Herde, Kontinuitäten (wie Anm. 4), S. 50ff.

[26] Ebd., S. 51f.

[27] Ebd., S. 32ff.

in der Vergangenheit durch Kollegen wie Gerhard Ritter und Willy Andreas den Ruf vermeiden wollte, nur für einen einem Katholiken reservierten Lehrstuhl tauglich zu sein. Er tat dies verspätet erst im September 1946 gegenüber Scharff[28], sodass die Konkordatsbindung am Lehrstuhl für Mittelalterliche Geschichte blieb, auf den Heimpel als Protestant ebensowenig berufen werden konnte wie der Zweitplatzierte Holtzmann, den v. Heckel wegen gemeinsamer wissenschaftlicher Interessen ebenso unterstützte wie Heimpel, der aber bereits 1943 einen Ruf auf diesen Lehrstuhl abgelehnt hatte. Die Berufung Holtzmanns, der bis auf eine kurze Mitgliedschaft in der SA in der NS-Zeit eine weiße Weste behalten hatte, wäre wohl von der Militärregierung genehmigt worden; er wurde aber vom Ministerium vermutlich wegen seiner Ablehnung des Rufes 1943 übergangen.[29]

So wurde nach dem Ende der Regierung Hoegner der Drittplatzierte Spörl am 1. Mai 1947 vom neuen Kultusminister Alois Hundhammer auf den Lehrstuhl berufen. Spörl war in Freiburg im Breisgau, wo er nach der Habilitation nach der üblichen Wartezeit zum außerplanmäßigen Professor ernannt worden war, Angriffen des NS-Studentenbundes und der Kreisleitung der NSDAP ausgesetzt gewesen und war wohl deshalb nach vorausgehender Mitgliedschaft in der SA 1940 in die NSDAP eingetreten.[30] Anders als Heimpel hatte er sich jedoch politisch zurückgehalten, und das von ihm redigierte Historische Jahrbuch der Görresgesellschaft war weitgehend frei von NS-Ideologie geblieben.[31] Weil Kontakte von München in die französische Besatzungszone damals schwierig waren und die Mitgliedschaft Spörls in der Partei vermutlich unbekannt geblieben war, gelang es Hundhammer, die Genehmigung der Militärregierung für die Berufung Spörls zu erhalten.[32] Über das Scheitern der Berufung Heimpels sei das Urteil von Horst Fuhrmann angeführt: „Fraglos hätte sich die Geschichtswissenschaft in München, in Bayern unter der charismatischen Suggestion Hermann Heimpels anders entwickelt, als sie es getan hat.“[33] Freilich ist diese Bewertung nur für die mittelalterliche Geschichte zutreffend.

Die beiden entlassenen Ordinarien für Neuere Geschichte Karl Alexander von Müller und Ulrich Crämer waren derart stark belastet, dass von der Fakultät keine Versuche unternommen wurden, die Lehrstühle für sie freizuhalten. Der SS-Mann Crämer war als Kreation v. Müllers, des SS-Brigadeführers Wüst und anderer führender Nationalsozialisten als „Professor von Hitlers Gnaden“ 1939 in jungen Jahren trotz des Widerstands von Staatssekretär Ernst Boepple

---

28 Ebd., S. 55.

29 Herde, Buchner (wie Anm. 16), S. 248f.; ders., Kontinuitäten (wie Anm. 4), S. 50f.

30 Anne Christine, Im Schatten des Dritten Reiches. Mittelalterforschung in der Bundesrepublik Deutschland 1945–1970 (Formen der Erinnerung 24), Göttingen 2005, S. 26f., 38; Herde, Kontinuitäten (wie Anm. 4), S. 50; Benjamin Z. Kedar/Peter Herde, A Bavarian Historian Reinvents Himself: Karl Bosl and the Third Reich (The Richard Koebner Minerva Center for German History. The Hebrew University of Jerusalem), Jerusalem 2011, S.69f.; dies., Karl Bosl im Dritten Reich, Berlin/Boston 2016, S. 87f.

31 Ursula Wiggershaus-Müller, Nationalsozialismus und Geschichtswissenschaft. Die Geschichte der Historischen Zeitschrift und des Historischen Jahrbuchs 1933–1945, Hamburg 1998, S. 263.

32 Herde, Kontinuitäten (wie Anm. 4), 51, 53ff., 62ff.

33 Horst Fuhrmann, Menschen und Meriten. Eine persönliche Portraitgalerie, München 2000, S. 278f.

im Kultusministerium auf den durch von Müllers Wechsel vom Lehrstuhl für Bayerische Geschichte auf den für Neuere Geschichte frei gewordenen Lehrstuhl berufen worden. Er wurde von den Amerikanern als SS-Angehöriger verhaftet und blieb bis Juli 1947 in Haft. Später hat er jahrzehntelang erfolglos für seine Wiedereinstellung auch gerichtlich gestritten.[34]

Besser erging es Karl Alexander von Müller, „Aushängeschild des Dritten Reiches", führender Nationalsozialist unter den Münchner Historikern, durch politisches Octroi Präsident der Bayerischen Akademie der Wissenschaften, Leiter des Judenreferats im „Reichsinstitut für die Geschichte des neuen Deutschlands" seines Schülers Walter Frank.[35] Im Jahre 1935 war er durch Diktat Wüsts von seinem Lehrstuhl für Bayerische Geschichte, auf den er 1929 durch Hausberufung gelangt war, auf den prestigeträchtigeren Lehrstuhl für Neuere Geschichte transferiert worden.[36] Er war nach den Worten des in seinem Urteil vorsichtigen Walter Goetz ein „charakterloser Streber"; von seinem Kollegen Ludwig Maenner wurde er als „schwächliche und falsche Natur" bezeichnet, „immer bereit", sich „jedem Günstling des Augenblicks anzuwerfen."[37] Dass er auf seinen Lehrstuhl würde zurückkehren können, hat noch nicht einmal sein erster Doktorand Alois Hundhammer angenommen, der ihn immerhin am 5. Juli 1948 pensionierte. Am 15. Februar 1956 wurde er sogar trotz des Widerspruchs von Johannes Spörl emeritiert; 1951 war ein solcher Versuch gescheitert.[38] Er genoss jedoch die fast bis heute nachwirkende Unterstützung durch das Netzwerk seiner nach neuesten Berechnungen ca. 300 Promovierten[39], eine Rekordzahl, die selbst sein Schüler Karl Bosl mit seinen etwas über 200 Doktoren nicht erreichte. Darunter waren so einflussreiche von ihm habilitierte spätere Professoren wie (neben Karl Bosl) Theodor Schieder, Heinz Gollwitzer, Kurt von Raumer, Fritz Wagner und Wolfgang Zorn, mehrere hohe Ministerialbeamte, Journalisten und Franz Josef Strauß, dessen Promotion freilich wegen der Kriegsereignisse nicht zustande gekommen war.[40]

---

[34] Karsten Jedlitschka, Wissenschaft und Politik. Der Fall des Münchner Historikers Ulrich Crämer (1907–1992) (Ludovico-Maximiliana, Forschungen 21), Berlin 2006.

[35] Die wichtigste Literatur über ihn verzeichnet Jedlitschka, ebd., S. 107f. Anm. 59; dort auch S. 107ff. eine knappe Darstellung seiner Karriere. Dazu Hans Wolfram von Henting, Art. „Karl Alexander von Müller", in: Neue Deutsche Biographie 18 (1997), S. 440–442. Sehr materialreich über ihn Helmut Heiber, Walter Frank und sein Reichsinstitut für die Geschichte des neuen Deutschlands (Quellen und Darstellungen zur Zeitgeschichte 13), Stuttgart 1966, passim. Vgl. auch Herde, Buchner (wie Anm. 16), S. 228ff.; ders., Kontinuitäten (wie Anm. 4), S. 23ff. u. ö.; Winfried Schulze, Karl Alexander von Müller (1882–1964). Historiker, Syndicus und Akademiepräsident im „Dritten Reich", in: Weigand (Hg.), Münchner Historiker (wie Anm. 11), S. 205–231; ders., Karl Alexander von Müller (1882–1964). Historiker, Syndikus und Akademiepräsident im „Dritten Reich". Eine Geschichte der Bayerischen Akademie der Wissenschaften in historischen Porträts, in: Dietmar Willoweit (Hg.), Denker, Forscher und Entdecker. Eine Geschichte der Bayerischen Akademie der Wissenschaften in historischen Portraits, München 2009, S. 281–316.

[36] Herde, Buchner (wie Anm. 16), S. 232f.

[37] Goetz an Meinecke 02.01.1946, Bundesarchiv Koblenz, Nachlass Walter Goetz N 1215/46. – Charakterisierung durch Maenner bei Heiber, Frank, S. 221.

[38] Die betreffenden Akten in Bayerisches Hauptstaatsarchiv München, Nachlass K. A. von Müller, Fasz. 4; vgl. Herde, Kontinuitäten (wie Anm. 4), S. 24f. mit Anm. 106.

[39] Freundlicher Hinweis von Matthias Berg. Bisher nahm man ca. 200 Promotionen an.

[40] Franz Josef Strauß, Die Erinnerungen, Berlin 1989, S. 37.

Auf den jetzt wieder auf Bayerische Landesgeschichte umgewidmeten Lehrstuhl Crämers wurde am 16. Mai 1946 der Franke Max Spindler berufen, bis dahin außerplanmäßiger Professor an der Universität München.[41] Spindler hatte unter dem NS-Regime seine religiösen und ethischen Überzeugungen nie einem Karrierestreben geopfert. Als verwundeter und mit dem Eisernen Kreuz II ausgezeichneter Offizier des Ersten Weltkriegs genoss er einigen Schutz, zumal zwei seiner Brüder gefallen waren. Der Partei ist er nicht beigetreten, hat aber ein Minimum an Kooperationsbereitschaft gezeigt, sodass sogar Wüst trotz Kritik an seiner fehlenden Aktivität „mit einigem Zögern" der Verleihung des Titels eines apl. Professors und einer besoldeten Dozentur zugestimmt hatte. Wegen der Folgen eines schweren Reitunfalls in einer Kavallerieeinheit war er unabkömmlich gestellt worden und erhielt 1942 eine Lehrstuhlvertretung an der Universität Jena. Der dortige Rektor, der Rassist Karl Astel, Professor „für menschliche Züchtungslehre und Vererbungsforschung", erklärte ihm, er könne auf den Lehrstuhl nur berufen werden, wenn er aus der katholischen Kirche austrete.[42] In einem mutigen offiziellen Schreiben vom 18. März 1943 bat er den Münchner Dekan Dirlmeier, ihn sofort zurückzubeordern, da er Astels Forderung nicht erfüllen könne.[43] Er kehrte in seine Münchner Dozentur zurück. Spindler ist der großartige Ausbau der bayerischen Landesgeschichte an Universität und Akademie nach 1945 zu verdanken.

Auf den zweiten vakanten Lehrstuhl für Neuere Geschichte sollte nach dem Willen des Kultusministeriums und der Fakultät Franz Schnabel berufen werden, der nach der Zwangsemeritierung an der Technischen Hochschule Karlsruhe 1936 in seinem unzerstörten Haus in Heidelberg lebte und eine Berufung auf den durch die Entlassung von Willy Andreas vakanten Lehrstuhl für Neuere Geschichte an der dortigen Universität hoffte, an der er 1910 bei Hermann Oncken promoviert hatte und die er als Badener als seine Heimatuniversität ansah.[44] Vor einem Ruf an die Universität im zerstörten München scheute sich der fast Sechzigjährige und gesundheitlich Geschwächte; es dauerte in der Tat später viele Jahre, bis er dort eine angemessene Wohnung fand. Seine Hoff-

---

41 Das Folgende nach der Personalakte Max Spindler im Universitätsarchiv München. Vgl. Kedar/Herde, A Bavarian Historian (wie Anm. 30), S. 68f.; dies, Karl Bosl (wie Anm. 30), S. 86f. Allgemein über Spindler (mit Lit.) vgl. Ferdinand Kramer, Max Spindler (1894–1986) und Karl Bosl (1908–1993), in: Weigand (Hg.), Münchner Historiker (wie Anm. 11), S. 259–280, bes. S. 263–270.

42 Zu Astel vgl. Uwe Hossfeld u.a. (Hg.), Kämpferische Wissenschaft. Studien zur Universität Jena im Nationalsozialismus, Köln/Weimar/Wien, S. 62–82, 205–210.

43 Spindler an Dirlmeier 19.03.1943, in der Personalakte Max Spindler im Universitätsarchiv München. Mitteilungen über diese Vorgänge verdanke ich Andreas Kraus.

44 Für das Folgende ausführlich Herde, Kontinuitäten (wie Anm. 4), S. 66ff. Wichtigste Quellen in den Personalakten Schnabel, Bayerisches Hauptstaatsarchiv München, MK 44292 und Generallandesarchiv Karlsruhe 235 sowie Reiss-Engelhorn-Museum Mannheim, Nachlass Franz Schnabel, und Bayerische Staatsbibliothek München, Schnabeliana. Weniger wichtig für die hier behandelte Zeit die Personalakte Schnabel im Universitätsarchiv München. Ausführlich bis 1945: Thomas Hertfelder, Franz Schnabel und die deutsche Geschichtswissenschaft, 2 Bde. (Schriftenreihe der Historischen Kommission bei der Bayerischen Akademie der Wissenschaften 60), Göttingen 1998; ders., Franz Schnabel (1887–1966), in: Weigand (Hg.), Münchner Historiker (wie Anm. 11), S. 233–258. Die wichtigsten Akten sind abgebildet in: Angela Borgstedt/Peter Steinbach (Hg.), Franz Schnabel. Der Historiker des freiheitlichen Verfassungsstaates, Berlin 2009.

nungen auf Heidelberg zerschlugen sich jedoch sehr schnell, da eine Koalition aus NS-Profiteuren, Antidemokraten, Antikatholiken und Nationalkonservativen unter Einschluss von Karl Jaspers, der selbst zwangsemeritiert worden war, unter Anführung des Mediävisten Fritz Ernst seine Berufung ablehnte. Schnabel war bei den Nationalkonservativen und NS-Profiteuren schon deshalb unbeliebt, da seine Mutter einer französischen Familie entstammte und er durch Frankreichaufenthalte und Französischstudium ein positives Verhältnis auch zur neueren französischen Geschichte und Kultur hatte. Besonders aber gehörte er zu den wenigen deutschen Historikern, die voll auf dem Boden der Weimarer Republik gestanden hatten; er hatte die badische Koalition von Zentrum, Sozialisten und Liberaldemokraten auch durch öffentliche Auftritte unterstützt. Außerdem war er als Katholik vielen Heidelberger Professoren verdächtig. Bereits im Juli 1934 hatte sein wissenschaftlicher und politischer Gegner Gerhard Ritter in einem offiziellen Gutachten in einem Berufungsverfahren der Universität Würzburg über ihn geurteilt, er stamme „ganz aus dem Karlsruhe-Mannheimer Milieu badisch-pfälzischer Demokratie“, und damit die Stichworte geliefert, die zu Schnabels Ablehnung führten.[45]

Nach Kriegsende durfte man so etwas nicht mehr offen äußern, doch dass diese Einstellung noch weit verbreitet war, hat der als Gegner Schnabels aktive damalige Heidelberger Rektor, der evangelische Kirchenhistoriker Hans Freiherr von Campenhausen, in seinen posthum veröffentlichten Memoiren bewiesen. Er gab offen zu, dass er die „Machtergreifung“ Hitlers und „das Ende des Parteienstaates“ „mit aufrichtiger Freude“ begrüßt habe, dass er den „Ariernachweis“ als „eine gute Folge der neuen Zeit“ angesehen und das Rektorat 1946 nur unter der Bedingung übernommen habe, „niemals das Wort ‚Demokratie‘ oder ‚demokratisch‘ in meinen Mund zu nehmen.“ Über die NS-Zeit berichtet er „in fast unvorstellbar oberflächlicher Weise“ (Eike Wolgast), die Judenverfolgung und der Genozid werden überhaupt nicht erwähnt. Dafür betont er aber seinen „Ekel vor den neuen demokratischen Phrasen“.[46] Dass eine solche Universitätsleitung eine Berufung des „badisch-pfälzischen Demokraten“ Schnabel mit allen Mitteln zu verhindern suchte, braucht nicht betont zu werden. Das alte Paradigma der Stigmatisierung und Ausgrenzung Schnabels wird deutlich; die einzelnen Elemente – politisch, konfessionell und wissenschaftlich – waren bei den einzelnen Akteuren in verschiedenem Grade und in verschiedener Kombination wirksam. Hinzu kam, dass Schnabel am 5. September 1945 vom Präsidenten des Landesbezirks Baden Heinrich Köhler zum Landesdirektor für Kultus und Unterricht berufen wurde[47] und damit Dienstvorgesetzter der Universitätsprofessoren war, die um ihr Kooptationsrecht bangten. Freilich war Schnabels Berufung in sein neues Amt eine vorübergehende Notlösung und kann nicht mit der festen Position eines Kultusministers verglichen werden. Zudem wurde er als Landesdirektor in das

---

[45] Herde, Buchner (wie Anm. 16), S. 220ff.

[46] Hans von Campenhausen, Die „Murren“ des Hans Freiherr von Campenhausen. „Erinnerungen dicht wie ein Schneegestöber“. Autobiografie, hg. von Ruth Slenczka, Norderstedt 2005, S. 275, 286. Zur Kritik vgl. Eike Wolgast, Zeitschrift für Geschichte des Oberrheins 155 (2007), S. 631–633.

[47] Borgstedt / Steinbach, Schnabel (wie Anm. 44), S. 204ff.

Gestrüpp der Entnazifizierung an der Heidelberger Universität gezogen, die gekennzeichnet war durch falsche und unvollständige Angaben in den Fragebögen der Militärregierung und durch ein Disziplinarverfahren gegen das Personal der Heidelberger Dienststelle der Militärregierung, der vorgeworfen wurde, nicht gegen die illegale Beschäftigung von politisch belasteten Personen vorgegangen zu sein.[48]

Das umfangreiche Senatsgutachten über Schnabel vom 1. Februar 1947, vom Rektor v. Campenhausen unterzeichnet, ist eines der dunkelsten Kapitel deutscher Universitätsgeschichte nach Ende des Zweiten Weltkriegs. Es stammt wohl weitgehend von Ernst, trägt freilich auch die Unterschrift von Jaspers.[49] Mit großem Spürsinn hatte man belastendes Material zu sammeln versucht, das Schnabels Affinität zum Nationalsozialismus belegen sollte, und einige wenige Bemerkungen, die dieser zum Selbstschutz gemacht hatte, entsprechend polemisch ausgelegt. Seine großen Publikationen, darunter die vier Bände seiner deutschen Geschichte im 19. Jahrhundert (der fünfte durfte unter dem NS-Regime nicht mehr erscheinen) hat man entsprechend den Ansichten Ritters als bloße „Darstellungen", nicht als „Forschungen" gewertet. Besonders infam war die Unterstellung, Schnabel werde „der heutigen akademischen Jugend angesichts ihrer verzweifelten inneren und äußeren Lage" nicht gerecht werden und seine Fähigkeiten als akademischer Lehrer seien zweifelhaft. So urteilten Heidelberger Professoren, die unter dem verbrecherischen System durch Kooperation und Protektion ihre Lehrstühle erhalten und behalten und sich mit dem System wenigstens teilidentifiziert hatten, über einen Kollegen, der aus seinem Amt entfernt und die besten Jahre seines Lebens von jeder akademischen Lehre ferngehalten worden war.

Die Versuche der Fakultät, den Lehrstuhl neu zu besetzen, gerieten zur Farce, zumal man, in voller Erkenntnis, dass das unmöglich war, Carl Jakob Burckhardt, damals Schweizer Gesandter in Paris, berufen wollte. Erst 1949 gelang es, den Lehrstuhl mit dem eher mittelmäßigen Johannes Kühn zu besetzen.[50] Schnabel wurde am 30. Oktober 1947, begrüßt von der Fakultät und von Kultusminister Hundhammer, zum Ordinarius für Neuere Geschichte an der Universität München ernannt. Heimpel und Schnabel waren mit ihren Versuchen gescheitert, an die von ihnen bevorzugten Universitäten berufen zu werden. Aber letztlich hat dieses Scheitern beiden zum Vorteil gereicht. Heimpel wurde

---

[48] Herde, Kontinuitäten (wie Anm. 4), S. 79ff.; Steven P. Remy, The Heidelberg Myth: The Denazification of a German University, Cambridge MA / London 2002.

[49] Abbildung bei Borgstedt/Steinbach, Schnabel (wie Anm. 44), S. 221–229 (Abschrift). Vgl. Herde, Kontinuitäten (wie Anm. 4), S. 90ff. Ich selbst habe das Exemplar aus dem Nachlass Köhler im Generallandesarchiv Karlsruhe benutzt. Das in Heidelberg verbliebene Exemplar war aus der normalen Akte herausgenommen worden und zunächst unauffindbar. Der Archivar Prof. Moritz fand es später in einer vertraulichen Akte. Das für diese Auslagerung (zur Geheimhaltung?) verantwortliche Mitglied der Universität Heidelberg hat wohl übersehen, dass es von dem Schreiben auch eine Empfängerüberlieferung in Karlsruhe geben musste. Schnabels Antwort in einem Schreiben an Köhler vom 19.02.1947 bei Borgstedt/Steinbach, Schnabel (wie Anm. 44) S. 231–236.

[50] Herde, Kontinuitäten (wie Anm. 4), S. 99ff.; Eike Wolgast, Die neuzeitliche Geschichte im 20. Jahrhundert, in: Jürgen Miethke (Hg.), Geschichte in Heidelberg. 100 Jahre Historisches Seminar – 50 Jahre Institut für Fränkisch-Pfälzische Geschichte und Landeskunde, Berlin u. a. 1992, S. 147ff.

nach Göttingen berufen und fand dort ein reiches Betätigungsfeld, das er mit der Gründung des Max-Planck-Instituts für Geschichte krönte. Schnabel kam nach München in eine ihm freundlich gesinnte Umgebung, in eine finanziell gut ausgestattete Akademie und konnte durch eine Sondervereinbarung noch 16 Jahre lehren: erst im September 1962, mit fast 75 Jahren, wurde er emeritiert.

Weniger kompliziert als in München war der Neuanfang 1945 in Würzburg.[51] Hier gab es in der Philosophischen Fakultät drei historische Lehrstühle für Alte, Mittelalterliche und Neuere Geschichte; die Landesgeschichte wurde vom mediävistischen Lehrstuhl mitbetreut. Von den drei Ordinarien wurden zwei auf Anordnung der Militärregierung im Juli 1945 entlassen: der Inhaber des Lehrstuhls für Mittelalterliche Geschichte Wilhelm Engel und der Neuhistoriker Eugen Franz. Der Meininger Archivar Engel[52] war seit 1933 Mitglied der NSDAP und wurde 1935 vom SD als Verbindungsmann in das Reichserziehungsministerium entsandt, wo er aber 1937 nach Querelen ausschied und, 1935 bei Stengel in Marburg habilitiert, mit dem Würzburger Lehrstuhl abgefunden wurde, nachdem er 1936/37 sogar die kommissarische Leitung der Monumenta Germaniae Historica innegehabt hatte.[53] Bei seiner Berufung nach Würzburg wurde die bisherige Konkordatsbindung des Lehrstuhls für Mittelalterliche Geschichte auf den für Neuere Geschichte übertragen, da Engel Protestant war. Angesichts der prominenten Rolle, die er im NS-Regime gespielt hatte, war es nach Kriegsende unmöglich, ihn auf dem Lehrstuhl zu halten, und seine späteren Versuche, wieder in die Hochschullehrerlaufbahn zurückzukehren, scheiterten.[54] Eugen Franz, Altbayer, Sohn eines Regierungsrats, katholisch, war ebenfalls bereits 1933 der NSDAP beigetreten, was ihm die Entlassung einbrachte, war aber eher Mitläufer als aktiver Nationalsozialist gewesen.[55] Nach jahrelangen Auseinandersetzungen zwischen dem Amte Heß und dem Reichsinstitut Franks war er 1938 auf den Lehrstuhl für Neuere Geschichte berufen worden. Der Kampf um die Wiedereinsetzung blieb ihm erspart, da er bereits am 1. Mai 1947, nur 53 Jahre alt, verstarb.

Inhaber des Lehrstuhls für Alte Geschichte war 1945 Wilhelm Enßlin, evangelischer Konfession, Sohn eines Seilermeisters aus Aalen und damit nicht wie die meisten übrigen Würzburger Historiker dem höheren akademischen Bürgertum entstammend.[56] Im ersten Weltkrieg hatte er es im Fronteinsatz bis zum

---

[51] Vgl. Herde, Geschichtswissenschaft (wie Anm. 13), S. 99ff.; ders., Buchner (wie Anm. 16); ders., Michael Seidlmayer (1902–1961) und der Neubeginn der Würzburger Mediävistik nach 1945, in: Würzburger Diözesangeschichtsblätter 69 (2007) (Festschrift Klaus Ganzer), S. 205–260; ders., Michael Seidlmayer (1902–1961) (Veröffentlichungen der Gesellschaft für fränkische Geschichte Reihe VII A, Fränkische Lebensbilder, Bd. 23), Würzburg 2012, S. 211–226.

[52] Über ihn bes. Enno Bünz, Ein Historiker zwischen Wissenschaft und Weltanschauung: Wilhelm Engel (1905–1964), in: Baumgart (Hg.), Die Universität Würzburg (wie Anm. 16), S. 252–318 (dort weitere Lit.).

[53] Heiber, Frank (wie Anm. 35), S. 868ff. u.ö.; Herde, Buchner (wie Anm. 16), S. 237f.; Bünz, Engel (wie Anm. 52), S. 262ff.

[54] Bünz, Engel (wie Anm. 52), S. 286ff.

[55] Herde, Buchner (wie Anm. 16), S. 238ff.

[56] Wichtigste Quellen für das Folgende sind die Personalakten von Wilhelm Enßlin des Kultusministeriums (Bayerisches Hauptstaatsarchiv München, MK 43565) und der Universität Würzburg (Universitätsarchiv Würzburg). Nachruf von Adolf Lippold, in: Gnomon 37 (1965), S. 637–639. Ausführlich Herde, Geschichtswissenschaft (wie Anm. 13), S. 108ff.

Hauptmann gebracht und war hoch dekoriert worden (Eisernes Kreuz I und Ritterkreuz des württembergischen Militärverdienstordens), was für ihn nach 1933 natürlich einen gewissen Schutz bedeutete. Seine akademische Karriere war nach seiner Habilitation in Marburg 1923 voller Schwierigkeiten. Viele Jahre verbrachte er im höheren Schuldienst, und erst 1930, im Alter von 45 Jahren, erhielt er einen Lehrstuhl seines Faches in Graz; 1936 wurde er auf den Erlanger Lehrstuhl berufen. Im Jahre 1943 folgte er aus unbekannten Gründen als Nachfolger des nach Straßburg wechselnden v. Stauffenberg auf den Würzburger Lehrstuhl für Alte Geschichte, den er bis 1952 innehatte; er wurde von Bengtson abgelöst. Als Erforscher der römischen Spätantike hat er sich einen geachteten Platz in seiner Disziplin erworben. Auch er hat sich mit gewissen nationalen Elementen des Nationalsozialismus identifiziert, ist aber der Partei nicht beigetreten. In seinen Vorlesungen soll er sich gelegentlich militaristischer Ausführungen bedient haben.[57] In Erlangen trat er jedoch in den NS-Dozentenbund ein und war von Mai 1939 bis zu seiner Berufung nach Würzburg Dauerdekan der Philosophischen Fakultät nach dem „Führerprinzip", was ihn natürlich 1945 belastete. Er galt aber als honorige Persönlichkeit und hat nach Aussagen von Zeitzeugen auch das Erlanger Amt in vorbildlicher Weise geführt. Im August 1945 wurde er auf Anordnung der Militärregierung entlassen, aber bereits einen Monat später wieder eingestellt.[58] Bei der Besetzung der beiden vakanten historischen Lehrstühle war er in den Kommissionen der einzige Historiker.

Auf den Lehrstuhl für Mittelalterliche Geschichte und Landesgeschichte wurde am 13. September 1946 der Münchner Privatdozent Dr. Michael Seidlmayer berufen, der wie wenige andere aus religiösen und politischen Überzeugungen dem NS-Regime ferngestanden hatte und nur mit Glück einer Entlassung durch Wüst entgangen war.[59] Nach der Publikation zweier bedeutender Werke über das Große Abendländische Schisma und über die Geschichte Italiens im Jahre 1940[60] wurde er in Würzburg in Bezug auf Publikationen zum Minimalisten, doch wurden seine Aufsätze von der Kritik als geistvoll

---

57 Heinrich Euler, Ein Leben für die Wissenschaft im 20. Jahrhundert, Hamburg 2007, S. 256ff.

58 Personalakte Wilhelm Enßlin (Universitätsarchiv Würzburg).

59 Wichtigste Quellen: Personalakten Seidlmayer des Kultusministeriums (Bayerisches Hauptstaatsarchiv München, MK 44331) und der Universität Würzburg (Universitätsarchiv Würzburg), Lehrstuhlakte des Kultusministeriums, Universität Würzburg, Philosophische Fakultät, Ordentliche Professur für mittlere und neuere Geschichte unter bes. Berücksichtigung der Landesgeschichte (Bayerisches Hauptstaatsarchiv München, MK 72587); Lehrstuhlakte Professur für mittelalterliche Geschichte der Universität Würzburg (Universitätsarchiv Würzburg). Ausführlich die Publikationen von Peter Herde zu Seidlmayer (vgl. Anm. 51); ders., Geschichtswissenschaft (wie Anm. 13), S. 116ff.

60 Michael Seidlmayer, Die Anfänge des Großen Abendländischen Schismas. Studien zur Kirchenpolitik insbesondere der spanischen Staaten und zu den geistigen Kämpfen der Zeit (Spanische Forschungen der Görresgesellschaft, 2. Reihe, 5), Münster i. Westf. 1940; Geschichte des italienischen Volkes und Staates. Vom Zusammenbruch des Römischen Reiches bis zum Weltkrieg von Dr. Michael Seidlmayer. Faschismus und Imperium von Dr. Theodor Schieder (Die Große Weltgeschichte), Leipzig 1940. Zwei Neuauflagen unter dem Titel „Geschichte Italiens", erschienen mit dem „entfaschistisierten" Beitrag von Schieder und einem Zusatzkapitel von Jens Petersen Stuttgart 1962 und 1989; vgl. Herde, Seidlmayer und der Neubeginn (wie Anm. 51), S. 211ff.

und feinsinnig gelobt.[61] Die Konkordatsbindung war zuvor vom Lehrstuhl für Neuere Geschichte auf den mediävistischen Lehrstuhl rückübertragen worden.

Die Neubesetzung des Lehrstuhls für Neuere Geschichte gestaltete sich etwas schwieriger. Seit Februar 1946 vertrat der politisch unbelastete Göttinger Dozent Dr. Wilhelm Treue, ein angesehener Wirtschaftshistoriker, den Lehrstuhl; später wurde er Ordinarius an der Technischen Hochschule Hannover.[62] Er wurde jedoch nur an die dritte Stelle der Vorschlagsliste der Universität vom 16. Juli 1946 gesetzt.[63] An die zweite Stelle setzte sie den von Gerhard Ritter unterstützten Freiburger Dozenten Hans Herzfeld, evangelischer Konfession, der als „Mischling 2. Grades" 1938 als apl. Professor an der Universität Halle entlassen worden war und als Mitarbeiter des Militärgeschichtlichen Forschungsamts in Potsdam überlebt hatte, wo er freilich 1943 ebenfalls entlassen wurde und nach Freiburg im Breisgau übersiedelte.[64] Herzfeld war deutschnationaler Gegner der Weimarer Republik und durch ein Werk über die deutsche Sozialdemokratie im Ersten Weltkrieg[65] als scharfer Gegner der SPD bekannt, doch hatte er mittlerweile zu seinen früheren Ansichten Abstand gewonnen. Sein Hauptwerk war eine zweibändige Biographie Johannes' von Miquel.[66] Nachdem eine Berufung nach Würzburg gescheitert war, erhielt er 1950 einen Lehrstuhl an der Freien Universität Berlin, wo er maßgeblich am Aufbau des Friedrich-Meinecke-Instituts mitwirkte.

An die erste Stelle der Liste setzte die Universität Ulrich Noack, einen ökumenisch gesinnten Protestanten[67]; einen katholischen Kandidaten zog man gar nicht in Erwägung, da wegen der Konkordatsbindung des Mittelalter-Lehrstuhls der für Neuere Geschichte mit einem Protestanten besetzt werden sollte. Noack stammte aus einer hessischen Familie von Akademikern; sein Vater war Professor für Archäologie. Er hatte 1925 bei Meinecke mit einer Arbeit über Bismarcks Friedenspolitik promoviert, die jedoch in der Kritik auf Wider-

---

[61] Seine wichtigsten Aufsätze samt Schriftenverzeichnis in: Michael Seidlmayer, Wege und Wandlungen des Humanismus. Studien zu seinen politischen, ethischen, religiösen Problemen. Mit einem Gedenkwort von Hans Barion, Göttingen 1965.

[62] Quelle: Personalakte Wilhelm Treue der Universität Würzburg (Universitätsarchiv Würzburg), Lehrstuhlakte des Kultusministeriums Universität Würzburg, Ordentliche Professur für mittlere und neuere Geschichte (Bayerisches Hauptstaatsarchiv München, MK 72589). Nachruf von Karl Heinrich Kaufhold, in: Historische Zeitschrift 257 (1993), S. 553–556; Herde, Geschichtswissenschaft (wie Anm. 13), S. 120f.

[63] Bayerisches Hauptstaatsarchiv München, MK 72589.

[64] Vgl. Gerhard A. Ritter, Hans Herzfeld. Persönlichkeit und Werk, in: Otto Büsch (Hg.), Hans Herzfeld, Persönlichkeit und Werk (Einzelveröffentlichungen der Historischen Kommission zu Berlin 41), Berlin 1983, S. 13ff.; Herde, Geschichtswissenschaft (wie Anm. 13), S. 120f.

[65] Hans Herzfeld, Die deutsche Sozialdemokratie und die Auflösung der nationalen Einheitsfront im Weltkriege, Leipzig 1928.

[66] Hans Herzfeld, Johannes von Miquel. Sein Anteil am Ausbau des Deutschen Reiches bis zur Jahrhundertwende (1866–1901), 2 Bde., Detmold 1938/39.

[67] Wichtigste Quellen: Personalakte Ulrich Noack der Universität Würzburg (Universitätsarchiv Würzburg); Lehrstuhlakte des Kultusministeriums (Bayerisches Hauptstaatsarchiv München, MK 72589; wie oben Anm. 62). Ausführliche Darstellung von Heinrich Euler, Ulrich Noack. Ein Leben aus freier Mitte, in: Ein Leben aus freier Mitte. Beiträge zur Geschichtsforschung. Festschrift für Prof. Dr. Ulrich Noack von seinen Kollegen, Schülern und Freunden zum 60. Geburtstag gewidmet, Berlin/Frankfurt/Zürich 1961, S. VII–XXXII; ders., Art. „Noack, Ulrich" in: Neue Deutsche Biographie 19 (1999), S. 298f; ders., Nachruf, in: Historische Zeitschrift 221 (1975), S. 253f.; ders., Ein Leben (wie Anm. 57), S. 139ff.; Herde, Geschichtswissenschaft (wie Anm. 13), S. 121ff.

spruch gestoßen war.[68] Nach längeren Aufenthalten in Italien und England hatte er sich 1929 bei Georg Küntzel und Walter Platzhoff in Frankfurt mit einem Werk über Lord Acton habilitiert, das jedoch ohne nachhaltiges Echo blieb.[69] Seit 1927 hielt er sich oft in Norwegen auf, heiratete eine Norwegerin und verband, nicht ohne Geltungsbedürfnis und Eitelkeit, wissenschaftliche Arbeit mit politischer Aktivität. Er hatte zwar in Oslo einen Antrag auf Aufnahme in die NSDAP gestellt, dem jedoch offensichtlich nicht stattgegeben wurde. Seine 1941 erschienene „Geschichte der Nordischen Völker"[70] ist frei von rassischem Gedankengut.[71] Seit September 1939 nahm er gleichsam die Stellung eines Kulturattachés der Deutschen Gesandtschaft wahr und kam in Kontakt mit Vidhun Quisling, den er bei seinem Besuch bei Hitler im Dezember 1939 beriet, ohne an den Verhandlungen teilzunehmen. Nach der Besetzung Norwegens nahm er jedoch Stellung gegen Quisling und wurde vom Reichskommissar Josef Terboven nach Greifswald zurückbeordert, wo er sich, von Frankfurt kommend, an der Universität 1939 umhabilitiert hatte.[72] Nach dem Attentat auf Hitler vom 20. Juli 1944 wurde er über zwei Monate in Haft genommen, da man ihm aber keine Mitwisserschaft nachweisen konnte, wieder entlassen. Nach dem Einmarsch der Russen beteiligte er sich am Wiederaufbau des politischen Lebens, siedelte dann jedoch ohne seine Familie – seine Frau ging mit ihren drei Töchtern nach Norwegen zurück – nach Hessen über und wurde Berater des hessischen Ministerpräsidenten Karl Geiler.[73]

Seitdem entwickelte er die Idee von der friedensstiftenden Aufgabe eines neutralisierten Deutschlands zwischen den Weltmächten. Im Jahre 1948 gründete er den „Nauheimer Kreis" und war in den nächsten Jahren einer der führenden deutschen Neutralisten, die für die Entmilitarisierung und Neutralisierung Deutschlands kämpften, mit hohem idealistischen Ethos, aber unter Verkennung der politischen Realität.[74] Seine Gespräche mit Walter Ulbricht und dem sowjetischen Hochkommissar Wladimir Semjonow im Jahre 1949 brachten ihm im Osten den Ruf eines amerikanischen Agenten, im Westen den eines trojanischen Pferdes der Sowjets ein. Als seine Aktivitäten um Quisling seit 1948 bekannt wurden, führte das, offensichtlich mit Unterstützung der Adenauer-Regierung, zu jahrelangen Angriffen auf Noack und 1952 zu einem Prozess wegen Beleidigung, den er verlor.

---

[68] Ulrich Noack, Bismarcks Friedenspolitik und das Problem des deutschen Machtverfalls, Leipzig 1928. Vgl. die Rezension von Otto Becker, in: Historische Zeitschrift 143 (1931), S. 355–360.

[69] Ulrich Noack, Geschichtswissenschaft und Wahrheit, Frankfurt a.M. 1935; ders., Katholizität und Geistesfreiheit, Frankfurt a. M. 1936; ders., Das politische Ethos in der europäischen Diplomatie, Frankfurt a.M. 1939.

[70] Ulrich Noack, Geschichte der nordischen Völker, Bd. I: Frühgeschichte und Wikingerzeit, München 1941. Für das Buch erhielt er von der nationalsozialistischen Deutschen Akademie in München einen Preis, der ihm in der Wiener Hofburg durch Heinrich von Srbik übergeben wurde; vgl. Euler, Ein Leben (wie Anm. 67), S. XIX.

[71] So tadelnd in seiner Rezension Karl Wührer, in: Historische Zeitschrift 167 (1943), S. 156–160.

[72] Euler, Ein Leben (wie Anm. 67), S. XVff.

[73] Ebd., S. XXIff.

[74] Dazu eingehend Alexander Gallus, Die Neutralisten. Verfechter eines vereinten Deutschland zwischen Ost und West 1945–1990 (Beiträge zur Geschichte des Parlamentarismus und der politischen Parteien 127), Düsseldorf 2001; Wolfgang Altgeld, Nauheimer Kreis, in: Historisches Lexikon Bayerns, http.: www.historisches-lexikon-bayerns. de/base/stat.

Innerhalb der Fakultät kam es zu heftigen Auseinandersetzungen zwischen Seidlmayer und Noack. Das Kultusministerium unter Alois Hundhammer als Minister verhielt sich in den Streitigkeiten jedoch in jeder Hinsicht neutral und korrekt.[75] Auch sonst litt die wissenschaftliche Tätigkeit Noacks natürlich unter diesen politischen Grabenkämpfen. Bis 1952 gehörte er der CSU, ab dem gleichen Jahr der Gesamtdeutschen Volkspartei Heinemanns und von 1956–1960 der FDP an. Beeinflusst von Kant und Acton waren die politischen Aktivitäten Noacks Ausfluss eines umfassenden historisch-geopolitischen Konzepts, das er am eindringlichsten in seinem 1961 erschienenen Buch *Geist und Raum in der Geschichte*[76] niederlegte, dessen Epochengliederung ebenso wie das Gesamtkonzept freilich auf Kritik stießen. Dennoch muss zugegeben werden, dass Noack, der 1964 emeritiert wurde und am 14. November 1974 starb, in einer Zeit, in der die nationalkonservative Ausrichtung der Geschichtswissenschaft in der Bundesrepublik weiterhin dominierte, ein völlig eigenständiger Historiker war und keiner bestimmten Schule oder Denkungsart zugerechnet werden kann.[77]

So kann resümierend festgehalten werden, dass in Würzburg ein renommierter Althistoriker die Tradition fortsetzte und dass bei der Wiederbesetzung des Lehrstuhls für Mittelalterliche Geschichte mit Seidlmayer eine Persönlichkeit berufen wurde, die den demokratischen Neubeginn glaubwürdig verkörperte. Mit der Berufung Noacks war die Wahl auf einen Neuhistoriker ganz besonderer Prägung gefallen, dessen rastlose politische Tätigkeit jedoch dazu führte, dass er als Forscher ohne größeren Einfluss blieb.

---

[75] Die Akten dazu in der Personalakte Ulrich Noack (Universitätsarchiv Würzburg) und der Lehrstuhlakte des Kultusministeriums (Bayerisches Hauptstaatsarchiv München, MK 72589).

[76] Ulrich Noack, Geist und Raum in der Geschichte. Einordnung der deutschen Geschichte in den Aufbau der Weltgeschichte, Göttingen 1961.

[77] Vgl. die Rezension des zitierten Werkes von Wolfgang Zorn, in: Historische Zeitschrift 196 (1963), S. 631–635.

Buchbesprechungen

Handschriften / Quellen

Daniela Mairhofer, Medieval Manuscripts from Würzburg in the Bodleian Library, Oxford. A Descriptive Catalogue; Oxford: Bodleian Library 2014. – geb., 855 S., 8 Farbtafeln, 115 Abb.

Im Folgenden sei auf eine monumentale, bereits vor einigen Jahren erschienene Publikation aufmerksam gemacht, die für die Erforschung der in Würzburg geschriebenen oder aus Würzburger Bibliotheken stammenden mittelalterlichen Handschriften, namentlich aus dem 9. Jahrhundert, aber auch darüber hinaus bis in das 14. Jahrhundert reichend, von eminenter Bedeutung ist. Sie hat aber bislang die ihr gebührende Beachtung durch ein einschlägig interessiertes Publikum noch nicht hinreichend erfahren.

Gegenstand des mit 855 Seiten umfassenden Bandes ist ein hoch bedeutender Bestand von zumeist in Würzburger Skriptorien geschriebenen oder aus den Bibliotheken des Würzburger Domstifts und anderer örtlicher Klöster und Stifte stammenden Handschriften („the medieval manuscripts associated with the city of Würzburg", S. 37), die sich im Handschriftenbestand der Bodleian Library Oxford erhalten haben. Zusammen mit weiteren ebenfalls aus Würzburg stammenden Handschriften des 16. und 17. Jahrhunderts bilden sie den umfangreichsten geschlossenen Bestand an Würzburger Handschriften außerhalb der in der Universitätsbibliothek Würzburg aufbewahrten Codices. Als erklärtes Ziel der vorliegenden Publikation formuliert Richard Ovenden, Bodley's Librarian, in seinem Vorwort: „the need for a new catalogue, to describe the manuscripts in detail and to take account of the enormous growth in our knowledge of medieval texts, scripts, and illumination since the mid-19th century" (S. 7). Das Ziel des Katalogs bestehe darin, diese Handschriften und ihre Inhalte besser bekannt zu machen, „not to say the last word about them, but to open them up so that they can play their full part in future scholarship and wider historical understanding" (ebd.).

Soweit diese Codices, insgesamt 54, noch im frühen und hohen Mittelalter, aber längstens bis ins 14. Jahrhundert entstanden sind, bilden sie den Untersuchungsgegenstand des vorliegenden Beschreibenden Katalogs *(A Descriptive Catalogue)*. Die späteren Würzburger Handschriften der Bodleiana sind einem weiteren Katalogband zugewiesen, dessen Publikation – ebenfalls durch Daniela Mairhofer – noch bevorsteht.

Spätestens seit der bahnbrechenden Publikation von Bernhard Bischoff und Josef Hofmann, Libri Sancti Kyliani. Die Würzburger Schreibschule und die Dombibliothek im VIII. und IX. Jahrhundert (Quellen und Forschungen zur Geschichte des Bistums und Hochstifts Würzburg 6), Würzburg 1952, wurde die außergewöhnliche Bedeutung der deutsch-insularen Schulen wie des Bibliotheksstandorts Würzburg unter paläographischen, codicologischen, text- und überlieferungsgeschichtlichen Gesichtspunkten nachhaltig dargelegt, wobei auch der in Oxford bewahrte Handschriftenbestand zumindest teilweise herangezogen wurde. Seither hat sich die Forschung in zahlreichen Einzeluntersuchungen und übergreifenden Darstellungen intensiv mit den Würzburger Handschriften befasst und dabei in besonderer Weise auch die Codices der Bodleian Library herangezogen. Ein dringendes Desiderat der Forschung blieb aber weiterhin eine eingehende Auseinandersetzung mit dem Gesamtbestand der nach Oxford gelangten Würzburger Handschriften in Gestalt eines umfassenden wissenschaftlichen Bestandskatalogs. Dieser liegt nun endlich akribisch genau und wissenschaftlich fundiert in Daniela Mairhofers *Medieval Manuscripts from Würzburg in the Bodleian Library* vor und wird in Zukunft für jede weitere Erforschung der aus Würzburg nach Oxford gelangten mittelalterlichen Handschriften neue Maßstäbe setzen.

Der Band wird durch eine umfassende Einleitung (S. 9–36) eröffnet, in der zunächst auf die Geschichte der Sammlungen eingegangen wird, aus denen die einzelnen Würzburger Codices nach Oxford gelangt sind, insbesondere die Sammlung des Erzbischofs und Kanzlers der Universität Oxford, William Laud (1573–1645), die die Bodleian Library im Rahmen von vier verschiedenen Bücherstiftungen zwischen 1635 und 1640 erhielt. Daraus werden insgesamt 51 Codices der Signaturgruppen MS. Laud Gr. [1], MS. Laud Lat. [17] und MS. Laud Misc. [33] besprochen; die übrigen Codices gehören zu den Signaturgruppen MS. Douce [2] und MS. Rawl. G. [1].

Der folgende Abschnitt (S. 14–20) widmet sich näherhin dem Zustandekommen der dritten Bücherstiftung, die Erzbischof Laud am 28. Juni 1639 an die Bodleiana überwies. Wie die Sammlung im Einzelnen zustande kam, ist noch immer nicht restlos geklärt. Die Handschriften wurden überwiegend 1636 entweder über Verhandlungen, durch Agenten des Erzbischofs Laud, über Vermittlung durch Thomas Howard, 14th Earl of Arundel, oder durch Laud persönlich zum Zeitpunkt der Schwedischen Besatzung von Würzburg (1631–1635) gezielt ausgewählt, *in situ* erworben und zwischen 1637 und 1639 in London einheitlich gebunden und jeweils mit Lauds vergoldetem Supralibros versehen. Zu bedauern ist, dass diese typischen Laud-Einbände im Katalog zwar beschrieben (S. 19f.) sind, aber kein Beispiel davon auch abgebildet wurde.

Im Folgenden wendet sich die Autorin in knappen Zügen der Frühgeschichte der Stadt und des Bistums Würzburg sowie der einzelnen kirchlichen Institutionen der Stadt zu, denen die beschriebenen Handschriften zugeordnet werden können. Naturgemäß steht dabei das Domstift an erster Stelle. Aus dessen besonders für seine bedeutenden frühmittelalterlichen Texthandschriften bekannten Bibliothek stammt die überwiegende Mehrzahl der in den Traditionen der irischen und angelsächsischen Tradition entstandenen Codices. Die vergleichsweise günstige Überlieferungslage der Bibliothek des Domstifts erlaubt insbesondere im Zusammenhang mit der Auswertung überlieferter Buchlisten aus der Zeit um 800 und um 1000 fundierte Rückschlüsse auf das Alter und die Zusammensetzung der Dombibliothek in den ersten Jahrhunderten ihres Bestehens, wobei sich insbesondere das 9. Jahrhunderts als „the most productive period of the Würzburg scriptorium“ (S. 27) erweist. Daraus erklärt sich, dass Mairhofer sich nach der Erörterung der wesentlichen Eigenheiten der *Libri sancti Kyliani* – Besitzvermerke, Titelinschriften, Signaturen und charakteristische Einbandgestaltung, wobei letztere wegen der Neubindung des Oxforder Bestandes durch Erzbischof Laud nur noch die Handschriften der Universitätsbibliothek Würzburg charakterisiert (S. 22–26) – schwerpunktmäßig den im Oxforder Bestand erhaltenen Codices zuwendet, die unter den Würzburger Bischöfen Wolfgar (810–832), Hunbert (833–842) und Gozbald (842–855) in Würzburg geschrieben oder aus auswärtigen Skriptorien erworben wurden. Anschließend werden jene geistlichen Institutionen der Stadt Würzburg vorgestellt, aus denen in geringer Anzahl weitere Handschriften nach Oxford gelangt sind: die Kollegiatstifte Neumünster und Haug, die Klöster der Benediktiner, Dominikaner und Franziskaner sowie die „Bibliotheca Academica Godefriediana“ als eigentliche Vorläuferin der Universitätsbibliothek Würzburg.

Überlegungen über die inhaltliche Zusammensetzung der nahezu ausschließlich lateinischen Codices Würzburger Provenienz – eine Ausnahme bildet das schon um 600 in Sardinien oder Rom(?) entstandene MS. Laud Gr. 35, die berühmten *Laudian Acts* mit Texten in griechischer und lateinischer Sprache (katalogisiert S. 120–136 mit 3 Abb.) – werden in der Einleitung nicht berücksichtigt, aber bei den einzelnen Katalogisaten intensiv erörtert. Um diese ausgedehnten, manchmal schwer zu überblickenden Beschreibungen in der Abfolge der einzelnen Textabschnitte innerhalb jeder Katalogaufnahme leichter zu erfassen, lässt Mairhofer einen Abschnitt mit Angaben zu den *Editorial Conventions* (S. 37–43) folgen, deren Kenntnis für eine sinnvolle Benutzung des Katalogs unerlässlich ist. Es schließen sich die *Bibliographical Abbreviations* (S. 45–74), sodann ein allgemeines Abkürzungsverzeichnis an (S. 75–80). Die folgende, alphabetisch nach Signaturen angeordnete *List of Manuscripts* kann freilich nur Verwirrung stiften, zumal die einzelnen Katalogbeschreibungen nicht durchnummeriert sind und auch keine Seitenzahlen angegeben werden, nach denen der Beginn eines jeden Katalogisats aufgefunden werden könnte. Es hilft also nur, auf Verdacht 634 Seiten des eigentlichen Katalogs zu durchforsten. Ähnliches gilt auch für das Verzeichnis der 115 Abbildungen und 8 Farbtafeln, das zwar die Signatur und die Folioangabe der entsprechenden Abbildung liefert, aber wiederum nicht nachweist, wo genau die entsprechende Abbildung im Band aufzufinden ist.

Der von außerordentlicher Sachkenntnis und akribischer Gründlichkeit der einzelnen Beschreibungen geprägte Katalogteil spiegelt den aktuellen Forschungsstand wider und lässt kaum einen Benutzerwunsch offen. Auf die Schlagzeilen mit den notwendigen Angaben zu Signatur, Inhalt, Entstehungsort und -zeit, Angaben von Maßen, Blattzahl und Provenienz folgt jeweils eine bis in die kleinsten Besonderheiten verfolgte Auflistung aller Textbestandteile *(contents)* mit Nachweisen der besten verfügbaren gedruckten Edition(en). Daran schließen sich Ausführungen zu Rubriken, Zusätzen, Marginalien und vielem mehr an. Im Abschnitt *decoration* folgt, soweit im Codex vorhanden, eine Beschreibung der einzelnen Ausstattungselemente der jeweiligen Handschrift. Besonderes Augenmerk verdient schließlich die erst auf die inhaltliche Beschreibung folgende codicologische Beschreibung *(physical description),* die erschöpfende Angaben zu Material, Maßen, Umfang, Foliierung, Lagenschema, Gliederung des Schriftspiegels, Schrift mit ausführlichen Bemerkungen zur Paläographie sowie Rubrizierung bereit hält. Zumeist wenig aussagekräftig sind hingegen die Angaben zum Bucheinband, zumal es sich fast ausschließlich um weitgehend gleichartige Laud-Einbände handelt. Den Abschluss eines jeden Katalogisats bilden komplette, kommentierte Provenienzangaben und eine häufig vollständige, bei den besonders „prominenten" Stücken auch ausgewählte Bibliographie. Als Beispiel für die Fülle an Informationen, die die Katalogeinträge bereithalten, sei etwa auf die beiden weitgehend identischen Psalterien mit dem Bischof Bruno von Würzburg zugeschriebenen Kommentar (MS. Laud Lat. 96 [S. 219–238] und MS. Rawl. G. 163 [S. 715–722]) hingewiesen.

Es liegt in der Natur eines derartigen Katalogisierungsprojektes, dass das Gestaltungskonzept von der herausgebenden Institution vorgegeben wird bzw. uniformen „Hausregeln" unterworfen ist – somit nicht im Benehmen des jeweiligen Bearbeiters liegen kann. Damit kann nicht jeder vonseiten der Benutzer erwarteten Fragestellung Rechnung getragen werden. Angesichts der Tatsache, dass der Würzburger Handschriftenbestand der Bodleiana doch nicht selten bemerkenswerten Buchschmuck enthält, hätte eine nähere Auseinandersetzung mit dem Dekor der Codices wohl Erkenntnisse bringen können, die weit über die rudimentären Aussagen in Otto Pächt/J. J. G. Alexander, Illuminated Manuscripts in the Bodleian Library Oxford. 1: German, Dutch, Flemish, French and Spanish Schools, Oxford 1966, hätten hinausgehen und wohl auch unsere Kenntnis der Würzburger Buchmalerei im frühen und hohen Mittelalter erweitern können. Die den Katalogisaten angefügten 115 Halbton- und 8 Farbabbildungen sind eher zur Demonstration paläographischer Besonderheiten ausgewählt, aber nahezu durchgängig zu kontrastarm und unscharf, um eine angemessene Vorstellung erlangen zu können.

Auf den ersten Blick beeindruckend präsentieren sich die von S. 723–855 reichenden Indices. Ein für die Benutzung des monumentalen Handschriftenkatalogs unverzichtbares Register stellt dabei nicht zuletzt der *Index of Initia* (S. 725–811) dar, der akribisch genau und vollständig alle Initien der im Band besprochenen Handschriften erfasst und mit Handschriftensignatur und Fundstelle im Band nachweist, nicht aber die jeweilige Seitenzahl im Katalog verzeichnet, was mitunter eine ausgedehnte Suche in der entsprechenden, häufig sehr ausgedehnten Beschreibung bedingt. Das trifft nicht zuletzt auch auf die Einträge im *General Index*, dem Namens-, Orts- und Sachverzeichnis (S. 813–855), zu. So sind dort Personen als (mutmaßliche) Verfasser einzelner Codices wie etwa „Bruno, bp. of Würzburg (1034–1045)" allein über die Signaturen auffindbar, doch wird beispielsweise die allgemeine Erwähnung eines Namens innerhalb eines Katalogisats wie etwa „Burchard (†753), bp. of Würzburg" lediglich durch den Hinweis auf die Signatur eines Codex mühselig. Denn die weitere Suche gestaltet sich durch den Verzicht auf Seitenzahlen höchst umständlich. Zunächst ist auf S. 81 die *List of Manuscripts* zu konsultieren, wo zwar die Signaturen in der behandelten Reihenfolge (nach Fonds geordnet) verzeichnet sind, aber wieder Seitenzahlen (oder Katalognummern) fehlen. So ist durch Blättern zunächst das Katalogisat zur genannten Handschrift aufzusuchen und sodann der gesamte Katalogtext auf die Nennung des „Burchard" durchzusehen. Im Fall des MS. Laud Gr. 35 (S. 120–136) ist Burchard auf S. 129 auffindbar. Die zweite Erwähnung findet sich in MS. Laud Misc. 126, der auf S. 401–417 besprochen wird; erst auf S. 409 findet sich dort schließlich der Name Burchard. Ortsnamen bzw. Klöster wie z. B. „Jouarre" oder „Chelles" sind im *General Index* überhaupt nicht ausgeworfen, auch im Text erwähnte Namen wie etwa Georg Reyser (S. 220) fehlen gänzlich. Alle in der Einleitung erwähnten Namen wie etwa Michael de Leone, Julius Echter oder Gottfried von Aschhausen bleiben im Register unberücksichtigt. Schmerzlich vermisst wird schließlich ein Verzeichnis der zum Vergleich herangezogenen Handschriften, aus dem z. B. hervorgehen könnte, welche der heute in der Universitätsbibliothek Würzburg aufbewahrten Handschriften auch mit dem Oxforder Bestand in Beziehung zu bringen sind.

Insgesamt erfordert die Beschäftigung mit dem äußerst verdienstvollen Katalogisierungsunternehmen, das künftig als Referenzwerk unser Wissen um die Würzburger Handschriften namentlich der Bibliothek des Domstifts entscheidend erweitern wird, eine gehörige Portion Geduld, Durchhaltevermögen und Kombinationsgabe des Benutzers. Trotz des nicht unbeträchtlichen Preises wird der Band künftig eine entscheidende Bedeutung in der Beurteilung der herausragenden Rolle Würzburgs als kulturellem Zentrum des frühen Mittelalters einnehmen können und ist schon deshalb mit Nachdruck zu begrüßen.

Helmut Engelhart

Ulrich Wagner (Hg.), Regesten der Bruderschaft des Heidelberger Hofgesindes. 1380–1414 (Schriftenreihe des Stadtarchivs Heidelberg, Heft 10), Ubstadt-Weiher: Verlag Regionalkultur 2017. – brosch., 95 S. mit 27 meist farb. Abb., 1 Stadtplan, mit Register zu Personen, Orten, Flurnamen und Institutionen.

Das Urkundenverzeichnis bietet das bruderschaftliche Gültbuch mit 32 Regesten im besagten Zeitraum vollständig dar. Wie im Vorwort vermerkt, ist diese Quelle von besonderer stadtgeschichtlicher Wichtigkeit, da die ältere Überlieferung zu Heidelberg durch Kriege, Brände, territoriale Umverteilungen sowie vergleichbare Zäsuren und Umbrüche stark gestört ist (S. 8–12). Einführend werden die konkreten Rahmenbedingungen skizziert (S. 14–28): Beleuchtet wird das Hofgesinde als Trägergruppe der Gebetsverbrüderung in seiner sozialen und nicht zuletzt steuerlich privilegierten

Mittelstellung zwischen Fürstenhof und der Bürgergemeinde. Letztere konnte ihrerseits zu jener Zeit eine Ratsverfassung erringen, wie gerade im Medium der Sphragistik zu greifen ist (S. 19f.). Mithin schweift der Blick auf die Sozialstruktur und das Bruderschaftswesen im städtischen Umfeld insgesamt. Im Besonderen zeugt die eigene Predigerpfründe der hofgesindlichen Gebetseinung (Regest Nr. 14, 23–26, 28, 30f.) von der spätmittelalterlichen Laien- und Stiftungsfrömmigkeit (z.B. Regest Nr. 2, 27: Seelgeräte; Nr. 13, 18f.: Stiftung eines allabendlichen Salve Regina-Gesangs samt Zustiftungen). Inhaltlich kam hier der Hunger nach authentischer Wortverkündigung zum manifesten Ausdruck, sollte der Prediger doch ein gelehrter Priester von anerkannt sittlichem Lebenswandel sein (Regest Nr. 14). Sozioökonomisch lassen sich auf diesem Wege Oberschichten identifizieren und vermögensmäßig abschätzen (S. 54–59). Bemerkenswerterweise waren nicht nur Prinzessinnen rechtsfähig (Regest Nr. 3), sondern ebenso Bürgersfrauen (Nr. 17, 25). Quellenkundlich belegen die ausgewählten Abbildungen der archivalischen Vorlagen den Wechsel der Schreibmeister und der äußeren Stilistik (S. 60–75). So wird hiermit eine fachkundige wie anschauliche Regestierung vorgelegt, zumal, wie der Bearbeiter hinsichtlich seiner eigenen Wirkungsstätte einwirft, eine eingehendere Auswertung des Würzburger Pendants der Hofgesinde-Bruderschaft (S. 23) noch aussteht.

Winfried Romberg

Repertorium der Policeyordnungen der Frühen Neuzeit, Bd. 11 in zwei Halbbänden, hg. von Karl Härter. Halbband 11.1.: Augsburg, bearb. v. Stefan Breit. Münster, bearb. v. Benno König. Speyer, bearb. v. Lothar Schilling. – Halbband 11.2: Würzburg, bearb. v. Imke König (Studien zur europäischen Rechtsgeschichte 293/1–2), Frankfurt a.M.: Vittorio Klostermann 2016. – brosch., 1017 S., mit systematischem und alphabethischem Register.

Das umfangreiche Bestandsverzeichnis erschließt das Ordnungswesen der angeführten fünf Hochstifte gemäß den Vorgaben der Gesamtreihe, jeweils eingeleitet durch eine konzise Beschreibung des Territoriums in Bezug auf Stellung im Reichsverband sowie innere Verfassung und Verwaltung. Die Sichtung richtet sich auf archivalische und literale Überlieferungen wie ebenso auf die im Laufe des 18. Jahrhunderts aufkommenden gedruckten Mandatesammlungen. Für Augsburg werden ab 1434 bis zur Säkularisation 1803 immerhin 1353 dieser Verordnungen nachgewiesen (S. 27–218), für Münster (ab 1489) deren 993 (S. 235–364), für Speyer (ab 1430) sogar deren 1855 (S. 403–671) und für Würzburg (ab 1463) allein 1788 solcher Landmandate (gesamter Halbband 2, S. 691–933). Die umfangreichen beiden Register schlüsseln die Fülle der vorkommenden polizeilichen Materien eingehend nach Einzelbetreffen und Sachgruppen auf (S. 935–1017). Dabei scheint es, gemessen an der Quantität wie anhand der Lemmata des Repertoriums, keine prinzipiellen Unterschiede größeren Umfangs im (proto)staatlichen Ordnungshandeln all dieser Stifte gegeben zu haben, ob dies nun die eindeutig kleinstaatlichen Hochstifte Augsburg und Speyer betrifft oder Münster und Würzburg als Flächenstaaten von mittlerer Größe. Als einzig strukturelle Differenz beider letzterer zu den kleineren lässt sich das Vorhandensein eines organisierten Kriegswesens konstatieren, ab dem späten 17. Jahrhundert dann in Form eines stehenden Heeres, was eine entsprechende Regelungssparte zur Folge hatte (vgl. Sachregister S. 940f.). In den übrigen Materien spiegelt sich bis zum Ende der Frühen Neuzeit in typischer und letztlich unbewältigter Weise eine lediglich bedingte Normdurchsetzung, die immer wieder Mandatsverhängungen in stereotyper Form von Wiederholung und Novellierung vorgängiger Regulative provozierte. So changiert die Polizeigesetzgebung am Beispiel sexualmoralischer Vorgaben in den vier Hochstiften in gewisser Ähnlichkeit und damit Vergleichbarkeit: Neben der Masse der Verfügungen wider Unzucht, uneheliche Schwangerschaften und Prostitution in allen Gemeinwesen kennt einzig Würzburg Inzestverbote (1648, Nr. 176; 1688, Nr. 356), ergeht lediglich in Augsburg ein Mandat gegen Sodomie (1584, Nr. 90) und sind Konkubinate unter dem Klerus von Augsburg und Münster bis zum Ende des 17. Jahrhunderts, in Speyer aber noch bis zum Ende des 18. Jahrhunderts ein bleibendes Problem (letzte Mandate: Augsburg 1693, Nr. 459; – Münster 1651, Nr. 151. – Speyer 1784, Nr. 1532). Auffälligerweise finden sich selbst in Würzburg nach der bis um 1600 energisch durchgeführten und danach bleibend überwachten tridentinischen Glaubens- und Klerusreform noch letztmals im Jahr 1700 Konkubinatsverbote (nicht bei König; Beleg bei Winfried Romberg, Die Würzburger Bischöfe von 1684 bis 1746, Berlin 2014, S. 261).

Für die Leserschaft des fränkischen Bereichs sei an dieser Stelle der zweite Halbband über die Würzburger Ordnungen näher betrachtet. Wie in der Einleitung vermerkt (S. 686f.), bildet die Zusammenstellung jedoch nur eine quellenmäßige Auswahl, die als Leitüberlieferung die gedruckten Originalmandate in den sogenannten „Dettelbacher Amtsbüchern" (Staatsarchiv Würzburg) sowie zumindest auszugsweise die gleichartige Überlieferung der Universitätsbibliothek Würzburg zugrundelegt. Hauptsächlich wird auf die gedruckten Rechtssammlungen seit dem späten 18. Jahrhundert rekurriert, nämlich Joseph Maria Schneidts „Thesaurus Iuris Franconici" (1787–1794, Sigle bei König: TJF) und den offiziellen Kodex der Landmandate (1776), fortgeführt von Schneidts Schüler Philipp Heffner (1801/10) (Sigle bei König: SWL). Freilich führt König nicht sämtliche Mandate des Kodexes auf, sodass das vorliegende Repertorium nicht als vollständiges Inventar hierzu zu lesen ist (Pars pro toto fehlt etwa SWL 3, S. 354, betr. Suppliken, 18.11.1786). Der Kodex selbst liefert zumal nur eine Auswahl der zu seiner Zeit noch als gültig betrachteten Gesetze, freilich ohne dazu klare Kategorien vorzugeben. Diese mithin pragmatische Auswahl setzt bereits von daher einer entwicklungsorientierten rechtshistorischen Betrachtung enge Grenzen. Außerdem ist zu veranschlagen, dass keiner der regierenden Bischöfe eine vollständige Registratur hinterließ, die jeweils sämtliche expedierte Verordnungen umfasste. Deshalb vermochten schon die erwähnten Juristen die vorgefundene Mandatsfülle einschließlich der Kontexte kaum mehr zu überblicken, geschweige denn inhaltlich einzuschätzen, wie auch die zuletzt nur noch summarische und teils bis in Regestform komprimierte Wiedergabe in den angeführten Rechtssammlungen belegen mag (vgl. TJF 2, S. 2451–2550; SWL 3–4). Zum anderen belegt ein solch angewachsenes, mittlerweile gewiss verwirrendes Maß an geschichtlich bedingter rechtsformeller Mehrfachregulierung schlaglichtartig die Antwort der Würzburger Regierung auf die Salzburger Anfrage 1801 nach der eigenen geltenden Polizeiordnung. Würzburg verweist hier lediglich pauschal und ohne erkennbar tieferen Recherchewillen auf die vorliegenden drei *voluminösen* Bände der SWL, wo sinngemäß alles beinhaltet sei (Staatsarchiv Würzburg, Gebrechenamtsakten VII W 1545). – Summa summarum, zu einer materiell-systematischen und darin regelrecht entschlackenden Rechtsvereinheitlichung gemäß dem Ideal eines klar gegliederten, überschaubaren, aktualisierten wie handhabbaren Landrechts ist das alte Hochstift nicht vorgestoßen. Im Befund bleibt, so zweifelsohne hilfreich und verdienstvoll das Repertorium gerade für einen Reichsstand von der Bedeutung Würzburgs ist, eine Gesamterfassung der landesgesetzlichen Mandate ein Desiderat juristischer und historischer Forschung – womöglich ein unerfüllbares Projekt. Schließlich seien noch einige Literaturhinweise zu Würzburg beigefügt: 1) Johann Wirsing, Auszug aus den würzburgischen Landes=Verordnungen von 1574 bis 1811, welche den Stand, den Wirkungskreis und die Pflichten der Seelsorger betreffen, Würzburg 1811. Dieses Druckwerk enthält in systematischer Gruppierung etliche nicht in den ausgewerteten Stoffsammlungen erwähnte polizeiliche Materien. – 2) Eine verlässliche und vorzügliche Erschließung zu Schneidts universaljuristisch angelegtem und geradezu monumentalem TJF bietet immer noch: Wilhelm Engel, Joseph Maria Schneidt und sein Thesaurus Iuris Franconici, in: Mainfränkisches Jahrbuch für Geschichte und Kunst 7 (1955), S. 260–299. – 3) Für die Frühzeit der Mandate-Promulgation durch Einblattdruck zu berücksichtigen ist: Falk Eisermann, Buchdruck und Herrschaftspraxis im 15. Jahrhundert. Der Würzburger Bischof Rudolf von Scherenberg und sein Drucker Georg Reiser, in: Horst Brunner (Hg.), Würzburg, der Große Löwenhof und die deutsche Literatur des Spätmittelalters, Wiesbaden 2004, S. 495–513 (mit Plakate-Katalog). – 4) Eine auf Vollständigkeit bedachte Zusammenstellung von Landmandaten samt nachweisbaren Einzelheiten zum Kodifikationsprozess (Konzeptstufen, Auflagenhöhe etc.) pro Pontifikat findet sich bei: Winfried Romberg, Die Würzburger Bischöfe von 1617 bis 1684, Berlin 2011, und ders., Die Würzburger Bischöfe von 1684 bis 1746, Berlin 2014 (s. o.).

Winfried Romberg

Allgemeine Geschichte / Kirchengeschichte

Andreas Bihrer / Gerhard Fouquet (Hg.), Residenzenforschung. Bischofsstadt ohne Bischof. Präsenz, Interaktion und Hoforganisation in bischöflichen Städten des Mittelalters (1300–1600) (Akademie der Wissenschaften zu Göttingen. Residenzenforschung. Neue Folge: Stadt und Hof, Bd. 4), Ostfildern 2017. – geb., 395 S., 5 farb. Abb.

Wie gestaltete sich im späten Mittelalter bis zur Neuzeit das Beziehungsgefüge zwischen geistlicher Herrschaft und Stadt? Zu dieser Thematik fand im September 2015 an der Christian-Albrechts-Universität in Kiel eine Tagung ausgewiesener Fachleute statt. In 14 Beiträgen eines gewichtigen Sammelbandes mit 395 Seiten versuchen die Autoren auf diese komplexe Frage Antwort zu geben. Zweifellos handelt es sich um ein zentrales und weites Themenspektrum der modernen Stadtgeschichtsforschung.

Andreas Bihrer diskutiert einführend die Forschungsfelder, formuliert anstehende Aufgaben und plädiert für weitere Fallbeispiele. Die Kathedralstädte im Nordosten und im Südosten des Reichs wurden nicht berücksichtigt, fränkische Bistümer sind kaum, die Abtei St. Gallen exemplarisch einbezogen. In verschiedensten thematischen Einheiten, die unter anderem Akteure, Situationen, Rechte, Ressourcen und insbesondere die Rolle der Bischöfe ansprechen, sollen neue Aspekte der spätmittelalterlichen Urbanisierung und der vormodernen Kirchengeschichte erfasst werden.

Gerrit Jasper Schenk zeigt am Beispiel von Straßburg und Worms für das späte Mittelalter die unterschiedliche Präsenz des Stadtherrn im öffentlichen Raum auf; selbst bei Abwesenheit des Bischofs behielt dieser durch Personengruppen, Baumaßnahmen und Inszenierungen seine bedeutende Rolle. *Gerald Schwedler* illustriert für das 14. und 15. Jahrhundert am Fallbeispiel Passau die politisch relevante Funktion der Rathausglocke, ihre Zulassung und ihre Abhängung, Symbol der Souveränität im Dissens zwischen Bischof und städtischer Führungsschicht. Der im Anhang edierte Schiedsspruch von 1409 zum „Ausgleich“ zwischen Bischof und Stadt schuf indes keinen solchen. Die Glocken im Rathausturm mussten ohne Verzug wieder abgehängt werden. *Oliver Plessow* widmet sich der spätmittelalterlichen Historiographie im Norden des Reichs, die als spezifische Gemeinsamkeit in ihrer Fundationserzählung eine maßgebliche Rolle Karls des Großen sieht, andererseits ein Auseinanderdriften von Stadt und Bischof als Leitparadigma nicht eindeutig bestätigen kann. *Martina Stercken* untersucht kenntnisreich die Funktion der drei St. Galler Residenzen, Orte äbtischer Herrschaft, Ende des 15. Jahrhunderts in Vadians „Grösseren Chronik der Äbte“. Sie analysiert insbesondere die Regierung des Abts Ulrich Rösch, eines „geistlichen Wolfes“, der aus bescheidenen Verhältnissen stammend mit Unterstützung aus Rom sich das Amt „erschlich“, effektiv den klösterlichen Besitz vermehrte, aber kontinuierlich die legitimen Freiheitsinteressen der St. Galler Bürger bekämpfte.

Die Triade König – Bischof – Kathedralstadt erörtert quellengestützt *Sven Rabeler* unter den so genannten kleinen Königen von Rudolf von Habsburg bis Heinrich VII. (1273–1313). Am Beispiel der Huldigung von Worms 1273, der Beisetzung Adolfs von Nassau und Albrechts von Habsburg 1309 im Speyerer Dom sowie dem Speyerer Hoftag 1310 mit der Belehnung des Königssohnes Johann mit Böhmen erfasst er Verfahren sowie Akteure und konstatiert um 1300 immer noch eine faktische Präsenz der Bischöfe in ihrer Kathedralstadt. *Christina Lutter* und *Elisabeth Gruber* untersuchen mit St. Pölten und Waidhofen an der Ybbs „Vororte“ der Bischöfe von Passau und Freising im Herzogtum Österreich. St. Pölten musste in mehrfachen Verpfändungen im 15. Jahrhundert letztendlich vom Passauer Stadtherrn über Matthias Corvinus an das Haus Habsburg abgegeben werden. Ebenso wenig konnte Waidhofen – strategisch bedeutsam aufgrund der steirischen Eisenproduktion – von den Freisinger Bischöfen in ihrer Landeshoheit gehalten werden. Die Errichtung des Bistums Wien gelang den österreichischen Herzögen bei hinhaltendem Widerstand von Salzburg und Passau trotz mehrfacher Versuche erst unter Kaiser Friedrich III. 1469/80. *Anja Vosshall* widmet sich den persönlichen Verflechtungen zwischen Domkapitel, Rat und Bischöfen im spätmittelalterlichen Lübeck bzw. in Eutin, letzteres seit 1309 dauerhafte Residenz der Fürstbischöfe. Die Oberhirten – ein Lübecker Spezifikum – waren überwiegend nicht-adliger Herkunft, wobei indes der Dom der Reichs- und Hansestadt Ort ihrer Memoria blieb. Um städtische Autonomie und bischöfliche Präsenz geht es *Michel Pauly* in Straßburg, Metz, Sarrebourg, Mainz, Toul und weiteren Städten des Rhein-Mosel-Raumes insbesondere im 13./14. Jahrhundert. Es zeigt sich, dass die bis auf Speyer in der Regel vom Bischof begründeten Hospitäler, die zur Grundausstattung einer Kathedralstadt gehörten, als Räume der Karitas und der kirchlich-religiösen Praxis auch als wirtschaftliche und politische Zentren fungierten. Letztendlich wurden sie von den städtischen Führungsschichten übernommen. *Sabine Reichert* analysiert für die zweite Hälfte des 15. Jahrhunderts die insofern außergewöhnlichen Verhältnisse in Osnabrück, als hier zwischen Stadt und Bischof weniger Dissens, sondern vielmehr Kooperation herrschte. Nicht zuletzt Erwin Ertmann – Bürgermeister, bischöflicher Rat und Chronist – wie auch Claus von Horne – erfolgreich als Verweser des Hl.-Geist-Spitals und Ratgeber des Bischofs – profilierten sich mittels effektiver Verwaltungspraxis und garantierten im Miteinander von Stadt und Landesherrn die „rechte Ordnung“.

Im Zeitraum 1440 bis 1520 schlüsselt *Christian Hesse* am Fallbeispiel Basel, faktisch eine Freie Stadt, die Beziehungen zum Bischof über die Herkunft des Verwaltungspersonals auf und konstatiert bis zur Mitte des 15. Jahrhunderts noch eine erstaunlich enge personelle Verflechtung, wobei die Spitzenbeamten sich vor allem aus ritteradligen Familien rekrutierten. Die Verbindungen zwischen bischöflichen Amtsträgern und der städtischen Bürgerschaft blieben eng und tragfähig, die Intensivierung der fürstlichen Herrschaft bewirkte jedoch eine wachsende Distanz zwischen Landesherr und Stadt. *Thomas Wetzstein* charakterisiert das Offizialat, das geistliche Gericht, in Konstanz und

Eichstätt. Weltliche Streitigkeiten unter Laien wurden in der Seestadt nur ausnahmsweise verhandelt, weltliche und geistliche Rechtsprechung kooperierten; in Eichstätt erwies sich die Gerichtskompetenz des Bischofs als umfassend, auch hier ist – bspw. in Ehesachen – kontinuierliche Absprache belegt. Problematisch ist das weitgehende Fehlen der Ausstellerüberlieferung. *Gerhard Fouquet* analysiert anhand der 1476 bis 1479 erhaltenen Speyerer Landschreiberrechnungen fachkundig die Hauswirtschaft des kleinen, unter Pfälzer Schirmherrschaft stehenden Bischofshofes, die Matthias Ramung – seit 1457 Kanzler des Pfalzgrafen Friedrich I., 1464 zum Bischof gewählt – aus dem Bankrott des Hochstifts in geregelte Verhältnisse zu überführen vermochte. Dies gelang über Verschriftlichung, jährliche Kontrolle der Finanzverwaltung, konsequente Sparsamkeit und Rückführung des Schuldendienstes, zum Teil mittels erzwungener Schuldennachlässe sowie verkürzter Laufzeit von Rentenzahlungen. Die offensichtliche Abneigung des Fürsten gegenüber seiner Kathedralstadt verhinderte indes nicht das intensive finanzielle Engagement der städtischen Oberschicht im Hochstift.

Stephan Selzer zieht ein Resümee der Kieler Tagung, deren Sammelband für einen Zeitraum von 350 Jahren von Lübeck bis St. Gallen, von Metz bis Wiener Neustadt die Beziehungsfelder zwischen Bischof, Bürgerschaft und ansatzweise auch Domkapitel lehrreich beschreibt. Ein gemeinsames Quellen- und Literaturverzeichnis hätte die Titelwiederholungen im Anhang der Einzeluntersuchungen erspart, ein Orts- und Personenregister wäre hilfreich gewesen. Bis auf die Studien von *Stercken* und *Lutter/Gruber* wurde auf Karten und Abbildungen verzichtet. Herausgebern und Autoren ist zu danken. Mit dieser empfehlenswerten Publikation haben sie in der Interaktion Bischof – Residenzstadt vielfältige und zum Teil unerwartete Ergebnisse vorgelegt, die nicht zuletzt in der stadthistorischen Forschung neue Akzente setzen.

Ulrich Wagner

Dietmar Schiersner / Hedwig Röckelein (Hg.), Weltliche Herrschaft in geistlicher Hand. Die Germania sacra im 17. und 18. Jahrhundert (Studien zur Germania Sacra, NF 6), Berlin: De Gruyter 2018. – geb., 510 S., zahlreiche farb. und s/w-Abb.

Der wie bei der Germania Sacra gewohnt gelungen gestaltete Band enthält im Wesentlichen die Beiträge einer Göttinger Tagung aus dem Jahr 2015. Sie können hier nur in Auswahl besprochen werden. Die Vielfalt der Themenstellungen (Kapitelgliederung: Personen und Strukturen, Sonderformen und Neuinterpretationen, Recht und Ökonomie, Musik und Kunst) ist beeindruckend. In ihrer Einführung bilanzieren die Herausgeber die Forschungsgeschichte. Seit den 1990er Jahren ist der Blick auf die geistlichen Staaten generell positiver geworden, zugleich werden die Unterschiede zwischen ihnen (sowohl zwischen den Fürstbistümern, deren territoriale Basis in den Hochstiften gewaltig differierte, wie auch im Vergleich zu den Kleinherrschaften der Klöster) stärker in den Blick genommen. Gab es überhaupt Spezifika der Herrschaft in geistlicher Hand? So könnte man die Leitfrage des Bandes formulieren.

Zu Beginn wirft *Bettina Braun* einen Blick auf den Kölner Erzbischof und Kurfürsten Joseph Clemens von Bayern (1688–1723), von dem es – eine rare Quellengattung – Selbstzeugnisse gibt, in denen er sich zu seinem Rollenverständnis äußert. Dann konstatiert Braun für alle Fürstbischöfe nach 1648, dass sie „zweifelsfrei“ katholisch waren und über die höheren Weihen verfügten, während besondere theologische Ambitionen ebenso wenig vorkamen wie besonderes Engagement für die bischöflichen Pflichten im engeren Sinn selten war. Beides wurde nicht erwartet. Das Tridentiner Leitbild eines Bischofs war zwar bekannt, das tatsächliche Agieren der Fürstbischöfe beschreibt Braun aber als Geschichte einer Abweichung. Die bischöflichen Berichte an die Kurie „enthalten unzählige Entschuldigungen oder Begründungen, weshalb sie diese oder jene Forderung nicht erfüllen konnten." (S. 30).

Um Abweichungen geht es auch im folgenden Abschnitt „Personen und Strukturen". *Marian Füssel* untersucht Geistliche als Mitglieder bei Freimaurern und Illuminaten. Auf den ersten Blick ein Widerspruch, hatte doch Papst Clemens XII. 1738 die Freimaurerei verdammt. Füssel zeigt, dass es zum einen in der Forschung eine Reihe von falschen Zuschreibungen gab, zum anderen der Umstand an sich wenig erstaunlich ist, weil die Freimaurer sich vor Ort immer als Teil der Eliten verstanden. Da gehörte der Klerus dazu. So gesehen war die katholische Geistlichkeit kein besonderer Teil der Gesellschaft. Zum Komplex „katholische Aufklärung" gehören auch die Ausführungen von *Sascha Weber* über den Mainzer Erzbischof Emmerich Joseph von Breidbach-Bürresheim (1763–1774). Seine Untersuchungen zu Schul- und Ordenspolitik sowie Armenfürsorge zeigen, dass man die Herausforderungen der Zeit in Kurmainz ähnlich anging wie in vergleichbaren weltlichen Territorien. „Von einer grundsätzlichen strukturellen Rückständigkeit ist, zumindest im Mainzer Fall, nicht zu sprechen." (S. 292).

Teresa Schröder-Stapper untersucht mit dem „Äbtissinnenamt in Herford, Quedlinburg und Essen" eine Fragestellung, die einen der erstaunlichen Punkte geistlicher Herrschaft im Rahmen der Reichsverfassung berührt: Durch die Reichsstandschaft der drei Stifte waren ihre Äbtissinnen in den ständischen Organen des Reiches, im Reichstag und im Kreistag, vertreten. Aber Schröder-Stapper legt auf diesen Gender-Aspekt im vorliegenden Beitrag keinen Akzent, weil die Probleme der Institutionen (von denen nur Essen nach der Reformation katholisch blieb, während Herford als reformiertes und Quedlinburg als lutherisches Stift weiter existierten) sich von denen männlicher Stifte nicht unterschieden. Man war nach außen von Mediatisierungsversuchen der Vögte (in allen drei Fällen war dies Brandenburg-Preußen) bedroht, und man gab nach innen den geistlichen Gründungszweck zu Gunsten adeliger Versorgung und Patronage weitgehend auf. Schröder-Stappers Fazit: „Die Untersuchung der norddeutschen Reichsäbtissinnen und -stifte gibt demnach weniger Aufschluss über die Spezifika geistlicher Herrschaft als vielmehr über vormoderne Herrschaft im Allgemeinen." (S. 117).

Nicht nur Frauen, auch in Bauernfamilien Geborene konnten in der Germania sacra in den Reichstag kommen. *Rainald Becker* führt in seinem Beitrag „Vom Bauernsohn zum Reichsprälaten?" Beispiele erstaunlicher Karrieren an, die über Qualifikation funktionierten. In der ständisch geprägten Welt der Frühen Neuzeit, in der man nach der Formulierung Barbara Stollberg-Rilingers nicht Personen für Posten, sondern Posten für Personen suchte, ein erstaunliches Moment sozialer Mobilität. Es galt allerdings, so Rainald Becker, nachdem sich die Kirche auf Bistumsebene im 17. Jahrhundert weitgehend als Adelskirche abgeschlossen hatte, vor allem für Reichsstifte und Klöster im Süden des Reichs. Hier ging die Tendenz zur Rekrutierung aus der Region: „In Salem setzte sich der Konvent fast zur Gänze aus ‚home grown clergy' zusammen." (S. 70). Becker deutet dies auch als erfolgreiche Strategie: „Indem die Kirche dem Bürgertum entsprechende Karriereoptionen und Aktionsfelder zuspielte, sicherte sie die breitenwirksame Akzeptanz des während der Reformation unter Beschuss geratenen Ordenswesens." (S. 72).

Winfried Romberg untersucht einen sozusagen semi-verfassungsmäßigen Aspekt der Hochstifte als Reichsstände: die seit dem 17. Jahrhundert häufigen Personalunionen. Rombergs Beispiel ist das Hochstift Würzburg, bei dem (nicht nur beim gut erforschten Forschungsparadigma der Familie Schönborn) derartige Unionen im 18. Jahrhundert die Regel waren. Bewirkt haben sie, so Rombergs Urteil, für die Geschichte der geistlichen Staaten letztlich wenig. Auch bei Romberg lautet der Befund: Das Eigeninteresse der Domkapitel bzw. der in diesen vertretenen Familien, die die Bischöfe stellten, war das zentrale Strukturmerkmal der Herrschaft in den Hochstiften der Germania sacra.

Einen gar nicht so seltenen Sonderfall der Reichsverfassung thematisiert *Matthias Ludwig* mit dem Hochstift Naumburg (in Meißen und Merseburg verlief die Entwicklung ähnlich), das im Reformationsjubiläum des vergangenen Jahres vermehrtes Interesse gefunden hat. Nach dem Tod des Bischofs Julius Pflug wurde das Stift von Kurfürst August von Sachsen in seine Landesherrschaft eingegliedert, blieb aber formell bis 1815 als evangelisches Naumburger Hochstift erhalten. Ludwig zeichnet die Entwicklung anhand von Unterlagen des Naumburger Stiftsarchivs minutiös nach. Den evangelischen Domherren gelang es, die Reichsstandschaft ihrer Institution bis zum Ende des Alten Reiches zu behaupten – auch dies ein eigenartiger Aspekt der Reichsverfassung, die der Germania sacra die Konfession sozusagen freistellte.

Ein weiteres evangelisch gewordenes geistliches Territorium behandelt *Andrea Thiele* mit dem Erzstift Magdeburg. Nach einem Überblick über die Geschichte der im 16. Jahrhundert säkularisierten Bistümer Mitteldeutschlands fragt Thiele nach den Eigenheiten dieser Territorien. Rolle und Selbstverständnis der Regenten, so ihr Fazit, ob sie sich nun Bischof oder Administrator nannten, unterschieden sich kaum von der eines frommen weltlichen evangelischen Herrschers. Als einzige Besonderheit Magdeburgs ergibt sich für Thiele die Weiterexistenz des Domkapitels, in dem vor allem der landsässige Adel vertreten war. Üblicherweise endete die Phase der „geistlichen protestantischen Territorien“ mit dem Westfälischen Frieden, in Magdeburg dauerte sie bis zum Tod des Bischofs und Administrators August von Sachsen 1680 an. Bemerkenswerterweise führte August, der sich seit seiner Heirat als Administrator bezeichnete, bis zu seinem Tod bischöfliche Insignien.

Gerhard Immler untersucht die „Die Finanz- und Wirtschaftspolitik der Fürstabtei Kempten im 18. Jahrhundert“. Die Finanzlage, im ausgehenden 17. Jahrhundert von Überschüssen gekennzeichnet, verschlechterte sich im 18. Jahrhundert zunehmend, um 1788/89 ‚kritisch‘ zu werden. Seit der Mitte des 18. Jahrhunderts führte die Abtei Agrarreformen durch, die sich mit den Interessen der in den Ständen der Fürstabtei vertretenen Vollerwerbsbauern deckten. Sie hätten, bilanziert Immler, in die Zukunft geführt, die es dann wegen der Säkularisierung nicht mehr gab. Andere Maßnahmen der Wirtschaftspolitik dagegen (man investierte in Bier, in Glas, in eine Druckerei, förderte Weberei, Forst- und Teichwirtschaft, Weinbau), die Immler allesamt im Detail vorstellt, führten in der Regel nicht zu Resultaten im Sinne einer positiven Bilanz. Gewinnmaximierung war nicht das letzte Ziel der Abtei.

Anders fällt das Fazit von *Wilfried Reininghaus* aus, der „Wirtschaft und Finanzen im Fürstbistum Münster im späten 18. Jahrhundert“ untersucht. Er konstatiert einen „tiefen Schatten der Erfolglosigkeit“ über den Gewerbemaßnahmen des Fürstbistums. Im Einzelnen untersucht Reininghaus Maßnahmen in der Weberei und im Teichgewerbe, im Metallsektor (vor allem Drahtproduktion in der Grafschaft Mark), in der Infrastruktur (Straßen- und Kanalbau) und im Finanzsektor. Für diesen stellt er fest, dass vorhandenes Kapital traditionell in Staatsanleihen und eben nicht in den aufkommenden industriellen Sektor investiert wurde. So trug es nicht zu Produktivitätssteigerungen bei. Reininghaus stützt seine Beobachtungen durch den Vergleich mit den benachbarten westlichen Landesteilen Preußens ab. Hier zeigt sich als struktureller Hauptunterschied, dass im Hochstift Münster die Stände die Wege zu einer Modernisierung der Wirtschaft blockierten, die im zentralstaatlich organisierten Preußen möglich war. Die Mitglieder des Domkapitels und die in den Ständen vertretenen Ritter waren vielfach miteinander verwandt – es war eher diese Struktur, die die Reformchancen des Fürstbistums Münster zunichtemachte. Auch hier liegt also das Spezifikum des geistlichen Staates nicht im religiösen Bereich, sondern in einer konservierenden Sozialstruktur.

In den Bereich der Kultur führt der Beitrag von *Peter Hersche*. „Von der Agrikultur zur Musikkultur" bilanziert die Klosterwirtschaft generell und untersucht die Verwendung von Überschüssen in der auf Agrarökonomie beruhenden Klosterwirtschaft. Als in der Mitte des 18. Jahrhunderts dort, wo Überschüsse vorhanden waren, alles gebaut worden war, was man bauen wollte und konnte, wurde überschüssiges Geld gerne in andere Formen der Kultur (Bibliotheken und Naturaliensammlungen) und auch in Musik gesteckt. Unter dem Einfluss der klosterkritischen Aufklärung wollte man zeigen, „dass man auf der Höhe der Zeit war." (S. 410).

Auch für *Meinrad von Engelberg*, dessen Beitrag „Pluralität der Zeichen" den Band beschließt, gibt es keine eindeutig unterscheidbaren Formen der Herrschaftsrepräsentation in weltlichen und geistlichen Staaten. Seine Analyse zeigt dann aber doch Aspekte, die es so nur in den geistlichen Staaten gab: Repräsentatives Bauen als „Schutzwall" gegen drohende Mediatisierung, als Ersatz für nicht mögliche äußere Dynamik, in nicht wenigen Fällen auch Bauen außerhalb der Metropolitanstädte als Folge konfessionellen Dissenses mit den Städten. Und anders als das Streben der großen Dynasten etwa nach Königswürden außerhalb des Reichs fand dieses Bauen als Herrschaftsausdruck eben innerhalb der Reichsstrukturen statt und war deshalb tendenziell strukturbewahrend, also konservativ. Vielleicht kann man genau dies als einendes Merkmal der Germania sacra festhalten, während die Bauformen sich schon wieder je nach Strukturtyp unterschieden: Wo die Fürstbischöfe Schlösser bauten, barockisierten die süddeutschen Klöster ihre Kirchen.

Eine Sonderrolle der geistlichen Staaten, oder jedenfalls eines Teiles von ihnen, konstatiert auch *Gerd Schwerhoff* für den Bereich der Hexenverfolgungen. Zum einen sei die Germania sacra bei den Opferzahlen im Verhältnis zu ihrer Bevölkerungszahl „dramatisch überrepräsentiert" (S. 304), zum anderen stellt er für die ‚Hexenbischöfe' fest, es gebe keinen Zweifel daran, „dass alle diese Männer im Prinzip eifrige Befürworter der Verfolgung von angeblichen Anhängern der Teufelssekte waren und dass sich diese Befürwortung gut in ein allgemeines Programm katholischer Konfessionalisierung fügte, das sich die Ausrottung unkatholischer und erst recht unchristlicher Umtriebe zur Aufgabe gemacht hatte." (S. 313). Rez. hat da seine Zweifel. Sie gehen aus von der Beobachtung der Forschung, dass die Normierungen des frühneuzeitlichen Staates bei den Untertanen nicht ankamen und es kaum Sanktionsmöglichkeiten gab. Das müsste dann doch auch für dieses angenommene ‚Programm' gelten. Konfessionsmilieus bildeten sich nicht vor dem Dreißigjährigen Krieg aus (Andreas Holzem, Christentum in Deutschland 1550–1850, 2 Bde., Paderborn 2015). Außerdem sehen neuere Forschungen die Maßnahmen etwa Julius Echters (1573–1617 Bischof von Würzburg) zur Erreichung konfessioneller Homogenität in anderem Licht als früher (z. B. Hans-Wolfgang Bergerhausen, Protestantisches Leben in Würzburg während des 16. Jahrhunderts, Würzburg 2017). In Echters Kirchenordnung von 1589 besteht die Mindestanforderung an den katholischen Untertanen in einmaligem Beichten und einem Messebesuch pro Jahr. Mehr nicht. Das ist mit den Vorstellungen frommen Terrors, die aus der protestantischen Konfessionspolemik stammen und sich in der Forschung bis heute halten, kaum zu vereinbaren. Einige der ‚Hexenbischöfe' verschwinden, wenn man genauer hinsieht: In Fulda bei Fürstabt Balthasar von Dernbach war dessen Zentgraf Balthasar Nuss die treibende Kraft bei den Verfahren (was Schwerhoff bei den „Unternehmern der Verfolgung" auch erwähnt), in Bamberg war nach den Forschungen von Britta Gehm nicht Bischof Gottfried von Aschhausen (1609–1622), sondern Weihbischof Friedrich Förner die entscheidende Figur. Untersuchungen von Peter Arnold Heuser zu Kurköln zeigen zudem als maßgebliche Bedingung für viele der Hexenprozesse die strukturelle Rückständigkeit der Gerichtsverfassung. Lokale Gerichte hatten zu viel Macht. Bei einer solchen Deutung müsste man auch bei der Hexenverfolgung die Sonderrolle der geistlichen Staaten anders fassen. Das Besondere käme nicht aus der Konfession. Immerhin stellt Schwerhoff in seinem Schlusssatz fest, die Forschung sei von präziser Bestimmung des Profils der Germania sacra in der Hexenverfolgung „noch ein gutes Stück entfernt" (S. 326).

Robert Meier

Hans-Karl Seeger, Karl Leisner – Visionär eines geeinten Europa, Kevelaer: Verlagsgemeinschaft topos plus 2012 (2. Aufl.). – brosch., 160 S.

Karl Leisner, ganzer Mensch und ganzer Christ.

2012 erschien die 2. Auflage der Biographie über den seligen Karl Leisner von Hans-Karl Seeger, den Eike Pies als den „unumstrittenen Nestor der Leisner-Forschung" bezeichnet. Der Autor hat das Leben von Karl Leisner intensiv erforscht.

Das Buch hat 160 Seiten. Es beginnt mit einem Geleitwort des Erzbischofs von Clermont in Frankreich, einem Nachfolger des Bischofs Piguet, der Leisner 1944 im Konzentrationslager Dachau zum Priester weihte. Die Veröffentlichung hat zwei Hauptteile: Karl Leisners Leben; Karl Leisners Persönlichkeit. Der erste Teil skizziert die Stationen seines Lebens: Kind, Jugendlicher, Student, Seminarist, Patient, Häftling, KZler, Neupriester, Befreiter, Sterbender, Seliger. Beide Hauptteile sind immer wieder durchsetzt mit Zitaten aus seinen zahlreichen Tagebüchern oder aus seinen Briefen. Gelegentlich sind auch Fotos abgedruckt. Auf S. 25 sind zwei Seiten aus seinem Tagebuch im Original abgedruckt, damit man einen authentischen Einblick in die Aufzeichnungen bekommt. Man kann sagen, dass das Buch von Seeger fast eine Art Autobiographie ist, weil die Lebensbeschreibung mit so vielen Selbstzeugnissen von Karl Leisner durchsetzt ist.

Im zweiten Hauptteil beschreibt Seeger die Persönlichkeit des Seligen, wobei er wie im ersten Hauptteil jedem Kapitel unter der Überschrift ein kurzes und prägnantes Zitat aus Tagebüchern und Briefen Leisners zuordnet. Die Kapitel im zweiten Hauptteil lauten: Der Marienverehrer. Der Ökumeniker. Der Naturfreund. Der Kunstliebhaber. Der Frauenfreund. Der Politiker. Der Europäer. Das Beispiel. Alle Zitate von Leisner in dem Lebensbild sind kursiv gedruckt, um sie abzusetzen von den Worten von Seeger und anderen Zitaten. Diese Regel wird nur einmal durchbrochen auf S. 142 bei dem Wortzitat aus Genesis 17,1, es ist ein Gotteswort: „Wandle vor mir und sei ganz!" Die Biographie enthält im Anhang einen tabellarischen Lebenslauf und ein Personen- und Literaturverzeichnis.

Die Biographie bringt Leben und Person Leisners mit allen Facetten und sie lässt auch kritische Worte von ihm anklingen. So heißt es auf S. 147: „Am 21. Juni 1943 schrieb Karl, als er einen Vortrag über den heiligen Aloysius gehört hatte, in sein Tagebuch: ‚Wohl kein Heiliger kann sich so über seine Biographen beklagen wie gerade er. Aus einem willensmächtigen und selbststrengen jungen Mann wurde eine unnatürliche, kitschige Heiligengestalt.'" Im Personenverzeichnis hätte ich auch Professor Peter Wust genannt und im Literaturverzeichnis das Buch von Joachim Schmiedl „Mit letzter Konsequenz – Karl Leisner 1915–1945". Hans-Karl Seeger hat mit seinem Buch eine gute Arbeit geleistet und man kann es mit gutem Gewissen weiterempfehlen. Seeger hat aus seiner exzellenten Kenntnis über Karl Leisner heraus eine begeisternde Biographie gestaltet.

Franz-Josef Tremer

Heidingsfeld. Ein „Trittstein" der „Goldenen Straße" von Nürnberg nach Frankfurt. Beiträge der gleichnamigen Veranstaltungsreihe des Stadtarchivs Würzburg und der Bürgervereinigung Heidingsfeld in Zusammenarbeit mit der Stadtbücherei Würzburg, hg. v. Stadtarchiv Würzburg, Redaktion Sybille Grübel / Axel Metz / Renate Schindler (Sonderveröffentlichungen des Stadtarchivs Würzburg 11), Würzburg: Selbstverlag des Stadtarchivs Würzburg 2017. – brosch., 147 S. zahlreiche s/w- u. farb. Abb., 5 farb. Tafeln.

Der Sammelband widmet sich zum Gedenken an den 700. Geburtstag Kaiser Karls IV. und begleitend zur Bayerisch-Tschechischen Landesausstellung der markanten Stellung Heidingsfelds im Herrschaftsgefüge seiner Luxemburger Dynastie, zu dessen vorgeschobenen Posten ja diese Ansiedlung gehörte. Zwei grundlegende Beiträge schreiten die Strategien, Etappen wie gleichermaßen die reichspolitischen wie inneren Möglichkeiten und schließlich den Zerfall der böhmischen Machtfestigung in Franken ab: *Karl Borchardt* verweist in seinem Forschungsausblick insbesondere auf eine intensivierte stadtgeschichtliche Recherche bis hin zur sozioökonomischen Stellung der ratsfähigen Schichten sowohl in der Blütezeit der Luxemburger wie perspektivisch bis zur letztendlichen Einverleibung in das Würzburger Hochstift (Reichs- und landesgeschichtliche Aspekte zur Bedeutung von Heidingsfeld für Karl IV., S. 13–24). Der nicht abschließend geklärten Frage der Provenienz des Stadtrechts – Sulzbacher oder Frankfurter Gesetzlichkeit – geht *Hiram Kümper* nach. Im kritischen Abgleich beider Rechtskreise mit der Heidingsfelder Situation (Transkription des Marktprivilegs von 1367, S. 52–54) scheint man, so der Autor in Abkehr von rein rechtsgeschichtlicher Betrachtung und dezidiert politischer Deutung, hier eine bewusste Uneindeutigkeit gewählt zu haben. Auf diese Weise hätten sich dem Rat freiere Handlungs- und urbane Entwicklungsmöglichkeiten eröffnet (Heidingsfeld und der rex inutilis, König Wenzel von Luxemburg: nochmals zum Marktrechtsprivileg von 1367, S. 25–54). Die böhmische Fortifikation, bis heute die eindrucksvollste materielle Überlieferung jener Epoche, untersucht eingehend *Gesa Fellner*, die hierin ihre hauptsächlichen Erkenntnisse aus der Bauforschung mitteilt. Demnach wurde die steinerne Ummauerung unmittelbar der älteren Holz- bzw. Erde-Umwallung vorgelagert errichtet, war mit einer umlaufenden oberen Wehrgalerie sowie mit den größtenteils heute noch erhaltenen Türmen verstärkt. Der Vergleich mit den nächstgelegenen böhmischen Ortschaften Mainbernbeim und Prichsenstadt (S. 79–84) gibt dabei aufschlussreiche Hinweise auf eine Typologie von Siedlungskonzepten, städtebaulichen Umsetzungsstufen sowie von Straßenführung und Wehrbau (Die spätmittelalterliche Stadtbefestigung von Heidingsfeld – Ein Herz mit zwei Kammern, das bis heute schlägt, S. 55–86). Abschließend blickt *Rainer Leng* auf das bis heute fortwirkende örtliche Bewusstsein von diesem besonderen Geschichtserbe (Unter dem böhmischen Löwen. Nachwirkungen Karls IV. und seines Sohnes Wenzel im heutigen Heidingsfeld, S. 87–111). Es folgen das Gesamtliteraturverzeichnis (S. 113–127) und der pädagogisch-didaktisch ansprechende wie informative Tafelteil der ortgeschichtlichen Ausstellung zum Jubiläumsanlass (S. 129–143). Insgesamt liegt damit eine durch ihre reiche Illustrierung anschauliche, inhaltlich aktualisierte und thematisch variierte Bestandsaufnahme vor, die es gleichermaßen versteht, das Fachpublikum wie eine breitere Öffentlichkeit anzusprechen. Damit stellt der Band einen bislang noch ausstehenden eigenständigen Beitrag zur Betrachtung dieser spezifischen Epoche böhmischer Geschichte im örtlichen Kontext dar.

Winfried Romberg

Veronika Heilmannseder, Der Geistliche Rat des Bistums Würzburg unter Friedrich von Wirsberg (1558–1573) und Julius Echter von Mespelbrunn (1573–1617) (Quellen und Forschungen zur Geschichte des Bistums und Hochstifts Würzburg 73), Würzburg: Kommissionsverlag Ferdinand Schoeningh 2015. – geb., 550 S., 12 Abb.

Die Arbeit behandelt ein zentrales Thema der katholischen Konfessionialisierung, nämlich deren Durchsetzung durch eine neu aufgebaute Administrationsstruktur, in diesem Falle die Entstehung und Entfaltung des Geistlichen Rates. Die Herrschaft des frühneuzeitlichen Staates fußte auf einem effektiveren Behördenapparat, dessen Entscheidungen in ihrer jeweils aktuellen Durchsetzung umfassend kontrolliert werden mussten. Es zeigt das Bemühen der Bischöfe, nicht nur situativ, sondern beständig und der jeweiligen Situation angepasst und nachhaltig zu reagieren. Dies gelang, um ein Ergebnis schon vorwegzunehmen, nur schrittweise.

Methodisch basiert die Arbeit auf einem Drei-Ebenen-Modell von Verfassung, Verwaltung und Einzelbehörden, wobei sich ineinandergreifende Makro-, Meso- und Mikroebenen ergeben. Als Fallbeispiel dient Bistum und Hochstift Würzburg. Es ist eine naheliegende, aber bisweilen verdrängte Tatsache, dass Bischöfe allein, und seien sie noch so durchsetzungsfreudig wie Echter, Reformen nicht ohne Hilfe einer wirkmächtigen Administration durchsetzen konnten. Sie benötigten zuerst ein entsprechend geschultes Beamtentum, das an eigenen Universitäten wie auch an jesuitischen Ausbildungsstätten herangezogen werden musste. Ordnungen zur „guten Pollicey“ konnten nur dann ihre Wirkmächtigkeit entfalten, wenn ein geeignetes katholisches Personal deren Durchführung garantierte. An deren Spitze standen die Generalvikare sowie die Geistlichen Räte, darunter auch der Regens eines Priesterseminars, ferner Poenitentiare und Weihbischöfe. Generalvikare konnten als Prediger wie auch als Universitätslehrer wiederum ihre Reformansätze an Andere weitergeben. Somit entstand allmählich ein diözesanspezifisches Personal mit einem gemeinsamen, reformkonformen Bildungshintergrund, der wesentlich zur erfolgreichen Umsetzung des katholischen Reformprogrammes beitrug. In den 1560er kam es zu eingehenden Beratungen mit Petrus Canisius SJ, der vorschlug, einen Geistlichen Rat – als notwendige administrative Einrichtung neben dem Domkapitel! – einzusetzen, um damit eine grundlegende Voraussetzung für die Reform zu ermöglichen. Die Effizienz der Generalvikare, Offiziale, Fiskale, Visitatoren u.a.m. konnte nur dann gesichert werden, wenn auch die Kontrolle über die von ihnen getroffenen Maßnahmen funktionierte, was um 1600 dann auch im Großen und Ganzen gelang. Als Basis der Kontrolle diente eine umfassende Dokumentation der geistlichen Verwaltung, wovon zahlreiche, noch heute existierende Aktenfonds für Pfarreien, Benefizien, Landkapitel u.a.m. zeugen. Dazu gehörten feste Vorschriften wie strikte Überwachungen von kirchlichen Baumaßnahmen. Dabei sind nicht nur die berühmten sog. Echtertürme anzuführen, sondern auch feste Bildprogramme für die Kirchenausstattung. Dies alles führte zu einer Standardisierung der kirchlichen Verwaltung im beginnenden 17. Jahrhundert mit großen Nachwirkungen darüber hinaus. Im Besonderen standen die Pfarreien, die hochstiftischen Ämter, die diözesanen Klöster und Stifte sowie die Landkapitel im Mittelpunkt der verwaltungsmäßigen Tätigkeit des Geistlichen Rates – neben seiner umfassenden Beratungstätigkeit für den Bischof.

Der Arbeit gelingt es überdies sehr detailliert, den Geschäftsgang des Geistlichen Rates mit seinem Personal, seiner Kanzlei und seinem Archiv nachvollziehbar zu machen. Frappierend ist die Kleinteiligkeit der Verwaltungstätigkeit. Dies zeigt sich etwa im Bereich der Klöster, insbesondere beim herangezogenen Fallbeispiel St. Afra, wo der wirtschaftliche Bereich (Klosterökonomie) ebenso akribisch beleuchtet wird wie das klösterliche Zusammenleben (Klosterordnung). Generell scheinen beide Bischöfe einen höheren Kontrolleinfluss auf weibliche denn auf männliche Konvente gehabt zu haben. Aber auch die Landkapitel mit ihren Kirchen, Kapellen, Priestern und Vikaren, Schulgebäuden und Schulmeistern wurden genauestens vom Geistlichen Rat im Auge behalten. Im Falle Mellrichstadts trug die Grenzlage zu protestantischen Gemeinden wie Hendungen und Eußenhausen, die 1586 zum Hochstift Würzburg kamen, jedoch protestantisch geprägt waren, zu Konflikten und deren Lösungen bei. Insgesamt ging es dem Geistlichen Rat um eine systematische Erfassung sowohl des Baubestands wie auch der Finanzen, aber auch der Mängel auf allen Ebenen (etwa durch Mängelabfragen 1616, darunter waren auch Fragen nach Ehesachen und Zölibat). Dahinter stand die Überzeugung, dass eine Verbesserung der irdischen Situation, konkret der kirchlichen Infrastruktur, zu einer solchen des Seelenheils jedes Untertans führen werde. Das ausführende Organ vor Ort war der für das Amt zuständige Fiskal, der die Aufträge vom Bischof wie vom Geistlichen Rat erhielt und umsetzte.

Zu den Protagonisten der Verwaltungsreform zählten besonders Kanoniker der Nebenstifte Haug und Neumünster, welche erheblichen Einfluss auf die Besetzung der Posten eines Generalvikars bzw. der Weihbischöfe hatten. Es waren besonders Kanoniker mit bürgerlicher Herkunft, welche hier entscheidend wirkten. Die zunehmende Professionalisierung der geistlichen Verwaltung war also nur durch die bürgerliche Rationalität und Effektivität möglich, die eben nicht aus dem adeligen Domkapitel erwuchsen (siehe auch die Biogramme der Mitglieder des Geistlichen Rates)!

Die tiefgründigen und weit gefächerten, vor allem quellengesättigten Analysen rufen geradezu nach Vergleichsstudien in anderen Bistümern, beispielsweise im Bistum Augsburg, wo mit Otto Kardinal Truchsess von Waldburg ein vergleichbar ambitionierter Reformer an der Regierung war. Einen ersten Schritt unternimmt die Arbeit selbst, wenn sie den Würzburger Geistlichen Rat mit dem Kölner Kirchenrat und dem Geistlichen Rat in Baden-Baden in Beziehung setzt. Mit der Arbeit von Frau Heilmannseder ist eine musterhafte Untersuchung gelungen, die anderen Bistümern als nicht zu vernachlässigendes Exemplum dienen muss.

Helmut Flachenecker

Kerstin Kech, Hofhaltung und Hofzeremoniell der Bamberger Fürstbischöfe in der Spätphase des Alten Reiches (Stadt und Region in der Vormoderne 6). Würzburg: Ergon-Verlag 2016. – geb., 430 S. mit 3 Abb.

Die vorliegende Monographie (Diss. phil. Bamberg 2016) untersucht die zeremonielle Zeichensprache am Bamberger Hof in der Kernzeit von ca. 1757–1795 als Zentrum eines geistlichen Fürstentums und festen Bestandteil der Reichsinstitutionen in der Spätphase des Alten Reiches. Die Autorin versteht ihr Werk als Beitrag zur Hofforschung und als „Mosaikstein der Forschungen zu den geistlichen Staaten im Allgemeinen und den Höfen geistlicher Herrscher im Speziellen" (S. 11), unter einem möglicherweise typusprägenden Einfluss geistlicher Würde auf das Hofleben im Unterschied zu ihren weltlichen Äquivalenten. Auf Grundlage und in Auseinandersetzung mit den zu deren Zeit sicherlich maßstabsetzenden Thesen N. Elias' (1969) sowie des jüngeren Forschungsdiskurses zwischen P. Herrsche und V. Press (1989, 2006/1976, 1988, 1989, 1991, 1995, 1997), antwortet Kech auf die seit dem 20. Jahrhundert weitgehend gängige Forschungsmeinung und die seit Langem postulierte These der Rückständigkeit geistlicher Fürstentümer sowie auf das tendenziöse bis pejorative Bild der dazugehörigen Fürsten als adelige, ungebildete und lediglich auf ihre weltliche Macht fixierte Herrscher. Die Frage der Aktualität und Relevanz der von Elias postulierten Thesen stellt sich jedoch an dieser Stelle nochmals. Diese werden nach einer breiten Forschungsdiskussion mittlerweile als äußerst kritisch angesehen, da diese sich zu stark auf den Hof Ludwigs XIV. konzentrieren und man diese im Zuge der Hofforschung für andere Fallbeispiele sogar widerlegen konnte. Kech liefert hierzu durch ihre Forschungen die Analyse eines weiteren Fallbeispiels für einen geistlichen Hof und dessen Spezifika sowohl im Zeremoniell als auch der strukturellen Zusammensetzung. Im Zentrum der Studie stehen hierbei Adam Friedrich von Seinsheim und Franz Ludwig von Erthal, die fast die komplette zweite Hälfte des 18. Jahrhunderts dem Fürstbistum vorstanden, beide regierten zudem in Personalunion ebenfalls das benachbarte Würzburg. Als Quellen dienen vor allem die Bamberger Hofdiarien zur Beschreibung der äußeren Handlungen des höfischen Lebens sowie für die Innensicht persönliche Korrespondenzen Seinsheims und Erthals. Weiter illustriert werden diese beispielsweise durch Reiseberichte auswärtiger Gäste oder auch Rechnungen der Hofkammer sowie der Obereinnahme. Dennoch bleibt eine Kontextualisierung im Hinblick auf die zeitgenössisch-zeremonialwissenschaftliche Literatur, wie die Werke Bernhard von Rohrs oder Christian Lünigs, ebenso offen wie die Einbettung in den Reigen vergleichbarer Studien wie beispielsweise Christian Peters Werk (2001) über die 1753 zur Fürstenwürde erhobene Abtei Fulda. So fehlt der Beschreibung des Bamberger Hofes trotz des tiefgehenden Quellenstudiums und der weitgehenden Einsicht in Literatur die Vergleichbarkeit in der Residenzenlandschaft des Alten Reiches in seiner Spätphase.

Ausgehend von einleitenden Bemerkungen zum vorhandenen Quellenmaterial, Literaturlage sowie zur Bamberger Stellung im Reichsgefüge der Frühen Neuzeit und zum Bamberger Domkapitel als Grundlage, stellt Kech zunächst die Biographien der beiden im Zentrum stehenden Fürstbischöfe in den Mittelpunkt (S. 47–77). Sie zeichnet vor allem auf die Werke Michael Renners (1962, 1965, 1966, 1967, 1987) gründend deren individuelle Wege zum Episkopat nach. Ebenso analysiert sie das Regierungshandeln im Kontext der Trienter Konzilsbeschlüsse zusammenhängend mit dem geradezu obligaten Bewertungshorizont, inwieweit sowohl Seinsheim als auch Erthal diesen genügten bzw. innerhalb der höfischen Adelswelt überhaupt genügen konnten. Im Hinblick auf die vorherrschende Praxis im Bereich der geistlichen Fürstentümer scheint die Frage über den Umgang mit dem Trienter Konzil jedoch zweitrangig, da in den die geistlichen Höfe umgebenden Netzwerken der stiftsadeligen Reichsritterschaft vor allem dynastische und nicht theologische Beweggründe den Ausschlag für die Wahl des Episcopus gaben. Vor der Untersuchung der spezifischen zeremoniellen Praxis am Bamberger Hof (S. 125–210) skizziert Kech das dortige Interdependenzgeflecht. Dabei vergisst Kech die Kumulation mit Würzburg nicht, da diese die Fürstbischöfe zwang, ihre Herrschaft alternierend auszuüben. Dennoch bleibt die zeremonielle Praxis und insbesondere die Reichweite von deren Regeln und die Intensität der Prachtentfaltung Haupttopos der Darstellung. Exemplarisch wird das Prozedere an außergewöhnlichen Fest- und Feiertagen, bei Anwesenheit hochrangiger Gäste beziehungsweise Gesandter analysiert, aber ebenso versucht, das Gleiche am alltäglichen Hofleben darzustellen. Eine besondere Perspektive bietet das Kapitel fünf (S. 211–254). Kech geht dabei am Beispiel Bambergs auf die These Hersches ein, „dass allein die Abwesenheit des weiblichen Geschlechts die geistlichen Höfe entscheidend geprägt habe." (S. 334). Nach den Auswirkungen einer de facto fehlenden Fürstin und etwaigen Strategien zur diesbezüglichen Kompensation sowie zur Rolle von Frauen in der Hofgesellschaft wie auch in der Sphäre der Bediensteten wird gleichermaßen gefragt. Vor allem mit der Diskussion über die weibliche Rolle am fürstlichen Hof zeigt Kech, durchaus im Gefolge Hersches, einen der größten Unterschiede der geistlichen Höfe zu ihren weltlichen Pendants auf. Hier stellt sie heraus, dass der weibliche Anteil am Hofleben lediglich der repräsentative war und man sowohl unter Adam Friedrich als auch unter Franz Ludwig von Erthal verstand, sich dies trotz aller bleibenden Reserviertheiten, besonders Erthals, nutzbar zu machen. Hierdurch und durch die Anführung einiger anderer struktureller Unterschiede wie beispielsweise das episkopale weltlich-geistliche Doppelamt oder die Rolle des reichsritterschaftlich geprägten Domkapitels als Wahlgremium für den neuen Fürsten und Regierungsfaktor, gelingt es Kech, V. Bauers (Gegen-)Thesen der fehlenden strukturellen Unterschiede zwischen geistlichen und weltlichen Höfen zu entkräften.

Schließlich wird auch das bischöfliche Doppelamt ins Zentrum der Überlegungen mit einbezogen (S. 277–330). Ausgehend von der bearbeiteten Quellenbasis gelingt es durchaus, die Spezifika einer geistlichen Hofhaltung zu skizzieren, ebenso wie die Verortung der regierenden Fürstbischöfe in die Adelsgesellschaft des Alten Reiches mit all ihren Möglichkeiten und Zwängen. Ebenso zeichnet Kech unter anderem durch Rückgriff auf die Hof-, Standes- und Staatskalender ein durchaus plastisches Bild des hochstiftisch-bambergischen Hofhaltungsgeflechts mit dessen Orientierung auf den Wiener Kaiserhof. Auch das gängige Zeremoniell im Alltag bei diplomatischen und kirchlichen Anlässen wird hinreichend dargestellt, mit dem Ergebnis, dass die Bischofswürde nicht zur gezielten Selbststilisierung eingesetzt wurde. Durchgehend die Herrschaftspraxis beider Fürstbischöfe vergleichend arbeitet Kech einige strukturelle Unterschiede zu weltlichen Höfen heraus. In den Ergebnissen zeigt sich, dass der Odem der Rückständigkeit für die stets auf äußerste Reichsnähe bedachten Bamberger Regenten ebenfalls nicht zutrifft. Die Einbeziehung der Säkularisationszeit zur Konstruktion eines kohärenteren Geschichtsbildes sowie des Politischen als Ergänzung zum Zeremoniellen hätten der Studie gutgetan, ebenso wie ein in manchen Teilen expliziterer Quellenbezug, beispielsweise auf Rechnungen der fürstlichen Hofkammer oder der landständischen Obereinnahme bei der Bewertung der Kosten des Hofes.

Dennoch begründet Kech die Sinnhaftigkeit ihrer Studie über das Hochstift Bamberg als ein geistliches Fürstentum mittlerer Größe und nicht zuletzt als ausschreibende Institution des fränkischen Reichskreises konsequent und plausibel. Trotz der genannten Anregungen und Anmerkungen bereichert die vorliegende Studie die Residenz- und Hofforschung um ein weiteres Fallbeispiel, das auf einer alles in allem breiten Quellen- und Literaturgrundlage fußt.

Bastian Reusch

Jane A. Baum / Hans-Peter Baum / Jesko Graf zu Dohna (Hg.), Die Abenteuer des Grafen Friedrich Reinhard von Rechteren-Limpurg im Mittelmeer und im Amerikanischen Unabhängigkeitskrieg 1770 bis 1782. The adventures of Friedrich Reinhard count of Rechteren-Limpurg in the Mediterranean and the American War of Independence 1770–1782 (Mainfränkische Hefte 115), Baunach: Spurbuchverlag 2016. – geb., 148 S.

Die Teilnahme der hessischen, aber auch der braunschweigischen und ansbach-bayreuthischen Soldaten am Krieg auf Seiten der britischen Armee gegen die aufständischen Kolonisten in Amerika und besonders deren Ego-Dokumente standen in den letzten Jahren immer wieder im Mittelpunkt geschichtswissenschaftlicher Forschungen (Huck 2011, Haunert 2014). Weithin unbekannt ist indes, dass auch auf Seiten der Amerikaner zahlreiche Deutsche in den Krieg um die Unabhängigkeit der Kolonisten eingriffen, so etwa der Protagonist der vorliegenden Edition, Friedrich Reinhard von Rechteren-Limpurg (1751–1842). Somit stellt die vorliegende Veröffentlichung eine erfreuliche Ergänzung der bisherigen Fachliteratur dar. Mit der Publikation haben die

Herausgeber(in) ein Editionsprojekt zu erfolgreichem Abschluss gebracht, das bereits Mitte der 1990er Jahre begonnen worden war.

Der kritischen Edition ist eine Einleitung von Hans-Peter Baum zur Person des Autors vorgeschaltet (S. 9–43), die allerdings keineswegs als umfassende Biographie gelten will, sondern vielmehr versucht, eine Vorstellung der Probleme zu vermitteln, mit denen sich ein fränkischer Standesherr wie Friedrich Reinhard von Rechteren um die Wende vom 18. zum 19. Jahrhundert konfrontiert sah. Durch die Einbeziehung von Quellen weiterer vier Archive gelingt Baum die umfassende Kontextualisierung der von den Herausgebern so betitelten „Abenteuer" Rechterens zwischen 1770 und 1782 zu dessen gesamter Lebenszeit. So focht er im sogenannten Sommerhäuser Krieg von 1803 seinen ganz eigenen kleinen Unabhängigkeitskrieg gegen das sich formierende bayerische Königreich. Das Kapitel zu Rechterens Person lässt den Leser erkennen, welche kleinen und offenbar recht nebensächlichen Platz der Einsatz des Adligen im Amerikanischen Unabhängigkeitskrieg in seinem Leben einnahm, war er doch in späteren Jahren ganz mit der Verwaltung seiner Güter beschäftigt und auf regionaler Ebene in die politischen Ereignisse der Zeit (Mediatisierung und Übergang an Bayern) eingebunden.

Im Mittelpunkt seiner Lebenserinnerungen, deren Manuskript von 1835 (über weite Strecken eine Reinschrift früherer Aufzeichnungen) im Fürstlich Castell'schen Archiv aufbewahrt wird (Sign. FCA HA XIV c 138), stehen indes genau jene Jahre, 1770 bis 1782, die sich in vier Abschnitte untergliedern lassen: Rechterens Reise im Mittelmeer 1770–1772, seine Bemühungen um die Anstellung als Marine- oder Heeresoffizier zwischen 1772 und 1780, seine Kriegsteilnahme und die anschließende Heimreise, deren Bericht mit der Ankunft in Paris im Januar 1782 endet (S. 45–118).

1780 war es ihm nach mehreren Versuchen gelungen, zunächst als unbesoldeter Freiwilliger in das deutsche Regiment „Royal Deux-Ponts" der französischen Armee aufgenommen zu werden, mit dem er von Frühjahr 1780 bis Herbst 1781 schließlich am Amerikanischen Unabhängigkeitskrieg teilnehmen sollte. Diesen Teil des Textes stufen die Herausgeber als den wichtigsten ein, da der Autor hier als Augenzeuge über Ereignisse von weltgeschichtlicher Bedeutung berichtet. Zudem liegen zahlreiche andere Zeitzeugenberichte vor, die es ermöglichen, Rechterens Memoiren vergleichend einzuordnen und zu bewerten, eine Aufgabe, der die Autoren in der Einleitung und im Anmerkungsapparat im Ansatz bereits nachgehen, die aber in angemessenem Umfang erst noch zu leisten sein wird. Es fällt auf, dass der Adlige Rechteren die Versorgungs- und Verpflegungssituation an Bord während seiner Seereisen als wesentlich positiver bzw. unproblematischer darstellt, als dies in Parallelüberlieferungen der Fall ist. Eine Schwäche seiner Memoiren gegenüber denen anderer Zeitzeugen wie Ludwig von Closen und Georg Daniel Flohr liegt den Bearbeitern zufolge darin, dass sich Rechteren in seinem Bericht über Amerika auf die Ereignisse des Feldzugs und seine persönlichen Erlebnisse konzentriert, eine Beschreibung von Land und Leuten in größerem Umfang bleibt indes aus (S. 39). Zeremonielle und kriegstaktische Aspekte, Umgangsformen und Fragen der Ehre sowie die eigene Alltags- und Freizeitgestaltung spielen neben zahlreichen Anekdoten die Hauptrolle. Über weite Strecken handelt es sich um (See-)Schlachtenberichte, verhaftet in den Traditionen der älteren Militärgeschichtsschreibung, während für die neuere Forschung sozusagen die sozial- und kulturgeschichtlichen „Nebenprodukte" des Textes interessant erscheinen. Die in Virginia herrschende Sklaverei, der aufwendige Lebensstil der Oberschicht, die zahlreichen deutschen Einwohner, insbesondere von Pennsylvania, sind Rechteren keine Erwähnung wert. Der Text war wohl zum Lesen für jüngere Generationen seiner Familie gedacht; kontroversen Urteilen oder Bewertungen weicht er darin eher aus. Der Autor schildert aus seiner gesellschaftlich gehobenen Position fast exemplarisch die Lebensweise eines mitteleuropäischen Adligen in der zweiten Hälfte des 18. Jahrhunderts, bei der eben der militärische Aspekt weithin dominierte. Interessant nehmen sich neben den Hinweisen auf den Grad der Fortschrittlichkeit der

Segelfahrt des späten 18. Jahrhunderts (S. 114) die Passagen aus, in denen der Umgang mit Toten und Verletzten beschrieben werden.

Ein reichhaltiger Bildanhang (S. 119–135) rundet die Publikation ab, während das Literaturverzeichnis eher rudimentär ausfällt. Die umfangreiche neueste Forschung zum Thema wird darin nur gestreift: Lediglich 15 der aufgeführten Titel sind diesseits der Jahrtausendwende einzuordnen, moderne Publikationen (wie die oben genannten) sowie Städtler (1956) und die zahlreichen Publikationen von Holger Gräf zu Deutschen im Amerikanischen Unabhängigkeitskrieg finden indes keine Beachtung. Gewöhnungsbedürftig nimmt sich auch die Gestaltung des Anmerkungsapparates aus: Um ihn zu „entlasten", enthalten zahlreiche Fußnoten „nur Sachinformationen ohne eine Quellenangabe. Es handelt sich in allen diesen Fällen um Informationen, die der Wikipedia, der Encyclopaedia Britannica (15. Ausgabe von 1974) oder Meyers Großem Taschenlexikon in 24 Bänden, 5. Aufl. 1995 entnommen sind und dort ohne große Mühe nachgeprüft werden können" (S. 138). Insgesamt stellen die gründliche Transkription, die Edition und die Übersetzung der Rechteren'schen „Abenteuer" dennoch ein beachtliches Verdienst dar, dessen sich die Geschichtswissenschaft hoffentlich großzügig bedienen wird. Da die Ausgabe vollständig zweisprachig konzipiert ist (deutscher Originaltext und englische Übersetzung), wird sie sicher auch von der internationalen Forschung rezipiert werden.

Andreas Flurschütz da Cruz

Literatur zum Echter-Jahr 2017 (in Auswahl)

Im Jahr 2017 beging die gesamte protestantische Welt die 500. Wiederkehr von Martin Luthers Thesenanschlag zu Wittenberg am 31. Oktober 1517, der im „Heiligen Römischen Reich Deutscher Nation" des ausgehenden Mittelalters das Zeitalter der Reformation und damit bis zu einem gewissen Grade auch die „Frühe Neuzeit" als erste Epoche der „Moderne" eingeläutet hatte. In demselben Jahr 2017 gedachte die katholische Welt Mainfrankens des 400. Todestages von Würzburgs Fürstbischof Julius Echter von Mespelbrunn (1573–1617), der am 13. September 1617 die Augen für immer geschlossen hatte. Ihm war es in seiner über 40-jährigen Amtszeit nicht nur gelungen, den größten Teil der Bevölkerung des Hochstifts Würzburg zum alten Glauben zurückzubringen, sondern auch dessen Verwaltung umfassend zu reformieren, d. h. in erster Linie zu vereinheitlichen, zu zentralisieren und auf den Fürstbischof als katholischen Landesherrn auszurichten. Entsprechend der dem Echter-Jubiläum von katholischer Seite beigemessenen Bedeutung wurde das gesamte Kalenderjahr 2017 von Buchneuerscheinungen und Ausstellungen zu Leben und Werk des bedeutendsten Würzburger Fürstbischofs der frühen Neuzeit begleitet.

1. Markus Josef Maier, Würzburg zur Zeit des Fürstbischofs Julius Echter von Mespelbrunn (1570–1617): Neue Beiträge zu Baugeschichte und Stadtbild (Veröffentlichungen des Stadtarchivs Würzburg 20), Würzburg: Ferdinand Schöningh 2016. – geb., 579 S. mit 80 teils farb. Abb. + CD.

Den Anfang bei den Neuerscheinungen von Titeln zu Echter und zur Echterzeit machte Ende 2016 das Werk von Markus Josef Maier. Der Autor selbst stellte sein Werk am 27. Oktober 2016 im Max-Stern-Keller im Kellergeschoss der Alten Universität vor.

Freilich erinnert sich der teilnehmende Rezensent nur noch undeutlich an Einzelheiten in der Menge des Gesagten, zumal der Vortrag des Verfassers von der Wortwahl her offensichtlich für ein Fachpublikum bestimmt war, nicht aber für die in großer Zahl anwesenden interessierten Laien. In seinem Werk zeigt der Autor, dass und warum Echters Bautätigkeit in seiner Residenzstadt Würzburg – und das betrifft nicht nur die allseits bekannten Juliusspital und Juliusuniversität – besondere Bedeutung zukommt. Laien ist Echters umfangreiche Bautätigkeit im Bistum Würzburg bzw. im ehemals hochstift-würzburgischen Teil Mainfrankens vor allem durch die Kirchtürme bekannt, die nach einem durchgängig angewendeten Bauschema errichtet wurden. Die Türme der von Echter teils renovierten, teils neu gebauten Dorf- und Pfarrkirchen werden im Volksmund „Echter-Türme" genannt, da sie ihren Erbauer aufgrund ihrer charakteristischen Form schon von Weitem erkennen lassen. Kein Wunder, dass sie bereits mehrfach Gegenstand von – im Einzelfall wenig gelehrten – Untersuchungen geworden sind. Nicht vergessen seien die über jeweils einem der Kircheneingänge angebrachten Gedenktafeln, die in Knittelversen den Erbauer preisen.

2. Damian Dombrowski/Markus Josef Maier/Fabian Müller (Hg.), Julius Echter Patron der Künste. Konturen eines Fürsten und Bischofs der Renaissance. Katalog zur Ausstellung vom 25. Juni bis 24. September 2017 im Martin von Wagner Museum in der Würzburger Residenz, Berlin/München: Deutscher Kunstverlag 2017. – geb., 424 S. mit zahlreichen, meist farb. Abb.

Aufgrund seiner einschlägigen Kenntnisse sowie seiner Mitherausgeberschaft verwundert es nicht, dass *Markus Josef Maier* auch mit gleich zwei Beiträgen aus Teilbereichen seines Buches (s. Nr. 1.) im Ausstellungskatalog zu Wort (und Bild) kam. In einem ersten Beitrag erläutert Maier unter dem Titel „Verdichten, Verfestigen, Verklammern – Städtebauliche Tendenzen im Würzburg der Echterzeit" (S. 83–94), in seinem zweiten „Von ‚Gesimbsen, Schnirckeln und Muscheln'" betrachtet er Giebel und Portale in der echterzeitlichen Baukunst (S. 95–114). Wie in „Vorwort und Dank" (S. 6f.) dargelegt, verstand sich die Ausstellung im Martin von Wagner Museum als „der zentrale Beitrag der Alma Julia [d. h. der von Echter 1582 neugegründeten Würzburger Universität] zum ‚Echter-Jahr' 2017" (S. 6). Sie schloss insofern eine Lücke, als Echters Rolle als Patron der Künste bis dato noch nie umfassend dargestellt worden war (vgl. Einführung S. 13–17).

3. Wolfgang Weiß (Hg.), Fürstbischof Julius Echter – verehrt, verflucht, verkannt (Quellen und Forschungen zur Geschichte des Bistums und Hochstifts Würzburg 75), Würzburg: Echter Verlag 2017. – geb., 767 S. mit zahlreichen, meist farb. Abb.

Am 4. April 2017 stellte *Wolfgang Weiß*, Inhaber des Lehrstuhls für Fränkische Kirchengeschichte und Kirchengeschichte der neuesten Zeit der Universität Würzburg, als Herausgeber unter der Patronage des *genius loci* im Gartenpavillon des Würzburger Juliusspitals den wissenschaftlichen Aufsatz-Sammelband zu Leben und Werk des bedeutendsten Würzburger Fürstbischofs der frühen Neuzeit vor. Der Sammelband ist in sechs Abschnitte gegliedert, die von I. „Das Urteil der Nachwelt – Geschichtsschreibung und Erinnerungskultur(en)" (S. 23–134) über III. „Person und Programm" (S. 215–276) bis zu VI. „Bildung und Fürsorge" (S. 539–625) reichen.

Die im Titel genannten Epitheta benennen quasi die Eckpunkte, zwischen denen die historische Einordnung bzw. Bewertung des in der frühen Neuzeit wirkmächtigsten

Fürstbischofs der Maindiözese im Laufe der Jahrhunderte oszillierte. Er versammelt die Beiträge von 26 Autorinnen und Autoren – zu viele, als dass alle auch nur genannt werden könnten. Es sei dem Rezensenten daher gestattet, aus der Fülle der Beiträge auszuwählen. Über den Gang der Echter-Forschung berichten das Eingangskapitel des Herausgebers „Linien der Echter-Forschung [...]" (S. 23–60) und der daran anschließende Beitrag von *Winfried Romberg* (S. 61–82). – *Thomas Horling* behandelt in Teil IV „Politische Problem- und Handlungsfelder" (S. 277–384) das problematische Verhältnis zwischen Echter und seinem Domkapitel (S. 287–305). – In Teil V „Katholische Erneuerung und Kunfessionalisierung" erörtert *Johannes Merz* „Etappen und Strategien der Rekatholisierung im Bistum Würzburg" (S. 385–399). – Bei der inhaltsreichen Darstellung der frühneuzeitlichen Schicksale von Frauenklöstern in und um Würzburg von *Ingrid Heeg-Engelhart* (S. 429–466) wäre S. 429 zu ergänzen, dass auch die Nonnen von St. Johannis(zell) unter Wildberg (alter Lk. Königshofen i. Gr.) Benediktinerinnen waren, und S. 430, dass die Prämonstratenserinnen von Hausen bei Bad Kissingen dem Abt von Kloster Vessra (Lk. Hildburghausen) unterstanden.

4. Rainer Leng / Wolfgang Schneider / Stefanie Weidmann (Hg.), Julius Echter. Der umstrittene Fürstbischof. Eine Ausstellung nach 400 Jahren. Katalog zur Ausstellung vom 23. Juni bis 17. September 2017 im Museum am Dom, Würzburg (Quellen und Forschungen zur Geschichte des Bistums und Hochstifts Würzburg, Sonderveröffentlichung), Würzburg: Echter Verlag 2017. – geb., 381 S. + 2 nicht paginierte Tafeln zur Ausstellungsplanung.

Annähernd zeitgleich mit der Ausstellung im Martin von Wagner Museum (s. Nr. 2.) feierte eine zweite, von der Diözese Würzburg organisierte Ausstellung Leben und Werk ihres wohl bekanntesten Fürstbischofs. Wer sich nicht mit der Feststellung im Vorwort der Herausgeber zufrieden geben mag, dass sich über Echter als Mensch nur spekulieren lasse (S. 7), aber wenigstens eine Facette von Echters Charakter etwas näher kennenlernen möchte, dem sei das von *Rainer Leng* verantwortete Kapitel VII: „Erinnerung und Inszenierung" (S. 301–353) empfohlen. Die Masse der von Echter persönlich veranlassten bzw. von ihm überlieferten, ihn selbst darstellenden Bildzeugnisse deutet darauf hin, dass Echter über ein Selbstbewusstsein verfügt haben muss, das an Heldenverehrung grenzte.

5. Helmut Engelhart, Die Liturgischen Drucke für Fürstbischof Julius Echter (Quellen und Forschungen zur Geschichte des Bistums und Hochstifts Würzburg, Sonderveröffentlichung), Würzburg: Echter Verlag 2017. – geb., 304 S. mit zahlreichen meist farb. Abb.

Eine unabdingbare Voraussetzung technischer / materieller Art für Echters nie verhehlte gegenreformatorische Ziele nach den Grundsätzen des Konzils von Trient und ihre drucktechnische Umsetzung behandelt *Helmut Engelhart,* ein durch Publikation mehrerer einschlägiger Arbeiten (vgl. das Vorwort des Herausgebers S. 6) ausgewiesener Kenner der Materie mit seinem Werk. Schon die im Gefolge der Reformation von Fürstbischof Konrad v. Thüngen (1519–1540) angeordnete Visitation hatte u. a. ergeben, dass die Ausstattung nicht nur von ländlichen Kirchen mit liturgischen, für die Gestaltung der Gottesdienste nach katholischem Ritus erforderlichen Druckwerke nur spärlich bzw. gar nicht vorhanden war. Eine von Echters ersten Maßnahmen war daher die Herausgabe / der Druck eines Messbuchs, des *Graduale Herbipolense,* gedruckt 1583 (S. 17–114), gefolgt von einem für den kirchlichen Chorgesang unerlässlichen

Antiphonarium 1602 (S. 115–164). Die folgenden Abschnitte des Buches behandeln das die genannten Bände ergänzende, wie diese für das Stundengebet der Geistlichen erforderliche *Davidicum Psalterium* 1603 (S. 165–187). Einen gewissen Abschluss der von Echter veranlassten liturgischen Drucke bildet das vom tridentinischen *Missale Romanum* abweichende Missale Herbipolense von 1613 (S. 189–244), nachdem der Papst allen Kirchen, die auf eine seit mehr als 200 Jahren gepflegte eigene Messtradition – wozu auch Würzburg gehörte – zurückblicken konnten, erlaubt hatte, ein eigenes Missale zu verwenden.

6. Robert Meier, Julius Echter (1545–1617), Würzburg: Echter Verlag 2017. – brosch., 167 S.

Die mit ihrem Erscheinungsjahr zum Jubiläum genau passende neueste Biographie des umstrittenen Würzburger Fürstbischofs lieferte *Robert Meier*, der mit seinem Beitrag „Ein Mann der Ordnungen" (S. 21–34) auch im Katalog des Deutschen Kunstverlags (s. Nr. 2) vertreten ist. Ihm gebührt das Verdienst, das Bild Echters, den frühere Zeiten nicht nur als kompromisslosen Gegenreformator, sondern auch als ebenso kompromisslosen Hexenverfolger sahen, durch Erschütterung des Quellenwertes der beiden für dieses Urteil meist angeführten Quellen zumindest relativiert zu haben (S. 133–146). Dies ist umso verdienstvoller, als das bis dahin mehr oder weniger gültige Bild das eines Hexenverfolgers war. Alfred Wendehorst ließ in seiner Darstellung Echters in den Germania Sacra (Das Bistum Würzburg, Teil 3: Die Bischofsreihe von 1455 bis 1617 [Germania Sacra, Neue Folge 13, Berlin/New York 1978], S. 162–238) das Thema Hexenverfolgungen – aus welchen Gründen auch immer – so gut wie unbehandelt. Er erwähnte zwar „Hexenprozesse, bei welchen Echter Milde mißbilligt" [!] (S. 222), blieb jedoch den Beleg dafür schuldig. Das würde freilich zu Meiers Beobachtung passen, es gebe „keine Äußerungen Echters zum Problem der Hexen aus archivalischen Quellen" (S. 140). Außerdem zitiert Wendehorst den erst von Meier (S. 141) kritisch hinterfragten sog. Röder'schen Kalendereintrag, wonach Echter im Sommer 1617 von der Domkanzel aus verkünden ließ, im Hochstift seien binnen Jahresfrist über 300 Hexen verbrannt worden. Beides deutet darauf hin, dass Wendehorst sich die ältere Auffassung vom Hexenverfolger Echter zu Eigen machte. Meier gelingt es hingegen, durch Auswertung von Prozessakten aus der Cent Remlingen die Rolle Echters auf diesem gerne auch populär- bis unwissenschaftlich traktierten Problemfeld klarer zu umreißen: „[...] man sieht auch am Ende seiner Jahre keinen fanatischen Verfolger, sondern einen eher penibel agierenden Juristen am Werk." (S. 140). Dem dürfte nach heutigem Kenntnisstand kaum etwas hinzuzufügen sein.

Erhellend bezüglich der Gründe für Hexenverfolgungen ist Meiers Hinweis auf eine gegen Ende des 16. und in den ersten beiden Jahrzehnten des 17. Jahrhunderts eingetretene, weithin fühlbare, in der Forschung „kleine Eiszeit" genannte Klimaverschlechterung (S. 134). Sie führte durch extreme Fröste und heftige, mit Hagel und Starkregen verbundene Unwetter zu gravierenden Ernteausfällen (vor allem beim Wein), wofür der im Volk allgemein verbreitete Glaube an „Wetterzauber" durch „Hexen" als Erklärung herhalten musste.[1] Verfolgungswünsche gingen meist von der durch Unwetter in ihrer Existenz bedrohten Dorfbevölkerung aus, die aber vom Fürstbischof wie von seiner Kanzlei in Kenntnis der menschlichen Natur, d. h. der oft hinter derlei Wünschen ste-

---

[1] Anm. des Rez.: Man vgl. dazu etwa die Nachrichten bei Johann Sebastian Güth, Poligraphia Meiningensis Das ist Gründliche Beschreibung der Uhr-alten Stadt Meiningen [...], Gotha 1676 (Nachdr. 1962), S. 310–330. Hier werden passim für die ersten beiden Jahrzehnte des 17. Jahrhunderts mehrfach mit Unwettern offenbar in Zusammenhang stehende Hexenverbrennungen berichtet.

henden egoistischen Motive (etwa bei dieser Gelegenheit offene Rechnungen mit ungeliebten Nachbarn/Zeitgenossen zu begleichen) eher restriktiv behandelt wurden.

7. Julius-Maximilians-Universität Würzburg (Hg.), Echters Protestanten. Ein überraschendes Phänomen, Marktheidenfeld: Schleunungdruck GmbH 2017. – brosch., 94 S. mit zahlreichen farb. Abb.

Einen weiteren Beitrag zum Echter-Jubiläum leistete die Julius-Maximilians-Universität Würzburg mit ihrer Plakatausstellung und dem zugehörigen Katalog. Wie Alfred Forchel, Präsident der Würzburger Universität, in seinem Geleitwort feststellt, war das Verhältnis des Fürstbischofs zu den Protestanten „differenzierter als das allgemein verbreitete Bild vom konsequenten Gegenreformator vermuten lässt“ (S. 5). In dem als Broschüre im DIN A 4-Format aufgemachten Katalog zur Ausstellung stellt *Stefan W. Römmelt* knapp 20 Personen vor, die Echter als „Experten auf Zeit“ dienten. Sie reichen von dem Diplomaten und Militär Georg Ludwig v. Seinsheim (S. 32–39), von Echters reformiertem/kalvinistischem Leibarzt Johannes Posthius (S. 41–49) sowie über diverse Künstler und Kunsthandwerker (S. 52–73) – unter welchen besonders Peter Meurer (S. 64f.) zu nennen ist, der schon beim Bau der Wallfahrtskirche in Dettelbach tätige Baumeister der Pfarrkirche „Mariä Himmelfahrt“ in Rothenfels a.M. – bis hin zu protestantischen Buchdruckern katholischer Bücher (S. 74f.). Etwas störend allenfalls, dass der Bearbeiter offenbar nicht in der Lage ist, bei Namen von Adligen korrekte Genitive zu bilden. Was bei „Friedrich von Wirsbergs Gymnasium“ (S. 15) noch angehen mag, geht nicht bei „Schweikard Wambolt von Umstadt, als Sohn Wolf Wambolt von Umstadts [!] und Anna von Gemmingens [!] geboren“ (S. 31). Schade auch, dass es trotz der Vielzahl der im Text genannten Personen und Orte nicht wenigstens zu einem Personenregister gelangt hat. Dennoch: Alles in allem – schon vom Gegenstand her – ein erfreuliches Werkchen, das einen ganz unerwarteten und daher weitgehend unbekannten Charakterzug des unbeirrbaren Gegenreformators Julius Echter erschließt.

Heinrich Wagner

Kunstgeschichte

Johannes Sander, Würzburg. Architektur seit 1918, Regensburg: Schnell & Steiner 2017. – geb., 280 S., zahlreiche farb. und s/w-Abb.

Immer dann, wenn die Architektur Würzburgs in den Fokus einer Besprechung gerät, kreist die Betrachtung in der Hauptsache um Werke aus der weiter zurückliegenden Vergangenheit, wie etwa den Dom, das Neumünster oder, auf profaner Seite, die Festung Marienberg, das Juliusspital und natürlich allen voran um die Residenz. Selten richtet sich der Blick dabei auch auf die Zeit nach dem 18. Jahrhundert, und wenn, dann endet er zumeist ohne Umwege im 19. Jahrhundert, und zwar gezielt bei den Werken Peter Speeths. Ist dann aber einmal von der Würzburger Architektur des 20. Jahrhunderts die Rede, handelt es sich zumeist um emotionale Plädoyers für oder gegen das Erscheinungsbild eines bestimmten Neubaus. Gerade aber die Reduktion der Betrachtung auf das Für und Wider des Erscheinungsbildes eines Bauwerks, in deren Zuge gleich die gesamte Architektur des 20. Jahrhunderts meist aus diskussionstaktischen

Gründen entweder überhöht, abgewertet oder gleich ignoriert wird, verstellt den Blick auf das, was die Würzburger Baukunst neben den eingangs erwähnten herausragenden Werken auch aus der jüngsten Vergangenheit zu bieten hat. Eine nüchterne Bestandsaufnahme beispielhafter Werke für die Architektur des vergangenen Jahrhunderts, die in einen größeren kunsthistorischen Zusammenhang eingebettet ist, fehlte bisher. Dieser Leerstelle hat sich nun Johannes Sander mit seinem Buch „Würzburg. Architektur nach 1918" angenommen, freilich ohne Anspruch auf Vollständigkeit erheben zu wollen, wie es der Autor selbst im Vorwort bemerkt.

Aus der Beschäftigung mit diesem Thema ist ein 267 Seiten starkes und reich bebildertes Buch hervorgegangen, das die Würzburger Architektur vom Ausgang des 19. Jahrhunderts bis in die Gegenwart anhand ausgewählter Beispiele vorstellt. Das Buch ist übersichtlich und klar gegliedert: Acht große Kapitel führen chronologisch durch die Jahrzehnte, wobei sie in sich unterteilt sind und zwischen profanen und sakralen Bauwerken unterscheiden. Zu Beginn eines jeden Kapitels erhält der Leser eine Einführung in die Stilcharakteristika, die die Baukunst des entsprechenden Jahrzehnts im Allgemeinen geprägt haben und in welcher Art – falls überhaupt – sie sich in der Würzburger Baukunst manifestieren. Im Anschluss daran werden die einzelnen Bauten, beginnend mit den profanen Werken, die wiederum in private, halböffentliche und öffentliche Bauten untergliedert sind, vorgestellt. Das geschieht in kurzen und auch für Leser, die keine architektonische Vorbildung besitzen, verständlich geschriebenen Absätzen, in denen knapp über die Baugeschichte und die Besonderheit des jeweiligen Werkes gesprochen wird. Fachbegriffe sind dabei natürlich vorhanden, aber ihre – wohl absichtlich – eingegrenzte Anzahl und ihre immer wiederkehrende Verwendung laden den Leser dazu ein, sie nachzuschlagen und dadurch, über den Inhalt des Buchs hinausgehend, Neues zu erfahren. Die Gefahr einer sich einstellenden Monotonie, die die hier gewählte Vorgehensweise, die Bauwerke in aufzählender Art vorzustellen, in sich birgt, wird dadurch eingedämmt, dass sich immer wieder längere Passagen einzelner Werke oder Werkkomplexe annehmen und sie ausgiebig besprechen.

Wie es bei einer chronologischen Vorgehensweise zu erwarten ist, klärt das Buch zunächst über die Bedingungen auf, unter denen sich die Würzburger Baukunst des 20. Jahrhunderts entfalten konnte. Hier sind es vor allem die mit dem Begriff „Revolutionsarchitektur" gekennzeichneten Werke Peter Speeths, die der Mainstadt noch einmal überregionale Aufmerksamkeit einbringen. Ansonsten dominiert die Formensprache der Neorenaissance und des Neobarocks bei profanen Werken, wie etwa den Bahnhofsgebäuden oder den großen Bauten der Bildungsanstalten, während die sakralen Werke vorzüglich den Formenapparat des Mittelalters bemühen. Die zeitgenössisch modernen Formen des Jugendstils trifft man hingegen eher selten an, und wenn, dann nur bei bürgerlichen Wohnhäusern.

Alle diese architektonischen Charakteristika bleiben auch in den folgenden stilistisch heterogenen drei Jahrzehnten des beginnenden 20. Jahrhunderts in Würzburg präsent, auch wenn nun zaghaft neuartige Formen das Erscheinungsbild vieler Neubauten bestimmen, allen voran jene, die, bedingt durch neue Materialien und Überlegungen zur Baukunst, unter den Überbegriffen „Expressionismus" und „Bauhaus" subsummiert werden können. In Würzburg bleibt das Bauen in dieser Zeit aber dennoch eine konservative Angelegenheit, wohingegen die neuen Strömungen, obwohl durchaus eine Reihe bemerkenswerter Werke daraus hervorgehen, eher als Randerscheinungen auftreten.

Es ist dem Autor dieses Buches zugute zu halten, dass er der Auseinandersetzung mit den Werken der NS-Zeit nicht aus dem Weg geht und diese auch nicht von vornherein verurteilt, wie es vermutlich einfacher gewesen wäre, sondern stattdessen die ideologischen Hintergründe, die ursächlich für das Erscheinungsbild jener Werke verantwortlich waren, nüchtern benennt und daraus eine kritische Betrachtungsweise ableitet. Davon abgesehen waren, wie weiter ausgeführt wird, nicht alle Werke, die in dieser

Zeit in Würzburg errichtet wurden, dem ästhetischen Diktat des vorherrschenden politischen Systems unterworfen, denn es wurden auch die vorhergehenden Strömungen weitergeführt, wobei sie vor einer politischen Vereinnahmung nicht sicher waren.

Spätestens mit dem Ende des Zweiten Weltkriegs kam der Baubetrieb in Würzburg vollständig zum Erliegen, bzw. stand dann vor der gigantischen Aufgabe, aus den Trümmern der Stadt wieder einen bewohnbaren Ort zu formen. Diese Phase, die sich bis in die 80er Jahre des 20. Jahrhunderts hineinzog, nimmt den größten Teil des Buches ein und folgt der bisher gewohnten Art und Weise, stilistische Tendenzen und ihre Manifestation anhand von ausgewählten Bauwerken vorzustellen. Schnell wird klar, dass diese sowie auch die folgende Phase, die letztlich bis in die Gegenwart reicht, geprägt waren von einem Abarbeitungsprozess der jeweiligen Bauherren und ihrer Architekten am architektonischen Erbe der Stadt. Es ist ein Prozess, der seinen Ausgang in den Überlegungen zum Umgang mit den baulichen Hinterlassenschaften hat und bei dem die Frage, was man denn nun eigentlich für eine Stadt haben möchte, immer wieder neu verhandelt wird. Es wird deutlich, dass nach dem ersten Schock, der sich, natürlich auch wirtschaftlich bedingt, zunächst in bescheidenen Bauten sichtbar macht, die sich beinahe demütig unter die in der Rekonstruktion befindlichen alten Werke ducken, rasch ein zunehmend erstarkendes Selbstbewusstsein aufkeimt, das auf Abgrenzung und einen Schnitt mit der Vergangenheit setzt. Darin zeigt sich ein fortschreitender Ablösungsprozess vom alten baulichen Erbe der Stadt, der vielleicht in den jüngsten Gebäuden um den Marktplatz kulminiert. Exemplarisch ist dieser Prozess an drei Bauten gegenüber dem oberen Markt veranschaulicht (S. 248f.). Dort stehen links neben dem Haus Schöneck, das um 1600 seine bekannte Form erhalten hatte und nach dem Krieg mit vereinfachten Formen wieder aufgebaut wurde, ein niedriger Neubau aus den 50er Jahren des 20. Jahrhunderts und schließlich das kürzlich errichtete sogenannte Geschäftshaus „Hof Emeringen". Hier steht also bei der Idee von der Wiederherstellung des Alten (Haus Schöneck) die Vorstellung, in bescheidenem Maßstab Neues zu schaffen (Neubau der 50er Jahre) und daneben schließlich die gegenwärtige und leider auch maßlose Anschauung, stets nur sich selbst in den Vordergrund rücken zu wollen (Geschäftshaus „Hof Emeringen"). Dabei offenbart sich der Verweis auf die Einhaltung vorgegebener Traufhöhen oder auf die Verwendung lokaler Materialien als Rücksichtnahme dem alten Bestand gegenüber letztlich nur als ein Vorwand und zeigt stattdessen vielmehr die Willkür bei der Begründung eines eher rücksichtslosen Vorgehens.

Der Tenor des Buches ist freilich ein anderer: es wurde – und das ist besonders hervorhebenswert – in sachlichem Ton versucht, auch diesen kürzlich errichteten Bauten eine positive Seite abzugewinnen, wobei es aber auffällt, dass dem Autor die Beschreibung der Originalität oder zumindest der Besonderheiten dieser Werke zunehmend schwerfällt und manchmal auch nicht nachvollziehbar ist: etwa dann, wenn dem C&A-Gebäude, das 1973 das kaum beschädigte Buchner-Palais ersetzte, die Aufnahme einer örtlichen Tradition bescheinigt wird (S. 190), nur weil Elemente des ebenfalls aus der Nachkriegszeit stammenden Bahnhofgebäudes aufgenommen wurden; oder wenn der Autor dem neuen Petrini-Haus am unteren Markt die formale Eingliederung in den baulichen Bestand attestiert, weil die horizontalen Schichten der Fassade in eine Beziehung zur vertikalen Gliederung und zur Lage der Fensterreihen eines(!) benachbarten Gebäudes gesetzt werden können (S. 246). Man hätte natürlich auch die Frage stellen können, warum bei diesem Bau nicht versucht wurde, eines der formalen Elemente aufzugreifen, das mehrere der Bauten um den Markt gemein haben, das sie auch noch über verschiedene Zeiten hinweg miteinander verbindet und das damit dazu beiträgt, den Platz als solchen zu konstituieren, wie z.B. eine (vielleicht sogar durch Arkaden) hervorgehobene Erdgeschosszone.

Fest steht jedenfalls jetzt schon, dass dieser Teil des Buches wohl für die meisten Kontroversen, vor allem unter der in Würzburg beheimateten Leserschaft, sorgen wird.

Für sie ist das Buch wohl in der Hauptsache auch bestimmt, da es dann besonders gewinnbringend zu lesen ist, wenn auf eine gewisse Vorkenntnis der lokalen, „tradierten Bauweisen“ (S. 47) zurückgegriffen werden kann. Für alle anderen bietet es aber allemal informative Einblicke in die jüngste Zeitspanne der Würzburger Baukunst und zeigt, dass auch hinter scheinbar gewöhnlichen Fassaden stets eine Idee, eine Auseinandersetzung mit architektonischen Strömungen der Vergangenheit und der Gegenwart, ein Ringen um Formen und Proportionen und auch ein Kampf mit Befürwortern und Gegnern dieser Ideen steckt.

Wie es bei einem überblicksartigen Werk nicht zu vermeiden ist (und zu Beginn des Buches auch so angekündigt wird), konnten auch hier einige Aspekte nicht berücksichtigt werden. Damit ist weniger die begrenzte Auswahl an Gebäuden gemeint, auch wenn Werke wie etwa das Dialyse-Zentrum in der Virchowstraße mit seinem außenliegenden Stahlskelett es sicher Wert gewesen wären, einer genaueren Betrachtung unterzogen zu werden; damit ist vielmehr die Gruppierung der Werke in das Œuvre der Architekten gemeint, auf die die Lektüre des Buches neugierig gemacht hat. Gerne hätte man mehr über ihr Wirken unter dem Gesichtspunkt einer persönlichen Stilentwicklung erfahren. So muss man sich selbst mithilfe des Buches auf die Suche nach den Bauten der jeweiligen Architekten begeben, wobei ein Ortsregister, das leider nicht vorhanden ist, eine große Hilfe gewesen wäre. Schwer wiegt das alles aber nicht, denn der eigentliche Wert des Buches liegt vor allem darin, dass es auf die vielen Bauten aufmerksam macht, die in der allgemeinen Wahrnehmung kaum mehr Beachtung finden und damit auch grundsätzlich den Blick für die vielen zeitlichen Schichten schärft, die sich in den unterschiedlichsten Bauten manifestieren, welche die Stadt Würzburg als solches ausmachen. Für alles andere bietet das Buch Anlass, selbst tätig zu werden.

Kuno Mieskes

Robert Wachter, Kirchenbauten im Erzbistum Bamberg während der Amtszeit von Erzbischof Dr. Josef Schneider (1955–1976) (Studien zur Bamberger Bistumsgeschichte, Band 5), Petersberg: Verlag Michael Imhof 2017. – geb., 2 Bde., zus. 1136 S., durchgehend farb. und s/w-Abb.

Schon der im Jahr 2004 als Band 1 der Reihe Studien zur Bamberger Bistumsgeschichte erschienene, von Peter Stuckenberger veröffentlichte Band „Gottesburgen. Kirchenbau unter Erzbischof Jacobus von Hauck (1912–1943)“ (Petersberg 2004) setzte in vielerlei Hinsicht Maßstäbe für die Aufarbeitung und Katalogisierung des Kirchenbaus im 20. Jahrhundert.

Robert Wachter unternahm es, das aufgrund der regen Bautätigkeit in der Zeit nach dem Zweiten Weltkrieg und den Neuausrichtungen im Zuge des Zweiten Vatikanischen Konzils ungleich umfangreichere Nachfolgewerk zu erarbeiten, das in weiten Teilen seine 2013 angenommene Dissertationsschrift beinhaltet.

Kam die Arbeit Stuckenbergers noch mit einem Band aus, so sind nun zwei auch vom Format und Gewicht her monumental zu nennende Bände entstanden.

Wie Stuckenberger orientiert sich Wachter für die Abgrenzung des Untersuchungszeitraums am Pontifikat eines Bamberger Erzbischofs, namentlich des Erzbischofs Dr. Josef Schneider (reg. 1955–1976).

Die Publikation ist zweigeteilt. Auf einen umfangreichen Einleitungsteil (S. 13–145) folgt der ausführliche, reich bebilderte Katalogteil (S. 146–1105), der des Umfangs wegen bereits im ersten Band beginnt.

In der Einleitung werden zunächst Ursachen und Grundlagen der Kirchenbauprogression nach dem Zweiten Weltkrieg in den Fokus genommen. Um den unmittelbaren Anschluss zu Stuckenbergers Monographie herzustellen, berücksichtigt der Verfasser auch die unter Erzbischof Joseph Otto Kolb (reg. 1943–1955) errichteten Kirchen „der ersten Nachkriegsjahre" (S. 29–37). Vor allem der Zuzug vieler Heimatvertriebener in die Gebiete des Erzbistums, welche ehemals fast rein protestantisch geprägt waren, aber auch die neu entstehenden Stadtviertel etwa in Nürnberg oder Bayreuth machten in dieser Zeit die Schaffung von Kirchenräumen notwendig. Stilistisch orientierten sie sich, wie der Verfasser an einigen Beispielen auch mittels Bildern und Plänen dokumentieren kann, zunächst am Stil der Vorkriegsjahre und waren oft klassische Langbauten mit Chor- oder Fassadenturm, die entweder barockisierende oder „mittelalterliche", das heißt meist romanisierende Formensprache zeigen. Gleichzeitig hielt die Nachkriegsmoderne in ihrer heute wohl geläufigen Form (als sichtbarer „Bruch" mit überkommenen Formen) mit St. Sebastian in Bernheck (1953) Einzug und macht die vom Verfasser herausgestellte Ambivalenz dieser Übergangszeit deutlich.

Ein weiteres Kapitel beleuchtet „Bauliche Einflussfaktoren" (S. 37–53). Hierunter fallen zunächst zum einen kirchenrechtliche Vorgaben seitens des Codex Iuris Canonici (1917) und insbesondere die darauf fußenden diözesanen Richtlinien für kirchliche Kunst, welche 1952 und in Folge des Zweiten Vatikanums 1970 veröffentlicht wurden.

Jenseits dieser Richtlinien, welche besonders in ihrer letzten Fassung zumeist mehr Orientierungshilfe denn verbindliche Vorgaben darstellten, waren es vor allem die Bauherrn und die kirchlichen und staatlichen Behörden, die maßgeblich Einfluss auf den Kirchenbau nahmen. So arbeitet der Verfasser beispielsweise die Rolle der Ortspfarrer, aber auch der Baureferenten und Sachverständigen im erzbischöflichen Ordinariat heraus.

Im Anschluss an die theologisch-rechtlichen Grundlagen des Nachkriegskirchenbaus untersucht Wachter stilistische Tendenzen im Kirchenbau (S. 54–87) und beschreibt hier in spannender Weise und zur Veranschaulichung reich bebildert die Entwicklungen von der anfänglichen Anknüpfung an traditionalistische Vorkriegsstile wie Expressionismus und Heimatstil hin zu den „verschiedenen Gesichtern der Nachkriegsmoderne" (S. 60–85).

Eigens wendet sich der Autor im vierten Kapitel seiner theoretischen Hinführung der „Physiognomie der Kirchenbauten" im Untersuchungszeitraum zu (S. 90–135). Damit schafft der Verfasser einen neuen, ästhetisch-architektonischen Zugang zu den besprochenen Kirchen. Beleuchtet werden verschiedene Konzepte von Habitus und Raumempfinden, der Umgang mit der Tradition und ihrer Adaption und Interpretation im Bereich des „sakralen Motivs" (bes. S. 94–108). Insbesondere die Beschreibung der zahlreichen im modernen Kirchenbau vorkommenden, aber auf den ersten Blick nicht gleich ins Auge springenden baukünstlerischen Zitate und Reminiszenzen an frühere Stilepochen (von denen noch die bekanntesten die Rosette oder das Tympanon sein dürften) lassen die doch oft als plump geltende Sakralarchitektur der 60er und 70er Jahre in neuem Licht erscheinen.

Daneben werden die besonders durch das Zweite Vatikanum geprägten Metaphern der Kirche als Schiff oder Zelt beleuchtet sowie die Entwicklungen der Grundrisse angesichts liturgischer Wandlungen beschrieben und ausgedeutet. Dem Bereich der Materialästhetik ist ein eigenes Kapitel gewidmet.

Mit diesen einleitenden Ausführungen schafft es der Verfasser, seiner anschließenden Einzelbetrachtung der Kirchenbauten unter Erzbischof Schneiders Pontifikat ein gleichsam grundlegendes, über Bamberg hinausweisendes Fundament zu verleihen und die Kirchen im Erzbistum Bamberg in den überregionalen Gesamtzusammenhang sakralbaulicher Entwicklungen einzuordnen. Hiervon zeugen schon alleine die zahlreichen als Beleg seiner Ausführungen angeführten Kirchenbauten aus dem gesamten deutschsprachigen Raum.

Ein umfangreicher, in alphabetischer Reihenfolge nach Orten gegliederter Katalogteil (S. 146–1105) schließt sich der theoretischen Einleitung an und baut auf den gewonnenen Erkenntnissen auf. Hinsichtlich ihrer Baugeschichte, des Außenbaus, des Innenraums und der Ausstattung werden 177 Kirchengebäude untersucht. Eine reichhaltige Bilddokumentation, insbesondere aktuelle Aufnahmen, bereichern den Text und erleichtern ebenso wie die beigegebenen Grund- und Aufrisse die Orientierung und den Nachvollzug der schriftlichen Erläuterungen. Historische Fotos ermöglichen zudem das Nachvollziehen inzwischen erfolgter Veränderungen an Bau und Ausstattung der Kirchen. Verweise auf Quellen und Literatur runden jedes Porträt ab. Die Einzelbeiträge haben hierbei durchaus unterschiedliche Länge, wobei bei den umfangreicheren Beschreibungen Untergliederungen durch Zwischenüberschriften vorgenommen wurden.

Ein Anhang (S. 1106–1136) listet die Kirchen nochmals chronologisch nach ihrem Weihedatum auf und verzeichnet die Architekten mit Lebensdaten und Werkauswahl. Den Abschluss des Bandes bildet das Literatur- und Abbildungsverzeichnis.

So ist mit der Studie Wachters ein in jeder Hinsicht überzeugendes Standardwerk entstanden, das über den kirchen- und kunsthistorisch gebildeten Leserkreis hinaus einen einmaligen Gesamteindruck der katholischen Sakralarchitektur auf dem Gebiet des Erzbistums Bamberg im Untersuchungszeitraum schaffen will. Wenn die beiden Bände mit ihrem Großformat und ihrem stolzen Gewicht auch sicher keine „leichte" Lektüre sind, so bieten sie dem, der sich daran macht, dieses Werk zu studieren, eine gut lesbare, verständliche Einführung und Erschließung kirchlicher Architektur der Nachkriegszeit. Es bleibt zu hoffen, dass Robert Wachters verdienstvolle Publikation Schule macht und die vertiefte Auseinandersetzung mit den Kirchenbauten der theologisch wie baukünstlerisch gewichtigen Epoche um das Zweite Vatikanum in anderen Diözesen anregt und dort zu ähnlichen Publikationen führt.

Daniel Greb